国家哲学社会科学成果文库

NATIONAL ACHIEVEMENTS LIBRARY
OF PHILOSOPHY AND SOCIAL SCIENCES

建设服务型政府与完善地方公共服务体系

姜晓萍　主　编
范逢春　郭金云　副主编

中央编译出版社
Central Compilation & Translation Press

姜晓萍 四川大学公共管理学院院长、教授，博士生导师。四川大学全国干部教育培训基地常务副主任，享受国务院政府特殊津贴专家，全国MPA教学指导委员会委员，中国政策科学研究会副会长，中国行政管理学会常务理事，四川省行政管理学会副会长，四川省政治学会副会长。省学术带头人，突出贡献专家，教学名师。省社会科学重点研究基地"社会发展与社会风险控制"研究中心主任，地方政府创新研究中心主任。

主要从事地方政府治理、社会治理、公共政策等方面研究。主持国家社会科学基金重大项目、重点项目、一般项目和西部项目各1项；其他省、部级项目7项，地方政府委托项目50余项；入选《国家哲学社会科学成果文库》1项；出版专著7部；在《政治学研究》等权威期刊或CSSCI期刊上公开发表学术论文60余篇，其中10余篇被《新华文摘》、人大书报资料中心"复印报刊资料"等转载。曾获教育部人文社科优秀成果三等奖1次，四川省哲学社会科学优秀成果二等奖3次，三等奖2次；被授予"四川省杰出创新人才"等。

作者简介

范逢春 四川大学行政管理系主任,副教授,硕士生导师,主要从事地方政府治理研究。出版《农村公共服务多元主体协同治理机制研究》《比较行政学》《公共管理》等著作、译作10部;在《管理世界》《光明日报》《中国行政管理》《四川大学学报》等核心刊物发表论文20余篇;主持国家社会科学基金、四川省哲学社会科学、四川省软科学等各类课题20余项;获四川省哲学社会科学优秀成果奖、四川省优秀教学成果奖、全国MPA优秀教学奖等各类奖项10余项。

郭金云 四川大学公共管理学院讲师,四川大学中国地方政府创新研究中心研究人员。主要从事政府行为与政策分析、公共服务与社区治理等方面的教学和研究工作。主持"公共服务绩效评估体系研究"等国家和省级科研课题3项,参与国家及省级科研课题8项;主编教材1部,参编著作4部;在《中国软科学》《行政论坛》《上海行政学院学报》等刊物发表学术论文10余篇。

《国家哲学社会科学成果文库》
出版说明

  为充分发挥哲学社会科学研究优秀成果和优秀人才的示范带动作用，促进我国哲学社会科学繁荣发展，全国哲学社会科学规划领导小组决定自2010年始，设立《国家哲学社会科学成果文库》，每年评审一次。入选成果经过了同行专家严格评审，代表当前相关领域学术研究的前沿水平，体现我国哲学社会科学界的学术创造力，按照"统一标识、统一封面、统一版式、统一标准"的总体要求组织出版。

全国哲学社会科学规划办公室
2011年3月

序

改革开放以来,我国对行政管理体制进行了多次重大调整和改革。这种调整和改革大体经历了两个阶段,第一阶段是1978年到2002年,以破除原有的僵化的计划经济管理体制为引领,培育和建立起新的体制;第二阶段是2003年之后,以创新政府管理和服务为引领,在新的社会主义市场经济体制初步建立的条件下,把建设服务型政府作为目标,一方面继续破除旧有体制的残余,深化政府职能转变,另一方面大力推进公共服务体系建设,创造一种处理政府与市场、政府与社会的新型关系。与此相适应,政府在组织结构和运行方式等各方面都经历了一个从"除旧"转向"创新"的过程。

把建设服务型政府摆在行政管理体制改革和创新最突出位置,有着重要的现实意义。第一,按照社会主义核心价值观的要求,人民政府要更好地为人民服务,就必须更加注重公共服务和社会管理,使公共资源更多地向社会和公共领域倾斜,只有建设服务型政府才能体现政府职能转变的这个根本方向。第二,公共服务是现代政府最基本的职能,应该全方位覆盖,为各个政府部门、各个层级政府所共有,而其他职能则往往以某个层级、某些部门为主。服务型政府的表述,概括了我国各级政府及其部门的共有职能,强化了政府的共同属性,有助于推动各级、各区域政府全面履行职能。第三,改进政府管理方式,就是要更好地为经济发展服务,为社会公众服务,管理要体现在服务之中,要与服务统一起来,寓管理于服务之中。建设服务型政府,充分体现了政府管理创新的客观要求。所以,建设服务型政府是全面创新行政管理的最重要的内容。提炼出"服务型政府"的概念,有利于科学界定政府职能,准确把握我国政府改革的定位、方向和主要内容,有利于明确行政管理体制改革的关键是转变政府职能，有利于集中行政管理资源建设公共服务体系，有利于转变政府作风，创新管理方式，提高行政绩效。

然而，建设服务型政府，是一项前无古人的事业，是十分艰巨的任务，不仅需要投入大量人力、物力和财力，需要经过艰苦卓绝的努力才有可能实现，而且需要进行不懈的理论求索，有待在基本理论上做出重大创新。

服务型政府的理论研究与实践探索在我国已有十多年。姜晓萍教授是最早在服务型政府这块行政改革试验田里耕耘的专家之一。她在早期的服务型政府研究中，虽然比较偏重于政府行为规范、服务流程再造、服务方式转变和服务质量提升等实证方面，但也有不少理论研究方面的贡献。比如姜晓萍教授、鲍静研究员和我合作的《服务型政府：我国行政改革的目标选择》一文，就是2005年发表在《人民日报》上的理论性比较强的文章。

现在摆在读者面前的这本书就更加突出了姜晓萍教授及其研究团队将理论与实际相结合的特点。本书深入探讨了地方建设公共服务体系的内在逻辑、基础理论、政策环境、实践模式、绩效评价，在借鉴国外公共服务体系经验的基础上，提出完善我国地方公共服务体系的战略构想与实施策略，回答了服务型政府是什么、为什么完善地方公共服务体系是建设服务型政府的着力点、地方公共服务体系建设的绩效如何、地方政府如何进一步完善公共服务体系等问题。这项研究，对于我国加快政府职能转变，完善公共服务体系，提供了许多新思路，是对服务型政府的理论和实践的又一次创新。

随着各地各级服务型政府建设的推进，我国行政管理体制改革将进入一个新阶段。大约再用五年左右的时间，我国将基本建立起覆盖全面、水平大体在世界平均线的公共服务体系。这将是中华民族历史上的一次具有里程碑意义的大事件。但是，此后进一步提高、健全和完善这个公共服务体系的任务更艰巨，更复杂。在2020年之后，我们国家有没有经济能力和社会实力再用30年左右的时间，使公共服务达到中等发达国家的水平，这将是一个极有挑战性的课题。那时的有利条件是我国的行政管理体制改革任务已经基本完成，中国特色的社会主义行政管理体制已经建立，法治政府也基本建成，这将为进一步提高公共服务能力和水平、真正建设成为服务型政府提供有力的体制支撑。

姜晓萍教授及其研究团队在这本书中虽然没有对行政管理体制改革的第

三个阶段，也就是 2020 年以后的任务做专门的研究，提供现成的答案，但我们可以从中获得启迪。当他们在走现在路的时候，眼睛已经看到远方。只要坚定前行，不错走拉美某些国家公共服务滞后于经济建设引起社会不稳定的老路，也不重蹈某些欧洲国家过高福利导致低效率的覆辙，一步一个脚印，一个阶段一个阶段地前进，积小胜为大胜，我们就一定能够实现建设服务型政府的宏伟目标。

希望本书作为服务型政府研究领域的一项新探索，有效地发挥引领作用，带动更多的理论工作者和实际工作者共同研究服务型政府，研究政府新的治理方略，为人民的福祉做出更大的贡献。

是为序。

高小平（中国行政管理学会执行副会长兼秘书长、
全国政府绩效管理研究会会长）

2015 年 3 月 3 日

目　　录

第一章　导论 ……………………………………………………（1）
　一、研究缘起与价值 ……………………………………………（1）
　　（一）研究缘起 ………………………………………………（1）
　　（二）学术价值与应用价值 …………………………………（3）
　二、国内外研究状况述评 ………………………………………（7）
　　（一）国内关于服务型政府建设研究述评 …………………（7）
　　（二）国内外基本公共服务体系研究述评 …………………（27）
　　（三）国内服务型政府与公共服务体系研究的知识图谱 ……（51）
　三、基本思路与主要内容 ………………………………………（80）
　　（一）基本思路 ………………………………………………（80）
　　（二）主要内容 ………………………………………………（81）
　四、研究方法与主要资料来源 …………………………………（82）
　　（一）研究方法 ………………………………………………（82）
　　（二）主要资料来源 …………………………………………（84）

第二章　服务型政府的基本概念与理论构架 ………………（85）
　一、服务型政府的概念、核心价值与基本特征 ………………（85）
　　（一）服务型政府的概念 ……………………………………（85）
　　（二）服务型政府的核心价值 ………………………………（89）
　　（三）服务型政府的基本特征 ………………………………（93）
　二、服务型政府的理论溯源 ……………………………………（97）

（一）人民主权理论 …………………………………… (98)
　　（二）中国共产党的为人民服务理论 …………………… (99)
　　（三）新公共管理理论 …………………………………… (101)
　　（四）新公共服务理论 …………………………………… (102)
　　（五）多元（合作）治理理论 …………………………… (104)
三、服务型政府的构成要素 …………………………………… (105)
　　（一）服务型政府的理念重塑 …………………………… (105)
　　（二）服务型政府的目标重构 …………………………… (107)
　　（三）服务型政府的职能转变 …………………………… (109)
　　（四）服务型政府的流程再造 …………………………… (111)
四、建设服务型政府的关键环节 ……………………………… (113)
　　（一）出发点：满足公共服务需求 ……………………… (113)
　　（二）关键点：创新公共服务供给机制 ………………… (114)
　　（三）着力点：完善公共服务体系 ……………………… (117)
　　（四）归着点：改善民生，促进社会公平 ……………… (120)
五、党的十八大以后建设服务型政府的新思路 ……………… (123)
　　（一）党的十八大以后建设服务型政府的现实基础与
　　　　　面临的障碍 …………………………………………… (124)
　　（二）十八大以后深化服务型政府建设的新思路 ……… (126)

第三章　我国公共服务体系的政策变迁与公共需求分析 …… (131)
一、我国公共服务体系政策变迁的阶段与特色 ……………… (131)
　　（一）改革的酝酿、准备阶段（1978—1984年）……… (132)
　　（二）改革的起步、探索阶段（1985—1992年）……… (133)
　　（三）改革的渐进发展阶段（1992—2003年）………… (135)
　　（四）改革的快速发展阶段（2003—2008年）………… (138)
　　（五）改革的内涵提升阶段（2008—2013年）………… (143)
二、我国公共服务体系发展的主要成就 ……………………… (147)
　　（一）形成了"以人为本"的公共服务理念，明确了新
　　　　　世纪公共服务体系的发展目标 ……………………… (147)

（二）公共服务体制改革不断深入，基本形成了多元协同的公共服务供给模式 ……………………………………（152）
（三）对基本公共服务的投入逐步加大，逐步形成中国特色的公共服务体系 ………………………………（158）
（四）公共服务发展的制度环境不断优化，形成了基本公共服务的国家标准 …………………………………（166）
（五）城乡基本公共服务均衡化不断推进，农村基本公共服务水平有所提高 …………………………………（186）
三、转型期我国公共服务体系的公共需求分析 ………………（193）
（一）明确基本公共服务的范围与标准的需求 ………（193）
（二）落实基本公共服务均等化的需求 ………………（197）
（三）基本公共服务供给制度的需求 …………………（203）
（四）扩大公共服务公众参与的需求 …………………（208）
四、"十二五"期间我国完善基本公共服务体系的共同趋势与地区差异分析 …………………………………………（214）
（一）"十二五"期间我国完善基本公共服务体系的共同趋势 ……………………………………………（215）
（二）我国基本公共服务体系构建的地方特色与差异性 ………………………………………………（224）

第四章 公共服务体系改革的实践探索 …………………（235）
一、地方推进公共服务体系变革的动力机制 …………………（235）
（一）社会公共需求因素 ………………………………（235）
（二）地方政府自身要素 ………………………………（245）
（三）地方政府竞争因素 ………………………………（257）
二、地方公共服务体系变革的实践案例与模式分析 …………（258）
（一）公共服务的政府供给变革模式 …………………（262）
（二）公共服务的社会供给变革模式 …………………（275）
（三）公共服务的市场供给变革模式 …………………（283）
三、地方公共服务体系变革的障碍与原因 ……………………（290）

（一）地方公共服务体系变革的障碍 …………………… （290）
　　（二）地方公共服务体系变革问题的原因 ………………… （301）

第五章　省级政府基本公共服务体系的质量标准与评估研究 ……… （310）
　一、基本公共服务体系质量研究的背景与基础理论 ………… （310）
　　（一）基本公共服务体系质量研究的背景 ………………… （310）
　　（二）基本公共服务体系质量研究的现状 ………………… （317）
　　（三）基本公共服务体系质量研究的基础理论 …………… （319）
　二、省级政府基本公共服务体系的质量标准构建 …………… （329）
　　（一）质量标准构建的价值取向 …………………………… （329）
　　（二）质量标准构建的原则 ………………………………… （331）
　　（三）质量标准构建的程序 ………………………………… （332）
　　（四）质量标准的设计与筛选 ……………………………… （334）
　三、省级政府基本公共服务体系的质量评估 ………………… （351）
　　（一）层次分析法确定客观指标权重 ……………………… （351）
　　（二）综合指数评价法确定客观指标总分 ………………… （355）
　　（三）客观指标体系的实证评估 …………………………… （356）
　　（四）主观指标体系的实证评估 …………………………… （376）
　四、基本结论与政策建议 ……………………………………… （395）
　　（一）基本结论 ……………………………………………… （395）
　　（二）政策建议 ……………………………………………… （400）

第六章　国外公共服务体系的经验借鉴与启示 ………………… （402）
　一、国外公共服务体系建设的总体情况 ……………………… （402）
　　（一）公共服务外延不断扩大 ……………………………… （402）
　　（二）公共服务供给主体多元化 …………………………… （403）
　　（三）公共服务管理制度不断完善 ………………………… （404）
　　（四）推进公共服务方式创新 ……………………………… （404）
　　（五）电子公共服务体系建设不断完善 …………………… （405）
　二、国外公共服务体系改革的典型方式 ……………………… （406）

（一）英国以公共服务协议推进公共服务"大社会"
　　　　探索 …………………………………………………… (406)
　　（二）加拿大的"以公民为中心"的可选择公共服务
　　　　机制 …………………………………………………… (410)
　　（三）美国电子公共服务体系建设——"311"市民
　　　　服务系统 ……………………………………………… (415)
　　（四）德国以政府为主导的公共服务体系改革 ……………… (417)
　　（五）日本以农协为主体的农村公共服务供给体系 ………… (421)
　三、国外公共服务体系建设的经验与启示 ……………………… (426)
　　（一）公共服务体系建设要与国情相适应 …………………… (426)
　　（二）公共服务体系建设要与政府改革相配套 ……………… (428)
　　（三）公共服务体系建设要实现多元主体之间的有效协作 …… (430)
　　（四）公共服务体系建设要不断完善公共服务管理的
　　　　制度建设 ……………………………………………… (432)
　　（五）公共服务体系建设要不断创新公共服务方式 ………… (434)

第七章　完善地方公共服务体系的战略设计与实施策略 ………… (436)
　一、完善地方公共服务体系的战略设计 ………………………… (436)
　　（一）完善地方公共服务体系的战略定位 …………………… (436)
　　（二）完善地方公共服务体系的基本原则 …………………… (437)
　　（三）完善地方公共服务体系的战略框架 …………………… (439)
　二、完善地方政府公共服务体系的实施策略 …………………… (442)
　　（一）推进地方政府公共服务体制改革 ……………………… (442)
　　（二）构建多元主体协同的公共服务供给机制 ……………… (447)
　　（三）健全地方公共服务的资源保障机制 …………………… (452)
　　（四）不断提升地方基本公共服务的质量 …………………… (458)

第八章　统筹城乡发展中的基本公共服务均等化的案例研究 ……… (478)
　一、四川省统筹城乡发展中的基本公共服务均等化案例研究 … (478)
　　（一）四川省城乡基础教育均等化研究报告 ………………… (479)

（二）四川省基本公共卫生服务均等化调查报告 …………… (514)
（三）四川省公共就业服务均等化调查报告 ……………… (522)
（四）四川省社会保险基本公共服务均衡化调查报告 …… (555)
（五）四川省灾后公共服务体系重建调查报告 …………… (571)
二、浙江省统筹城乡发展中的基本公共服务标准化案例研究
——杭州市上城区的创新实践 ……………………… (612)
（一）案例背景 ………………………………………………… (613)
（二）主要做法 ………………………………………………… (614)
（三）主要效果 ………………………………………………… (625)
（四）启示 ……………………………………………………… (627)

附录 ……………………………………………………………… (629)
附录1：党和国家有关建设服务型政府和公共服务体系的
重要会议摘要 ……………………………………… (629)
附录2：党和国家有关各项公共服务建设的重要会议
内容摘要 …………………………………………… (632)
附录3：党和国家有关建设服务型政府和公共服务体系的
重要政策文件 ……………………………………… (640)
附录4：全国部分省市近年相关政策文件信息汇总 ……… (648)
附录5：公共服务需求调查问卷 …………………………… (660)
附录6：公共服务需求调查问卷分析结果 ………………… (664)
附录7：基本公共服务体系的质量标准与评估客观指标体系 …… (674)
附录8：基本公共服务体系的质量标准与评估客观指标数据 …… (676)
附录9：基本公共服务体系的质量标准与评估区域客观指标
得分分布 …………………………………………… (681)
附录10：基本公共服务体系的质量标准与评估客观评分结果 …… (689)
附录11：基本公共服务体系的质量标准与评估中省级
政府基本情况 ……………………………………… (690)
附录12：基本公共服务体系的质量标准与评估主观
满意度调查问卷 …………………………………… (692)

附录13：基本公共服务体系的质量标准与评估层次
　　　　分析法问卷 ……………………………………………（695）
附录14：四川省统筹城乡中公共服务体系构建情况调研问卷 …（703）
附录15：四川省公共服务体系调查问卷分析报告 ……………（710）

参考文献 ……………………………………………………（729）

后　记 ………………………………………………………（762）

Contents

Chapter 1   Introduction ……………………………………………… (1)

   Section Ⅰ   Research Origin and Values ……………………………… (1)

      1. Research Origin ………………………………………………… (1)

      2. Academic Values and Practical Values ……………………… (3)

   Section Ⅱ   Literature Review ………………………………………… (7)

      1. Literature Review on the Domestic Construction of Service-Oriented

         Government ……………………………………………………… (7)

      2. Literature Review on Basic Public Service Systems at Home and Aboard …… (27)

      3. Knowledge Graph of Domestic Study on Service-Oriented Government

         and Public Service Systems …………………………………… (51)

   Section Ⅲ   Rationale and Main Contents …………………………… (80)

      1. Rationale ………………………………………………………… (80)

      2. Main Contents …………………………………………………… (81)

   Section Ⅳ   Methodology and Data Sources ………………………… (82)

      1. Methodology …………………………………………………… (82)

      2. Data Sources …………………………………………………… (84)

Chapter 2   Basic Concepts and Theoretical Framework of Service-
Oriented Government …………………………………………… (85)

   Section Ⅰ   Concepts, Core Values and Basic Characteristics ………… (85)

      1. Concepts of Service-Oriented Government …………………… (85)

      2. Core Values of Service-Oriented Government ………………… (89)

      3. Basic Characteristics of Service-Oriented Government ……… (93)

Section II Theoretical Origin of Service-Oriented Government ········· (97)

    1. The Popular-Sovereignty Theory ·· (98)

    2. Theory of Serving the People ·· (99)

    3. New Public Management Theory ··· (101)

    4. New Public Service Theory ·· (102)

    5. Theory of Multiple-Cooperative Governance ································ (104)

Section III Components of Service-Oriented Government ············ (105)

    1. Idea Remodeling of Service-Oriented Government ······················· (105)

    2. Goal Reconstruction of Service-Oriented Government ···················· (107)

    3. Function Transformation of Service-Oriented Government ··············· (109)

    4. Process Reengineering of Service-Oriented Government ················ (111)

Section IV Key Linkages of Service-Oriented Government ············ (113)

    1. Starting Point: Satisfaction of Public Service Demands ··················· (113)

    2. Key Point: Creation of Public Service Supply Mechanism ··············· (114)

    3. Exerting Point: Perfection of the Public Service Systems ················· (117)

    4. Ending Point: Improvement of Live Hood and Promotion of Social Equity ··· (120)

Section V Conceptions on Service-Oriented Government Construction
          since the 18th Party Congress ································ (123)

    1. Realistic Basis and Obstacles of the Service-Oriented Government
       Construction since the 18th Party Congress ································ (124)

    2. Countermeasures and Suggestions for the Service-Oriented Government
       Construction since the 18th Party Congress ································ (126)

**Chapter 3 Analysis on Policy Transition and Public Demand of
               Public Service Systems in China** ···························· (131)

Section I Stages and Characteristics of Policy Transition ············ (131)

    1. Preparation Stage ·· (132)

    2. Initial Stage ·· (133)

    3. Gradual Developing Stage ··· (135)

    4. Fast Developing Stage ·· (138)

5. Connotation Upgrading Stage ……………………………………… (143)
　Section II　Main Achievements of Public Service Systems
　　　　　　　Development ………………………………………………… (147)
　　　1. Formation of People-Oriented Public Service Idea and Definition of
　　　　Developing Goals of Public Service Systems in the New Century ……… (147)
　　　2. Constant Development of Public Service Systems and Basic Formation of
　　　　Multiple-Cooperative Supply Mechanism for Public Service …………… (152)
　　　3. Gradual Increase of Input to Basic Public Service and Formation of Public
　　　　Service Systems with Chinese Characteristics ……………………… (158)
　　　4. Continuous Optimization of Public Service Development's
　　　　Institutional Environment and Formation of Basic Public
　　　　Service's National Standards ………………………………………… (166)
　　　5. Constant Advancement of the Equalization of Basic Public Service in
　　　　Urban and Rural Areas and the Improvement of the Level of Rural
　　　　Basic Public Service …………………………………………………… (186)
　Section III　Public Demand Analysis in the Transformation Period …… (193)
　　　1. Characteristic Demands of Public Service ………………………… (193)
　　　2. Demands of Supply Systems of Public Service …………………… (197)
　　　3. Demands of Participation of Public Service ……………………… (203)
　　　4. Expanding Demand for Public Participation in Public Service ……… (208)
　Section IV　Common Trends and Regional Comparative Analysis
　　　　　　　under the Twelfth Five-Year-Plan ……………………… (214)
　　　1. Common Trends of Perfecting Basic Public Service Systems under the
　　　　Twelfth Five-Year-Plan ………………………………………………… (215)
　　　2. Regional Features and Diversities in the Construction of Basic Public
　　　　Service Systems ………………………………………………………… (224)

Chapter 4　Practical Exploration on Public Service Systems
　　　　　　　Reform …………………………………………………………… (235)
　Section I　Driving Mechanisms for Public Service Systems Reform …… (235)

1. Factors of Social Public Demand ……………………………… (235)
　　　2. Factors of Local Governments ………………………………… (245)
　　　3. Factors of Competition between Local Governments …………… (257)
　Section II　Practices and Model Analysis on Local Public Services
　　　　　　　Systems Reform ………………………………………… (258)
　　　1. Reform Models of Governmental Supply of Public Service …………… (262)
　　　2. Reform Models of Social Supply of Public Service ………………… (275)
　　　3. Reform Models of Marketable Supply of Public Service ……………… (283)
　Section III　Barriers and Reasons of Local Public Services
　　　　　　　Systems Reform ………………………………………… (290)
　　　1. Barriers of Local Public Services Systems Reform …………………… (290)
　　　2. Reasons of Local Public Services Systems Reform …………………… (301)

Chapter 5　Quality Criteria and Evaluation Study on Basic Public
　　　　　　Service Systems in Provincial Government ……………… (310)
　Section I　Introduction ……………………………………………… (310)
　　　1. Introduction of Quality Study on Basic Public Service Systems ………… (310)
　　　2. Status Quo of Quality Study on Basic Public Service Systems ………… (317)
　　　3. Basic Theory of Quality Study on Basic Public Service Systems ………… (319)
　Section II　Quality Criteria of Basic Public Service Systems ………… (329)
　　　1. Values of the Construction of Quality Criteria …………………… (329)
　　　2. Principles of the Construction of Quality Criteria ………………… (331)
　　　3. Procedures of the Construction of Quality Criteria ………………… (332)
　　　4. Designs and Choices in the Construction of Quality Criteria …………… (334)
　Section III　Quality Evaluation on Basic Public Service Systems … (351)
　　　1. Definition of Objective Index Weight by Analytic Hierarchy Process …… (351)
　　　2. Definition of Objective Index Scores by Composite Index Appraisal Law …… (355)
　　　3. Positive Assess of Objective Indicator Systems ……………………… (356)
　　　4. Positive Assess of Subjective Indicator Systems ……………………… (376)
　Section IV　Conclusions and Policy Proposals ……………………… (395)

  1. Conclusions ……………………………………………………… (395)

  2. Policy Suggestions ……………………………………………… (400)

Chapter 6 Experience Reference to Foreign Public Service Systems ……………………………………………………… (402)

 Section I Overall Conditions of Foreign Public Service Systems Construction ……………………………………………… (402)

  1. Constant Expansion of Public Service ………………………… (402)

  2. Pluralism of Public Service's Supply Entity …………………… (403)

  3. Continuous Perfection of Public Service's Management Systems ………… (404)

  4. Advancement of the Creation of Public Service ………………… (404)

  5. Constant Improvement of the Construction of Electronic Public Service Systems ………………………………………… (405)

 Section II Typical Ways and Methods in Foreign Public Service Systems Reform ……………………………………… (406)

  1. England: Advancement of the "Big Society" of Public Service Based on Public Service Agreement ………………………… (406)

  2. Canada: Optional Public Service Systems Based on Ideas of "Citizen-Centric" ……………………………………………… (410)

  3. The United States: the Construction of Electronic Public Service Systems— "311" Civil Service Systems ……………………… (415)

  4. Germany: Public Service Systems Reform Led by the Government ……… (417)

  5. Japan: Rural Public Service Supply Systems Taking Farmers as the Main Part ……………………………………………… (421)

 Section III Experiences and Enlightenments from Foreign Public Service Systems Construction ……………………………… (426)

  1. Adaption to the National Conditions …………………………… (426)

  2. Match with the Governmental Reform ………………………… (428)

  3. Realization of the Effective Collaboration between Multiple Subjects …… (430)

  4. Gradual Perfection of Systems Construction of Public

Service Management ·· (432)

    5. Constant Creation of Ways of Public Service ························ (434)

Chapter 7 Strategy Design and Implementation Tactics for Perfection of the Local Public Service Systems ············ (436)

  Section I Strategy Design on Perfection of Local Public Services Systems ·· (436)

    1. Strategy Orientation on Perfection of Local Public Services Systems ······ (436)

    2. Basic Principles on Perfection of Local Public Services Systems ········ (437)

    3. Strategy Structure on Perfection of Local Public Services Systems ········ (439)

  Section II Implementation Strategies for Perfection of Local Public Service Systems ·· (442)

    1. Advancement of Local Government Public Service Systems Reform ······ (442)

    2. Construction of Multiple-Cooperative Public Service Supply Systems ······ (447)

    3. Perfection of Resource Insurance Systems of Local Public Service ········ (452)

    4. Improvement of the Quality of Local Public Service Systems ················ (458)

Chapter 8 Case Study on Equalization of Basic Public Service in Balancing Urban-Rural Development ······················ (478)

  Section I Case Study on Equalization of Basic Public Service in Balancing Urban-Rural Development in Sichuan Province ·· (478)

    1. Research Reports on Equalization of Basic Education in Sichuan Province ·· (479)

    2. Research Reports on Equalization of Basic Public Health Service in Sichuan Province ·· (514)

    3. Research Reports on Equalization of Public Employment Service in Sichuan Province ·· (522)

    4. Research Reports on Equalization of Social Security in Sichuan Province ·· (555)

5. Research Reports on Post-Disaster Reconstruction of Public
   Service Systems ·· (571)

Section II　Case Study on Standardization of Basic Public Service in
　　　　　　Balancing Urban-Rural Development in Zhejiang Province:
　　　　　　The Case of Shangcheng District in Hangzhou City ······ (612)
  1. Case Background ··· (613)
  2. Main Practices ··· (614)
  3. Main Effects ·· (625)
  4. Revelation ··· (627)

Appendix ··· (629)
  1. Abstract of Important Meetings of the Party and the Country about Building
     Service-Oriented Government and Public Service System ····················· (629)
  2. Abstract of Important Meetings of the Party and the Country Related to the
     Construction of Various Public Services ·· (632)
  3. The Party and the Country's Major Policy Documents Related to Building a
     Service-Oriented Government and Public Service System ····················· (640)
  4. Aggregate Information of the Relevant Policy Documents of Some Provinces and
     Cities of the Country in Recent Years ··· (648)
  5. Questionnaire of Public Service Needs ·· (660)
  6. Analysis Results of the Questionnaire of Public Service Needs ············· (664)
  7. Objective Indicator System of Quality Standards and Assessment of
     Basic Public Service System ··· (674)
  8. Quality Standards and Assessment's Objective Indicators Data of Basic Public
     Service System ··· (676)
  9. Score Distribution of Quality Standards and Assessment of Regional Objective
     Indicators of Basic Public Service System ··· (681)
  10. Objective Score Results of Quality Standards and Assessment of Basic
      Public Service System ··· (689)

11. Basic Situation of the Provincial Government of Quality Standards and
    Assessment System of Basic Public Services ················· (690)
12. Questionnaire of Subjective Satisfaction of Quality Standards and Assessment
    System of Basic Public Services ························· (692)
13. Questionnaire of Quality Standards and Assessment Level of Basic Public
    Service System Analysis ································· (695)
14. Questionnaire of the Situation of the Construction of Urban and Rural Public
    Service System in Sichuan Province ······················· (703)
15. Analysis Report of Sichuan Provincial Public Service System
    Questionnaire ··· (710)

References ················· (729)

Postscript ················· (762)

第 一 章
导　论

一、研究缘起与价值

(一) 研究缘起

建设服务型政府是中国特色社会主义民主政治建设的内容，也是我国行政体制改革的总体目标。2005年4月10日，胡锦涛总书记在山东考察时指出："要按照建设服务型政府的要求，加快政府职能转变，把政府的更多精力投放到社会管理和公共服务上来。"温家宝总理也在《政府工作报告》中强调"努力建设服务型政府，创新政府管理方式，寓管理于服务之中"[1]。2006年10月，党的十六届六中全会在《中共中央关于构建社会主义和谐社会若干重大问题的决定》中更加明确提出："建设服务型政府，强化社会管理和公共服务职能。"[2] 2007年10月，党的十七大正式提出"加快行政管理体制改革，建设服务型政府"。这表明服务型政府建设已经由地方政府的实践探索上升为国家意志。2012年7月《国家基本公共服务体系"十二五"规划》颁布，提出"建立健全基本公共服务体系，促进基本公共服务均等

---

[1] 温家宝：《2005年政府工作报告》，http://www.gov.cn/test/2006-02/16/content_201218.htm，访问时间：2012年3月5日。

[2] 《中共中央关于构建社会主义和谐社会若干重大问题的决定》，http://cpc.people.com.cn/GB/64093/64094/4932424.html，访问时间：2012年3月8日。

化,是深入贯彻落实科学发展观的重大举措,是构建社会主义和谐社会、维护社会公平正义的迫切需要,是全面建设服务型政府的内在要求",正式在国家顶层设计中将基本公共服务体系建设作为服务型政府建设的核心内容,这表明服务型政府建设不仅体现为政府管理方式的改革与创新,更要以完善基本公共服务体系为着力点,加快推进政府职能转变,强化政府公共服务和社会管理职能。2012年11月,党的十八大在强调"建设职能科学、结构优化、廉洁高效、人民满意的服务型政府"的基础上,又把"加快健全基本公共服务体系"作为"加强和创新社会管理,推动社会主义和谐社会建设"的重要路径,正式将服务型政府建设与社会建设有机联系,从而赋予了服务型政府新的本质内涵,这就要求我们突破单纯以行政学视野研究服务型政府的局限,更要用政治学、社会学的分析框架,从落实科学发展观、建设社会主义和谐社会的高度,认真研究服务型政府的基础理论体系,不仅从技术的层面解决"怎样服务"问题,更要从价值的层面明确"谁来服务"、"为谁服务"和"服务什么"、"为什么服务"等问题,以明确建设服务型政府的主体、客体、目标、内涵、动力机制等要素,增强对"服务型政府"概念、内涵解读的系统性和科学性,提炼出地方建设服务型政府和完善公共服务体系的有效模式,并且在比较借鉴国外构建公共服务体系的理论与实践的基础上,寻求适用中国国情的服务型政府发展道路和实现模式。

  本课题将研究视角集中在"服务型政府建设与完善地方公共服务体系",重点通过研究服务型政府的基础理论和战略系统,探析服务型政府建设与完善公共服务体系的内在逻辑。在明确完善公共服务体系是建设服务型政府着力点的基础上,我们把完善地方基本公共服务体系作为研究的重点,其一是因为目前我国服务型政府建设的核心在于强化政府的公共服务职能,提升公共服务能力。而地方基本公共服务体系的构建,不仅是影响基本公共服务范围和标准、资源配置、管理运行、供给方式与绩效的基本制度安排[①],也是决定各级政府能否有效发挥公共服务职能,提升服务能力的关键因素。其二是因为目前我国各级政府供给的公共服务主要是指以保障"民

[①] 《国家基本公共服务体系"十二五"规划》,《光明日报》2012年7月20日。

生"为核心的基本公共服务,包括基础教育、就业与社会保障、公共卫生、住房保障、公共文化等,旨在构筑保障全体公民生存与发展基本需求的底线。故《国家基本公共服务体系"十二五"规划》也是把政府公共服务职能和供给的范围锁定在基本公共服务。其三是因为我国幅员辽阔,区域经济社会发展的差异性较大,在构建基本公共服务体系方面,地方政府更能够有效地了解和把握本区域的公共服务需求,从而比中央政府更能快速有效地回应民生需求,建立契合本地区经济社会发展需求的基本公共服务体系,以提升公共服务供给的针对性与有效性。

(二) 学术价值与应用价值

国家对服务型政府建设的肯定与推进,极大地鼓励了地方建设服务型政府的实践探索,随着各地各级地方服务型政府建设的实践推进,学术界也推出了一系列服务型政府研究的重要成果,有效发挥了理论研究对实践的回应和指导作用。然而,随着国家战略中对服务型政府内涵的拓展,如何构建以满足公共服务需求为出发点、以创新公共服务供给机制为关键点、以完善公共服务体系为着力点、以保障改善民生和促进社会公平为归着点的新型服务型政府战略,既是当下服务型建设实践中的核心任务,也是学术界服务型政府建设研究中的新视野。本课题将针对服务型政府建设与完善地方公共服务体系研究中的薄弱环节,综合运用政治学、行政学、法学、社会学等多学科研究工具,牢牢把握转型期中国经济、政治、文化、社会建设的现实需求与地方区域发展特色,力争体现下列价值:

1. 以建设服务型政府与完善地方基本公共服务体系的基本理论研究为基础,弥补学术研究中的薄弱环节

目前,学术界对服务型政府和公共服务体系的研究已取得可喜的成果,内容涉及服务型政府的概念、内涵、背景、价值、模式、途径,基本公共服务体系的概念、内涵、特质、构成要素、需求、供给机制、质量与绩效等。但仍然存在着一些薄弱环节,如:对建设服务型政府和完善公共服务体系的内在逻辑缺乏深层次的解读;对公共服务体系构建与政府职能转变、行政管理体制改革的内在关系也缺乏深入分析;对各地构建基本公共服务体系中存在的误区、面临的障碍缺乏理性剖析,对地方基本公共服务体系的质量控制与绩效评估研究尚显薄弱。本课题将高度重视对服务型政府的理念阐释、核心价值、基本特征、理论溯源、职能体系、构成要素、动力机制、制度障碍、战略设计等方面的系统研究,争取在服务型政府与基本公共服务体系基本理论研究中有所突破和创新。

同时,也要对各地建设服务型政府与完善基本公共服务体系的实践进行比较研究,寻求其共性与差异性,及时总结经验、诊断问题,提炼出地方建设服务型政府和完善基本公共服务体系的有效模式;也要比较借鉴国外构建基本公共服务体系的理论与实践,寻求适用中国国情的服务型政府发展道路和实现模式。

2. 以分析国家公共服务体系的政策变迁与公众需求为前提,完善地方基本公共服务体系制度环境

服务型政府的基本任务,就是以发展社会事业和解决民生问题为核心,逐步形成惠及全民的基本公共服务体系,以破解"城乡之间、区域之间公共服务供给失衡","公共需求增长和公共供给不足"的双重困局,这也是调控社会群体之间收入差距、促进社会公平正义、保障社会安定有序的有效制度性手段和机制。在公共服务供给体制中,中央与地方政府应根据事权划分承担不同的责任,发挥各自的功能与作用。中央政府侧重于公共服务的规划决策、供给指导、制度保障与监督,原则上以城乡和区域基本公共服务均等化为重点,发挥中央的资源再分配功能;各级地方政府更侧重于公共服务供给的执行,主要根据辖区内城乡居民的公共需求,构建相应的公共服务体系,明确本地区基本公共服务范围与标准、资源配置、供给机制与方式,并保障公共服务的质量与供给效率。由此可以看出,完善地方公共服务体系,既是提升地方公共服务供给的能力与质量的关键环节,也是强化地方政府公共服务职能、建设服务型政府的核心问题。

本课题的重点是地方基本公共服务体系的完善,但并非就局限在地方政府的视角,而是将地方公共服务体系的构建放在整个国家公共服务体系的大背景中进行重点研究。通过梳理国家层面公共服务体系构建的历史变迁、发展成就、存在问题等,为研究地方公共服务体系提供政策背景与制度环境分析。通过对我国公共服务体系社会需求的实证调查,准确把握现阶段公众对公共服务供给的认知度与满意度,分析公众对基本公共服务范围、标准、效率、质量、供给机制等方面的需求,为完善地方公共服务体系提供需求分析。

3. 以总结提炼地方基本公共服务体系的创新实践为重点,探讨新时期完善地方基本公共服务体系的战略设计与实施策略

随着国家对服务型政府建设的大力推进,全国各级地方政府都围绕基本公共服务体系构建展开了多样化的创新实践,迫切需要对这些创新实践进行梳理总结,提炼出具有示范性和推广价值的创新模式。并且,《国家基本公共服务体系"十二五"规划》把建立健全基本公共服务体系、促进基本公共服务均等化,作为全面建设服务型政府的内在要求,提出了"十二五"时期我国基本公共服务体系的目标是"覆盖城乡居民的基本公共服务体系逐步完善,推进基本公共服务均等化取得明显进展;到2020年实现全面建设小康社会奋斗目标时,基本公共服务体系比较健全,城乡区域间基本公共服务差距明显缩小,争取基本实现基本公共服务均等化"①。这也迫切需要我们在总结提炼地方基本公共服务体系创新实践的经验的基础上,依据国家对基本公共服务体系的顶层设计,探索完善地方基本公共服务体系的战略与实施策略。

本课题在充分调查的基础上,认真分析目前我国地方基本公共服务体系创新的动力、典型案例与模式、取得的成效、面临的障碍与原因。同时对国外基本公共服务体系建设的总体情况、典型案例与模式进行提炼总结,寻找可供借鉴的经验启示。在此基础上探索"十二五"期间完善我国地方基本公共服务体系的战略思路与实施策略。

4. 以地方公共服务体系的质量标准与评估为突破,探索地方基本公共服务供给的公平与效率问题

对基本公共服务体系进行质量监测与评估,不仅有利于提升基本公共服务的供给效率,更有利于保障城乡居民平等享受基本公共服务,促进基本公共服务的均等化和社会公平,使发展的成果更多更公平地惠及全体人民。

---

① 《国家基本公共服务体系"十二五"规划》,《光明日报》2012年7月20日。

《国家基本公共服务体系"十二五"规划》要求:"国家发改委要以全国基本公共服务水平综合评价为重要手段,制定评价指标体系和评价方案,牵头组织开展中期评估和终期评估,并向国务院提交评估报告,以适当方式向社会公布;各级政府部门要开展本行业和本地区的基本公共服务水平监测评价;鼓励多方参与评估,积极引入第三方评估。"[①]

本课题以基本公共服务体系的主要责任主体——省级政府为研究对象,探讨地方基本公共服务体系的质量标准与绩效评估。一方面,通过对传统政府绩效评估的合理反思,研究基本公共服务质量评估的价值取向、理论基础、指标体系、基本程序及一般方法,构建集主观评价与客观评价、发展性与保障性、过程控制与结果导向为一体的基本公共服务质量评估分析框架,解决公共服务绩效评估理论研究与实践探索中的诸多困境。另一方面,参考国家"十二五"规划的基本目标,通过标准设置和绩效分析,准确、有效地分析差距,比较进程,进而合理、有序地构建地方基本公共服务绩效优化与民生改善机制,有效落实《国家基本公共服务体系"十二五"规划》的各项任务,推进服务型政府建设与行政体制改革进程。

5. 以四川省城乡基本公共服务均等化为实践样本,探讨统筹城乡发展中完善基本公共服务体系的有效模式

服务型政府与完善地方公共服务体系的理论研究来源于实践,更需要将理论研究成果用于实践中检验,并且转化为地方政府的公共政策,发挥社会科学服务于社会发展、提供智力支持的功能。四川省成都市是国家批准的全国统筹城乡综合配套改革试验区,在建设服务型政府与构建城乡均衡的基本公共服务体系方面先行先试,积累了丰富的经验教训。

本课题将以四川省和成都市为典型案例,从基本教育、公共卫生、就业服务、社会保险等方面具体调查其促进城乡基本公共服务均等化的措施、成效、问题;同时,对汶川地震灾后公共服务体系重建进行调查分析,总结提炼出具有示范性和推广价值的经验。

---

① 《国家基本公共服务体系"十二五"规划》,《光明日报》2012年7月20日。

二、国内外研究状况述评

建设服务型政府与完善公共服务体系是我国学界和政界共同关注的重大问题。近些年来，围绕该问题的研究已经出现了如下趋势：研究视角更加多样，研究内容更加深入，研究的方法更趋多元，研究质量逐步提高，实现了理论研究与实践探索的互相推动。

（一）国内关于服务型政府建设研究述评

"服务型政府"的概念是中国政治生态的产物，也是中国学者对政府治理理论研究的重要贡献，具有鲜明的中国特色，西方语境中没有这样的提法，与此相关的是新公共管理、新公共服务、协同治理等理论。故我们只对国内服务型政府的研究进行文献梳理。目前学界对服务型政府的研究主要围绕在服务型政府的概念与内涵、服务型政府的本质特征、服务型政府的主要任务与基本内容、服务型政府的理论基础、服务型政府建设进程中的问题、构建服务型政府的战略设计与实施路径选择等问题，取得了可喜的成就。

1. 总体状况

笔者在中国知网（CNKI）以"服务型政府"为主题进行检索，截至2012年12月31日，已有来源于核心期刊的论文2553篇，其中来源于中文社会科学引文索引（CSSCI）的有1293篇。[①] 国内服务型政府的研究开始于1998年，2008年以来的五年是相关研究成果的"井喷期"（见图1-1）；《中国行政管理》是服务型政府研究成果展示的最大平台（见表1-1）；"服务型政府"、"公共服务"等是高频出现的关键词（见表1-2）。

---

① 截至2013年5月27日，在各大核心期刊上共发文2553篇，其中2013年发文51篇，由于月份不完整，数量缺乏说明力，故图表中未体现2013年的发文数量，但后文的具体内容分析中涵盖2013年所发文献。

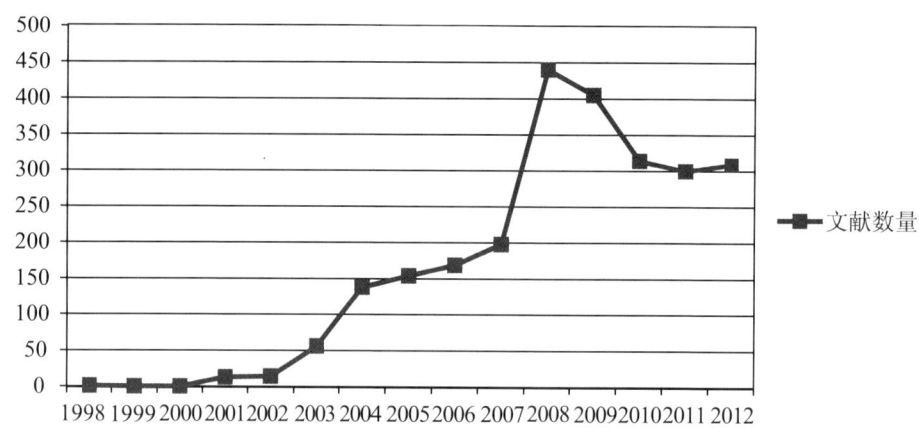

图 1-1 以"服务型政府"为主题的文献年份分布

表 1-1 服务型政府研究十大文献来源

排名	期刊	数量
1	《中国行政管理》	259
2	《行政论坛》	75
3	《人民论坛》	63
4	《云南行政学院学报》	60
5	《领导科学》	54
6	《瞭望》	46
7	《理论导刊》	44
8	《新视野》	37
9	《理论探讨》	36
10	《求是》	31

表 1-2 服务型政府研究十大高频关键词

排名	关键词	出现次数
1	服务型政府	698
2	公共服务	172
3	政府职能	85
4	电子政务	63
5	地方政府	59
6	公共服务型政府	58
7	政府	53
8	和谐社会	50
9	政府改革	42
10	政府转型	35

2. 主要研究专题

（1）关于服务型政府的概念与内涵

概念界定是学术研究的起点和重点。王仲田最早提出"服务型政府"的概念，结合当时的政府机构改革，他强调21世纪的政府应该要有新形象，要实现由过去"管字当头的管理控制型政府转向立足于服务和监督的服务型政府"①。随后，学者们从不同的层面和视角就服务型政府的概念进行讨论，其中有三种理解角度最为普遍：

一是功能定位角度。学者们普遍认为服务和满足公众需求是服务型政府的基本功能和根本价值取向。如张康之认为服务型政府就是为人民服务的政府，为社会公众提供服务是政府的基本理念和价值追求。②刘熙瑞指出服务型政府是以公共服务为宗旨并承担着服务责任的政府。③张康之、程倩认为服务型政府是追求服务型社会治理模式、以满足社会需求为直接目标的政府，最根本、最核心的内容在于对服务价值和精神的践行。④迟福林认为，服务型政府是为社会提供基本而有保障的公共产品和有效的公共服务，以不断满足广大社会成员日益增长的公共需要和公共利益诉求，在此基础上形成政府治理的制度安排。张雄风等人认为服务型政府是指"满足社会公共需求，提供充足优质公共产品与公共服务的现代政府"⑤。

二是政民关系角度。部分学者从服务型政府与公民的关系切入，认为服务型政府是公民的政府，它以公民为成立和运转的载体和目的。姜晓萍认为服务型政府是坚持以人为本、执政为民的治理理念的政府。⑥朱泽山认为，服务型政府是"经人民代表大会授权，受人民委托，以维护广大人民群众的根本利益为服务宗旨，通过对社会实行规范、公正、高效率的管理，实现最大多数人的最大福利的政府"⑦。吴玉宗指出，服务型政府首先必须是遵从人民意愿的民主政府。⑧傅耕石强调服务型政府是以公民本位、以人为本、主权在民的现代民主政府。⑨

---

① 王仲田：《王仲田教授谈政府机构改革》，《中国特色社会主义研究》1998年第3期。
② 张康之：《限制政府规模的理念》，《行政论坛》2000年第4期。
③ 刘熙瑞：《服务型政府——经济全球化背景下中国政府改革的目标选择》，《中国行政管理》2002年第7期，第5—7页。
④ 张康之、程倩：《作为一种新型社会治理模式的服务行政——现实诉求、理论定位及研究取向》，《学习论坛》2006年第5期，第44—47页。
⑤ 张雄风等：《浅析我国服务型政府建设的内涵、原则与目标》，《商业文化》2012年第3期。
⑥ 姜晓萍：《论"服务型政府"的基本内涵》，《四川行政学院学报》2004年第2期，第8—11页。
⑦ 黄奇帆：《服务型政府建设》，重庆出版社2004年版。
⑧ 吴玉宗：《服务型政府研究》，经济日报出版社2007年版。
⑨ 傅耕石：《服务型政府：我国政府发展的理性选择》，《社会科学战线》2007年第3期，第215—218页。

三是职能转变角度。学者们认为，从某种意义上来讲，建设服务型政府是对传统管制型政府、全能政府和经济建设型政府等政府形态的突破和改良。如张康之指出政府要告别作为统治者或管理者的角色，以服务社会的姿态出现，建设服务型政府。① 吴敬琏认为，服务型政府是对传统"全能大政府"体制的突破，要修正该体制下政府和人民之间的主仆关系，建设一个公开、透明和可问责的服务型政府。② 毛寿龙强调要从强制性行政走向服务行政，由发展型政府转变为服务型政府，这是改革逻辑的必然。③ 侯玉兰认为，政府由"以控制管理为要务转变为以传输服务为要务，管理目标由经济领域转移到公共服务领域"④。

关于服务型政府的内涵，刘熙瑞提出"服务型政府是在公民本位、社会本位理念指导下，在整个社会民主秩序的框架中，通过法定程序，按照公民意志组建起来的以为公民服务为宗旨并承担着服务责任的政府"⑤，把公民本位、社会本位、依法行政、担当责任作为服务型政府的本质内涵。迟福林提出了公共服务型政府概念，认为其基本内涵是"为社会提供基本而有保障的公共产品和有效的公共服务，以不断满足广大社会成员日益增长的公共需求和公共利益诉求，在此基础上形成政府治理的制度安排"⑥，把政府为满足公共需求、维护公共利益，向社会提供公共产品、公共服务的制度安排作为服务型政府的内涵。姜晓萍认为服务型政府内涵主要体现为"以人为本的治理理念，依法行政的行为准则，公众需求导向的服务模式，回应民意的政府责任，人民满意的服务目标"⑦。张立荣提出，服务型政府的内涵是"以公民本位和社会本位为理念，以民主宪政为依托，以服务人民为宗旨，在依法全面履行政府职能的过程中突出公共服务，承担服务责任的现

---

① 张康之：《限制政府规模的理念》，《行政论坛》2000年第4期，第55—60页。
② 吴敬琏：《建设一个公开、透明和可问责的服务型政府》，《领导决策信息》2003年第25期，第9页。
③ 毛寿龙：《从强制性行政走向服务行政》，《商务周刊》2003年第14期。
④ 侯玉兰：《论建设服务型政府：内涵及意义》，《前沿论坛》2003年第23期，第16、17页。
⑤ 刘熙瑞：《服务型政府——经济全球化背景下中国政府改革的目标选择》，《中国行政管理》2002年第7期，第5—7页。
⑥ 迟福林：《全面理解"公共服务型政府"的基本涵义》，《人民论坛》2006年第3期，第14、15页。
⑦ 姜晓萍：《构建服务型政府进程中的公民参与》，《新华文摘》2007年第21期。

代政府"①。

（2）关于服务型政府的本质特征

对服务型政府的本质特征，目前学术界尚未达成完全共识，但是下列几个方面的特质得到了普遍认同：

一是公民本位。丁煌认为政府存在的理由和基础是为民服务。② 朱泽山认为服务型政府以维护公民利益和实现最大多数公民的最大福利为宗旨。③ 姜晓萍强调政府服务要以人民诉求为导向，想民所想，急民所急，以公民的期望、需求和满意度等为决策依据。④ 吴玉宗强调服务型政府要遵从人民意愿。⑤ 傅耕石也认为服务型政府有以公民本位、以人为本、主权在民的特性。⑥ 顾爱华强调政府要把人民放在社会主体地位，实践主权在民和人民至上的现代民主价值。⑦ 方海珍指出以人为本、执政为民是服务型政府的治理理念。⑧

二是民主参与。吴玉宗指出服务型政府应具有本质民主性，只有人民能有效控制的政府才能真正保证它是为人民服务的政府。⑨ 姜晓萍指出公民参与不仅是确保服务型政府合法性基础的关键要素，而且是契合服务型政府的治理模式。⑩ 方海珍认为服务型政府的本质特征在于公民可以通过正常程序和渠道参与国家治理，表达自己的愿望。⑪ 龙立军认为服务型政府本质上要求政府必须是公民参与性的。⑫

---

① 张立荣：《当代中国服务型政府建设和公共服务体系完善理论与实证研究：以促进社会公平正义为依归》，中国社会科学出版社 2012 年版。
② 丁煌：《服务型政府的理论澄清》，《中国行政管理》2004 年第 11 期，第 21 页。
③ 黄奇帆：《服务型政府建设》，重庆出版社 2004 年版。
④ 姜晓萍：《论"服务型政府"的基本内涵》，《四川行政学院学报》2004 年第 2 期，第 8—11 页。
⑤ 吴玉宗：《服务型政府研究》，经济日报出版社 2007 年版。
⑥ 傅耕石：《服务型政府：我国政府发展的理性选择》，《社会科学战线》2007 年第 3 期，第 215—218 页。
⑦ 顾爱华：《论服务型政府的价值基础》，《建设服务型政府的理论与实践研讨会暨中国行政管理学会 2008 年年会论文集》2008 年第 12 期。
⑧ 方海珍：《服务型政府的特征和构建途径研究》，《求实》2010 年第 S2 期。
⑨ 吴玉宗：《服务型政府研究》，经济日报出版社 2007 年版。
⑩ 姜晓萍：《构建服务型政府进程中的公民参与》，《社会科学研究》2007 年第 4 期，第 1—7 页。
⑪ 方海珍：《服务型政府的特征和构建途径研究》，《求实》2010 年第 S2 期。
⑫ 龙立军：《近年来国内服务型政府研究综述》，《贵州民族学院学报（哲学社会科学版）》2011 年第 5 期，第 168—171 页。

三是崇尚法治。有权必有责,用权受监督,侵权要赔偿。姜晓萍指出依法行政是服务型政府的行为准则。① 傅耕石认为权力能改善人类生活,但具有潜在的破坏性,以法律约束权力是我国建立服务型政府的内在要求。② 孟玲、吴云飞认为依法行政、违法必究是服务型政府的基本内涵,主张要加强服务型政府的法律制度建设。③ 宋曾伟提出"统治型政府基本上是依靠权力去治理社会的,而服务型政府不仅需要权力还需要德治,更需要德治与法治的统一"④。

四是有限有效。吴玉宗认为服务型政府的职能是有限的,但也具有绩效性效果⑤。孙海平认为服务型政府建设的首要任务是实现政府职能从"大而杂"转向"小而精",有选择地在一些政府不适宜干涉的领域放权,从全能政府走向有限政府,但有限政府并不等同于弱政府,服务型政府把有限的精力集中投入到重点领域,可以提升治理的效率和效益。⑥

五是透明廉洁。何水认为服务型政府是人民的政府,一切权力来源于人民,有责任、有义务保持透明性,主动公开政务信息,自觉接受人民监督。⑦ 李学甫认为服务型政府是阳光透明的政府。⑧ 龙立军认为透明是公民参与和监督以及政府进行绩效评估的前提,所以对于服务型政府建设而言是必需的。⑨

在探究服务型政府本质特征的同时,一些学者还就服务型政府建设的特性进行了探讨,如吴玉宗认为我国服务型政府建设的主要特性有内生性(改革开放的国策)、地方创新性(地方政府先行先试)、外驱性(加入

---

① 姜晓萍:《论"服务型政府"的基本内涵》,《四川行政学院学报》2004年第2期,第8—11页。
② 傅耕石:《服务型政府:我国政府发展的理性选择》,《社会科学战线》2007年第3期,第215—218页。
③ 孟玲、吴云飞:《对我国服务型政府建设的几点思考》,《改革与开放》2010年第11期。
④ 宋曾伟:《服务型政府建设的理论与实践》,中国经济出版社2012年版。
⑤ 吴玉宗:《服务型政府建设研究》,经济日报出版社2007年版。
⑥ 孙海平:《服务型政府建设的若干思考》,《当代经济》2013年第3期。
⑦ 何水:《服务型政府及其在我国的建构》,四川大学硕士学位论文,2004年。
⑧ 李学甫:《服务型政府的基本特征与各地建设服务型政府的几种模式》,《中国人才》2009年第9期,第56页。
⑨ 龙立军:《近年来国内服务型政府研究综述》,《贵州民族学院学报(哲学社会科学版)》2011年第5期,第168—171页。

WTO)、偶然性（SARS 事件的催化）。① 毛志雄、汪玉凯认为特大城市服务型政府建设主要呈现四大特性：职能职责的广泛性、服务供给的多样性、治理主体的多元性、管理创新的示范性。②

（3）关于服务型政府建设的基本任务和主要内容

正如李靖等人所言，我国的服务型政府及其建设是本质、制度、理念和价值的服务型与管理的服务型的有机统一③，多数学者认为建设服务型政府的基本任务和内容主要有如下几点：

一是加快政府职能的转变。郁建兴认为：服务型政府建设作为一种政府转型，显然已经超出了政府如何提供服务的范畴，而必然涉及政治权力的重新分配、国家与社会关系的重构以及政府行为逻辑转换等一系列问题。④ 一些学者提炼了政治统治型政府、经济管理型政府和公共服务型政府三种政府治理模式，认为公共服务型政府的核心职能是有效履行公共管理和公共服务。沈荣华认为：要使政府职能向提供公共服务职能方向转变，政府就应该"以公众为服务导向，扩大政府决策的公众参与，加强社会公众对政府公共服务的评价，营造政府与社会的协作机制"⑤。迟福林认为"公共服务型政府的主要任务是为全社会提供基本的公共产品和公共服务，从关注弱势群体的角度出发，集中解决最突出的社会经济问题，要特别重视农民的利益，为农民提供基本而有保障的公共产品，注重并建立不同利益主体的利益表达机制，建立以公共服务为取向的政府业绩评价体系和科学的行政问责机制"⑥。

二是建立健全公共服务体系。徐传谌、刘世峰指出我国建设服务型政府的总体目标是从我国国情出发，建立符合本区域特点的公共服务模式，探索

---

① 吴玉宗：《服务型政府建设研究》，经济日报出版社2007年版。
② 毛志雄、汪玉凯：《特大城市服务型政府建设研究——以成都为例》，四川人民出版社2012年版。
③ 李靖：《在中国建设服务型政府的理论基础》，《政治学研究》2005年第4期，第69—74页。
④ 郁建兴、徐越倩：《服务型政府研究的理论进路与出路》，《行政论坛》2012年第1期，第27—32页。
⑤ 沈荣华：《提高政府公共服务能力的思路选择》，《中国行政管理》2004年第1期，第29—32页。
⑥ 迟福林、方栓喜：《加快建设公共服务型政府的若干建议》，《发展月刊》2004年第3期，第14—16页。

与社会主义市场经济体制相适应的公共服务体系。① 高尚全认为完善公共服务体系建设是构建社会主义和谐社会的现实要求,是加快服务型政府建设的关键所在。② 孙涛认为服务型政府建设须从全体民众的利益出发,为社会提供有基本保障的公共服务体系。③ 郁建兴、高翔强调基本公共服务体系的构建可以为服务型政府建设走向制度化提供必要保障。④

三是创新公共服务供给方式。随着服务型政府建设的不断深化,越来越多的学者意识到,相较于政府垄断提供公共服务的传统做法,多元参与有利于提升公共服务供给的效率和效益。范逢春指出社会力量的利用和公共服务社会化是服务型政府建设的主要内容。在以"比较视野下的公共行政改革与建设服务型政府"为主题的第四届"中韩两国四方"国际学术论坛上,与会学者特别强调,服务型政府并不完全等同于"政府提供服务",政府不应该是公共服务的唯一主体,要善于激发非政府组织在公共服务供给中的潜能,这是构建服务型政府的题中之意。⑤ 迟福林强调在服务型政府建设的过程中,要理顺政府、市场与社会三者之间的关系,形成基本公共服务供给的多元参与格局和互补机制。⑥

四是促进基本公共服务均等化。陈海威认为推动基本公共服务均等化是服务型政府的重要职责,是构建社会主义和谐社会的内在要求。⑦ 张勤指出实现基本公共服务均等化是构建服务型政府的一项重要任务,必须要有正确的认识和良好的体制机制保障。⑧ 徐增阳认为推进城乡基本公共服务均等化是我国建设服务型政府、加强社会管理和公共服务的重要内容⑨。钟俊生、

---

① 徐传谌、刘世峰:《公共服务型政府的内涵及其治理》,《经济与管理研究》2006 年第 3 期,第 13—17 页。
② 高尚全:《完善公共服务体系,加快服务型政府建设》,《中国改革》2007 年第 12 期,第 11—20 页。
③ 孙涛:《近年来服务型政府建设研究述评》,《中国行政管理》2011 年第 1 期,第 120—124 页。
④ 郁建兴、高翔:《中国服务型政府建设的基本经验与未来》,《中国行政管理》2012 年第 8 期。
⑤ 罗峰、方卿:《"比较视野下的公共行政改革与建设服务型政府"国际学术研讨会会议综述》,《中国行政管理》2008 年第 11 期,第 127 页。
⑥ 迟福林:《政府转型与基本公共服务》,《中国浦东干部学院学报》2009 年第 1 期,第 5—8 页。
⑦ 陈海威:《中国基本公共服务体系研究》,《科学社会主义》2007 年第 3 期,第 98—100 页。
⑧ 张勤:《论推进服务型政府建设与基本公共服务均等化》,《中国行政管理》2009 年第 4 期。
⑨ 徐增阳:《县级政府公共服务体系、问题与对策——以城乡基本公共服务均等化为视角》,《调研世界》2009 年第 3 期,第 14—16 页。

聂鑫认为基本公共服务均等化与服务型政府在公民本位、公平正义、均等共享、协同服务和科学发展五方面高度契合,要把促进基本公共服务均等化作为今后五年我国政府工作的核心。[1]

(4) 关于服务型政府建设的理论依据

理论依据是事物存在和发展的必要前提,也是论证事物合理性和合法性的必要素材,理论依据研究是服务型政府研究的重要关节点。我国学者主要将如下几种理论作为服务型政府建设的理论依据:

一是人民主权理论:何水认为人民主权理论主张人民是政府权力来源,强调人民在政府与人民二元关系中的根本地位,所以是我国服务型政府建设的政治学理论依据。[2]王洪杰、白晓峰认为洛克、马克思、恩格斯等人的人民主权思想高度凸显了服务精神,中国特色的人民主权理论把服务精神上升到一个新的高度,是我国服务型政府建设可借鉴的理论基础之一。[3]

二是新公共管理理论:何水认为新公共管理理论将传统公共行政的政府、效率和个人利益中心主义转化为顾客、成本和公共利益中心主义,为我国服务型政府建设提供了行政学理论依据。[4]燕继荣主张以企业家精神重塑政府的新公共管理理论直指公共服务部门的官僚制结构,为服务型政府的建设指明了方向。[5]张立荣认为新公共管理理论是对传统行政管理方式的一次根本性和方向性的变革,是对政府管理和公共服务创新运动的理论总结。[6]

三是新公共服务理论:陆肖军认为新公共服务理论提倡公共利益、公民权利、民主程序、公平公正、回应性等理念,在一定程度上,该理论为我们

---

[1] 钟俊生、聂鑫:《服务型政府构建中的基本公共服务均等化的实现途径探析》,《东北大学学报(社会科学版)》2012年第3期。
[2] 何水:《服务型政府建设的理论依据与现实背景》,《云南社会科学》2005年第4期,第1—4页。
[3] 王洪杰、白晓峰:《论服务型政府服务精神的理论基础和价值》,《云南行政学院学报》2009年第3期。
[4] 何水:《服务型政府建设的理论依据与现实背景》,《云南社会科学》2005年第4期,第1—4页。
[5] 燕继荣:《服务型政府的研究路向》,《学海》2009年第1期,第191—201页。
[6] 张立荣:《当代中国服务型政府建设和公共服务体系完善理论与实证研究》,中国社会科学出版社2012年版。

服务型政府建设提供了最直接的理论支撑。① 侯玉兰列举了新公共服务的"服务于公民而非顾客、追求公共利益、超越企业家身份、重视公民身份、战略地思考、民主地行动、责任并不是单一的、服务而不是掌舵和重视人而不是生产效率"等七大主要观点，主张以新公共服务理论为基础，来构建现代服务型政府。② 燕继荣认为新公共服务理论重申了公民本位的价值取向，强调公民优先、公民满意，重视民主价值和公共利益，为服务型政府的建设提供了重要的思想资源。③

四是治理理论：刘俊生指出"治理理论强调政府和社会的信任与合作，是民主行政理论之外，服务型政府的又一重要理论基石"④。黄克瀛认为治理理论就公共管理的主体、责任和运行机制等问题的界定都与服务型政府相契合，该理论着力构建的自主自治的网络体系也是服务型政府努力的方向。⑤ 燕继荣认为治理理论强调公私合作、共管共治，是对传统公共行政范式的替代，在一定程度上能为服务型政府的建设提供精神养料。⑥

五是法治理论：刘熙瑞、段龙飞认为只有通过法律才可以确保服务型政府所主张的公民、社会和权利本位等思想落到实处，法治理论是服务型政府建设的制度基础⑦，同时，公共服务理论对法治理论也有强大的反作用。公共服务正在逐渐取代主权成为公法的基础概念。⑧ 何水认为从行政法学的视角来看，行政法治理论的法律至上、法律必须尊重公民个人的权利和自由、行政行为必须接受法院的司法审查等理念为我国的服务型政府建设奠定了坚实的理论基础。⑨

---

① 陆肖军：《论服务型政府建设》，《云南社会科学》2005年第2期，第9—11页。
② 侯玉兰：《新公共服务理论与建设服务型政府》，《国家行政学院学报》2005年第4期，第31—34页。
③ 燕继荣：《服务型政府的研究路向》，《学海》2009年第1期，第191—201页。
④ 刘俊生：《论服务型政府的价值基础与理论基础》，《南京社会科学》2004年第5期。
⑤ 黄克瀛：《服务型政府理论溯源》，《长白学刊》2008年第6期，第42—45页。
⑥ 燕继荣：《服务型政府的研究路向》，《学海》2009年第1期。
⑦ 刘熙瑞、段龙飞：《服务型政府：本质及其理论基础》，《国家行政学院学报》2004年第5期，第25—29页。
⑧ ［法］狄骥：《公法的变迁：法律与国家》，郑戈等译，辽海出版社、春风文艺出版社1999年版。
⑨ 何水：《服务型政府建设的理论依据与现实背景》，《云南社会科学》2005年第4期，第1—4页。

六是马克思主义理论：刘熙瑞、段龙飞认为马克思主义代表制思想特别强调无产阶级政府的服务性本质，中国共产党的"三个代表"是对该思想的继承和发展，二者都是服务型政府建设的直接指导思想。李靖认为各国的服务型政府建设不会有一个共同的理论基础，我国服务型政府建设的理论基础应该是与我国国情紧密结合的马克思主义的民主理论。① 陆肖军也认为从政治学的视角来看，马克思主义的民主理论是服务型政府的理论源泉，因为马克思主义主张人民是国家的主人，政府工作人员是人民公仆，这从根本上奠定了服务型政府的理论基础。② 王洪杰、白晓峰指出马克思主义公仆理论和为人民服务理论是我国服务型政府服务精神的理论基础。③

在我国学者广泛汲取西方智慧的同时，张康之指出，到西方国家的思想理论中去寻找服务型政府理论模型的做法是一个错误的学术倾向。④ 就服务型政府这个中国产物，一些学者主张从中国土壤中挖掘理论基础。如施雪华认为服务型政府理论基础不是社会契约论、新公共服务理论或为人民服务理论，西方国家服务型政府的理论基础是"后工业社会理论"，我国的则主要是"政府职能结构重心位移理论"和以人为本的科学发展理论。⑤

（5）关于建设服务型政府进程中的问题

虽然，我国已经有越来越多的地方政府认识到建设服务型政府的必要性和紧迫性，并进行了大胆的探索和实践，也取得了一定的成效，但同样，在建设服务型政府的过程中出现了许多亟待解决的问题。学者们也对此进行了研究。

一是服务行政理念缺失，认识存在误区：国家行政学院教授薄贵利认为，目前一些地方政府在建设服务型政府过程中存在认识上的误区。比如：惯性思维使其对建设服务型政府的重要性和紧迫性没有清醒的认识；模糊认识使其不清楚服务型政府的真切含义；片面认识使其"虽然认识到建设服

---

① 李靖：《在中国建设服务型政府的理论基础》，《政治学研究》2005年第4期，第69—74页。
② 陆肖军：《论服务型政府建设》，《云南社会科学》2005年第2期，第9—11页。
③ 王洪杰、白晓峰：《论服务型政府服务精神的理论基础和价值》，《云南行政学院学报》2009年第3期。
④ 张康之：《把握服务型政府研究的理论方向》，《人民论坛》2006年第3期，第10—13页。
⑤ 施雪华：《"服务型政府"的基本涵义、理论基础和建构条件》，《社会科学》2010年第2期，第3—11页。

务型政府的重要性，但把为企业服务放到了第一位，把为城乡居民提供服务摆在了第二位"；传统思维使其认为"公共服务应该由政府一揽子包下来，由政府统一提供，垄断供给，忽视了市场和社会的作用"；简单思维使其"对于如何确定公共服务供给的优先顺序，如何保证公共服务质量、提高公共服务效率，没有深入调查，系统研究，没有做到从国情、区情、社情和民情实际出发"。① 孔凡河也认为"近年来我国基层服务型政府建设的现实困境主要来自于'民本至上，服务为先'施政理念缺失"②。李兆峰指出当前建设服务型政府的主要问题是人本主义的缺失，社会公共领域的关注不足。③ 沈亚平认为，我国服务型政府建设面临行政理念方面的障碍。④ 朱光磊、薛立强提出思想认识方面的问题主要表现在"主体认识模糊，认为服务型政府建设是政府一方的事；纵向政府的分工、责任不明确，导致人大、法院、检察院、国有事业单位的积极性没有发挥出来；思想与认识不统一，实践中急于求成，对于社会管理和公共服务关注不够；服务型政府的规模认识含糊"⑤。沈亦周、董莎介绍了治理语境下我国服务型政府构建的滞障问题：传统集权观念的制约，公民社会表现出典型的政府主导性，治理前提不够充分。⑥ 吴玉宗认为主要存在的问题有对服务型政府建设的认识不到位。⑦

二是政府职能转变滞后，职责分工不合理：郁建兴认为我国服务型政府建设的困境包括政府间职责分工不合理。⑧ 孔凡河也认为，近年来我国基层服务型政府建设的现实困境包括政府重经济管理、轻社会管理的职能

---

① 薄贵利：《准确理解和深刻认识服务型政府建设》，《行政论坛》2012年第1期，第8—12页。
② 孔凡河：《困境与解局：社会管理创新语境下基层服务型政府建设的思考》，《学术探索》2011年第12期，第110—114。
③ 李兆峰：《中国服务型政府建设的经济法分析》，西南政法大学硕士学位论文，2009年。
④ 沈亚平：《用机制拉动服务型政府建设》，《四川大学学报（哲学社会科学版）》2009年第6期，第118—123页。
⑤ 朱光磊、薛立强：《服务型政府建设的六大关键问题》，《南开大学学报（哲学社会科学版）》2008年第1期，47—54页。
⑥ 沈亦周、董莎：《治理语境下服务型政府的构建》，《中南财经政法大学研究生学报》2008年第3期。
⑦ 吴玉宗：《服务型政府建设研究》，经济日报出版社2007年版。
⑧ 郁建兴：《中国服务型政府建设的基本经验与未来》，《中国行政管理》2012年第8期。

偏好难改。① 李军鹏等学者认为存在的问题是：政府市场服务职能尚待完善，政府公共服务职能较为薄弱。② 邓蓉敬认为目前政府职能界定尚须进一步厘清，政府对经济活动干涉过多，而用到公共服务上的主要精力还不够，对社会保障、劳动就业等基本公共服务的投入力度仍须进一步加大，并且存在组织结构设置不合理的问题，一些部门或者职责权限关系不清晰，权责脱节，或者职能权限交叉、职能设置模糊。③ 四川行政学院的王艳认为导致服务行政异化的根本原因是：服务型政府模式只不过是用一种类型的"行政中心"替代了另一种类型的"行政中心"，所有的服务都是在一个权力中心的控制下进行。它并没有超越传统公共行政的范式，仍然具有传统公共行政的特征。④ 李影、何水等学者认为政府职能转变尚未完全到位。⑤

三是制度体制缺失，运行机制不畅：孔凡河认为，近年来我国基层服务型政府建设的现实困境主要是：财力与事权不对称，基层公共财政步履维艰；公众参与机制滞后。⑥ 李军鹏认为我国服务型政府建设存在的体制障碍包括组织体制障碍、财政体制障碍、纵向行政体制障碍、公共服务体制障碍、制度缺失障碍等。⑦ 沈亚平认为，我国服务型政府建设面临的困难主要有：体制制度方面的障碍，服务型政府建设规划和实施机制缺失。⑧ 李兆峰指出当前建设服务型政府的主要问题是民主参与机制的缺位，法制化程度较低等。⑨ 吴玉宗认为主要存在的问题包括重视具体操作层面的建设，忽视体

---

① 孔凡河：《困境与解局：社会管理创新语境下基层服务型政府建设的思考》，《学术探索》2011年第12期，第110—114页。
② 李军鹏：《以体制改革为突破口加快服务型政府建设》，《中国党政干部论坛》2010年第7期，第29—31页。
③ 邓蓉敬：《加快行政管理体制改革，建设服务型政府研究综述》，《当代社科视野》2008年第4期。
④ 王艳：《服务型政府的异化与转型——论建立新公共服务型政府》，《云南行政学院学报》2004年第4期，第41—43页。
⑤ 何水：《服务型政府及其在我国的建构》，四川大学硕士学位论文，2004年。
⑥ 孔凡河：《困境与解局：社会管理创新语境下基层服务型政府建设的思考》，《学术探索》2011年第12期。
⑦ 李军鹏：《以体制改革为突破口加快服务型政府建设》，《中国党政干部论坛》2010年第7期，第29—31页。
⑧ 沈亚平：《用机制拉动服务型政府建设》，《四川大学学报（哲学社会科学版）》2009年第6期，第118—123页。
⑨ 李兆峰：《中国服务型政府建设的经济法分析》，西南政法大学硕士学位论文，2009年。

制创新。① 深圳行政学院行政管理教研部副主任胡兵提出服务型政府异化的表现之一是重政策和制度制定、轻执行落实；表现之二是缺少监管机制。② 杨兴坤（2005）指出，当前服务型政府存在五方面的问题，包括建设服务型政府的相关机制和法律制度不完善。③ 吴丽娟阐述了构建服务型政府存在的行政制度文化障碍。④

（6）关于构建服务型政府的路径选择

建设服务型政府是一个复杂的系统性工程，涉及政府服务理念、组织结构、行为规范、服务模式等方面的改革与创新。学术界从不同的角度来对服务型政府构建的路径进行阐释，力图从中提炼出最优的构建路径。

一是重塑政府理念：褚添有认为，建设服务型政府，首先要树立新的管理理念，即要实现两个方面的观念转变：一是从官本位、权力本位的观念向服务本位的观念转变；二是从过去的经济为本的片面发展观向以人为本的科学发展观转变。⑤ 彭正波主张从培育文化与理念层面建设服务型政府，从管制型政府的行政理念转变到服务型政府的行政理念，树立顾客导向的服务理念。⑥ 邵桂花认为建设服务型政府必须确立公民至上、有限行政、依法行政、责任政府、诚信政府等五种理念。⑦ 李传军认为构建服务型政府必须变全能行政观念为有限行政观念，变强制行政观念为引导行政观念，变暗箱行政观念为透明行政观念，政绩评估标准应从数量扩张到公众满意。⑧ 迟福林、方栓喜认为，建设服务型政府，前提是树立以人为本的新发展观，需要深刻理解政府管理的本质，需要构建新的政府文化。⑨ 姜晓萍提出，建立起廉洁、勤政、高效、便民、负责任的服务型政府需要从塑造"以民为本、依

---

① 吴玉宗：《服务型政府建设研究》，经济日报出版社2007年版。
② 胡兵：《服务型政府异化的学理原因分析》，《湖北社会科学》2005年第7期，第54—56页。
③ 杨兴坤：《论科学发展观指导下的服务型政府建设》，重庆大学硕士学位论文，2005年。
④ 吴丽娟：《我国服务型政府建设的行政文化建设及其消解对策研究》，湘潭大学硕士学位论文，2005年。
⑤ 褚添有：《加快行政管理体制改革 建设服务型政府》，《广西日报》2008年1月15日。
⑥ 彭正波：《服务型政府建设的实践困境及其改进》，《黑河学刊》2007年第3期。
⑦ 邵桂花：《我国行政体制改革与服务型政府建设》，《党政干部学刊》2007年第3期，第36、37页。
⑧ 李传军：《服务型政府的观念前提》，《江西行政学院学报》2004年第2期，第65、66页。
⑨ 迟福林、方栓喜：《加快建设公共服务型政府的若干建议》，《发展月刊》2004年第3期。

法行政"的政府服务理念入手。①

二是转变政府职能：薄贵利强调建设服务型政府必须加快政府职能转变，当前和今后政府职能转变的重点是：实现政府职能向创造良好的发展环境、提供优质公共服务、维护社会公平正义的根本性转变；实现政企、政事、政社、政资分开；依法明确各级政府职能划分，实现合理分权。② 高小平认为转变政府职能要着力处理好五个关系，即经济发展与社会事业发展的关系、"管理"和"服务"的关系、改革体制与创新机制的关系、政府职能与其他社会主体职能之间的关系、职能改革与依法行政的关系。③ 赵成福认为，建设服务型政府，转变政府职能是核心。政府应着重做好经济调节、市场监督、社会管理和公共服务，而把不该管、管不好的事交给企业、市场、社会组织和中介机构。④ 吴根平认为目前转变政府职能的主要任务是加快推进"四个分开"：一是推进政企分开；二是推进政资分开；三是推进政事分开；四是推进政社分开。⑤ 沈荣华认为，要使政府职能向提供公共服务职能方向转变，以促进经济社会全面协调发展，应该以公众为服务导向，主要途径包括：一是扩大政府决策的公众参与；二是政府公共服务应当以社会的评价为主，以服务对象的评价为主，加大公众影响比重。⑥ 刘熙瑞认为要建设服务型政府必须通过政府体制创新，进一步转变政府职能，完善服务机制。⑦ 姜晓萍、刘汉固提出转变政府职能，明确市场经济条件下的政府角色定位。⑧

三是优化政府组织结构：薄贵利认为建设服务型政府需要优化政府组织

---

① 姜晓萍、刘汉固：《建设"服务型政府"的思路与对策》，《四川大学学报（哲学社会科学版）》2003年第4期，第51—55页。
② 薄贵利：《准确理解和深刻认识服务型政府建设》，《行政论坛》2012年第1期，第8—12页。
③ 高小平：《行政管理体制改革的关键是转变政府职能》，《人民日报》2008年2月27日。
④ 赵成福：《社会转型与当代中国服务型政府的构建》，《河南师范大学学报（哲学社会科学版）》2007年第1期，第37—39页。
⑤ 吴根平：《加快行政管理体制改革，建设服务型政府——十七大对我国行政体制改革的战略部署》，《管理科学文摘》2007年第12期。
⑥ 沈荣华：《提高政府公共服务能力的思路选择》，《中国行政管理》2004年第1期，第29—32页。
⑦ 刘熙瑞：《切实加强积极服务型政府的研究和建设》，《新视野》2004年第2期，第47—49页。
⑧ 姜晓萍、刘汉固：《建设"服务型政府"的思路与对策》，《四川大学学报（哲学社会科学版）》2003年第4期，第51—55页。

结构，并且提出优化政府组织结构、建立科学合理的政府组织结构体系的具体要求。① 吴根平认为优化政府组织结构，目前应探索实行职能有机统一的"大部门"体制；统筹党委、政府和人大、政协机构设置；减少行政层次，保证行政体制合理顺畅；完善政务沟通协调体系，健全部门间协调配合机制。② 唐铁汉、李军鹏阐述了优化政府组织结构的基本措施：围绕转变政府职能推进机构改革，精简政府机构，实行决策与执行职能分开，分类推进事业单位改革，规范和发挥非政府组织作用，建立健全决策咨询体制，加快编制立法进程，实行机构设置的法治化，促进政府部门依法行政。③ 王语哲指出，积极稳妥地推进政府机构改革，以建设行为规范、运转协调、公正透明、廉洁高效的服务型政府。④

四是创新政府体制机制：高小平从六个方面阐述了当前我国服务型政府建设推进体制机制创新的途径和基本要求。⑤ 沈亚平从机制建设的角度提出了用机制拉动服务型政府建设的措施。⑥ 唐铁汉、李军鹏认为，要建立健全决策、执行、监督既相互协调又适度分离的运行机制；推行政府绩效管理与评估制度；健全政府责任体系，推行以行政首长为重点的行政问责制；完善行政监督机制，形成行政系统内部监督、专门机构监督、新闻舆论监督、人民群众监督相结合的监督体系。⑦ 彭正波提出从重塑制度与规则层面建设服务型政府，这就要求确立：民众对政府及其领导人的选择制度；民众对政府绩效的评价制度；问责制度等。⑧ 王学军认为应从制度创新入手，健全行政问责制度，在划清政府责任和问责主体职责的基础上，强调公民参与和政府

---

① 薄贵利：《准确理解和深刻认识服务型政府建设》，《行政论坛》2012年第1期，第8—12页。
② 吴根平：《加快行政管理体制改革，建设服务型政府——十七大对我国行政体制改革的战略部署》，《管理科学文摘》2007年第12期。
③ 唐铁汉、李军鹏：《加快行政管理体制改革的战略思考》，《国家行政学院学报》2007年第6期，第11—16页。
④ 王语哲：《公共服务》，中国人事出版社2006年版。
⑤ 高小平：《深化行政管理体制改革与建设服务型政府》，《中国党政干部论坛》2010年第7期，第26—28页。
⑥ 沈亚平：《用机制拉动服务型政府建设》，《四川大学学报（哲学社会科学版）》2009年第6期，第118—123页。
⑦ 唐铁汉、李军鹏：《加快行政管理体制改革的战略思考》，《国家行政学院学报》2007年第6期，第11—16页。
⑧ 彭正波：《服务型政府建设的实践困境及其改进》，《黑河学刊》2007年第3期。

绩效评估的规范化。① 刘熙瑞要求建立严格的监督检查机制。② 姜晓萍主张改进公共决策机制,建立公共决策的调查制度、公示制度和专家咨询论证制度;改进绩效考核机制,完善行政问责制度。③

五是创新政府管理和服务方式:学者们主要从加快行政审批制度改革,完善行政服务中心,推进政务公开,实现公共服务市场化、社会化,加快电子政府建设等方面讨论服务型政府的管理与服务方式创新。潘莹认为,建设服务型政府要改革行政审批制度,贯彻行政许可法,完善政府微观规制体系。④ 黄艾认为行政服务中心提高了行政效率和社会效益,促进了政府职能转变和行政管理体制改革,是服务型政府建设的重要举措之一。⑤ 姜晓萍认为行政服务中心为促进政府职能转变、提高办事效率,改进作风、服务经济起到了积极的作用;但它自身也存在定位不够明确、管理权限和职责不到位、监管体制不完善等问题,因此须进一步完善行政服务中心的建设,推动改革走向深入。⑥ 彭正波提出建立和完善"一站式"服务大厅。⑦ 王永昌认为深化行政审批制度改革,是加快政府职能转变、实现建设服务型政府的重要举措。⑧

薄贵利认为应当大力推行政府信息公开,提高政府工作的透明度。⑨ 潘莹认为,建设服务型政府要坚持依法行政理念,推行政务公开制度,建设阳光政府。⑩ 王丽平、韩艺认为,政务公开是政府管理和服务方式创新的基础

---

① 王学军:《我国实行政府问责制面临的困境及出路》,《中州学刊》2005年第2期,第11—13页。
② 刘熙瑞:《切实加强积极服务型政府的研究和建设》,《新视野》2004年第2期。
③ 姜晓萍:《成都市的"规范化服务型政府"建设》,《中国行政管理》2004年第11期,第24—26页。
④ 潘莹:《关于构建公共服务型政府的理论思考》,《理论观察》2009年第6期,第37—39页。
⑤ 黄艾:《从服务型政府建设看当前行政服务中心存在的突出问题及其救济途径》,《天水行政学院学报》2008年第6期,第83—86页。
⑥ 姜晓萍:《我国行政服务中心的发展障碍与对策思考》,《中国行政管理》2007年第10期,第11—14页。
⑦ 彭正波:《服务型政府建设的实践困境及其改进》,《黑河学刊》2007年第3期。
⑧ 王永昌:《深化行政审批制度改革,建设服务型政府》,《大连干部学刊》2001年第5期,第26—28页。
⑨ 薄贵利:《论服务型政府建设的战略规划》,《中国行政管理》2011年第5期,第12—16页。
⑩ 潘莹:《关于构建公共服务型政府的理论思考》,《理论观察》2009年第6期,第37—39页。

性工作。进一步发挥政务公开的功能，需要加强政务公开评议制度、政务公开监督制度、政务公开工作责任追究制度以及政务公开的法规制度等制度建设。①

周志忍提出，正确认识并强化市场机制，是社会改革和完善公共服务提供机制的一个核心问题。② 孙友祥提出，"建设公共服务型政府，必须创新公民治理理念，健全公民资格，培育公民自治组织，引导公民参与，提高公民、政府间的互动质量并建构激励耦合合作制度"③。田家华、王忠认为，根据政府服务职能的定位，构建公共服务型政府模式必须做到公共服务的市场化和社会化。④ 陈振明认为政府管理方式的创新，特别是市场化工具、工商管理技术和社会化手段的引入，是 21 世纪行政管理发展的一个基本趋势。⑤ 沈荣华认为在引入市场竞争机制的同时应营造政府与社会的协作机制，发展政府间协作，推行绩效管理评估，强化政府责任。⑥

李传军认为电子公共服务是服务型政府建设的重要途径。⑦ 彭正波提出从完善操作和具体措施层面建设服务型政府，这要求建设和完善电子化政府。⑧ 钟明认为，电子政府极大地拓展了现代公共服务型政府的发展空间。应通过增加电子政府建设的制度供给，完善电子政府的运行机制，扩大电子政府服务对象的覆盖面，以及培育电子政府的支持性文化等方面加强电子政府建设，促进服务型政府的实现。⑨ 张成福等还对建设适应我国国情的电子

---

① 王丽平、韩艺：《创新政府管理和服务方式的原则和领域》，《中国行政管理》2008 年第 1 期，第 36—38 页。
② 朱光磊：《中国政府发展研究报告——服务型政府建设》，中国人民大学出版社 2010 年版。
③ 孙友祥：《公民治理视角下的公共服务型政府建设》，《国家行政学院学报》2009 年第 4 期，第 37—41 页。
④ 田家华、王忠：《论公共服务型政府模式的构建》，《湖北社会科学》2004 年第 11 期，第 93—95 页。
⑤ 陈振明：《政府工具研究与政府管理方式改进》，《中国行政管理》2004 年第 6 期，第 43—48 页。
⑥ 沈荣华：《提高政府公共服务能力的思路选择》，《中国行政营理》2004 年第 1 期，第 29—32 页。
⑦ 李传军：《电子政府与服务型政府建设》，《学习论坛》2009 年第 6 期，第 45—48 页。
⑧ 彭正波：《服务型政府建设的实践困境及其改进》，《黑河学刊》2007 年第 3 期。
⑨ 钟明：《电子政府：现代公共服务型政府的实现途径》，《中国软科学》2003 年第 9 期，第 27—31 页。

政府战略进行了研究。①

六是建立公共财政体制：黄杰从公共财政的角度提出公共财政制度的建设是服务型政府建设的制度基础，具体措施包括改革、完善分税制和转移支付制度，构建合理的地方政府公共支出的基本结构，进一步规范和完善地方政府的预算制度等。② 吴爱明主张健全公共财政体制是服务型政府职能实现的经济基础和财力保障，并从调整财政收入制度，改革财政支出制度，科学配置政府间事权、财权三方面提出了建立公共财政体制的措施。③ 薄贵利认为建设服务型政府要求完善公共财政体制，包括调整财政支出结构；加大公共服务投入；同时，通过改革和完善财政转移支付制度，将政府财力更多地向农村、不发达地区和困难群体倾斜；此外，还需要逐步形成与基本公共服务均等化相适应的公共财力均等化。潘莹认为，建设服务型政府要改变公共财政支出结构，提高公共服务支出的总量与比例。④

3. 服务型政府研究的薄弱环节与发展趋势

如前文所述，近年来国内学者从不同的层面和角度就服务型政府进行了大力探索，这些研究成果深化了人们对服务型政府的认识，丰富了服务型政府理论研究的内容，也一定程度上推动了地方建设服务型政府的实践。然而，现有研究仍然存在下列薄弱环节：

一是理论深度与系统性有待加强。目前关于服务型政府的基本理论研究主要是从西方政治学、行政学理论的角度出发，以新公共服务理论为价值取向，新公共管理理论为工具取向，治理理论为模式取向，侧重服务型政府的概念、内涵、内容、价值、特点等方面的研究，缺乏适合中国政治发展语境的服务型政府理论阐述，存在概念复制、理论误植、工具的"混搭"等现象，元理论层面的分析与评价比较欠缺。尤其在服务型政府的政治生态环境、社会生态环境、影响因素、构成要素、模式转换、发展障碍、战略设计

---

① 张成福等：《电子政务绩效评估：模式研究与中国战略》，《探索》2004 年第 2 期，第 36—40 页。
② 黄杰：《公共财政制度建设与我国地方服务型政府构建》，《中州学刊》2011 年第 1 期，第 12—16 页。
③ 吴爱明等：《服务型政府职能体系》，中国人民大学出版社 2009 年版。
④ 潘莹：《关于构建公共服务型政府的理论思考》，《理论观察》2009 年第 6 期，第 37—39 页。

等方面的研究都处于起步阶段，理论的深度与系统性都有待加强。

二是实践模式的归纳提炼有待加强。从 2002 年南京、成都等开始进行建设服务型政府的实践开始，至今已有十余年。尽管全国各地都开展了不同程度的服务型政府创新实践探索，也有一些学者对地方服务型政府的实践进行了实证研究，但多数是对某一地区具体措施与经验的介绍，缺乏从全国层面进行模式的归纳分析和规律性的提炼总结，从而导致各地服务型政府建设中的自言自语，各自为阵。甚至出现把常态化的行政工作都装进服务型政府建设的框架，出现新瓶装旧酒的误区。

三是研究的视角拓展有待加强。通过文献梳理表明，目前学术界服务型政府的研究成果多数是从政治学、行政学视角进行研究，从社会学、法学、心理学、经济学视角研究服务型政府的成果较少，尤其是综合多学科视角进行跨学科研究的成果更少。比如对服务型政府建设中的社会资本分析，服务型政府建设的法理基础，服务型政府建设的社会心理环境，服务型政府建设的制度分析等都需要加强。

四是研究方法中实证研究有待加强。在研究方法上，现有研究多是对服务型政府的规范研究，实证研究的成果相对较少。即便有一些基于实践层面的讨论，也多是对服务型政府建设实践经验的介绍和分析，真正能基于服务型政府建设实践并将规范分析与实证分析有机结合的研究成果不多。而研究一项理论的最终目的不是在于加以定性后置之不顾，而在于将其运用到实践中去指导实践。[①] 离开这一目的，对理论的研究再深入也不会有更多的价值。

针对上述服务型政府建设中的薄弱环节，我们需要进一步加强对服务型政府理论研究深度的挖掘与系统性的构建。

一是高度重视服务型政府建设与中国行政体制改革、社会体制改革、政治体制改革的内在逻辑。我国政府能否成功转型，服务型政府建设能否顺利推进，除了与政府自身职能的转变相关外，也与我国政治体制改革、社会体制改革密不可分。服务型政府的构建，并不仅仅是政府内部权力结构配置与运行机制的问题，也涉及政治权力的重新配置、国家与社会关系的重构、行

---

① 何水：《国内服务型政府研究述评》，《政治学研究》2008 年第 5 期，第 116—126 页。

政行为的规范与行政权力的规范等一系列问题。如何解决目前服务型政府研究的"表象化""碎片化"现象,使改革从技术表象深入到体制内核,提高服务型政府的合法性和有效性,还需要做进一步的研究探讨。

二是加快推进服务型政府的本土化研究。相当一部分的研究成果只是对西方国家一些公共管理和公共服务理论以及实践经验的介绍和移植;部分关于我国公共服务型政府建设的研究脱离我国实际,而只是对国外既有理论的简单套用。服务型政府研究的本土化已经呼吁多年,然而迄今尚未形成中国语境的服务型政府理论体系。如何从中国政治发展与政治文化发掘服务型政府的理论源流,如何从人类治理文明发展的视角,顺应人类社会治理变革的新趋势,考量中国服务型政府建设的世界意义,规划中国未来的政府治理模式,这些都是服务型政府研究中有待重视的问题。

三是强调规范研究与实证研究协同。目前服务型政府研究已进入向纵深发展阶段。相比于起步阶段多采用规范分析方法,当前学者们更注重同时运用调研、个案、内容分析或模型建构等方法进行扎实规范的实证研究。[1] 服务型政府研究具有较强的实践性和应用性,理论上的自圆其说和逻辑上的一致性并不是其追求的唯一目标,必须关注研究成果能否用于实践并将导致什么结果。可行性研究目标的实现需要进一步加强研究方法上的科学性和严谨性。当然,在强化实践意识的同时并不意味着弱化理论规范。随着现实中服务型政府建设的逐步展开,可以预计,立足国内服务型政府建设实践,综合运用规范分析与实证分析,对服务型政府及其建设问题展开深入的系统研究,将是今后研究的一个重要方向。[2]

(二) 国内外基本公共服务体系研究述评

1. 总体情况

近十年(2003—2013)来,中国学术期刊网(CNKI)"公共服务"研究相关文献国内有33169篇,与公共服务体系研究直接相关的文献有3283篇。据图1-2所示,关于公共服务体系的相关研究成果从2006年开始明显

---

[1] 郁建兴、徐越倩:《服务型政府建设的浙江经验》,《中国行政管理》2012年第2期,第82—86页。

[2] 何水:《国内服务型政府研究述评》,《政治学研究》2008年第5期,第116—126页。

上升，2009年下降后至2011年又开始逐年上升。

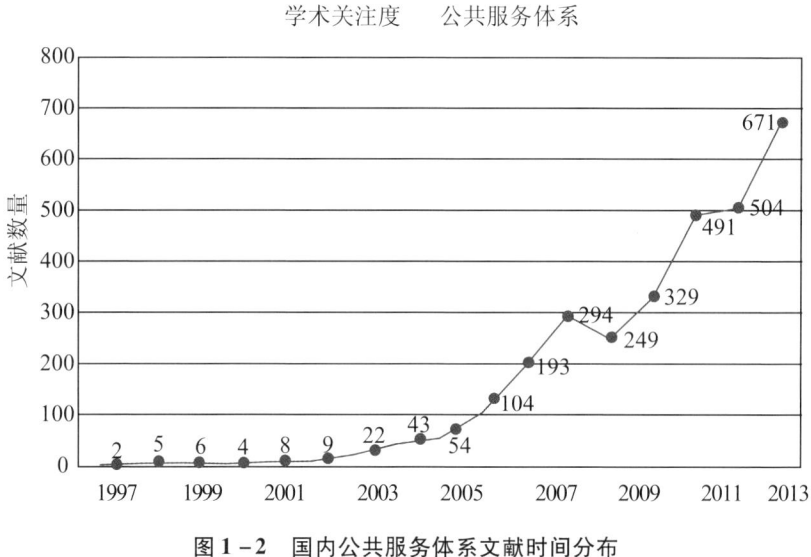

图1-2 国内公共服务体系文献时间分布

基本公共服务体系学术关注度的变化，实际上是与党和国家经济社会发展战略中对公共服务体系的重视度呈正相关性。2006年是"十一五"（2006—2010）开局之年，国家"十一五"规划纲要把基本公共服务明显加强作为社会建设目标，十六届六中全会发布《关于构建社会主义和谐社会若干重大问题的决定》，提出要"建设服务型政府，强化各级政府的社会管理和公共服务职能"。因此从2006年开始，有关公共服务的相关文献数量开始逐年上升，2009年关注度有所减弱。2011年"十二五"规划纲要提出：推进基本公共服务均等化……建立健全符合国情、比较完整、覆盖城乡、可持续的基本公共服务体系，逐步缩小城乡区域间人民生活水平和公共服务差距。故对公共服务研究的论文再次增多。2012年《国家基本公共服务体系"十二五"规划》颁发，对公共服务体系进行研究的论著又开始大幅度增多。

另一方面，国家级课题的立项数也是衡量一个研究主题受关注程度的重要标志。从数量上看，在国家自然科学基金项目资助与国家社会科学基金立项专家数据库输入"公共服务"主题，分别得到16项与143项相关课题。

在国家自然科学基金项目中,按照关键词进行初步分类,结果如下:涉及"公共服务供给"的共 6 项,占 37.5%;涉及"公共服务均等化"共 6 项,占 37.5%;涉及"农村公共服务"的共 3 项,占 18.8%;涉及质量控制的 1 项,占 6.2%。从项目批准年度来看,2012 年 3 项,2011 年 4 项,2010 年 3 项,2009 年 3 项,2008 年 2 项,2006 年 1 项。在国家社会科学基金项目中,按照关键词进行初步分类,结果如下:涉及"公共服务均等化"的共 45 项,占 31.5%;涉及"公共服务供给"的共 37 项,占 25.9%;涉及"农村公共服务"的共 30 项,占 21%;涉及"质量控制与绩效评估"的共 18 项,占 12.6%;其他主题共 13 项,占 9%。从项目批准年度来看,2012 年 22 项,2011 年 37 项,2010 年 23 项,2009 年 16 项,2008 年 16 项,2007 年 14 项,2006 年 5 项,2005 年 6 项,2004 年 2 项,2003 年 1 项。其中,在国家社科基金项目中,与"公共服务体系"直接相关的 16 项,涉及体育类公共服务体系建设的 6 项,占 37.5%,涉及"农村公共服务体系"建设的 2 项,占 12.5%;涉及"服务型政府与公共服务体系"的 3 项,占 18.8%;民族地方公共服务体系建设以及与国外公共服务体系比较研究等其他主题 5 项,占 31.2%。

2. 有关专题研究

要研究公共服务体系,准确把握研究对象的概念、内涵以及其本质属性是逻辑起点。要探析公共服务体系的概念与内涵,要求我们对"公共服务""公共服务体系"这两个核心概念进行研究,国内外诸多学者围绕这两个核心概念从不同领域出发解析公共服务体系的内涵与本质属性。

(1) 基本公共服务的概念与内涵

国外学者关于公共服务的研究起源于 19 世纪中后期,当时资本主义国家开始为普通民众提供最低水平的公共服务和社会保障,以缓解尖锐的阶级矛盾和社会冲突。19 世纪后半叶的德国社会政策学派代表瓦格纳(Adolf Heinrich Gotthilf Wagner),在谈到政府职能与公共财政关系时最早提出了公共服务的概念。[①] 20 世纪初期法国公法学者莱昂·狄骥(Leon Duguit)从现代公法制度研究的角度明确提出公共服务的概念,并将其作为现代公法

---

① Bird, R. M., "Wagner's 'Law' of Expanding State Activity", *Public Finance*, 1971 (26).

制度的基本概念。在狄骥的《公法的变迁》这本书中，他提出了一种对国家本质的新的解说，即：公共服务理论。他认为"国家就是政府为着公共利益进行的公共服务的总和"[①]。公共服务民营化的先驱和主要倡导者萨瓦斯（E. S. Savas）在其《民营化与公私部门的伙伴关系》一书中介绍了什么是政府公共服务："政府公共服务顾名思义就是由政府安排并生产的服务。"[②]

后来，随着西方公共经济学者萨缪尔森（Samuelson）1954年首次提出"公共产品"的明确定义，公共产品的研究成为经济学与财政学的重要概念。马斯格雷夫（Musgrave）、布坎南（Buchanan）等学者也从公共物品角度解读公共服务的含义。随后"在西方传统理论中，一直在沿着按照用物品特性解释公共服务的思维逻辑前行，'公共服务'和'公共产品'甚至被看作是可以等同和相互替换的概念"[③]，对公共产品的研究细致入微，并似乎可以以此代替对公共服务的研究，认为把公共产品的问题研究清楚了，公共服务问题便可以不解自清。布坎南在其《民主财政》一书中指出，"根据我们的目的，任何集团或社团为任何原因决定通过集体组织提供的商品或服务，都将定义为公共商品或服务的不同机制"[④]。

20世纪中后期，随着新公共管理运动的兴起和发展，多元治理理论和新公共服务理论的批判和发展，公共服务的含义与方式发生了重大变化，逐步由政府主导和技术层面的重视效率与质量走向服务主体多元协作与重新强调以公民为中心进行公共服务，突出公共服务的核心价值——公共利益和公民权利。

我国学者对公共服务的内涵至今也没有一个统一的认识，由于从不同的研究领域与视角出发，因而基本上可以从以下几个方面理解公共服务的内涵：

---

① ［法］莱昂·狄骥：《公法的变迁：法律与国家》，郑戈等译，辽海出版社、春风文艺出版社1999年版。
② ［美］E. S. 萨瓦斯：《民营化与公私部门的伙伴关系》，周志忍译，中国人民大学出版社2002年版。
③ 韩小威、尹栾玉：《基本公共服务概念辨析》，《江汉论坛》2010年第9期，第42—44页。
④ ［美］詹姆斯·M. 布坎南：《民主财政论》，穆怀朋译，商务印书馆1993年版。

其一是"公共产品说":深受西方公共产品研究公共服务内涵的逻辑影响,"我国官方和学界在讨论公共服务时也约定俗成地套用物品的规定性来解释公共服务"[①]。中国行政管理学会课题组认为,"所谓公共服务,就是提供公共产品和服务,包括加强城乡公共设施建设,发展社会就业、社会保障服务和教育、科技、文化、卫生、体育等公共事业,发布公共信息等,为社会公众生活和参与社会经济、政治、文化活动提供保障和创造条件"[②]。吴双认为,"公共服务,就是提供公共产品和服务,包括加强城乡公共设施建设,发展社会就业、社会保障服务和教育、科技、文化、卫生、体育等公共事业,发布公共信息等,为社会公众生活和参与社会经济、政治、文化活动提供保障和创造条件"。张立荣等认为公共服务是"居民在生产、生活中共同享用的具有消费上的非竞争性、效用上的不可分割性以及收益上的非排他性的公共设施和服务"[③]。王峰、陶学荣认为,"公共服务属于公共物品,具有消费的非竞争性和非排他性"[④]。刘旭涛认为,"所谓公共服务,广义上可以理解为不宜由市场提供的所有公共产品,如国防、教育、法律等,狭义上一般指由政府直接出资兴建或直接提供的基础设施和公用事业,如城市公用基础设施、道路、电讯、邮政等"[⑤]。"公共产品说"是基于经济学中非排他、非竞争性的公共产品概念引申而来,其核心是物化的产品或服务。

其二是"政府职能说":即从公共行政和公共管理的角度来定义公共服务,强调政府的作用,把提供公共服务作为政府最基本的职能,政府是公共服务的最主要提供者。如刘尚希认为,"公共服务是政府利用公共权力或公共资源,为促进居民基本消费的平等化,通过分担居民消费风险而进行的一

[①] 柏良泽:《"公共服务"界说》,《中国行政管理》2008年第2期,第17—20页。
[②] 中国行政管理学会课题组:《加快我国社会管理和公共服务改革的研究报告》,《中国行政管理》2005年第2期。
[③] 张立荣、李军超、樊慧玲:《基于收入差别的农村公共服务需求偏好与满意度研究》,《中国行政管理》2011年第10期,第118—122页。
[④] 王峰、陶学荣:《政府公共服务职能的界定、问题分析及对策》,《甘肃社会科学》2005年第4期,第231—234页。
[⑤] 刘旭涛:《行政改革新理论:公共服务市场化》,《中国改革》1999年第3期。

系列公共行为"①。马庆钰②、赵春丽③、中国行政管理学会课题组④等认为，公共服务型政府最重要、最基本的职能就是组织和执行"公共物品"的供给，承担提供公共物品或者特殊私人物品的职责。

其三是"公共利益说"：此观点认为，现代政治学意义上的政府，是拥有公共权力的宪政机构，它是公众利益的代表者和维护者，政府是提供公共服务的主体之一。既然如此，柏良泽认为，"政府服务就为我们判定公共服务提供了一个标尺，只有弄清楚现代政府为公众或公共事业做了哪些工作，才能真正知道什么是公共服务"，"公共服务可以界定为以公共利益为目的提供各种物品（包括有形物和无形物）的活动"⑤。韩小威等认为，"物品属性不能成为判断公共服务规定性的依据。从本质上讲，政府提供公共服务应以维护公共利益为目的，对公共利益的判断也是判定公共服务的内在依据"⑥。

其四是"公民权利说"：持此观点的学者们认为，公民是享受公共服务的主体，公共服务的提供是基于公民的社会权利和需求，如陈昌盛⑦、林闽钢⑧等。

国内学界普遍认为基本公共服务是公共服务的一个组成部分，二者是主从关系。基本公共服务是公共服务的基础和核心。刘尚希认为，基本公共服务可从两个角度理解：一是从消费需求的层次看，与低层次消费需要有直接关联的即为基本公共服务。二是从消费需求的同质性看，人们的差异消费需

---

① 刘尚希：《基本公共服务均等化：现实要求和政策路径》，《浙江经济》2007年第13期，第24—27页。
② 马庆钰：《公共服务的几个基本理论问题》，《中共中央党校学报》2005年第9期，第58—64页。
③ 赵春丽：《公共服务型政府——政府职能转变的基本趋向》，《行政论坛》2004年第6期，第16、17页。
④ 中国行政管理学会课题组：《加快我国社会管理和公共服务改革的研究报告》，《中国行政管理》2005年第2期。
⑤ 柏良泽：《公共服务研究的逻辑和视角》，《中国人才》2007年第3期，第28—30页。
⑥ 韩小威、尹栾玉：《基本公共服务概念辨析》，《江汉论坛》2010年第9期，第42—44页。
⑦ 陈昌盛、蔡跃洲：《中国政府公共服务：体制变迁与地区综合评估》，中国社会科学出版社2007年版。
⑧ 林闽钢：《中国适度普惠型社会福利体系发展战略》，《中共天津市委党校学报》2011年第4期，第82—85页。

求属于基本公共服务。① 国家行政学院课题组将基本公共服务界定为覆盖全体公民、满足公民对公共资源最低需求的基本公共服务。② 唐钧就认为基本公共服务正是对公民生存权、健康权、居住权、受教育权、工作权和资产形成权的保障。③ 张立荣等将基本公共服务界定为"居民在生产、生活中共同享用的具有消费上的非竞争性、效用上的不可分割性以及收益上的非排他性的公共设施和服务"④。蔡放波从公益性、可经营性程度来界定基本公共服务。⑤

（2）关于基本公共服务体系的概念与内涵

公共服务体系建设一直是一个全球性的议题，以研究如何有效发挥政府作用、加强公共服务职能为核心方向。学界对于"公共服务体系"这一概念的内涵和范围尚没有统一且清晰的界定，理论文献中"公共服务""公共服务体系""基本公共服务体系"等概念交互使用率很高。⑥ 关于公共服务体系的概念，学者们主要从覆盖内容、动态的过程、公共利益以及系统本身制度研究的角度来研究其基本的概念与内涵。

从公共服务涵盖的系统内容来界定。国家行政学院课题组在《关于公共服务体系和服务型政府建设的几个问题》一文中指出，"公共服务体系就是一国政府根据本国国情和经济社会发展不同阶段的特点，对涵盖基础教育、基本医疗卫生、就业服务、基本社会保障、保障性住房、基础科技和公共文化、公共安全、环境保护、基础设施等方面进行总体建设的有机系统，同时也可以指其中某一方面的子系统"⑦。邹水才认为，"公共服务体系是指政府为社会各类活动主体提供创业、生活必要条件和保障措施的总和。一般

---

① 刘尚希：《基本公共服务均等化：现实要求和政策路径》，《浙江经济》2007年第13期，第24—27页。
② 国家行政学院课题组：《公共服务体系和服务型政府建设的几个问题（上）》，《国家行政学院学报》2007年第7期，第8—12页。
③ 唐钧：《"公共服务均等化"保障6种基本权利》，《时事报告》2006年第6期。
④ 张立荣：《基于收入差别的农村基本公共服务需求偏好与满意度研究》，《中国行政管理》2011年第10期，第118—122页。
⑤ 蔡放波：《略论加快建设我国基本公共服务体系》，《学习与实践》2007年第5期，第62—69页。
⑥ 徐逸伦：《地方政府建设公共服务体系路径研究》，中共上海市委党校硕士学位论文，2011年。
⑦ 国家行政学院课题组：《关于公共服务体系和服务型政府建设的几个问题（上）》，《国家行政学院学报》2008年第4期。

可分为两类：一类是硬服务体系，主要包括与生产经营活动密切相关的土地、能源、交通、通讯等基础设施平台。一类是软服务体系，主要包括体制、政务、政策、市场、资金、技术、信息等支撑平台"①。李欣认为，"公共服务体系是为保证经济和社会发展的全方位、多层面的政府公共服务系统的总称"②。

从公共服务开展的动态过程来界定。公共服务体系是一个动态的过程，它的运行和发挥作用依托一个完整的整体系统的运行。如马庆钰认为，"公共服务体系是动态的整体系统，包括服务的结构、服务规划、服务融资、服务政策方案评估、服务的提供和服务质量的监督等六个环节"③。《国家基本公共服务体系"十二五"规划》明确界定，公共服务体系是指"由基本公共服务范围和标准、资源配置、管理运行、供给方式以及绩效评价等所构成的系统性、整体性的制度安排"④。

从公共利益角度出发加以界定。将公共服务体系定义为："对全民生活的普遍保障系统，把公平作为首要价值理念，遵循'全民普及、公平公正'的原则，突出强调公共服务体系的价值取向……美国著名学者登哈特夫妇所著的《新公共服务：服务，而不是掌舵》，对公共服务体系中过度引入企业家政府模式进行了反思，重新强调以公民为中心进行公共服务体系建设，突出公共服务体系的核心价值——公共利益和公民权利。"⑤

从公共服务体系本身的制度研究界定。迟福林认为，"社会主义公共服务体系是指以政府为主导、以提供基本而有保障的公共产品为主要任务、以全体成员分享改革发展成果为基本目标的一系列制度安排"⑥。陈凤菊指出，"公共服务体系主要是指以政府为主导、以提供基本而有保障的公共产品为主要任务、以全体社会成员分享改革发展成果为基本目标的一系列制度安

---

① 邹水才：《经济欠发达地区公共服务体系存在的问题及对策研究》，《经济与社会发展》2010年第11期，第45—47页。
② 李欣：《我国农村公共服务体系构建研究》，《地方财政研究》2007年第12期，第7—12页。
③ 马庆钰：《公共服务的几个基本理论问题》，《中共中央党校学报》2005年第1期，第58—64页。
④ 国务院：《国家基本公共服务体系"十二五"规划》，2012年5月16日。
⑤ 徐逸伦：《地方政府建设公共服务体系路径研究》，中共上海市委党校硕士学位论文，2011年。
⑥ 迟福林：《加快建立社会主义公共服务体制的思考》，《福建行政学院福建经济管理干部学院学报》2006年第5期，第12—17页。

排，这些制度安排主要表现为政府主导、社会参与和体制创新"①。

（3）关于基本公共服务的范围

基本公共服务应该包含怎样的内容？政府在公共服务供给中的职责边界在哪里？要回答这些问题，前提是必须首先明确公共服务的范围。

从政府提供服务的类别上进行划分。如中国行政管理学会课题组指出，"政府公共服务主要包括经济性公共服务和社会性公共服务。经济性公共服务是政府为促进经济发展而直接进行各种经济投资的服务，如投资经营国有企业与公共事业、投资公共基础设施建设、对企业经营活动进行补贴等；社会性公共服务是指政府通过转移支付和财政支持对教育、社会保障、公共医疗卫生、科技补贴、环境保护等社会发展项目提供的公共服务"②。邹水才认为，公共服务体系"可分为两类：一类是硬服务体系，主要包括与生产经营活动密切相关的土地、能源、交通、通讯等基础设施平台。一类是软服务体系，主要包括体制、政务、政策、市场、资金、技术、信息等支撑平台"③。

从保障公民权利的角度定义。如陈海威从保障公民生存权、发展权、环境权、安全权等角度界定基本公共服务的构成，即底线生存服务（就业服务、社会保障、社会福利和社会救助）；公众发展服务（义务教育、公共卫生和基本医疗、公共文化体育）；环境服务（居住服务、公共交通、公共通信、公用设施和环境保护）；公共安全服务（包括食品药品安全、消费安全、社会治安和国防安全等领域）。④中国（海南）改革发展研究院从公民应享有的生存权、发展权、健康权角度提出基本公共服务包括三个基本点，一是基本就业保障、基本养老保障、基本生活保障，以保障人的基本生存权；二是基本的教育和文化服务，满足基本尊严（或体面）和基本能力的

---

① 陈凤菊：《河南农村公共服务体系建设存在的问题与思路》，《新农村建设》2013年第1期，第149—151页。

② 中国行政管理学会课题组：《加快我国社会管理和公共服务改革的研究报告》，《中国行政管理》2005年第2期。

③ 邹水才：《经济欠发达地区公共服务体系存在的问题及对策研究》，《经济与社会发展》2010年第11期，第45—47页。

④ 陈海威：《中国基本公共服务体系研究》，《科学社会主义》2007年第3期，第98—100页。

需要；三是基本的健康保障，保障公民的基本健康需要。①

从民生社会事业发展的角度定义。如国家发改委宏观经济研究院课题组把我国现阶段的全国性基本公共服务的范围划定在医疗卫生（或者叫公共卫生和基本医疗）、基本教育（义务教育）、社会救济、就业服务、养老保险和保障性住房。国务院常务会议通过的《国家基本公共服务体系"十二五"规划》也把基本公共服务范围确定为：基本公共教育、劳动就业服务、社会保险、基本社会服务、基本医疗卫生、人口和计划生育、基本住房保障、公共文化体育及残疾人基本公共服务领域等。② 国家行政学院课题组指出，公共服务体系涵盖"基础教育、基本医疗卫生、就业服务、基本社会保障、保障性住房、基础科技和公共文化、公共安全、环境保护、基础设施等方面"③。

关于我国基本公共服务的具体项目研究，国内学界主要围绕党的十七大报告所提出的"学有所教、劳有所得、病有所医、老有所养、住有所居"的"五有"来研究公共服务的具体项目。比如于玉宏和曹爱军认为，"农村公共文化服务体系构建，要集中在推动文化体制创新，提升农村群众的文化生活，完善公共文化服务的保障体系和建立城乡区域间的互动交流机制等方面下功夫"④。李建国认为，体育公共服务产品总量不足、投入不足、分配不均衡是当前的主要问题，体育体制向公共服务转型、体育政策向公共服务倾斜、体育资源向公共服务开放是当前体育公共服务体系建设的重点。⑤ 龚锋采用四阶段 DEA 法实证评估 2005 年中国内地地区 70 个大中城市（含市辖县）公共安全服务的供给效率。⑥

---

① 中国（海南）改革发展研究院：《加快推进基本公共服务均等化》，《经济研究参考》2008 年第 3 期。
② 国家发展改革委宏观经济研究院课题组：《促进我国的基本公共服务均等化》，《宏观经济研究》2008 年第 5 期。
③ 国家行政学院课题组：《公共服务体系和服务型政府建设的几个问题（上）》，《国家行政学院学报》2007 年第 7 期，第 8—12 页。
④ 于玉宏、曹爱军：《农村公共文化服务发展的创新机制》，《经济与社会发展》2009 年第 5 期，第 87—89 页。
⑤ 李建国：《体育强国的基础——体育公共服务体系建设》，《体育科研》2009 年第 4 期，第 15—18 页。
⑥ 龚锋：《地方公共安全服务供给效率评估——基于四阶段 DEA 和 Bootstrapped DEA 的实证研究》，《管理世界》2008 年第 4 期，第 80—90 页。

（4）关于基本公共服务需求

准确把握公众对基本公共服务的需求，是制定各类社会政策、健全基本公共服务体系的重要前提，部分国内学者从综合需求与分类需求等方面开展了基本公共服务需求的调查研究。

综合公共服务需求研究：张立荣基于不同性别、地区、省份、学历、年龄段、职业角色及家庭年总收入七个分类依据，做了"基于乡村公众的公共服务体系现状及公共需求问卷调查数据统计与展示"和"基于城市公众的公共服务体系现状及公共需求问卷调查数据统计与展示"，涵括总体数据和基于不同地区乡村公众等七个维度分类数据内容。他认为现阶段我国公共服务需求状况包括：一是需求偏好多元化，二是需求存在差异性（城乡差异、地区差异与群体差异）。①

分类需求分析研究：吴敏从需求与供给的角度分析机构养老服务的发展现状，结合定性和定量研究方法，分析机构养老服务的需方、供方和外部支持环境的现状以及需求与供给之间的差距，从而为政府应对人口老龄化带来的养老难题、促进机构养老服务发展提供科学依据和政策建议。②薛新东利用2007年国务院城镇居民基本医疗保险入户调查数据，对城镇居民的医疗服务需求及其影响因素进行实证研究，从四个方面对居民的医疗服务需求进行实证分析。③王慧婷结合吉林大学东北亚研究院所做的《我国老年人生活状况及养老公共服务需求调查》数据，对长春市养老公共服务需求进行分析。④

农村公共服务需求研究：蔡志坚从供给与需求角度对我国农村社会化服务现状进行了全面、系统的研究，介绍了不同农村社会化服务对象——农民个体和农村组织——对农村社会化服务的需求。⑤孙翠清、林万龙运用表述偏好法中的满意度评价法从农户主观需求意愿角度分析农户对农村公共服务

---

① 张立荣：《当代中国服务型政府及公共服务体系建设状况问卷调查数据统计与展示》，中国社会科学出版社2010年版。
② 吴敏：《需求与供给视角的机构养老服务发展现状研究》，经济科学出版社2011年版。
③ 薛新东：《城镇居民医疗服务需求研究·基于全国9个城市的实证分析》，中国社会科学出版社2012年版。
④ 王慧婷：《长春市养老公共服务需求分析》，吉林大学硕士学位论文，2011年。
⑤ 蔡志坚：《农村社会化服务：供给与需求》，中国林业出版社2010年版。

的满意度和对各项服务需求的优先顺序，又使用可观察的市场数据法揭示农户对典型农村公共服务的需求弹性及需求影响因素。①

(5) 关于我国公共服务体系存在的问题

国内学者认为目前我国公共服务体系主要存在以下三个方面的问题：

一是政府公共服务职能薄弱。国家行政学院课题组认为政府职能转变滞后的突出表现是公共服务职能仍较为薄弱，更注重公共服务和社会管理职能的理念尚待强化，政府没有全面地履行职责，一定程度上存在重经济建设、轻社会管理和公共服务的倾向，未能真正承担起政府应该做而且可以做、市场却无法做到的事情。供给方式尚不完善，关系人民群众切身利益的基本民生问题依然比较突出。② 姜晓萍指出政府在公共服务职能发挥上普遍存在缺位或越位现象，本来应该由政府承担的纯公共品供给领域，由于政府采取了"卸包袱"的方式，将其推向市场，导致政府缺位，基本公共服务供给严重不足，公众利益受损；而本来可以通过市场化、社会化的准公共品供给领域，由于政府垄断或行业垄断，与民争利，缺乏市场竞争机制，导致公共服务资源短缺，公共品质量得不到保障。③ 方堃等学者认为，政府公共服务职能薄弱致使农村最基本的公共服务短缺现象普遍，无法满足群众日益增长的公共服务需求，应借鉴西方"整体政府"公共服务运作框架，打破当前政府治理碎片化趋势。④

二是公共服务体系建设投入不足。国家行政学院课题组通过对我国财政性卫生保健、教育支出占国民生产总值的比重与世界中等偏下收入国家的平均值进行对比，说明我国公共服务投入仍然偏低；同时认为"我国财政转移支付制度还不够规范，管理尚不够科学，一些转移支付资金没有完全发挥

---

① 孙翠清、林万龙：《中国农村公共服务需求问题研究——基于农户的视角》，经济科学出版社2011年版。

② 国家行政学院课题组：《关于公共服务体系和服务型政府建设的几个问题（下）》，《国家行政学院学报》2008年第4期。

③ 姜晓萍：《中国公共服务体制改革30年》，《中国行政管理》2008年第12期，第28—32页。

④ 方堃：《国内外农村公共服务体系研究的检视及评鉴》，《高校社科动态》2011年第5期，第16—21页。

出应有的效益"。① 程建华、武靖州认为公共物品的高成本与非均衡供给、反公共物品现象及派生外在性（政府缺位型和政府滥用权力型）问题是我国公共物品投入偏低的主要表现。② 李军鹏指出，公共服务支出比重偏小，使应该提供的公共产品和公共服务没有提供或供给不足。③ 张延黎认为应逐步加大公共财政支出结构中社会性支出的比重等。④

三是公共服务体系的体制机制设计欠缺。关于公共服务体系的相关体制机制设计存在的问题，学界认为主要集中在两个方面：一是中央、地方各级政府的公共服务职责职能没有理清和理顺。公共服务领域，中央与地方政府以及地方各级政府之间存在着责权不够明晰、职能交叉错位等现象，有些责权划分与政府能力特别是政府财力不相匹配，如国家行政学院课题组、刘志成、张延黎等所指出的。二是公共服务体系监管与评价机制尚未完全确立。国家行政学院课题组指出，公共服务的管理和监督机制还没有完全理顺，对公共服务有效的评价和责任机制尚未建立。张延黎认为公共服务供给中没有形成规范的分工和问责制，在事实上造成了公共服务指标的软化，尚未形成公共服务的多元社会参与机制和有效的监管机制。

（6）关于公共服务的均等化⑤

促进基本公共服务均等化是目前切实改善民生、化解社会矛盾、促进社会公平的现实着力点，也是近年来理论研究的热点。这些研究主要围绕着基本公共服务均等化的概念、内涵与本质属性解读，基本公共服务均等化的范围与实现机制，我国基本公共服务均等化的现状及问题，基本公共服务均等化的质量与绩效评估等方面，初步形成了我国基本公共服务均等化是什么—怎么办—怎么样的专题研究体系。

基本公共服务均等化的概念研究。学者们主要从权利均等、机会均等、

---

① 国家行政学院课题组：《关于公共服务体系和服务型政府建设的几个问题（下）》，《国家行政学院学报》2008年第5期。
② 程建华、武靖州：《我国公共物品低效供给的表现与对策》，《农村经济》2008年第2期。
③ 李军鹏：《公共服务学》，国家行政学院出版社2007年版。
④ 张延黎：《公共服务体系建设中的问题与对策》，《山东行政学院山东省经济管理干部学院学报》2009年第5期。
⑤ 本部分内容主要来源于本课题中期研究成果：姜晓萍、吴菁：《国内外基本公共服务均等化研究述评》，《上海行政学院学报》2012年第5期；《新华文摘》2013年第1期。

结果均等、结构均等方面进行界定。一是从基本权利的角度来界定。楼继伟①、唐钧②、郭琪③、丁元竹④、陈海威⑤认为基本公共服务均等化是指公民都有平等享受基本公共服务的权利。二是从机会均等的角度来界定。刘尚希认为基本公共服务均等化的本质是通过某一个层面的结果平等来达到机会均等。常修泽、迟福林等认为基本公共服务均等化的内涵应包括全体公民享有基本公共服务的机会均等，结果大体相等，同时在提供大体均等的基本公共服务过程中，尊重社会成员的自由选择权。也有学者主张基本公共服务均等化是指"政府要为社会公众提供基本的、在不同阶段具有不同标准的、最终大致均等的公共物品和服务，为各地居民的生活和社会经济发展提供基本条件"⑥。三是从结果均等的角度来界定。强调公民享受的基本公共服务水平大致相当，也即结果的平等。迟福林⑦、张恒龙、陈宪⑧、贾康⑨认为，基本公共服务均等化是指一国范围内的全体居民应当享受到水平大致相当的基本公共服务，包括义务教育、基础卫生医疗、就业和社会保障等。四是从构成要素角度来界定。孙庆国认为，应该从均等的主体（谁跟谁均等）、均等的客体（哪些方面要均等）、均等的标准（如何判断）等三个方面来理解，并认为均等的主体是地区间、城乡间的社会成员，均等的客体是基本公共服务。刘德吉也认为基本公共服务均等化应从均等的主体、客体及内涵方面来理解。陈海威、田侃指出，社会公正的功能性结构由分配的结果公正、

---

① 刘明中：《推进基本公共服务均等化的重要手段（上）——财政部副部长楼继伟答本报记者问》，《中国财经报》2006年2月7日。
② 唐钧：《"公共服务均等化"保障6种基本权利》，《时事报告》2006年第6期。
③ 郭琪：《实现地区间公共服务均等化的途径——浅析中国政府间均等化转移支付》，《当代经理人》2006年第5期。
④ 丁元竹：《促进我国基本公共服务均等化的基本对策》，《中国经贸导刊》2008年第5期，第20—22页。
⑤ 陈海威：《中国基本公共服务体系研究》，《科学社会主义》2007年第3期，第98—100页。
⑥ 高晓霞：《基本公共服务均等化视角下的农村社会养老保障问题分析》，华中师范大学硕士学位论文，2009年。
⑦ 迟福林：《公共服务均等化：构建新型中央地方关系》，《廉政瞭望》2006年第12期，第41页。
⑧ 张恒龙、陈宪：《构建和谐社会与实现公共服务均等化》，《地方财政研究》2007年第1期，第13—17页。
⑨ 张玉玲：《从和谐视角看公共服务均等化——访贾康》，《光明日报》2006年11月23日。

起点公正（机会均等）和过程公正（程序公正）三个要素构成。①

基本公共服务均等化的主体责任研究。以萨缪尔森、马斯格雷夫为代表的主流公共产品理论认为：公共产品的特性决定其不能由市场有效提供，应该由政府进行提供，而传统公共行政学也将基本公共服务作为精英政府所独有的行为。周耀虹认为，政府与民间组织共同成为基本公共服务的提供方，可以有效整合社会资源，提高资源合理配置效率，一方面可使政府专注于宏观建设和管理，另一方面也给民间组织创造发展的空间。②徐祖荣认为，为了建设"基本公共服务型"政府，政府必须实行基本公共服务提供的分权化，让私营企业、社会组织加入到公共产品和服务的提供者当中。

我国基本公共服务均等化的现状问题研究。国内学者认为目前我国推进基本公共服务均等化进程中存在的问题主要体现为：其一，供给需求不均等。程建华、武靖州认为公共物品的高成本与非均衡供给、反公共物品现象及派生外在性问题是我国公共物品低效供给的主要表现。王小林以三个镇为例，考察农村基本公共服务的供给与需求矛盾。胡仙芝认为改革开放以来中国现代化的分步走战略决定了中国基本公共服务均等化的现状不容乐观，重点表现为资源占有不均、服务水平不等和权益保障失衡三大方面。其二，区域间不均等。主要表现为基本公共服务地区间发展不平衡，东部整体优于中西部。项中新通过人均财力、财政支出比较，研究我国南北差异和东西差异。张恒龙、安体富、宋迎法等通过人均财政支出来分析区域均等化状况。胡仙芝指出东部、中部及西部以及各省市之间的基本公共服务水平是不一致的，有的还有很大的落差。郁建兴指出在经济先发地区，由于地方财力相对丰厚，往往能够提供相对充足和水平较高的基本公共服务，因此也造成了比较显著的基本公共服务供给的区域性差距。其三，城乡间不均等。陈继宁对城乡教育、医疗卫生、社会保障等方面进行了比较；张丽琴等对城乡医疗卫生服务的距离可及性、经济可及性和资源可及性进行了比较；李雪萍等对城乡社会保障进行了比较；陈东重点分析了影响农村公共品供给效率的供给制

---

① 陈海威、田侃：《我国基本公共服务均等化问题探讨》，《中州学刊》2007年第3期，第31页。
② 周耀虹：《创新体制 实现民间组织参与公共服务》，《党政论坛》2007年第7期，第30、31页。

度因素和供给主体行为因素；龙兴海、曾伏秋等以农村公共教育、医疗、文化服务、社会保障、交通管理服务以及社会管理服务等为例，从宏观和微观两个层面对我国农村基本公共服务供给问题进行了分门别类的理论解释和理论分析；胡仙芝认为城乡之间基本公共服务的水平差距较大，是我国基本公共服务非均衡性或非均等性的主要表征，农村仍旧成为基本公共服务的洼地和薄弱环节，农民成为基本公共服务均等化呼声最高的群体。其四，群体间不均等。丁元竹认为与发达国家实现均等化战略不同的是，中国的基本公共服务均等化在实施过程中不仅要解决地区差距问题，而且要解决城乡差距，以及由于城乡体制分割造成的农民工这一特殊群体与城市居民和农民之间的差距。胡仙芝指出除了以上三个方面的差距外，基础基本公共服务的不均等，还体现为国民不同群体之间享受的不均衡，如男女性别的不均衡、不同年龄分段之间的不平等，这也会造成很多潜在的社会问题。郁建兴认为发展主义意识形态的影响，以及财权不充分的属地化基本公共服务供给模式，导致各级政府的基本公共服务投入和供给严重不足，大大降低了基本公共服务的普遍可及性，大部分贫困群体、农村居民、灵活就业人员和转移劳动力处于基本公共服务供给的边缘化地位。

（7）关于基本公共服务供给机制

国内关于基本公共服务供给机制的研究主要从多元主体协同机制、财政保障机制、能力提升机制、综合配套机制等方面进行研究：

多元主体协同机制研究。周义程认为应借鉴新公共管理、治理理论等分析工具，构建我国基本公共服务的一主多元型供给新模式。林耘从生产者、提供者、公共部门、私营部门四个维度总结基本公共服务供给制度安排的几种代表类型，并通过效率、公平等影响因素研究农村基本公共服务供给方式的具体选择。史传林分析了农村基本公共服务社会化的模式构建：参与型、合作型与主导型三种，并提出了相应的构建策略。艾医卫、屈双湖认为应该构建由政府、市场、社会和农民多元主体协同参与的农村基本公共服务多元供给机制，形成"政府主导、市场优化、社会协同、农民参与"的农村基本公共服务供给格局。汪锦军根据利益和目标两个变量的组合构建了基本公共服务协同体系的分析框架。

财政保障机制研究。大部分的观点都强调加快改革现行中央对地方转移支付制度是基本公共服务均等化实现的主要手段。贾康认为,应进一步明确财权和事权划分,把完善转移支付制度作为下一步调整中央地方关系的重点。王磊对财政转移支付与基本公共服务均等化的关系进行了实证检验,认为税收返还与基本公共服务不均等程度有显著的正相关关系,一般性转移支付与基本公共服务不均等程度有明显的负相关关系,专项拨款与基本公共服务不均等程度有明显的负相关关系。刘铭达认为,转移支付促进基本公共服务均等化,要合理地确定转移支付补助规模的稳定增长机制。对于地区经济发展不均衡的问题,在财政体制的设计上应统筹考虑。丁元竹认为,根据国际经验,基本公共服务均等化的基础和基本实现手段是财政能力均等化,而且各个国家在实现基本公共服务均等化过程中采取的财政体制也是不一样的,如财政能力均等化、税收均等化、财政需求均等化等等,基本公共服务均等化通常通过财政能力均等化来实现。

能力提升机制研究。李军鹏探讨了公共供给竞争机制的三个组成部分:国家间公共供给竞争、地方政府间公共供给竞争、公共部门间公共供给竞争。谢来位认为基本公共服务能力建设要围绕公共组织在基本公共服务中的一些基本能力要素进行,主要包括基本公共服务价值目标平衡能力、基本公共服务信息开发与利用能力、基本公共服务品种与技术创新能力、基本公共服务责任分担与利益协调能力、基本公共服务供给组织能力等。

综合配套机制研究。丁元竹分析了与基本公共服务均等化相配套的、其他的体制机制怎么完善的问题。他认为,实现基本公共服务均等化既要考虑增量问题,又要考虑结构问题,既要考虑效率问题,也要考虑公平问题。贾凌民、吕旭宁探讨了创新基本公共服务供给的决策机制、生产和提供机制、监督与管理机制;郭金喜、鲁娜认为需要完善自下而上的农民利益表达机制、政策决策形成机制与政府回应机制以解决基本公共服务供给矛盾。祝小宁、白秀银揭示了城乡统筹基本公共服务配置、沟通、协调与共享的网格机制,以实现不同地域、不同领域和不同发展水平的基本公共服务配置和共享。雷晓康、方媛、王少博认为一个完整的基本公共服务供给体系包括基本公共服务需求表达机制、基层基本公共服务供给机制、监督机制、绩效评估机制以及基本公共服务问责机制等。

(8) 关于完善公共服务标准与评估机制的研究①

建立基本公共服务的质量控制与绩效评估体系,不仅有利于促进基本公共服务供给过程控制与绩效导向的有机互动,全面提升基本公共服务质量,也有利于建立基本公共服务供给的激励机制,促进基本公共服务供给体制与机制的持续改进。近年来,学者们主要围绕基本公共服务均等化的质量标准体系与绩效评估等问题进行了有益的探讨。

基本公共服务均等化质量指标体系的研究。国内外学者在构建指标体系时常用的逻辑框架主要有"E3"逻辑框架、"政治—经济—社会"逻辑框架、"综合指标—分类指标—单项指标"逻辑框架、平衡计分卡逻辑框架和绩效棱柱框架以及知识资本导航者框架等。②对于基本公共服务质量指标的设计研究,当前学术界对基本公共服务质量指标的设计主要有三种思路。

一种以基本公共服务职能为依据进行指标设计,相当一部分学者在分析时多与政府职能相联系,认为基本公共服务是政府职能的工作表现和成果。因而在指标设计中划分了如政治、经济、社会等各个层面的职能,或包括了内部自我管理职能和外部社会管理职能,具体的表述有所区别,表现在他们所强调的侧重面有所不同,但总体上没有脱离这个框架。如帕特里夏·基利(Patricia Keehley)以美国俄勒冈州为例,介绍了包括经济、教育、环境、市民参与、社会支持、公共安全、社区发展等7个领域共158个具体指标的俄勒冈州政府绩效评估体系③;李凤廷在借鉴绩效管理工具——平衡积分卡基本思想的基础上,从社会公众、内部业务流程、法律遵从和财务四个角度出发,形成了基本公共服务质量管理绩效指标体系的平衡计分卡框架;孙庆国、张乐、江海旭、周素萍、赵晏等则均以政府基本公共服务职能分类为切入点,将基本公共服务均等化的衡量指标分为基础教育、基本医疗与公共卫生、公共安全、社会保障、就业服务、公益性基础设施以及环境保护等等。

---

① 本部分内容主要来源于本课题中期研究成果:姜晓萍、吴菁:《国内外基本公共服务均等化研究述评》,《上海行政学院学报》,2012年第5期,《新华文摘》2013年第1期。
② 彭国甫:《地方政府绩效评估研究》,湖南人民出版社2005年版。
③ 丁元竹:《当前我国的基本公共服务现状及原因》,《中国经济时报》2008年1月11日。

一种以基本公共服务价值取向为依据进行指标设计。部分学者从基本公共服务的价值取向来进行分析,如张钢、牛志江、贺珊借鉴王永贵等对顾客价值和客户关系管理的分析,提出从功能价值、情感价值、社会价值和感知代价四个维度、共45个具体指标的基本公共服务质量评价指标体系;卓越从操作的角度把政府绩效评估的指标体系分为了三个层级架构:一是要素指标,二是证据指标,三是量化指标。① 徐双敏认为政府绩效评价指标中应设置"硬指标"和"软指标"。②

一种以通用模型式为依据进行指标设计。如国家人事部《中国政府绩效评估研究》课题组提出了一套适用于全面系统地评估我国地方各级政府,包括"职能指标、影响指标和潜力指标"的绩效评估指标体系③;ISO9000族标准作为国际上通用的质量标准,反映了质量管理体系的基本思想和过程要求,可以适用于企事业单位、社会团体以及政府部门等各类组织的管理和运作④;我国也发布了同样采用该系列标准的2000版GB/T19000族质量管理标准;另外,我国国家质量监督检疫总局和国家标准化管理委员会于2004年8月30日联合发布了《卓越绩效评价准则》,并于2005年1月1日正式实施。

基本公共服务均等化质量指标体系权重系数的研究。确定基本公共服务质量指标体系的权重系数的方法很多,概括起来有两大类,即主观赋权法和客观赋权法两大类。主观赋权法是评估主体根据各个指标的主观重视程度而赋予权重的一种方法,比较常用的有专家评定法⑤、层次分析法(AHP)⑥和灰色关联分析法⑦等。客观赋权法是根据指标自身的作用和影响确定权重

---

① 卓越:《政府绩效评估指标设计的类型和方法》,《中国行政管理》2007年第2期,第25—28页。
② 徐双敏:《我国实行政府绩效管理的可行性研究》,《中南财经政法大学学报》2003年第5期。
③ 国家人事部《中国政府绩效评估研究》课题组:《地方政府绩效评估体系》,《瞭望》2004年7月25日。
④ 尤建新、张建同、杜学美:《质量管理学》,科学出版社2003年版。
⑤ 卓越:《公共部门绩效评估》,中国人民大学出版社2004年版。
⑥ 运筹学教材编写组:《运筹学》,清华大学出版社2001年版;吴育华、杜纲:《管理科学基础》,天津大学出版社2004年版。
⑦ 程晔、曹文贵、赵明华:《高速公路下伏岩溶顶板稳定性二级模糊综合评判》,《中国公路学报》2003年第4期,第21—24页。

的方法，主要有嫡权法①、主成分分析法②、数据包络分析法（DEA）③ 等多元分析方法。对于基本公共服务质量指标体系权重系数的确定研究，当前学术界主要集中在：层次分析法（AHP），美国著名运筹学家、匹兹堡大学教授萨蒂于20世纪70年代提出的一种系统分析方法，是当前影响较大、应用较多的方法。④ 如彭国甫等对应用层次分析法来确定政府绩效评估指标权重进行了研究⑤；郑毅、王频应用AHP法综合评价2004年桂林市政府绩效；周素萍用层次分析法来确定农村基本公共服务指标体系的权重。网络层次分析法（ANP），是萨蒂（T. L. Saaty）教授于1996年提出的，它是在层次分析法（AHP）基础上发展而形成的一种新的实用决策方法。刘惠萍在《中国政府绩效评估研究》报告中的评价体系，就是运用网络层次分析法（ANP）对我国地方政府绩效评估指标权重的确定进行探讨。数据包络分析法（DEA），目前国内外学者多数运用此方法对基本公共服务效率进行测评。布坎南（J. M. Buchanan）运用DEA法对美国农业社区公共品供给效率进行研究；唐任伍等借助于政府公共部门的DEA模型来测度、量化我国省级地方政府的效率⑥；朱玉春等利用DEA方法对全国28个省（自治区、直辖市）的农村基本公共服务效率进行了实证分析；张鸣鸣采用DEA方法比较我国各年财政支农资金对第一产业的贡献、农村基础教育、公共卫生及其综合效率；王爱民借助DEA方法对苏北农村基本公共服务的效率进行分析。模糊综合评价法，彭国甫运用模糊综合评价模型，对湖南省11个地级州市政府1995—2002年的公共事业管理绩效

---

① 谢赤、钟赞：《嫡权法在银行综合评价中的应用》，《中国软科学》2002年。
② 李艳双、曾珍香、张闽、于树江：《主成分分析法在多指标综合评价中的应用》，《河北工业大学学报》1999年第1期，第94—97页；钱明、柳培文、季鸿：《环境质量综合评价最佳权重的确定》，《南京林业大学学报（自然科学版）》2000年第Z1期。
③ 张首魁、曹钢：《基于DAE的我国西部省份科技与经济协调发展研究》，《科技进步与对策》2006年；张根水、熊伯坚、程理民：《基于DEA理论的地区旅游业效率评价》，《商业研究》2006年第1期，第179—183页。
④ Satty, T. L., *The Analytic Hieraychy Process*, New York: Mc Graw-Hill, 1980.
⑤ 彭国甫、李树永、盛明科：《应用层次分析法确定政府绩效评估指标权重研究》，《中国软科学》2004年第6期，第136—139页。
⑥ 唐任伍、唐天伟：《政府效率的特殊性及其测度指标的选择》，《北京师范大学学报（社会科学版）》2004年第2期，第100—106页。

进行了实证研究；赵红梅将层次分析法和熵技术引入计算评估指标的合理权重，选择以模糊数学理论为基础的多级模糊综合评判法评估地方政府绩效；王汝发基于模糊分析，得到农村基本公共服务数量和质量绩效评价模型。

主观赋权法和客观赋权法都有优点，也都有一定的局限性。如主观赋权法在赋权时，主要是依靠专家对指标重要性的了解来对指标赋予权重系数。它的优点是采用均值、层次分析、灰色关联分析等方法对专家赋权结果进行处理，不仅减少了赋权的主观性，而且简单直接，易于操作。其缺陷是得出的权重对专家存在不同程度的依赖。客观赋权法的优点是通过数理的运算来获得指标的信息权重，避免了人为因素和主观因素的影响，但其缺陷在于赋权结果没有能够客观反映指标的实际重要程度，有时赋权结果与客观实际存在一定的差距。

基本公共服务均等化绩效评估体系研究。对基本公共服务均等化绩效评价最常见的思路是将评价标准分为客观评价和主观评价。它主要是评价基本公共服务的客观质量和主观质量，客观质量由不同服务的绩效考察指标构成，而主观质量则主要通过公民的满意度和感知质量来评价。前者可以依据基本公共服务质量标准体系通过数量的统计获得，而后者则需要通过调查公众的主观感受来获得。

公众感知服务质量测量和公民满意度测评是两种主要的基本公共服务质量主观评估方法。

公众感知服务质量测量。公众感知服务质量测量是重要的质量测评方式之一，是基于服务过程的无形性、易逝性、生产与消费的同时性等特点而进行测评的方法，其潜含的前提是设定政府基本公共服务评价的准确性是能够在服务对象的主观感知中获得的。也就是说，服务水平是由顾客界定的，顾客在服务接受的过程中可以通过自身的体验和感觉准确地感知到政府基本公共服务的实际绩效水平。因此，基本公共服务的感知质量也就是公众对服务绩效的直接评价。

国外学者李威斯和布恩斯（Robert C. Levis & Bernard H. Boorns）认为服务质量包含了实际绩效与先前预期的比较，即"服务质量是对服务传递实际水平与顾客的预期水平的匹配程度的测量，高质量的传递服务意味着顺从顾客的预期"[①]。格努鲁斯（Christian Gronoos）建构了一个关于服务质量的概念模型，他主张消费者通过比较服务的感知实际绩效与先前的预期而形成对服务质量的评价。[②] 史密斯和郝斯顿（Ruth A. Smith & Michael H. Hauston）宣称对服务的满意度与预期的一致性或不一致性是相联系着的。帕拉休拉曼、赞瑟姆和贝利（Parsuraman，Zeithaml & Berry）等提出了服务质量差距模型（SERVQUAL）的五维度感知质量测评模型，并在1991年对模型进行了修正，形成了修正的SERVQUAL模型[③]；日本质量管理专家狩野纪昭（Noritaki Kano）教授提出将服务质量划分为三类型的卡诺模型（Kano mode）；克罗宁和泰勒于1992年提出了绩效感知服务质量模型（SERVPERF）。

国内学者范秀成提出服务交互模型与顾客感知服务质量模型，并指出服务质量与实体产品质量的区别。[④] 因此，感知服务质量被看作顾客感知和期望的差异。白长虹、陈晔借鉴服务质量差距模型，认为公用服务质量包括供能质量和服务过程质量两个维度；杨永恒等也提出了评价基本公共服务质量的有形性、移情性、可靠性、信任性、吻合性、及时性、服务能力和服务声望等8个评价维度和26个指标体系。[⑤] 张亚明等提出的公众感知质量包含了文明性、规范性、可及性、方便性、时间性5个宏观感知指标；吕维霞、陈晔、黄晶构建了"公众感知行政服务质量测评模型"。

公民满意度测评。公民满意度测评是质量测评的另一种重要方式。通过多维度的顾客满意度指数模型来研究政府的公众满意度或对具体服务进行满意度的评估是最重要的测评方式。在经济领域中，美国密歇根大学商学院质量研究中心总结出的"顾客满意度指数"（CSI）是世界各国迄今在各领域

---

① Robert C. Lewis & Bernard H. Booms, "The Marketing Aspects of Service Quality," *Emerging Perspectives on Services Marketing*, Chicago American Marketing, 1983.
② Christian Gronoos, "A Service-Oriented Approach to Marketing of Services," *European Journal of Marketing*, 1978 (8).
③ Parasuraman A., Zeithaml Valarie A. & Berry Leonard L., "SERVQUAL: A Multiple-Item Scale for Measuring Consumer Perceptions of Service Quality," *Journal of Retailing*, 1988 (1).
④ 范秀成：《服务质量管理：交互过程与交互质量》，《南开管理评论》1999年第1期。
⑤ 杨永恒、王有强、王磊：《公共服务质量的评价维度和指标：市民与官员的认知对比》，见《绩效评估与政府创新国际研讨会（浙江）论文集》，2007年。

广泛应用的测评模型。该模型也在政府质量测评研究中得到了广泛的应用。国内基本公共服务的满意度研究大多借鉴了国外顾客满意度理论的研究成果。朱国玮对基本公共服务的公众满意度测评的理论及其测评模型（PSCSI）进行了验证；刘武、刘钊、孙宇则采用结构方程模型（Structural Equation Modeling，SEM）设计了行政服务中心基本公共服务满意度指数模型与一般基本公共服务满意度指数；朱玉春等基于陕西省380名农村居民对农村公共品的评价数据，运用主成分分析法和评定回归模型（Logit Model）回归模型对农村居民的满意度进行了实证分析。《小康》杂志（求是杂志社主办）发布的"中国公共服务小康指数"主要从行政管理、教育、社会保障、就业服务、医疗卫生、科技、市政建设及环保、文化娱乐、公共安全九个方面来衡量公共服务小康指数；零点研究咨询集团发布的年度"零点中国公共服务公众评价指数报告"（2003年至今），包括公共安全、公共交通、公共事业、医疗卫生、社会保障、基础教育、就业服务、环卫治理和农业生产服务等与民生密切相关的九个不同领域的公众满意度评估；2010年，"连氏中国城市公共服务质量指数调查，用公共服务总体满意度、企业经营环境和一般公共服务3个维度、34个次级指标、106个测量指标对中国32个主要城市的公共服务质量进行了测评。中国社科院组织的"中国公共服务综合评估"在全面梳理新中国公共服务供给制度演进的基础上，开发了一个含8个子系统和165个指标的指标体系。

3. 公共服务体系研究的薄弱环节与发展趋势

国内外对公共服务体系的研究在取得显著成果的同时，也存在一些薄弱环节有待进一步加强。

在研究视角方面，目前学者对公共服务体系的研究多从行政学和经济学的视角切入，从公共行政学视角研究的成果多数运用新公共管理理论、新公共服务理论、治理理论等探讨公共服务供给模式的制度变迁；也有学者从公共财政学角度做了深入的研究，但过于偏重新政治经济学关于公共物品范畴量化分析的研究。从社会学、伦理学的视角研究基本公共服务均等化的成果较少，尤其缺乏对基本公共服务均等化与社会公平内在逻辑的深度研究，对于公共服务体系内涵的界定及其实现机制所应遵循的价值导向（社会效益分析）仍较为模糊，将新公共服务倡导的公平正义等价值观用新公共管理的定量方法予以检验，还基本处在起步阶段，仅有部分学者对盲目照搬套用的做法提出了质疑。这一切导致工具理性的讨论多，价值理性的思问薄弱。

在研究内容方面，侧重应然研究，实然研究比较薄弱。当前学术界对公共服务体系的概念、内涵、特性、范围、供给主体、实现机制等应然层面的研究成果较多，但对目前公共服务体系的质量以及绩效等实然层面的研究较少，尽管也有不少对目前我国基本公共服务体系现状与问题的描述，但以国家或省级以及大城市层面为主。涉及县乡基层、农村（社区）公共体系的研究较少，公共服务体系呈现"碎片化"的研究态势。

在研究方法方面，偏重定性研究，定量研究比较薄弱。目前大部分学者都是运用定性的方法研究公共服务体系问题，虽然也有小部分学者试图建立可量化的指标来衡量基本公共服务水平，但主要是借助公共经济学和财政学的一些标准，多以单指标简单加权处理为主，缺乏多指标联动的标准体系，同时评价指标的设计多是以公共服务供给的能力和水平为指向，而不是以公共服务均等化的水平为指向，社会调查的信度和效度备受质疑。

针对上述问题，结合"十二五"期间完善我国基本公共服务体系的目标，学术界对基本公共服务体系的研究将更多从前瞻性、系统性、创新性等方面开展深入研究。

继续加强对基本公共服务体系理论基础的研究。基本公共服务体系理论的研究涉及公共行政学、公共经济学、社会学、政治学等学科，综合运用相关理论对基本公共服务体系的理论基础、本质属性、社会发展价值，尤其是公共服务体系与政府职能转变、社会治理模式变革的内在逻辑等进行深度分析，是今后研究的着力点。同时要改变分散化、"碎片化"的公共服务体系研究现状，对完善公共服务体系进行系统化研究，有助于创新治理结构、优化政策制定、提供无缝隙的公共服务，从而提高公共服务的效率，完善公共服务体系，这就要求打造"整体政府"，协调好政府各部门、中央与地方各层级的关系，以公众需求为导向，进行协同治理，消除因"功能分化"、"条块分割"导致各类公共服务政策间的割裂，从而提高政策效能。

优化对基本公共服务体系的研究结构。完善基本公共服务体系的目标是促进基本公共服务均等化，这就需要我们改变原来的研究结构，不仅重视基本公共服务供给的规模与速度，更要重视基本公共服务供给的质量与公平问题，不仅对城市基本公共服务供给高度重视，更要加大对农村基本公共服务供给的相关问题继续深入研究，尤其要加大各级政府公共服务财政责任体系的研究，锁定基本公共服务均等化这个关键环节，探索实现均等化的目标、任务、标准与制度保障等。

拓展基本公共服务体系的研究内容。要针对已有研究的薄弱环节，进一步拓展研究内容。比如目前学者针对公共服务体系运行机制的研究，仅在供给主体和供给方式两个方面着墨颇多，对公共服务体系运行和保障机制研究较少，这就使研究实用性大打折扣。此外对于其标准与评估机制，或片面强调主观评价，或片面注重客观测量，二者缺乏有效的融合。需要研究基本公共服务从需求收集到标准确定再到服务供给和评价的全程质量管理体系。如：关于我们基本公共服务体系的需求调查与研究、我国基本公共服务的范围与职责标准、我国基本公共服务体系的质量控制与绩效评估研究等。

创新基本公共服务体系的研究方法。基本公共服务体系的跨学科特性，决定了基本公共服务体系的研究应该是多学科的交叉融合。在规范研究的基础上，更加重视实证研究；在定性分析的基础上，更加重视定量分析。在运用诸多学科理论去解释和完善公共服务体系的过程中，应首先明确各自的预设前提，根据具体适用情境判断采用定量或定性研究方法，不能一概而论，因为研究的目的在于解决实际问题，而非为了研究而研究。更不能简单地搞"拿来主义"，盲目套用经济学或数学的模型及特定方法。比如：当前学者对于基本公共服务的绩效评价，要么集中于基本公共服务的质量标准，要么集中在基本公共服务的顾客感知和满意度的研究，而对基本公共服务的社会效益研究更少，如何将基本公共服务客观和主观评价有效结合来系统全面研究基本公共服务质量管理与绩效评估问题是后续研究的重点。尤其是对综合型的基本公共服务均等化水平评价指标体系的系统性研究有待加强。

（三）国内服务型政府与公共服务体系研究的知识图谱

2000 年以来，随着服务型政府建设从地方政府实践上升为国家意志，成为中国行政体制改革的目标选择，服务型政府和公共服务体系研究就一直是我国政治学与公共行政学的热点。本文旨在通过对近 15 年来我国服务型政府和公共服务体系研究文献的科学计量分析,绘制出系列科学知识图谱,全景式再现近15年我国服务型政府和公共服务体系研究的时空动态演化历程,全面回顾我国服务型政府和公共服务体系研究的基本情况,挖掘该领域研究的热点主题,识别目前的研究前沿,探测下一阶段的发展趋势,对未来研究的拓展深化提供借鉴参考。

1. 数据来源与研究方法

数据来源:文献选取自中国学术期刊网络出版总库(CNKI),检索主题词分别为:"服务型政府""公共服务体系";文献来源类别:核心期刊;文献来源年限:2001—2013年;检索条件:精确。检索到"服务型政府"相关文献2586篇,经过比对筛选后获取精确文献2468篇,检索到"公共服务体系"相关文献1136篇,筛选剔重后获取精确文献1056篇,操作时间分别为2013年7月8日、2013年7月30日。值得指出的是,核心期刊选登的文献具有较高的学术水平和研究价值,有利于保证研究内容、研究结果的准确可靠。为了减少分析误差和提升精度,本文还开展了数据清洗工作,主要是对文献关键词或主题词中的泛义词、近义词进行剔除合并,如意义、影响、路径、建议等,避免其影响研究结果。

研究方法:共词分析是内容分析法的一种,通过统计两个词在同一篇文献中的出现频次,在此基础上进行聚类整合,分析共现关键词之间的疏密关系,进而探究该研究领域的热点主题、前沿趋势、知识基础、演变路径等等。由于共词分析可以对数据库中的文献进行规模化统计运算,因而就可以识别当前的热点、前沿,还可以通过纵向历史分析寻找研究对象的演变路径及下一步趋势。[①] 基于共词分析的科学知识图谱是目前科学计量学和信息可视化等领域最受关注的焦点。[②] 科学知识图谱不仅能够用来挖掘某领域研究的演变、热点和前沿,而且可以利用其独特的可视化效果对该领域的研究进行全景式再现。[③] 本文运用的科学知识图谱工具是美国德雷赛尔大学陈超美博士开发的可视化软件Cite Space,能够绘制基于关键词共词分析的聚

---

① 伍若梅、孔悦凡:《共词分析与共引分析方法比较研究》,《情报资料工作》2010年第1期,第25—28页。
② 陈悦、刘则渊:《悄然兴起的科学知识图谱》,《科学学研究》2005年第2期,第149—154页。
③ Qin H., "Knowledge Discovery through Co-Cord Analysis," *Library Trends*, 1999 (1).

类图谱和时区视图,其优点是能够通过最小生成树算法对前沿术语开展运算,进而显示一个知识域或学科在一段时期发展的动向趋势,以及形成若干前沿主题的演化历程。该技术还设计了突变词探测功能。突变词,又称为涌现主题术语,是指某时期使用频率骤增的专业术语,用来探测某个领域中突现的动态概念和潜在的研究问题,适于检验学科发展的新兴趋势和骤然变化。[1]

在对文献数据进行有效地清理和存储之后,运行 Cite Space II 软件,将相关文献数据导入,设置年度切片时间为一年,阀值取前 50,选择最小生成树算法,绘制共现图谱、时区视图等,并生成对应的文本参考信息。

2. 国内服务型政府研究的知识图谱

基本情况:由图 1-3 可知,国内服务型政府研究的发文量从 2001 年开始呈高速上升态势,2004 年年发文量突破 100 篇,2008 年发文量出现"井喷",达到顶峰,之后有所回落,但一直维持在 300 篇左右的较高数量水平。其中,2013 年因数据不完整除外。这符合普赖斯指数曲线的规律,表明 21 世纪以来我国服务型政府研究已经成为一个生命力旺盛、稳定成熟的研究领域,具有较大的研究价值和研究前景。

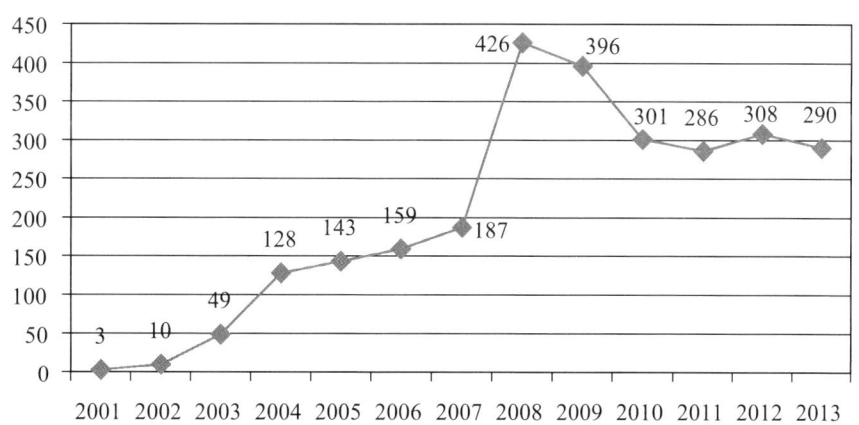

图 1-3 国内服务型政府研究相关文献的年代分布

---

[1] 陈超美:《Cite Space II:科学文献中新趋势与新动态的识别与可视化》,《情报学报》2009 年第 3 期,第 401—421 页。

重要研究力量：表1-3是发文量前20位的高产作者，表1-4是发文量前20位的核心机构。在我国服务型政府研究领域，四川大学姜晓萍教授、国家行政学院薄贵利教授、中国行政管理学会副会长高小平、浙江大学郁建兴教授等是重要的高产作者，其所在单位及中国人民大学、北京大学、南开大学等科研院所的研究成果数量都居于前列。如表1-3、表1-4所示，国内"985""211"的知名高校、国家行政学院、中国行政管理学会及其专家团队具有较强的研究能力，是服务型政府研究领域的重要研究力量，这些团队及其研究者在服务型政府研究方面开展了大量深入工作，在论文数量、团队构建、基金项目、专著论著等方面均已取得了丰富成果。

不足之处在于，各个单位相互之间的联系较少，合作研究也较少，合著论文不多，少量合著论文的作者也多是同一单位，没有形成跨区域的协同创新研究平台，不利于深度研究、创新研究的进一步开展。

表1-3　2001—2013年国内服务型政府研究发文量前20位的高产作者

序号	作者	篇数	单位	序号	作者	篇数	单位
1	姜晓萍	12	四川大学	11	冷向明	6	华中师范大学
2	薄贵利	11	国家行政学院	12	刘祖云	6	南京农业大学
3	高小平	9	中国行政管理学会	13	朱光磊	6	南开大学
4	郁建兴	8	浙江大学	14	孙　涛	6	南开大学
5	张康之	7	中国人民大学	15	沈荣华	6	苏州大学
6	李军鹏	7	国家行政学院	16	莫于川	6	中国人民大学
7	罗德刚	7	重庆行政学院	17	陈振明	5	厦门大学
8	刘熙瑞	7	国家行政学院	18	田兆阳	5	北京行政学院
9	何　水	6	郑州大学	19	赫郑飞	5	中国行政管理学会
10	赵聚军	6	南开大学	20	郭　济	5	中国行政管理学会

表1-4　2001—2013年国内服务型政府研究发文量前20位的核心机构

序号	单位	篇数	序号	单位	篇数
1	中国人民大学	74	11	四川大学	30
2	国家行政学院	73	12	复旦大学	26
3	北京大学	61	13	中共中央党校	26
4	南开大学	53	14	郑州大学	24
5	吉林大学	49	15	南京师范大学	24

续表

序号	单位	篇数	序号	单位	篇数
6	南京大学	48	16	北京师范大学	23
7	华中师范大学	42	17	厦门大学	23
8	苏州大学	35	18	清华大学	21
9	中国行政管理学会	35	19	浙江大学	21
10	武汉大学	31	20	重庆大学	21

高被引文献：表1-5是2001—2013年国内服务型政府研究领域前20位的高被引文献，主要来自政治学、管理学等学科。研究主要涉及服务型政府的特点内涵、服务型政府的理论基础、服务型政府构建的现状及难题、构建服务型政府的路径选择及现实着力点等。除此之外，近两年公共服务体系、基本公共服务均等化等与服务型政府建设关系密切，受到广泛关注，因而成为该领域新的研究热点、发展方向。

表1-5　2001—2013年国内服务型政府研究前20位的高被引文献

序号	作者	标题	被引频次	卷/期	期刊名
1	刘熙瑞	服务型政府——经济全球化背景下中国政府改革的目标选择	1815	2002/07	中国行政管理
2	张康之	限制政府规模的理念	579	2000/04	行政论坛
3	吴玉宗	服务型政府：概念、内涵与特点	255	2004/02	西南民族大学学报（社会科学版）
4	彭向刚、王郅强	服务型政府：当代中国政府改革的目标模式	191	2004/04	吉林大学社会科学学报
5	中国行政管理学会课题组	服务型政府是我国行政改革的目标选择	189	2005/04	中国行政管理
6	吴玉宗	服务型政府：缘起和前景	189	2004/03	社会科学研究
7	谢庆奎	服务型政府建设的基本途径：政府创新	186	2005/01	北京大学学报（哲学社会科学版）
8	唐铁汉	强化政府公共服务职能努力建设公共服务型政府	145	2004/07	中国行政管理

续表

序号	作者	标题	被引频次	卷/期	期刊名
9	姜晓萍	政府流程再造的基础理论与现实意义	133	2006/05	中国行政管理
10	肖林鹏等	公共体育服务概念及其理论分析	122	2007/02	天津体育学院学报
11	罗德刚	论全面推进地方公共服务型政府建设	120	2004/07	中国行政管理
12	陈海威	中国基本公共服务体系研究	118	2007/03	科学社会主义
13	顾丽梅	新公共服务理论及其对我国公共服务改革之启示	118	2005/01	南京社会科学
14	朱光磊、孙涛	"规制—服务型"地方政府：定位、内涵与建设	117	2005/01	中国人民大学学报
15	陈振明、薛澜	中国公共管理理论研究的重点领域和主题	114	2007/03	中国社会科学
16	郁建兴、徐越倩	从发展型政府到公共服务型政府——以浙江省为个案	113	2004/05	马克思主义与现实
17	吴爱明、孙垂江	我国公共行政服务中心的困境与发展	102	2004/09	中国行政管理
18	陈海威、田侃	我国基本公共服务均等化问题探讨	100	2007/03	中州学刊
19	姜晓萍、刘汉固	建设"服务型政府"的思路与对策	100	2003/04	四川大学学报（哲学社会科学版）
20	刘俊生	论服务型政府的价值基础与理论基础	100	2004/05	南京社会科学

知识图谱：运用词频软件进行统计分析，发现2468篇论文中包含有效关键词2613个，关键词出现总频次为8362次，平均每篇3.2个。表1-6为前60位的高频关键词列表。这些高频关键词是国内服务型政府研究领域的专业术语，一定程度上代表了研究主题、热点前沿的所在。服务型政府出现频次多达721次，公共服务出现频次多达179次，远高于其他关键词出现频率，是该研究领域的主要标签。

表1-6 国内服务型政府研究60个高频关键词列表

序号	关键词	频数	序号	关键词	频数	序号	关键词	频数	序号	关键词	频数
1	服务型政府	721	16	对策	26	31	治理	18	46	公民社会	15
2	公共服务	179	17	科学发展观	25	32	政府责任	17	47	乡镇政府	15
3	政府职能	87	18	服务	25	33	服务型政府建设	17	48	公共产品	15
4	电子政务	65	19	创新	24	34	公共利益	17	49	行政管理	15
5	地方政府	61	20	行政体制改革	21	35	体制改革	17	50	大部制	14
6	公共服务型政府	60	21	公共管理	21	36	职能转变	16	51	政府绩效评估	13
7	政府	55	22	行政改革	21	37	价值取向	16	52	公众参与	13
8	和谐社会	49	23	政府职能转变	20	38	公务员	16	53	公共性	13
9	政府改革	43	24	市场经济	20	39	以人为本	16	54	政府创新	13
10	政府转型	37	25	路径	19	40	善治	15	55	政府绩效	13
11	绩效评估	34	26	公民参与	19	41	政府信息公开	15	56	行政管理体制改革	12
12	社会管理	28	27	新公共服务	19	42	政府管理	15	57	困境	12
13	改革	27	28	服务行政	19	43	行政管理体制	15	58	政府行为	12
14	均等化	26	29	法治政府	19	44	公共财政	15	59	依法行政	12
15	基本公共服务	26	30	制度创新	19	45	新公共管理	15	60	中国	12

基于关键词共现的最小树聚类图谱，见图1-4。① 在可视化图谱中，节点圈层大小是由关键词出现的频次决定的，节点连线粗细则表示该节点与其他节点的关联度，节点在图谱中的位置则由自身的中心度控制，中心度的含义是指在网络中居于核心位置的节点或个体能够对信息的流动或传递起到重要的控制作用。因而关键词的频次、连线和中心度是判断主题聚类的重要指

---

① 知识图谱的显示可以分别由关键词频次大小或者关键词中心度大小控制决定，本文为了确保知识图谱的显示效果，图谱中的节点标签及圈层大小是根据关键词频次显示的。

标。由于图谱中节点较多,频次差别较大,存在大量重叠现象,因而笔者进行了一定的手动调整,一是剪除了过度重叠和过于分散的枝节及散点,二是突出了基本节点及其联系网络,使图谱的主要内容能够展示出来。①

图1-4 服务型政府研究的最小树聚类图谱

综合节点频次、中心度及联系情况,列出服务型政府研究领域影响力较高的十个关键节点,依次是政府职能(0.67,87)、公共服务(0.61,179)、服务型政府(0.59,721)、均等化(0.34,26)、政府改革(0.28,43)、公共服务型政府(0.22,60)、地方政府(0.21,61)、基本公共服务(0.18,26)、职能转变(0.17,16)、服务(0.16,6),括号内分别是节点的中心度和频次。也有一些节点的频次很高,但是中心度较低,节点联系较少,因而综合影响力较小,居于图谱的外围,如电子政务(0.03,65);另

---

① 需要明确的是,文中对于研究主题的阐释是建立在整个知识图谱及关键词列表、频次、中心度、关联度基础上的,包括图1-4中被剪除的一些枝节、散点。

外图谱中还有个别关键词是学者们的惯用词、常用词,如服务、改革、政府等,其含义与特定的语义环境有关,在主题聚类中一般归为专用术语、学术名词。影响力大的节点凝聚着周围的其他节点,形成最小树聚类图谱,全景式再现了2001—2013年国内服务型政府研究的热点主题。[①]

热点主题:根据聚类图谱、关键词列表和经典文献的分析来看,将服务型政府研究领域的热点主题分为以下四个主要部分是比较合理的:

(1) 服务型政府的概念内涵和基础理论研究

服务型政府是西方"政府再造"运动的中国化、本土化。2000年,张康之首次为其下了定义,服务型的政府,也就是为人民服务的政府,服务是一种基本理念和价值追求,政府定位于服务者的角色上,把为社会、为公众服务作为政府存在、运行和发展的基本宗旨。[②] 其后各界学者从不同视角、不同层次对服务型政府的概念内涵开展了热烈讨论。刘熙瑞认为,服务型政府就是基于公民意志构建的以服务公民为目标并承担着服务责任的政府。[③] 吴玉宗认为,服务型政府就是指政府遵从民意的要求,在政府工作目的、工作内容、工作程序和工作方法上用公开的方式给公民、社会组织和社会提供方便、周到和有效的帮助,为民兴利、促进社会稳定发展。[④] 姜晓萍认为服务型政府主要体现为"以人为本的治理理念,依法行政的行为准则,公众需求导向的服务模式,回应民意的政府责任,人民满意的服务目标"[⑤]。

在服务型政府理论基础建设方面,国内学者既吸收了国外政府再造、新公共管理的先进理念,又立足本土化的实践经验,融入不同学科的相关理论,简要列举以下几种:人民主权理论、民主行政理论、治理理论、新公共

---

① 基于文献关键词的最小树聚类知识图谱,其依据之一是社会学的一个观点,即特征相似的人互动会更加频繁,而这种互动会促进共同态度或认同感的产生。活动者在特定学科的知识网络中即被认为是文献关键词、主题词等,如一定规模学术文献中关键词出现的频次多少、关键词共同使用的情况以及关键词相似程度等,就可以构成某一学科或某一研究领域的知识图谱。

② 张康之:《限制政府规模的理念》,《行政论坛》2000年第4期。

③ 刘熙瑞:《服务型政府——经济全球化背景下中国政府改革的目标选择》,《中国行政管理》2002年第7期。

④ 吴玉宗:《服务型政府:概念、内涵与特点》,《西南民族大学学报(人文社会科学版)》2004年第2期,第406—410页。

⑤ 姜晓萍:《构建服务型政府进程中的公民参与》,《新华文摘》2007年第21期。

管理理论、新公共服务理论、后现代理论等。一些学者认为，在中国的服务型政府建设过程中，要深入挖掘本土化的理论基础，而不能一味地倾向西方思维逻辑。如施雪华就曾指出，西方发达国家的服务型政府理论基础是"后工业社会理论"，我国的则主要是"政府职能结构重心位移理论"和以人为本的科学发展理论。① 服务型政府建设是一个系统性工程，需要构建自身的基础理论，必须将传统的人民主权论、民主行政论等政治学理论、管理学理论与现代的治理理论、后现代理论、法治理论等相结合，才能够为服务型政府建设打下坚实的理论基础。②

（2）服务型政府的主要内容探究

服务型政府的主要内容涵盖了路径选择、地方政府、绩效评估、公民参与、政务公开等方面，并且在图谱上呈现出中心聚类、相对独立的特征。

谢庆奎认为，我国服务型政府建设的基本路径是政府创新，理论研究上分为四个方面：理论层面、操作层面、体制层面、人员层面，现实途径则是开展政治改革、行政改革和执政党执政方式的转变。③ 朱光磊则强调在建设服务型政府中，应加强政府与社会双向互动，协调政府内部职责划分，减少政府横向的"职责同构"，发挥国家机关及事业单位的作用，合理安排"大事""小事"，建设规模适度的"强政府"。④

除去理论探讨，现实操作中，在姜晓萍等学者的参与下，成都市在服务型政府建设中走在前列，几年来开展了行政决策专家咨询制度、行政审批制度改革及流程再造、政务服务大厅等创新举措，为服务型政府建设的路径选择提供了有益参考。⑤ 不可忽略的是，在路径选择过程中，必须处理好政

---

① 施雪华：《"服务型政府"的基本涵义、理论基础和建构条件》，《社会科学》2010年第2期，第3—11页。
② 刘俊生：《论服务型政府的价值基础与理论基础》，《南京社会科学》2004年第5期，第52—57页。
③ 谢庆奎：《服务型政府建设的基本途径：政府创新》，《北京大学学报（哲学社会科学版）》2005年第1期。
④ 朱光磊、薛立强：《服务型政府建设的六大关键问题》，《南开学报（哲学社会科学版）》2008年第1期，第47—54页。
⑤ 姜晓萍、范逢春：《地方政府建立行政决策专家咨询制度的探索与创新》，《中国行政管理》2005年第2期；姜晓萍、李文星：《地方政府行政审批程序中存在的问题及对策》，《河北学刊》2002年第4期，第32—37页。

府、市场与社会三者之间的互动关系，使多方力量参与到公共服务的供给中来。①

"地方政府"在服务型政府研究文献的关键词中出现61次，居于高频关键词的第五位，且其中心度也居于前列，达到0.21。这说明以往的服务型政府建设十分重视在地方政府层面内积累经验和开拓实践，地方政府在服务型政府建设方面做了大量工作，上文提到的成都市规范化服务型政府建设就是其中的典型范例。纵览近15年的发展历程，地方政府一直都走在服务型政府建设的前沿，并且推动着服务型政府建设从地方实践走向中央意志。

绩效评估研究是我国公共行政学领域中的热点难点，服务型政府建设中也离不开绩效评估。在以往的学者研究中，往往关注地方政府绩效评估的需求导向、指标体系、实践操作等层面②，而忽略了绩效评估在服务型政府构建中的功能。有学者提出"服务型政府绩效评估体系构建"，立足本国国情，将绩效评估与我国政府管理体制改革的基本目标——服务型政府建设有机结合起来，并讨论了服务型政府绩效评估体系研究的理论基础与现实依据。③

服务型政府遵循多中心治理理论的核心理念，在构建中不断开展合作治理，这就大大拓展了官僚权威的开放性，提升了社会公民的参与性。因而，有学者指出，服务型政府的实质是公民与政府共同合作的产物。④ 服务型政府建设离不开公民的有效参与。"公民参与不仅是确保服务型政府合法性基础的关键要素，而且是契合服务型政府的治理模式。"⑤ 但是，目前许多的政府官员、普通公民对公民参与的认知还比较低，没有识别公民在服务型政府建设中的积极作用，以公民为核心的公民组织、社区组织还没有获得制度保障，公民参与机制存在缺失，这是摆在我们面前亟须解决的难题

---

① 迟福林：《政府转型与基本公共服务》，《中国浦东干部学院学报》2009年第1期。
② 沙勇忠等：《政府绩效管理研究的知识图谱和热点主题》，《公共管理学报》2009年第3期，第102—110页。
③ 盛明科：《服务型政府绩效评估体系研究的理论基础与现实依据》，《湘潭大学学报（哲学社会科学版）》2008年第1期，第23—28页。
④ 于新恒：《公共服务型政府建设与公民参与》，《长白学刊》2007年第1期，第49—52页。
⑤ 姜晓萍：《构建服务型政府进程中的公民参与》，《社会科学研究》2007年第4期。

之一。

政务公开水平是服务型政府建设完善程度的重要标志之一。政务公开与政府采购、依法行政、反腐倡廉、公民参与等都有较大关联。《中华人民共和国政府信息公开条例》于 2007 年颁布实施,政府信息公开法制化加快了我国服务型政府建设进程。下一步要着力解决政务公开过程中的信息公开层次低、更新缓慢、渠道单一等问题,进一步加大电子政务事业投入力度,制定政府信息公开法,拓展信息公开范围,建设"阳光政府""电子政府"。[①]

（3）政府职能转型与服务型政府研究

政府职能转型是我国政治体制改革、经济体制改革的重中之重。服务型政府建设承载着实现政府职能转型和行政管理体制改革的双重任务。由图谱可以看出,政府职能中心度高,出现频次高,与服务型政府研究关联密切,整合了民主政府、有限政府、责任政府、法治政府、绩效政府等的服务型政府已经成为政府职能转型中最重要的方向。

许多学者从不同角度论证了政府职能转型与服务型政府之间的互动关系。薄贵利强调建设服务型政府必须加快政府职能转变,实现政府职能向提供优质公共服务、维护社会公平正义的根本性转变。[②] 赵成福认为,建设服务型政府,转变政府职能是核心。政府应着重做好经济调节、市场监督、社会管理和公共服务。[③] 沈荣华认为,应以公众为服务导向,促使政府职能向提供公共服务职能方向转变,促进经济社会全面协调发展。[④] 以改革政府行政审批制度为突破口,着力塑造服务型政府,实现政府职能的真正转变。[⑤] 因此,未来时期,以提升政府绩效为目标,以流程再造为核心的服务型政府建设仍然是我国政府职能转型的主流思路。[⑥]

[①] 郭俊华：《电子政务环境下的服务型政府建设》,《毛泽东邓小平理论研究》2010 年第 12 期,第 34—37 页。

[②] 薄贵利：《完善政府公共服务职能,加强服务型政府建设》,《国家行政学院学报》2005 年第 5 期。

[③] 赵成福：《社会转型与当代中国服务型政府的构建》,《河南师范大学学报（哲学社会科学版）》2007 年第 1 期。

[④] 沈荣华：《提高政府公共服务能力的思路选择》,《中国行政管理》2004 年第 1 期。

[⑤] 乔雨：《着力塑造服务型政府》,《求是》2003 年第 10 期,第 56 页。

[⑥] 姜晓萍：《政府流程再造的基础理论与现实意义》,《中国行政管理》2006 年第 5 期,第 37—41 页。

(4) 服务型政府与公共服务体系构建研究

构建完善的公共服务体系是服务型政府建设的题中之意。建立健全与社会经济发展水平相适应的公共服务体系是服务型政府建设的目标之一。服务型政府建设与公共服务体系构建是相互促进、相互推动的。高尚全认为完善公共服务体系建设是加快服务型政府建设的关键所在。[①] 孙涛指出服务型政府建设须为社会提供有基本保障的公共服务体系。[②] 郁建兴、高翔强调公共服务体系的构建可以为服务型政府建设走向制度化提供必要保障。[③] 需要明确的是,服务型政府负有构建公共服务体系的责任,但是它不应该是公共服务供给的唯一主体。必须合理协调政府、市场与社会之间的互动关系[④],在公共服务中积极引入市场机制、社会力量,促使公共服务供给主体多元化。

目前,基本公共服务均等化正在成为公共服务供给中最受关注的焦点,推动基本公共服务均等化是服务型政府的重要职责[⑤],基本公共服务、均等化、政府责任、公共财政、城乡等是该主题的主要标签。徐增阳认为推进城乡基本公共服务均等化是我国建设服务型政府、加强社会管理和公共服务的重要内容。[⑥] 张勤指出实现基本公共服务均等化是构建服务型政府的一项重要任务,必须要有正确的认识和良好的体制机制保障。[⑦]

前沿趋势:时区视图是依据某个研究领域各个热点主题之间的交互作用及突变关系设计的。[⑧] 将时区视图与突变词探测相结合,有助于挖掘该研究领域的演变路径,捕获现在及未来的前沿趋势。

---

① 高尚全:《完善公共服务体系,加快服务型政府建设》,《中国改革》2007 年第 12 期。
② 孙涛:《近年来服务型政府建设研究述评》,《中国行政管理》2011 年第 1 期,第 120—124 页。
③ 郁建兴、高翔:《中国服务型政府建设的基本经验与未来》,《中国行政管理》2012 年第 8 期。
④ 迟福林:《适时推进公共服务型政府建设》,《经济研究参考》2003 年第 71 期。
⑤ 陈海威:《中国基本公共服务体系研究》,《科学社会主义》2007 年第 3 期,第 98—100 页。
⑥ 徐增阳:《县级政府公共服务体系、问题与对策——以城乡基本公共服务均等化为视角》,《调研世界》2009 年第 3 期,第 14—16 页。
⑦ 张勤:《论推进服务型政府建设与基本公共服务均等化》,《中国行政管理》2009 年第 4 期,第 49—51 页。
⑧ Chen C., "Cite Space II: Detecting and Visualizing Emerging Trends and Transient Patterns in Scientific Literature," *Journal of the American Society for Information Science and Technology*, 2006 (3).

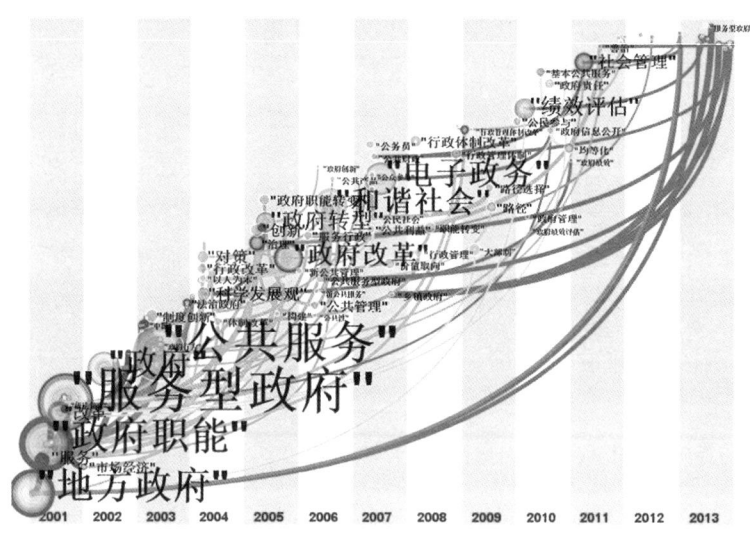

图1-5　服务型政府研究的前沿时区视图

表1-7　服务型政府研究12个突变词列表①

序号	突变词	突变强度	突变时间
1	WTO	4.2049	2001—2004
2	制度创新	3.4252	2003—2006
3	有限政府	3.0827	2003—2006
4	**和谐社会**	**4.6178**	**2006—2009**
5	公众参与	3.0002	2007—2008
6	服务型政府	4.6090	2008—2008
7	行政管理体制	3.1203	2008—2008
8	**十七大报告**	**2.6562**	**2008—2008**
7	大部制	3.4179	2009—2010
8	绩效评估	2.7959	2009—2013
9	社会保障	2.8697	2010—2011
10	基本公共服务	3.4803	2010—2013
11	均等化	2.7807	2010—2013
12	社会管理创新	3.4841	2012—2013

① 表中服务型政府研究的系列突变词是根据某一年份学术文献中该关键词使用频次骤然增加的程度探测出的，与近15年关键词使用的总频次关系无关，图1-4、图1-5中节点圈层颜色较深的即为突变词。例如和谐社会在2006—2009年突变率达到4.6178，这说明在这四年中"和谐社会"的使用频次远远大于往年，呈现骤增、暴增情况，因而才成为突变词。

通过时区视图可以清楚地看到，近15年来我国服务型政府研究中热点前沿的演进路径。同时12个突变词也为服务型政府研究的演化变迁做了关键注释，标示了演化过程中前沿转移的方向和新兴热点的凸显。

"地方政府""政府职能""服务型政府""公共服务""制度创新""有限政府""公众参与"，集中出现于2001—2005年关于服务型政府研究的学术文献中，而这一时期是我国刚刚加入WTO的关键发展期，为了与国际接轨，消除制约社会经济快速发展的行政障碍，我国加快了政府职能转变步伐，该阶段的服务型政府建设主要是以合理区隔政府与市场的关系、促进政府性质由管制走向服务的政府职能转变为核心。故该阶段学界对服务型政府的研究主要集中在服务型政府的内涵概念、基础理论、实践经验等方面，图谱中的代表性节点有"以人为本""制度创新""新公共管理""新公共服务""治理理论""政府创新""问题—对策"等等。

2006—2010年之间"服务行政""乡镇政府""电子政务""行政管理体制改革""路径选择""绩效评估""公民参与""公共财政""价值取向""和谐社会"等成为主要标签。这表明学界对服务型政府的研究开始深入到基层政府、工具理性与价值理性并行阶段。2006—2009年，"和谐社会"成为突变词，2004年9月，中共中央十六届四中全会正式提出了"构建社会主义和谐社会"的概念，2005年2月，时任国家主席、中国共产党总书记胡锦涛提出将"和谐社会"作为执政的战略任务。自此，和谐社会成为服务型政府建设的重要目标和价值导向。2008年，"服务型政府""行政管理体制""十七大报告"成为突变词，突变率分别高达4.6090、3.1203、2.6562。2009—2010年"大部制"也成为突变词，突变率达到3.4179，这是因为2007年10月党的十七大确立了"加快行政管理体制改革，建设服务型政府"的目标，2008年10月，十七届二中全会通过了《关于加快行政管理体制改革的决定》，国务院和地方政府把建设服务型政府、推进大部制改革作为转变政府职能的关键环节，在2008—2012年的五次全国人民代表大会《政府工作报告》中，温家宝总理始终都把服务型政府建设作为行政体制改革的重中之重。因而学术界对服务型政府、行政体制改革、大部制的研究成果明显增加，核心期刊发文量达到史无前例的426篇。

2011—2013年，服务型政府研究开始向完善公共服务体系、提升公共服务能力、促进公共服务均等化、强化政府公共服务职能等纵深方向发展，学术界在进一步探究政府信息公开、公民参与、绩效评估等问题外，基本公共服务均等化、公共服务体系构建、社会保障、社会管理创新等专题研究成为社会各界关注的前沿问题。这是因为2010年10月中共中央十七届五中全会审议通过《中共中央关于制定国民经济和社会发展第十二个五年规划的建议》，对服务型政府的内涵进行了新的注解，强调"十二五"时期加快服务型政府建设的核心任务是"着力保障和改善民生，逐步完善符合国情、比较完整、覆盖城乡、可持续的基本公共服务体系，提高政府保障能力，促进基本公共服务均等化"[①]。2011年，中共中央、国务院下发了《关于加强社会创新管理的意见》，把加强社会建设、完善公共服务体系、构建群众权利保障机制作为社会管理创新的重要内容。尤其是2012年《国家基本公共服务"十二五"规划》颁布后，学术界开始将研究重心转向完善公共服务体系、社会保障体系、社会建设与管理创新等领域。由此可见，服务型政府建设研究的内容与热点转移，与国家关于服务型政府战略发展与政策导向有密切的关系，体现了学术研究服务国家战略需求，重视理论引领与对策咨询的功能。

3. 国内公共服务体系研究的知识图谱

基本情况：由图1-6可知，国内公共服务体系研究的发文量从2001年开始也呈上升态势，总体表现一般，2008年达到顶峰，此后发文量一直维持在每年百篇以上，2011年发文量最多。该领域研究的发文量曲线与国家政策息息相关，如2006年"十一五"规划纲要、2007年《中国公共服务发展报告2006》等发布，2011年"十二五"规划纲要要求"推进基本公共服务均等化"，2012年《国家基本公共服务体系"十二五"规划》要求"构建基本公共服务体系"等，都层层递进地强化了学术界对公共服务体系的研究兴趣和热情。但总的来说，国内公共服务体系研究作为公共服务范畴中一个新兴的热点领域，目前的研究深度还远远不够，其研究仍处于起步成长阶段，具有较强的爆发力和较大的潜力。

---

① 《中共中央关于制定国民经济和社会发展第十二个五年规划的建议》，http://www.xinhuanet.com/politics/hgyzw/index.htm，访问时间：2011年3月16日。

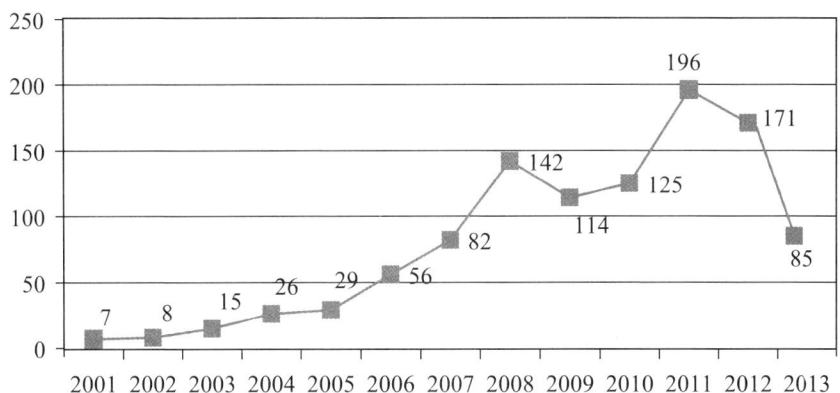

图1-6 国内公共服务体系研究文献的年代分布

重要研究力量：表1-8是发文量前20位的高产作者，表1-9是发文量前20位的核心机构。由表可知，在研究机构及作者群上，国内公共服务体系研究的主要平台仍是各大知名高校，公共服务体系研究与服务型政府研究存在一定的交叉重叠。但是一些相对专门的单位也加入进来，如众多师范院校、国家发展和改革委员会、上海体育学院、中国传媒大学等，显示出该领域研究力量的分布具有一定的独立性、专业性，研究者们从教育、体育、文化、艺术等视角探讨公共服务体系构建问题。

表1-8 2001—2013年国内公共服务体系研究发文量前20位的高产作者

序号	作者	篇数	单位	序号	作者	篇数	单位
1	范新民	11	福建师范大学	11	胡祖才	4	国家发展和改革委员会
2	曾海军	10	北京师范大学	12	田侃	4	北京大学
3	李军鹏	7	国家行政学院	13	迟福林	4	中国改革发展研究院
4	刘宇南	7	国家发展和改革委员会	14	姜晓萍	3	四川大学
5	陈海威	5	北京大学	15	马晓河	3	国家发展和改革委员会
6	丁元竹	5	国家行政学院	16	刘明生	3	上海体育学院
7	马国刚	5	中国石油大学（华东）	17	项继权	3	华中师范大学
8	薛元	4	国家发展和改革委员会	18	常铁威	3	国家发展和改革委员会
9	郁建兴	4	浙江大学	19	庞丽娟	3	北京师范大学
10	赵聚军	4	南开大学	20	孙涛	3	南开大学

表 1-9　2001—2013 年国内公共服务体系研究发文量前 20 位的核心机构

序号	单位	篇数	序号	单位	篇数
1	北京师范大学	24	11	华中科技大学	11
2	华中师范大学	22	12	南昌大学	10
3	国家行政学院	20	13	浙江大学	10
4	南开大学	19	14	华南师范大学	10
5	国家发展和改革委员会	19	15	南京师范大学	10
6	中国人民大学	16	16	吉林大学	9
7	武汉大学	15	17	四川大学	8
8	福建师范大学	15	18	南京大学	8
9	北京大学	14	19	上海体育学院	8
10	清华大学	13	20	中国传媒大学	8

高被引文献：表 1-10 是 2001—2013 年国内公共服务体系领域前 20 位的高被引文献，研究视角涵盖政治学、管理学、教育学、经济学、社会学等多个领域，发文刊物也分布于多个不同学科，这表明该研究领域具有较大的学科交叉性质。其研究主题主要涉及公共服务体系界定、公共服务体系构建、基本公共服务均等化研究等，另外，某个具体领域的公共服务体系构建探究也成为不同学科学者关注的热点，如教育、体育、农村、文化等领域。

表 1-10　2001—2013 年国内公共服务体系研究前 20 位的高被引文献

序号	作者	标题	被引频次	卷/期	期刊名
1	唐铁汉	强化政府公共服务职能 努力建设公共服务型政府	145	2004/07	中国行政管理
2	王　名	改革民间组织双重管理体制的分析和建议	141	2007/04	中国行政管理
3	陈海威	中国基本公共服务体系研究	118	2007/03	科学社会主义
4	朱光磊、孙涛	"规制—服务型"地方政府：定位、内涵与建设	117	2005/01	中国人民大学学报
5	张尧学	高校现代远程教育调查与思考	110	2004/16	中国远程教育

续表

序号	作者	标题	被引频次	卷/期	期刊名
6	丁新	中国远程教育发展的十大趋势	103	2003/02	中国远程教育
7	陈海威、田侃	我国基本公共服务均等化问题探讨	100	2007/03	中州学刊
8	肖林鹏等	我国公共体育服务体系概念开发及其结构探讨	91	2007/06	天津体育学院学报
9	迟福林等	加快推进基本公共服务均等化（12条建议）	77	2008/03	经济研究参考
10	李学举	中国的自然灾害与灾害管理	71	2004/08	中国行政管理
11	洪秀敏、庞丽娟	学前教育事业发展的制度保障与政府责任	66	2009/01	学前教育研究
12	张文礼、吴光芸	论服务型政府与公共服务的有效供给	60	2007/03	兰州大学学报（社会科学版）
13	张立荣、曾维和	当代西方"整体政府"公共服务模式及其借鉴	60	2008/07	中国行政管理
14	冯国有	体育公共服务均等化及其财政政策选择	56	2007/06	上海体育学院学报
15	刘艳丽、姚从容	从经济学视角论我国体育公共服务产业生产主体多元化	56	2004/05	西安体育学院学报
16	裴立新、肖剑	从社会学视角看我国农民工体育问题	51	2007/02	体育文化导刊
17	郁建兴、高翔	农业农村发展中的政府与市场、社会：一个分析框架	50	2009/06	中国社会科学
18	项继权等	构建新型农村公共服务体系——湖北省乡镇事业单位为例	45	2006/05	华中师范大学学报（社会科学版）
19	刘庆山	我国体育公共服务体系研究述评	45	2008/03	上海体育学院学报
20	吴理财	非均等化的农村文化服务及其改进对策	44	2008/03	华中师范大学学报（社会科学版）

知识图谱：对文献关键词进行词频统计分析，发现1056篇文献包括有效关键词1176个，总频次达到4601次，平均每篇3.9个。表1－11为前50位的高频次关键词列表。这些高频关键词是国内公共服务体系研究的代表词汇。其中，公共服务使用频次为143次、公共服务体系出现频次77次、服务型政府出现38次，还有一些专业词汇在两个领域都获得了较高的使用频次，如均等化、基本公共服务、政府职能公共财政、政府改革、政府转型、政府责任等等，这再次表明公共服务体系研究与服务型政府研究有很大关联性。姜异康等人研究认为，构建公共服务体系是我国服务型政府建设的基本任务和着力点，完善的公共服务体系是健全的服务型政府的突出标志。[①]

图1－7是公共服务体系研究的最小树聚类图谱，一定程度上展示了2001—2013年国内公共服务体系研究的主要内容。该图谱以公共服务为核心向多个方向延展开来，向右主要连接了城乡一体化、农村公共服务、统筹城乡、公共产品、新农村建设、农村公共服务体系、公平、民生难题、供给机制等，同时涵盖了网络教育、远程教育、社会救助、公共卫生、公共需求、现状等，该部分主要聚类的是以统筹城乡基本公共服务的基本内容，尤其是突出表明农村基本公共服务在公共服务体系研究领域的重要性、迫切性；左下部分主要以服务型政府、政府职能、基本公共服务均等化、民生、绩效评估、社会管理为代表，其具体内容主要有养老保障、公共安全、就业、公共设施、医疗卫生、政府购买、公共环境、供给主体等等，可以归纳概括为政府在公共服务及其体系构建中的责任作用；左上部分经由服务型政府发出枝干，以公共服务体系为主要标志，其内容分别归纳为：一是公共服务的政府购买、市场化、社会化，二是公用服务体系构建与政府改革、行政管理体制改革，三是公共服务体系构建的对策研究。

通过这些节点标签及聚类联系发现，公共服务领域内容众多、纷繁复杂。比较一致的看法是，我国目前构建的公共服务体系应该囊括基础教育、就业、社会保障（社会保险、社会救助）、公共卫生、公共文化体育、公共

---

① 国家行政学院课题组：《关于公共服务体系和服务型政府建设的几个问题（下）》，《国家行政学院学报》2008年第5期。

表1-11 50个高频关键词列表[1]

序号	关键词	频数	序号	关键词	频数	序号	关键词	频数	序号	关键词	频数	序号	关键词	频数
1	公共服务	143	11	公共安全	13	21	社会保障	9	31	公共环境	8	41	政府购买	7
2	公共服务体系	77	12	政府改革	12	22	公共服务均等化	9	32	社会管理	8	42	公共图书馆	7
3	服务型政府	38	13	供给机制	12	23	民生	9	33	基本公共服务体系	8	43	农民工	7
4	均等化	26	14	农村	11	24	和谐社会	9	34	公共服务质量	8	44	供给主体	7
5	基本公共服务	25	15	社会保险	11	25	公平	9	35	网络教育	8	45	公共医疗	6
6	公共财政	16	16	就业	11	26	绩效评估	9	36	服务体系	8	46	公共设施	6
7	统筹城乡	16	17	公共文化	10	27	体育公共服务	9	37	政府责任	7	47	公共服务创新	6
8	农村公共服务	14	18	公共产品	10	28	市场化	9	38	民生难题	7	48	养老保障	6
9	政府职能	14	19	城乡一体化	10	29	科学发展观	9	39	公共卫生	7	49	政府转型	6
10	对策	13	20	新农村建设	10	30	社会救助	8	40	远程教育	7	50	公共需求	6

[1] 公共服务体系构建研究的相关主题分布广泛,教育、就业、社会保险、社会保障、社会救助、公共卫生、公共文化、公共体育、公共环境、公共安全以及公共服务供给体制机制、标准化、绩效评估、基本公共服务体系的重要组成部分,因而关键词数量众多,分布广泛,本处的关键词列表是通过词频统计软件获取的,并删除合并了一些不规范用词,受限于篇幅,仅列举前50个高频词。

环境、公共安全等等，另外公共服务供给体制机制、均等化、标准化、质量控制、绩效评估、城乡统筹等等也是公共服务体系构建的重要命题，而上述内容的实现都与以服务型政府建设为主流的政府转型、行政体制改革关系密切。有学者就曾指出建立基本公共服务体系，推动基本公共服务均等化是服务型政府的重要职责。①

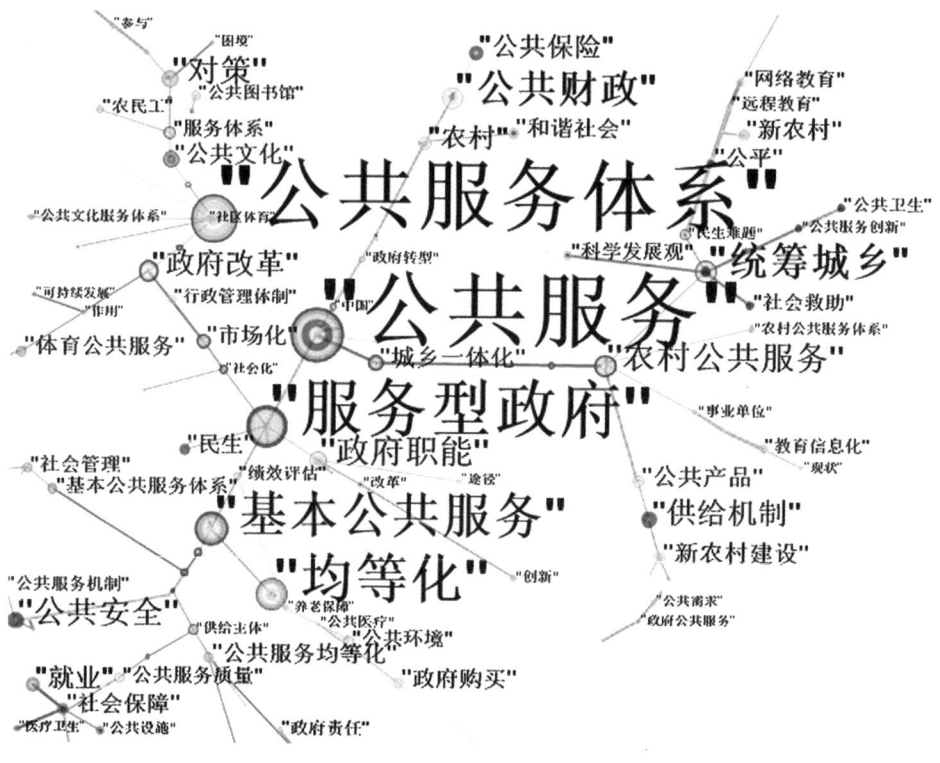

图 1-7　公共服务体系研究的最小树聚类图谱

热点主题：与服务型政府建设不同，公共服务体系构建研究领域中的热点主题数量更多，变化更大，各主题之间的关系更加密切，专题研究正处于起步阶段，存在交叉，因而学界还难以完全判定各个研究主题的聚类情况。本文基于以往研究成果和知识图谱分析，大致将公共服务体系构建研究分为

---

① 陈海威、田侃：《我国建立基本公共服务体系问题探讨》2007 年第 6 期，第 44、45 页。

以下四个大类。

(1) 公共服务体系的概念与内涵

迟福林指出，中国特色社会主义的公共服务体系应该以国家政府为主导，提供公民所需的基本公共产品，实现全体成员共享发展成果的一系列制度安排。① 也有学者认为，公共服务体系是由各种保障公民基本人权的公共服务项目构成的完整体系，能够使人人享有均等的基本公共服务，满足基本的安全、生存、环境、发展等内容。② 而廖文剑构建的公共服务体系模型则将基本生存、公共环境、公共安全性、自身发展等四项要素作为公共服务体系的基本内涵。③

事实上，现代语境的公共服务体系源于第二次世界大战后的西方恢复重建过程。西方公共服务体系涵盖了基本生活保障、保障性住房、医疗卫生、基础教育、就业服务、基础科技文化、公共安全、环境保护、基础设施等方面。鉴于此，国家行政学院课题组认为，公共服务体系就是政府立足国情及经济发展程度，对上述方面进行总体构建的综合系统，也可以是某一方面的子系统。④ 同时指出公共服务体系应该具有普惠性、公平性、动态性等特征。《国家基本公共服务体系"十二五"规划》界定公共服务体系的概念是指由基本公共服务范围和标准、资源配置、管理运行、供给方式以及绩效评价等所构成的系统性、整体性的制度安排，同时界定基本公共服务的范围包括人口和计划生育、基本公共教育、社会保险、劳动就业服务、基本社会服务、基本医疗卫生、基本住房保障、公共文化体育及残疾人基本公共服务等。

上述学者研究及国家规划对于我们认识和了解公共服务体系的概念与内涵提供了很好的说明，同时也验证了公共服务体系研究知识图谱展示的基本内容。公共服务体系及其构建是一项宏大艰巨的系统性工程。从横向上看，

---

① 迟福林：《加快建立社会主义公共服务体制的思考》，《福建行政学院福建经济管理干部学院学报》2006 年第 5 期。

② 陈海威：《中国基本公共服务体系研究》，《科学社会主义》2007 年第 3 期，第 98—100 页。

③ 廖文剑、徐晓林：《政府转型中的基本公共服务体系构建》，《人民论坛·学术前沿》2010 年第 5 期。

④ 课题组：《国外公共服务体系建设与我国建设服务型政府》，《中国行政管理》2011 年第 2 期。

公共服务体系内容繁多，包罗万象，包括基础教育、就业、社会保障（社会保险、社会救助）、公共卫生、公共文化体育、公共环境、公共安全等等；从纵向上看，即要构建统一完整、标准规范的中央公共服务体系，还须设计能够满足区域特征、具体需求的地方公共服务体系。从问题视角看，公共服务的供给主体、体制机制、均等化、绩效评估、标准化、质量控制、城乡统筹等也是公共服务体系及其构建中不可逾越的重要问题。

（2）公共服务体系的价值导向与目标追求

受新公共管理理论影响，公共服务体系构建过程中一定程度上突出顾客需求的价值导向。但是近年来，由于新公共服务的兴起和公民公平正义意识的培养，公共服务体系越来越倾向于实现基本的、均等的公共服务，这是公共服务体系在价值导向和目标追求上的巨大转折。实现基本公共服务均等化作为公共服务体系构建的重要任务之一，崇尚权利均等、机会均等、结果均等、结构均等，这契合了我国服务型政府建设坚持以人为本的价值理念。

公共服务体系建设源起于人类基本的人文关怀，基本的公共服务是公共服务体系的底线和根基。公共服务体系的内在价值实际上表现为一种公共精神，即满足公共需要，为实现人的全面发展提供保障。[1]基于公共精神的公共服务的现实写照就是对民生问题的关注，民生问题现在已经成为我国社会转型、政府转型时期的重要政治问题。桑玉成指出，民生问题在一定程度上影响着公共服务体系构建的目标选择，完善的公共服务体系应该在民生问题上有所作为。[2]赵晖从公共领域的重新界定出发，认为我国目前的公共服务体系应该从追求经济性价值向追求社会性价值转变，坚持公平正义、平等自由的公共精神。[3]

（3）公共服务体系的顶层设计

作为目前学界研究公共服务体系构建问题的宏观视角，公共服务体系的顶层设计正在不断地走向深入。公共服务体系的顶层设计要能够正确处理中

---

[1] 赵晖：《公共行政转型：破解民生难题的路径解析》，《江海学刊》2010年第3期，第223—227页。
[2] 桑玉成：《民生问题及其背后之坎》，《解放日报》2007年4月15日。
[3] 赵晖：《公共行政转型：破解民生难题的路径解析》，《江海学刊》2010年第3期，第223—227页。

央与地方的关系、城市与农村的关系、各个子项目的关系、标准与成本的关系、投入者与享受者的关系、政府与社会的关系等等，期间遇到的问题环环相扣，非常复杂繁琐。李军鹏认为，公共服务应该以长期制度为准绳，避免运动式、走过场现象，要设计多中心治理的公共服务供给模式，不能单靠政府供给。①中国（海南）改革发展研究院提出以推进基本公共服务均等化为重点，调整中央与地方的关系，将中央与地方的公共服务责任加以制度化约束，以期构建区域与整体双层覆盖的公共服务格局。② 而卢映川、万鹏飞则从分类管理角度出发，认为可以将公共服务划分为基本公共服务和非基本公共服务两大类，现阶段公共服务体系应该以基本公共服务为主要对象。③ 康绍邦等人以北京市怀柔区的公共服务体系构建为例，详细探讨了公共服务体系及子模块中的行政管理体制、财政体制、科技体制、教育体制、医疗卫生体制及环境保护体制等构建问题。④刘厚金从制度结构方面分析，公共服务体系的核心制度应该由公共服务生态环境、公共财政体制、公共服务的市场化供给体制及基本公共服务均等化等组成。⑤朱锐勋以电子政务为例，开展了基于顶层设计的面向公共服务电子政务体系研究，并提出了集电子政务门户网站集群、电子政务应用集群、电子政务支撑平台、电子政务绩效评估等四位一体的电子政务公共服务体系。⑥

（4）公共服务体系的实现路径

在实现路径的选择上，已有学者从不同层面进行了理论与实证分析，主要分为三大类型。一是从公共服务体系的供给机制、财政机制、保障机制、评估机制等方面进行路径设计。如刘根荣就将农村基本公共服务的供给方式、激励机制、财政转移支付制度、户籍制度、福利制度等因素，作为破解

---

① 李军鹏主编：《公共服务型政府》，北京大学出版社2004年版。
② 中国（海南）改革发展研究院主编：《中国公共服务体制：中央与地方》，中国经济出版社2006年版。
③ 卢映川、万鹏飞主编：《创新公共服务的组织与管理》，人民出版社2007年版。
④ 康绍邦、赵黎青、杨青主编：《中国社会公共服务体制研究》，中共中央党校出版社2008年版。
⑤ 刘厚金：《我国政府公共服务的体制分析及其路径选择》，《上海行政学院学报》2011年第1期，第32—39页。
⑥ 朱锐勋：《基于顶层设计的面向公共服务电子政务体系研究》，《云南行政学院学报》2012年第6期。

城乡基本公共服务体系重构难题的基本路径。① 二是从公共服务体系的子模块角度进行讨论,如文化公共服务体系、农村公共服务体系、体育公共服务体系、残疾人公共服务体系等等。如针对农村公共服务体系的服务供给主体单一、责任不清、决策不科学、供需扭曲、财政投入不足等问题,王颖等指出要实现以政府为主导的公共服务多渠道、多形式、多层次的多元供给途径,以需求数量与质量为导向的决策机制、公共财政投入体制、监督机制,构建我国新型农村公共服务体系。② 三是从政府、社会组织、公民、市场等几个主体在公共服务体系构建中作用、功能的视角,讨论如何构建公共服务体系。如胡佳以西部农村为例,认为在公共服务体系构建中要引入市场机制和社会力量,鼓励公民及社会组织参与,促进供给主体的多元化,探索决策机制科学化,健全农村社会保障体系。③ 卢海燕也指出非政府组织的介入有利于公共服务体系服务质量与效率的提高,有利于增强公共服务回应性。④

前沿趋势:比较图1-8和图1-5发现,近15年来服务型政府与公共服务体系研究呈现相互交融、相互推动的发展趋势,两者的热点主题具有一定的共通性、交叉性,并且在研究前沿的动态演进上也相互重叠、相互印证。公共服务、服务型政府、政府职能等都在图谱中占据重要位置。不同的是,在公共服务体系图谱中,教育公共服务、体育公共服务、公共医疗、公共保障、社会保险、城乡统筹、公共产品、就业、公共环境、农民工、民生、政府购买等等节点显示得更为突出、频繁。虽然它们的节点标签并不大,但是类似的主题却为数众多,这些关键词看似杂乱无章,序列混乱,却真实地体现了公共服务体系构建研究领域的基本内容、主流方向、研究特征。

构建公共服务体系是我国倡导建设服务型政府的一项重要战略,公共服务体系的构建也与国家的政策支持关系密切,政策背景的调整变化也带来公

---

① 刘根荣:《构建城乡均等化基本公共服务体系的思考》,《中国经济问题》2010年第3期,第40—47页。
② 王颖、王洪川:《完善我国新型农村公共服务体系发展的路径分析》,《东北大学学报(社会科学版)》2009年第4期。
③ 胡佳:《论西部地区农村公共服务体系的完善》,《理论研究》2006年第2期,第27—29页。
④ 卢海燕:《非政府组织:构建完善的公共服务体系之路径》,《河南师范大学学报(哲学社会科学版)》2006年第1期。

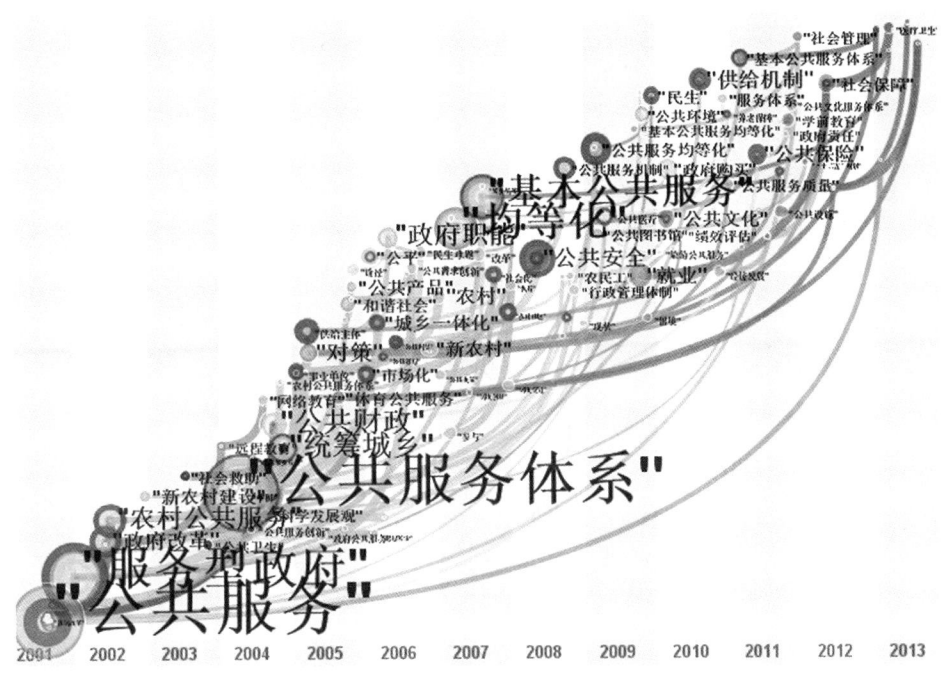

图 1-8 公共服务体系研究的前沿时区视图

共服务体系热点前沿的转移变迁。20 世纪 90 年代我国开始确立社会主义市场经济,2001 年我国顺利加入世贸组织,这些标志着我国改革开放程度不断加深,同时也带来了政府行政理念、政策决策倾向的变化,服务型政府开始成为政府再造的主流路径。服务型政府该如何开展公共服务成为一个新的命题。2001—2005 年,服务型政府视域下的公共服务研究开始起步,在多个不同领域、不同方面都开展了讨论,如农村公共服务、公共医疗、教育、体育、社会保障等,其中一个重要问题是公共产品的供给,有学者就指出构建公共服务体系中政府、市场与公民的有效互动问题,这表明政府逐步向"小政府、大社会"的改革目标转型。①这些热点与后续的节点之间存在大量的连线,说明这些研究并不孤立,而是存在一定的持续性、历史性。2004年左右,公共服务体系开始成为社会各界关注的焦点,这也是受前期研究及

---

① 吴光芸:《论构建政府、市场与公民社会三者互动的有效公共服务体系》,《江汉学刊》2005 年第 9 期,第 72—75 页。

服务型政府研究影响的结果。这一时期政府和社会各界已经明确公共服务体系要以公共安全、公共卫生、公共医疗、社会保障、基础教育、社会救助、公共环境、就业等公共产品为其基本内容。

2006年10月十六届六中全会审议通过了《中共中央关于构建社会主义和谐社会若干重大问题的决定》，提出把建设服务型政府作为重要内容，逐步建成惠及全民的基本公共服务体系。这使公共服务体系构建研究进一步兴起。面对公共服务中存在的问题，地方政府和社会各界展开了一系列对策研究及实践的探索。他们提出进一步完善公共服务需要尝试以下几点，在公共服务供给主体上，要形成"政府主导、市场优化、社会协同、农民参与"的格局；在公共服务供给能力上，要形成公共服务供给的国家、地方、市场、公共部门的竞争机制，进而提高公共服务的整体供给能力[①]；在公共财政保障上，要调整中央对地方的财政转移政策，强化基本公共服务的投入，量力而为。[②]另外，在中央愈发关注农村地区的民生、公平的背景下，2006年12月，《中共中央国务院关于积极发展现代农业 扎实推进社会主义新农村建设的若干意见》发布，新农村公共服务体系、城乡基本公共服务均等化再次受到巨大关注，目前的重点方向是从加大公共财政支持、打破城乡二元经济体制、加强新农村建设等角度考虑解决新农村建设中公共服务落后不足的难题。课题组以成都市的城乡基本公共服务均等化为例，创新探索了城乡基本公共服务的创新供给、质量标准、经费保障等机制，提炼出统筹城乡基本公共服务均等化，要以民生需求为导向、以城乡社区为重点、以制度配套为关键、以民主参与为手段、以质量控制为保障的经验与启示。[③]

2008年，胡锦涛主席发表了关于基本公共服务体系构建的重要讲话，进一步阐述了"基本公共服务均等化是公共服务体系建设的长远目标，是服务型政府建设的重要价值追求"[④]。正是受政府政策意图的积极影响，

---

① 李军鹏：《论公共供给竞争机制》，《广东行政学院学报》2001年第4期，第11—15页。
② 贾康：《关于建立公共财政框架的探讨》，《国家行政学院学报》2005年第3期，第37—40页。
③ 姜晓萍：《统筹城乡中基本公共服务均等化研究——以四川省成都市为例》，《社会科学研究》2012年第6期。
④ 胡锦涛：《从政府职能建设到基本公共服务体系建设》，http：//news.xinhuanet.com/theory/2008-03/17/content_7804562.htm，访问时间：2012年7月11日。

2008—2012 年之间基本公共服务均等化继续引领公共服务体系研究领域的热点前沿，这四年间围绕基本功公共服务均等化发表的核心期刊论文多达 660 篇之多，呈现"井喷"势头。围绕基本公共服务均等化这一主题，讨论的焦点主要是基本公共服务均等化的概念内涵与范围、基本公共服务均等化的制度设计与路径选择、我国基本公共服务均等化的政策目标及制度保障、基本公共服务均等化的质量水平与绩效评估等。[①] 如国家发展改革委宏观经济研究院丁元竹课题组就从全面回顾城乡公共服务现状及问题的角度，提出促进我国基本公共服务均等化的三步走战略思路和主要对策。[②] 另外，由于公共服务体系与基本公共服务体系的关系没有权威一致的界定，很多学者将两者看作一个概念，区分不明显。对此，陈海威指出，基本公共服务体系是建立在基本的均等的公共服务供给之上的，属于公共服务体系的基层、底线。[③] 建立基本公共服务体系就是要确保社会公民享受的基本公共服务水平不受区域、行业、城乡、文化等因素差别的影响。

2012 年，作为未来一段时期我国公共服务体系构建的综合性、基础性和指导性文件，《国家基本公共服务体系"十二五"规划》颁布实施，这为新时期我国公共服务体系的不断完善提供了前进方向。在其指导下，合理的绩效评估机制、财政投入机制、市场融资机制、城乡基层服务机制和组织保障机制等的设计，将会促进基本公共服务规范化。[④] 但是，目前基本公共服务均等化进程迟缓，公共服务体系的各子系统发展不均衡，这些阻碍了统一完善的公共服务体系构建。[⑤] 问题解决的关键在于，深入推动行政管理体制改革，转变政府职能，进一步将服务型政府建设与公共服务体系构建相协调，促使政府、社会、市场等多方主体形成合力态势，推动整个系统机制的

[①] 姜晓萍、吴菁：《国内外基本公共服务均等化研究述评》，《上海行政学院学报》2012 年第 5 期；项继权：《基本公共服务均等化：政策目标与制度保障》，《华中师范大学学报》2008 年第 1 期；安体富、任强：《中国公共服务均等化水平指标体系的构建》，《财贸经济》2008 年第 6 期。

[②] 国家发展改革委经济研究院课题组：《促进我国的基本公共服务均等化》，《宏观经济研究》2008 年第 5 期。

[③] 陈海威：《中国基本公共服务体系研究》，《科学社会主义》2007 年第 3 期，第 98—100 页。

[④] 杨顺湘：《构建欠发达地区统筹城乡发展一体化的基本公共服务体系研究》，《云南行政学院学报》2010 年第 6 期。

[⑤] 李军鹏：《新时期我国公共服务体系建设的目标与对策》，《国家行政学院学报》2011 年第 5 期，第 27—31 页。

有效整合,进而破解上述难题。①

三、基本思路与主要内容

(一) 基本思路

如图 1-9 所示,本书将研究视角重点集中在地方公共服务体系,主要探讨服务型政府与地方公共服务体系的内在逻辑、基础理论、政策环境、实践探索、绩效评价,在此基础上借鉴国外公共服务体系的经验启示,提出完善我国地方公共服务体系的战略构想与实施策略,从而回答服务型政府是什么,为什么完善地方公共服务体系是建设服务型政府的着力点,地方公共服务体系建设的绩效如何,地方政府如何进行公共服务体系建设等问题,最后以典型案例对上述理论、制度、对策进行实践验证,从而形成基本理论架构——对策系统构建——实践案例验证的分析框架。

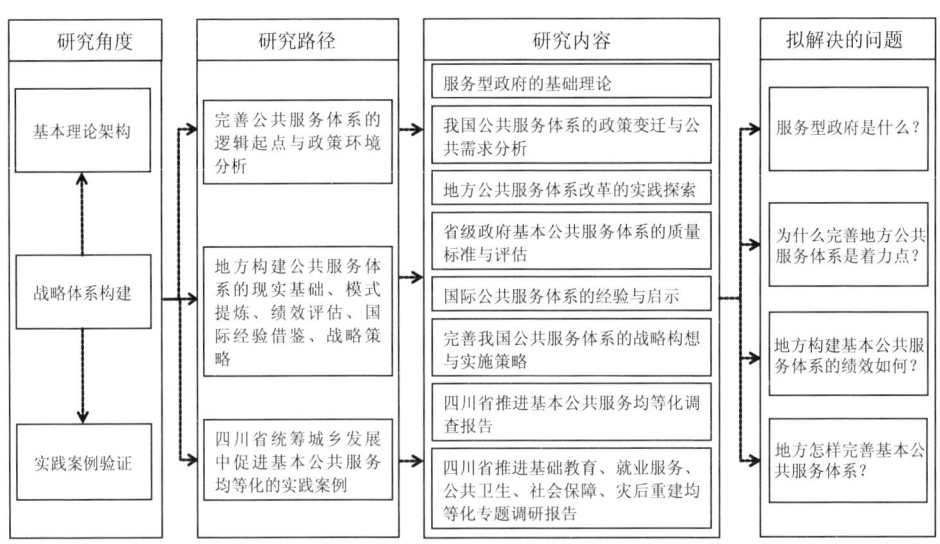

图 1-9 本书研究思路示意图

---

① 郁建兴:《中国的公共服务体系:发展历程、社会政策与体制机制》,《学术月刊》2011 年第 3 期,第 5—17 页。

(二) 主要内容

1. 完成服务型政府与地方公共服务体系的基本理论架构

总结提炼服务型政府的概念内涵、核心价值、特质、理论溯源、构成要素等基本理论，通过对服务型政府构成要素的分析，提出我国建设服务型政府的理念重塑、目标重构、职能转变、流程再造四个路径。通过对服务型政府关键因素的分析，提出了我国建设服务型政府的基本思路是以满足公共服务需求为出发点，以创新公共服务供给机制为关键点，以完善公共服务体系为着力点，以保障改善民生、促进社会公平为归着点。在此基础上结合十八大以后建设服务型政府的新思路，对我国公共服务体系的政策变迁与主要成就进行分析，了解完善地方公共服务体系的政策环境与制度基础，并且对转型期完善我国公共服务体系的公共需求进行调查分析，明确以保障和改善民生为重点，完善地方公共服务体系，是"十二五"期间我国服务型政府建设的核心任务。本部分旨在通过理论梳理与归纳，不仅回答服务型政府是什么的问题，更要通过分析服务型政府与公共服务体系的内在逻辑关系，以及我国公共服务体系的政策环境变迁，回答为什么"十二五"期间完善地方公共服务体系是建设服务型政府的着力点，为后面的地方公共服务体系研究夯实理论基础。

2. 构建完善地方公共服务体系的对策系统

分析问题的目的是为了解决问题。本书始终把研究的重心锁定在如何完善地方基本公共服务体系的对策研究，从社会公共需求、政府自身变革需求、区域竞争需求三方面分析地方推进公共服务体系变革的动力机制，从目前地方政府构建基本公共服务体系的实践探索中总结提炼出公共服务供给的三种基本模式，并对地方公共服务体系变革的障碍与原因进行了深入分析，从定性分析的角度了解目前我国地方公共服务体系改革的现实基础。同时以省级政府基本公共服务体系的质量管理为重点，构建了省级政府基本公共服务体系的质量标准，形成了主客观指标相结合的省级基本公共服务质量评估体系，从定量分析的角度评估完善我国地方基本服务的现实基础。在此基础上总结国外公共服务体系的经验借鉴与启示，分析"十二五"期间我国完善基本公共服务体系的共同趋势与地区差异，从战略定位、基本原则、战略框架等方面提出进一步完善我国地方公共服务体系的战略设计。从推进地方政府公共服务体制改革、构建多元主体协同的公共服务供给机制、健全地方公共服务的资源保障机制、不断提升地方公共服务体系的质量四个方面提出实现地方公共服务体系创新的策略。本部分旨在通过定性与定量分析，完善地方公共服务体系的现实基础、经验借鉴、公共趋势与地区差异，从战略与策略两个层面构建完善地方基本公共服务体系的对策系统。

3. 进行促进城乡基本公共服务均等化的典型案例研究

促进城乡基本公共服务均等化，既是服务型政府的核心职能，也是完善地方公共服务体系的重要目标。四川省和浙江省是我国较早开展服务型政府建设、推动公共服务体系完善的代表性地区，因此本书在研究中选取了四川省的公共服务体系建设和浙江省的公共服务标准化建设作为案例。一是对四川省统筹城乡发展中促进基本公共服务均等化进行了研究，通过对四川省推进基础教育、就业服务、公共卫生、社会保障、灾后重建公共服务体系重构等专题调研，归纳提炼地方政府推进基本公共服务均等化的创新实践，提供具有示范性和推广价值的案例样本；二是对浙江省杭州市上城区的公共服务标准化进行了研究，总结上城区在建立基本公共服务保障体系、信息化支持平台、绩效考评体系等方面的支持机制建设，为其他地区的实践提供比较和参考。

四、研究方法与主要资料来源

（一）研究方法

研究方法是影响研究价值的重要因素，能否有一个逻辑严密合理的方法论，决定着研究结论的科学性与合理性。本书以政治学、公共管理学、社会学、伦理学、政策科学、应用数学等学科的理论与研究方法为基础，通过理论分析与实地调研相结合、规范研究与经验研究相结合、定性分析和定量分析相结合、整体研究与重点分析结合、纵向分析与横向比较相结合的方法，对我国服务型政府建设与完善地方公共服务体系进行了多角度、多层面的研究。

1. 理论分析与实证分析的有机结合

理论分析是实证分析的支撑点，没有理论分析的实证分析只能流于对事物的一般归纳；而实证分析是理论分析的基础，没有实证分析，理论分析便失去了依托。本书既对服务型政府与公共服务体系的基础理论进行研究，也对地方构建公共服务体系的实践探索进行实证分析，体现了理论分析与实证分析的有机结合。

2. 规范研究与经验研究相结合

规范研究偏重于抽象的价值判断和逻辑推理，是从应然的层面考量"应当是什么"的价值问题[1]，并力图按照特定的价值判断调整或改变现实；经验研究则强调事实存在与根据，它所注重的是"实际是什么"的事实问题。对我国服务型政府与地方公共服务体系的研究，一方面需要从价值判断的层面分析中国特色的服务型政府与公共服务体系"应该是什么"，对服务型政府与地方公共服务体系的核心价值、构成要素、关键因素、战略目标等进行价值判断，尤其要对服务型政府与地方公共服务体系的内在逻辑进行理性分析，避免因缺乏战略目标与价值诉求而迷失方向；另一方面也需要从事实判断的角度了解我国服务型政府与完善公共服务体系的现实基础、政策环境、公共需求、面临的问题等，通过实证研究明确"实际是什么"，避免出现就理论而理论的空泛，缺乏说服力。

3. 定性分析与定量分析相结合

定性分析是对事物质的规定性的抽象理性思维，并揭示事物发展过程中的内在联系；定量分析侧重于对具体事物数量关系的变化进行考查。二者互为依赖，相辅相成。本书对服务型政府与地方公共服务体系的基础理论、我国公共服务体系的政策变迁与成就、构建地方公共服务体系的实践模式与未来发展战略策略等问题侧重定性分析，以期揭示服务型政府与完善地方公共服务体系的逻辑起点、内在规律、战略系统。同时对公共服务体系的公共需求、省级公共服务体系的质量标准与评估侧重定量分析，旨在根据公共服务需求的变化构建符合民意的公共服务质量管理体系。

---

[1] 张娟：《亚里士多德的政治合法性思想及其当代启示》，《黑龙江社会科学》2007年第1期，第159—162页。

4. 宏观的总体分析与微观的个案分析相结合

建设服务型政府与完善地方公共服务体系能否成功，既取决于各级政府的职能导向、管理机制、政策支持、资源保障，同时又受国际国内行政生态环境、社会环境的影响。因此，研究服务型政府与完善地方公共服务体系，既要从宏观的视角系统分析我国行政体制改革、社会体制改革与公共服务体系政策变迁的相关性，也要从地方政府推进公共服务体系变革的总体趋势与区域差异归纳提炼地方构建公共服务体系的典型模式，同时也要从微观的典型个案角度验证完善地方公共服务体系的战略设计与实施策略。

（二）主要资料来源

本书主要资料来源于文献资源整理和实地调研。文献资源整理主要包括中央和地方关于服务型政府与公共服务体系的重要决定、政策文件[1]、各种涉及公共服务体系的统计年鉴与公报、一些研究机构发布的专题研究报告、地方政府的总结材料与调研报告、学者的专著与论文、各级地方政府网站与研究机构网站等。

实地调研资料主要指对地方政府部门与公众的访谈、问卷调查与案例考察。我们设计了公共服务体系的公众需求调查问卷、省级基本公共服务体系质量标准：专家赋权调查问卷、四川省基本公共服务体系绩效调查问卷等，最后通过 SPSS 软件对数据进行处理分析，形成分析报告。[2]

---

[1] 参见附录 1："党和国家有关建设服务型政府和公共服务体系的重要会议摘要"、附录 2："党和国家有关各项公共服务建设的重要会议内容摘要"、附录 3："党和国家有关建设服务型政府和公共服务体系的重要政策文件"、附录 4："全国部分省市近年相关政策文件信息汇总"。

[2] 参见附录 5："公共服务需求调查问卷"、附录 6："公共服务需求调查问卷分析"、附录 12："基本公共服务体系的质量标准与评估主观满意度调查问卷"、附录 13："基本公共服务体系的质量标准与评估层次分析法问卷"、附录 14："四川省统筹城乡中公共服务体系构建情况调研问卷"。

第 二 章
服务型政府的基本概念与理论构架

作为我国现代政府建设的目标,对服务型政府的研究是近十年来学术界密切追踪政府管理创新的集中表现。本章在诠释服务型政府概念、探讨服务型政府理论渊源的基础上,着力构建课题研究的理论框架,为整个研究提供理论基础和价值支撑。

一、服务型政府的概念、核心价值与基本特征

无论是从 21 世纪初学术界开始提出"服务型政府"的概念[①],还是从温家宝总理 2004 年代表官方首次提出"建设服务型政府"口号开始,究竟什么是服务型政府、服务型政府的价值与特征等有关服务型政府的一些基本问题,学术界、政界一直莫衷一是,甚至连服务型政府的概念,不仅学术界与政界有着巨大的分歧,连学术界自身也很难就此达成共识。因此,对服务型政府的概念及价值、特征进行溯本清源,不仅有着理论价值,也有着重要的实践意义。

(一)服务型政府的概念

西方在反思批判新公共管理理论与实践的过程中,提出了以"政府的

---

① 2000 年,张康之教授在《限制政府规模的理念》(《行政论坛》2000 年第 4 期)一文中较早提出了服务型政府的理念:只有通过政府类型的根本性改革,才能有效限制政府的规模;而这种政府类型的根本性变革就是要求以"服务理念"来代替"统治理念"和"管理理念",即建立服务型的政府模式。

主要角色是'服务，而不是掌舵'"为主要观点的新公共服务理论。但在西方政府发展实践中却没有明确提出"服务型政府"这样的概念。

实际上我国明确提出"服务型政府"的概念、口号是中国共产党立党为公、执政为民的宗旨决定的，更是我国党和政府在长期为人民服务的历程中，尤其是近年来回应社会主义市场经济与和谐社会构建要求的产物。江泽民早在党的十六大上就及时指出，为适应改革开放和社会主义市场经济深入发展的要求，要"完善政府的经济调节、市场监管、社会管理和公共服务职能"[1]，要"进一步转变政府职能，改进管理方式，推行电子政务，提高行政效率，降低行政成本，形成行为规范、运转协调、公正透明、廉洁高效的行政管理体制"[2]。2004年2月21日，温家宝总理在出席中央党校省部级主要领导干部"树立和落实科学发展观"专题研究班结业仪式上首次明确提出了"努力建设服务型政府"的口号，并明确指出，政府的公共服务，"就是提供公共产品和服务"[3]。温总理后来在2004年3月8日的全国人大会议上强调，"管理就是服务，我们要把政府办成一个服务型的政府，为市场主体服务，为社会服务，最终是为人民服务"[4]。在2005年3月的十届全国人大三次会议上，"努力建设服务型政府"写入了温总理的政府工作报告，并经过全国人大批准成为法定的国家意志。以胡锦涛为核心的领导集体，在党的十六届六中全会上提出"建设服务型政府，强化社会管理和公共服务职能"[5]，把服务型政府建设和社会主义和谐社会的构建统一起来，以现代服务型政府与时俱进地推动构建社会主义和谐社会建设的步伐。

那么究竟什么样的政府是服务型政府呢？对此，学术界可以说是仁者见仁，智者见智。但是，从本质上讲，无论是西方的"新公共管理主义"，还

---

[1] 江泽民：《全面建设小康社会，开创中国特色社会主义事业新局面——在中国共产党第十六次全国代表大会上的报告》，人民出版社2002年版，第23页。

[2] 江泽民：《全面建设小康社会，开创中国特色社会主义事业新局面——在中国共产党第十六次全国代表大会上的报告》，人民出版社2002年版，第30页。

[3] 刘熙瑞：《"十一五"期间行政管理体制改革的基本问题》，人民网，访问时间：2006年6月1日。

[4] 赵鹏、贺劲松：《温总理谈服务型政府："文山会海"问题必须解决》，新华网，访问时间：2004年3月9日。

[5] 《中共中央关于构建社会主义和谐社会若干重大问题的决定》（单行本），人民出版社2006年版，第25页。

是"新公共服务理论",都只是强调政府的服务性,而并没有明确提出"服务型政府"这样的概念。服务型政府是以全心全意为人民服务和立党为公、执政为民为宗旨的中国共产党回应经济全球化、西方新公共服务理论,特别是适应我国改革开放、社会主义市场经济深入发展和构建社会主义和谐社会的新要求的产物,它具有鲜明的中国特色社会主义公共行政主体的特征。国内学术界一般从四个层面对服务型政府的概念进行诠释:第一,以刘熙瑞为代表的学者从政府与公民关系视角,在基于政府公民本位、社会本位的基础上认为,服务型政府就是"在公民本位、社会本位理念指导下,在整个社会民主秩序的框架下,通过法定程序,按照公民意志组建起来的以为公民服务为宗旨并承担着服务责任的政府"[①]。学者井敏高度认可该概念,并立足该概念,著有《构建服务型政府:理论与实践》(北京大学出版社2006年版)一书。第二,以张康之为代表的学者,从人类社会政府管理模式纵向演变的角度,在系统提出"统治行政、管理行政、服务行政"三阶段论的基础上,认为,"服务型政府也就是为公民服务的政府,它把为社会、为公众服务作为政府存在、运行和发展的基本宗旨"[②]。张康之笔下的服务型政府"将彻底抛弃旧的治民或'为民做主'的理念,而确立为民服务和'人民做主'的理念"[③]。虽然研究角度不同,表述有异,但张康之和刘熙瑞两位学者都是从政府的公民本位、服务本位来诠释服务型政府的,也就是说二者在服务型政府本质问题上并没有什么不同。第三,从政府流程再造或从效能政府的角度诠释服务型政府。受西方新公共管理运动的影响,一些专家学者在总结我国地方政府以"政务超市"、"阳光大厅"、"一站式服务"、"一窗式服务"等政府流程再造的基础上,认为把这些政府服务流程内置到政府管理过程中的政府就是服务型政府。[④] 这种观点固然在一定程度上有助于推进效能政府建设,能让政府为公民大众提供高效、便捷的服务,但在一定

---

① 刘熙瑞:《服务型政府——经济全球化背景下中国政府改革的目标选择》,《中国行政管理》2002年第7期。
② 张康之:《限制政府规模的理念》,《行政论坛》2000年第4期。
③ 张康之:《限制政府规模的理念》,《行政论坛》2000年第4期。
④ 如乔羽:《着力塑造服务型政府》,《求是》2003年第10期;尹戈:《建设廉洁、高效的服务型政府》,《中国行政管理》2003年第3期。

程度上也误导了一些政府部门把"效能政府"当作"服务型政府",甚至服务型政府的全部。第四,以迟福林为代表的学者从政府工作中心转移的角度提出了"公共服务型政府"的概念,分别从经济、政治、社会三个具体层面上要承担的政府具体责任来诠释公共服务型政府。① 实际上,上述关于服务型政府的四种诠释虽然都有正确性的一面,但没有全面彰显现代服务型政府的性质、特征与本质。前两种虽然视角不同,但本质上都是强调正确摆正好政府与公民的关系,只有坚持公民本位、为公民服务的政府才是服务型政府。但在如何彰显服务型政府的本质和精神方面,这两种定义都不够科学。第三种定义实际上是把效能政府看作服务型政府,犯了以偏概全的错误,不能把通过一些政府流程建设力图打造的效能政府就当作服务型政府,这仅仅是服务型政府建设中的一部分,甚至还很难说是最重要的部分。第四种解释的依据是我国政府要从经济建设型政府转型到公共服务型政府,这种说法本身就有问题。我国还处于并将长期处于社会主义初级阶段,政府职能的界定和转型必须从这个基本国情出发,这是对政府进行科学定位的最重要的依据。我们必须清醒地认识到,"我国仍处于并将长期处于社会主义初级阶段的基本国情没有变,人民日益增长的物质文化需要同落后的社会生产之间的矛盾这一社会主要矛盾没有变,我国是世界最大发展中国家的国际地位没有变"② 这"三个没变",实际上就说明了在任何情况下都要牢牢把握社会主义初级阶段这个最大国情,推进任何行政管理体制改革必须牢牢立足社会主义初级阶段这个最大实际。我国政府在整个社会主义初级阶段都必须以经济建设为中心,通过科学发展来解决存在的矛盾与问题。既然不存在政府向公共服务型政府转型,对公共服务型政府的诠释也更无从谈起。另外,仅从经济、政治、社会方面界定政府职能并不是诠释服务型政府的正确方法,而且以"公共服务型政府"代替"服务型政府"的概念本身就不够严谨,容易让人产生"服务型政府就是为人民提供公共服务的政府"的错误认识,并对服务型政府建设形成误导。

衡量一个政府是不是服务型政府,不仅要看到政府职能的重点要由

---

① 迟福林:《适时推进公共服务型政府建设》,《经济参考报》2003 年 7 月 16 日。
② 胡锦涛:《坚定不移沿着中国特色社会主义道路前进 为全面建成小康社会而奋斗——在中国共产党第十八次全国代表大会上的报告》,人民出版社 2012 年版,第 16 页。

"管理"走向"服务",更要看政府与公民的关系在公共行政实践中是否有根本性的改变,即由原来的政府本位、政府意志在公共管理中居于决定性的地位,向服务型政府下的公民本位、公民意志在公共管理中居于决定性地位的转变,或者说从"为民做主"向"由民做主"的转变。[①] 因此,服务型政府的概念应是在对该政府的权力来源、基本价值、服务手段、目的进行高度概括基础上抽象而成的。基于此,我们认为,现代服务型政府是以人民主权理论为政治合法性的唯一来源,以公共性、服务性为治国理政的最基本价值,以提供公共产品和公共服务为治国理政的主要手段,以维护公平正义,满足人民的公共需求为主要目的而进行公共行政活动的新型社会治理共同体。

(二)服务型政府的核心价值

1. 公共性(公共利益)

无论是从东方还是从西方的政治史来看,公共性都是政府设计与政府价值支撑的基本理念之一。

"公共性"一直是西方政治学(行政学)探讨的核心话题。早在古希腊,亚里士多德把公共利益当作公共性,并以公共利益实现程度作为判断政体正当性的尺度。[②] 英国洛克以社会契约作为公共性。法国卢梭在社会契约论的基础上创立了人民主权理论,以权力的"人民性"为公共性。众所周知,罗尔斯把公共性建立在"正义论"的基础之上,康德把公共性视为公共权利的本质。可见,公共性是一个非常复杂的概念,在不同的话语体系中,人们的理解存在很大的差异。不过,西方自由主义者始终认为,公共始终是在与私人相对而言的时候获得自己的原初规定性的。私是公的基础,没有私人,也就没有公共,反之亦然。自由主义的公共政治哲学对于公共和私人的相互性关系以区隔公共与私人显示其理论独特性。而无论是古典共和主义还是新共和主义,大致都从群体生活的视角切入公共定义问题。阿伦特认

---

① 井敏:《构建服务型政府:理论与实践》,北京大学出版社2006年版,第26页,。
② [古希腊]亚里士多德:《政治学》,吴寿彭等译,商务印书馆1965年版,第132—134页。

为,"公共性是公共空间的体现,包含公共生活的关联、在场性及永恒性"①;约翰·基恩认为公共性体现在"独立自主的公共生活"之中。②哈贝马斯认为,早"在高度发达的希腊城邦里,自由民所共有的公共领域(koine)和每个人所特有的私人领域(idia)之间泾渭分明";"如果说生的欲望和生活必需品的获得发生在私人领域(Oikos)范围内,那么,公共领域(Polis)则为个性提供了广阔的表现空间"③。现代的"公共"(public),主要基于哈贝马斯等左翼共和主义的观点,指的是作为整体的人民或社群。因此,公共性更多地彰显为基于私域基础上的社群性或人民性。

作为帝制中国政治价值与制度设计层面上最重要的理念之一,"公"的观念早在西周时期就已经从人指扩展到属于公的物指和事指,并开始发展成为具有政治公共性含义的抽象概念。而在所有"公"的价值意义中,最重要和最核心的是把国家、君主、社会与个人贯通为一体,并形成一种普遍的国家和社会的公共理性。④

纵观整个帝制中国社会,"王朝理性"支配下的"公"的观念主要表现在以"道"为公,以法为公,以礼为公,以国家、天下、社稷等抽象政治共同体为公,以君为公,以民(众)为公等理念与制度设计的层次上面。《礼记·礼运篇》云,"大道之行,天下为公",故"立天子以为天下,非立天下以为天子也。立国君以为国,非立国以为君也"⑤。《吕氏春秋·贵公》则进一步提出了"天下,非一人之天下,天下之天下也"。天下、国家、社稷作为一种更高的政治合法性之存在,"公"就是它理性的表现。在天下、国家、社稷面前,国家高于君主,与国家、社稷、天下之"大公"相比,

---

① [德]汉娜·阿伦特:《公共领域和私人领域》,刘锋译,见汪晖、陈燕谷主编:《文化与公共性》,生活·读书·新知三联书店1998年版。
② [英]约翰·基恩:《公共生活与晚期资本主义》,马音等译,社会科学文献出版社1999年版,第67页。
③ [德]哈贝马斯:《公共领域的结构转型》,曹卫东等译,学林出版社1999年版,第4页。
④ 刘泽华:《春秋战国的"立公灭私"观念与社会整合》,见刘泽华、张荣明等:《公私观念与中国社会》,中国人民大学出版社2003年版,第2—5页。笔者要说明的是,刘泽华先生在此处使用"公共理性"的概念是不够严谨的,我们所讲的公共理性一般是指社会行为主体在公共领域中所形成的理性,它是以公民社会、公共领域为底蕴和前提的。所以,对于帝制中国政治主体具有公共性的某些理性,我们可以界定为传统公共理性,以与政治学习惯上所讲的(现代)公共理性有别。
⑤ 《慎子·威德》。

君主只能是"私"。但帝制中国政治制度设计的基本理念却是"王有天下"与"立君为公",即努力使君主与国家一体化、君主国家化,从而为"立君为公"的制度设计披上合法的外衣。

在帝制中国,"公"的观念与"忠"的观念可以说是合而为一的。《左传》云,"公家之利,知无不为,忠也"①,又谓"无私,忠也"②。所以,至少在春秋时代,人们已经认为"忠"即是"公","公"、"忠"的观念是一体的。在"公"、"忠"一体化的基础上,人们便试图把忠的观念与国家、君主统一起来,即形成了所谓的"奉君命无私,谋国家不贰,图其身不忘其君"为核心的"忠"之思想。所以,虽然帝制中国对于公私问题积累了相应的思想资源,如果仅仅从思想的形式特征上看,中国人也强调公私关系对于权力体系运转的重要性,不过与西方相比,存在的一个非常明显的差异是,公指的是皇权代表的"义"或宜,而私指的则是臣下的私下盘算或个人内心的私下图谋。③ 没有西方公私论断中公所蕴涵的保护个人之共同的含义,也没有私所包含的尊重个人的意思。对此,金耀基指出,"公的道路就是官家所有的道路,或者皇帝所有的道路",而现代西方围绕私人领域展开的公共与国家的抗衡意义的公,在帝制时代是不存在的。④

由此可见,不管是西方语境下的"公",还是中国传统语境下的"公",公共性一般都是国家政治设计和权力配置的中心观念。

现代人民主权理论明确了,国家的一切权力属于人民,人民是国家的主人,政府是用来服务人民群众的工具。权力的人民性决定了权力的公共性,也只有公共性的权力才能更好地用来为人民服务。在现代市场经济条件下,公共性是政府价值的必然选择。伴随着利益主体的日益多元化,公民的权利意识、平等意识、参与意识、法治意识日益成熟,从而推动政府公共化不断加深。在现代社会,"政府的公共性主要表现在:政府是公共组织和公共部门;政府受到公共财政的支持;政府只能代表和追求公共利益,并向公众负

---

① 《左传·僖公九年》。
② 《左传·成公九年》。
③ 任剑涛:《公共与公共性:一个概念辨析》,《马克思主义与现实》2011 年第 6 期。
④ 参见金耀基:《中国的现代转向》,(香港)牛津大学出版社 2004 年版,第 165—166 页。

责；政府制定公共政策，解决社会所面临的公共问题"①。政府权威的合法性就是来源于其公共性。在现代社会，我们强调对政府公共精神、公共性质、公共目的的研究，就在于弘扬公共精神，让全社会都关注"公共性"，让政府更好地承载"公共性"，通过更好地履行公共服务，通过服务型政府实践，更好地彰显"公共性"。

2. 服务性

人民主权理论认为，政府与人民之间是一种权力的委托—代理关系，这种委托—代理模型就决定了作为权力受托者的政府必须是为权力委托人服务。在洛克看来，政府就是"人们自愿通过协议联合组成的一个共同体"，该共同体的权力属于大多数人，而政府就是替大多数人行使权力的"裁判者"。②契约论大师卢梭认为，政府就是"臣民和主权者之间所建立的一个中间体，以使二者得以互相适合，它负责执行法律并维护社会的以及政治的自由"③。在卢梭看来，政府只不过是国家和人民之间的一个中间体。从理性和公共理性的角度来看，基于人民主权理论基础之上的政府只不过是作为主权者的人民实现人民当家做主的理性工具而已。从人民主权的本质来看，政府应该永远扮演着"政治人"的角色，要始终以实现社会的公平正义为己任；而公平、正义等基本价值的实现，往往又以政府强大的公共财政为后盾。现实政治与行政中，任何一个政府都是政治人、经济人和道德人的合一。但是，在社会主义中国，作为实现人民当家做主工具的人民政府必须始终把公平正义作为治国理政的第一价值。

老子云，"天地所以能长且久者，以其不自生，故能长生"，"后其身而身先；外其身而身存。非以其无私邪？故能成其私"④。以执政党为代表的典型代表性集团越是"不自生"，越是与国家和人民"同呼吸共命运"，把自己作为国家和人民的工具，它们就越会得到人民群众的认同，从而就可以成为"长且久者"。而能够永远代表人民群众的根本利益，充当好人民群众的工具，则是代表性利益集团在增进共容利益过程中不断公共理性化的重要

---

① 燕继荣：《服务型政府建设：政府再造七项战略》，中国人民大学出版社2009年版，第5页。
② ［英］洛克：《政府论》（下），叶启芳等译，商务印书馆1996年版，第59页。
③ ［法］卢梭：《社会契约论》，何兆武译，商务印书馆2003年版，第72页。
④ 陈鼓应：《老子注译及评介》，中华书局1984年版，第87页。

体现。卢梭认为,政府只不过是国家与人民之间所建立的一个中间体,国家应该"永远准备着为人民而牺牲政府,却不是为政府而牺牲人民"①。以全心全意为人民服务为宗旨的人民政府实际上也是国家和人民之间的一个中间体,它是党领导人民实现人民当家做主的桥梁和工具。对此,温家宝总理体会颇深,"一个政府,除了对人民的负责、服务、献身和廉洁以外,不应该有任何特权。一切权力属于人民,一切权力都要为了人民"②。

3. 公平正义

"公平"的特征是服务型政府建设的基本目标。公平是社会和谐的底蕴与基础,和谐社会首先是一个公平的社会。公平正义是人类社会的美好追求,也是执政的中国共产党一贯的奋斗目标。党的十八大报告提出,建设"人民满意"的服务型政府,必须切实"推动政府职能向创造更好发展环境、提供优质公共服务、维护社会公平正义转变"③。党领导下的服务型政府,正是通过建立健全公共服务体系,尤其是通过完善城乡基本公共服务体系,创新公共服务供给机制,着力改善民生,促进社会和谐,从而提升公民大众对服务型政府政治合法性的认同度,进而巩固党的执政地位和执政的合法性。

(三) 服务型政府的基本特征

作为一个以公民为本位、以公民需求为导向的服务型政府,实际上是容服务、法治、参与、公平、高效、透明、民生等特征于一体的。

1. "以人为本"的服务理念

服务的特征是基于公民本位的服务型政府"服务行政"理念的必然要求。甚至有西方学者把"提供公共服务的制度性规定"当作"公共行政"④。作为"公共服务的机关",服务型政府最重要的性质就在于服务。服务型政府作为全心全意为人民服务的工具,为公民大众提供公共服务是其职责和义

---

① [法] 卢梭:《社会契约论》,何兆武译,商务印书馆 2003 年版,第 77 页。
② 温家宝:《政府除了对人民负责,不应有任何特权》,新华网,访问时间:2008 年 9 月 24 日。
③ 胡锦涛:《坚定不移沿着中国特色社会主义道路前进 为全面建成小康社会而奋斗——在中国共产党第十八次全国代表大会上的报告》,人民出版社 2012 年版,第 28 页。
④ Vernnon Bogdanor, *The Blackwell Encyclopaedia of Political Institutions*, Basil Blackwell Ltd., 1987, pp. 504 - 406.

务的必然要求,享受公共服务是作为纳税人的公民依法的诉求和权利。因此,服务不仅是服务型政府最核心的理念,也是服务型政府最重要的特征之一。

2. "依法行政"的服务规范

"法治"特征是服务型政府的基本特征,是服务型政府进行"依法行政""依法服务"的基本前提。服务型政府首先应是一个法治政府。法治政府首先要解决的是通过宪法和其他相关法律限制政府权力,让政府"不能为非",只能做"法律许可的事情"。即使是为了更好地为公民提供公共产品、公共服务,也不能超越法律的限度。"依法服务"应是服务型政府提供公共服务、以公共服务推进社会管理创新的重要理论依据。

3. 公民参与的服务路径

现代政府本质上是一个参与型政府。"今天政治社会中一个最重要的进步就是公共政策的形成机制中所发生的巨大变化,这个变化就是由过去政府绝对主导决策,变成了企业、劳工组织、非营利组织、利益集团、政府部门和普通公众共同参与形成决策。"[1] 打造参与型政府是建设服务型政府的基础性工程之一。公民对公共服务的有效参与是增进公民大众对服务型政府的认同度,即巩固和提升服务型政府政治合法性最重要的途径。以公民本位的服务型政府存在的最重要目的,就是要为公民大众提供满意的公共服务,而要让公民对公民服务满意,就必须让公民参与到公共服务提供的过程中来。"作为法治的根本特征,人民的参与必然愈益受到重视,最终变成一种决定性的因素。如果说人民的参与在政治上成为法治的一个突出特征,反之则可以说……人民的参与就是法治。这样,法治就意味着人民的参与或人民的最终统治。"[2] 因此,依法有序扩大公民有效参与公共服务过程,不断提高公民大众对公共服务的满意度,增加公众对服务型政府的认同和肯定,进而提升服务型政府政治合法性,是促进社会和谐的基本路径之一。

4. 高效便捷的服务方式

"高效"是服务型政府的基本特征之一。为公民大众提供高效便捷的服

---

[1] Robert B. Denhardt & Janet Vinzant Denhardt, "The New Service: Putting Democracy First," *National Civic Review*, Winter 2001, Vol. 90 Issue 4, p. 391.

[2] [德]哈贝马斯:《公共领域的结构转型》,曹卫东等译,学林出版社1999年版,第91页。

务是服务型政府建设的最基本的目标。一个办事低效的政府是无法让公民大众满意的。近年来,各地通过政府服务大厅为基础的"一站式""一窗式"政府流程再造,打造效能政府,大大提高了服务型政府的认同度和满意度。"政府流程再造的目的是实现绩效的飞跃,即非常显著地减少作业时间、降低作业成本、提高生产力、提升产品和服务品质。"① 这就要求政府流程再造过程应着重搞好规划、程序建设和行为监管,尽量减少部门摩擦,实现便捷互动,从而更好地为公众提供高效便捷的服务。

5. 公开透明的服务过程

公开透明是服务型政府建设的基本要求之一。以公民需求为导向的服务型政府必须及时公开政府相关信息,让公民大众明白无误地知道相关政府部门能提供什么样的服务、怎样提供服务等政府服务信息。2007 年通过的《中华人民共和国政府信息公开条例》明文规定,行政机关"应遵循公正、公开、便民的原则","建立健全政府信息发布协调机制",以"公开为原则,不公开为例外","及时准确地公开政府信息"。② 要不断健全政府服务内容公开机制和政府服务标准体系,全面推行政府部门向社会进行服务承诺工作,并自觉接受公众对他们的服务监督。政府部门实行服务承诺,"一方面是为了促使公务员明确工作目标、程序,向公众提供规范化的服务,并作为绩效评估的依据,更重要的是有利于公众明了政府服务品质的承诺,以便监督和维权"③。因此,服务承诺计划的制订首先必须体现职权法定的原则;其次要保证信息的透明度,有关服务的运作状况、服务成本、服务品质标准及管理机构的信息要完整、确切,具体内容应包括本部门的机构、职责、权限、工作流程、程序规范、服务表现标准;再次,还要建立政府服务回应系统,针对公众的需要或意见,做出回应与承诺。

6. "民生导向"的服务模式

"民生性"是服务型政府的基本要求。民生问题在归属性是一个政治问题,事关政府的合法性建设。在当前"经济体制深刻变革,社会结构深刻变动,利益格局深刻调整,思想观念深刻变化"的背景下,各种不协调、

---

① 姜晓萍:《政府流程再造的基础理论与现实意义》,《中国行政管理》2006 年第 5 期。
② 《中华人民共和国政府信息公开条例》,人民出版社 2007 年版,第 4—5 页。
③ 姜晓萍:《论"服务型政府"的基本内涵》,《四川行政学院学报》2004 年第 2 期。

不稳定、不均衡、不公平的现象普遍存在，对我国服务型政府与和谐社会建设构成了严峻的挑战。我们只有与时俱进地建设以公民大众民生需求为导向的服务型政府，实行民生优先、共同富裕的科学发展战略，通过不断完善统筹城乡的基本公共服务体系，完善城乡一体化的基本公共服务标准，创新城乡基本公共服务供给机制，才能最大限度地增加社会和谐因素，最大限度地减少不和谐因素，不断促进社会和谐。

7. 人民满意的服务目标

政府目标是政府系统预期活动的方向和要达到的结果。"目标可把政府成员的注意力都集中到与组织有关的行动上。它们提供衡量成功的标准。它们有助于决定所需要的技术，并且还为政府活动的专业化、权威形式、信息沟通、决策网络以及其他结构关系等奠定基础。"[1] 在我国，"人民满意"服务型政府的服务目标是由立党为公、执政为民的服务型执政党的性质与宗旨决定的。服务型执政党的本质就是要执政党要永远成为为人民服务的工具，永远成为"三个代表"的坚定践行者。[2]公平正义是人类社会的美好追求，更是我国服务型执政党及其领导下的服务型政府持之以恒的奋斗目标。因此，服务型执政党的性质和宗旨要求它和它领导下的服务型政府必须"要始终把实现好、维护好、发展好最广大人民群众的根本利益作为党和国家一切工作的出发点和落脚点，尊重人民主体地位，发挥人民首创精神，保障人民各项权益，走共同富裕道路，促进人的全面发展，做到发展为了人民、发展依靠人民、发展成果由人民共享"[3]。公平正义是服务型政府的价值基础和道德底线，让人民满意的政府首先应是一个公平正义的政府。一个服务型政府首先必须是通过法律公平、制度公平、政策公平实现社会公平正义的政府。党的十八大再次提出了要打造"人民满意"的服务型政府，必须切实"推动政府职能向创造良好发展环境、提供优质公共服务、维护社会公平正

---

[1] ［美］弗莱蒙特·E.卡斯特、詹姆斯·罗森茨韦克：《组织管理：系统方法与权变方法》（第4版），傅严等译，中国社会科学出版社2000年版，第274页。

[2] 史云贵：《中国服务型执政党建设与现代国家的构建》，《云南行政学院学报》2009年第2期。

[3] 胡锦涛：《高举中国特色伟大旗帜，为夺取全面建设小康社会新胜利而奋斗——在中国共产党第十七次全国代表大会上的报告》，人民出版社2007年版，第15页。

义转变"①。而要实现社会公平正义，打造让人民满意的政府，就必须从维护最广大人民群众根本利益的高度，加快健全基本公共服务体系，推进以保障和改善民生为主体的社会建设。②近年来，以"人民满意的服务型政府"为建设目标的温家宝总理，一直身体力行，以民生建设推进服务型政府建设实践。他始终认为，只有把切实保障和改善民生作为政府重要的工作内容，才能从根本上"维护好、实现好、发展好最广大人民群众的根本利益"③。2013年3月，温家宝总理在最后一次政府工作报告中，就高度重视以民生为重要内容的社会建设，向新一届政府谆谆告诫，"当前社会结构、社会组织形式、社会利益格局发生深刻变化，社会矛盾明显增多。我们必须把保障和改善民生作为政府一切工作的出发点和落脚点，放在更加突出的位置，着力加强社会建设"④。一个坚持"权为民所用、情为民所系、利为民所谋"的服务型政府，只有通过以民生为主要内容的社会建设，努力做到"发展为了人民、发展依靠人民、发展成果由人民共享"，让发展成果更多更公平地惠及全体人民，才能在"尊重民意、珍惜民力、发挥民智、实现民权、维护民利"中获得民心，从而重新唤起人民群众对党和政府的合法性信仰，实现党的执政地位长治久安和社会和谐进步。

二、服务型政府的理论溯源

政府形态的选择实际上是政治设计的基本理念与思想在制度层面上的表现与流变。从世界范围来看，人类社会管理模式经历了从统治行政、管理行政到服务行政三种模式。作为控制型的模式，统治行政和管理行政主要突出了政府治理；而服务行政则更加突出了社会治理，政府只不过是从属于社会治理的一种基本的治理力量而已。⑤在人类社会治理模式变迁的背后，也是

---

① 胡锦涛：《坚定不移沿着中国特色社会主义道路前进 为全面建成小康社会而奋斗——在中国共产党第十八次全国代表大会上的报告》，人民出版社2012年版，第28页。
② 胡锦涛：《坚定不移沿着中国特色社会主义道路前进 为全面建成小康社会而奋斗——在中国共产党第十八次全国代表大会上的报告》，人民出版社2012年版，第34页。
③ 温家宝：《政府工作报告（2012）》，《人民日报》2012年3月16日。
④ 温家宝：《政府工作报告（2013）》，人民网，访问时间：2012年3月18日。
⑤ 史云贵：《中国现代国家构建进程中的社会治理研究》，上海人民出版社2010年版，第9页。

人类社会治理思想的发展与演变。实际上，我国在依法治国的基础上，提出建设服务型政府，是有着深厚的理论渊源的。人民主权理论、中国共产党的为人民服务理论、新公共管理理论、新公共服务理论为中国特色服务型政府建设提供了坚实的理论基础和价值支撑。

（一）人民主权理论

人民主权是指国家（政府）的最高权力来源于人民，人民对国家（政府）权力的配置和归属有最终决定权。洛克是较早系统提出人民主权论的西方政治学家，他用自然状态说、天赋人权论和社会契约论来论证政府的权力来自人民并最终为人民所有。卢梭是继洛克之后人民主权论的集大成者。卢梭是激进的人民主权论者，他提出"强力不构成权力，人们只对合法的权力才有服从的义务"[①]，认为人民主权是政府权力合法性的唯一来源，主张政府应将"民有""民治""民享"的价值完全合一。在卢梭那里，人民主权获得了无法超越的"公意"的绝对支持，从而把"人民"与"主权"相结合的人民主权理论建立在了"作为主权者的人民不会为非""作为主权者的人民不受制约""作为主权者的人民不受反对""人民拥有的主权不可转让""人民拥有的主权不受分割"的五项原则基础之上。虽然卢梭的人民主权理论具有一定的激进性与空想性，但他的人民主权理论却具有无与伦比的号召力、凝聚力、向心力和感染力。因而，卢梭人民主权理论的基本原则与价值精神不同程度地得到了现代国家政府设计的归属性原则。根据荷兰学者对截止于20世纪70年代以前生效的世界上的宪法的调查，其中的118部宪法提到了人民主权的原则，占调查对象总数的83.1%。在当今的现代社会，无论是西方国家的政府还是东方国家的政府，哪怕是仍然保留君主（国王）的国家，几乎无一例外地强调人民的权力与权利，把人民主权作为政府合法性的唯一来源。

以"政府权力属于人民，人民主权是政府权力合法性的唯一来源"为基本内容的"人民主权理论"就决定着包括服务型政府在内的任何现代政府的公共权力都必须用来为人民谋福利，公共权力除了成为为人民服务的工

---

① ［法］卢梭：《社会契约论》，何兆武译，商务印书馆2003年版，第19页。

具外，不能成为任何特权的工具。作为一个全心全意为人民服务的服务型政府，现代人民主权理论决定着，我国的服务型政府"必须全心全意为人民服务。要依法行使权力，防止滥用权力，树立正确的权力观，真正做到权为民所用、情为民所系、利为民所谋"①。

（二）中国共产党的为人民服务理论

"为人民服务"是中国共产党的根本宗旨，也是每个共产党人的最高行动准则。在中国共产党发展历程中，正式把"为人民服务"作为一个科学命题提出来并将其确立为党的根本宗旨的是毛泽东。经考证，毛泽东最早提出"为人民服务"这一重要命题是在1939年2月20日的致张闻天的一封信中。他在信中谈到儒家旧道德之"勇"只是"勇于压迫人民，勇于守卫封建制度，而不勇于为人民服务"②。1942年5月，毛泽东在延安文艺座谈会上明确提出，"对于过去时代的文艺形式，我们也并不拒绝利用，但这些旧形式到了我们手里，给了改造，加进了新内容，也就变成革命的为人民服务的东西了"③。而毛泽东第一次全面、系统地阐述为人民服务的思想是在1944年9月8日在张思德的追悼会上。他在张思德追悼大会上明确指出，"我们的共产党和共产党所领导的八路军、新四军，是革命的队伍。我们这个队伍完全是为着解放人民的，是彻底地为人民的利益工作的"；"因为我们是为人民服务的，所以，我们如果有缺点就不怕别人批评指出"④。到了党的七大，在毛泽东的提议下，"为人民服务"思想正式写进了党章，第一次明确了"全心全意为人民服务"是中国共产党的根本宗旨。1945年4月，在中国共产党第七次全国代表大会的开幕词中毛泽东明确告诫全党，"我们应该谦虚，谨慎，戒骄，戒躁，全心全意地为中国人民服务"⑤。在党的七大政治报告中毛泽东再次强调，"全心全意地为人民服务，一刻也不脱离群众；一切从人民的利益出发，而不是从个人或小集团的利益出发；向人民负

---

① 温家宝：《认真学习〈江泽民文选〉加快政府职能转变》，新华网，访问时间：2006年9月4日。
② 《毛泽东选集》第3卷，人民出版社1991年版，第855页。
③ 《毛泽东选集》第3卷，人民出版社1991年版，第855页。
④ 《毛泽东选集》第3卷，人民出版社1991年版，第1004页。
⑤ 《毛泽东选集》第3卷，人民出版社1991年版，第1027页。

责和向党的领导机关负责的一致性。这些就是我们的出发点"①。

新中国成立之后,毛泽东结合党的建设和社会主义建设实际,进一步强调了为人民服务的问题。除了在会议报告或讲话中多次阐述为人民服务的思想外,毛泽东还经常用"为人民服务"作为题词。据考证,"为人民服务"是毛泽东一生中题词用语最多的一句话。1944年11月15日,毛泽东为我国卓越的新闻记者邹韬奋先生逝世题写挽词:"热爱人民,真诚地为人民服务,鞠躬尽瘁,死而后已,这就是邹韬奋先生的精神,这就是他之所以感动人的地方。"此外,毛泽东在不同场合多次就一些人和一些事情做过"为人民服务"的题词。

继毛泽东之后,我们党的历届领导人也都把"全心全意为人民服务"作为党的根本宗旨和共产党员的最高行为准则来反复强调。邓小平把全心全意为人民服务视为"党的全部任务",强调要一切以人民利益作为每一个党员的最高准绳。邓小平在党的八大上曾创造性地提出,"工人阶级的政党不是把人民群众作为自己的工具,而是自觉地认定自己是人民群众在特定的历史时期为完成特定的历史任务的一种工具"②。可以说,邓小平在毛泽东提出的"全心全意为人民服务"理论的基础上,更加清楚明白地向世人展示了"中国共产党就是全心全意为人民服务的工具"的论断。江泽民在党的十六大上,把党领导人民建设中国特色社会主义的基本经验高度概括为"我们党必须始终代表先进生产力的发展要求,代表中国先进文化的前进方向,代表中国最广大人民群众的根本利益"为基本内容的"三个代表"重要思想。③ 可以明确地说,江泽民"三个代表"重要思想的本质就在于"中国共产党是全心全意为人民服务的工具"。党的十六大以来,胡锦涛把"以人为本"作为科学发展观的核心,反复强调"始终把实现好、维护好、发展好最广大人民的根本利益作为党和国家一切工作的出发点和落脚点"④。

---

① 《毛泽东选集》第3卷,人民出版社1991年版,第1094—1095页。
② 《邓小平文选》第1卷,人民出版社1994年版,第218页。
③ 江泽民:《全面建设小康社会,开创中国特色社会主义事业新局面——在中国共产党第十六次全国代表大会上的报告》,人民出版社2002年版,第9页。
④ 胡锦涛:《高举中国特色伟大旗帜,为夺取全面建设小康社会新胜利而奋斗——在中国共产党第十七次全国代表大会上的报告》,人民出版社2007年版,第15页。

党的十八大选举了以习近平为总书记的党的新一代领导集体，在公开亮相时，习近平总书记就用朴实无华的话语提出了"人民对美好生活的向往，就是我们的奋斗目标"，"有梦想，有机会，有奋斗，一切美好的东西都能够创造出来"。2013年3月17日，在第十二次全国代表大会上当选国家主席的习近平总书记自信地告诉世界："实现全面建成小康社会、建成富强民主文明和谐的社会主义现代化国家的奋斗目标，实现中华民族伟大复兴的中国梦，就是要实现国家富强、民族振兴、人民幸福……中国梦归根到底是人民的梦，必须紧紧依靠人民来实现，必须不断为人民造福。"[1]

从毛泽东"全心全意为人民服务"的思想、邓小平"为人民服务的工具论"到江泽民"三个代表"重要思想、胡锦涛"科学发展观"、习近平"中国梦"，"党永远是全心全意为人民服务的工具"是这些理论的本质内涵，并一以贯之地融入到党的历代领导集体为实现富强、民主、文明、和谐的社会主义现代化国家的治国理政实践中。既然我们的党是永远全心全意为人民服务的执政党，那么党领导下的各级人民政府也必然是全心全意为人民服务的工具。在当代中国，服务型执政党建设决定着我国服务型政府建设的成效，也就是说，建设服务型政府是我党作为立党为公、执政为民的服务型执政党的宗旨要求。其在政府形态上的具体表现，是一个走向服务型的执政党对它所领导下的政府的必然要求。

（三）新公共管理理论

新公共管理理论主要包含以下主要观点：

第一，政府主要职能不是"掌舵"，而是"划桨"。新公共管理理论主张政府在公共管理中应只是制定政策（掌舵）而不是执行政策（划桨），即政府应把管理和具体操作分开，政府只是起到掌舵的作用而不是划桨的作用。这样可以形成小规模、成本低的有限政府。在管理公共事务中，除政府外，还应有非政府组织、非营利组织、社区组织、公民自治组织等第三部门和私营机构。政府应是多元管理主体的组织者、协调者、整合者，而不是具体的管理员。

---

[1] 徐京跃：《习近平：中国梦，人民的梦》，新华网，访问时间：2013年3月18日。

第二，树立顾客为导向的理念，更好地满足公众需求。新公共管理提出顾客导向，要求政府在管理中把公民当作顾客，以顾客为中心，通过各种具体措施给公民提供自由选择公共服务的机会，并定期广泛征求公民对公共服务的满意程度。

第三，广泛采用企业管理流程，对政府进行流程再造，打造"企业家政府"。与传统公共行政排斥私营部门管理方式不同，新公共管理理论强调政府应广泛采用私营部门成功的管理手段和经验，其中最重要的就是运用企业管理流程对政府管理流程进行再造，打造高效的"企业家政府"，从而为公民、组织及社会提供更好的服务。

第四，在公共管理中引入竞争机制。鉴于政府垄断公共服务供给造成的效能低下的困境，新公共管理主张用市场的力量来改造政府，让更多的私营部门参与公共服务的供给。进而在公共部门与私营部门之间，公共部门机构之间展开竞争，以降低成本，提高服务水平和政府的工作效率。

第五，政府职能的调整和优化。传统公共行政模式下，政府职能不断扩张导致了政府面临机构臃肿、职能膨胀等困境。新公共管理对此做了反思，认为政府必须明确自身职能并调整和优化自身职能，即首先解决应该管什么、不应该管什么的问题，从而，按照新公共管理"服务行政""效能行政"的要求，对政府部门服务流程进行"一站式""一窗式"流程再造。

虽然新公共管理理论存在着这样那样的不足，但该理论提出"政府角色是掌舵，而不是划桨"的角色定位，特别是提出通过"政府流程再造"打造效能政府，无疑对我国建设服务型政府有着重要的理论支撑作用。这是因为，效能政府是服务型政府建设的重要内容，一个办事低效的政府，是无法让人们认同它是服务型政府的。同时，新公共管理关于公共服务标准化的理论对于我国以公共服务指标体系的完善推进现代服务型政府建设无疑有着重要的导向与路径选择作用。

（四）新公共服务理论

新公共服务理论是以美国著名公共管理学家罗伯特·登哈特（Robert B. Denhardt）为代表的一批公共管理学者基于对新公共管理理论的反思，特别是针对作为新公共管理理论之精髓的企业家政府理论缺陷的批判而建立的一种新的公共管理理论。新公共服务理论的基本内容[①]：

（1）服务，而不是掌舵。新公共管理理论认为，政府的主要职能不是"掌舵，而不是划桨"，即政府的角色应主要是规则的制定者或政策的决策者，而非政策的具体执行者，否则，就会导致"政府既是裁判员，又是运动员"局面，从而导致市场与社会秩序失范。而新公共服务理论认为，政府的主要角色还不是掌舵与划桨之分，问题的本质是服务，即"服务，而不是掌舵"。如果过分强调了政府角色是"掌舵"，政府就容易忘乎所以，有时候就忘记了自己作为仆人和服务员，应为谁掌舵的问题。

（2）服务于公民，而不是顾客。新公共管理理论把公民看作顾客，政府应像企业家迎合顾客那样，满足公民大众对公共服务的需求。新公共服务理论从人民主权理论出发，认为人民是主人，政府及其官员是仆人。新公共管理的顾客理论，颠覆了基于人民主权理论的权力的"委托—代理"模型。政府的公共管理必须基于公民性，才能彰显公共性与合法性。

（3）重视人，而不只是生产率。新公共管理理论强调运用企业家高效管理企业的经验技术改革政府，以打造高效的"企业家政府"为目标。但效能再重要，也只是提供更好服务的需要和手段，而不是目的。新公共服务理论提出必须以公民为中心，重视公民的利益和基本需求。

（4）超越企业家身份，重视公民权和公共事务。任何政府权力的合法性来源都是人民主权。因而，政府是为公民服务的工具，是服务者，而不能是企业家。而作为政府主人的公民大众，依法可以决定需要政府提供什么样的公共产品和公共服务，甚至可以最终决定政府的去留。政府是一个政治人，政治人的公共性，决定了它必须成为为公众服务的"服务人"。而政府"服务人"的角色，就意味着它必须以公民为中心，高度重视公民权和公共事务，而不能像企业家那样只关心自己的利益。

虽然我国服务型政府的提出主要基于党的宗旨和社会主义国家的性质，但基于社会本位、公民本位的新公共服务理论明确提出了政府的主要职能是"服务，而不是掌舵"，把政府及其官员的角色定位为公众的"服务者"，这

[①] 作者根据珍妮·V.登哈特、罗伯特·B.登哈特：《新公共服务：服务，而不是掌舵》（中国人民大学出版社2004年版）的内容进行抽象归纳。

不仅仅是对新公共管理理论的"顾客理论"进行反思、批判，并使之科学回归，更重要的是这种重新归位后的政府与公民关系理论与我国党、政府是"全心全意为人民服务的工具"的理论具有内在的一致性，更加突出了现代政府以服务性增进人民性、促进公共性的特征，并巩固、提升了政府的政治合法性。因此，西方新公共服务理论无疑也是我国服务型政府的重要理论来源，成为中国特色服务型政府建设的重要理论支撑与路径启迪。

（五）多元（合作）治理理论

西方国家有着比较成熟的社会治理理论。早在古希腊，亚里士多德就提出，通过创建最优良的政体以追求城邦治理的至善。世界银行于1989年首次提出了现代治理的概念。罗西瑙（J. N. Rosenau）在《没有政府的治理》等论著中比较系统地提出了现代治理理论。皮埃尔·卡蓝默在《破碎的民主——试论治理的革命》一书中提出了对现代治理模式进行全新革命的思想。盖伊·彼得斯（B. Guy Peters）在《政府未来的治理模式》一书中认为，市场式政府、参与式国家、弹性化政府和解制型政府是改革政府治理的主要方法。① 西方学者亨利（Am Henry）、皮埃尔（Pierre）、皮特斯（Peters）提出了基于公私伙伴关系的社会合作治理理论。亨利指出，公私包容式的"合作式治理"旨在解决包括"共同价值与相互责任感"的相互依赖问题，"只有通过这种追求维护共同价值的共同责任，才能确保追求个人目标而不至于影响社会的共同价值"。② "合作式治理"需要民众在政策议程阶段扮演有效参与的角色，需要政府在决策阶段基于互信机制而建立与公民的荣辱与共的生命共同体，使公民通过程序透明与责任明确而成为政府过程监督的主要来源。皮埃尔和皮特斯以"伙伴关系"的观点重新描述了国家与社会的关系，指出国家的权威是由社会建构的，而非由国家本身建构的，"国家对于权威的主张必须表现在它能够适应处理问题的能力，新的治理形式是对关于社会变迁管理的回应，因此应该逐渐塑造一种朝向镶嵌的社会自主

---

① ［美］B. 盖伊·彼得斯：《政府未来的治理模式》，吴爱明等译，中国人民大学出版社2001年版，第25—131页。
② Am, Henry, *Communitarianism: A New Agenda for Politics and Citizenship*, New York University Press, 1998, p. 105.

性，让社会本身逐渐能发展出广泛而且不同的网络联结关系"①。如以博克斯（Richard. C. Box）为代表的美国学者系统提出了公民治理理论。目前，我国在社会治理研究方面已有了一定的基础。俞可平、孙柏英分别在《治理与善治》、《当代地方治理》等论著中把西方治理理论同我国政府的治理实践有机结合，是国内研究公共治理的代表。张康之在《行政伦理的观念与视野》等论著中从行政伦理的学科角度提出了基于信任的社会合作治理模式等。

治理的本质是指实现公共权力从政府向社区（社会）的回归，是一个还政于民的过程。因此，社会治理的主体既包括政府机制，同时也应包括各种非正式、非政府的机制。②也就是说，不管是哪一种治理理论，实际上都强调了社会治理是包括执政党、政府、各种社会组织、公民大众在内的所有社会治理主体的多元参与式治理。治理主体的多元化、过程公开化、程序民主化、形式合作化、结果共赢化是社会治理的基本特征。而作为希望更好充当为人民服务工具的服务型政府，更需要引导整合各种社会治理主体和社会治理资源，在多元协同治理中彰显政府的公共性与服务性价值。以公私伙伴关系为基础的社会合作治理，由于强调了治理主体的对等化、过程公开化、形式合作化、结果共赢化、社会和谐化，更容易成为政府以合作型政府推进服务型政府建设的桥梁和纽带。

三、服务型政府的构成要素

建设服务型政府必须首先弄清楚服务型政府的构成要素，即服务型政府建设的主要内容。我们认为，当前服务型政府建设必须要从理念重塑、目标重构、职能转变、流程再造四个方面进行一体化推进。

（一）服务型政府的理念重塑

1. 理念重塑的概念

关于"理念"，《辞海》的解释是：哲学名词，等同于柏拉图哲学中的

---

① Pierre, J. & Peters, B. G., *Governance, Politics and the State*, Macmillan Press Ltd., 2000, p. 194.
② ［美］罗西瑙：《没有政府的治理》，张胜军、刘小林译，江西人民出版社2001年版，第5页。

"观念";在康德、黑格尔等理性主义者看来,理性主义的"观念"就是"理念"。因此,我们认为,所谓的"理念",或说是理性化的观念,实际上就是理性化的想法、理性化的思维模式,或者说是理性化的看法与见解。理念重塑就是要抛弃旧观念,建构新理念。服务型政府的理念重塑,实际上就是要求我们抛弃服务型政府建设初期的不合时宜的理念,而把服务型政府建设在科学的理念及据此建构的制度体系上面。

2. 对服务政府进行理念重塑的原因

第一,当前在我国服务型政府建设中存在着一些理念上的误区,学术界有着较大分歧。如"服务型政府就是为民做主的政府""服务型政府就是为人民服务的政府""服务型政府就是提供公共产品、公共服务型的政府""服务型政府就是公共服务型政府""服务型政府就是效能政府"等。从目前来看,上述误区固然有些是认识观念上的误区,但更多的是在服务型建设实践中体现出来的错误行为。

第二,学术界在服务型政府究竟需要重塑什么样的理念的问题上并没有形成完全的共识。前述刘熙瑞、井敏等认为服务型政府需要重塑"公民本位""社会本位"的服务理念;燕继荣认为,服务型政府建设"在政府的理念层面,要确立以公民权利和社会需求为本位的原则,形成以人文关怀、民主、透明、责任、法治、便捷等价值为基础的公共管理和公共服务理念,破除'一大二公'的传统思维,将分而治之、共管共治、形成自下而上和自上而下结合互动的多中心多层级的治理结构作为新公共管理标准的政府文化观念"[1]。近年专门从事服务型政府研究的张立荣教授也是把服务型政府建设基于"公民本位""社会本位"[2]的政府理念上的。虽然绝大多数的专家学者把服务型政府理念归结为"公民本位""社会本位",但在具体表述上仍有较大的差异。(详见前述)

第三,不及时进行服务型政府理念重塑很有可能带来服务型执政党、服

---

[1] 燕继荣:《服务型政府建设:政府再造七项战略》,中国人民大学出版社2009年版,第32页。
[2] 张立荣认为"服务型政府"是"以公民本位、社会本位为理念,以民主宪政体制为依托,以服务人民为宗旨,在依法全面履行政府职能过程中突出公共服务、承担服务责任的现代政府"。参见张立荣等:《当代中国服务型政府建设和公共服务体系完善理论与实证研究》,中国社会科学出版社2012年版,第13页。

务型政府在现实中发生服务宗旨异化问题。长期以来，不少领导干部在治国理政过程中，把"为人民服务"片面理解为"为人民做主"，这是我国公共行政实践中一直走不出"管控型政府"怪圈的一个非常重要的原因。早在1957年，毛泽东针对有些干部"全心全意为人民服务的精神少了"的状况，再次强调："共产党就是要奋斗，就是要全心全意为人民服务，不要半心半意或者三分之二的心三分之二的意为人民服务。"[①] 1959年他又指出："希望同志们勉为其难，为党担负这些担子，为人民艰苦地服务。"[②] 为什么以"全心全意为人民服务"为宗旨的中国共产党和它领导的人民政府的领导干部却经常会出现在公共行政实践中"没有为人民服务精神"呢？实际上，这与不少领导干部并没有真正把握"为人民服务"的本质是"让民做主"而不是"为民做主"密切相关。党和政府及其领导干部，只有全心全意承担好"让民做主"的服务工具之责，才能从根本上彰显"全心全意为人民服务"的精神，才能打造一个真正的服务型政府。

3. 如何进行服务型政府理念重塑

国内外政府治理的实践经验告诉我们，在我国服务型政府建设中，我们必须彻底抛弃传统的"管控理念""为民做主"理念，向以人为本理念、服务行政理念、依法行政理念、有限行政理念、问责行政理念的服务型政府理念进行科学回归。具体而言，在施政理念方面，要实现由"政府本位"向"公民本位"的观念转变；在公共服务内容方面，要通过转变职能，由"管理"向"服务"转变；在治理逻辑上，要由"管制"向"共治"转变；在服务方式上要通过政府流程再造，由政府主导供给向民主供给、协商供给、合作供给、透明供给、高效供给、便捷供给转变。

（二）服务型政府的目标重构

1. 服务型政府目标重构的概念

在现代社会，从应然层面上来说，作为公共权力的受托者和为人民服务的工具，政府的目标就是要满足最广大人民群众的社会公共需求。政府理念

---

① 《毛泽东文集》第7卷，人民出版社1999年版，第284—285页。
② 《建国以来毛泽东文稿》第8册，中央文献出版社1993年版，第176页。

是政府建构的价值基础，它对政府目标的性质、顺序、结构等方面都起着巨大的导向作用。服务型政府的建构目标就是要在政府与公民关系上真正实现由政府本位向公民本位转变，在服务供给中要实现由政府主导向公民需求主导转变。只有打造出一个以"公民本位""需求本位"决定公共服务供给的社会治理共同体，才能称之为服务型政府。这也就意味着服务型政府建设的目标就是要实现"让公民参与、由公民决定、让公民选择、使公民满意"的现代政府形态。

2. 服务型政府目标重构的原因

现实中的政府不仅是一个"政治人"，同时也是一个"经济人"，它在实施社会管理和公共服务时也绕不开自己的利益。政府承载着多层次的利益结构，决定着政府目标自身也是一个多层次、矛盾性的结构体系。因此，在当前生产力发展水平、社会发展阶段以及行政道德发育水平下，政府的职能目标、系统目标以及个人目标常常会发生冲突，从而导致政府目标的异化，这在现实中的突出表现就是"公共利益部门化""部门利益个人化"。[①] 尤其在我国经济、社会双转型时期，政府的 GDP 导向、"官本位"意识还根深蒂固，少数党员干部理想信念动摇，宗旨意识淡薄，形式主义、官僚主义问题突出，奢侈浪费和腐败现象非常严重。这些违背党的宗旨、违背科学发展观、脱离人民群众的现象已在很大程度上背离了政府公共性、服务性的目标。政府目标的异化带来的最坏影响就是政府合法性受到削弱。因此，服务型政府必须进行政府目标的重新建构。

3. 服务型政府目标如何重构

服务型政府目标的重构，必须在重塑后的服务型政府理念统合下，通过调整利益机构和转变政府职能，以实现服务型政府的职能目标、系统目标和成员目标在满足公众需求、实现公共利益上达成共识。为实现服务型政府的建构目标，就必须以职能转变为"重点"，以"政府流程再造"为突破口，整体性推进服务型政府建设。

[①] 冷向明：《当代中国服务型政府的理论模型、标准体系及建设纲要》，中国社会科学出版社 2012 年版，第 75 页。

(三) 服务型政府的职能转变

1. 服务型政府职能转变的概念

政府职能,又称为行政职能,是指国家行政机关依法对公共事务进行管理时应承担的职责和所应具有的功能。政府职能反映着公共行政的基本内容和活动方向,是公共行政的本质表现。"政府职能是一种社会历史现象,它随着社会历史的发展而不断改变其配置方式,转变其运动方向。"① 政府职能转变是指国家行政机关在一定时期内,根据国家和社会发展的需要,对其应担负的职责和所发挥的功能、作用的范围、内容、方式的进行革新与转化。

2. 服务型政府职能转变的原因

第一,新中国成立后,由于复杂的国内外因素,我国很快确立了"党政一体""政企不分"为基本特点的"全能主义"政府模式,并形成了很强的"路径依赖",对今天服务型政府职能定位和归位还都有着一定的负面影响。

第二,当前,按照服务型政府建设目标,政府职能转变的任务仍然繁重。一方面,政府仍管了一些不该管、管不好、管不了的事,直接干预微观经济活动的现象仍时有发生,行政许可事项仍然较多,存在宏观管理"微观化""以批代管""以罚代管"等问题。另一方面,有些该由政府管的事却没有管到位,特别是社会管理和公共服务方面还比较薄弱。服务型政府职能转变的缓慢,制约着行政管理体制改革的继续深化,并直接影响着中国特色服务型政府建设和服务的质量。

3. 如何进行服务型政府的职能转变

第一,要转变政府职能必须首先科学界定服务型政府的职能。1998年九届全国人大一次会议通过的《关于国务院机构改革方案》规定,在社会主义市场经济条件下,我国政府的职能为"宏观调控、社会管理、公共服务"。以此为基础,党的十六大把完善政府"经济调节、市场监管、社会管

---

① 谢庆奎等:《中国政府体制分析》,中国广播电视出版社1995年版,第126页。

理和公共服务"职能，作为我国政府职能转变的基本内容和发展方向。①2005年12月20日，胡锦涛总书记在中央政治局第27次集体学习会上指出，"在社会主义市场经济条件下，政府的主要职能是经济调节、市场监管、社会管理、公共服务；要以转变政府职能为重点……把政府职能切实转到经济调节、市场监管、社会管理、公共服务上来"②。党的十六届六中全会从构建社会主义和谐社会的高度，就转变政府职能进一步指出，要"深化行政管理体制改革，优化机构设置，更加注重履行社会管理和公共服务职能"，并提出了"创新公共服务体制，改进公共服务方式""完善公共服务政策体系，提高公共服务质量"等一些具体的转变措施。③在胡锦涛、温家宝等党和国家领导人多次提出把"服务型政府"作为政府职能转型的归属性目标的基础上，2007年11月，"加快行政体制改革，建设服务型政府"写进了胡锦涛总书记的十七大报告。"建设服务型政府"写进了中央政府工作报告和党的中央委员会工作报告，就为我们正确理解加快转变政府职能的重要性和紧迫性提供了理论基础和政策指导。因此，我们要按照深入贯彻落实科学发展观和实现中国梦的要求，切实以"健全政府职责体系""全面正确履行政府职能"为基础，全力推进我国服务型政府建设进程。

第二，在社会主义市场经济条件下，"政府职能要由一种自我设计的职能转变为一种以回应社会为特征的职能"④。当前服务型政府理念下的政府职能转变，就是要把政府的主要职能转变到"经济调节、市场监管、社会管理、公共服务"上来，把公共服务放在更加突出的位置，努力为人民群众提供方便、快捷、优质、高效的公共服务。而要让政府提供人民满意的公共服务，就必须对传统的管控型的政府流程进行再造，以适应社会主义市场经济发展和服务型政府建设的需要。

---

① 江泽民：《全面建设小康社会，开创中国特色社会主义事业新局面——在中国共产党第十六次全国代表大会上的报告》，人民出版社2002年版，第23页。
② 胡锦涛：《积极稳妥推进行政管理体制改革》，人民网，访问时间：2005年12月21日。
③ 《中共中央关于构建社会主义和谐社会若干重大问题的决定》，人民出版社2006年版，第25—26页。
④ 冷向明：《当代中国服务型政府的理论模型、标准体系及建设纲要》，中国社会科学出版社2012年版，第76页。

（四）服务型政府的流程再造

1. 服务型政府流程再造的概念

建设服务型政府意义上的政府流程再造，是指在引入现代企业业务流程再造理念和方法的基础上，以"公众需求"为核心，对政府部门原有组织机构、服务流程进行全面、彻底的重组，形成政府组织内部决策、执行、监督的有机联系和互动，以适应政府部门外部环境的变化，谋求组织绩效的显著提高，使公共产品或服务更能取得社会公众的认可和满意。① 传统的行政组织流程是围绕"职能"与"计划"展开的，对公众的诉求缺乏了解和回应。而流程再造的宗旨，就是要通过"公民需求导向"树立公民本位，以最大限度地满足公众的需求为核心，在了解公众需求的基础上，从成本、质量、服务和速度等方面增进公共服务效能，以提升公众对公共服务供给的满意度，从而巩固并提高党和政府的政治合法性。

2. 建设服务型政府必须进行流程再造的原因

在当今这个参与型、合作型社会里，政府流程再造既不是对政府工作流程的简化或重组，也非单纯依靠信息技术实现部门的整合或联动，而是对政府部门的行政理念、发展目标、行为准则、治理模式、制约机制的整体再造。它涉及政府部门内部机构之间、政府部门之间、政府与社会组织之间、政府与社会公众之间的沟通与互动，必然会带来政府部门在组织结构、决策程序、运行机制、评估体系、激励机制等方面的显著变化。因此政府流程再造绝非在原有流程上的修修补补，而是一场彻底、深刻、持续的内部革命。②

3. 如何进行服务型政府的流程再造

第一，要在反思传统行政组织业务流程弊端的基础上，运用网络信息技术，打破政府部门内部传统的职责分工与层级界限，实现由计划性、串联性、部门分散性、文件式工作方式向动态化、并联化、部门集成化、电子化工作方式的转变，建立以问题诊断为前提、以解决问题为宗旨的服务流程模

---

① 姜晓萍：《政府流程再造的基础理论与现实意义》，《中国行政管理》2006 年第 5 期。
② 姜晓萍：《政府流程再造的基础理论与现实意义》，《中国行政管理》2006 年第 5 期。

式。科学的政府流程再造一般要遵循合法性、公共性、创新性、绩效性和服务性原则，以努力实现流程便捷化、行为规范化、过程人性化、品质标准化的改造目标。

第二，在以效能政府推进服务型政府建设过程中，要更加重视社会公平。效能政府只不过是我国服务型政府建设的手段与环节，而不是服务型政府建设的最终目的。因此，我国政府流程再造在强调流程高效、便捷的同时，应更加注重行为的规范化，过程的人性化、透明化以及服务品质的标准化，始终把提供让人民满意的服务作为流程再造的核心价值追求。

第三，服务型政府的流程再造，要求政府必须明确政府各部门的岗位职责，并对各种岗位服务向社会公开，在此基础上实行所有政府工作人员"服务承诺""岗位践诺""公众评诺"制度。[①] 具体操作流程如下：通过岗位说明书和部分工作说明书的编写，对具体岗位的名称、工作内容、责任范围、工作关系、工作标准等进行规范性描述，并且对某一工作的岗位承担者、权责范围、程序安排、服务标准、时限要求等进行规范性描述；在此基础上全面推行岗位代理制，以规范各岗位之间和各级机构之间的授权行为，避免出现空岗，方便服务对象；同时还制定《服务细则与标准》，对服务的内容和服务品质进行解释和承诺，以方便公众监督和评估；最后形成流程再造的持续性评估机制，通过专家和公众的参与，在实践中检测流程运作状态，与预定改造目标进行比较分析，对不妥之处进行修正改善，以保证新的流程全面达成改造的预定目标。[②]

第四，服务型政府的流程再造，要求我们不断创新公共服务体制，改进公共服务方式。"小政府、大社会"的社会治理模式是政府流程再造的第一步；第二步，努力减少科层制的层级，逐步把金字塔式政府优化为扁平化的服务型政府，努力探索适合中国公共行政特色的"大部门体制"。第三步，要在建设政府服务大厅和构建政务超市的基础上，进一步提高服务的效率、质量和水平，并在此基础上探索新的政务服务模式。当前，最重要、最根本的就是加快以电子政务和网络政府为核心的政务流程再造，加快现代服务型

---

① 史云贵：《再论现代服务型政府的概念、角色与建构的理性路径》，《甘肃行政学院学报》2009年第1期。

② 姜晓萍：《政府流程再造的基础理论与现实意义》，《中国行政管理》2006年第5期。

政府构建的步伐。①

四、建设服务型政府的关键环节

服务型政府建设应是一个循序渐进的过程,在当前,服务型政府既是政府建设的目标,也是深化行政管理体制改革的手段。建设服务型政府必须厘定政府理念,明确建设目标,以"满足公共服务需求"为出发点,以创新公共服务供给机制为关键点,以完善公共服务体系为着力点,以改善民生、促进社会公平为归着点,积极稳妥地推进服务型政府建设。

(一) 出发点:满足公共服务需求

1. 公共服务与公共需求

公共服务是以政府为基础的公共部门提供的、满足社会公共需求、供全体公民共同消费与平等享用的公共产品和公共服务。② 公共服务的公共性决定了公共服务需求的公共性与人民性。

2. 建设服务型政府为什么必须要满足公共服务需求

作为全心全意为人民服务的工具,服务型政府必须秉承人民的意志,以人民群众的公共诉求为导向,真正做到"想人民群众之所想,急人民群众之所急"。当前,我国正处在从一般温饱社会向全面小康社会加快发展、加速转型的关键时期,这一时期我国公共需求也进入一个全面快速的增长期。公共需求的全面增长与公共产品供给短缺以及公共服务不到位,已成为我国经济社会发展的突出矛盾和主要问题。③以公共服务需求为基本驱动力的服务型政府,"以公众的期望决定策略设计的蓝图,以公众的需求作为服务的内涵与方式,以公众的满意度衡量政策执行的成效,以公众的评价作为政策变迁的方向"④,通过以"保障和改善民生"为主要内容的社会建设,在完

---

① 史云贵:《再论现代服务型政府的概念、角色与建构的理性路径》,《甘肃行政学院学报》2009年第1期。
② 郁建兴:《中国的公共服务体系:发展历程、政策体系与体制机制》,《学术月刊》2011年第3期。
③ 方栓喜:《公共服务需求成为推动政府转型的新动力》,《上海证券报》2006年7月17日。
④ 姜晓萍:《论"服务型政府"的基本内涵》,《四川行政学院学报》2004年第2期。

善基本公共服务体系、推进基本公共服务均等化过程中加快服务型政府建设，促进社会公平与和谐。

3. 如何以公共服务需要为导向推进服务型政府建设

第一，要把满足人民群众的社会公共需求作为服务型政府施政的出发点。在现代社会，"公民对政府所提供的公共产品的数量和质量、时效和成本的满意程度，是他们评价政府政治合法性程度高低的重要标准"①。作为党全心全意为人民服务的工具，它领导下的各级服务型政府必须"始终把实现好、维护好、发展好最广大人民的根本利益作为党和国家一切工作的出发点和落脚点"，"做到发展为了人民、发展依靠人民、发展成果由人民共享"②。公共服务的公民需求导向也是服务型政府"权为民所用、情为民所系、利为民所谋"在现实中的集中体现。

第二，最重要的是以满足最广大人民群众的基本公共服务需求为重点，通过基本公共服务均等化推进服务型政府建设。早在2004年温家宝总理就明确指出，公共服务，"就是提供公共产品和服务，包括加强城乡公共设施建设，发展社会就业、社会保障服务和教育、科技、文化、卫生、体育等公共事业，发布公共信息等，为社会公众生活和参与社会经济、政治、文化活动提供保障和创造条件，努力建设服务型政府"③。

第三，以公共服务需求为导向推进服务型政府建设，要求我们必须加快健全覆盖全民的公共服务体系，全面增强基本公共服务供给能力。通过完善以保障和改善民生为重要内容的公共服务体系，创新公共服务供给机制，是以公共服务需求为导向推进服务型政府建设、促进社会公平正义的前提条件。

（二）关键点：创新公共服务供给机制

1. 公共服务机制概念

关于什么是公共服务机制，现有的相关法律政策并没有一个明确的定

---

① ［德］托马斯·海贝勒等：《城乡公民参与和政治合法性》，中央编译出版社2007年版，第10页。
② 胡锦涛：《高举中国特色伟大旗帜，为夺取全面建设小康社会新胜利而奋斗——在中国共产党第十七次全国代表大会上的报告》，人民出版社2007年版，第15页。
③ 温家宝：《中央党校省部级主要领导干部"树立和落实科学发展观"专题研究班结业式上的讲话》，人民网，访问时间：2004年2月22日。

义。党的十六届六中全会在论及"建设服务型政府,强化社会管理和公共服务职能"时提出,要"创新公共服务体制,改进公共服务方式,加强公共设施建设"①。这里实际上是把公共服务方式等同于公共服务机制。国家"十二五"规划纲要在论述"改善民生,建立健全基本公共服务体系"时明确指出,"坚持民生优先,完善就业、收入分配、社会保障、医疗卫生、住房等保障和改善民生的制度安排,推进基本公共服务均等化,努力使发展成果惠及全体人民"②。在"十二五"规划纲要中,公共服务机制等同于以民生为导向的公共服务的制度安排。学者沈荣华认为,"向社会提供公共服务是政府的一项基本职能,按照履行这一职能的需要,对政府和其他社会主体的相互关系和作用方式所作出的制度安排,就是公共服务机制"③。基于对党的相关文件精神的体认和学术界的相关研究,我们认为,公共服务机制就是政府在履行公共服务职能过程中,对政府自身系统及政府与其他社会主体之间关系和互动方式方法的总称。

2. 创新公共服务机制,最根本的就是要创新公共服务供给机制

在1978年以前的我国计划经济时期,基于计划经济基础上的全能型政府大包大揽地对社会提供全面、直接,但质量低下的公共服务。20世纪80—90年代,我国通过市场化为基本特征的公共服务供给机制改革,改变了计划经济时期"配给制"的公共服务供给模式,大大提高了公共服务供给的效率和质量,初步形成了主体多元、方式多样的供给机制。④ 进入21世纪以来,特别是党的十六大以来,随着对政府公共服务职能的强化,我国在服务型政府建设过程中,逐步纠正了公共服务"市场化"中的一些偏颇与失误,让公共服务,尤其是城乡基本公共服务供给重新回归到政府主导的"公益性"上面来。但是,公共服务的"政府主导"并不是"政府包办",回归公共服务的"公益性"也不等于公共服务的"公立化"。因此,在我国

---

① 参见《中共中央管理构建社会主义和谐社会若干重大问题的决定》,人民出版社2006年版,第26页。
② 《中华人民共和国国民经济和社会发展第十二个五年规划纲要》,人民出版社2011年版,第88页。
③ 参见沈荣华:《论政府公共服务机制创新》,《北京行政学院学报》2004年第5期。
④ 参见郁建兴:《中国的公共服务体系:发展历程、政策体系与体制机制》,《学术月刊》2011年第3期。

由政府全面提供走向政府、企业、社会多元结合供给公共服务模式的过程中，必须在坚持公共服务市场化和社会化的基础上进一步强化政府的公共服务职能。强调政府在提供公共服务中心方面的作用，并不是要由政府直接提供更多的公共产品和公共服务，而应当转变政府的服务角色，把政府服务角色建立在市场机制、社会参与和自身变革的基础之上，起到促进者、合作者和催化剂的作用，充分利用市场和社会主体的力量来共同提供公共服务，这在公共服务实践方面要求政府要更好地充当"掌舵者"而不是"划桨者"的角色。[①]政府在提供公共服务过程中的"掌舵者"角色应更多地体现在公共服务的发展规划、制度安排、公共服务体系的完善、公共政策的有效供给等方面。

3. 如何创新公共服务机制，推进服务型政府建设

为了更好地以公共服务创新推动服务型政府建设，我们认为，应尽快从健全公共服务供给的需求机制、市场竞争机制、合作机制、评估机制、监督问责机制等五个方面创新公共服务供给机制，进一步提高政府提供公共服务的能力和水平，加快服务型政府建设。

第一，服务型政府的宗旨和价值要求政府主导的公共服务供给必须树立高度的"公民本位""社会本位"，以"公众的需求"为导向，就"需要什么样的公共服务""怎样提供公共服务"等问题，通过公众听证等参与机制建立健全公共服务供给的需求机制。

第二，在市场经济条件下，政府的角色更多的应成为"掌舵者"，通过"掌舵"来更好地为公众服务，而不是直接从事"划桨"式的生产性活动。因此，市场经济下的服务型政府更多地要通过"购买服务"的形式来向公众提供，尤其是公众迫切需要的基本公共服务。这种财政购买服务，要求政府必须坚持市场化导向，充分引导相关企业、社会组织参与公共服务供给的竞争，按照"低廉""高效""便民"的原则从竞争者中选择适宜的公共服务供给者。

第三，更多地发挥社会组织公共服务的作用。现在社会是一个多元合作

---

① 参见［澳］欧文·休斯：《公共管理导论》，彭和平、周明德等译，中国人民大学出版社2001年版，第126页。

治理的社会，随着我国社会组织的不断发展壮大和服务型政府建设的推进，各种社会组织作为政府合作治理的伙伴，完全承担一些不宜政府承担或承担不好的公共服务。在政府与社会组织合作供给公共服务的过程中，政府应把更多的精力花在公共服务政策的规划和公共服务标准的制定方面，并在公共服务质量方面进行有效监督。

第四，要按照公共服务的标准，在各级党组织的领导下，充分引导基层公众对公共服务，尤其是对基本公共服务供给效能进行科学评估。服务型政府就是要给人民群众提供满意的服务，"要想让群众满意，就必须接受群众的评议"，提供的公共服务"好不好"最终只能由享受这些公共服务的公民大众说了算。

最后，要进一步完善公共服务供给质量的监督与问责机制。政府服务角色和机制的转变，并不意味着服务责任的消失，而只是服务责任的转变，即由直接提供公共服务的责任，转变为公共服务的监管责任。[①]因此，在市场经济条件下，服务型政府的职能要求政府必须对"购买"的公共服务负有不可推卸的监管责任。

通过群众科学评议，要依据群众的满意度高低对公共服务的直接提供者进行"优用劣汰"，并以此对负责监管的相关部门及个人进行褒奖与问责。只有建立公共服务供给的严格追究问责机制，才能确保政府公共服务监管功能的有效发挥，才能确保公共服务的质量和人民群众对公共服务的满意度。

（三）着力点：完善公共服务体系

1. 公共服务体系的概念内涵

从宏观上讲，公共服务体系一般是指政府根据经济社会发展的情况与民生发展需求，在就业、教育、医疗、卫生、社保、安全等方面进行总体建设的有机系统，它包括公共服务的供给者、组织载体、范围标准、运行机制、绩效评估等内容。因此，国家基本公共服务"十二五"规划把基本公共服务体系的概念界定为"由基本公共服务范围和标准、资源配置、管理运行、供给方式以及绩效评价等所构成的系统性、整体性的制度安排"。由此可看出，公共服务体系的内涵体现为：

---

① 沈荣华：《论政府公共服务机制创新》，《北京行政学院学报》2004 年第 5 期。

系统性：公共服务体系不仅是指由哪些公共服务项目组成的内容，而且包含了提供公共产品和服务过程中形成的主体与客体、范围标准、供给机制、资源配置、运行绩效、制度保障等子系统形成的综合体。

整体性：公共服务体系的构成贯穿公共服务需求——供给——反馈的全过程，是一个有机衔接、互为支撑的关联整体。公共服务的范围标准与公共服务资源配置的依据，公共服务的供给主体是多元还是一元，直接影响公共服务的供给机制。公共服务客体的需求是确定公共服务供给范围的前提，同时公共服务的主体能力、范围标准、供给机制、资源配置等都是影响公共服务效率与质量的关键因素。

公共性：公共服务体系的构建以保障改善民生、构筑维护民众基本生存与发展的社会福利基线为目的，这不仅是任何国家公共权力主体的基本责任，更是民众的基本社会福利权。因此，公共服务体系的构建不仅要强调成本效益的工具理性，更要重视公平正义的价值理性。如何通过公共服务体系的构建真正实现让发展成果更多更公平地惠及全体人民，这是当下我们公共服务体系构建的根本宗旨。

2. 公共服务体系的构成要素

依据国家基本公共服务"十二五"规划对基本公共服务体系的概念，公共服务体系包含了公共服务供给和受用主体、范围标准、供给机制、资源配置、运行绩效、制度保障等构成要素。政府相关部门是公共服务体系的供给主体，公民大众是公共服务体系的受用主体，公共服务的范围标准是公共服务体系的核心内容，公共服务供给机制是公共服务体系的运行载体，公共服务的资源配置是公共服务体系的实施平台，公共服务的运行绩效是公共服务体系质量的评价标准，公共服务的制度保障是公共服务体系运行的框架系统，它们一体化地构成了公共服务体系这个综合体。

3. 基本公共服务与基本公共服务体系

"基本公共服务，指建立在一定社会共识基础上，由政府主导提供的，与经济社会发展水平和阶段相适应，旨在保障全体公民生存和发展基本需求的公共服务。"[①] 基本公共服务范围，一般包括保障基本民生需求的教育、

---

① 《国家基本公共服务体系十二五规划（全文）》，中国新闻网，访问时间：2012年7月20日。

就业、社会保障、医疗卫生、计划生育、住房保障、文化体育等领域的公共服务，广义上还包括与人民生活环境紧密关联的交通、通信、公用设施、环境保护等领域的公共服务，以及保障安全需要的公共安全、消费安全和国防安全等领域的公共服务。城乡基本公共服务与城乡居民日常的生产生活密切相关，是关乎广大城乡居民的民生工程，因而必然是服务型政府着力建设的基础性社会工程。基于不同的历史文化传统、经济发展模式、政治社会结构，不同国家公共服务体系建设的制度设计、政策取向、范围标准、实施路径等具体内容不尽相同，即使是同一个国家在不同的历史发展阶段，公共服务体系的内容也是不断发展变化着的。

4. 完善公共服务体系是建设服务型政府的着力点

"加快行政管理体制改革，建设服务型政府"，必须"着力转变政府职能"，"健全政府职责体系，完善公共服务体系"，"强化社会管理和公共服务"。[1]如果说建设服务型政府的突破口是转变政府职能，而完善公共服务体系则是转变政府职能的核心内容与基本目标。因而，完善的公共服务体系就是政府职能转变和服务型政府建设的重要内容和现实方向。而完善的公共服务体系又是政府在转变职能过程中，以基本公共服务均等化推进服务型政府建设、实现社会公平正义的强有力"抓手"。因此，党的十八大进一步指出，建设人民满意的服务型政府，必须切实"推动政府职能向创造良好发展环境、提供优质公共服务、维护社会公平正义转变"。"享有基本公共服务属于公民的权利，提供基本公共服务是政府的职责"，推动政府职能转变，建设服务型政府，最根本的就是要强化政府的"社会管理和公共服务职能"，为公民大众提供优质的公共产品和公共服务。建立健全公共服务体系，特别是以民生为导向的城乡基本公共服务体系，是服务型政府回应公民大众的民生需求、以保障和改善民生为主要内容、唤起人民群众对党和政府合法性信仰的执政路径，是立党为公、执政为民、全心全意为人民服务的执政理念在服务型政府语境下的现实体现。服务型政府的民生导向是全心全意为人民服务的中国共产党的民生政治对人民政府的政治要求，而完善公共服

---

[1] 胡锦涛：《高举中国特色伟大旗帜，为夺取全面建设小康社会新胜利而奋斗——在中国共产党第十七次全国代表大会上的报告》，人民出版社2007年版，第32页。

务体系则是我国服务型执政党、服务型政府回应人民群众公共需求的集中表现。国家"十二五"规划提出，要"坚持民生优先，完善就业、收入分配、社会保障、医疗卫生、住房等保障和改善民生的制度安排，推进基本公共服务均等化"，就要"改善民生，建立健全基本公共服务体系"，并从公共教育、就业服务、社会保障、医疗卫生、人口计生、住房保障、公共文化等九个维度，规范了我国"十二五"时期基本公共服务的范围和重点。这就为我国在统筹城乡基本公共服务均等化过程中通过建立健全城乡基本公共服务体系，进一步转变政府职能，建设人民满意的服务型政府，彰显社会公平正义，指明了科学的方向和正确的实施路径。

完善的公共服务体系是建设服务型政府的主要内容和实施路径。完善公共服务体系让建设服务型政府有了可操作性的现实路径与理性方向，因而必然是服务型政府建设的着力点。通过与时俱进地完善公共服务体系，一以贯之地抓住"公共服务体系"这个"着力点"，服务型政府才能真正"接地气"，才能保障服务型政府的公共性、人民性、服务性与合法性，才能在保障和改善民生的公共服务体系与时俱进的完善过程中不断巩固与提升党和政府的政治合法性，为我党在引导亿万人民实现中国梦的长期执政过程中破解执政集团"其兴也勃，其亡也忽"的历史周期律开创一条中国特色的理性路径。

(四) 归着点：改善民生，促进社会公平

社会主义市场经济条件下，市场机制解决了社会发展动力不足的问题，调动了人们的积极性和创造性，带来了效率的提高与经济的发展。然而市场经济是一把双刃剑，在市场经济条件下，人们在实现了效率与自身效用最大化的同时，社会也不可避免地会出现贫富分化的问题。

1. 民生与社会公平

民生问题既是人民群众衣食住行的基本生活需求问题，也是我党密切联系群众、合法性巩固与政权长治久安的政治问题。在当前我国改革开放和社会主义现代化建设的攻坚阶段，社会贫富分化日益加剧，利益格局深刻变动，由利益冲突导致的社会矛盾与群体性事件有增无减。市场这只看不见的手，它就是要通过市场机制调动人们的积极性与创造性，难免会造成社会的

不平等,而政府的责任就是通过法律、制度、政策,去缩小社会各阶层的差距,从而维护社会公平。公平的本质在于平等。早在古希腊时期,亚里士多德就提出了,"凡自然而平等的人,既然人人具有同等价值,应当分配给同等的权利"①。所有的公民,在基本政治权力(人权)方面的完全平等,是社会主义和谐社会在平等与公平问题上的最低道德底线。每个人不论劳动多少、贡献如何,都应当平等地享有基本的经济权利,即基本经济权利应当平等分配。公平正义是人类追求美好社会的一个永恒主题,是社会发展进步的动力和基本的价值取向之一。实现公平正义是中国共产党的一贯主张,更是构建社会主义和谐社会、发展和完善有中国特色社会主义的根本任务之一。在现代社会中,越来越多的国家都把基于适度平等的公平作为合法统治的政治底线。

2. 为什么说"改善民生,促进社会公平"是服务型政府建设的归着点

第一,改善民生,促进社会公平,是社会主义的本质要求。基于适度平等基础上的社会公平无疑是社会主义的本质要求。邓小平关于社会主义本质的论述,实际上已经清楚地说明了社会主义的核心价值是追求适度平等基础上的公平。如果富的愈来愈富,穷的愈来愈穷,两极分化就会产生,而社会主义制度应该而且能够避免贫富分化。在改革开放初期,国家着力于解放生产力、发展生产力,把整个蛋糕做大,这个问题还不是很突出。随着我国改革开放和社会主义现代化建设的深入发展,特别是社会主义市场经济的发展,解决贫富分化问题越来越突出地摆到了我国执政党和政府的面前。

第二,改善民生,促进社会公平,是社会主义和谐社会的要求。和谐社会首先应是一个公平的社会。在亚里士多德看来,"公平即是和谐"。现代社会是一个"以公正求统一"的社会,而公正就在于消灭贫困、消灭特权和反对歧视。在现代社会,一个以维护社会的公平正义为己任的政府必须善于运用制度和组织手段,把个人财富和权势控制在合适的限度之内以实现比较公平的平等。公平正义与社会和谐是统一的,对以平等为底蕴的公平正义的追求是实现社会和谐的价值基础。

第三,改善民生,促进社会公平,是服务型政府合法性建设的要求。在

---

① [古希腊]亚里士多德:《政治学》,吴寿彭译,商务印书馆1965年版,第167页。

当前我国改革开放和社会主义现代化建设的攻坚阶段，社会贫富分化日益加剧，利益格局深刻变动，由利益冲突导致的社会矛盾日益尖锐。公平正义是政府的天然责任和良心。服务型政府首先必须是一个维护社会公平正义的政府。能否维护社会公平正义，是服务型政府政治合法性底线所在。

3. 以"改善民生，促进社会公平"为归着点，加快服务型政府建设

第一，必须科学认识、正确处理社会差别。承认社会差别，并逐步努力消除过大差别的发展观，是基于公平价值的科学发展观，就是为了实现社会公平与和谐的社会主义发展观。[①] 以维护社会公平正义为己任的执政党和人民政府必须高度关注实现公平目标进程中的过程公平，把对目标公平的追求同实现过程的公平有机统一起来。[②] 在营造公平制度环境的过程中，国家制度和组织手段对于实现真正的平等是至关重要的。由于社会的分化"最后都归根到财富，因为财富直接地促进福利，它可以最容易地被转让，并且借助财富不难买到一切其余的东西"[③]，所以，"政府最重要的任务之一，就是要防止财富分配的极端不平等"[④]。

第二，必须贯彻"基本经济政治权利'按需分配'，非基本经济权利'按劳分配'"的双分配原则。在社会主义市场经济条件下，为了保证社会主义的公平，也是为了进一步巩固和提高中国共产党和人民政府执政的合法性，我们在经济领域的分配体制，应遵循两个基本原则：一方面，在人们基本经济权利方面，应该平等分配，也就是说必须以某种方式满足一切中国公民的基本的经济权利与要求；另一方面，在人们非基本经济权利方面，"按劳分配"仍然是社会非基本经济权利分配的唯一的公平而又有效的分配制度。[⑤] 基本政治权利、基本经济权利的"按需分配"与非基本经济权利、政治权利的"按劳（能）分配"都是为了更好地体现社会主义的公平正义，这是构建社会主义和谐社会必须遵守的两个基本的平等原则。

---

① 参见史云贵：《公平正义：社会主义和谐社会构建的价值基础》，《江苏社会科学》2008 年第 2 期。
② 关于"过程公平"，可参见常健、李海燕：《应当区分改革的过程公平与目标公平》，《天津社会科学》2007 第 6 期。
③ ［法］卢梭：《论人类不平等的起源与基础》，李常山译，商务印书馆1958 年版，第 143 页。
④ ［法］卢梭：《论政治经济学》，王运成译，商务印书馆1962 年版，第 20 页。
⑤ 参见王海明：《平等新论》，《中国社会科学》1998 年第 5 期。

第三，以满足公众的基本公共需求为出发点，以创新公共服务机制为关键点，以完善公共服务体系为着力点，通过改善民生来实现共同富裕，促进社会公平与和谐。

市场这只看不见的手，它就是要通过市场机制调动人们的积极性与创造性，难免会造成社会的不平等，而政府的责任就是需要通过法律、制度、政策，去缩小社会各阶层的差距，从而维护社会公平。建立健全公共服务体系，完善公共服务体制机制，就是政府通过对社会公众民生问题的改善，让每一个中国公民都能体面地生活，从而促进社会公平与社会和谐。因此，建设服务型政府必须在履行政府公共服务职能中以民生需求为导向，以发展社会事业和解决民生问题为重点，优化公共资源配置，注重向农村、基层、欠发达地区倾斜，逐步形成惠及全民的基本公共服务体系。

各级党委政府要切实把民生问题作为一切工作的出发点和落脚点，通过民生优先战略实现共同富裕，这是到2020年全面建成小康社会的基本路径。只要以科学发展观为指导，在借鉴国内外经验的基础上，以2015、2017、2020为三个节点，实施"三步走"战略，通过健全公共服务体系，创新公共服务供给机制，推进城乡基本公共服务均等化，实现民生与民主有机衔接和良性互动等一系列实施路径创新，我国就一定能够在2020年全面建成小康社会，为建设"美丽中国"，实现"中国梦"做出应有的贡献。

五、党的十八大以后建设服务型政府的新思路

2012年11月，党的第十八次全国代表大会选举产生了以习近平为核心的党的新一代领导集体，2013年3月，十二届全国人民代表大会选举产生了以李克强为核心的中央人民政府领导集体，标志着以"习李"为核心的新一代党和国家领导集体正式确立。改革开放以来，我国取得了举世瞩目的伟大成就，一个重要的因素就在于我们党的历届领导集体始终高举中国特色社会主义的伟大旗帜，进行着一以贯之的接力赛。当然，服务型政府建设也无例外。2005年"服务型政府"写进了温家宝总理的政府工作报告，后经全国人大批准成为国家意志。党的十八大报告对当时即将产生的新一届政府进一步明确了服务型政府建设的新导向，即"要按照建立中国特色社会主

义行政体制目标,深入推进政企分开、政资分开、政事分开,建设职能科学、结构优化、廉洁高效、人民满意的服务型政府"[1]。"习李"政府在"胡温"服务型政府建设成就的基础上,对新一届政府在建设服务型政府的问题上有了更加清醒的认识,从"习李"半年新政中,我们可以看出,新一届政府在服务型政府建设上有着比较清晰的战略设计,对未来服务型政府建设有着更加务实性的实施路径。

(一) 党的十八大以后建设服务型政府的现实基础与面临的障碍

新世纪以来,我国在以法治政府、整体性政府、阳光政府、效能政府建设推进服务型政府建设时所做出的巨大成绩为新一轮服务型政府建设奠定了良好的现实基础。同时,我们也必须清醒地看到,新一届政府进行服务型政府建设依然面临着一些障碍,服务型政府建设依然任重道远。

1. 服务型政府建设的现实基础

第一,依法行政工作稳步推进,法治政府基本建成。法治政府是服务型政府的前提与基础。按照党的十五大提出的建设"法治国家"的要求,近十余年来,我国着力以法治政府推进服务型政府建设。1999 年 11 月,《国务院关于全面推进依法行政的决定》为我国法治政府建设提供了可行性的依法行政路径。市县基层政府是我国以法治政府推进服务型政府建设的重点和难点。针对市县政府依法行政中存在的一些严重问题,2008 年 6 月 18 日,中央人民政府专门出台了《国务院关于加强市县政府依法行政的决定》。在我国法治政府建设的进程中,各级政府在行政管理中始终坚持"有法可依、有法必依、执法必严、违法必究"的原则,在以法治政府建设推进服务型政府建设实践中取得了重大成就。2012 年 11 月,胡锦涛总书记在党的十八大上郑重宣布,中国"法治政府基本建成",这就为服务型政府建设奠定了坚实的法治基础。

第二,初步建立了职能统一的大部门体制框架,以整体性政府推进服务型政府建设成绩斐然。长期以来,我国政府部门职能的错位和交叉,造

---

[1] 胡锦涛:《坚定不移沿着中国特色社会主义道路前进 为全面建成小康社会而奋斗——在中国共产党第十八次全国代表大会上的报告》,人民出版社 2012 年版,第 28 页。

成了部门间扯皮、行政效能低下、政府自身内耗严重、无法履行好现代政府职能、尤其是无法进行良好的社会管理、无法向民众提供良好的公共服务和社会保障等问题。近年来，我国政府按照总体性、系统性的原则，对现有政府部门进行有效整合，改变政府机构繁多、职能交叉的现象，通过减少机构数量，降低各部门协调困难，使政府运作更有效率，更符合市场经济的宏观管理和公共服务的角色定位。到目前为止，以大部制为基础的整体性政府建设成效显著，这就为新一轮的服务型政府建设奠定了坚实的政府组织基础。

第三，科学决策、民主决策积极推进，政务公开走向深入，以阳光政府推进服务型政府建设取得了新进展。近十年来，我国政府科学决策、民主决策、依法决策稳步推进，健全了公众参与、专家论证、风险评估、合法性审查、集体讨论决定等政府决策程序，颁布了《中华人民共和国政府信息公开条例》，让人民群众更加全面地了解政府工作，更加有效地监督政府行为，确保了政府的公共权力始终在阳光下运行，保证了公共权力只能用来为人民服务。阳光政府建设为我国服务型政府建设奠定了良好的权力运行环境。

第四，深化行政审批制度改革，强化职能转变，以效能政府推进服务型政府建设取得了举世瞩目的成就。行政审批制度改革是转变政府职能、以效能政府推进服务型政府建设的关键点和突破口。温家宝政府在最后一个任期的五年中分两轮取消和调整行政审批事项498项，国务院各部门取消和调整的审批项目总数达到2497项，占原有审批项目的69.3%[①]。李克强新一届政府撤掉了四个正部级机构，相关部门"三定"方案正在陆续出台，经国务院常务会议两次审议，前两批共批准取消和下放了133项行政审批等事项。[②]同时，建立并切实执行以行政首长为重点的行政问责制度，努力提高了政府的服务效能。

2. 服务型政府建设的障碍

结合党的十八大报告、温家宝总理2013年政府工作报告和李克强总理

[①] 《温家宝总理政府工作报告（文字实录）》，新华网，访问时间：2013年3月5日。
[②] 《李克强在国务院机构职能转变动员电视电话会议上的讲话》，《人民日报》2013年5月15日。

当选以来的重要讲话等相关内容,我们认为新一届政府接过建设服务型政府的接力棒后必须面对以下严峻问题:

第一,城乡、区域发展差距和居民收入分配差距较大,教育、就业、社会保障、医疗、住房、生态环境、食品药品安全、安全生产、社会治安等关系群众切身利益的问题不少,部分群众生活困难。这些说明,基本公共服务均等化的现实与建设服务型政府的要求还有很大的差距。

第二,经济增长下行压力陡增,财政收入增速放缓和政府刚性支出增加的矛盾凸显,有效支撑服务型政府建设的公共财政压力陡增。

第三,制约科学发展的体制机制障碍较多,政府职能转变还没有到位,以效能政府推进服务型政府遇到的阻力将会更大。

第四,一些领导干部科学发展能力不强,少数党员干部理想信念动摇,宗旨意识淡薄,形式主义、官僚主义问题突出,腐败问题严重,服务型政府建设面临着严峻的服务型执政骨干队伍建设成效的考验。

以上主要问题都必须借助政府以强大财政为基础的公共服务有效供给,与时俱进地完善公共服务体系,以基本公共服务均等化来有效化解矛盾,促进社会公平与和谐,而经济下行和财政收入增长缓慢让以强大公共财政为后盾的城乡基本公共服务有效供给遭遇了前所未有的挑战。

(二) 十八大以后深化服务型政府建设的新思路

党的十八大提出了"职能科学、结构优化、廉洁高效、人民满意"的服务型政府建设目标,同时把服务型政府建设融入"中国梦",为新时期服务型政府建设注入了新的内涵与意义,形成了服务型政府建设的新思路。

1. 把服务型政府建设作为中国梦的重要内容和实现手段

习李新政最大的亮点,就是以"中国梦"凝心聚力。党的十八大明确指出"中国特色社会主义是亿万人民自己的事业"[①],在承前启后、继往开来的社会主义现代化过程中,我们一定能在"中国共产党成立一百周年时全面建成小康社会,在新中国成立一百周年时建成富强、民主、文明、和谐

---

① 胡锦涛:《坚定不移沿着中国特色社会主义道路前进 为全面建成小康社会而奋斗——在中国共产党第十八次全国代表大会上的报告》,人民出版社 2012 年版,第 14 页。

的社会主义现代化国家"的"两个百年梦想",这两个百年梦想,习近平总书记把它归纳为"中国梦"。而要实现以"中华民族伟大复兴"为主要内容的中国梦,必须依靠一个"好政府"去领导和推进。人民群众对服务型政府的梦想,应是中国梦的重要内容。而一个"权为民所用,情为民所系,利为民所谋"的服务型政府,恰恰是通过对全国人民凝心聚力,帮助人民群众顺利实现中国梦的公共性载体和理性路径。

2. 更加强调以法治政府推进服务型政府建设

党的十八大指出,要"更加注重发挥法治在国家治理和社会管理中的重要作用,维护国家法治统一、尊严、权威",要"健全权力运行制约和监督体系","确保决策权、执行权、监督权既相互制约又相互协调,确保国家机关按照法定权限和程序行使权力","坚持科学决策、民主决策、依法决策,健全决策机制和程序,建立健全决策问责和纠错制度"。党的十八大后,党和国家主要领导人习近平、李克强都有法学背景,在长期的领导活动中,尤其是在主政后更加强调依法治国、依法执政、依法行政。2013年1月22日,习近平总书记提出,"要加强对权力运行的制约和监督,把权力关在制度的牢笼里"[①]。2013年3月17日,习近平当选国家主席后就向党和人民庄严宣誓,将"忠实履行宪法赋予的职责,忠于祖国,忠于人民,恪尽职守,夙夜在公,为民服务,为国尽力,自觉接受人民监督,决不辜负各位代表和全国各族人民的信任和重托"[②]。李克强总理在答中外记者问时提出,要"建设法治政府,这尤为根本,要把法律放在神圣的位置,无论任何人、办任何事,都不能超越法律的权限,我们要用法治精神来建设现代经济、现代社会、现代政府"[③]。只有秉承依法治国、依法执政、依法行政,建设好法治国家,才能确保"任何人都没有法律之外的绝对权力,任何人行使权力都必须为人民服务,对人民负责并自觉接受人民监督",才能真正在"权为民所用,情为民所系,利为民所谋"的全心全意为人民服务的实践中加快中国特色的服务型政府建设。

---

① 习近平:《把权力关进制度的牢笼里》,新华网,访问时间:2013年1月22日。
② 习近平:《恪尽职守,夙夜在公,为民服务,为国尽力——习近平在十二届全国人大一次会议闭幕会上发表重要讲话》,央视网,访问时间:2013年3月17日。
③ 李克强:《建设创新政府廉洁政府法治政府》,中国共产党新闻网,访问时间:2013年3月17日。

3. 通过以"保障和改善民生"为主要内容的社会建设,彰显服务型政府的公平正义价值

党的十八大明确指出,"公平正义是中国特色社会主义的内在要求",要"逐步建立以权利公平、机会公平、规则公平为主要内容的社会公平保障体系,努力营造公平的社会环境,保障人人平等参与、平等发展权利"。①习近平总书记当选国家主席后的讲话中明确指出,"我们要随时随刻倾听人民呼声、回应人民期待,保证人民平等参与、平等发展权利,维护社会公平正义,在学有所教、老有所得、病有所医、老有所养、住有所居上持续取得新进展,不断实现好、维护好、发展好最广大人民根本利益,使发展成果更多更公平惠及全体人民,在经济社会不断发展的基础上,朝着共同富裕方向稳步前进"②。为此,习近平指出,要按照"服务政府、责任政府、法治政府、廉洁政府"的要求,"推动政府职能向创造良好发展环境、提供优质公共服务、维护社会公平正义转变"。③党的十八明确指出,"必须从维护最广大人民群众根本利益的高度,加快健全基本公共服务体系,推动社会主义和谐社会建设";加强以"保障和改善民生为主要内容的社会建设"必须"多谋民生之利,多解民生之忧,解决好人民最关心最直接最现实的利益问题,在学有所教、劳有所得、病有所医、老有所养、住有所居上持续取得新进展,努力让人民过上更好生活"。④ 2013 年新当选的国务院总理李克强在答中外记者问时明确提出,"要促进社会公正。公正是社会创造活力的源泉,也是提高人民满意度的一杆秤,政府理应是社会公正的守护者。我们要努力使人人享有平等的机会,不论是来自城市还是农村,不论是来自怎样的家庭,只要通过自身的努力,就可以取得应有的回报。不论是怎样的财富创造者,是国企、民企还是个体经营者,只要靠诚信公平竞争,都可以获得应有

---

① 胡锦涛:《坚定不移沿着中国特色社会主义道路前进 为全面建成小康社会而奋斗——在中国共产党第十八次全国代表大会上的报告》,人民出版社 2012 年版,第 14—15 页。

② 习近平:《恪尽职守,夙夜在公,为民服务,为国尽力——习近平在十二届全国人大一次会议闭幕会上发表重要讲话》,央视网,访问时间:2013 年 3 月 17 日。

③ 胡锦涛:《坚定不移沿着中国特色社会主义道路前进 为全面建成小康社会而奋斗——在中国共产党第十八次全国代表大会上的报告》,人民出版社 2012 年版,第 28 页。

④ 胡锦涛:《坚定不移沿着中国特色社会主义道路前进 为全面建成小康社会而奋斗——在中国共产党第十八次全国代表大会上的报告》,人民出版社 2012 年版,第 34 页。

的成功","如果说政府也是民生政府的话,就要重点保障基本民生,来编织一张覆盖全民的保障基本民生的安全网。其中包括义务教育、基本医疗、基本养老、保障房等,努力逐步把短板补上。还要坚守网底不破,通过完善低保、大病救助等制度,兜住特困群体的基本生活。这些人如果陷入生存的窘境,很容易冲击社会的道德和心理底线,所以政府要尽力,并且调动社会的力量,保障人们的基本生存权利和人格尊严"。[1]

4. 通过进一步简政放权,转变政府职能,推进服务型政府建设

党的十八大提出,"要按照建立中国特色社会主义行政体制目标,深入推进政企分开、政资分开、政事分开、政社分开,建设职能科学、结构优化、廉洁高效、人民满意的服务型政府"。而建设人民满意的服务型政府,最根本的还是进一步转变政府职能。早在2013年3月17日,新当选国务院总理的李克强在答中外记者问时明确指出,"要用壮士断腕的决心,坚决推进政府职能转变"。3月18日,李克强总理在主持召开的国务院第一次常务会议时就把政府职能转变作为最重要的议题:"要把职能转变作为新一届国务院工作开局的关键,把减少行政审批作为职能转变的突破口","真正向市场放权,发挥社会力量作用,减少对微观事务的干预,激发经济社会发展活力……把更多精力集中到事关长远和全局的重大事项上来,提高政府管理科学化水平。"[2]李克强在2013年5月13日的国务院机构改革专题电视电话会上说,"转变政府职能,就是要解决好政府与市场、政府与社会的关系问题,通过简政放权,进一步发挥市场在资源配置中的基础性作用,激发市场主体的创造活力,增强经济发展的内生动力;就是要把政府工作重点转到创造良好发展环境、提供优质公共服务、维护社会公平正义上来"[3]。这就要求服务型政府必须按照社会主义市场经济的要求,通过深化行政审批制度改革,把"该放的权坚决放开放到位",把"该管的事必须坚决管住管好"。通过深化以行政审批制度改革为关键点和突破口的政府职能转变,就能真正

---

[1] 《李克强总理答中外记者问》,新华网,访问时间:2013年3月17日。
[2] 《李克强主持国务院常务会议,研究推进政府职能转变》,中国新闻网,访问时间:2013年3月18日。
[3] 参见《李克强在国务院机构职能转变动员电视电话会议上的讲话》,《人民日报》2013年5月15日。

地以效能政府的打造,一以贯之地推进中国特色的服务型政府建设。

5. 通过深入学习、实践党的群众路线、建设服务型执政党,推进服务型政府建设

全心全意为人民服务是党的根本宗旨,群众路线是党的生命线和根本工作路线。建设服务型政党,就是要深入开展党的群众路线教育实践活动。党的十八大报告提出,"要围绕保持党的先进性和纯洁性,在全党深入开展以为民务实清廉为主要内容的党的群众路线教育实践活动,着力解决人民群众反映强烈的突出问题,提高做好新形势下群众工作的能力"。党就是全心全意为人民服务的工具,最广大人民群众的根本利益是党一切工作的出发点和落脚点。因此,党和政府必须密切与人民群众的血肉联系,"发挥人民主人翁精神,坚持依法治国这个党领导人民治理国家的基本方略,最广泛地动员和组织人民依法管理国家和社会事务、管理经济和文化事业、积极投身社会主义现代化建设,更好保障人民权益,更好保证人民当家作主"。2013 年 3 月,新当选国家主席的习近平就提出,党和政府要让每一个中国人民"共同享有人生出彩的机会,共同享有梦想成真的机会,共同享有同祖国和时代一起成长与进步的机会"为此,作为践行"三个代表"和为人民服务工作的服务型政府,在依法行政和服务型管理中必须坚持"凡是涉及群众切身利益的决策都要充分听取群众意见,凡是损害群众利益的做法都要坚决防止和纠正"[①] 的"两个新'凡是'"精神,确保政府的公共权力只能用来为人民服务,并自觉接受人民群众的监督。按照十八大建设"学习型、服务型、创新型马克思主义执政党"的要求,只有通过"一切为了群众,一切依靠群众,从群众中来,到群众中去"为主要内容的群众路线教育,我们党才能在学习型执政党建设中,不断走向现代服务型执政党,一个现代服务型执政党领导下的政府,才会在依法行政、依法服务中走向现代服务型政府。

---

① 胡锦涛:《坚定不移沿着中国特色社会主义道路前进 为全面建成小康社会而奋斗——在中国共产党第十八次全国代表大会上的报告》,人民出版社 2012 年版,第 29 页。

第 三 章
我国公共服务体系的政策变迁与公共需求分析

一、我国公共服务体系政策变迁的阶段与特色[①]

中国公共服务体系变迁基本是沿着两条线索展开，其一是顺应市场经济发展进程中社会公共需求变化；其二是适应行政管理体制改革进程中政府职能的转变。在市场经济发展的不同阶段，公共需求的形式与结构在不断发生变化，这就使得政府、市场、社会在公共服务供给中的功能与作用也处于调整变化之中。政府作为基本公共服务的主要责任人，必须根据公共需求的变化与公共服务的供给状况及时转变职能，以弥补市场机制在公共服务领域的失灵，同时调动社会力量参与公共服务，确保最大限度满足人民群众不断增长的公共需求。

改革开放前，我国的公共服务体系主要以政府包揽、分级负责、平均分配为主，突出体现为计划经济特色的高度集中、统一计划的公共服务体系。公共服务体系也处于低水平和结构失衡状态，远远不能满足社会对公共服务的需求。

改革开放后，随着我国市场经济体制改革与行政管理体制改革的逐步推进，社会对公共服务的需求急剧增长，计划经济时期的公共服务体系和公共服务模式既不能满足公众需求，也不能适应市场经济发展的速度，公共服务

---

① 本部分内容为课题阶段性研究成果：姜晓萍、邓寒竹：《中国公共服务30年的制度变迁与发展趋势》，《四川大学学报》2009年第1期，第29—35页。

体系改革也成为历史的必然。从20世纪80年代中期开始，我国先后对科技、教育、卫生、社会保障等公共服务的重点领域进行改革，各级政府也在公共服务体系改革方面大胆探索，呈现出不同的阶段性特征。

（一）改革的酝酿、准备阶段（1978—1984年）

1978年12月，党的十一届三中全会召开，开启了我国经济体制改革开放的历史新篇。1984年中共十二届三中全会通过《中共中央关于经济体制改革的决定》，提出了社会主义经济是公有制基础上的有计划的商品经济的新概念，做出了加快以城市为重点的整个经济体制改革步伐的决定。伴随着经济体制改革的起步与发展，教育、文化、卫生等公共服务体制的改革也在酝酿和探索之中。针对改革开放之初公共服务严重短缺的社会现实，这一时期公共服务领域的主要任务是迅速恢复在"文革"期间被破坏的各种管理体制，为公共事业的恢复、发展提供制度保障，以提高各类公共事业机构的活力和效率。

1978年在恢复高等教育全国统一招生录取考试制度的基础上，国务院批转教育部《关于加强中小学教师队伍管理工作意见的通知》和《关于恢复和办好全国重点高等学校报告的通知》。1980年，中共中央、国务院发布《关于普及小学教育若干问题的决定》，对公共教育体制改革做出了初步的尝试。医疗卫生领域从公共卫生部门改革入手，1980年，国务院批转了卫生部《关于允许个体医生开业行医问题的请示报告》，为社会力量进入公共卫生领域打开了缺口。1982年颁布《中华人民共和国食品卫生法》，1984年颁布《中华人民共和国药品管理法》等，加强了公共卫生监管的制度化。

此阶段公共服务体系改革的主要特点：一是恢复和整顿已有的公共事业，建立相关制度，维护正常运转。二是局部允许个人或社会组织参与公共服务领域的有限供给，以缓解公共服务的资源短缺。三是公共服务部门的管理体制基本上还是停留在计划经济时代的政府包揽，分级承担。对于跨地区的公用事业项目，一般都是由中央各部委立项、出资建设并以中央计划单列的形式统一管理和运营。对于地区内或者省内项目，一般都是由地方立项、报批，然后由地方财政出资建立和管理及运营。

(二)改革的起步、探索阶段(1985—1992年)

随着改革开放的推进,各种体制性障碍日益凸显,迫切需要通过体制改革,消除经济持续发展的体制障碍。从1985年开始,中共中央、国务院先后启动了城市经济管理体制改革、农业管理体制改革、国营企业管理体制改革、商业管理体制改革、财政管理体制改革等。1987年党的第十三次全国代表大会提出了我国经济体制改革应围绕转变企业经营机制,分阶段地进行计划、投资、物资、财政、金融、外贸等方面体制的配套改革,加快建立和培育社会主义市场体系,逐步建立起有计划的商品经济新体制的基本框架。1988年国务院通过《深化经济体制改革的总体方案》,提出经济体制改革立足于解决当前经济运行中亟须解决的矛盾和问题,把经济体制改革同经济发展和政治体制改革紧密结合起来。

在大力推进经济体制改革的同时,行政管理体制改革与政治体制改革也提上议事日程。1986年5月,全国中等城市机构改革试点工作座谈会提出了中等城市机构改革要紧密结合经济体制和其他管理体制的改革,转变政府机构的管理职能和管理方式,理顺部门之间的关系,合理确定党政分工的改革设想。1987年4月,中共中央、国务院发出《关于制止机构、编制和干部队伍膨胀的通知》。1987年邓小平先后六次强调经济体制改革要与政治体制改革结合,指出:"现在经济体制改革每前进一步,都深深感到政治体制改革的必要性。不改革政治体制,就不能保障经济体制改革的成果,不能使经济体制改革继续前进。"[1] 1987年10月党的十二届七中全会讨论并原则同意《政治体制改革总体设想》,并决定将其主要内容写入十三大报告。[2]

上述改革举措不仅为公共服务体系改革营造了良好的环境,也对加快公共服务体制体系建设的步伐提出了迫切要求,同时也决定了这一时期改革的主要任务是:革除计划经济模式的公共服务组织体制、监管方式和运行机制,探索公共事业管理体制的改革途径,顺应我国全面体制改革的大趋势。

1985年5月,全国教育工作会议在北京召开,中共中央颁布《关于教

---

[1] 《邓小平文选(第三卷)》,人民出版社1993年版,第176页。
[2] 中共中央党史研究室编:《中国共产党新时期大事记》,中共党史出版社2002年版,第240页。

育体制改革的决定》。提出把发展基础教育的责任交给地方,有步骤地实行九年制义务教育;调整中等教育结构,大力发展职业技术教育;改革高等学校的招生计划和毕业生分配制度,扩大高等学校办学自主权等教育体制改革的措施。1986年颁发《中华人民共和国义务教育法》,对义务教育组织实施、筹资办法以及资金运用等做出具体规定。1987年,国家教委和财政部共同制定了《关于农村基础教育管理体制改革若干问题的意见》,确定了把发展义务教育的责任交给地方,实现地方负责、分级管理的基础教育管理体制。1987年7月国家教委发出《关于社会力量办学的若干暂行规定》,肯定社会力量办学是我国教育事业的组成部分,是国家办学的补充,标志着公共教育领域开始突破政府的全垄断。

为了缓解国有企业改革中社会保障问题突出的矛盾,1986年,国务院先后颁布了《关于认真执行改革劳动制度几个规定的通知》、《国营企业实行劳动合同制暂行规定》和《国营企业职工待业保险暂行规定》,不仅明确规定了合同制工人的退休养老实现社会统筹并由企业与个人分担缴纳保险费的义务,而且开启了中国失业保险制度的先河。1991年,国务院颁布《关于企业职工养老保险制度改革的决定》,标志着我国传统的国家—单位保障制开始向国家—社会保障制转型,我国劳动社会保障制度伴随着国有企业的改革进入制度重构与制度创新时期。

为了缓解医疗资源供给不足的矛盾,1985年,国务院批转了卫生部《关于卫生工作若干政策问题的报告》,提出必须进行卫生工作体制的改革,放宽政策,简政放权,多方集资,开阔发展卫生事业的路子,并就发展全民所有制卫生机构、扩大全民所有制卫生机构的自主权、积极发展集体卫生机构、支持个体开业行医、农村村一级卫生机构的设置、搞好农村医疗卫生工作的改革、改革医疗收费制度等问题进行了说明。1989年,国务院又批准《关于扩大医疗卫生服务有关问题的意见》,对推行各种形式的承包责任制、允许有条件的单位和医疗卫生人员从事有偿业余服务、改革医疗卫生服务的收费标准等进行确认,旨在整合医疗卫生资源,扩大卫生服务供给,搞活卫生机构内部的运行机制。

此阶段公共服务体系改革的特点:一是重视配套改革,既重视与经济体制改革、行政管理体制改革、政治体制改革相适应,又重视公共事业各部门改革的配套与呼应。二是打破政府包揽体制，允许多种所有制并存，局部允许社会资金参与公共品的生产和供给，以解决公共服务资源短缺。三是推进承包责任制，引入竞争机制。四是改革管理方式，放松管制，扩大经营自主权，激活内部运行机制。

（三）改革的渐进发展阶段（1992—2003年）

1992年，在经历了对改革开放的犹豫与争论后，邓小平的南巡讲话，坚定了我国把改革开放的步子迈得更大、更快的信心。10月，党的第十四次全国代表大会正式明确了我国经济体制改革的目标是建立社会主义市场经济。1993年11月，中共十四届三中全通过《中共中央关于建立社会主义市场经济体制若干问题的决定》，明确了新时期改革开放的主要任务。12月，国务院做出《关于实行分税制财政管理体制的决定》，确定从1994年1月1日起改革现行地方财政包干体制，对各省、自治区、直辖市以及计划单列市实行分税制财政管理体制。1998年10月，中共十五届三中全会通过《中共中央关于农业和农村工作若干重大问题的决定》，提出了建设有中国特色社会主义新农村的奋斗目标，并对农村体制改革的若干问题做了重要部署。

为了建立适应社会主义市场经济的行政管理体制，1993年3月，中共十四届二中全会通过了《关于党政机构改革的方案》，确定改革的重点是按照社会主义市场经济的要求，实行政企分开，转变政府职能。经过机构改革，国务院工作部门从86个减少到59个，人员编制减少20%。1998年，再次启动国务院机构改革，重点是调整和撤销那些直接管理经济的专业部门，加强宏观调控和执法监管部门，使国务院部、委从40个减少到29个。1999年1月，国务院又制定了《关于地方政府机构改革的意见》，正式启动地方政府机构改革，市、县一级机构基本上按20%进行了精简。

上述经济体制改革与行政管理体制改革的推进，对公共服务体系改革提出了新的要求：如何建立适应社会主义市场经济体制的教育、卫生体制，及时解决建立现代企业制度进程中国营企业下岗工人的社会保障问题，城市居民生活保障问题，分税制后中央与地方的公共服务职责问题，市场化进程中公共事业单位的改革与发展问题等，成为这一时期公共服务体制改革的主要任务。

1992年，党的十四大报告提出了科教兴国战略，确立了重点依靠科技进步与教育发展推动经济、社会发展的思路。1993年2月，中共中央、国务院印发了《中国教育改革和发展纲要》，全面提出了办学体制、管理体制、投资体制、招生就业体制、学校内部管理体制等方面的改革目标。1994年，国务院下发了《关于〈中国教育改革和发展纲要〉的实施意见》，对我国教育体制改革的途径与措施做了具体部署。初步形成基础教育以地方政府办学为主，高等教育以中央、省（自治区、直辖市）两级政府办学为主、社会各界参与办学，职业技术教育和成人教育主要依靠行业、企业、事业单位和社会各方面联合办学的格局。在教育投资体制方面，针对我国所有制结构与经济发展模式日趋多元化与单一教育投资体制的矛盾，在增加财政预算内教育拨款的基础上，开始尝试征收用于教育的税费、收取非义务教育阶段学生的学杂费、校办产业收入、社会捐资集资、设立教育基金等多渠道的教育经费筹措体制。1995年颁布的《中华人民共和国教育法》，明确了"国家建立财政拨款为主，其他多渠道筹措教育经费为辅的体制"。1994年、1996年，国家教委两次召开推动高等教育体制改革专题座谈会，提出了"共建、调整、合作、合并"的八字方针，开始了教育部门和地方共建高等学校、高等学校间合作办学、合并高等学校、中央部委院校化转地方政府管理等多种高等学校办学模式的改革探索。1997年，全国所有普通高等学校基本实现了招生并轨与收费并轨，从此改变了我国长期形成的国家包办不收费观念，为高等学校快速发展奠定了重要的经济基础，同时也给学生和家长增加了压力。1999年，国务院正式批准教育部制定的《面向21世纪教育振兴行政计划》，对新世纪全面深化教育体制改革提出了指导性的行动方案，同年6月，中共中央、国务院又颁发了《关于深化教育改革全面推进素质教育的决定》，把实施素质教育作为教育改革的目标和构建中国特色社会主义教育体系、实现科教兴国战略的重要举措。[①]

　　随着市场经济体制改革的推进与现代企业制度的建立，我国社会保障体制改革也进入了加快发展时期。1993年，中共十四届三中全会《关于建立社会主义市场经济体制若干问题的决定》中提出了"建立多层次的社会保

---

① 部分资料参考顾海良：《教育体制改革攻坚》，中国水利出版社2006年版，第14—27页。

障体系"新要求,明确了促进社会保障社会化的改革思路,开始加快推进城镇医疗保险、养老保险制度、就业制度、最低生活保障制度等方面的改革。1994年4月,国家体改委、财政部、劳动部、卫生部联合发布《关于职工医疗制度改革的试点意见》,1998年,颁发了《关于建立城镇职工基本医疗保险制度的决定》,1999年,又发布了相关配套文件六个,基本形成了我国医疗保险管理体系。1995年3月,国务院发布《关于深化企业职工养老保险制度改革的通知》,1997年,又发布了《关于建立统一的企业职工基本养老保险制度的决定》,基本建立了个人账户与社会统筹账户相结合的转型期城镇养老保险体系,并初步实现了基本养老保险制度的省级统筹。至1998年年底,全国约有29个省、自治区、直辖市实行了省级统筹,或建立了省级养老保险基金调剂机制。与此同时,城镇职工的再就业和最低生活保障问题也受到国家的高度关注,1997年,颁布了《关于在全国建立城市居民最低生活保障制度的通知》,1998年,发布《关于切实做好国有企业下岗职工基本生活保障和再就业工作的通知》,1999年,通过《城镇居民最低生活保障条例》,2000年,发布《关于完善城镇社会保障体系的试点方案》。[①] 这一系列政策法规的出台,表明这一时期我国社会保障体制改革的方向是围绕服务市场经济体制改革需求和国有企业改革中出现的问题,探索社会保障的多元化供给模式,逐步建立独立于企事业单位之外的社会保障体系,推进社会保障发展的社会化进程。

这一时期的医疗卫生体制改革同样是围绕国有企业改革展开。1992年9月,国务院下发《关于深化卫生改革的几点意见》,开启了我国医疗卫生体制改革的市场化进程。1997年初,中共中央、国务院做出《关于卫生改革与发展的决定》,对医疗保险制度改革、卫生管理体制改革、城市卫生服务体系改革、卫生机构运行机制改革、药品流通体制改革等做了部署。2000年,国务院公布《关于城镇医疗卫生体制改革的指导意见》,加快了医疗卫生体制改革的市场化进程,扩大了基本医疗保险制度覆盖面,并逐步开始取代旧有的公费医疗和劳保医疗制度;卫生行政部门加快政事分开,实行医疗

---

① 劳动和社会保障部、中共中央文献研究室编:《新时期劳动和社会保障重要文献选编》,中国劳动社会保障出版社、中央文献出版社2002年版。

机构分类管理；公立医疗机构内部引入竞争机制，社会上的各种医疗机构面向市场，规范运营；改革药品流通体制，实行医药分家。然而，由于既有利益格局难以打破，现实的选择扭曲了改革初衷，不仅"看病难"未能有效缓解，"看病贵"引发的社会问题也日益凸现。针对上述情况，2002年，党中央、国务院做出《关于进一步加强农村卫生工作的决定》，重新提出推进和加强新型农村合作医疗制度和农村卫生服务体系建设，加快农村卫生发展，预示着农村公共卫生服务体系的缺失已引发了对我国公共卫生体制改革走向的反思。

此阶段公共服务体系改革的特点：一是改革目标以建立适应社会主义市场经济体制的公共服务体系为核心，重点解决建立市场经济体制与现代企业制度进程中凸现的城镇公共服务短缺问题，农村公共服务问题被边缘化。二是受市场经济发展的影响，开始推进公共服务供给的社会化和市场化，尝试建立政府、企业、社会、个人的分担机制。三是在转变政府职能和推进行政机构改革的同时，伴随着公共服务的市场化与社会化，开始进行事业单位的转制改组，逐步推进事业单位改革。四是与分税制财政管理体制改革配套，实行公共服务责任的重心下移，加大了地方政府的公共服务供给责任。

（四）改革的快速发展阶段（2003—2008年）

21世纪初，随着我国社会主义市场经济体制的初步建立和加入世贸组织，我国经济、社会发展进入新的战略调整期。党的十六大以来，以胡锦涛为总书记的党的新一届领导班子及时抓住了新时期我国经济社会发展面临的主要矛盾，一方面坚持科学发展，统筹兼顾，解决经济快速增长与发展结构失衡、资源环境问题突出的矛盾；另一方面大力发展社会事业，完善公共服务体系，建设服务型政府，解决公共需求快速增长与政府公共服务供给严重不足的矛盾。2003年10月，中共十六届三中全会通过《关于进一步深化经济体制改革若干问题的决定》，提出了"科学发展观"和完善社会主义市场经济体制的目标和任务，并且把加强政府社会管理和公共服务职能、推进就业和分配体制改革、完善社会保障体系、深化教育体制改革、构建现代国民教育体系和终身教育体系等作为完善社会主义市场经济体制的有力保障。2006年，中共十六届六中全会通过《关于构建社会主义和谐社会的决定》，把逐步实现基本公共服务均等化等作为构建社会主义和谐社会的重要目标和基本任务。2007年，党的十七大报告对加快推进以改善民生为重点的社会建设做了具体的战略规划，优化公共资源配置，注重向农村、基层、欠发达地区倾斜，逐步形成惠及全民的基本公共服务体系以及创新公共服务体制，改进公共服务方式，加强公共设施建设等主要任务。

党在新世纪的执政理念与目标加快了政府转型的迫切性。2005年3月，十届全国人大三次会议《政府工作报告》明确提出努力建设服务型政府的目标，要求各级政府在继续抓好经济调节、市场监管的同时，更加注重社会管理和公共服务，把财力物力等公共资源更多地向社会管理和公共服务倾斜。2006年10月，中共十六届六中全会把建设服务型政府作为构建和谐社会的重要内容，提出深化行政管理体制改革，优化机构设置，更加注重履行社会管理和公共服务职能。2007年10月，党的十七大报告提出了加快行政管理体制改革、建设服务型政府的要求，把服务型政府建设作为社会主义民主政治建设的重要举措，标志着建设服务型政府已成为新世纪中国行政管理体制改革的目标。

构建社会主义和谐社会的目标对新时期公共服务体系改革提出了新要求，建设服务型政府必须以完善公共服务体系、建立人人共享的基本公共服务为核心。本阶段公共服务体制改革的主要任务是：切实转变政府职能，探索公共服务的多元主体协同机制；调整公共支出结构，改革公共财政体制，加大对农村公共服务的投入，建立城乡均衡的基本公共服务体系；推进事业单位分类改革，大力发展社会事业，提高公共服务质量，建立惠及全民的基本公共服务体系。

20世纪90年代的教育体制改革推进了教育投资由国家统管的集中体制向地方分担、社会参与的多元体制转变，调动了地方政府和社会办学的积极性，有利于教育资源的整合，扩大了教育规模，促进了教育事业大发展。然而，分级办学体制中基层政府的过重负担，使得基础教育在城乡之间、区域之间的发展失衡，尤其是在农村"税费改革"以后，乡镇政府统筹义务教育资源的能力大大削弱，农村基础教育的供给严重不足，教育公平问题成为转型期影响社会和谐的焦点。2001年，国务院发布《关于基础教育改革与发展的决定》，提出农村义务教育实现国务院领导、地方政府负责、分级管理、以县为主的管理体制，在一定程度上避免了乡镇政府负担过重，投入不足的矛盾。2002年国务院发布《关于完善农村义务教育管理体制的通知》，2003年9月，国务院颁布《关于进一步加强农村教育工作的决定》，强调落实"以县为主"的农村义务教育管理体制。2004年2月，国务院批转教育部《2003—2007年教育振兴行动计划》，提出了重点推进农村教育发展与改革的目标，并具体落实到以下措施：努力提高普及九年义务教育的水平和质量；深化农村教育改革，发展农村职业教育和成人教育，推进"三教统筹"和"农科教结合"；落实"以县为主"的农村义务教育管理体制，加大投入，完善保障机制；建立和健全助学制度，扶持农村家庭经济困难学生接受义务教育等。同时对重点推进高水平大学和重点学科建设，实施"新世纪素质教育工程""职业教育与培训创新工程""高等学校教学质量与教学改革工程""促进毕业生就业工程""教育信息化建设工程"，加强制度创新和依法治教，改革和完善教育投入体制构建等做了部署。2005年5月，教育部公布《关于进一步推进义务教育均衡发展的若干意见》，要求各级教育行政部门采取有力措施，有效遏制城乡之间、地区之间和校际之间的教育差距，以区域化推进为重点，优先解决好县域内义务教育均衡发展的问题。12月，国务院下发《关于深化农村义务教育经费保障机制改革的通知》，决定从2006年开始西部地区农村义务教育阶段小学生全部免除学杂费，2007年，中部地区和东部地区农村义务教育阶段小学生全面免除学杂费，开始把农村义务教育全面纳入公共财政保障范围。2006年3月，《中华人民共和国国民经济和社会发展第十一个五年规划纲要》提出了"十一五"期间我国优先发展教育的任务是：普及和巩固义务教育，大力发展职业教育，提高高等教育质量，加大教育投入，深化教育体制改革。6月，修订《义务教育法》，推进义务教育均衡发展的法定化，10月又在中央关于《构建社会主义和谐社会若干重大问题决定》中提出了坚持教育优先发展、促进教育公平的原则。这一系列以发展农村义务教育、促进基础教育均衡发展为核心的公共政策，推动了我国义务教育的快速发展。2006年全国小学净入学率达到99.3%，比2001年上升0.3个百分点。初中阶段教育毛入学率达到97.0%，比2001年提高8.3个百分点，农村义务教育面临的各种困难有所缓解。

实现小康目标、构建和谐社会对新世纪的就业和社会保障工作提出了更高的要求。2003年3月，十届全国人大一次会议《政府工作报告》强调坚持"劳动者自主择业、市场调节就业、政府促进就业"的方针，要求进一步完善城镇企业职工基本养老、医疗保险制度，继续扩大各项社会保险覆盖面，稳步推进国有企业下岗职工基本生活保障向失业保险并轨，搞好农村新型合作医疗制度试点工作。2005年11月，国务院发出《关于进一步加强就业再就业工作的通知》，要求在重点解决好体制转轨遗留的再就业问题的同时，努力做好城镇新增劳动力就业和农村富余劳动力转移就业工作，有步骤地统筹城乡就业和提高劳动者素质。并就以下事业提出具体政策措施：进一步完善和落实再就业政策，促进下岗失业人员再就业；促进城乡统筹就业，改进就业公共服务，强化职业培训；进一步完善社会保障制度，建立与促进就业的联动机制等。12月，国务院做出《关于完善企业职工基本养老保险制度的决定》，要求各级政府要确保基本养老金按时足额发放，保障离退休人员基本生活；逐步做实个人账户，完善社会统筹与个人账户相结合的基本制度；统一城镇个体工商户和灵活就业人员参保缴费政策，扩大覆盖范围；改革基本养老金计发办法，建立参保缴费的激励约束机制；根据经济发展水平和各方面承受能力，合理确定基本养老金水平；建立多层次养老保险体系，划清中央与地方、政府与企业及个人的责任；加强基本养老保险基金征缴和监管，完善多渠道筹资机制等。2007年6月，十届全国人大常委会第二十八次会议通过《中华人民共和国劳动合同法》，通过劳动合同的订立、履行、解除、终止等法律规定，为劳动者实现和保障自身的权益提供了依据，推动了我国劳动和社会保障法制建设。2007年7月，国务院发出《关于在全国建立农村最低生活保障制度的通知》，要求将符合条件的农村贫困人口全部纳入保障范围，以稳定、持久、有效地解决全国农村贫困人口的温饱问题。

2003年的SARS危机暴露了我国公共卫生供给的不足，引发了政府和社会对我国卫生体制改革的反思。医疗卫生体制改革进程中出现的供给模式商业化、市场化倾向违背了医疗卫生事业的基本规律，影响了公共卫生服务的公平性和卫生投入的宏观效率。2003年5月，国务院颁布《突发公共卫生事件应急条例》，开启了公共卫生应急管理的法制化进程。10月，在中共十六届三中全会《完善社会主义市场经济体制的决定》中，提出了深化公共卫生体制改革，强化政府公共卫生管理职能，建立与社会主义市场经济体制相适应的卫生医疗体系，提高公共卫生服务水平和突发性公共卫生事件应急能力，加快城镇医疗卫生体制改革，改善乡村卫生医疗条件，积极建立新型农村合作医疗制度等任务。2006年9月，国务院出台《农村卫生服务体系建设与发展规划》，把建立稳定的农村卫生投入保障机制、深化农村卫生管理体制改革、建立和完善新型农村合作医疗制度和医疗救助制度、加强农村卫生服务队伍建设、加强农村医疗卫生机构管理等作为完善农村公共卫生体系的主要任务。至2006年9月，全国已有1433个县（市、区）开展了新型农村合作医疗试点，4.06亿农民参加，占全国农业人口的45.8%。2006年2月，国务院发出《关于发展城市社区卫生服务的指导意见》，将发展社区卫生服务作为深化城市医疗卫生体制改革、有效解决城市居民看病难、看病贵问题的重要举措，作为构建新型城市卫生服务体系的基础。至2006年11月，全国97.4%的地级以上城市和92.8%的市辖区开展了城市社区卫生服务。2007年7月，国务院印发《关于开展城镇居民基本医疗保险试点的指导意见》，开始在部分城市试行将不属于城镇职工基本医疗保险制度覆盖范围的中小学阶段的学生（包括职业高中、中专、技校学生）、少年儿童和其他非从业城镇居民都纳入城镇居民基本医疗保险，以探索和完善城镇居民基本医疗保险的政策体系，形成合理的筹资机制、健全的管理体制和规范的运行机制，逐步建立以大病统筹为主的城镇居民基本医疗保险制度。

此阶段公共服务体系改革的特点：一是围绕实现小康目标，构建和谐社会的新世纪新任务，以建设服务型政府为目标，完善公共服务体系，重点解决公共需求快速增长与政府公共服务供给不足、城乡基本公共服务供给失衡的矛盾。二是在推进公共服务供给的社会化和市场化进程中，一方面开始反思基本公共服务供给中的政府缺失，强化政府在基本公共服务供给中的责任与能力；另一方面也重视发挥市场和社会在准公共品供给中的作用，探索公共服务的多元主体协同机制。三是注意调整公共支出结构，加大了对农村公共服务的投入，着力建设农村公共服务体系，推进城乡公共服务的均衡化。四是坚持科学发展观，加快推进以改善民生为重点的社会建设和事业单位分类改革，努力建设人人共享的基本公共服务体系，促进社会的公平正义。

(五) 改革的内涵提升阶段 (2008—2013 年)

2008 年,我国社会主义市场经济建设取得了辉煌成就,但发展方式的结构性失衡引发了国家对转变经济发展方式的政策调整,尤其认识到了发展方式转变能否成功,关键还要突破体制障碍。2 月 23 日,中共十七届中央政治局第四次集体学习以"国外政府服务体系建设和我国建设服务型政府"为专题,胡锦涛总书记在会议上强调,建设服务型政府是坚持党的全心全意为人民服务宗旨的根本要求,是深入贯彻落实科学发展观、构建社会主义和谐社会的必然要求。要增强建设服务型政府的紧迫感和责任感,要加强对建设服务型政府的实践探索和理论研究,认真借鉴国外有益做法,促进服务型政府建设。要在经济发展的基础上,不断扩大公共服务,逐步形成惠及全民、公平公正、水平适度、可持续发展的公共服务体系。2 月 27 日,中共十七届二中全会召开,通过了《关于深化行政管理体制改革的意见》和《国务院机构改革方案》,提出了要"着力保障和改善民生,认真落实优先发展教育的政策措施,大力实施扩大就业的发展战略,加快建立覆盖城乡居民的社会保障体系,建立基本医疗卫生制度,大力发展公共文化服务体系,不断朝着努力使全体人民学有所教、劳有所得、病有所医、老有所养、住有所居的目标前进"[①] 的公共服务体系发展思路。3 月 15 日,温家宝总理在十一届全国人民代表大会第三次会议《政府工作报告》中指出:"要努力建设人民满意的服务型政府。"要以转变职能为核心,深化行政管理体制改革,大力推进服务型政府建设,努力为各类市场主体创造公平的发展环境,为人民群众提供良好的公共服务,维护社会公平正义;要全面正确履行政府职能,更加重视公共服务和社会管理;加快健全覆盖全民的公共服务体系,全面增强基本公共服务能力。

2010 年 10 月 15 日至 18 日中共十七届五中全会审议通过《中共中央关于制定国民经济和社会发展第十二个五年规划的建议》。会议强调,"十二

[①] 《中国共产党第十七届中央委员会第二次全体会议公报》,http://cpc.people.com.cn/GB/64093/64094/6932588.html,访问时间:2008 年 2 月 27 日。

五"时期要加快服务型政府建设，着力保障和改善民生，逐步完善符合国情、比较完整、覆盖城乡、可持续的基本公共服务体系，提高政府保障能力，促进基本公共服务均等化。2012年5月16日，温家宝总理主持召开国务院常务会议，讨论通过《国家基本公共服务体系"十二五"规划》。明确了"十二五"时期基本公共服务的范围、项目、重点任务和国家基本标准。规划分析了"十二五"时期我国完善基本公共服务体系的现实需求与可行性，认为我国发展仍处于可以大有作为的重要战略机遇期，也是加快构建基本公共服务体系的关键时期。从需求看，工业化、信息化、城镇化、市场化、国际化深入发展，城乡居民收入水平不断提高，消费结构加快转型升级，各类公共服务需求日趋旺盛。从供给看，经济继续保持平稳较快发展，财政收入不断增加，基本公共服务财政保障能力进一步加强。从体制环境看，有利于科学发展的体制机制加快建立，教育、卫生、文化等社会事业改革深入推进，建立健全基本公共服务体系的体制条件不断完善。要牢牢抓住难得的历史机遇，顺应各族人民过上更好生活新期待，努力提升基本公共服务水平和均等化程度，推动经济社会协调发展，为全面建成小康社会夯实基础。①

根据党和国家对建设服务型政府与完善公共服务体系的战略导向，中央和地方政府围绕基本公共服务体系的建设出台了一系列具体的文件推进战略。2010年党中央、国务院联合制定并印发了《国家中长期教育改革和发展规划纲要（2010—2020年）》，这是21世纪我国第一个中长期教育改革和发展规划，是今后一个时期指导全国教育改革和发展的纲领性文件；2010年中共中央政治局召开会议，强调，要把促进公平作为国家基本教育政策，建成覆盖城乡的基本公共教育服务体系，合理配置公共教育资源，向农村地区、边远贫困地区、民族地区倾斜，努力办好每一所学校，教好每一个学生，保障公民依法享有受教育的权利；2012年国务院依据上述规划编制了《国家教育事业发展第十二个五年规划》，提出"基本建立覆盖城乡的基本公共教育服务体系"的发展目标；2012年9月国务院公布实施《国务院关

---

① 《国家基本公共服务体系"十二五"规划》，《光明日报》2012年7月20日。

于深入推进义务教育均衡发展的意见》。①

为建立中国特色医药卫生体制,逐步实现人人享有基本医疗卫生服务的目标,提高全民健康水平,2009年7月国务院公布实施《食品安全法实施条例》;2009年党中央、国务院联合制定并印发了《中共中央国务院关于深化医药卫生体制改革的意见》(中发〔2009〕6号);2012年国务院颁布了《国务院关于印发"十二五"期间深化医药卫生体制改革规划暨实施方案的通知》(国发〔2012〕11号),明确了2012—2015年医药卫生体制改革的阶段目标、改革重点和主要任务,是未来四年深化医药卫生体制改革的指导性文件;2010年国务院依据上述两个文件编制了《卫生事业发展"十二五"规划》,提出,到2015年,要建立健全我国公共卫生与医疗服务体系,促进城乡居民享有均等化的基本公共卫生与医疗服务;2010年12月与2011年7月,国务院办公厅先后公布《关于建立健全基层医疗卫生机构补偿机制的意见》与《关于进一步加强乡村医生队伍建设的指导意见》,推进公共医疗卫生资源均衡化发展;2012年3月国务院公布印发《"十二五"期间深化医药卫生体制改革规划暨实施方案》。②

为实现人民生活水平全面提高,加强社会建设,保障和改善就业和社会保障公共服务,2008年9月,国务院公布《中华人民共和国劳动合同法实施条例》;2010年国家颁布了《国家中长期人才发展规划纲要(2010—2020)》,这是我国第一个中长期人才发展规划,是当前和今后一个时期全国人才工作的指导性文件,明确了我国人才发展的指导方针,并提出2020年的总体目标,提出了人才队伍建设的主要任务,制定了人才发展领域10项重大政策,开展12项重大人才工程;2010年10月28日,十一届全国人大常委会第十七次会议审议通过《社会保险法》,这是我国第一部社会保障制度的综合性法律;2011年国家颁布了《人力资源和社会保障事业发展"十二五"规划纲要》,提出"努力实现充分就业、基本实现人人享有社会保险"的发展目标;同时还制定并印发了《人力资源和社会保障标准化规

---

① 资料来源:根据2008—2013年国务院《政府工作报告》及教育部网站"公报公告"(http://www.moe.gov.cn/publicfiles/business/htmlfiles/moe/moe_0/index.html)的相关信息整理。

② 资料来源:根据2008—2013年国务院《政府工作报告》及国家卫生和计划生育委员会网站"卫生计生统计"(http://www.moh.gov.cn/zwgkzt/pwstj/list.shtml)的相关信息整理。

划（2011—2015 年）》，阐明了"十二五"时期人力资源和社会保障标准化工作的指导思想、基本原则、总体目标、主要任务、保障措施等，全面指导未来五年人力资源和社会保障标准化工作，加快构建人力资源、社会保险等业务领域的专项标准体系框架；2012 年 12 月 28 日，全国人大常委会发布《关于修改〈中华人民共和国劳动合同法〉的决定》；2012 年 4 月 28 日，国务院公布《女职工劳动保护特别规定》。①

此阶段公共服务体系改革的特点：一是公共服务体系改革更加注重"顶层设计"，国家通过制定中长期教育、人才发展规划纲要，编制教育、医疗、就业、社保"十二五"专项规划，尤其是 2012 年颁布的《国家基本公共服务体系"十二五"规划》，首次从公共服务的体制机制上进行框架性设计，使得公共服务体系建设更为全面和系统。二是公共服务体制体系更加重视"标准化"和"制度化"，2012 年颁布的《国家基本公共服务体系"十二五"规划》首次形成和确立基本公共服务体系国家层面基本标准，初步明晰了教育、医疗、就业、社保等基本公共服务领域的具体服务项目、服务对象、保障标准、支出责任及覆盖水平，为各级地方政府制定当地公共服务体系标准提供了依据。三是公共服务体系改革真正开始融入市场和社会、国内和国外多方力量，通过公共服务供给模式创新，随着党和政府对民生工作、社会建设事业的愈加重视和大力扶持，公共服务领域内包括公民个人、基层社区（村）、政府、企业和第三部门之间产生的多元协同共治提高了公共服务的效率和质量，同时降低了公共服务成本。四是公共服务体系改革开始以均等化为目标，公共服务的公平问题受到重视。五年来国家加大了对农村和中、西部地区公共服务体系建设的投入，部分地方政府在统筹城乡一体化战略布局中打破城镇和农村、行政区划间的壁垒，通过新型城镇及社区建设等举措将以前未被纳入基本公共服务体系的弱势群体，如农民工群体的就业、教育、医疗、社保统筹供给，已初步实现人人享受均等化基本公共服务的目标，可以预见，这将成为下一阶段我国深化推进基本公共服务体系均衡化发展的主要方向。

---

① 资料来源：根据 2008—2013 年国务院《政府工作报告》及人力资源和社会保障部网站"数字人社"（http：//www.mohrss.gov.cn/SYrlzyhshbzb/zwgk/szrs/）的相关信息整理。

二、我国公共服务体系发展的主要成就

随着我国公共服务体系改革的推进，我国社会事业发展的制度环境逐步优化，适应社会主义市场经济的公共服务体系逐步建立，尤其是2007年党的十七大以来，服务型政府建设和完善公共服务体系的步伐明显加快，成效卓著。

（一）形成了"以人为本"的公共服务理念，明确了新世纪公共服务体系的发展目标

以人为本，是科学发展观的核心。党的十七大提出："要始终把实现好、维护好、发展好最广大人民的根本利益作为党和国家一切工作的出发点和落脚点，尊重人民主体地位，发挥人民首创精神，保障人民各项权益，走共同富裕道路，促进人的全面发展，做到发展为了人民、发展依靠人民、发展成果由人民共享。"十八大提出"在改善民生和创新管理中加强社会建设"，"使发展成果更多更公平惠及全体人民"，这无疑是对"以人为本"本质内涵的科学阐释。在构建公共服务体系中坚持以人为本理念，就是要坚持以维护人民群众的利益为根本，通过保障和改善民生，构建满足人基本生存和发展的底线。具体体现为：其一，构建公共服务体系的宗旨是为了维护和实现人民群众的社会福利权；其二，公共服务体系的构建必须以满足人民群众的公共服务需求为前提；其三，公共服务体系的内容以保障人民群众基本生存和发展权的教育、就业、社会保障、医疗卫生、住房保障、文化体育等基本公共服务为主；其四，公共服务的供给过程中要高度重视公民参与；其五，公共服务的绩效评估要以群众的满意度为基础。真正形成"尊重民意、维护民权、依靠民力、让群众满意"的公共服务体系。

我国公共服务体系发展的目标与国家经济社会发展的重大战略安排同步。改革开放之初，公共服务体系的目标服从于建立社会主义市场经济体制的时代要求，重在恢复和提高公共服务供给的效率，解决建立社会主义市场经济体制进程中出现的城市公共服务短缺问题。"十一五"期间，构建社会主义和谐社会的战略目标，决定了我国公共服务的发展目标是：实现基本人权，建立人人共享的基本公共服务体系；改善公共服务绩效，最大限度满足

人民群众不断增长的公共需求；促进城乡公共服务的均衡化，解决影响社会和谐的城乡差距与贫富分化问题。①"十二五"期间，国家把坚持保障和改善民生作为转变经济发展方式的出发点和归着点。"十二五"规划纲要第八篇"改善民生，建立健全基本公共服务体系"明确提出"坚持民生优先，完善就业、收入分配、社会保障、医疗卫生、住房等保障和改善民生的制度安排，推进基本公共服务均等化，努力使发展成果惠及全体人民"②的发展目标，并从建立健全基本公共服务体系、创新公共服务供给方式、提升基本公共服务水平三方面提出了各项基本公共服务的具体目标要求。

2012年，党的十八大报告提出必须从维护最广大人民根本利益的高度，加快健全基本公共服务体系，形成政府主导、覆盖城乡、可持续的基本公共服务体系。并且要从努力办好人民满意的教育、推动实现更高质量的就业、千方百计增加居民收入、统筹推进城乡社会保障体系建设、提高人民健康水平等方面提出了新时期公共服务体系的发展目标。2012年7月颁布的《国家基本公共服务体系"十二五"规划》从国家公共服务体系顶层设计的角度提出了我国公共服务体系的主要目标和专项目标。

主要目标是：今后一个时期，要把建立健全基本公共服务体系作为完善保障和改善民生制度安排、加快构建再分配调节机制的重大任务，并与全面建设小康社会战略目标和任务紧密衔接，基本实现：

——供给有效扩大。政府投入大幅增加，基本公共服务预算支出占财政支出比重逐步提高。基本公共服务国家标准体系和标准动态调整机制逐步健全，各项制度实现全覆盖。创新公共服务供给方式，实现提供主体和提供方式多元化。

——发展较为均衡。资源布局更趋合理，优质资源共享机制加快建立，县（市、区）域内基本公共服务均衡发展基本实现，农村和老少边穷地区基本公共服务水平明显提高。

——服务方便可及。以基层为重点的基本公共服务网络全面建立，设施

---

① 本部分内容为课题阶段性成果：姜晓萍：《中国公共服务体制改革30年》，《中国行政管理》2008年12期，第28—32页。

② 《中华人民共和国国民经济和社会发展第十二个五年规划纲要》，http：//news.xinhuanet.com/politics/2011-03/16/c_121193916.htm，访问时间：2011年3月16日。

标准化和服务规范化、专业化、信息化水平明显提高,城乡居民能够就近获得基本公共服务。

——群众比较满意。城乡居民基本公共服务需求表达机制有效建立,服务成本个人负担比率合理下降,绩效评价和行政问责制度比较健全,社会满意度不断提高。经过努力,"十二五"时期,覆盖城乡居民的基本公共服务体系逐步完善,推进基本公共服务均等化取得明显进展;到2020年实现全面建设小康社会奋斗目标时,基本公共服务体系比较健全,城乡区域间基本公共服务差距明显缩小,争取基本实现基本公共服务均等化。[①]

在此基础上,《国家基本公共服务体系"十二五"规划》又分别从基本公共教育、劳动就业服务、社会保险、基本社会服务、基本医疗卫生、人口和计划生育、基本住房保障、公共文化体育、残疾人基本公共服务共九个方面制定了专项发展目标。如表3-1所示:

表3-1 "十二五"时期基本公共服务专项指标

01	公共教育
	①九年义务教育免费,农村义务教育阶段寄宿制学校免住宿费,并为经济困难家庭寄宿生提供生活补助;②对农村学生、城镇经济困难家庭学生和涉农专业学生实行中等职业教育免费;③为经济困难家庭儿童、孤儿和残疾人儿童接受学前教育提供补助。
02	就业服务
	①为城乡劳动者免费提供就业信息、就业咨询、职业介绍和劳动调解仲裁;②为失业人员、农民工、残疾人、新成长劳动力免费提供基本职业技能培训;③为就业困难人员和零就业家庭提供就业援助。
03	社会保障
	①城镇职工和居民享有基本养老保险,农村居民享有新型农村社会养老保险;②城镇职工和居民享有基本医疗保险,农村居民享有新型农村合作医疗;③城镇职工享有失业保险、工伤保险、生育保险;④为城乡困难群体提供最低生活保障,医疗救助、殡葬救助等服务;⑤为孤儿、残疾人、五保户、高龄老人等特殊群体提供福利服务。

① 《国务院关于印发国家基本公共服务体系"十二五"规划的通知》,2012年7月30日。

续表

04	医疗卫生
	①免费提供居民健康档案、预防接种、传染病防治、儿童保健、孕产妇保健、老年人保健、健康教育、高血压等慢性病管理，重性精神疾病管理等基本公共卫生服务；②实施艾滋病防治、肺结核防治、农村妇女孕前和孕早期补服叶酸、农村妇女住院分娩补助、农村妇女宫颈癌乳腺癌检查、贫困人群白内障复明等重大公共卫生服务专项；③实施国家基本药物制度，基本药物均纳入基本医疗保障药物报销目录。
05	人口计生
	①提供免费避孕药具、孕前优生健康检查、生殖健康技术和宣传教育等计划生育服务；②免费为符合条件的育龄群众提供再生育技术服务。
06	住房保障
	①为城镇低收入住房困难家庭提供廉租住房；②为城镇中等偏下收入住房困难家庭提供公共租赁房屋。
07	公共文化
	①基层公共文化、体育设施免费开放；②农村广播电视全覆盖，为农村免费提供电影放映、送书送报送戏等公益性文化服务。
08	基础设施
	①行政村通公路和客运班车，城市建成区公共交通全覆盖；②行政村通电，无电地区人口全部用上电；③邮政服务做到乡乡设所、村村通邮。
09	环境保护
	①县县具备污水、垃圾无害化处理能力和环境监测评估能力；②保障城乡饮用水水源地安全。

资料来源：根据《中华人民共和国国民经济和社会发展第十二个五年规划纲要》整理。

由此可以看出，"十二五"期间，我国基本公共服务体系的九个专项发展目标为：

1. 基本公共教育服务的发展目标

改善基本公共教育服务体系，为家庭经济困难学生提供资助，使得城乡区域间教育发展差距进一步缩小，义务教育获得均衡化发展，高中及学前一年教育逐步普及，实现"学有所教"。

2. 劳动就业服务的发展目标

建立全覆盖的城乡劳动就业公共服务体系，形成以农村转移劳动力、城镇就业困难人员等群体为重点服务对象的就业服务网络,全社会劳动者机会平等,充分就业,劳动关系和谐,实现"劳有所得"。

3. 社会保险服务的发展目标

城乡居民社会保险体系实现全覆盖,扩大以农民工和灵活就业人员等群体为重点的基本养老与医疗保险及工伤、失业与生育保险覆盖面,社会保险经办服务方便、快捷、高效。

4. 基本社会服务的发展目标

以城乡最低生活保障制度为核心的社会救助体系不断健全,社会福利保障范围不断拓展,优抚安置不断强化,基本社会服务水平不断提升,"让人民生活得更有尊严"。

5. 基本医疗卫生服务的发展目标

公共卫生服务体系、城乡医疗服务体系及药品供应和安全保障体系进一步完善,城乡区域基本医疗卫生服务发展趋向均衡化,基本医疗卫生服务的公平性、可及性和质量不断提高,实现"病有所医"。

6. 人口和计划生育服务的发展目标

构建以计划生育服务和计划生育利益导向为重点的人口和计划生育服务体系,在保证"优生优育"的基础上实现人口均衡发展。

7. 基本住房保障服务的发展目标

保障性安居工程建设力度不断加大,保障性住房供应持续增加,城乡居民基本住房需求得到满足,实现"住有所居"。

8. 公共文化体育服务的发展目标

公共文化服务体系逐步健全,公共文化产品和服务供给进一步扩大,城乡居民精神文化需求得到满足,全民健身公共服务体系建设持续推进,国民身体素质与文化素养不断提升,建设文化强国。

9. 残疾人基本公共服务的发展目标

残疾人社会保障和服务体系形成制度性保障,保护以重度残疾人、农村残疾人和残疾儿童为重点的残疾人的合法权益,残疾人生活状况与社会平均水平差距不断缩小。[①]

---

① 资料来源:根据《国家基本公共服务体系"十二五"规划》相关内容整理。

从"十五"计划纲要、"十一五"规划纲要及"十二五"规划纲要对基本公共服务发展的目标定位中可以看出，我国公共服务的发展目标在"以人为本"服务理念的指引下，从"十五"时期的"基本公共服务比较完善"到"十一五"时期的"基本公共服务明显加强"，反映出我国在新世纪发展思路与政策导向的转变："立足以人为本推动发展，把提高人民生活水平作为根本出发点和落脚点，促使发展由偏重于增加物质财富向更加注重促进人的全面发展和经济社会的协调发展转变。"[①]"十二五"时期"覆盖城乡居民的基本公共服务体系逐步完善"发展目标及"推进基本公共服务均等化"政策导向的提出，更反映了当前公共服务体系建设从单纯注重量到质、量并重的转变，进而体现了国家在新世纪统筹城乡、区域、经济与社会发展的宏观战略布局。从《国家基本公共服务体系"十二五"规划》所设定的九个专项发展目标即可看出，扩大各类基本公共服务的覆盖面（量的层面）与改革各类基本公共服务的体制、机制以提升基本公共服务水平（质的层面）并行不悖，统筹兼顾。

（二）公共服务体制改革不断深入，基本形成了多元协同的公共服务供给模式

公共服务体制主要指公共服务的供给主体与供给方式。中国公共服务体制改革的重点是通过教育、文化、卫生体制改革以及事业单位改革，建立多元化的投资体制与管理体制，以打破政府垄断，激励企业和社会组织参与公共产品生产。[②]具体而言，中国公共服务体制改革的主要措施，一是制定了一些推进公共产品市场化和社会化的公共政策；二是通过国企与事业单位的改制，合理区隔政府、市场、社会在公共服务中的角色，促进了政企分开、政事分开，既有利于政府将核心职能转向基本公共服务，也有利于激励民间资本投资公共服务领域，参与准公共品的生产，提高公共服务的效率与质量；三是在城市基础设施、公共交通、城市环境卫生等准公共品生产中推行特许经营、合同外包等市场化方式，鼓励民间资本参与准公共品的生产；四是在教育、卫生、社会保障等领域推行责任分担，如高等教育与民办教育的

---

① 《中华人民共和国国民经济和社会发展第十一个五年规划纲要》，http://news.xinhuanet.com/misc/2006-03/16/content_4309517.htm，访问时间：2006年3月16日。

② 本部分内容为课题阶段性成果：姜晓萍：《中国公共服务体制改革30年》，《中国行政管理》2008年12期，第28—32页。

收费制度，社会养老保险中政府、企业、个人强制性分担制度，社区服务中的公办与民办结合等；其五是在供气、燃气、供水等领域围绕价格调整推行用者付费的改革。① 通过上述改革，初步形成了多元协同的公共服务供给模式。

1. 初步实现了公共服务供给主体多元化

2012年党的十八大报告提出，全面建设小康社会，必须更大程度更广范围发挥市场在资源配置中的基础性作用，完善宏观调控体系。这就需要合理界定政府与市场、社会的权责关系：一是理清政府与市场的关系，坚持公共服务分类供给和分类管理原则，完善政府与市场在公共服务供给中的分工，优化资源配置方式，促进公共利益最大化。二是理清政府与社会之间的关系，不断推进事业单位改革，按其性质或回归政府或推向社会；加快社会组织培育和发展，将一部分可以放开的公共事务，依法定程序委托给社会组织和第三部门。2008年以来，国家根据政府与市场、政府与社会的关系以及公共产品与服务的特点，进一步推进公共服务分类改革。目前，我国公益类公共服务主要由政府提供；准公益类公共服务，政府在保证起点公平和弱势群体需要的基础上采取合同外包、特许经营方式融入市场和社会力量；经营性非公益类事业采取市场供给为主的方式提供；社会事务类事业采取社会组织供给为主、政府供给为辅的方式提供。

随着公共服务供给的社会化与市场化推进，目前我国民营资本参与公共服务的供给呈逐年递增趋势，民办教育、民营医院发展快速，社会资金参与基础设施建设与社会保障资金越来越多，企业科研投入逐年增加，第三部门参与公共服务供给日趋活跃。

2011年全国共有各级各类民办学校（教育机构）13.08万所，比2007年增加3.56万所；招生1400.88万人，比2007年增加100.43万人；各类教育在校生达3713.90万人，比2010年增加320.94万人。②《中国统计年鉴（2012）》显示，2007年至2011年，全国民办学校办学经费由2007年的80.9亿元，到2011年的111.9亿元，增长了38%；社会捐赠经费由2007年的93.1

---

① 句华：《公共服务中的市场机制：理论方法与技术》，北京大学出版社2006年版，第193页。
② 教育部：《2011年全国教育事业发展统计公报》，http://www.moe.gov.cn/publicfiles/business/htmlfiles/moe/moe_633/201208/141305.html，访问时间：2012年8月30。

亿元,增加到 2011 年的 111.9 亿元,增长了 20%。(如图 3-1 所示)

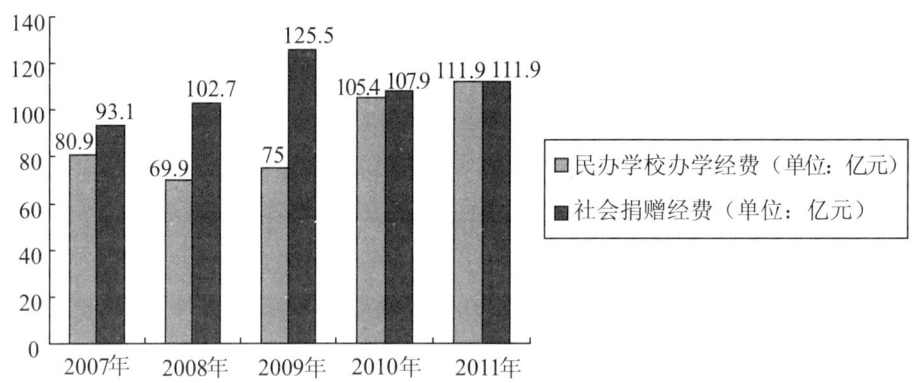

图 3-1 2007—2011 年全国民办学校中举办者投入及社会捐赠经费比较

数据来源:根据 2012 年《中国教育经费统计年鉴》的相关数据整理。

民营医院及基层社区医疗卫生系统得到长足发展。2012 年全国民营医院 9786 个,比 2010 年增加了 2718 个;民营医院卫生技术人员 50.2 万人,比 2011 年增多了 8.3 万人;民营医院诊疗人数 2.5 亿人次(占医院总诊疗人数的 9.8%),比 2011 年增多了 0.4 亿人次;民营医院住院人数 1396 万人(占医院总住院人数的 11.0%),比 2011 年增多了 349 万人;社区卫生服务中心(站)33562 个,比 2008 年增长了 1.4 倍。[①]

基本建设与社会保障资金来源日益多元化。社会资金对固定资产的投入由 2007 年的 144946.5 亿元,到 2011 年的 331140.9 亿元,增加了 1.28 倍。如图 3-2 所示,2012 年末全国有 5.47 万户企业建立了企业年金,比 2008 年增长 65.8%;参加职工人数为 1847 万人,比 2008 年增长 77.9%;年末企业年金基金累计结存 4821 亿元,比 2008 年增长了 2.5 倍。[②]

---

① 国家卫生和计划生育委员会:《2012 年我国卫生和计划生育事业发展统计公报》,http://www.moh.gov.cn/mohwsbwstjxxzx/s7967/201306/fe0b764da4f74b858eb55264572eab92.shtm,访问时间:2013 年 6 月 19 日。

② 人力资源和社会保障部:《2012 年度人力资源和社会保障事业发展统计公报》,http://www.mohrss.gov.cn/SYrlzyhshbzb/zwgk/szrs/ndtjsj/tjgb/201306/t20130603_104411.htm,访问时间:2013 年 5 月 28 日。

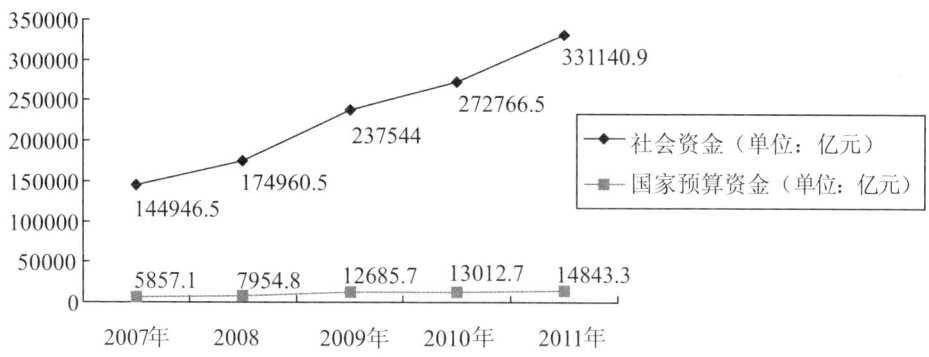

图 3-2 2007—2011 年全国固定资产投资资金来源比较①

数据来源：根据《中国统计年鉴（2012）》的相关数据整理。

2012 年《中国统计年鉴》显示，2007 年至 2011 年，全国企业对科研经费的投入从 2611 亿元，增加到 6420.6 亿元，增加了 1.46 倍。（如图 3-3 所示）

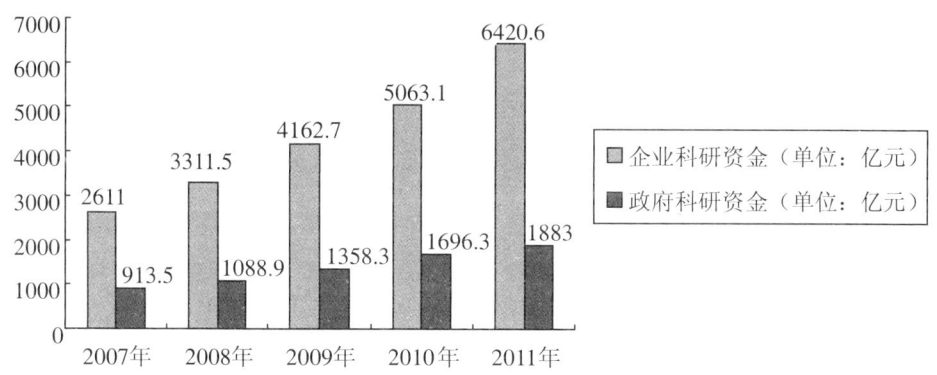

图 3-3 2007—2011 年全国企业及政府科研经费支出比较

数据来源：根据《中国统计年鉴（2012）》的相关数据整理。

第三部门参与公共服务供给日趋活跃。2012 年年底全国共有社会服务

---

① 图中所述固定资产投资中的"社会资金"包括国内贷款、利用外资、自筹资金及其他资金。

机构 136.7 万个，比 2008 年增长 14.2%，职工总数 1144.7 万人，固定资产总值为 6675.4 亿元，增加值为 2128.9 亿元，占第三产业的比重为 0.9%。全国共有老龄事业单位 2583 个，老年法律援助中心 2.2 万个，老年维权协调组织 7.8 万个，老年学校 5.0 万个，在校学习人员 625.3 万人，各类老年活动室 34.6 万个。全国共有福利企业 20232 个，福利企业增加值为 703.4 亿元，比 2008 年增长了 3.3 倍，占第三产业的比重 0.3%，吸纳残疾职工 59.7 万人就业，实现利润 118.4 亿元，年末固定资产 1815.1 亿元。全国共建立经常性社会捐助工作站、点和慈善超市 3.1 万个，全年有 1293.3 万人次在社会服务领域提供了 3639.6 万小时的志愿服务。全国共有各类社区服务机构 20.0 万个，社区服务机构覆盖率 29.5%，其中：社区服务指导中心 809 个，社区服务中心 15497 个，社区服务站 87931 个，其他社区专项服务设施 9.6 万个，城市社区服务中心（站）覆盖率 72.5%，城镇便民、利民服务网点 39.7 万个。社区志愿服务组织 9.3 万个。全国共有社会组织 49.9 万个，比 2008 年增长 20.5%；吸纳社会各类人员就业 613.3 万人，比 2008 年增加 28.9%；形成固定资产 1425.4 亿元，比 2008 年增长 76.9%；社会组织增加值为 525.6 亿元，比 2008 年增长 21.1%，占第三产业增加值比重为 0.23%；接收社会捐赠 470.8 亿元，比 2008 年增长 6.1 倍；全国共有社会团体 27.1 万个，比 2008 年增长 17.8%；全国共有基金会 3029 个，比 2008 年增加 1432 个，增长 89.7%，公募基金会和非公募基金会共接收社会各界捐赠 305.7 亿元，比 2008 年增长 5.7 倍；全国共有民办非企业单位 22.5 万个，比 2008 年增长 23.6%。①

2. 公共服务供给机制逐步多样化

为了建立适应社会主义市场经济体制改革的公共服务体系，我国公共服务体制改革的重点也是通过教育、科技、文体、卫生、就业、社会保障体制改革以及事业单位改革，建立多元化的投资体制与管理体制，以打破政府垄断，激励企业和社会组织参与公共产品生产，并千方百计提高公共服务供给

---

① 民政部：《2012 年社会服务发展统计公报》，http://cws.mca.gov.cn/article/tjbg/201306/20130600474746.shtml，访问时间：2013 年 6 月 19 日。

效率，降低服务成本、提高公共服务质量。① 在公共服务分类改革的基础上，通过政府购买服务、项目招标、合同外包、特许经营、志愿者服务、委托代理等形式，引导企业和社会组织积极参与公共物品与服务的生产，建立多元主体协同的公共服务供给模式。2012年颁布的《国家基本公共服务体系"十二五"规划》明确提出："在坚持政府负责的前提下，充分发挥市场机制作用，推动基本公共服务提供主体和提供方式多元化，加快建立政府主导、社会参与、公办民办并举的基本公共服务供给模式。"同时，新公共管理运动中兴起的公共服务多中心供给理论激发了企业和社会资本对基本公共服务领域的投入，所谓"多元协同的公共服务供给模式"，就是以政府为主导、社会企业和社会组织广泛参与的多种供给方式并存的"一主多元"的公共服务格局。理顺公共服务供应者、生产者、消费者三者关系，并使三者形成相互监督、相互制衡的闭合回路，进而有效提升公共产品供给的质量、效益与效能（如图3-4所示）。这就需要建立以公众需求为导向的服务提供决策机制；完善公共服务分类供给机制，创新公共服务生产模式；建立政府公共服务供给中的绩效管理评估机制。②

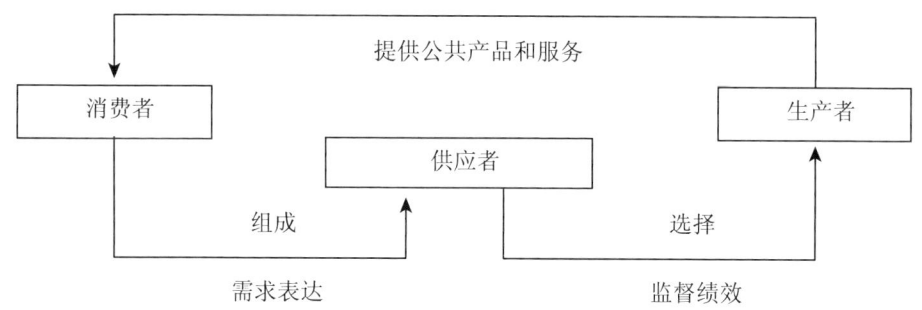

图3-4 "一主多元"公共服务格局中供应者、生产者与消费者之间的协同关系

---

① 本部分内容为课题阶段性成果：姜晓萍：《中国公共服务体制改革30年》，《中国行政管理》2008年12期，第28—32页。
② 四川大学公共管理学院课题组（姜晓萍等）：《新津县花源镇行政管理体制改革试点方案》，2011年7月。

最近，国家已就公共服务供给多元协同做出专门部署：2013年7月，国务院总理李克强主持召开国务院常务会议，研究推进政府向社会力量购买公共服务。会议指出，要放开市场准入，释放改革红利，凡社会能办好的，尽可能交给社会力量承担，加快形成改善公共服务的合力，有效解决一些领域公共服务产品短缺、质量和效率不高等问题，使群众得到更多便利和实惠。将适合市场化方式提供的公共服务事项，交由具备条件、信誉良好的社会组织、机构和企业等承担。一是各地要在准确把握公众需求的基础上，制定政府购买服务指导性目录，明确政府购买服务的种类、性质和内容，并试点推广。二是政府可通过委托、承包、采购等方式购买公共服务。要按照公开、公平、公正原则，严格程序，竞争择优，确定承接主体，并严禁转包。三是严格政府购买服务资金管理，在既有预算中统筹安排，以事定费，规范透明，强化审计，把有限的资金用到群众最需要的地方，用到刀刃上。四是建立严格的监督评价机制，全面公开购买服务的信息，建立由购买主体、服务对象及第三方组成的评审机制，评价结果向社会公布。五是对购买服务项目进行动态调整，对承接主体实行优胜劣汰，使群众享受到丰富优质高效的公共服务。[①]

（三）对基本公共服务的投入逐步加大，逐步形成中国特色的公共服务体系

改革开放以来，各级政府对公共服务投入逐年增长，尤其是党的十七大以来，社会矛盾的转型和政府职能的转变，促使政府更加重视改变公共支出结构，加大对公共服务的投入，以增加公共服务效率，提高公共服务水平。如图3-5所示，据国家的相关统计分析可知，我国政府对基本公共服务的投入在2007—2010年呈稳步增长态势，2010年以后呈高速增长趋势。其中2007年，国家投入教育事业的经费为7122.32亿元，占国家财政支出总额的14.31%；2012年增加到21165亿元，占国家财政支出总额的16.84%；2007年，国家用于医疗卫生的支出为1989.96亿元，占国家财政支出总额

---

① 《李克强主持召开国务院常务会议，研究推进政府向社会力量购买公共服务，部署加强城市基础设施建设》，http://www.gov.cn/ldhd/2013-07/31/content_2458851.htm，访问时间：2013年7月31日。

的4%；2012年增加到7199亿元，占国家财政支出总额的5.73%；2007年国家财政对就业和社会保障的支出为5447.16亿元，占国家财政支出总额的10.94%；2012年增加到12542亿元，占国家财政支出总额的9.98%。（如表3-2、表3-3所示）

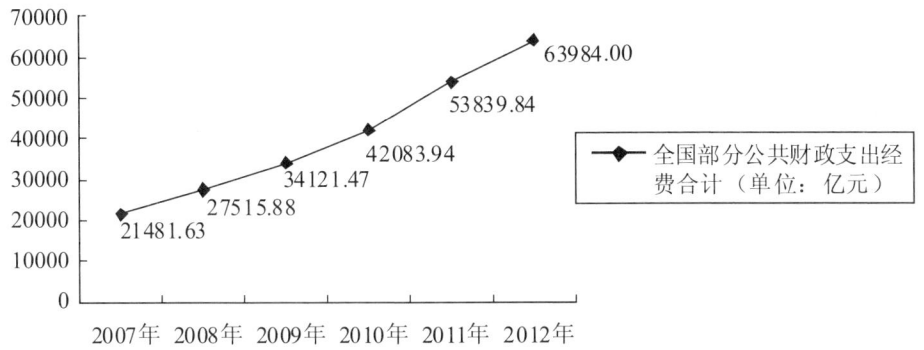

图3-5 2007—2012年国家财政用于教育、科学、文体、医疗、就业、社保、环保、城乡社区事务及住房保障的支出趋势

数据来源：根据财政部2007—2012年《全国公共财政支出决算表》的相关数据整理。

表3-2 2007—2012年国家财政用于教育、医疗卫生、就业与社会保障支出占财政支出总额的比例统计

	国家财政支出总额（单位：亿元）	教育支出所占比例（%）	医疗卫生支出所占比例（%）	就业与社会保障支出所占比例（%）
2007年	49781.35	14.31	4.00	10.94
2008年	62592.66	14.51	3.99	10.68
2009年	76299.93	13.68	5.23	9.97
2010年	89874.16	13.96	5.35	10.16
2011年	109247.79	15.10	5.89	10.17
2012年	125712.00	16.84	5.73	9.98

数据来源：根据财政部2007—2012年《全国公共财政支出决算表》的相关数据整理。

表 3-3　2007—2012 年国家财政用于教育、科技、文体、社保、医疗、环保、
城乡社区事务及住房保障的支出费用统计（单位：亿元）

	2007	2008	2009	2010	2011	2012
教育	7122.32	9081.95	10437.54	12550.54	16497.33	21165
科学技术	1783.04	2152.82	2744.52	3250.18	3828.02	4429
文体传媒	898.64	1072.64	1393.07	1542.70	1893.36	2251
社保就业	5447.16	6684.33	7606.68	9130.62	11109.40	12542
医疗卫生	1989.96	2499.06	3994.19	4804.18	6429.51	7199
节能环保	995.82	1281.70	1934.04	2441.98	2640.98	2932
城乡社区事务	3244.69	4100.47	5107.66	5987.38	7620.55	9020
住房保障	—	642.91	903.77	2376.88	3820.69	4446
总计	21481.63	27515.88	34121.47	42083.94	53839.84	63984

数据来源：根据财政部 2007—2012 年《全国公共财政支出决算表》的相关数据整理。

政府对公共服务投入的增加促进了公共服务水平的显著提高和覆盖面的扩大，总体来看，2008—2012 年，国家在完善和发展基本公共服务体系方面成效显著：**教育方面**，国家财政性教育经费支出五年累计 7.79 万亿元，年均增长 21.58%，2012 年占国内生产总值比例达到 4%。**科技方面**，中央财政用于科技的投入五年累计 8729 亿元，年均增长超过 18%。全社会研究与试验发展经费支出占国内生产总值的比重由 2007 年的 1.4% 提高到 2012 年的 1.97%，企业研发活动支出占比超过 74%。**医疗卫生方面**，深化医药卫生体制改革，建立新型农村合作医疗制度和城镇居民基本医疗保险制度，全民基本医保体系初步形成，各项医疗保险参保超过 13 亿人，人均预期寿命达到 75 岁。**就业方面**，五年累计投入就业专项资金 1973 亿元，实现高校毕业生就业 2800 万人，城镇就业困难人员就业 830 万人，保持了就业形势总体稳定。**社会保障方面**，建立新型农村社会养老保险和城镇居民社会养老保险制度，城乡居民基本养老保险实现了制度全覆盖，各项养老保险参保达到 7.9 亿人。企业退休人员基本养老金从 2004 年人均每月 700 元提高到现在的 1721 元。**住房保障方面**，建立健全城镇保障性住房制度，覆盖面逐步扩大，2012 年

年底已达到 12.5%。①

具体而言，我国目前已初步形成了中国特色的公共服务体系：

1. 基础教育全面实现，高中阶段入学率持续提升，职业教育吸引力不断增强，高等教育大众化水平进一步提高，教育公平迈出重大步伐②

国家助学制度不断完善，建立了家庭经济困难学生资助体系，实现从学前教育到研究生教育各个阶段全覆盖，每年资助金额近 1000 亿元，资助学生近 8000 万人次。③ 2011 年全国共有小学 24.12 万所，招生 1736.80 万人，在校生 9926.37 万人。学龄儿童净入学率达到 99.79%，比 2007 年增加了 0.3 个百分点，其中，男女童净入学率分别为 99.78% 和 99.80%，女童高于男童 0.02 个百分点。④ 全国共有初中学校 5.41 万所（其中职业初中 54 所），招生 1634.73 万人，在校生 5066.80 万人。初中阶段毛入学率 100.1%，比 2007 年提高了 2.1 个百分点，初中毕业生升学率 88.62%，比 2007 年提高了 8.14 个百分点。全国高中阶段教育（包括普通高中、成人高中、中等职业学校）共有学校 27638 所，招生 1664.65 万人，比 2007 年增加了 14.47 万人，在校学生 4686.61 万人。高中阶段毛入学率 84.0%，比 2007 年提高了 18 个百分点。全国中等职业教育（包括普通中等专业学校、职业高中、技工学校和成人中等专业学校）共有学校 13093 所，招生 813.87 万人，占高中阶段教育招生总数的 48.89%，在校生 2205.33 万人，比 2007 年增加了 218.32 万人，占高中阶段教育在校生总数的 47.06%。全国各类高等教育总规模达到 3167 万人，比 2007 年增加了 467 万人，高等教育毛入学率达到 26.9%，比 2007 年提高了 3.9 个百分点，全国共有普通高等学校和成人高等学校 2762 所，比 2007 年增加了 441 所。⑤

---

① 《两会授权发布：政府工作报告》，http://news.xinhuanet.com/2013lh/2013 - 03/18/c_115064553.htm，访问时间：2013 年 3 月 18 日。
② 《两会授权发布：政府工作报告》，http://news.xinhuanet.com/2013lh/2013 - 03/18/c_115064553.htm，访问时间：2013 年 3 月 18 日。
③ 《两会授权发布：政府工作报告》，http://news.xinhuanet.com/2013lh/2013 - 03/18/c_115064553.htm，访问时间：2013 年 3 月 18 日。
④ 教育部：《2011 年全国教育事业发展统计公报》，http://www.moe.gov.cn/publicfiles/business/htmlfiles/moe/moe_633/201208/141305.html，访问时间：2012 年 8 月 30 日。
⑤ 教育部：《2011 年全国教育事业发展统计公报》，http://www.moe.gov.cn/publicfiles/business/htmlfiles/moe/moe_633/201208/141305.html，访问时间：2012 年 8 月 30 日。

2. 医疗卫生服务水平不断提高，公共卫生和医疗保障体系逐步完善

2012年末，全国医疗卫生机构总数达950297个：医院中，公立医院13384个，民营医院9786个；基层医疗卫生机构中，社区卫生服务中心（站）33562个，乡镇卫生院37097个，诊所和医务室177798个，村卫生室653419个；专业公共卫生机构中，疾病预防控制中心3490个。全国医疗卫生机构床位572.5万张，比2008年增加168.9万张，其中，医院416.1万张（占72.7%），基层医疗卫生机构132.4万张（占23.1%）。每千人口医疗卫生机构床位数由2008年的2.83张增加到2012年的4.24张。全国卫生人员总数达911.9万人，比2008年增加295万人（增长47.8%）。2011年全国卫生总费用达24345.9亿元，比2007年增长了2.16倍，人均卫生费用1807.0元，比2007年增长了2.11倍。2012年全国医疗卫生机构总诊疗人次达68.9亿人次，比2008年增加33.67亿人次（增长95.6%）。2012年居民到医疗卫生机构平均就诊5.1次，比2008年多2.4次。2012年医院出院者平均住院日为10.0日（其中公立医院10.2日）。2012年底，全国3.32万个乡镇共设3.7万个乡镇卫生院，床位109.9万张，卫生人员120.5万；全国58.9万个行政村共设65.3万个村卫生室；全国已设立社区卫生服务中心8182个，社区卫生服务中心人员34.7万人，平均每个中心42人，比2008年多5人；社区卫生服务站人员10.7万人，平均每站4人，比2008年多1人。[①]

3. 促进就业成效明显，社会保障体系逐步健全

政府实施的积极就业政策与促进就业机制，使我国2008年以来就业总量稳步增长，就业结构进一步优化，保持了就业形势总体稳定。如图3-6所示，至2012年年底，全国就业人员76704万人，比2008年末增加1140万人。如图3-7、图3-8所示，五年内城镇新增就业5870万人，下岗失业人员再就业2666万人。如图3-9所示，2012年末，城镇登记失业人数为917万人，失业率控制在4.1%以内。

---

① 国家卫生和计划生育委员会：《2012年我国卫生和计划生育事业发展统计公报》，http://www.moh.gov.cn/mohwsbwstjxxzx/s7967/201306/fe0b764da4f74b858eb55264572eab92.shtm，访问时间：2013年6月19日。

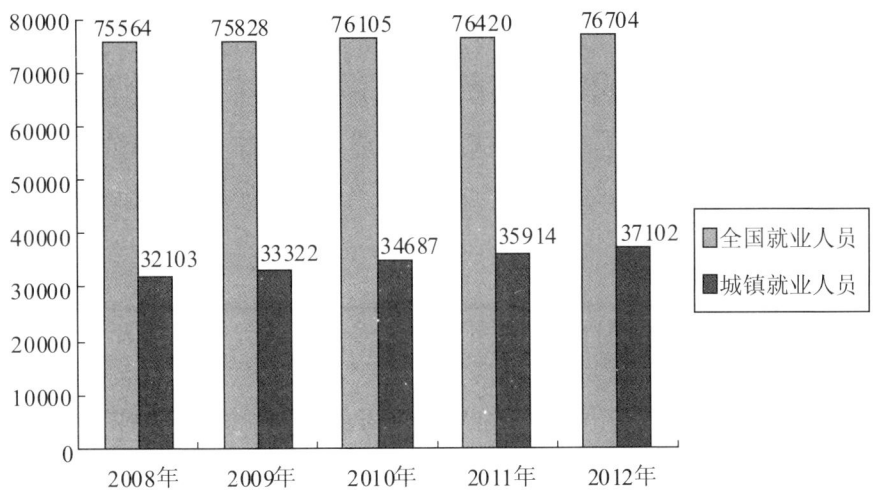

图3-6 2008—2012年全国就业及城镇就业人数统计（单位：万人）

数据来源：根据国家统计局人口和就业统计司《中国人口和就业统计年鉴（2012）》及人力资源和社会保障部《2012年度人力资源和社会保障事业发展统计公报》的相关数据整理。

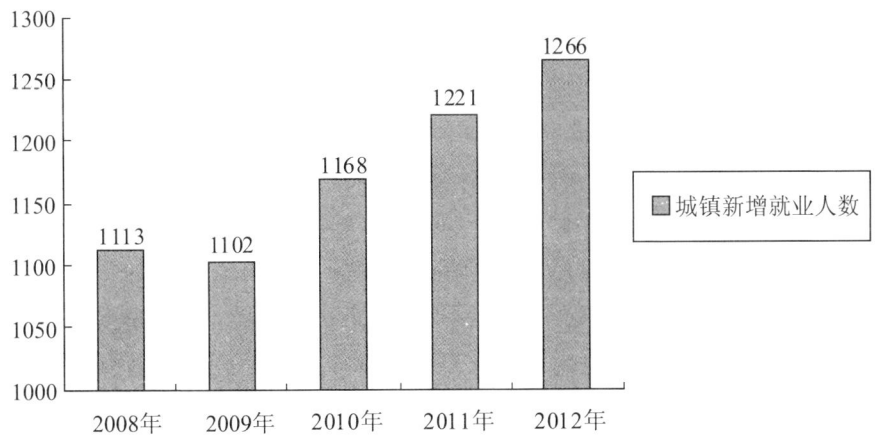

图3-7 2008—2012年城镇新增就业人数统计（单位：万人）

数据来源：根据人力资源和社会保障部《2012年度人力资源和社会保障事业发展统计公报》的相关数据整理。

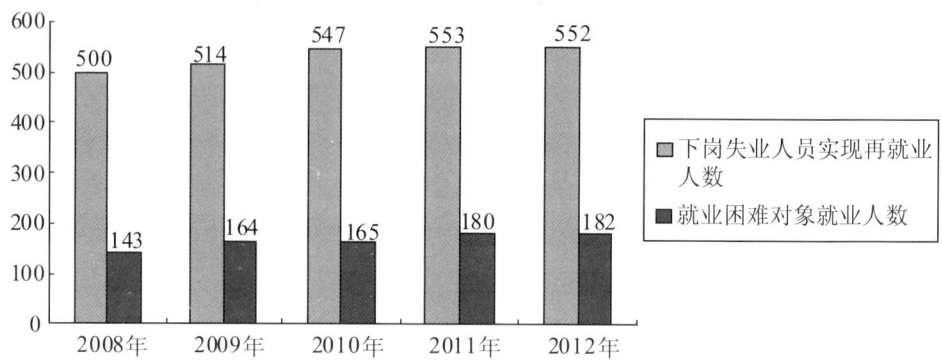

图 3-8　2008—2012 年城镇下岗失业人员再就业人数统计（单位：万人）

数据来源：根据人力资源和社会保障部《2012 年度人力资源和社会保障事业发展统计公报》的相关数据整理。

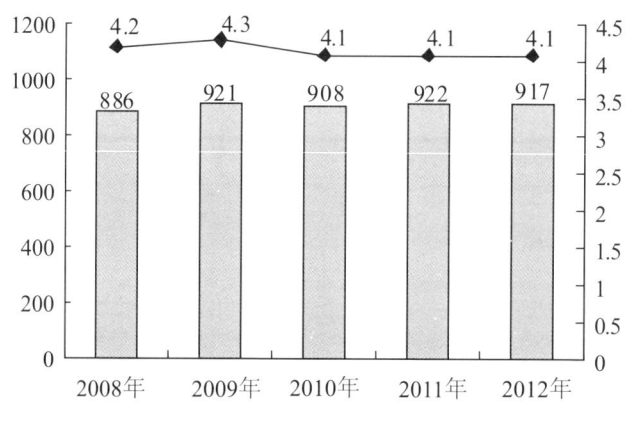

图 3-9　2008—2012 年城镇登记失业人数及登记失业率统计

数据来源：根据人力资源和社会保障部《2012 年度人力资源和社会保障事业发展统计公报》的相关数据整理。

同时，覆盖城乡居民的社会保障体系框架初步形成，社会保障制度建设实现重大突破，社会保险待遇水平大幅提高。[1] 至2012年，全国参加城镇基本养老保险人数为30427万人，比2008年末增加8536万人；参加城镇基本医疗保险人数为53641万人，比2008年末增加21819万人；参加失业保险人数为15225万人，比2008年末增加2825万人；参加工伤保险人数为19010万人，比2008年末增加5223万人；参加生育保险人数为15429万人，比2008年末增加6175万人。（如图3-10所示）2008至2012年，社会保险基金收入增加了15213亿元（增长2.1倍），社会保险基金支出增加了12257亿元（增长2.2倍）。（如图3-11所示）城乡社会求助体系及弱势群体权益保护也不断增强，2008年以来健全城乡居民低保、医疗、教育、法律等救助制度，改革完善孤儿保障、流浪儿童救助保护、农村五保供养制度。颁布实施新的《中国妇女儿童发展纲要》，依法保障妇女儿童合法权益。[2]

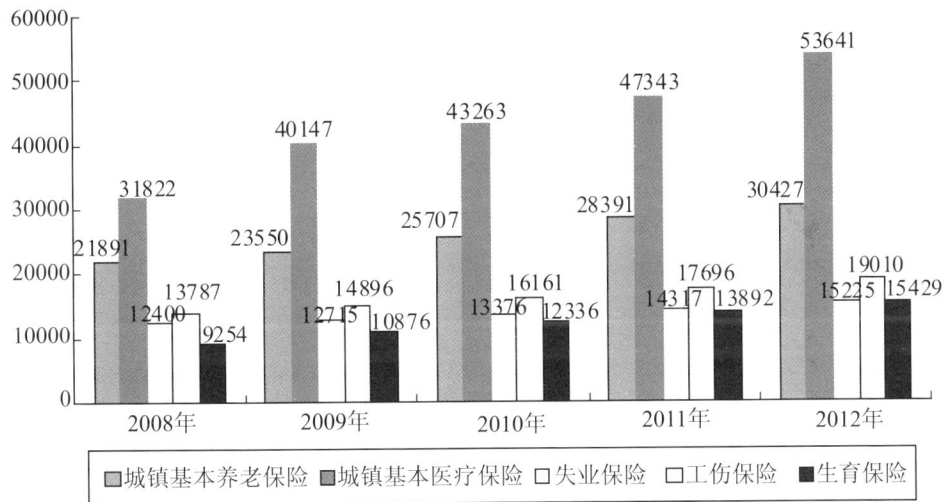

图3-10 2008—2012年社会保险参保人数统计（单位：万人）

数据来源：根据人力资源和社会保障部《2012年度人力资源和社会保障事业发展统计公报》的相关数据整理。

---

[1] 人力资源和社会保障部：《人力资源和社会保障事业发展"十二五"规划纲要》，http://www.gov.cn/gongbao/content/2012/content_2041883.htm，访问时间：2011年6月2日。

[2] 《两会授权发布：政府工作报告》，http://news.xinhuanet.com/2013lh/2013-03/18/c_115064553.htm，访问时间：2013年3月18日。

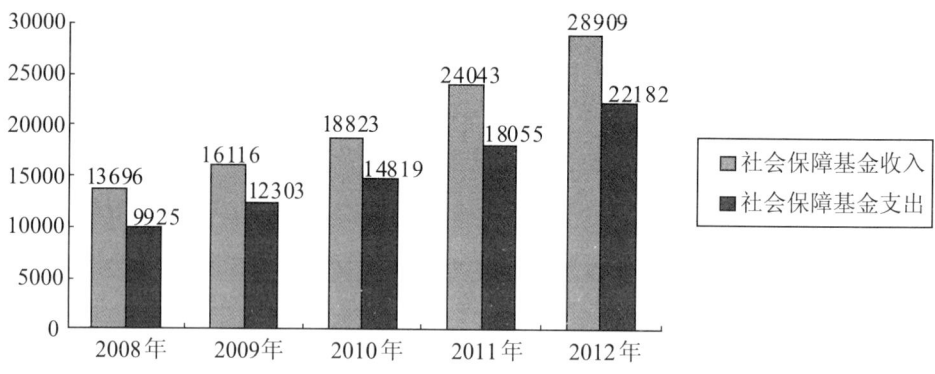

图 3-11 2008—2012 年社会保险基金收支汇总（单位：亿元）

数据来源：根据人力资源和社会保障部《2012 年度人力资源和社会保障事业发展统计公报》的相关数据整理。

（四）公共服务发展的制度环境不断优化，形成了基本公共服务的国家标准

2002 年，党的十六大报告第一次把政府职能归结为四项内容：经济调节、市场监管、社会管理和公共服务，公共服务于是开始成为学术研究与政府管理实践的关注点。2004 年 1 月 6 日，在全国贯彻实施《中华人民共和国行政许可法》工作会议上，温家宝总理要求："继续改进经济调节和市场监管方式，更加重视履行社会管理和公共服务职能，各级政府要把财力物力等公共资源更多地向社会管理和公共服务倾斜，各级领导干部的精力要更多地放在推进社会发展和解决人民生活问题上。"① 2006 年是"十一五"（2006—2010）开局之年，国家《"十一五"规划纲要》指出，经济社会发展的主要目标为：基本公共服务明显加强。随后，国家及地方政府纷纷出台一系列法律、法规及行政规范性文件，为完善公共服务体系优化制度环境，公共服务走向体系化、标准化和制度化。2008 年至今，政府在完善基本公共服务体系制度建设方面取得了很大的进步：

一是公共教育制度不断完善。首先，在"顶层设计"层面，2010 年国

---

① 周惠军：《政府转型是实现经济社会协调发展的关键》，《天津经济》2005 年第 7 期，第 41—44 页。

家颁布了《国家中长期教育改革和发展规划纲要（2010—2020年）》，提出："促进义务教育均衡发展和扶持困难群体，合理配置教育资源，向农村地区、边远贫困地区和民族地区倾斜，加快缩小教育差距。"到2020年，建成覆盖城乡的基本公共教育服务体系，逐步实现基本公共教育服务均等化，缩小区域差距。2012年国家颁布了《国家教育事业发展第十二个五年规划》，提出"基本建立覆盖城乡的基本公共教育服务体系"的发展目标，包括完善基本公共教育服务、建立基本公共教育服务体系评价机制与促进基本公共教育服务均等化，到2015年初步形成国家教育标准体系。其次，在具体政策落实层面，2008年8月，国务院发出《关于做好免除城市义务教育阶段学生学杂费工作的通知》，加上之前针对农村义务教育阶段贫困家庭学生的"两免一补"（即免杂费、免书本费、逐步补助寄宿生生活费）政策，我国已全面普及城乡免费义务教育。2011年6月，国务院印发《关于进一步加大财政教育投入的意见》，要求财政资金优先保障教育投入，公共资源优先满足教育和人力资源开发需要。2012年9月，国务院印发《关于深入推进义务教育均衡发展的意见》。

二是公共卫生和医疗保障法制逐步健全。首先，在构建公共医疗卫生服务体系制度框架性设计方面，以《中共中央国务院关于深化医药卫生体制改革的意见》（中发〔2009〕6号）、《医药卫生体制改革近期重点实施方案（2009—2011）年》（国发〔2009〕12号）和《国务院关于印发"十二五"期间深化医药卫生体制改革规划暨实施方案的通知》（国发〔2012〕11号）为指导，2012年国务院颁布了《卫生事业发展"十二五"规划》，提出2015年的发展目标：基本建立分工明确、信息互通、资源共享、协调互动的公共卫生服务体系，促进城乡居民享有均等化的基本公共卫生服务；基本建立规范有序、结构合理、覆盖城乡的医疗服务体系，为群众提供安全、有效、方便、价廉的基本医疗服务。其次，在完善医疗卫生法律法规方面，2008年至今，国家相继出台了《食品安全法》《药品管理法（修订）》及《精神卫生法》等法律；《食品安全法实施条例》《流动人口计划生育工作条例》《女职工劳动保护特别规定》《国务院关于加强食品等产品安全监督管理的特别规定》等一系列行政法规。

三是人力资源和社会保障政策法规建设快速推进。首先，在促进劳动就业方面，为实现充分就业，2008年2月，国务院发出《关于做好促进就业工作的通知》，明确了就业工作目标任务，强化政府促进就业的领导责任。2008年9月，国务院公布《中华人民共和国劳动合同法实施条例》，开始全面推行劳动合同制度，规范劳务派遣用工和企业裁员行为，加强对劳动用工的动态监管。2013年5月，国务院办公厅印发《关于做好2013年全国普通高等学校毕业生就业工作的通知》。其次，在完善社会保障方面，为统筹城乡养老保险发展，2009年9月，国务院印发《关于开展新型农村社会养老保险试点的指导意见》，提出用5到10年时间逐步实现新农保全覆盖。为建立健全最低生活保障制度，2012年9月，国务院印发《关于进一步加强和改进最低生活保障工作的意见》，提出完善最低生活保障对象认定条件、规范审核审批程序、建立救助申请家庭经济状况核对机制、加强保障对象动态管理、健全工作监管机制、建立健全投诉举报核查制度等措施。为合理引导住房需求，大力推进保障性安居工程建设，2008年12月，国务院办公厅印发《关于促进房地产市场健康发展的若干意见》；2010年4月，国务院发出《关于坚决遏制部分城市房价过快上涨的通知》；2011年1月和9月，国务院办公厅先后印发《进一步做好房地产市场调控工作有关问题的通知》和《关于保障性安居工程建设和管理的指导意见》；2013年3月，国务院办公厅印发《关于继续做好房地产市场调控工作的通知》。再次，在推进人力资源和社会保障标准化建设方面，截至"十一五"末，人力资源和社会保障领域已颁布国家标准15项、行业标准231项，2011年国家颁布了《人力资源和社会保障事业发展"十二五"规划纲要》，制定了人力资源服务业发展推进计划，要求建设服务产业园区，培育服务品牌，发展行业性/专业性服务机构，推进政府所属服务机构改革，实施基层劳动就业和社会保障综合服务中心建设工程与人力资源和社会保障信息化建设工程。同时还制定并印发了《人力资源和社会保障标准化规划（2011—2015年）》，全面指导未来五年人力资源和社会保障标准化工作，并开展了《公共就业服务标准体系研究》和《社会保险管理与服务标准体系研究》。[①]

---

① 人力资源和社会保障部：《2012年度人力资源和社会保障事业发展统计公报》，http://www.mohrss.gov.cn/SYrlzyhshbzb/zwgk/szrs/ndtjsj/tjgb/201306/t20130603_104411.htm，访问时间：2013年5月28日。

特别是 2012 年 7 月颁布的《国家基本公共服务体系"十二五"规划》明确指出公共服务均等化的核心在于机会均等而非简单的平均化或无差异化，并设定了详尽的基本公共服务标准与服务体系。"规划"范围涉及公共教育、劳动就业服务、社会保障、基本社会服务、医疗卫生、人口计生、住房保障、公共文化等领域的基本公共服务，并详细列出了各个领域基本公共服务的重点任务、国家基本标准（包括具体服务项目、服务对象、保障标准、支出责任及覆盖水平五项内容）及保障工程。"规划"还提出要促进城乡、区域基本公共服务均等化，增强公共财政保障能力，明确各级政府的事权、财权及支出责任，建立多元服务供给机制，鼓励社会力量参与。（如表 3-4 所示）

表 3-4 "十二五"时期国家基本公共服务标准汇总表

基本公共教育服务				
服务项目	服务对象	保障标准	支出责任	覆盖水平
义务教育免费	适龄儿童、少年	免学费、杂费以及农村寄宿生住宿费，免费向农村学生提供教科书；农村中小学年生均公用经费标准，普通小学不低于 500 元，普通初中不低于 700 元	中央与地方财政按比例分担	目标人群覆盖率 100%，九年义务教育巩固率达到 93%
寄宿生生活补助	农村家庭经济困难寄宿学生	年生均补助，小学 1000 元，初中 1250 元	地方政府负责，中央财政适当补助	目标人群覆盖率 100%
农村义务教育学生营养改善	贫困地区农村义务教育学生	在寄宿生生活补助基础上，集中连片特殊困难地区每生每天营养膳食补助 3 元（每年在校时间按 200 天计）	地方政府负责，国家试点地区中央财政承担，其他地区中央财政适当补助	目标人群覆盖率 100%
中等职业教育免费	农村学生、城镇家庭经济困难学生和涉农专业学生	免学费	中央与地方财政按比例分担	目标人群覆盖率 100%，使高中阶段教育毛入学率达到 87%

续表

基本公共教育服务					
服务项目	服务对象	保障标准	支出责任	覆盖水平
中等职业教育国家助学金	全日制在校农村学生及城市家庭经济困难学生	资助每生每年不低于1500元，资助两年	中央与地方财政按比例分担	目标人群覆盖率100%
普通高中国家助学金	家庭经济困难学生	平均资助每生每年1500元，地方结合实际在1000—3000元范围内确定	中央与地方财政按比例分担	目标人群覆盖率100%
学前教育资助	家庭经济困难儿童、孤儿和残疾儿童	具体资助方式和标准由地方确定	地方政府负责，中央财政适当补助	目标人群覆盖率100%，学前一年毛入园率达到85%

劳动就业公共服务				
服务项目	服务对象	保障标准	支出责任	覆盖水平
就业服务和管理	有就业需求的劳动年龄人口	免费享有就业政策法规咨询、职业供求信息、市场工资指导价位信息和职业培训信息、职业指导和职业介绍、就业和失业登记等服务	地方政府负责，中央财政适当补助	目标人群覆盖率达到100%
创业服务	有创业需求的劳动年龄人口	免费享有创业咨询指导、创业培训、创业项目推介，获得创业小额担保贷款贴息	地方政府负责，中央财政适当补助	为500万人次提供创业培训
就业援助	零就业家庭和符合条件的就业困难人员	免费享有公益性岗位配置和政策指导、就业困难人员和零就业家庭认定、就业岗位即时服务、就业培训等，城镇有就业需求的家庭至少有一人就业	地方政府负责，中央财政适当补助	帮助500万就业困难人员就业和再就业，动态消除零就业家庭

续表

劳动就业公共服务				
服务项目	服务对象	保障标准	支出责任	覆盖水平
职业技能培训和技能鉴定	失业人员、农村转移就业劳动力、残疾人、新成长劳动力	失业人员、农村转移就业劳动力、残疾人等享有职业技能培训补贴,符合条件的新成长劳动力享有6—12个月的补贴性劳动预备制培训;符合条件的人员享有职业技能鉴定补贴	地方政府负责,中央财政适当补助	为1亿人次提供各类职业技能培训,培训后就业率不低于60%;为7500万人次提供技能鉴定
劳动关系协调	存在劳动人事关系的就业人员	免费享有劳动用工备案信息查询、劳动关系政策咨询、集体协商促进等服务	地方政府负责	企业劳动合同签订率达到90%,集体合同签订率达到80%
劳动保障监察	存在劳动人事关系的就业人员	免费享有法律咨询和执法维权服务	地方政府负责	监察案件结案率达到95%以上
劳动人事争议调解仲裁	存在劳动人事关系的就业人员	免费享有劳动人事争议调解和仲裁服务	地方政府负责	劳动人事争议仲裁结案率达到90%;50%以上案件在基层调解组织解决
社会保险服务				
服务项目	服务对象	保障标准	支出责任	覆盖水平
职工基本养老保险	职工、无雇工的个体工商户、灵活就业人员	根据个人累计缴费年限、缴费工资、当地职工平均工资、个人账户金额、城镇人口平均预期寿命等因素确定基本养老金	用人单位缴纳一般不超过工资总额的20%,职工缴纳本人工资的8%,基金出现支付不足时由县级以上政府给予补贴	参保人数3亿人左右

续表

社会保险服务				
服务项目	服务对象	保障标准	支出责任	覆盖水平
新型农村社会养老保险	16周岁以上，未参加职工基本养老保险的农村居民	基础养老金不低于每人每月55元，并逐步提高标准	基础养老金由政府全额负担，个人缴费部分政府适当补贴	参保人数4.5亿人左右
城镇居民社会养老保险	年满16周岁（不含在校学生），不符合职工基本养老保险参保条件的城镇非从业居民	基础养老金不低于每人每月55元，并逐步提高标准	基础养老金由政府全额负担，个人缴费部分政府适当补贴	参保人数5000万人左右
职工基本医疗保险	职工、无雇工的个体工商户、灵活就业人员	政策范围内住院费用支付比例达到75%左右，最高支付限额达到当地职工年平均工资的8倍左右	用人单位缴纳工资总额的6%左右，职工缴纳本人工资的2%左右，基金出现支付不足时由县级以上政府给予补贴	参保人数2.6亿人左右
新型农村合作医疗	农村居民	政策范围内住院费用支付比例达到75%左右，最高支付限额达到当地农村居民年人均纯收入的8倍左右	个人和政府共同负担，各级财政的补助标准提高到年人均不低于360元，基金出现支付不足时由县级以上政府给予补贴	参合率稳定在90%以上
城镇居民基本医疗保险	城镇非从业居民	政策范围内住院费用支付比例达到75%左右，最高支付限额达到当地城镇居民人均可支配收入的8倍左右	个人和政府共同负担，各级财政的补助标准提高到年人均不低于360元，基金出现支付不足时由县级以上政府给予补贴	参保率稳定在90%以上

续表

社会保险服务				
服务项目	服务对象	保障标准	支出责任	覆盖水平
失业保险	职工	支付失业保险金、基本医疗保险费、丧葬补助金、抚恤金以及职业培训和职业介绍补贴等，失业保险金标准不低于城市居民最低生活保障标准	用人单位和职工按规定缴费，基金出现支付不足时由县级以上政府给予补贴	参保人数1.6亿人左右
工伤保险	职工	基金支付工伤医疗和康复、伤残、护理及工亡等待遇；用人单位支付停工留薪期的工资福利及护理待遇、5—6级伤残津贴待遇及一次性伤残就业补助金等	个人不缴费，用人单位根据行业差别费率和行业内费率档次缴费，基金出现支付不足时由县级以上政府给予补贴	参保人数2.1亿人左右
生育保险	职工	基金支付生育医疗费用和生育津贴，生育津贴按职工所在用人单位上年度职工月平均工资计发	用人单位缴费，基金出现支付不足时由县级以上政府给予补贴	参保人数1.5亿人左右
基本社会服务				
服务项目	服务对象	保障标准	支出责任	覆盖水平
最低生活保障	家庭人均收入低于当地最低生活保障标准的城乡居民	保障标准按照能维持当地居民基本生活所必需的吃饭、穿衣、用水用电等费用确定，年均增长按国家"十二五"规划纲要确定的目标实施	地方政府负责，中央财政对困难地区适当补助	目标人群覆盖率100%
自然灾害救助	因自然灾害致使基本生活困难的人员	灾后12小时内基本生活得到初步救助	中央和地方政府共同负责	目标人群覆盖率100%
医疗救助	最低生活保障家庭、五保户以及低收入重病患者、重度残疾人、低收入家庭老年人等特殊困难群体	医疗救助起付线逐步降低或取消，政策范围内住院自负费用救助比例原则上不低于50%	地方政府负责，中央财政对困难地区适当补助	目标人群覆盖率100%

续表

基本社会服务				
服务项目	服务对象	保障标准	支出责任	覆盖水平
流浪乞讨人员生活救助	城市生活无着的流浪乞讨人员	免费享有临时基本食物、住处、疾病救治、返乡及安置服务	县级以上政府负责	目标人群覆盖率100%，城区均设有标准的救助机构
流浪未成年人救助保护	流浪未成年人	免费享有生活照料、教育和职业培训、医疗救治、行为矫治、心理辅导、权益保护、返乡及安置等服务	县级以上政府负责	目标人群覆盖率100%，城区均设有标准的救助机构
孤儿养育保障	失去父母、查找不到生父母的未成年人	孤儿基本生活最低养育标准由各地按不低于当地平均生活水平的原则合理确定，机构养育标准高于散居养育标准	地方政府负责，中央财政按照一定标准给予补助	目标人群覆盖率100%，新增孤儿养育床位20万张
农村五保供养	无劳动能力、无生活来源又无法定赡养、抚养、扶养义务人，或者法定赡养、抚养、扶养义务人无赡养、抚养、扶养能力的老年人、残疾人或者未满16周岁的村民	不低于当地村民的平均生活水平，并根据当地村民平均生活水平的提高适时调整，由地方政府确定	地方政府负责，中央财政对困难地区适当补助	目标人群覆盖率100%，集中供养能力达到50%以上
殡葬补贴	推行火葬地区不保留骨灰者和低收入家庭身故者的家庭	不保留骨灰者骨灰撒海等服务免费；有条件的地方为低收入家庭身故者遗体运送、火化以及安葬等提供补贴	地方政府负责	使火化率提高到50%
基本养老服务补贴	家庭经济困难且生活难以自理的失能、半失能65岁及以上城乡居民	有条件的地方根据老年人身体状况和家庭收入情况评估，确定补贴标准	地方政府负责	目标人群覆盖率50%以上

续表

基本社会服务				
服务项目	服务对象	保障标准	支出责任	覆盖水平
优待抚恤	享受国家抚恤补助的优抚人员	不低于当地平均生活水平	中央和地方政府分级负担	目标人群覆盖率100%
重点优抚对象集中供养	孤老和生活不能自理的抚恤优待对象	不低于当地平均生活水平	中央和地方政府共同负责	目标人群覆盖率100%
退役军人安置	退役军人	自主就业的,在领取退役金后,享受扶持就业优惠政策;其他分别采取安排工作、退休、供养等方式予以安置	中央和地方政府共同负责	目标人群覆盖率100%
基本医疗卫生服务				
服务项目	服务对象	保障标准	支出责任	覆盖水平
居民健康档案	城乡居民	为辖区常住人口免费建立统一、规范的居民电子健康档案	地方政府负责,中央财政适当补助	规范化电子建档率达到75%以上
健康教育	城乡居民	免费享有健康教育宣传信息和健康教育咨询服务等	地方政府负责,中央财政适当补助	城乡居民具备健康素养的人数达到总人数10%
预防接种	0—6岁儿童和其他重点人群	免费接种国家免疫规划疫苗,在重点地区,对重点人群进行针对性接种	地方政府负责,中央财政适当补助	以街道(乡镇)为单位,适龄儿童免疫规划疫苗接种率达到90%以上
传染病防治	法定传染病病人、疑似病人、密切接触者及相关人群	就诊的传染病病例和疑似病例及时得到发现、登记、报告、处理,免费享有传染病防治知识宣传和咨询服务	地方政府负责,中央财政适当补助	传染病报告率和报告及时率达到100%;突发公共卫生事件相关信息报告率达到100%

续表

基本医疗卫生服务				
服务项目	服务对象	保障标准	支出责任	覆盖水平
儿童保健	0—6岁儿童	免费建立保健手册，享有新生儿访视、儿童保健系统管理、体格检查、生长发育监测及评价和健康指导等服务	地方政府负责，中央财政适当补助	儿童系统管理率达85%以上
孕产妇保健	孕产妇	免费建立保健手册，享有孕期保健、产后访视及健康指导	地方政府负责，中央财政适当补助	孕产妇系统管理率达到85%以上
老年人保健	65岁及以上老年人	免费享有登记管理，享有健康危险因素调查、一般体格检查、中医体质辨识、疾病预防、自我保健及伤害预防、自救等健康指导	地方政府负责，中央财政适当补助	老年居民健康管理率达到60%
慢性病管理	高血压、糖尿病等慢性病高危人群	免费享有登记管理、健康指导、定期随访和体格检查	地方政府负责，中央财政适当补助	高血压和糖尿病患者规范化管理率达到40%以上
重性精神疾病管理	重性精神疾病患者	免费享有登记管理、随访和康复指导	地方政府负责，中央财政适当补助	重性精神疾病患者管理率达到70%
卫生监督协管	城乡居民	免费享有食品安全信息、学校卫生、职业卫生咨询、饮用水卫生安全巡查等服务与指导	地方政府负责，中央财政适当补助	目标人群覆盖率达到70%以上
基本药物制度	城乡居民	享有零差率销售的基本药物，并全部纳入基本医疗保障药物报销目录，逐步提高实际报销水平	地方政府负责，中央财政适当补助	覆盖所有政府办基层医疗卫生机构和村卫生室
药品安全保障	城乡居民	享有符合国家药品标准的药物	中央和地方政府共同负责	药品出厂检验合格率达到100%

续表

人口和计划生育基本服务				
服务项目	服务对象	保障标准	支出责任	覆盖水平
技术指导咨询	育龄人群	免费获取避孕药具,免费享有查环查孕经常性服务、术后随访服务及计划生育、优生优育、生殖健康科普、教育、咨询服务	免费避孕药具支出由中央财政全额负担,其他服务由地方政府负责,中央财政适当补助	本地常住人口目标人群覆盖率达到100%,流动人口目标人群覆盖率达到85%
临床医疗服务	育龄夫妇	免费享有避孕和节育的医学检查、计划生育手术、计划生育手术并发症和计划生育药具不良反应的诊断与治疗	地方政府负责,中央财政适当补助	避孕节育免费服务目标人群覆盖率达到100%
再生育技术服务	符合条件的育龄夫妇	免费享有再生育相关的医学检查、输卵(精)管复通手术	地方政府负责,中央财政适当补助	目标人群覆盖率100%
宣传服务	城乡居民	免费获取计划生育、优生优育、生殖健康等宣传品	地方政府负责,中央财政适当补助	家庭覆盖率达到90%
独生子女父母奖励	实行计划生育、子女未满18周岁的夫妇	奖励费每对夫妇每年不低于120元	中央、地方、企事业单位共同负担	目标人群覆盖率80%以上
农村部分计划生育家庭奖励扶助	年满60周岁、只生育一个子女或两个女孩的农村计划生育家庭夫妇	奖励扶助金夫妇每人年均不低于960元	中央和地方财政按比例共同负担	目标人群覆盖率95%以上
"少生快富"	特定农牧区可生三个孩子而自愿少生一个或两个孩子,并已落实安全适宜长效节育措施的夫妇	一次性奖励每对夫妇不少于3000元	中央财政负担80%,地方财政负担20%	覆盖内蒙古、海南、四川、云南、甘肃、青海、宁夏、新疆和新疆生产建设兵团所有目标人群
计划生育家庭特别扶助	符合条件的死亡或伤残独生子女父母及节育手术并发症三级以上人员	根据不同情况,给予每人每月不低于135元、110元的扶助金;给予节育手术并发症一级、二级、三级人员适当补助	中央和地方财政按比例共同负担	目标人群覆盖率90%以上

续表

基本住房保障服务				
服务项目	服务对象	保障标准	支出责任	覆盖水平
廉租住房	城镇低收入住房困难家庭	享有实物配租的,人均住房建筑面积$13m^2$左右,套型建筑面积$50m^2$以内,租金标准由市、县政府确定;享有租赁补贴的,租赁补贴标准由市、县政府根据当地经济发展水平、市场平均租金、家庭经济承受能力等因素确定	市、县政府负责,省级政府给予资金支持,中央给予资金补助	增加廉租住房不低于400万套,新增发放租赁补贴不低于150万户
公共租赁住房	城镇中等偏下收入住房困难家庭、新就业无房职工、城镇稳定就业的外来务工人员	单套建筑面积以$40m^2$左右的小户型为主,租金水平由市、县政府根据市场租金水平和供应对象的支付能力等因素确定	市、县政府负责,引导社会资金投入,省级政府给予资金支持,中央给予资金补助	增加公共租赁住房不低于1000万套
棚户区改造	符合条件的棚户区居民	实物安置和货币补偿相结合,具体标准由市、县政府确定(有国家标准的,执行国家标准)	政府给予适当补助,企业安排一定的资金,住户承担一部分住房改善费用	改造棚户区居民住房不低于1000万户
农村危房改造	居住在危房中的农村分散五保供养户、低保户、贫困残疾人家庭和其他贫困户	每户建筑面积一般控制在40—$60m^2$,户均中央补助不低于6000元,地方补助标准自行确定	省级政府负总责,中央财政安排补助资金,省级财政给予资金支持,个人自筹等相结合	改造农村危房800万户以上
游牧民定居	未定居的游牧民	每户建筑面积不低于$60m^2$(考虑家庭平均人口差异,内蒙古自治区户均$50m^2$),户均中央补助3万元,户均地方配套1.6万元	省级政府负总责,中央财政安排补助资金、地方财政给予资金支持、个人自筹相结合	基本完成24.6万户游牧民的定居任务

续表

公共文化体育服务				
服务项目	服务对象	保障标准	支出责任	覆盖水平
公共文化场馆开放	城乡居民	公共空间设施和基本服务项目免费，全年开放时间不少于10个月	中央和地方财政按比例共同负担	除文物建筑及遗址类博物馆外，各级文化文物部门归口管理的公共文化场馆全面向社会开放
公益性流动文化服务	城乡居民	免费享有影视放映、文艺演出、图片展览、图书销售和借阅、科技宣传为一体的流动文化服务；每个乡镇每年送四场地方戏曲；每学期中小学生观看两部爱国主义教育影片	地方政府负责，中央财政适当补助	基本建立灵活机动、方便群众的公益性流动文化服务网络，保障公益性演出场次
农村广播电视	农村居民为主	无偿提供中央第一套广播节目、中央第一套和第七套电视节目及本省第一套广播电视节目等四套以上广播和电视节目服务，逐步增加节目套数和提高播放质量	中央和地方政府共同负责	基本实现所有通电行政村和自然村村村通和户户通广播电视
农村电影放映	农村居民	行政村一村一月放映一场电影，每场财政补贴200元	中央和地方财政按比例共同负担	每年放映780万场公益电影
少数民族语言广播影视	主要少数民族地区居民	通过有线、无线或卫星等方式能够收听收看到本民族语言广播影视节目	中央和地方政府共同负责	覆盖藏、维、蒙、哈、朝、壮、傣等主要少数民族地区
应急广播	城乡居民	在突发公共事件发生前后及时获得政令、信息等服务	中央和地方政府共同负责	在全国范围内基本实现分层次、分类型、全方位立体覆盖

续表

公共文化体育服务				
服务项目	服务对象	保障标准	支出责任	覆盖水平
公共阅读服务	城乡居民	农村行政村建立农家书屋，图书不少于1500册，报刊20—30种，电子音像制品不少于100种（张），并及时更新；城市和乡镇主要街道、大专院校、居民小区等人流密集地点设公共阅报栏（屏），及时提供各类新闻和服务信息	中央和地方财政按比例共同负担	基本实现行政村村村有农家书屋，新增城乡公共阅报栏（屏）10万个，国民综合阅读率达到80%
少数民族文字出版译制	有文字的少数民族	可以获得本民族语言文字出版的、价格适宜的常用书刊、电子音像制品，政府给予出版物资助	中央和地方政府共同负责	每年选择不少于800种优秀国内外书刊、电子音像制品翻译成少数民族语言文字
盲文出版	盲人	可以获得价格适宜的盲文出版物，政府给予出版物资助	中央和地方政府共同负责	年生产盲文书刊1600种、70万册
文化遗产展示门票减免	未成年人、老年人、现役军人、残疾人和低收入人群	减免参观文物建筑及遗址类博物馆的门票	中央和地方财政分别负担	目标人群覆盖率100%
体育场馆开放	城乡居民	有条件的公办体育设施（含学校体育设施）向公众开放，免费项目或有关收费标准由地方政府制定；开放时间与当地公众的工作时间、学习时间适当错开，不少于省（区、市）规定的最低时限，全民健身日免费开放，国家法定节假日和学校寒暑假期间，应当适当延长开放时间	地方政府负责，中央财政适当补助	可供使用的公共体育场地（含学校体育场地）占全国体育场地总数的比率达到53%左右

续表

公共文化体育服务				
服务项目	服务对象	保障标准	支出责任	覆盖水平
全民健身服务	城乡居民	免费享有健身技能指导、参加健身活动、获取科学健身知识等服务;免费提供公园、绿地等公共场所全民健身器材	地方政府负责,中央财政适当补助	经常参加体育锻炼人数比率达到32%以上

残疾人基本公共服务				
服务项目	服务对象	保障标准	支出责任	覆盖水平
社会保险保费补贴	重度和贫困残疾人	参加城镇居民基本医疗保险、新型农村合作医疗、新型农村社会养老保险和城镇居民社会养老保险按规定享受政府社会保险费补贴	中央和地方财政共同负担	目标人群覆盖率100%
基本医疗保障医疗康复项目	参保残疾人	运动疗法、偏瘫肢体综合训练、脑瘫肢体综合训练、截瘫肢体综合训练、作业疗法、认知知觉功能康复训练、言语训练、吞咽功能障碍训练、日常生活能力评定等医疗康复项目纳入基本医疗保险范围	基本医疗保险基金支出	目标人群覆盖率100%
义务教育阶段特殊教育	适龄残疾儿童、少年	在"两免一补"基础上,针对残疾学生特殊需要,进一步提高补助水平;大中城市不能到校上学的残疾儿童、少年接受送教上门服务	中央和地方财政共同负担	学龄残疾儿童少年接受义务教育比率达到90%
残疾人教育资助	家庭经济困难的残疾儿童、青少年	义务教育、学前教育和高中阶段教育寄宿生享受生活费用和特殊学习用品、教育训练补助;高中阶段教育学费、杂费、课本费免除	中央和地方财政共同负担	义务教育和高中阶段教育资助目标人群覆盖率100%,为5.14万人次贫困残疾儿童提供学前教育训练费和生活补助

续表

残疾人基本公共服务				
服务项目	服务对象	保障标准	支出责任	覆盖水平
残疾儿童抢救性康复	0—6岁残疾儿童	对接受手术、辅具配置和康复训练等服务提供资助	中央和地方财政共同负担	覆盖93万人次左右目标人群
残疾人就业服务	城乡有就业愿望的残疾人	免费在公共就业服务机构和基层劳动就业社会保障公共服务平台享有职业介绍、职业指导等就业服务；对就业困难残疾人提供就业援助；免费在残疾人就业服务机构享有就业信息发布、残疾人职业培训等服务	地方政府负责，中央财政适当补助	实现城镇残疾人新增就业100万，为100万农村贫困残疾人提供实用技术培训
残疾人文化服务	残疾人	能够收看到有字幕和手语的电视节目，在公共图书馆得到盲文和有声读物等阅读服务	中央和地方财政共同负担	各级公共图书馆设立盲人阅览室，配置盲文图书及有关阅读设备；省市两级电视台普遍开办手语节目；影视剧和电视节目加配字幕
残疾人体育健身服务	残疾人	免费享有体育健身指导服务	中央和地方财政共同负担	建立1200个残疾人体育健身示范点，经常参加体育健身的残疾人比率达到15%以上

资料来源：根据《国家基本公共服务体系"十二五"规划》整理。

1. 国家基本公共教育标准体系初步形成

按照我国目前教育体制的阶段分期,《国家基本公共服务体系"十二五"规划》将基本公共教育国家标准主要分为学前教育、初等教育（小学）和中等教育（初中、高中及中等职业教育）三大类服务项目,其中义务教育阶段成为基本公共教育标准体系重点关注的对象,为保证公民享有平等的受教育权,义务教育国家标准主要侧重以城镇、农村及贫困地区家庭经济困难学生为服务对象,通过明确规定农村中小学年生均公用经费最低标准、寄宿生生活补助标准及贫困地区生均每日营养膳食补助标准,按照中央与地方财政比例分摊或地方政府负责、中央财政适当补助的支出责任实现目标人群全覆盖,促进城乡义务教育均衡化发展。同时为确保城乡贫困家庭子女能够接受除义务教育阶段以外更高一级阶段的教育,通过知识改变命运,国家加大了对高中教育和中等职业教育的助学力度,明确了普通高中和中等职业教育国家助学金每年资助标准,按照中央与地方财政比例分摊的支出责任实现目标人群全覆盖。以上标准均侧重保护城乡贫困家庭子女等弱势群体的受教育权,这揭示出一种保障教育"起点公平"的价值取向。

2. 国家劳动就业服务标准体系初步形成

根据适龄劳动者劳动就业公共需求,从政府责任的角度,《国家基本公共服务体系"十二五"规划》将劳动就业服务国家标准主要分为就业指导与创业扶持、劳动人事关系协调及劳动权益保障两大类服务项目。就业指导与创业扶持以有就业/创业需求的劳动者,尤其是失业人员、农村转移就业劳动力、残疾人、新成长劳动力、零就业家庭等就业困难人员为服务对象,通过明确目标人群覆盖范围及培训后就业率来保护城乡就业困难人员等弱势群体的劳动权,这体现出一种保障劳动就业"基点公平"的价值导向。同时针对当前"就业难"形势下劳资双方权利、义务不对等的现状,明确规定企业劳动合同签订率、集体合同签订率、劳动保障监察案件结案率及劳动人事争议仲裁结案率,有助于保护个体劳动者的劳动权益,防止劳动力市场出现"资方垄断",这呈现出一种保障劳动就业"机会公平"和"结果公平"的价值诉求。

3. 国家社会保险标准体系初步形成

针对社会成员因丧失劳动能力、暂时失去劳动岗位或因健康原因造成损失的潜在风险,《国家基本公共服务体系"十二五"规划》将社会保险国家标准主要分为养老保险、医疗保险、失业保险、工伤保险和生育保险五大类服务项目,为全社会铺设"安全网"和"减压阀"。养老保险和医疗保险以全社会就业人员、城乡居民为服务对象,通过明确规定城乡居民基础养老金最低标准,政策范围内住院费用支付比例,用人单位、个人和政府保险金额分摊比例,参保人数及参保率,着力解决"老无所养""病无所医"的问题。失业保险、工伤保险和生育保险以全社会就业人员为服务对象,通过明确用人单位与政府保险基金分摊责任保护劳动者的劳动权和生育权,这显示出一种保障全社会成员基本人权(生存权和发展权)的价值导向。

4. 国家基本社会服务标准体系初步形成

对于老人、妇女、儿童、残疾人等弱势群体以及因突发自然灾害或人为事故造成劳动能力丧失的社会特殊人群生活所面临的潜在风险,《国家基本公共服务体系"十二五"规划》将基本社会服务国家标准主要分为社会救助和社会优抚两大类社会福利服务项目。基本社会服务以社会救助服务项目中的最低生活保障为核心,以城乡低收入群体为服务对象,通过明确最低生活保障标准与覆盖水平(全覆盖),使低收入者维持最低生活水平,这表现出一种人道主义关怀,是社会保障的最后一道防护线和安全网。另外,社会优抚旨在确保退役军人和生活不能自理的抚恤优待对象等目标群体"生活得有尊严"。

5. 国家基本医疗卫生标准体系初步形成

依据社会公众医疗卫生公共需求,《国家基本公共服务体系"十二五"规划》将基本医疗卫生国家标准主要分为:城乡居民健康保健;老弱妇孺专项保健,传染病、慢性病及重性精神病防治与食品卫生,药品安全管理四大类服务项目,以城乡居民、烈性传染病人等高危人群以及老弱妇孺等特殊人群为服务对象,通过明确规定居民健康档案规范化电子建档率、适龄儿童免疫规划疫苗接种率、传染病报告率和报告及时率、突发公共卫生事件相关信息报告率、高血压和糖尿病患者规范化管理率、重性精神疾病患者管理率、儿童及孕产妇系统管理率、老年居民健康管理率、药品出厂检验合格率等,保证让人人公平享有健康保障,这展现出一种保障全社会成员基本人权(生存权)的价值取向。

6. 国家人口和计划生育标准体系初步形成

根据我国计划生育的基本国策,《国家基本公共服务体系"十二五"规划》将人口和计划生育国家标准主要分为优生优育和少生优生两大类服务项目，以城乡居民、育龄夫妇为服务对象，通过明确规定避孕节育免费服务目标人群覆盖率、独生子女父母奖励每年最低标准、农村计划生育家庭奖励扶助金每年最低标准、"少生快富"一次性奖励最低标准、计划生育家庭特别扶助金最低标准等，实现人口的可持续发展，这显现出保障公民生育权"相对公平"的价值诉求。

7. 国家基本住房保障标准体系初步形成

有关城镇低收入住房困难家庭、农村危房住户、未定居游牧民等群体的"住房难"问题，《国家基本公共服务体系"十二五"规划》将基本住房保障国家标准主要分为廉租房、公共租赁房、棚户区改造、农村危房改造、游牧民定居五大类服务项目，通过保障性安居工程建设，明确规定五类保障性住房建筑面积及目标群体覆盖率，这反映出一种保障全社会成员基本人权（生存权）的价值导向。

8. 国家公共文化体育服务标准体系初步形成

遵循城乡居民文化体育公共需求，《国家基本公共服务体系"十二五"规划》将公共文化体育服务国家标准主要分为公共文体健身服务、广播影视及公益性流动文化普及、少数民族及特定群体文化遗产保护三大类服务项目，以城乡居民、少数民族、盲人、未成年人等群体为服务对象，通过明确规定公共空间设施全年开放时间、农村电影放映每场财政补贴标准、农家书屋报刊、图书及电子音像制品最低数量、国民综合阅读率、盲文书刊每年生产种类与册数及经常参加体育锻炼人数比率，丰富人民群众文体娱乐生活，这体现出一种保障公共文化体育"机会公平"的价值取向。

9. 国家残疾人基本公共服务标准体系初步形成

依照《国家"十二五"规划纲要》坚持"民生优先"原则的总要求，《国家基本公共服务体系"十二五"规划》将残疾人基本公共服务国家标准主要分为残疾人教育服务、残疾人就业服务、残疾人医疗及社会保障服务、残疾人文化体育服务四大类服务项目，通过明确规定目标人群覆盖率，营造残疾人平等参与的社会环境，这展示出一种保障残疾人公共服务"起点公平"的价值诉求。

随着基本公共服务体系国家层面基本标准的形成和确立,目前在建立省、自治区、直辖市层面的基本公共服务体系地方标准的过程中,江西省、河南省、浙江省、山西省、四川省、青海省已先后颁布《基本公共服务体系"十二五"规划》或《基本公共服务专项规划》;海南省、广西壮族自治区、福建省均已颁布了《基本公共服务均等化"十二五"规划》或《基本公共服务均等化重点民生项目发展规划》;湖北省、天津市都公布了《社区服务体系建设"十二五"规划》;北京市也出台了《"十二五"时期社会公共服务发展规划》。

(五)城乡基本公共服务均衡化不断推进,农村基本公共服务水平有所提高

基本公共服务的均等化主要指城乡基本公共服务在资源配置、供给机制等方面的一体化,通过构建农民享有"起点公平"与"机会公平"的基本公共服务体制和机制,保障农民享受与城市居民平等的社会福利权利和同质化的基本公共服务质量。[①] 2011年"十二五"规划纲要为推进基本公共服务均等化,首次明确提出:"把基本公共服务制度作为公共产品向全民提供。" 2012年7月颁布的《国家基本公共服务体系"十二五"规划》明确提出"十二五"时期我国基本公共服务的发展目标是:"覆盖城乡居民的基本公共服务体系逐步完善,推进基本公共服务均等化取得明显进展;到2020年实现全面建设小康社会奋斗目标时,基本公共服务体系比较健全,城乡区域间基本公共服务差距明显缩小,争取基本实现基本公共服务均等化。"[②] 因此,推进城乡基本公共服务均等化在当前具有现实而重要的意义:1. 基本公共服务均等化是破解城乡二元难题(即"两个失衡":城乡发展中经济与社会发展的失衡和城市与农村收入分配的失衡)的出发点;2. 基本公共服务均等化是推进"两化"(即"工业化"和"城镇化")互动的着力点;3. 基本公共服务均等化作为基本"民生"问题,是促进社会公平的归着

---

① 本部分内容为课题阶段性研究成果:姜晓萍:《统筹城乡中基本公共服务均等化研究——以四川省成都市为例》,《社会科学研究》2012年第2期,第33—40页。

② 《国家基本公共服务体系"十二五"规划》,《光明日报》2012年7月20日。

点,要以发展保民生,以民生促公平。①

2008年以来,国家已采取了一系列措施来推进城乡基本公共服务均等化,这主要包括宏观制度设计与具体政策法规实施两个方面:

1. 在宏观制度设计层面,《国家基本公共服务体系"十二五"规划》明确指出要促进城乡基本公共服务均等化:一是加强城乡基本公共服务规划一体化;二是推进城乡基本公共服务制度衔接;三是加大农村基本公共服务支持力度;四是以输入地政府管理为主,加快建立农民工等流动人口基本公共服务制度,逐步实现基本公共服务由户籍人口向常住人口扩展。

2. 在具体政策法规实施层面,一是促进城乡义务教育均衡发展:2012年9月,国务院印发《关于深入推进义务教育均衡发展的意见》,提出通过推动优质教育资源共享,均衡配置办学资源,合理配置教师资源,保障进城务工人员随迁子女和农村留守儿童等特殊群体平等接受义务教育,实现"到2015年,全国义务教育巩固率达到93%,实现基本均衡的县(市、区)比例达到65%;到2020年,全国义务教育巩固率达到95%,实现基本均衡的县(市、区)比例达到95%"②的义务教育均衡发展目标。二是促进城乡劳动就业均衡发展:2008年12月,国务院召开常务会议,就农民工就业问题提出,加强农民工就业能力培训、切实保障返乡农民工的土地承包权益等六条举措,农业部印发《关于做好当前农村土地承包经营权流转管理和服务工作的通知》,要求依法维护农民工合法的土地承包权益。③ 三是促进城乡社会保险均衡化发展:2009年9月,国务院印发《关于开展新型农村社会养老保险试点的指导意见》,决定从2009年起开展新型农村社会养老保障试点,探索建立个人缴费、集体补助、政府补贴相结合的新农保制度,2020年之前基本实现对农村适龄居民的全覆盖④,后根据试点工作进展,决定提前至2015年实现全覆盖目标。四是促进城乡医疗卫生均衡发展:2009年3

---

① 本部分内容为课题阶段性研究成果:姜晓萍:《统筹城乡中基本公共服务均等化研究——以四川省成都市为例》,《社会科学研究》2012年第2期,第33—40页。
② 《国务院关于深入推进义务教育均衡发展的意见》(国发〔2012〕48号),2012年9月5日。
③ 《国务院六条措施确保返乡农民工就业》,http://stock.hexun.com/2008-12-12/112289054.html,访问时间:2008年12月12日。
④ 《授权发布:国务院关于开展新型农村社会养老保险试点的指导意见》,http://news.xinhuanet.com/politics/2009-09/07/content_12010781.htm,访问时间:2009年9月7日。

月，国务院印发《医药卫生体制改革近期重点实施方案（2009—2011 年）》，提出从 2009 年开始，逐步在全国统一建立居民健康档案，提高公共卫生服务经费标准，2009 年人均基本公共卫生服务经费标准不低于 15 元，2011 年不低于 20 元。① 2012 年 3 月，国务院印发《"十二五"期间深化医药卫生体制改革规划暨实施方案》，提出逐步提高人均基本公共卫生服务经费标准，2015 年达到 40 元以上，免费为城乡居民提供健康档案、健康教育、预防接种、传染病防治、儿童保健、孕产妇保健、老年人保健、高血压等慢性病管理、重性精神疾病管理、卫生监督协管等国家基本公共卫生服务项目。② 五是促进城乡基本社会服务均衡发展：2011 年 5 月，中共中央、国务院印发《中国农村扶贫开发纲要（2011—2020）》，提出，到 2015 年，连片特困地区及贫困村等贫困地区的水、电、交通、农村危房改造、义务教育、医疗卫生、社会保障、公共文化等基本公共服务基本实现全覆盖。③

通过贯彻落实上述一系列政策举措，五年来我国城乡基本公共服务均等化成效显著，农村基本公共服务体系建设不断加强和完善：

1. 城乡收入差距不断缩小

如图 3-12 所示，五年来随着国家对"三农"问题的高度重视，我国农村居民家庭人均纯收入的逐年增长，从 2008 年的 4761 元提升到 2012 年的 7917 元，同比增长了 66.3%；同时农村居民家庭恩格尔系数由 43.7% 下降到 2012 年的 39.3%，同比下降了 4.4 个百分点。根据中国社会科学院的调查，2012 年农村居民人均纯收入 7917 元，比上年增加 939 元，增长 13.5%，剔除价格因素影响，实际增长 10.7%。其中，农村居民人均工资性收入 3448 元，比上年增加 484 元，增长 16.3%，增速同比下降 5.6 个百分点；农村居民家庭经营纯收入人均 3533 元，比上年增加 311 元，增长 9.7%，增速同比下降 4 个百分点；农村居民财产性收入人

---

① 《授权发布：医药卫生体制改革近期重点实施方案（2009—2011 年）》，http://news.xinhuanet.com/newscenter/2009-04/07/content_11142999_1.htm，访问时间：2009 年 4 月 7 日。
② 《"十二五"期间深化医药卫生体制改革规划暨实施方案》，http://www.moh.gov.cn/mohzcfgs/s9660/201203/54386.shtml，访问时间：2012 年 3 月 23 日。
③ 《授权发布：中国农村扶贫开发纲要（2011—2020）》，http://news.xinhuanet.com/politics/2011-12/01/c_111209711.htm，访问时间：2011 年 12 月 1 日。

均249元,比上年增加21元,增长9.0%;农村居民转移性收入人均687元,比上年增加123元,增长21.9%,增速连续两年保持在20%以上。2012年农村居民食品支出人均2324元,比2011年增长10.3%。农村居民食品支出占消费支出的比重(即恩格尔系数)为39.3%,比2011年下降1.1个百分点,恩格尔系数首次降至40%以下。2012年,农村居民收入增速连续第三年超过城镇居民收入增速。2012年,工资性收入增长仍然是农民收入增长的最主要因素,工资性收入增长16.3%,高于农民人均纯收入名义增长2.8个百分点,其对农民收入增长的贡献率达到51.5%,高于上年1.2个百分点。①

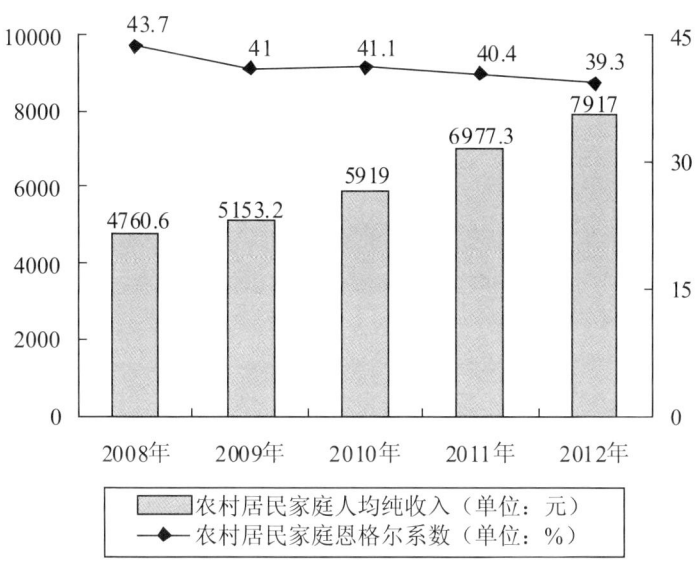

图3-12 2008—2012年农村居民家庭人均纯收入及恩格尔系数统计

数据来源:根据《中国统计年鉴(2012)》及中国社科院农村发展研究所《中国农村经济形势分析和预测(2013)》的相关数据整理。

---

① 《社科院:中国农村居民恩格尔系数首次降至40%以下》,http://www.chinanews.com/gn/2013/04-10/4718299.shtml,访问时间:2013年4月10日。

2. 农村基本公共服务水平稳步提升

一是城乡公共教育服务水平逐步趋向均衡。五年来初步解决进城务工人员随迁子女在城市接受义务教育问题，现有1260万农村户籍孩子在城市接受义务教育。实施惠及3000多万农村义务教育阶段学生的营养改善计划。① 如表3-5所示，2007年与2011年在城乡普通小学、普通初中、普通高中三级教育层面，生均教育经费、生均预算内教育经费及生均预算内公用经费三项指标均显示，教育投入的绝对量在逐年提升，教育投入农村低于城镇的相对量总体上在逐年下降。其中，2007年与2011年普通小学生均预算内公用经费农村低于城镇的比重有所增加的原因有二：一是计划生育国策使得人口出生率及人口自然增长率持续降低，同时近年来城镇化建设加快使得农村人口持续减少。《中国人口和就业统计年鉴（2012）》显示，2007年人口出生率为12.1%，自然增长率为5.17%；2011年人口出生率为11.93%，自然增长率为4.79%。2007年城镇人口数为60633万人，占全国总人口数比重为45.89%；农村人口数为71496万人，占全国总人口数比重为54.11%。2011年城镇人口数为69079万人，占全国总人口数比重为51.27%；农村人口数为65656万人，占全国总人口数比重为48.73%。二是城镇化建设使得农村人口减少，农村普通小学在校学生数随之减少，《中国统计年鉴（2008）》显示，2007年全国普通小学在校学生总数为105640027人，其中城镇普通小学在校学生数为43132717人，农村普通小学在校学生数为62507310人；《中国统计年鉴（2012）》显示，2011年全国普通小学在校学生总数为99263674人，其中城镇普通小学在校学生数为58611690人，农村普通小学在校学生数为40651984人。全国普通小学在校学生总数2011年比2007年减少了6%，城镇普通小学在校学生数2011年比2007年增加了35.89%，农村普通小学在校学生数2011年比2007年减少了34.97%。

---

① 《两会授权发布：政府工作报告》，http://news.xinhuanet.com/2013lh/2013-03/18/c_115064553.htm，访问时间：2013年3月18日。

表 3-5 2007 年与 2011 年城乡生均中、小学教育投入比较（单位：元）

	年份	普通小学			普通初中			普通高中		
		城镇	农村	农村低于城镇	城镇	农村	农村低于城镇	城镇	农村	农村低于城镇
生均教育经费	2007	3041	2463	19%	4046	2926	27.7%	6925	4031	41.8%
	2011	6521	5719	12.3%	8923	7439	16.6%	12122	7878	35%
生均预算内教育经费	2007	2363	2099	11.2%	2997	2465	17.8%	3427	2115	38.3%
	2011	5279	4847	8.2%	7108	6376	10.3%	7428	5032	32.3%
生均预算内公用经费	2007	447	403	9.9%	655	573	12.5%	702	316	55%
	2011	1450	1282	11.6%	2132	1956	8.3%	2231	1143	48.8%

数据来源：根据 2008 年和 2012 年《中国教育经费统计年鉴》的相关数据整理。

二是城乡公共医疗卫生服务水平差距逐步缩小。如表 3-6 所示，2007 至 2011 年农村卫生费用由 2535 亿元增长到 5774 亿元，增长了 1.28 倍，农村人均卫生费用由 349 元增长到 879 元，增长了 1.52 倍，农村卫生费用占城乡卫生费用的比例由 22.5% 提升至 23.7%，提高了 1.2 个百分点。截至 2012 年年底，全国有 2566 个县（市、区）开展了新型农村合作医疗，参合人口达 8.05 亿人，参合率为 98.3%。2012 年度新农合筹资总额达 2484.7 亿元，人均筹资 308.5 元。全国新农合基金支出 2408.0 亿元；补偿支出受益 17.45 亿人次，其中，住院补偿 0.85 亿人次，普通门诊补偿 15.41 亿人次。2012 年年底，全国 3.32 万个乡镇共设 3.7 万个乡镇卫生院，床位 109.9 万张，卫生人员 120.5 万人（其中卫生技术人员 101.7 万人）。2012 年村卫生室诊疗量达 19.3 亿人次，比 2008 年增加 5.6 亿人次，平均每个村卫生室年诊疗量 2949 人次。[①]

---

① 国家卫生和计划生育委员会：《2012 年我国卫生和计划生育事业发展统计公报》，http://www.moh.gov.cn/mohwsbwstjxxzx/s7967/201306/fe0b764da4f74b858eb55264572eab92.shtm，访问时间：2013 年 6 月 19 日。

表 3-6 2007—2011 年全国城乡卫生总费用测算数（当年价格）

	2007	2008	2009	2010	2011
城乡卫生费用（亿元）	11289.5	14535.4	17541.9	19980.4	24345.9
城市	8754.5	11255.0	11783.0	15508.6	18571.9
农村	2535.0	3280.4	5758.9	4471.8	5774.0
城乡卫生费用比例（%）	100.0	100.0	100.0	100.0	100.0
城市	77.5	77.4	67.2	77.6	76.3
农村	22.5	22.6	32.8	22.4	23.7
人均卫生费用（元）	854.4	1094.5	1314.3	1490.1	1807.0
城市	1480.1	1862.3	2176.6	2315.5	2697.5
农村	348.5	454.8	562.0	666.3	879.4
城市/农村（倍）	4.2	4.1	3.9	3.5	3.1

数据来源：根据国家卫生和计划生育委员会 2008—2012 年《中国卫生事业发展情况统计公报》的相关数据整理。

三是农村人力资源和社会保障服务水平逐步提升。2012 年全国农民工总量达到 26261 万人，比 2008 年增加 3719 万人，其中外出农民工 16336 万人，比 2008 年增加 2295 万人。[①] 2011 年末国家新型农村社会养老保险试点地区参保人数 32643 万人，比 2007 年农村养老保险参保人数增加 27472 万人；全年新型农村社会养老保险基金收入 1070 亿元，比 2010 年增长 135.9%，其中个人缴费 415 亿元，比 2010 年增长 84.0%；基金支出 588 亿元，比 2007 年农村养老保险基金支出增长了 14.7 倍；基金累计结存 1199 亿元，比 2007 年农村养老保险基金累计结存增长了 2.91 倍。[②] 2011 年国家

---

① 人力资源和社会保障部：《2012 年度人力资源和社会保障事业发展统计公报》，http://www.mohrss.gov.cn/SYrlzyhshbzb/zwgk/szrs/ndtjsj/tjgb/201306/t20130603_104411.htm，访问时间：2013 年 5 月 28 日。

② 人力资源和社会保障部：《2011 年度人力资源和社会保障事业发展统计公报》，http://www.mohrss.gov.cn/SYrlzyhshbzb/zwgk/szrs/ndtjsj/tjgb/201206/t20120605_69908.htm，访问时间：2012 年 6 月 5 日。

新型农村合作医疗保险试点县（区、市）由 2007 年的 2451 个增加到 2637 个，增长了 7.6%；参保人数由 2007 年的 7.26 亿人增加到 8.32 亿人，增长了 14.6%；参保率由 2007 年的 86.2% 提升至 97.5%，增长了 11.3 个百分点；新农合人均筹资由 2007 年的 58.9 元提升至 246.2 元，增长了 3.18 倍；新农合基金支出由 2007 年的 346.6 亿元增加至 1710.2 亿元，增长了 3.93 倍；新农合补偿受益人次由 2007 年的 4.53 亿人次增加至 13.15 亿人次，增长了 1.9 倍。[①]

三、转型期我国公共服务体系的公共需求分析

基本公共服务需求不仅是政府明确基本公共服务范围和标准、完善基本公共服务供给机制的前提，也是直接影响公民的公共服务选择权与参与权利能否实现、基本公共服务的公平性和可及性能否保障的关键因素。为了及时了解《国家基本公共服务"十二五"规划》颁发后公众对我国基本公共服务体系的需求，我们对北京、上海、天津、山东、浙江、广东、河南、湖北、四川、陕西等 22 个省市进行了公众需求调查，从基本公共服务的范围与标准、资源配置、供给方式、绩效管理、公民参与等方面进行分析。

（一）明确基本公共服务的范围与标准的需求

基本公共服务是由政府主导提供，旨在保障全体公民生存和发展基本需求的公共服务，具有广覆盖、普惠及、促均等特质。对基本公共服务内容的界定，主要指如何根据公众的生存与发展需求确定政府提供公共服务的范围与标准，实质就是对公民应该享有的社会福利权的界定，同时也是对政府公共服务供给责任的界定。因此，了解公众对基本公共服务的范围与标准需求，是国家完善基本公共服务体系的前提。

1. 推进公共服务范围动态调整的需求

按照《国家基本公共服务"十二五"规划》的要求，基本公共服务包

---

① 国家统计局社会科技和文化产业统计司编：《中国社会统计年鉴（2012）》，中国统计出版社 2012 年版，第 170 页。

括"公共教育、劳动就业服务、社会保障、基本社会服务、医疗卫生、人口计生、住房保障、公共文化等领域的基本公共服务以及基层设施和环境保护的重点任务"。公共服务是一个系统工程,涵盖了公众生存和发展的各个领域和各个阶段,对于公众来说,获取全面完整的公共服务是其自身发展和家庭发展的必然要求。公众对基本公共服务范围的需求,一方面表现为公众对于公共服务的全面性需求,即公众要求政府提供适合自身发展不同阶段和自身生活工作各个方面的需求,且这一需求从来不是单一的、独立的,而是横向上包括了衣食、居住、健康和文体的需求,纵向上涵括出生、教育、劳动和养老的需求,缺失任何一方面的需求都会对公众的正常生活发展产生影响。调查显示,如表3-7所示,公众对于以下的公共服务皆存在着刚性需求,只是因不同时期以及自身需求的不同情况而在优先顺序上对这些公共服务需求有所不同。总体来看,在当前情况下,生态环境保护、医疗卫生和保障性住房成为了公众最为迫切的需求,而作为基础保障的其他基本公共服务仍是公众生存和发展必不可少的基础条件。

表3-7 公众所迫切需要的公共服务

项目	选择人数	所占总人数的百分比 ($N = 1621$ 人)	排序
生态环境保护	983	60.7%	1
医疗卫生	889	54.9%	2
保障性住房	705	43.5%	3
公共文化设施	594	36.7%	4
基础设施	566	34.9%	5
义务教育	532	32.8%	6
社会保障	512	31.6%	7
就业服务	475	29.3%	8
社会治安	287	17.7%	9
其他	55	3.4%	10

另一方面，公众对于基本公共服务需求的范围不断扩大。随着当前公共服务体系的不断完善，原先的教育、社保、医疗等公共服务在供给水平上不断提高，公众对于这些生存发展基本公共服务之外的公共服务需求也在不断增长，特别是对于提高自身工作、生活品质的需求在当前更为迫切，如对公共文化设施的需求已经超过了基础设施建设、义务教育、社会保障等方面的诉求，生态环境保护更成为公众所认为政府最迫切要提供的公共服务。可以看出，公众所需求的公共服务范围是一个不断扩展的过程，与之相应，政府的公共服务体系也应该是一个在量上不断增加、品质上不断提高、范围上不断扩展的动态体系。

2. 强化公共服务标准化管理的需求

公共服务的标准，主要体现为政府该供给什么公共服务、为谁提供公共服务、提供何种水平的公共服务、以及由谁来承担公共服务的供给责任。当前公众对于公共服务标准的需求主要表现在以下方面：

一是公众要求明确公共服务的辐射范围标准。公共服务辐射范围涉及一个该由谁享受的问题。按照基本公共服务的属性，公众理应成为公共服务的最终受众，但是由于资源的有限性，部分基本公共服务仍然需要通过一定的限制条件来保障其效用效果，而现实中一些歧视性的制度设计却大大地削弱了基本公共服务的效用效果，造成了公共服务的辐射"受阻"问题。一是公共服务辐射不足，导致公共服务"被私有化"，部分公共服务在现实中被一部分群体私有化为"内部服务"，造成了其他公众的权益受损和社会不公。以当前的外来务工人员公共服务需求为例，《人民日报》就曾刊文指出：户籍制度的门槛、用工制度的壁垒、利益呼声的沉没、讨薪历程的艰难、社会歧视的冷眼，有形无形地把"异乡人"推向城市生活的边缘地带，造成了"社会拒人、权利亏人、心理贬人、文化伤人"的"社会排斥"现象。① 二是公共服务的辐射过度，导致公共服务"被过量消费"，公共服务虽然存在着非排他性和非竞争性特征，但是过量的需求辐射亦会导致服务的低效甚至无效，以广东地铁为例，实施免费政策大大扩大了公共服务的辐射范围，这导致了地铁运量比之前增加了100%，

---

① 詹勇：《摩擦事件刺痛人心 社会管理亟须破题》，《人民日报》2011年6月15日。

地铁呈现出"被挤爆"状态，大大降低了公共服务的质量和效果。因此，公众对于公共服务辐射范围的需求，一方面体现为公共服务不能因为辐射过小而将公众排除在享受范围之外，另一方面公共服务也不能因为过度消费而导致品质的降低。公众要求公共服务必须具有一定的边界特征，且这种边界不是以某种特定因素（如户口、职业、收入）为条件，而应兼具公共性与竞争性。

二是公众要求公共服务具有明确的责任分担标准。公共服务的公共性和外部性特征决定了其成本应该由政府等社会公共部门承担，而现实中往往存在着公共服务在实际运行中的费用转嫁问题，大大加剧了社会成本。一方面由于公共服务的有限性与社会需求之间不协调导致的寻租问题，一些公共服务的供给者以公共服务的有限为条件，要求公众必须付出相应的租金作为公共服务享受的前提。以农村低保为例，部分地方的低保往往异化为"关系户"低保。另一方面公共服务成了部分地方的"创收"工具，部分地方政府因为财政压力问题，将国家一些免费的公共服务项目异化为"收费项目"，如一些地方的义务教育，虽然国家早已明文规定了义务教育的免费特征，但部分地方仍变相收取大量的教育费用，严重阻碍了教育这一基本公共服务的社会效用发挥。因此，公众期望国家明确各类基本公共服务的供给责任，明确中央政府、各级地方政府以及部分企业、社会组织和公众在基本公共供给中的责任分配，避免公共服务供给的缺位、越位问题。

三是公众要求推行公共服务的质量标准。目前，政府与公众社会大多都是从量上对公共服务进行评价，包括公共服务的财政支出情况、公共服务的覆盖率等等，但对公共服务的品质关注较少，这导致实践中出现了一些以次充好、"政绩工程"的公共服务项目，浪费了大量社会资源却没有增加社会效益，有些甚至影响了社会的和谐与稳定。如图3-13，对于公共服务，有66.93%的公众认为自身所享受的公共服务既不足量也不足质，25.54%的公众认为公共服务足量但不足质。虽然在总体上，我国当前的公共服务仍然处于质、量双重不足的阶段，但是公众对于质的关注在进一步增加，高品质的公共服务已经成为个人和家庭生活与发展的核心内容，公众需要政府和社会加强对公共服务的品质关注和强化。

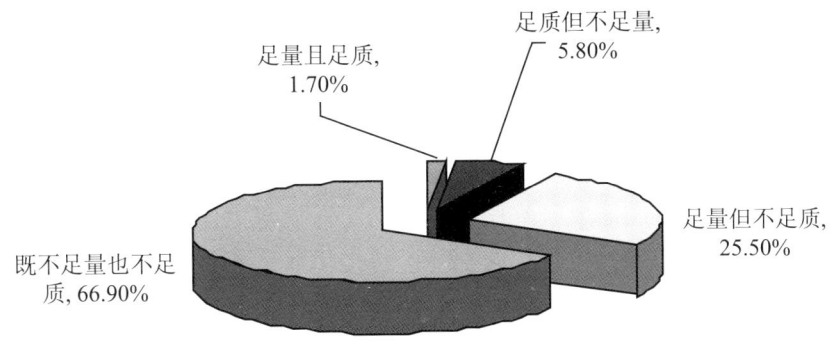

图 3-13 公众对公共服务质量的评价

(二) 落实基本公共服务均等化的需求

均等化是基本公共服务的重要特质,从内涵上来看,公共服务均等化包含着三层含义:"全体公民享有的基本公共服务的机会和原则应该均等;全体公民享有基本公共服务的结果应该大体相等;社会在提供大体均等的基本公共服务成果的过程中,尊重某些社会成员的自由选择权。"[①] 从内容上来看,公共服务均等化包括了区域公共服务均等化、城乡公共服务均等化和群体公共服务均等化。公众对于基本公共服务的需求,在根本上体现的是一种公民对于公平权利的诉求。针对公务员的调查显示,有 56.3% 的公务员认为公共服务均等化是当前公共服务工作的核心内容,其他依次分别为公共服务质量工程 (51.7%)、公共服务的全面性 (48.5%)、公共服务的满意度 (39.6%)、公共服务的可及性 (32.1%) 和公共服务的效率 (30.8%)。公众对公共服务的需求主要表现在以下方面:

1. 缩小区域差异,推进区域基本公共服务均等化的需求

一是构建均等化区域基本公共服务政策体系需求。当前我国已经出台了《国家基本公共服务体系"十二五"规划》,针对基本公共服务设置了国家标准,以推进基本公共服务的均等化进程。但基本公共服务均等化,不仅包括了公共服务供给政策,还包括了与公共服务相互配套的政策体系,而政策

[①] 常修泽:《中国现阶段基本公共服务均等化研究》,《中共天津市委党校学报》2007 年第 2 期,第 66—67 页。

体系正是导致区域公共服务差异化的根源。而现实中各个地方基于地方发展的需要而在基本公共服务政策上具有明显的差异化特征,以环境保护政策为例,东部地区由于产业发展中心的调整,高新产业、绿色产业成为主要的产业发展政策,生态环境保护和治理也成为环保政策重点;而在中西部地区,由于承接产业转移的需要,一些地方的生态环境政策往往服从于产业发展政策,这使得生态环境保护在东西部地区呈现出非均等化的态势。这引起了群众的不满,并成为一些群体性事件和社会矛盾的重要导火索。因此,公众需要均等化的公共服务政策体系保障自身发展的机会平等。

二是加大转移支付,推动区域基本公共服务投入均等化需求。如果说基本公共服务存量所代表的是区域公民在发展中的机会条件的话,那么公共服务的财政投入则代表了不同区域在公共服务建设中的力度和潜力,财政投入的差异化往往加剧了基本公共服务的非均等化。如表3-8所示,2012年我国的东、中、西部[①]地区基本公共服务的财政投入仍然存在着巨大的差距,这使得存量本就具有差异性的东、中、西部区域,由于现量投入不均,差距进一步拉大。尤其是西部地区在各项投入上都落后于东中部地区,公众迫切需要基本公共服务的全国统筹,通过均等化的公共服务财政投入推进公共服务的均等化进程,通过差异化的财政转移支付实现公共服务总量差异的缩小。

表3-8 2012年区域财政基本公共服务财政支出(单位:亿元)

地区	一般公共服务	公共安全	教育	社会保障和就业	医疗卫生	节能环保	城乡社区事务
东部平均	450.56	264.63	819.39	426.23	270.97	105.42	455.96
中部平均	399.49	171.16	681.06	426.65	254.88	93.76	217.89
西部平均	286.42	134.25	454.35	315.58	172.39	81.49	189.48

数据来源:中华人民共和国国家统计局:《中国统计年鉴(2013)》,中国统计出版社2014年版,经整理。

[①] 本文所采用的东、中、西部地区分类,按照国家2000年制定西部大开发中享受政策范围的省市划分,东部地区包括北京、天津、河北、辽宁、上海、江苏、浙江、福建、山东、广东和海南;中部地区包括山西、吉林、黑龙江、安徽、江西、河南、湖北、湖南;西部地区包括四川、贵州、云南、西藏、陕西、甘肃、青海、宁夏、新疆、内蒙古、广西。

三是合理配置资源,保障区域基本公共服务结果均等化需求。基本公共服务结果均等化是显性的均等化,是公众看得见、摸得着的关于公共服务的现实感受,结果的非均等化在现实中往往直接决定着公众所获取效益的水平。区域的政策体系差异和财政投入不同造成了当前我国区域基本公共服务结果的巨大差距。以义务教育为例,经济水平和资源投入的差异导致了地区间教育水平出现了差异。从教育资源的配置来看,在硬件设施方面,小学生均教学及辅助用房面积东、中、西部地区分别为 $5.16m^2$、$3.92m^2$ 和 $3.88m^2$,小学生均体育运动场馆面积分别为 $8.14m^2$、$7.34m^2$ 和 $5.35m^2$,东部地区远高于中西部地区,特别是西部地区;在生均费用方面,东部地区中小学生均事业费用比中西部地区平均差距在 1.8—2.2 倍,生均公用费用的差距在 1.4—2.2 倍[1]。而从特殊教育公共服务来看,如表 3-9 所示,东、中、西部各省份的投入资源和产出也存在巨大的差距,东中部地区在教师投入方面远高于西部地区,而从受益人来看,东部地区也大大领先于西部地区,区域的基本公共服务受益情况存在巨大差距。区域基本公共服务结果的非均等化造成了公众"用脚投票"选择下的人口流动,而区域的户籍制度又阻碍了这一流动的正常进行,形成了当前很多地方所出现的外来人口与当地人关于基本公共服务享受的矛盾,对此公众迫切需要政府合理配置资源,实现东、中、西部地区公共服务的均等化投入和发展。

表 3-9　2012 年各地区特殊教育情况统计（单位：人）

地　　区	教职工数	专任教师	招生数	在校学生数	毕业生数
东部地区平均	2340.3	1857.4	2295.8	14157	1866.6
中部地区平均	2056.2	1695.8	2044.2	12088.8	1258.9
西部地区平均	877.27	742.27	2027.18	10572.09	1575.91

数据来源：中华人民共和国国家统计局：《中国统计年鉴（2013）》,中国统计出版社 2014 年版,经整理。

---

[1] 国务院发展研究中心课题组：《民生为本——中国疾病公共服务改善路径》,中国发展出版社 2012 年版,第 108—109 页。

2. 城乡基本公共服务均等化的需求

随着经济社会的发展,城乡发展不均衡已经成为阻碍我国经济可持续发展、社会和谐稳定的重要障碍。而导致城乡差异的根源之一便是城乡基本公共服务的非均等化,对于公众的调查显示,73.8%的公众认为中国城市公共服务在各方面都比农村优越得多。公众对于城乡基本公共服务均等化的需求主要体现在以下方面:

一是提高农村居民收入,促进城乡收入均等化需求。城乡收入均等化需求,并不是城乡收入的平均化,而是城乡收入比例应该不断缩小,尤其是要不断提高农村居民的收入水平。当前我国城乡居民的收入差距巨大,"以 2005 年为例,我国城乡名义收入差距为 3.22∶1,如果将城乡基本公共服务计算在内,城乡居民实际收入差距达到 5—6 倍"[1]。2013 年我国城市居民可支配收入和农村居民纯收入分别为 26955 元和 8896 元,收入比仍达到了 3.03∶1。[2] 同时,城乡居民对于基本公共服务的依赖程度也并不相同,农村居民自身的服务投入对于公共服务替代水平比城市更低,公共服务的刚性需求更强,加之城乡的公共服务投入水平差异,导致城乡居民的公共服务获取水平形成巨大鸿沟。统计显示我国 2012 年城乡居民家庭恩格尔系数分别为 36.2% 和 39.3%[3],农村居民需要花费更多收入用于食品,用于服务购买的收入非常有限,无法对短缺的公共服务有效弥补。因此,农村居民迫切需要提高农村公共服务水平,缩小收入差距,希望政府加大对农村公共服务的财政投入,实现财政的转移支付,提高农村公共服务的整体水平。

二是推动政策向农村倾斜,实现城乡基本公共服务资源投入均等化需求。基本公共服务的城乡均等化是城乡一体化发展的重要内容和支撑。而现实中,城乡资源分配不均一直长久存在,并且影响到了城乡建设的不均

---

[1] 孙友祥、柯文昌:《城乡公共服务均等化:价值、困境与路径》,《中国行政管理》2009 年第 7 期,第 45 页。

[2] 数据来源:中华人民共和国国家统计局:《中国统计年鉴(2013)》,中国统计出版社 2014 年版。

[3] 数据来源:中华人民共和国国家统计局:《中国统计年鉴(2013)》,中国统计出版社 2014 年版。

衡以及城乡公民在发展权利上的不公平。在义务教育方面，根据 2011 年教育部、国家统计局、财政部所发布的《关于 2012 年全国教育经费执行情况统计公告》显示，2012 年的教育费用支出，全国普通小学为人均 6128.99 元，而农村小学为人均 6017.58；全国普通初中为人均 8137 元，而农村初中为人均 7906 元，均低于全国平均水平[①]；另外关于教育资源的其他投入，包括师资水平、基础建设、教育设备差距更大，这导致了农村学生大量向城镇聚集，增加了农村学生学习成本的同时，也对城镇教育资源产生了拥挤效应，降低了城市教育服务水平。在医疗资源配置方面同样如此，2012 年，全国每千人口的医疗卫生技术人员配备为 4.94 人，而城市达到了 8.55 人，农村为 3.41 人，前者是后者的 2.5 倍；每千人口的职业（助理）医师，全国为 1.94 人，城市为 3.19 人，农村仅为 1.4 人；每千人口的注册护士，全国为 1.85 人，其中城市为 3.65 人，农村仅为 1.09 人；每千人口的医疗卫生床位，全国为 4.23 张，其中城市达到了 6.88 张，而农村仅为 3.11 张。[②] 农村的医疗资源配置远远落后于城市。因此，公众要求城乡的基本公共服务资源投入均等化，落实和完善惠农政策体系建设，在保障农民维护和发展基本权利的同时推进农村社会的整体发展。

三是完善收入分配机制，推进城乡基本公共服务结果均等化。投入的不同造就了城乡基本公共服务的巨大鸿沟，这一鸿沟的出现一方面导致了农村人口过度地向城市转移，造成了一系列的城市问题；另一方面，也影响了城乡资源流动的顺利进行，加剧了我国的城乡二元化。以当前的养老问题为例，北京大学国家发展研究院发布的《中国人口老龄化挑战》报告显示，"新型农村养老保险所提供的养老金占家庭人均支出的比例为 21%，而政府、事业机构和企业所提供的养老金分别占了人均支出的 242.2% 和 192.9%。也即新型农村社会养老保险发放的养老金平均只能够支付一个人生活费用的 21%，而企业、政府或事业单位的养老金金额，平均大约可以

[①] http://cn.chinagate.cn/reports/2014-03/10/content_31739829.htm.
[②] 数据来源：中华人民共和国国家统计局：《中国统计年鉴（2013）》，中国统计出版社 2014 年版。

支付两个人的生活费用"①。因此,推进城乡一体化,不仅需要基本公共服务项目的均等化,还需要不断完善收入分配机制建设,以公共服务促进不公平问题的解决,消除不公平的制度障碍,实现基本公共服务的实践结果均等化。

3. 实现群体基本公共服务均等化的需求

群体差距目前也是我国社会矛盾的重要根源,群体之间的差距在当前主要体现为基于职业和收入而产生的社会地位差距,即所谓的贫富差距。当前我国面临着严重的贫富差距问题,一方面体现为职业,数据显示我国城镇居民2012年不同行业的收入,收入最高的前三行业为金融行业、信息传输与计算机服务、科学研究与技术服务,年人均收入为89743元、80510元和69254元,而收入最低的农林牧渔业仅为22687元、住宿和餐饮业31267元、水利环境等公共设施管理行业32343元,最高的收入差距比达到了3.95∶1。同时,根据反映财富收入分配的基尼系数,我国2013年的基尼系数为0.473,仍然超过国际红色警戒线的0.4这一标准。另一方面,我国的群体收入差距还体现在制度上,2011年"退休人员的月基本养老金在1500元以上,而非公部门就业人员月平均工资不到2000元,其中30%的职工工资在1200元以下"②,甚至低于公共部门和国有部门的退休工资。群体收入差距决定了群体的社会地位,而社会地位又影响到公共政策和基本公共服务供给,从而导致了群体间的公共服务不均等,在当前情况下集中表现为流动人口的公共服务非均等化。以农民工群体为例,由于受到户籍制度的限制,农民工这一群体一直被排斥在城市公共服务体系之外。一是农民工子女的教育不均等,目前农民工子女的教育虽然取得了权利保障,但教育水平与城市基本教育相差甚远。二是农民工的社会保险在大部分地方仍未与城市社会保险完全对接,农民工的参保率仍旧处于较低水平。三是农民工的住房保障仍然处于城市住房保障体系之外,大大增加了农民工群体的生活成本,使得收入差距进一步被拉大。

---

① 《中国城乡养老保险待遇有差距》,http://www.southmoney.com/touzilicai/baoxian/554864.html,访问时间:2013年6月5日。

② 国务院发展研究中心、世界银行:《2030年的中国》,中国财政经济出版社2013年版。

(三) 基本公共服务供给制度的需求

公共服务的需求实现依赖于公共服务供给制度的作用发挥，缺乏供给制度的支撑，公共服务需求只能是空中楼阁、海市蜃楼。因此，公众在要求保障公共服务公共性、全面性、均等化的基础上，也要求通过完善的公共服务供给制度，保障公共服务供给的低成本和高效率。主要表现在以下方面：

1. 建立健全多元公共服务供给体系的需求

多元公共服务供给体系是当前破解公共服务短缺和提高公共服务质量的重要措施，而我国的公共服务供给仍然存在着"政府垄断"的现象。政府垄断公共服务供给有其历史合理性，但也制约了公共服务供给水平的提高，特别是公共服务的供给不足和供给成本过高。如表3-10所示，公众对政府公共服务供给的满意度并不高，各个公共服务项目满意度均未达到50%，而生态环境和保障性住房的不满意度甚至达到了51.01%和40.77%，可见政府的公共服务供给并未满足公众的要求。同时，政府单一的公共服务供给模式还带来了公共服务供给的高成本问题，对公众的调查显示，只有28.04%的公众认为政府的公共服务供给成本低于市场和社会，现实中，部分公共服务产品的政府采购价格远高于市场，造成了政府形象受损。

表3-10 公众对政府公共服务满意度调查（单位：%）

公共服务情况评价	非常好	比较好	一般	比较差	非常差
义务教育情况	9.6	35.8	38.2	11.2	5.2
就业服务情况	3.3	22.0	54.8	15.5	4.4
医疗卫生情况	2.6	18.8	48.2	23.4	7.0
社会保障情况	4.2	24.4	48.4	17.8	5.2
保障性住房情况	2.4	14.7	42.1	28.6	12.2
生态环境保护情况	2.9	13.9	32.1	31.2	19.9
社会治安情况	5.4	40.7	39.9	10.9	3.1
公共文化情况	3.9	24.7	49.5	17.2	4.7
基础生活设施建设情况	4.0	29.2	48.1	14.5	4.2

破解公共服务供给不足的重要方式便在于完善公共服务的多元供给体系建设,其中社会组织参与和公共服务市场化改革是当前完善公共服务供给体系的重要内容。对于公务员的调查显示,有60.83%的被调查者都认为应该扩大公共服务供给中的社会参与,充分发挥社会力量来提高公共服务供给水平,特别是政府可以通过公共服务购买来实践政府与社会的合作模式,发挥社会组织的专业技术,不断提高公共服务供给水平。而公共服务的市场化改革中,41.6%的公众认为市场在提供公共服务时比政府花费的成本更少,当前的公共服务需要推进市场化改革。对于市场化改革的方式选择,张立荣教授的调查显示,政府公务人员所认可的方式排序如下:公开招投标(77.7%①)、民营化(40.1%)、委托代理经营(33.5%)、使用者付费(30.2%)、特许经营(24.5%)、合同外包(22.6%)、分散决策(19.9%)、内部市场(11.1%)。②

2. 完善公共服务运行机制的需求

相对于供给体制所体现的公共服务供给的政治属性和民主属性,公共服务的运行机制更强调公共服务供给的科学属性,即公共服务以何种方式能够最为有效地供给社会公众。

(1)建立以需求为导向公共服务供给机制的要求

需求导向是当前服务型政府建设的重要内涵,作为以公众为服务对象的公共服务首先必须坚持以公众需求作为供给决策的出发点和归宿点。而调查显示,当前所提供的公共服务对于社会公众的满足程度仍然较低,如表3-11所示,除了义务教育以外,公众对于公共服务满足自身需求的评价都未超过50%,其中的公共文化设施更是只有34.8%。这一方面是由于政府公共服务的供给数量不足,导致公众难以享受;另一方面更多表现为政府公共服务供给与公众需求之间的脱节问题,即政府的"供"非百姓的"需",导致了资源的浪费。对此,首先公众需求政府和社会建立完善的公共服务需求调查机制、公共服务需求评估机制和公共服务需求满足的持续跟踪机制,保障公共服务供给与公众需求之间的有效契合。

---

① 77.7%为选择此项措施人数占总人数的比例,下同。
② 张立荣:《当代中国服务型政府及公共服务体系建设状况问卷调查数据统计与展示》,中国社会科学出版社2010年版,第43页。

表 3-11　公众对于政府公共服务满足自身需求的评价（单位：%）

公共服务能否满足需求	满足	部分满足	一般	部分满足不了	无法满足
义务教育	24.1	31.5	25.9	12.3	6.2
就业服务	11.3	26.3	44.0	12.3	6.1
医疗卫生	8.8	31.8	32.3	18.6	8.5
社会保障	11.7	30.4	37.7	15.1	5.1
公共文化设施	7.6	27.2	36.5	20.0	8.7
基础生活设施	9.7	31.8	36.7	17.0	4.8

其次，还要建立公共服务供给重点工程来满足公众的迫切需求。从长远来看都需要完整和全面的公共服务，但是在社会的不同阶段，公共服务的需求重点也有所差异。对此作为公共服务供给主导的政府，应该在保障公共服务全面供给的同时，进一步推进公共服务的重点工程，以重点工程满足最为迫切的医疗卫生（48.9%）、生态环境保护（45.4%）和公共文化设施（37.0%）等公共服务。同时以重点工程为突破，带动全面公共服务体系建设，保障公众公共服务诉求得到有效满足。

再次，长久的公共服务与需求相脱节还会导致公众对于公共服务的信心不足，《中国社会发展年度报告（2012）》的调查也显示，如表 3-12，公众的公共服务预期仍存在着不确定性，其中环境保护和医疗卫生是公众最为缺乏信心的公共服务。这就要求建立长期的公共服务供给发展规划和实施方案，确保公众对公共服务未来规划的充分了解，增强公众对于公共服务体系建设的信念，以外部压力推进我国当前的公共服务体系建设。

表 3-12　公众对各类基本公共服务的预测分布

	基层设施	公共安全	社会保障	医疗卫生	基本教育	环境保护
积极预期	76.6%	68%	67.8%	64.9%	70.9%	57.4%
消极预期	9.8%	15.8%	14.6%	21.3%	13.6%	30.6%

资料来源：李汉林主编：《中国社会发展年度报告》，中国社会科学出版社 2012 年版，第 163 页。

（2）建立整体性公共服务供给机制的需求

长久以来公共服务供给中存在着政府间的协调问题和程序问题，这种协调问题集中体现为"责任不清""办事推诿""办事拖沓"等现象，导致了公共服务在政府内部部门之间和政府与社会、企业之间的职责不清晰、流程不科学。公众在办事时大多都经历过被"踢皮球"的无奈，有的公众甚至要很多次才能搞清负责部门和程序，更不用说要获取相应的公共服务。对公众公共服务获取方便性的调查显示，如表3-13，除义务教育以外，公共服务的便捷程度均不高，特别是公共文化设施只有29%的公众认为方便。究其原因，多头责任主体和复杂的程序是主要障碍，因此建立整体性公共服务供给机制已经成为优化政府职能和减少公共服务供给成本的双重需求。这就要求作为公共服务供给主体的政府推进以政府为主导、以新型网络信息技术为载体的整体性公共服务供给机制改革，一方面要进一步强化政府职能优化，推动大部制改革，完善政府的职能配置和权责体系；另一方面要推进电子公共服务体系建设，结合当前的窗口服务与电子政务系统，建立宽口径、广覆盖的电子公共服务体系，让公众能够快捷、方便地使用到公共服务。

表3-13 公众对公共服务供给便捷性的评价（单位:%）

能够方便享受到的服务	非常方便	方便	一般	不方便	非常不方便
义务教育	18.2	39.8	30.9	8.0	3.1
就业服务	5.3	21.1	55.2	14.1	4.3
医疗卫生	5.3	31.1	43.3	15.4	5.1
社会保障	6.1	30.0	48.4	11.9	3.6
公共文化设施	4.9	24.1	46.5	18.8	5.7
基础生活设施	5.8	32.9	45.9	12.1	3.3

（3）完善公共服务合理布局的需求

当前我国的公共服务资源面临着严重的布局不合理，多数优质公共服务资源集中在大中城市，农村和小城镇居民为了尽可能享受优质公共服务资源，也舍近求远，涌向大中城市。这一方面导致城市教育、医疗卫生服务、就业服务等公共服务过度拥挤，另一方面又导致农村、小城镇等基层公共服务闲置。以医疗卫生公共服务为例，我国面临着三甲医院和基层医疗诊所医疗卫生服务的分配扭曲问题，根据《中国卫生统计提要（2013）》，如图3-14

所示，2009—2012年以来，基层医疗机构①的入院人数趋于平缓，而公立医院②的入院人数却是大量增加。特别是三级公立医院，2010—2012年的病床使用率分别达到了102.9%、104.2%和104.5%，逐年增长，很多大医院"一床难求"现象相当普遍。大医院所带来的不仅仅是拥挤问题，更是费用的激增，如表3-12所示，大医院的治疗费用也在逐年递增，次均医疗费用和人均医疗费用均出现逐年上升的趋势，一些普通家庭更是因为住院而出现"因病致穷"问题。公共服务的拥挤现象所带来的不仅是公共服务质量的下降，更是公共服务成本的提高，因为拥挤而带来的额外成本已经成为一种社会"潜规则"，大大降低了公共服务的公共属性和均等属性。因此，政府需要通过合理的地理布局和资源调配，实现公共服务设施的合理布局，破解公共服务设施的拥挤问题。

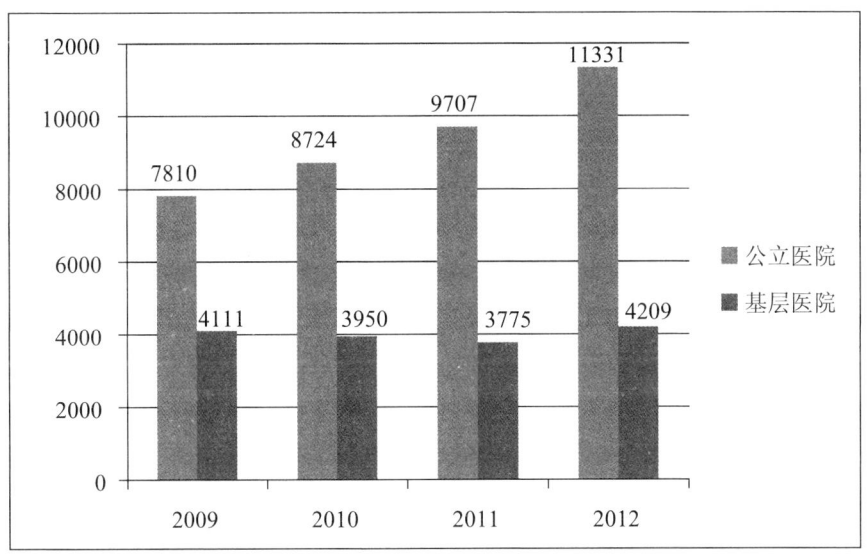

图3-14 2009—2012各类医院入院人数统计（单位：万人）

数据来源：中华人民共和国卫生部：《中国卫生统计提要（2013）》，经整理。

---

① 基层医疗机构包括社区卫生服务中心（站）、街道卫生院、乡镇卫生院、村卫生室、门诊部、诊所（医务室）。

② 公立医院是指经济类型为国有和集体办的医院。

表 3-12　2009—2011 三级公立医院医疗费用统计（单位：元）

	2009 年	2010 年	2011 年	2012 年
次均医疗费用	203.7	220.2	231.8	242.1
人均医疗费用	9753	10442.4	10935.9	11186.8

数据来源：中华人民共和国卫生部：《中国卫生统计提要（2013）》，经整理。

（四）扩大公共服务公众参与的需求

公共服务的特点决定了公共服务中的公民参与不仅包括了公民通过选举制度实现专门代表履行自身利益的委托，还包括公民对于公共服务决策、供给、选择和评价的全程参与。公民参与公共服务既是宪法所规定的公民权利，也是公共服务质量提升的关键，更是当前社会民主的重要内容。推进公民参与的制度建设，一方面可以通过有序的政民对话、政民沟通、政民合作达到扩大政府群众基础的作用，促进社会的稳定；另一方面，公民参与能够切实提高公共服务的效率与质量，扩大社会公共利益，推进社会发展，这反过来是强化了政府的公共服务能力，增强了政府自身应对并化解社会风险的能力。因此，推进公共服务中的公民参与是政府与公民的双重需求。公共服务中的公民参与需求主要表现在以下方面：

1. 公众公共服务表达需求

公共服务能否满足公众的需求，前提在于公众是否具有公共服务需求的表达权与表达机会。虽然公共服务需求表达对于公共服务最终决策存在着障碍，但这并不影响公共服务需求表达对于公共服务体系建设的意义。而现实中公共服务需求已经成为公众的重要需求，更是公众的权利，也是政府推进公共服务体系建设的重要内容。当前公众公共服务需求表达，主要表现在以下方面：

一是公众需要公共服务的信息知情权。在现实中的一个常见问题就是，公众知道自身所应该享有的公共服务基本权利，但并不知道这些服务的基本信息，以低保为例，很多公民需要低保，但并不知道政府所公布的申请低保的相关信息，知道以后往往已经过了申请期。对于公众的调查显示（表 3-13），关于公共服务信息的获取，排名前三的分别为互联网（89.9%）、电视（72.4%）和报纸（59.7%）等媒体机构。而实践中很多基本公共服务供给主体实质上是基层政府，具体办理者则为社区自治机构，基层政府和社区机构的信息往往又难以登上上述媒体，这导致很多公民难以及时获取信息。对于信息获取，公众期望政府提供更为主动的信息服务，不仅包括基本宣传模式，还应包括能够确保有需求公众的专项信息推送，如手机短信、电话单线联系等方式，保障公众的信息知情权。

表 3-13 公众信息获取路径和方式

了解公共服务信息的主要途径	所占总人数的百分比（$N=1621$ 人）	排序
互联网	89.9%	1
电视	72.4%	2
报纸	59.7%	3
广播	25.9%	4
亲戚朋友	14.9%	5
宣传栏	10.7%	6
村（社区）干部	2.7%	7
其他	1.3%	8

二是公众需要制度化的需求表达渠道。一方面，公众希望政府在出台所有公共服务政策之前都将公民需求调查作为政策制定的前置条件，以确保政府出台的公共服务政策法规都是以公众需求为导向的。同时，公众需要政府开辟专门的公共服务需求表达平台。调查显示（表 3-14），公民的需求表达意愿非常之高，但转化为具体行为较少，只有 62.7% 的公众进行了需求表达，而其中表达方式最多的为网络媒介和新闻媒体，如表所示，公众对常规的表达渠道包括听证会、人大、政协、社区干部等方式选择较少，因此政府需要推进公众的需求表达平台建设，实现公众需求的正常表达。

表3-14 公众认为公共服务需求表达的有效方式

表达自身的公共服务需求较为有效的方式	所占总人数的百分比（N=1621人）	排序
通过网络媒介反映	61.1%	1
新闻媒体	58.7%	2
参与政府的调查	37.3%	3
通过人大代表、政协委员反映	30.4%	4
直接向政府部门反映	29.7%	5
参加相关的听证会	21.8%	6
信访	18.0%	7
游行示威	12.3%	8
行政诉讼或行政复议	11.9%	9
直接向社区干部反映	10.4%	10
向个别政府官员反映	9.4%	11
其他	2.3%	12

三是公众需要多样化的公共服务选择权利。对于公共服务的选择也是公众需求有效表达的重要内容，而现实中公众缺乏对于公共服务的选择权利和选择机会，往往处于"被代表"的地位。这是因为当前我国公共服务供给中公众选择空间小，"用脚投票"的机会较少。对于公众调查显示（图3-15），有13.93%的公众选择通过地域选择来进行公共服务选择。另有23.58%的公众选择通过自我服务替代公共服务，有24.79%的公众会选择通过付费服务进行替代。仍有37%的公众对于公共服务没有选择权利，只有被动地接收"政府提供什么就是什么"的公共服务供给。

2. 公共服务决策参与需求

公共服务的决策参与主要表现为公众对于公共服务供给的影响能力，从源头来看，公众是公共服务成本的最终承担者和公共服务结果的最终使用者，那么作为委托主体的政府和社会为公众提供何种公共服务必须是一个包含了公众决定的结果，而公众决定并不一定都是直接的参与决定，也包括了其他的参与形式。

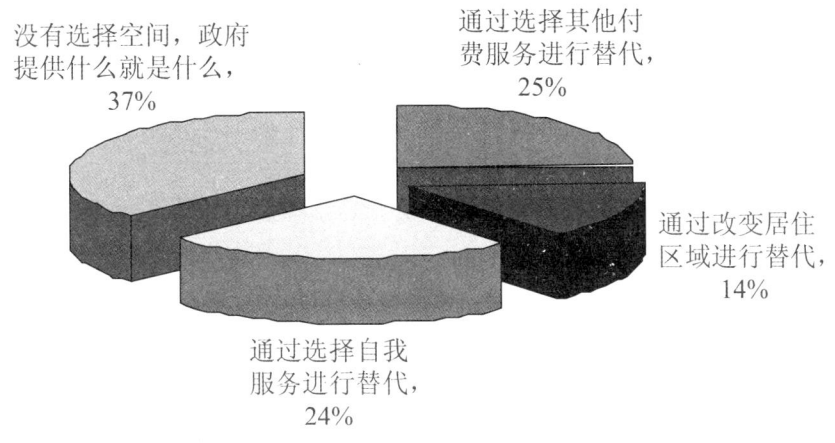

图 3-15 公众对于公共服务的选择空间

第一,公众需要完善公共服务决策参与渠道。调查显示当前的公众公共服务参与仍然停留在较低层次的"反映问题式"参与,即仅仅是针对实践中的问题向政府等公共部门进行反映,采用的方式主要还是舆论媒体,见表 3-14,如网络媒介(61.1%)和新闻媒体(58.7%)。而正规的参与渠道,如社区层面上的议事会、村委会、听证会等较少,现实中部分听证会更成了公众所谓的"涨价会",公众缺乏公共服务的决策参与。根据国外的公共服务参与发展来看,公众的决策参与关键在于政府主动创造公民参与渠道,如西方国家流行的关键公众接触、公民发起的接触法、公民调查、新沟通技术、公民会议、咨询委员会和斡旋调解。[①] 而我国的实践中缺少这些参与渠道,导致公民参与仍旧是分散的、凌乱的、无序的参与。

第二,公众需要一定的公共服务决策参与能力。如果说渠道应该是政府为公民参与所涉及的制度载体,那么能力看似更应该是公民自身的因素,但事实上建设完善的公民社会本就是政府职责的重要内容和政府优良的评价标

---

① [美]约翰·克莱顿·托马斯:《公共决策中的公民参与》,孙柏英等译,中国人民大学出版社 2010 年版,第 23 页。

准，正如密尔的观点，好政府的一个重要标准就是"人民本身的美德与智慧"[①]，即作为政府自身必须将公民培育作为自身的重要职责，当然也包括公民参与的培养。而实践中，我国的公民公共服务参与能力培养仍然无法应对政府和社会对于公民参与的需求，一方面公民参与的意识仍然薄弱，很多公民并未将参与作为自身神圣使命和权利的体现，而在参与中存在着严重的不良倾向。访谈中，相当部分的公民将公共服务参与当作"政府强制行为"或"村社游戏行为"，对于自身的选择结果"并不太在意"。而另一极端则是彻底的"政治冷漠"，即公民对于公共事务完全漠不关心，而究其原因，仍在于公民对自身之于公共服务的影响力持看低态度，并认为集体决策最终会演变为部分精英的决策，与自身的关系不大。另一方面，公民的参与能力仍然不强，公民的参与更多是对于政府公共服务行为的"发牢骚"，却难以形成卓有成效的对策建议，这导致政府也逐渐将公民参与定位成了"走程序和走形式"，公民参与并未对公共服务决策发生实质的影响。因此，公众社会需要政府的民主和公共精神培养，更需要政府对于公民参与的宽容和耐心。

第三，公众需要参与公共服务决策的制度保障。公众参与公共服务决策的制度设计是公众参与公共服务决策实践持续进行的推进器，而当前公民参与公共服务决策的制度设计不足造成了公民参与的"运动式"特征，公众需要保障其公共服务决策参与的制度设计。一是公众需要公共服务参与的决策形成机制。当前的政府和基层组织以公民参与作为自身推进社会民主和实现决策科学化的手段，但却没有将公民参与的结果真正的纳入到自身最终决策体系之中，使得公民参与成为一种没有实质意义的华丽外衣，耗费了大量的公民参与成本，严重挫伤了公民的参与积极性。对公众的调查显示，34.54%的公众认为公众参与公共服务并未对政府和社会的公共服务决策产生影响，而产生了大量的政绩工程，与自身的需求无关。二是公众需要公共服务参与的科学决策机制。公民参与的效果在于形成公民决议，而公民参与公共服务的效果则在于公民决议对于公共服务的有效性。作为公共服务的受益者，公民参与公共服务是提高公共服务合法性和合理性的基础。而公共服

---

① ［英］约翰·密尔：《代议制政府》，汪瑄译，商务印书馆2008年版，第26页。

务决策又是多元主体共同决定的结果,包括政府、村(社区)自治组织、社区组织和企业都是公共服务决策参与者,作为参与主体之一的公民,如何将自身的决议与上述主体进行整合正是当前困扰公民参与公共服务效果的主要因素。同时公共服务自身所涉及的专业性又对公民参与提出了重大挑战,因此公民参与所形成的公民决议与公共服务的决议存在着巨大的鸿沟,不仅包括专业因素的考量,还包括巨大的多元利益主体博弈。因此,如何将公众的民主参与和科学决策形成合力,是当前公民参与公共服务中政府和公民的双重诉求。

3. 参与公共服务的监督评估的需求

对于公共服务中的公民参与,监督评估自始至终便是公民参与的重要内容。对于公务员的调查显示,有 60.84% 的受访者认为,扩大公民参与是目前政府提高公共服务体系所最应该做的事情。而对于公民参与的形式,如表 3-15 所示,有 72.5% 的公务员认为就是进行公共服务的监督评估参与,而 68.75% 的公众更是认为现实中公共服务参与最为缺乏的也是监督评估参与。因此对于公共服务而言,对于公民的监督评估参与具有很大的需求。

表 3-15 公务员认为公民参与最为可行的方式

现实中公共服务的公民参与比较可行的是	所占总人数的百分比（$N=240$ 人）	排序
参与公共服务的监督评估	72.5%	1
配合政府的公共服务政策	41.3%	2
参与公共服务的决策制定	39.2%	3
参与公共服务的直接供给	22.5%	4
参与公共服务供给的成本分担	21.7%	5

对于监督参与,公民对于公共服务的监督参与是实现公共服务有效供给的重要部分,同时也是保障公共服务效果的重要措施。而实践中公民的监督参与比较薄弱,一方面表现为公众对于公共服务的质量"关注度"不足,公众对于公共服务进行决策参与后的后续参与不足;另一方面,公民的参与形式较为单一,调查显示对于公共服务的监督主要形式在于"向上反映问题",或者向村(居)两委反映,或者直接向政府反映,而并未

将监督参与作为公共服务质量提高的运行机制，公共服务监督并未发挥最大效用。因此，政府和公民需要通过公民的持续监督参与保障公共服务质量。

对于评估参与，当前主要表现为公众的满意度调查，而对公共服务供给的体制机制评估则较少。实质上，公共服务的结果只是公共服务体制机制运行的体现，公共服务的体制机制才是影响公共服务效用的根本，对于公共服务体制机制的评估理应成为公民评估公共服务的核心。而现实中的公共服务公众评估，仅仅是对政府公共服务结果的评价，评价结果仅仅是公众的主观意见，而并未与公共服务自身的质量标准评价相结合，导致公共服务的评估脱节。因此，公民参与公共服务评估，需要健全公共服务的主客观双重评价机制，从而实现对公共服务的全面评价。

综上所述，我国当前的社会发展阶段决定了当前的公共服务需求不仅仅是对个别结果、单一机制的需求，更是对于完善公共服务体系的需求，这一体系需要具有政治与科学的双重特征，既保障公民的民主权利和民生权利，又能够通过科学管理、质量控制推进公共服务的高绩效。公共服务体系既是公众的需求，也是政府和社会组织的需求，也是当前我国完善服务型政府建设和构建和谐社会必须要解决的问题。

四、"十二五"期间我国完善基本公共服务体系的共同趋势与地区差异分析

"十二五"期间，保障和改善民生是实现经济转型的出发点和归着点，"建立健全基本公共服务体系，促进基本公共服务均等化，是深入贯彻落实科学发展观的重大举措，是构建社会主义和谐社会、维护社会公平正义的迫切需要，是全面建设服务型政府的内在要求，对于推进以保障和改善民生为重点的社会建设，对于切实保障人民群众最关心、最直接、最现实的利益，对于加快经济发展方式转变、扩大内需特别是消费需求，都具有十分重要的意义"[①]。2012年7月，《国家基本公共服务体系"十二五"规划》的出台，

---

① 《国家基本公共服务体系"十二五"规划》，《光明日报》2012年7月20日。

描绘了我国"十二五"乃至更长一段时期基本公共服务体系的构建蓝图。此后江西省、浙江省、河南省、福建省、山西省、四川省等六个省相继出台了地方省级基本公共服务体系"十二五"规划。①

这些规划，既是指导我国中央和地方基本公共服务体系发展方向的纲领式文件，也是我国完善基本公共服务体系的顶层设计，代表着我国基本公共服务体系的未来发展方向和目标。本部分拟采用比较分析的方法，以《国家基本公共服务体系"十二五"规划》为基础，比较部分已颁发的省级地方基本公共服务体系"十二五"规划，结合其他相关研究成果和地方具体实践，分析"十二五"期间我国基本公共服务体系构建的共同趋势与区域差异。

（一）"十二五"期间我国完善基本公共服务体系的共同趋势

着眼"十二五"乃至未来更长一段时期，完善我国基本公共服务体系将遵循着一定的规律、原则和路径，体现着一定的共同趋势。这些规律、原则和路径，以及所体现的共同趋势，或是经济社会发展的内在诉求，或是国家和地方基本公共服务"十二五"规划的明确指向，或是我国构建基本公共服务体系的现实要求，或是为国外发达国家发展实践与经验所证明。

1. 明确基本公共服务的供给范围，构建各级政府的职责体系

基本公共服务是指"建立在一定社会共识基础上，由政府主导提供的，与经济社会发展水平和阶段相适应，旨在保障全体公民生存和发展基本需求的公共服务"②。根据"十二五"规划纲要，同时突出体现中央提出的"学有所教、劳有所得、病有所医、老有所养、住有所居"的要求，《国家基本公共服务体系"十二五"规划》明确将基本公共服务的供给范围确定为公共教育、劳动就业服务、社会保障、基本社会服务、医疗卫生、人口计生、

---

① 截至 2013 年 7 月 15 日，通过网络检索等有关途径了解到，在《国家基本公共服务体系"十二五"规划》出台后已发布省级基本公共服务"十二五"规划的省市有江西省、浙江省、河南省、福建省、山西省、四川省等六个省。此外，需要说明的是，北京市于 2011 年 12 月出台的《北京市"十二五"时期社会公共服务发展规划》，同样纳入本文的对比范围之内。

② 《国家基本公共服务体系"十二五"规划》，《光明日报》2012 年 7 月 20 日。

住房保障、公共文化等领域。同时指出，涉及环境保护、基础设施、公共安全等领域的基本公共服务内容，在其他相关"十二五"专项规划中体现。从省级基本公共服务"十二五"规划内容来看，均明确了基本公共服务的供给范围，且大都与国家规划确定的供给范围相一致。① 如图3-16所示，国家和地方基本公共服务"十二五"规划确定的基本公共服务供给范围大体涵盖了一个人从出生到终老各个阶段生存与发展所需的基本公共服务。

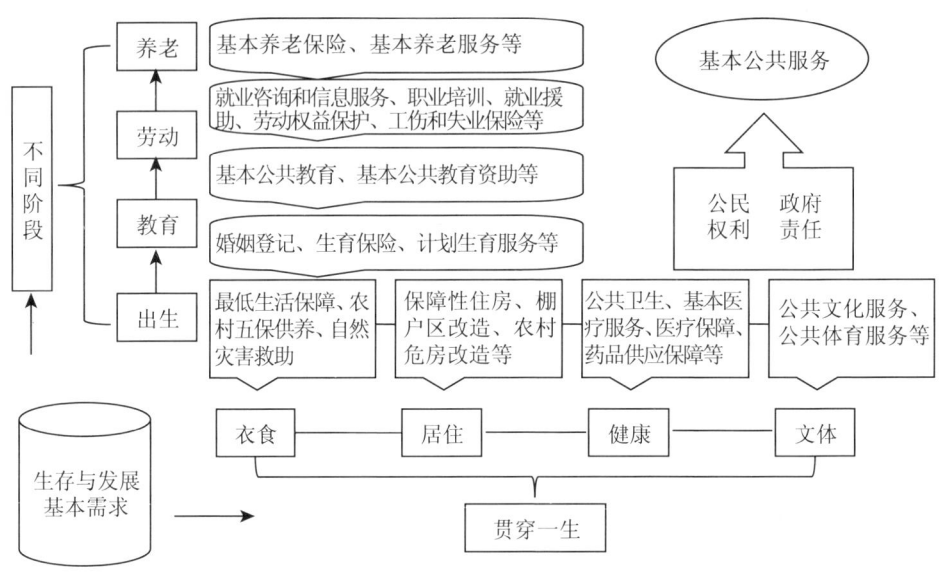

图 3-16 国家和地方规划确定的基本公共服务范围内涵

资料来源：《国家基本公共服务体系"十二五"规划》。

"享有基本公共服务属于公民的权利，提供基本公共服务是政府的职责。"② 国家和地方基本公共服务"十二五"规划在指出基本公共服务供给范围的同时，强调政府提供基本公共服务的职能和责任，明确职责分工，重

---

① 经对比，江西省、河南省、福建省、山西省、四川省等省的基本公共服务"十二五"规划确定的基本公共服务供给范围与国家规划的相同，浙江省另涵盖了环境和安全等领域；北京市的规划虽名为"社会公共服务"，但内容大都与"基本公共服务"一致。
② 《国家基本公共服务体系"十二五"规划》，《光明日报》2012年7月20日。

视构建各级政府的职责体系。《国家基本公共服务体系"十二五"规划》指出,"本规划确定的各项指标和任务,要分解落实到国务院各有关部门和各省级人民政府"①。地方基本公共服务"十二五"规划,如《浙江省基本公共服务体系"十二五"规划》强调,"本规划经省级政府批准,由省级有关部门和市、县(市、区)人民政府组织实施。规划确定的各项目标任务,要确保如期完成"②。这样,就构建起了从中央到地方、再从地方到基层的横跨政府各部门的政府职责体系。

2. 形成基本公共服务的国家标准与地方标准,构建质量控制体系

基本公共服务标准,是指"在一定时期内为实现既定目标而对基本公共服务活动所指定的技术和管理等规范"③。通过制定基本公共服务标准,不仅可以对政府提供基本公共服务的行为发挥指导和规范作用,同时也大大增强了社会公众对政府未来提供的基本公共服务的感知程度和心理预期。《国家基本公共服务体系"十二五"规划》围绕政府职责,具体确定了八个领域及残疾人基本公共服务共44类80个基本公共服务项目,如基本住房保障领域的廉租住房、公共租赁住房、棚户区改造、农村危房改造、游牧民定居等。每一项基本公共服务从服务对象、保障标准、支出责任、覆盖水平等四个方面明确了国家标准。这些标准的内容依据现行法律法规和有关政策提出,标准的设计体现了公民权利、政府责任和政府提供基本公共服务的工作目标。同时,标准并非一成不变,而是随着经济社会发展逐步提高。以国家标准为参照并结合地区实际,地方也形成了基本公共服务的地方标准。如表3-16所示,通过截取国家、福建省、河南省和四川省的基本公共服务"十二五"规划内容,形成了"十二五"时期基本住房保障领域的"农村危房改造"服务项目的国家标准和地方标准。

透过基本公共服务"十二五"规划的国家标准和地方标准,其实质是构建起了一套基本公共服务的质量控制体系,必将有利于促进基本公共服务标准化与质量化的提升。

---

① 《国家基本公共服务体系"十二五"规划》,《光明日报》2012年7月20日。
② 《浙江省基本公共服务体系"十二五"规划》,《光明日报》2013年1月15日。
③ 《国家基本公共服务体系"十二五"规划》,《光明日报》2012年7月20日。

表 3-16 "十二五"时期"农村危房改造"服务项目的国家和部分地方标准

服务对象	保障标准	支出责任	覆盖水平	备注
居住在危房中的农村分散五保供养户、低保户、贫困残疾人家庭和其他贫困户	每户建筑面积一般控制在 40—60m^2，户均中央补助不低于 6000 元，地方补助标准自行确定	省级政府负总责，中央财政安排补助资金、省级财政给予资金支持、个人自筹等相结合	改造农村危房 800 万户以上	来源：《国家基本公共服务体系"十二五"规划》
居住在危房中的农村分散供养五保户、低保户、贫困残疾人家庭、原中央苏区、革命老区国家重点优抚对象和革命"五老"人员，以及省政府明确实施的"造福工程"其他危房改造对象	每户建筑面积一般控制在 40—60m^2，具体补助标准根据中央补助和省级配套确定	县（市、区）政府负总责，中央财政安排补助资金、省级财政给予资金支持、个人自筹等相结合	改造农村危房 5 万户以上	来源：《福建省推进基本公共服务均等化"十二五"规划》
居住在危房中的农村分散五保供养户、低保户、贫困残疾人家庭和其他贫困户	每户建筑面积一般控制在 40—60m^2，户均中央补助平均不低于 6000 元，地方补助标准由省统一确定	省政府负总责，中央财政安排补助资金、省财政给予资金支持、个人自筹等相结合	改造农村危房 40 万户以上	来源：《河南省基本公共服务体系"十二五"规划》
居住在危房中的、民政上认定的低保户、建卡贫困户和其他贫困户。补助对象必须是本地农业户口	每户建筑面积一般控制在 40—60m^2	省级政府负总责，中央财政安排补助资金、省和地方财政给予资金支持、个人自筹等相结合	改造农村危房 125 万户	来源：《四川省基本公共服务体系"十二五"规划》

资料来源：根据国家和地方基本公共服务"十二五"规划整理。

3. 明确基本公共服务的任务，形成保障工程

国家和地方基本公共服务"十二五"规划对纳入供给范围的每一基本公共服务领域，均提出了其重点任务，并形成保障工程。具体而言，重点任务是政府对基本公共服务领域内重要服务内容的圈定，显现了政府"十二五"期间提供基本公共服务的重心所在。保障工程则是以基层为重点，通过改善基础设施条件，包括提高基础设施的标准化和服务的规范化、专业化、信息化水平，不断健全基本公共服务网络，从而使得城乡居民能够就近

便利地享受到基本公共服务。《国家基本公共服务体系"十二五"规划》围绕基本公共服务八大领域及残疾人基本公共服务提出了九大重点任务,实施了 30 项保障工程和政策(在基本住房保障方面,提出了土地、财税、金融、价格等四项保障政策)。地方基本公共服务体系"十二五"规划与此相仿,形成了地方性基本公共服务领域的重点任务和保障工程。表 3-17 以基本公共服务的"基本社会服务"领域为例,列出了"十二五"时期国家和部分省市的重点任务和保障工程。

表 3-17 "十二五"时期国家和部分省市"基本社会服务"领域的重点任务与保障工程

重点/目标任务	保障/重点工程	备注
社会救助;社会福利;基本养老服务;优抚安置	低收入家庭认定体系建设工程;综合防灾减灾工程;孤残儿童保障服务工程;养老服务体系建设工程	来源:《国家基本公共服务体系"十二五"规划》
完善社会救助体系;发展社会福利事业;建立健全基本养老服务体系;完善优抚安置服务体系	社会养老服务体系建设工程;社区综合服务中心(站)建设工程;综合减灾备灾建设工程;儿童福利服务体系建设工程;救助管理站基础设施建设工程;优抚安置服务设施建设工程;殡葬服务体系建设工程	来源:《江西省基本公共服务体系"十二五"规划》
社会救助;社会福利;基本养老服务;优抚安置	低收入家庭认定体系建设工程;社会福利机构建设工程;综合防灾减灾工程;养老服务体系建设工程	来源:《河南省基本公共服务体系"十二五"规划》
社会救助;社会福利;基本养老;优抚安置	基本养老服务体系工程;综合防灾减灾工程;基本社会服务体系工程	来源:《福建省基本公共服务体系"十二五"规划》
社会救助;社会福利;基本养老服务;优抚安置	低收入家庭认定体系建设工程;综合防灾减灾工程;孤残儿童保障服务工程;养老服务体系建设工程;殡葬服务设施建设工程;社会工作专业人才队伍建设工程	来源:《山西省基本公共服务体系"十二五"规划》
社会救助;社会福利;基本养老服务;优抚安置	低收入家庭认定体系建设工程;综合防灾减灾工程;孤残儿童保障服务工程;养老服务体系建设工程	来源:《四川省基本公共服务体系"十二五"规划》

资料来源:根据国家和地方基本公共服务"十二五"规划整理。

4. 加大基本公共服务的投入力度，增强财政保障能力

推进基本公共服务均等化，必须依托强大的财力做后盾支撑。在基本公共服务的提供过程中，政府占据着主导地位，这意味着政府的财政投入起着决定性作用。纵观国家和地方基本公共服务"十二五"规划，无不强调政府财政保障的重要性，强调加大财政投入，增强财政保障能力。《国家基本公共服务体系"十二五"规划》指出，要使"政府投入大幅增加，基本公共服务预算支出占财政支出比重逐步提高"；同时，独辟一章"增强公共财政保障能力"，指出要建立与经济发展和政府财力增长相适应的基本公共服务财政支出增长机制，切实增强各级财政特别是县级财政提供基本公共服务的保障能力。具体而言，包括三个方面，一是合理界定中央政府与地方政府的基本公共服务事权和支出责任，逐步将适合更高一级政府承担的事权和支出责任上移，增加中央和省级政府在基本公共服务领域的事权和支出责任；二是完善转移支付制度，科学设置、合理搭配一般性转移支付和专项转移支付，充分发挥省级财政转移支付，有效调节省内基本公共服务财力差距的功能；三是健全财力保障机制，拓宽基本公共服务资金来源，加大县级财政保障基本公共服务能力。① 地方基本公共服务"十二五"规划中，《浙江省基本公共服务体系"十二五"规划》强调，"各级政府要加大财力统筹，保证本规划各基本公共服务项目及保障工程的投入，确保本级财政承担的投入资金足额落实到位。严格规范财政转移支付管理和使用，确保资金按时足额拨付"②。《河南省基本公共服务体系"十二五"规划》指出，"各级政府要加强财政统筹，按照规划规定的支出责任，保证本级投入足额、及时到位，保障规划确定的各项基本服务和工程顺利实施"③。总之，正如人力资源和社会保障部中国劳动保障科学研究院副研究员韩永江表示的那样，"财政投入的不断增加是一种趋势"④。相应的，财政保障能力也将随之增强。

---

① 《国家基本公共服务体系"十二五"规划》，《光明日报》2012年7月20日。
② 《浙江省基本公共服务体系"十二五"规划》，http://www.zj.gov.cn/art/2013/1/15/art_12460_71284.html，访问时间：2013年1月15日。
③ 《河南省基本公共服务体系"十二五"规划》，http://www.henan.gov.cn/zwgk/system/2013/02/21/010367246.shtml，访问时间：2012年2月21日。
④ 蔡若愚：《基本公共服务：重在财政投入，难在机制创新——解读〈国家基本公共服务体系"十二五"规划〉》，《中国经济导报》2012年7月24日。

5. 推进城乡、区域和群体间基本公共服务的均衡发展,重视公平可及

构建和完善基本公共服务体系始终围绕"推进基本公共服务均等化"进行。基本公共服务均等化,是指"全体公民都能公平可及地获得大致均等的基本公共服务,其核心是机会均等,而不是简单的平均化和无差异化"[①]。基本公共服务的不平衡、不均等、差距显性化,正是当下我国的现实国情,突出表现在:城市与农村之间基本公共服务供给不均等,农村基本公共服务水平远低于城市;区域之间基本公共服务供给不均等,东部地区的基本公共服务水平明显高于中西部地区;社会成员之间享有的基本公共服务不均等,如进城农民工享有的基本公共服务水平远低于城市户籍居民。[②] 基本公共服务供给的不均衡直接违背了社会公平正义的价值取向,也与我国构建社会主义和谐社会和服务型政府格格不入。纵观致力于推进基本公共服务均衡发展的国家和地方基本公共服务"十二五"规划,其主要从三个方面入手进行:一是推进城市与农村之间基本公共服务的均衡发展,努力改变目前农村基本公共服务水平远远低于城市的不均衡现状;二是缩小区域之间基本公共服务的发展差异,既包括我国东部、中部、西部之间的发展差异,也包括不同区域之间的发展差异;三是推进社会不同群体之间基本公共服务的均衡性,如推进老、弱、病、残群体享有同其他群体均等化的基本公共服务。推进上述城乡、区域和群体间基本公共服务的均衡发展,就其实质而言,是公共资源的重新配置过程,通过政府的宏观调控,使公共资源更多地向农村、贫困地区和社会弱势群体倾斜,从而真正实现城乡、区域和群体之间的"公平可及"。

6. 探索基本公共服务供给主体和供给方式的多元化,形成协同机制

实现基本公共服务的多元化供给,既是推进基本公共服务均等化的需要,也是提升基本公共服务质量的需要。基本公共服务的供给多元化,包括供给主体的多元化和供给方式的多元化,以及在此基础上形成的供给机制的多元化和供给模式的多元化。可以预见,未来我国基本公共服务的提供与均等化的推进中,以及基本公共服务体系的构建和完善过程中,基本公共服务的多元化供给将是一种不可阻挡的趋势。因为:随着我国经济社会的空前发

---

① 《国家基本公共服务体系"十二五"规划》,《光明日报》2012 年 7 月 20 日。
② 黄伟:《加快推进基本公共服务均等化》,《人民日报》2013 年 3 月 28 日。

展和广大人民群众公共服务需求的不断增长,再单独依靠政府单一化地提供基本公共服务将是不可行的,既无法保证提供的效率与公平,也无法保障提供的数量与质量。因此,政府转变自身职能将是必需的,将那些能由社会和市场提供的基本公共服务让渡出去,而仅保留必须由政府提供的基本公共服务,同时政府扮演制度规则的供给者和服务提供过程的监督者。而这,也是我国市场经济深入发展和公民社会不断成长的必然要求。《国家基本公共服务体系"十二五"规划》要求创新基本公共服务的供给模式,指出"在坚持政府负责的前提下,充分发挥市场机制的作用,推动基本公共服务提供主体和提供方式的多元化,加快建立政府主导、社会参与、公办民办的基本公共服务供给模式"①。为此,就要建立多元供给机制,包括扩大基本公共服务面向社会开放的领域,积极推行政府购买、合同委托、服务外包等提供基本公共服务的方式,构建以社区为基础的城乡基层社会管理和公共服务平台等;就要推进事业单位的分类改革,按照政事分开、事企分开和管办分离的要求,促使事业单位转变为独立的事业单位法人和公共服务提供主体;就要鼓励社会力量参与,强化社会公众的参与权,发挥各类社会组织的积极作用,发展志愿服务和慈善事业等。总之,要加大基本公共服务提供的市场化与社会化,真正在政府、市场、社会之间形成提供基本公共服务的协同机制。②

7. 加强基本公共服务的绩效评估考评,形成监督问责机制

政府提供了哪些和怎样的基本公共服务,这些基本公共服务是否符合了人民群众的需要,是否让人民群众感到满意等等,都是基本公共服务绩效评估考评所致力于解决和回答的问题。实施基本公共服务绩效评估考评,对政府而言,可以对政府行为发挥约束和导向的双重作用。对人民群众而言,可以调动人民群众的参与积极性和建立政府提供基本公共服务的回馈机制,从而对政府行为施以有效的监督。未来我国基本公共服务体系的构建,伴随其规范化、有效化、合理化,必然要求加强实施基本公共服务绩效考评。一方面,通过建立以结果为导向的基本公共服务绩效评估体系,可以评估政府提供基本公共服务的效率、效果与效益;另一方面,通过将基本公共服务的绩

---

① 《国家基本公共服务体系"十二五"规划》,《光明日报》2012 年 7 月 20 日。
② 《国家基本公共服务体系"十二五"规划》,《光明日报》2012 年 7 月 20 日。

效考评纳入政府及干部考核的内容范围,可以推进政府行政问责,形成监督问责机制。《国家基本公共服务体系"十二五"规划》明确规定:"国务院各有关部门和各省级人民政府要开展本行业和本地区的基本公共服务水平检测评估考评,注意研究新情况,解决新问题。要自觉接受同级人大、政协和人民群众的监督。积极开展基本公共服务社会满意度调查。鼓励多方参与评估,积极引入第三方评估。"① 同时规定:"完善基本公共服务问责机制,增加基本公共服务绩效考核在政府和干部政绩考核中的权重。健全基本公共服务预算公开机制,增强预算透明度。切实加强对建设工程和专项拨款使用绩效的审计、监管。建立基本公共服务设施建设质量追溯制度,对学校、医院、福利机构、保障性住房等建筑质量实行终身负责制。"② 从地方基本公共服务"十二五"规划来看,无一例外地强调加强基本公共服务的绩效评估考评,并重视在此基础上构建监督问责机制。

8. 健全基本公共服务的政策法规,促进制度改革与创新

推进基本公共服务均等化,构建和完善基本公共服务体系,需要在法律、法规、政策等提供的制度框架内运行。从这个意义上讲,制度可以为基本公共服务的供给、均等化的推进及体系的构建提供保障作用。国家和地方基本公共服务"十二五"规划的出台,提供了构建基本公共服务体系的一个宏观制度框架,但若要转化成便利可行的具体实践,则还须做更进一步的细化。这其中,制定基本公共服务方面的相关政策法规、加快符合我国国情的基本公共服务的相关立法,尤其显得必要而紧迫。一方面,及时清理那些已经过时的关于基本公共服务的法规,并查找现行制度安排中可能存在的空白领域,为推进我国基本公共服务制度化扫除障碍并准备条件;另一方面,针对我国在基本公共服务相关主体的责任追究机制、政府与企业之间契约关系的制度化、政府购买社会组织和企业公共服务的相关政策法规、基本公共服务供给主体和供给方式多元化的法制建设、基本公共服务绩效考评的制度化等制度上的空白问题,需要加快制度安排和制度保障的步伐,以确保国家与地方规划的落实。

---

① 《国家基本公共服务体系"十二五"规划》,《光明日报》2012 年 7 月 20 日。
② 《国家基本公共服务体系"十二五"规划》,《光明日报》2012 年 7 月 20 日。

从国家和地方基本公共服务"十二五"规划来看,不仅强调上述制度构建,同时强调对制度的改革与创新。制度改革如:行政审批制度改革、收入分配制度改革、户籍制度改革、公共财政体制改革、政府转移支付制度改革、事业单位的分类改革、医疗卫生体制改革、统筹城乡基本公共服务制度改革、省直管县财政改革、机关事业单位养老保险制度改革等;而制度创新表现在:基本公共服务供给机制的创新、基本公共服务体制的创新、基本公共服务供给模式的创新、基本公共服务供给方式的创新、社会管理创新、提供基本公共服务的理念创新等。

(二) 我国基本公共服务体系构建的地方特色与差异性

地方基本公共服务体系的构建,一方面受各地区公共服务需求的影响,同时也取决于各地区经济社会发展水平和财政能力。我国幅员辽阔,区域间的经济社会发展速度,水平以及财政能力差距较大,尤其是东西部现有基本公共服体系的基础存在明显差距,这就决定了各地区在构建基本公共服务体系时的目标重点和任务、标准等有所不同,呈现出显著的地方特色与区域差异性。

1. 基本公共服务发展目标富含地方特色

考察地方基本公共服务在"十二五"时期的发展目标,对宏观把握我国地方基本公共服务体系的构建具有重要意义。总而言之,"十二五"时期地方基本公共服务在发展目标上具有两大特点。

第一,鲜明的地方特色。比如,北京作为我国的首都,其经济、社会的发展水平都远远高于中西部省市。因而,北京市在《北京市"十二五"时期社会公共服务发展规划》中定位的目标为:"到2015年,基本构建起与首都功能定位和中国特色世界城市建设目标相适应的社会公共服务体系。"[①]再如,四川省在我国西部省市中综合发展排名相对靠前,其在《四川省基本公共服务体系"十二五"规划》中提出的目标之一是:"全省基本公共服务水平在西部地区位居前列,达到或接近全国平均水平。"[②] 又如,不同于

---

① 《北京市"十二五"时期社会公共服务发展规划》,http://www.beijing.gov.cn/szbjxxt/zwgs/t1208832.htm,访问时间:2011年12月16日。
② 《四川省基本公共服务体系"十二五"规划》,http://www.sc.gov.cn/10462/10883/11066/2013/5/28/10263988.shtml,访问时间:2013年5月28日。

国家和多个省市围绕"供给""均衡""群众满意""方便可及"等角度提出的"综合式"发展目标,河南省在《河南省基本公共服务体系"十二五"规划》中把发展目标分解落实到基本公共服务的具体领域中去,并形成具体的"数值"目标。

第二,明显的差异性。乍一看地方基本公共服务"十二五"规划提出的发展目标,基本都是"供给有效扩大""发展较为均衡""服务方便可及""群众比较满意"等,但若透过其背后的阐述文字,则可看出明显的差异。以"供给有效扩大"这一多个地方均提及的发展目标为例,北京市将其阐述为"优质社会公共服务资源供给不断扩大,多层次、多样化的需求不断得到满足",浙江省阐述为"大力实施公共服务提升工程,基本公共服务资源总量明显提升",山西省、四川省阐述为"政府投入大幅增加,基本公共服务预算支出占财政支出比重逐年提高"。可见,当中西部省市将发展目标定位在保障基本公共服务的"数量"之时,东部省市的发展目标已是追求提升基本公共服务的"质量"。

2. 基本公共服务供给水平和标准存在区域差异

明确设定基本公共服务的供给水平和标准是国家和地方基本公共服务"十二五"规划的共同"亮点"。但众所周知的是,基本公共服务的供给水平和标准受地方经济社会发展水平影响很大,甚至可以说基本公共服务的供给水平和标准与经济社会发展水平呈"正比"关联。由于我国东部、中部、西部地区的经济社会发展水平有着显著的差异,地方基本公共服务在供给水平和标准上也呈现着显著的差异,并大体表现为:东部高于中西部,中部又高于西部。

现以地方基本公共服务"十二五"规划中基本公共教育的供给水平为例进行说明。图3-17为东部的北京市、浙江省、福建省,中部的山西省、河南省、江西省,西部的四川省等省市"十二五"时期基本公共教育供给水平图(包括九年义务教育巩固率、高中阶段教育毛入学率、学前教育学前三年毛入园率)。由图可知,尽管少数省市之间在基本公共教育供给水平上并不严格遵循"东部>中部>西部",但整体而言,"东部供给水平高于中部和西部,中部供给水平高于西部"的结论是成立的。

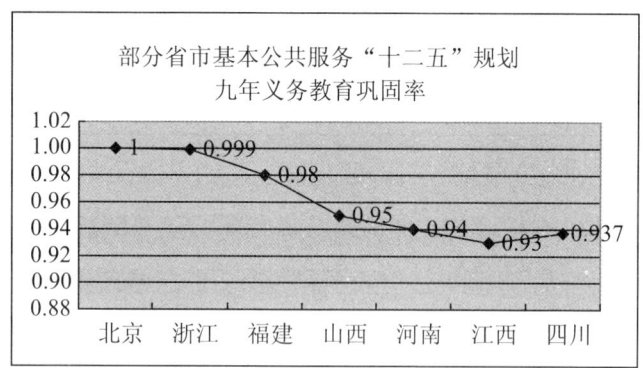

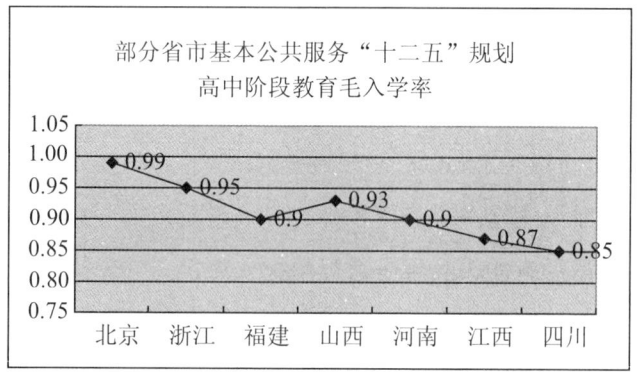

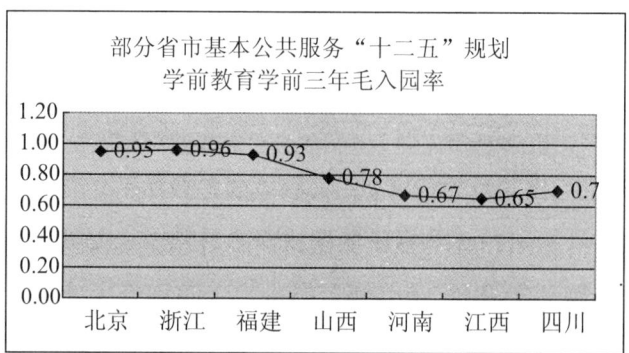

图 3-17　部分省市"十二五"时期基本公共教育供给水平

数据来源：根据地方基本公共服务"十二五"规划和其他相关专项规划数据整理。

值得指出的是，如果仅仅通过上述数据印证地方基本公共服务供给水平和标准在东部、中部和西部之间的递减关系，那么这种比较的意义和价值是受限制的。

还应看到的是，在这种供给水平和标准绝对"数值"的差异背后，更深层次反映的是不同地方提供的基本公共服务在"数量"和"质量"上的差异。从各省市基本公共服务"十二五"规划文本中不难读出："十二五"时期，中西部省市依然偏重于通过加大财政投入和增强财力保障以确保基本公共服务供给能力的建设，从而更好地解决基本公共服务"供给不足"的矛盾。而东部省市在相对解决好基本公共服务供给"数量"的问题后，已逐步追求更高"标准"和更高"质量"的基本公共服务。这与前文比较地方基本公共服务发展目标时得到的结论是一致的。

3. 促进基本公共服务均等化的着力点不同

虽然中央与地方都把促进基本公共服务均等化作为"十二五"期间的重要任务，但中西部省市偏重于将公共资源向农村和贫困地区倾斜，解决中西部地区仍然存在的城乡基本公共服务均等化问题；而东部省市更加重视保障流动人口公平享受基本公共服务，解决城市化进程中农民工与城市居民的社会福利权均等化问题。

中西部省市在基本公共服务供给上不仅存在着供给不足的问题，同时面临着基本公共服务发展不平衡的矛盾。这种发展不平衡，突出反映在中西部省市的城乡之间和区域之间，尤其是一些农村地区和偏僻、边远的贫困地区在基本公共服务发展上显得过于滞后和落后。从中西部省市基本公共服务"十二五"规划内容来看，通过将公共资源向农村和贫困地区倾斜，以"扶弱"的方式来推进基本公共服务均等化是其重要意指。如表3－18所示。

表3－18　"十二五"时期中西部省市有关"公共资源向农村和贫困地区倾斜"的表述

有关"公共资源向农村和贫困地区倾斜"的表述	备注
①把更多的财力、物力投向基层，把更多的人才、技术引向基层，加大公共资源向农村、贫困落后地区和社会弱势群体倾斜力度；②逐步实行城乡教职工统一的中小学编制标准，对农村边远地区实行倾斜政策；③科学制定卫生资源配置标准，统筹卫生资源在城乡、区域之间公平配置和空间布局等	来源：《河南省基本公共服务体系"十二五"规划》

续表

有关"公共资源向农村和贫困地区倾斜"的表述	备注
①通过扩大优质教育资源、鼓励优质教育资源向新城区和农村延伸，加大对贫困地区和革命老区的支持力度，缩小城乡、区域差距。完善城乡义务教育学校的资源共建共享和对口交流支援制度；②以学校布局优化为依托，以优质教师资源均衡、合理配置为原则，初步建立完善城市教师援助农村学校、名校教师援助一般学校的制度和办法，推进义务教育学校教师在县域内合理流动；③推动农村等薄弱地区学校卫生监督工作；④到2012年年底实现农家书屋覆盖全省所有行政村等	来源：《山西省基本公共服务体系"十二五"规划》
①公共教育资源重点向农村、贫困地区倾斜，实行县级行政区域内城乡中小学教师编制和工资待遇同一标准，推动教师、校长有序交流，禁止义务教育阶段设置重点校和重点班；②优化医疗卫生资源配置，新增医疗资源向城市社区和农村倾斜；③继续开展农村文化三项活动，促进城乡基层公共文化服务资源的共建共享；④加大对革命老区、民族地区和贫困地区基本公共服务财政投入和公共资源配置的倾斜力度等	来源：《江西省基本公共服务体系"十二五"规划》
①公共教育资源重点向农村、边远、贫困、民族地区和革命老区倾斜，实行县（市、区）域内城乡中小学教师编制和工资待遇同一标准，以及教师、校长交流制度。建立健全城乡、区域、校际之间教育对口支援工作机制，实行优质学校与薄弱学校之间结对帮扶和交流服务制度。实施农村义务教育学生营养改善计划；②大力发展民族地区和革命老区职业教育，深入推进民族地区"9+3"免费教育计划，对涉农专业学生、非涉农专业家庭经济困难学生（国家"连片特困地区"和"两州一县"及其他民族县、民族待遇县农村中职学生全部纳入）给予助学金补助；③继续实施文化惠民工程，以农村基层为重点，加快公共文化基础设施建设；④重点加强媒体传播能力、民族语言广播、文化传播渠道、全省应急广播体系、少数民族地区、贫困地区和革命老区广播电视节目制作译制能力建设等	来源：《四川省基本公共服务体系"十二五"规划》

资料来源：根据地方基本公共服务体系"十二五"规划整理。

相较于中西部省市，东部省市更为注重推动流动人口的基本公共服务均等化。东部省市一般为劳务输入大省，来自于中西部的农民工等流动人口数量庞大。同时，就其内部而言，伴随城镇化速度的加快，大量农村剩余劳动力随之转移，这也助推了流动人口的数量。根据对江苏、浙江两省的无锡、苏州、嘉兴、绍兴等四市的调研数据显示，外来人口已基本与当地户籍人口持平，部分县、镇已超过当地户籍人口。① 这就要求东部省市在推进基本公共服务均等化过程中必须将流动人口纳入进来。《浙江省基本公共服务体系"十二五"规划》规定，要"按照输入地为主的原则，加快建立进城务工人员等流动人口基本公共服务制度"，同时"进一步加强流动人口的基本公共服务。着力解决以农民工为重点的流动人口基本公共服务问题"。②《福建省基本公共服务体系"十二五"规划》指出，要"建立基本医疗卫生制度，为城乡居民以及常住流动人口提供安全、有效、方便、价廉的基本医疗卫生服务，切实保障人民群众身体健康"，"建立健全流动人口现居住地计划生育技术服务保障机制"。③ 这些都说明东部省市重视推进流动人口的基本公共服务均等化。

4. 经济发达地区更加重视推进基本公共服务供给多元化

经济发达地区由于面临着社会公众更高质量、更高标准、多样化、多层次的公共服务需求，其在提供基本公共服务上逐步放弃政府单一化的供给思维和供给模式，越来越重视和强调推进基本公共服务供给主体和供给方式的多元化，这从地方基本公共服务"十二五"规划中可以看出。如《北京市"十二五"时期社会公共服务发展规划》规定："构建以社区党组织为核心、社区居民委员会为主体、社区服务站为平台、社区社会组织和物业服务企业为支撑、驻区单位密切配合、社区居民广泛参与的新型社区治理体系"，"积极鼓励和引导社会资本举办医疗机构，满足市民多元化和个性化的医疗服务需求"，"大力鼓励社会各界以资本、技术、信息等多种形式对全民健身消费市场、重大国内外体育赛事等要素市场进行投资"。④《浙江省基本公共服务体系"十二五"规划》规定："坚持政府主导、社会参与、公办民办并举的办园体制，巩固学前教育普及水平，提高教育质量"，"进一步完善政府主导、行

---

① 杜孝忠：《力推基本公共服务均等化相关政策待细化——关于江苏省、浙江省城镇化基本公共服务体系建设有关情况的调研报告》，《中国经济导报》2013 年 3 月 2 日。
② 《浙江省基本公共服务体系"十二五"规划》，http：//www.zj.gov.cn/art/2013/1/15/art_12460_71284.html，访问时间：2013 年 1 月 15 日。
③ 《福建省推进基本公共服务均等化"十二五"规划》，http：//govinfo.nlc.gov.cn/fjsfz/zfgb/354562a/201304/t20130428_3568630.shtml?classid=479，访问时间：2013 年 7 月 14 日。
④ 《北京市"十二五"时期社会公共服务发展规划》，http：//www.beijing.gov.cn/szbjxxt/zwgs/t1208832.htm，访问时间：2011 年 12 月 16 日。

业指导、企业参与的办学体制机制,提高学校管理服务水平","鼓励社会资本举办各类医疗机构,大力支持民办医疗机构发展,形成多元化办医格局"。①《福建省推进基本公共服务均等化"十二五"规划》规定:"建立政府主导、社会参与、公办民办并举的办园体制","鼓励和引导社会资本举办医疗机构和参与公立医院改制,引导社会资本以多种方式参与包括国有企业所办医院在内的公立医院改制,形成多元化办医格局","打破行业界限,开放服务市场,采取公建民营、民办公助、政府购买等多种服务模式,鼓励和引导社会力量兴办养老机构","引导社会力量参与保障性安居工程建设和运营"②,等等。

  与此同时,从实践层面来看,经济发达地区在推进基本公共服务供给多元化的实践探索上也有着更高的积极性和更强的力度。以山东省青岛市为例。③青岛市在2011年公共服务评估中位居38个城市基本公共服务满意度评价排名的首位。市政府在基本公共服务供给改革上,着重于选择政府购买公共服务项目的供给方式,主要有三点做法:一是梳理制定基本公共服务购买目录,界定基本公共服务内容;二是由购买社区公共服务入手,鼓励在基层街道和社区试点政府采购基层公共服务,提升社区基本公共服务能力;三是发挥公共财政的引导和调控作用,鼓励和引导社会资本参与基本公共服务。这样,青岛市通过创新政府基本公共服务供给方式,有效促进基本公共服务提供的市场化、社会化、分权化、专业化。从其他经济发达地区来看,政府购买公共服务逐渐盛行,如上海市浦东新区、静安区、北京市东城区、成都市、区两级等已开始面向社会采购公共服务,将社区公共卫生服务、公共就业服务、社会保障服务、社区法律服务、公共文化服务、社区养老服务、公共设施维护等纳入政府采购,取得了培育社会协同管理主体和满足社会多层次多元化的社会公共服务需求等积极成效。④

---

  ① 《浙江省基本公共服务体系"十二五"规划》,http://www.zj.gov.cn/art/2013/1/15/art_12460_71284.html,访问时间:2013年1月15日。
  ② 《福建省推进基本公共服务均等化"十二五"规划》,http://govinfo.nlc.gov.cn/fjsfz/zfgb/354562a/201304/t20130428_3568630.shtml?classid=479,2013年3月4日。
  ③ 本案例来源于:郭芳:《探索和创新基本公共服务提供方式》,《青岛日报》2012年8月4日。
  ④ 郭芳:《探索和创新基本公共服务提供方式》,《青岛日报》2012年8月4日。

5. 部分省市制度创新驱动效应更显著

制度构建、制度改革与制度创新是推进基本公共服务均等化过程中不可或缺的内容。但其只有在具备一定条件时才会形成明显的驱动效应，从而发生具体的制度构建、制度改革和制度创新实践。在推进基本公共服务均等化和构建完善基本公共服务体系的过程中，部分省市更好地解决了供给基本公共服务的"数量"问题，开始追求提供更加均等化和更高质量的基本公共服务，以不断满足人民群众更高层次的需求。这时，对构建空白领域的政策法规等制度、改革那些陈旧滞后的不相适宜的制度和根据需要创新现有的制度等的要求更为迫切，相应的制度构建、制度改革和制度创新背后的驱动效应也更为显著。

以北京市、浙江省、福建省为例，梳理其基本公共服务"十二五"规划文本，可形成如表3-19所示的部分省市相关制度构建、制度改革和制度创新的汇总表。

表3-19 部分省市基本公共服务"十二五"规划中制度构建、改革与创新汇总

制度构建、制度改革与制度创新	备注
完善低保分类救助制度。完善城乡一体的教育、医疗、住房、供暖、法律援助等专项救助制度；完善社会矛盾多元调节体系，健全人民调解、行政调解、司法调解相结合的矛盾调解机制；完善社会公共服务制度和政策；研究制定适合市情的药品监管地方法规；加强社会公共服务领域立法；完善社会公共服务支持政策；完善家庭经济困难学生资助政策；完善小额担保贷款、社会保险补贴等扶持政策；完善居民与职工养老、医疗保险衔接政策；完善孤儿成年后安置政策；完善独生子女父母奖励、独生子女伤残和死亡家庭扶助制度、农村部分计划生育家庭奖励扶助政策；制定鼓励中心城市人口外迁的优惠政策；研究制定税费减免、置换转让资金统筹使用等政策；制定完善金融信贷、收费价格、财政补贴、税收优惠、土地使用、劳动用工等政策；制定和完善促进民办教育发展的金融、产权和社保等政策；完善社会公共服务宏观监测体系和综合评价制度；规范社会公共服务采购制度，推广项目资金国库集中支付制度；大力推进教育体制改革；启动按病种分组付费制度改革；加快医药卫生体制改革；深化文化体育体制改革；深化社会公共服务事业单位内部管理体制和运行机制改革；深化事业单位人事制度和收入分配制度改革；加快财政预算制度改革；创新社会公共服务投融资体制；探索建立高中和大学的有效合作机制；创新社会公共服务投融资体制；创新高校科研体制；创新慈善项目化运作机制；创新文化遗产保护机制；创新社区民主监督机制……	来源：《北京市"十二五"时期社会公共服务发展规划》

续表

制度构建、制度改革与制度创新	备注
加快完善公共财政体制；把完善基本公共服务体系作为进一步保障和改善民生的重要制度安排和重大战略任务予以大力推进；完善就业和失业登记管理制度；完善企业职工基本养老保险制度；进一步完善城乡居民社会养老保险制度；完善生育保险制度；完善孤残儿童保障制度；落实和完善残疾人参加社会保险保费补贴政策；逐步完善学生在流入地考试升学办法；完善药品安全责任体系；坚持和完善现行生育政策；完善全民运动会制度；完善国民体质监测制度；完善和实施道路交通事故社会救助基金管理办法；健全完善各项扶持政策；完善职工基本养老保险省级统筹制度；完善基本公共服务评估报告制度；制定实施有利于女孩健康成长和妇女发展的社会政策；积极稳妥地推动机关事业单位养老保险制度改革；推进招生制度改革；进一步深化户籍制度改革；鼓励各地、各部门开展统筹城乡基本公共服务制度改革试点；推进"收入一个笼子、预算一个盘子、支出一个口子"公共财政管理改革；分类推进事业单位改革；积极探索建立农民意外伤害保障机制和覆盖城乡居民的生育保障机制；积极探索覆盖全体劳动者的职业伤害保障制度、失业保险制度和覆盖城乡居民的生育保障制度；探索公共服务项目经营权转让机制和民间投资公共服务的财政资助机制；创新转移支付制度；创新服务供给机制……	来源：《浙江省基本公共服务体系"十二五"规划》
进一步完善土地、财税、金融等政策体系；完善以县为主的义务教育管理体制；完善优质学校与薄弱学校帮扶交流制度；完善原中央苏区、革命老区基本公共服务发展扶持政策；健全完善每五年一周期的教师全员培训制度；完善社区医生进家庭工作制度；完善医院管理体制、法人治理机制、补偿机制、基本医疗保障付费方式等改革；完善公益性演出补贴等制度；完善就业援助政策；制定惠民殡葬政策，建立殡葬救助保障制度；完善基层公共就业服务体系和服务制度；完善最低工资和工资指导线制度；完善就业信息统计和失业预警指标体系；建立完善城乡居民社会养老保险制度；完善被征地农民养老保障制度；完善失业保险制度；完善工伤保险差别费率和浮动费率制度；完善独生子女父母奖励制度；完善城乡最低生活保障制度；完善孤儿基本生活保障制度；加快基本住房保障地方立法工作，做好廉租住房、公共租赁住房和经济适用住房等各类保障性住房的政策衔接；完善贫困残疾人生活补助制度，建立极重度残疾人护理补贴制度；完善租赁补贴制度；完善财政转移支付制度；完善基本公共服务问责机制；加快推进人事制度和分配制度改革；推动机关事业单位养老保险制度改革；探索付费方式改革；鼓励各地开展统筹城乡基本公共服务制度改革试点；积极探索建立农民意外伤害保障机制和覆盖城乡居民的生育保险机制；要加快推进事业单位分类改革；不断加大财政投入，推进体制机制创新；探索建立人口福利基金会和长效节育奖励制度；探索实施公共服务券制度……	来源：《福建省推进基本公共服务均等化"十二五"规划》

资料来源：根据地方基本公共服务"十二五"规划整理。

部分省市更为显著的制度创新驱动效应还可通过实践看出。以广东省为例[①]，广东省在推进基本公共服务均等化的过程中，于2012年出台推进基本公共服务均等化综合改革工作方案，不断深化与基本公共服务均等化相关的体制改革。具体包括政府体制改革、财税体制改革和社会资源分配体制改革（特别是改革城乡分割、体制内外差别巨大的社会保障二元双轨制）、户籍制度改革等等。同时，加强社会管理创新，通过创新基本公共服务生产、分配的管理体制机制和创新公众参与基本公共服务均等化全过程管理的体制机制，协同式地推进基本公共服务均等化。通过以上改革与创新，广东省在推进基本公共服务均等化方面取得了难能可贵的重要成效，名副其实地在全国省市中居于"走在前列"的地位。从其他经济发达省市来看，改革与创新的实践屡出不鲜，如浙江省慈溪市"打破户籍限制，建立城乡一体的养老保险制度"[②]，福建省提出"实施创新驱动发展战略，建设创新型省份"[③]，山东省青岛市"通过购买公共服务项目，创新基本公共服务的供给方式"[④]等等。

我国中央和地方基本公共服务"十二五"规划所体现出的共同趋势，既体现了十八大以来党中央提出的"在改善民生和创新管理中加强社会建设"，"使发展成果更多更公平地惠及全体人民"的指导思想，也是实现小康社会目标的战略路径规划，彰显了维护社会公平正义的公共价值取向。把握这些共同趋势，有助于深刻理解我国完善基本公共服务体系的战略思路与发展方向，检视当下我国地方构建基本公共服务体系中的现实障碍和差距。同时，也要看到我国地方基本公共服务"十二五"规划呈现的显著地方特色与差异性，既是社会经济发展水平不同所致，也是不同发展阶段区域公共服务需求差异所致。认识到这一点，就应理解和容许地方基本公共服务体系的区域特色，探索包容性增长的地方公共服务体系发展模式。同时，也不能

---

① 本案例来源于：左晓斯：《稳步推进基本公共服务均等化》，《南方日报》2013年5月20日。

② 卢萌卿、赵科、孙云东：《慈溪启动城乡基本公共服务均等化行动》，《宁波日报》2013年1月27日。

③ 谢开飞：《实施创新驱动发展战略 建设创新型省份》，中国科技网，http://www.stdaily.com/stdaily/content/2013-01/28/content_567170.htm，访问时间：2013年1月8日。

④ 郭芳：《探索和创新基本公共服务提供方式》，《青岛日报》2012年8月4日。

以"地方特色"或"财力不足"为借口,放弃对基本公共服务效率与质量的不懈追求。只有在地方公共服务体系构建中坚持保护特色,缩小差距,才能准确解读完善我国基本公共服务体系的共同趋势和地区差异,并研判这一比较的价值和意义所在。

第 四 章

公共服务体系改革的实践探索

一、地方推进公共服务体系变革的动力机制

地方推进公共服务体系变革本身就是政府改革、政府发展的题中应有之义,或者说是政府改革、政府发展的合历史逻辑的引申。① 引发地方公共服务体系变革的原因很多,既有国际的,也有国内的;既有社会的,也有政府自身的;既有理论的,也有实践的。总体而言,地方公共服务体系变革动力有外生的社会公共需求因素、内生的地方政府自身因素以及地方政府之间的竞争因素。

(一) 社会公共需求因素

当前,我国经济社会快速发展,公民权利建构日益健全,拥有了物权保障的城乡居民开始对自己的公共服务权利有了新的要求,并且社会公众不满足于成为政府公共服务的被动接受者,要求对公共服务供给享有一定的发言权,社会公众对公共服务的内容、标准的要求不断丰富、提高。这在一定程度上推动地方政府调整传统的政府与公民关系,转变自身的职能,调整已有的公共服务提供方式,将强化地方政府公共服务能力和满足群众利益紧密结合起来。当前社会公众对地方公共服务需求的变化主要有

---

① 孙晓莉:《政府公共服务创新:类型、动力机制及创新失败》,《中国行政管理》2011年第7期,第48页。

两个方面：公共服务需求内容由单一向多元、公共服务需求标准由满足基本生存向追求不断发展的转变。这种社会公众需求引发公共服务变革的过程与机制见图 4-1。

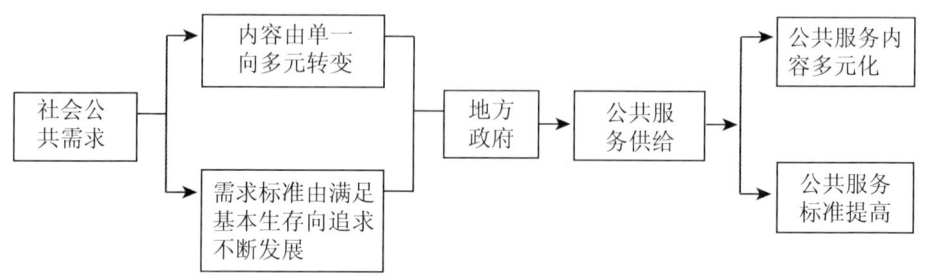

图 4-1　社会公众需求引发公共服务变革的传导机制

1. 公共服务需求内容由单一向多元

从改革开放开始，社会公共服务需求导致我国公共服务体制改革经历了四个阶段的发展，并且在不同的阶段呈现出不同的特征。① 第一阶段是 1978—1984 年，这一阶段属于公共服务体制的恢复阶段，地方政府提供的公共服务内容范围非常小，主要是把教育与卫生体制作为重点；第二阶段是 1985—1992 年，这一阶段是公共服务体制改革的启动阶段，从 1985 年开始，中央和国务院先后颁布多个文件，对教育、卫生、社会保障等公共服务领域的体制改革做政策性指导，标志着我国公共服务体制改革进入全面启动阶段；在 1992—2003 年，我国地方政府公共服务体制改革进入快速发展阶段，地方政府公共服务型政府建设改革开始全面启动，现代公共服务体系开始着手建立，教育、医疗、社会保障、养老体系都开始建立，但是忽视了农村公共服务短缺问题、城市中流动人口的公共服务问题；从 2003 年开始，我国地方政府公共服务体系建设开始进入完善阶段，公共服务体系的内容基本形成。到了 2012 年 7 月 11 日，国务院发布《国家基本公共服务体系"十二五"规划》，对基本公共服务的范围做出了明确规定。

---

① 姜晓萍、邓寒竹：《中国公共服务 30 年的制度变迁与发展趋势》，《四川大学学报（哲学社会科学版）》2009 年 1 期，第 29—32 页。

《国家基本公共服务体系"十二五"规划》将地方政府提供的基本公共服务范围确定为公共教育、劳动就业服务、社会保障、基本社会服务、医疗卫生、人口计生、住房保障、公共文化等领域的基本公共服务；另外，还指出地方政府基本公共服务的范围还有基础设施、环境保护，包括：行政村通公路和客运班车，城市建成区公共交通全覆盖；行政村通电，无电地区人口全部用上电；邮政服务做到乡乡设所、村村通邮；县县具备污水、垃圾无害化处理能力和环境监测评估能力；保障城乡饮用水水源地安全等。

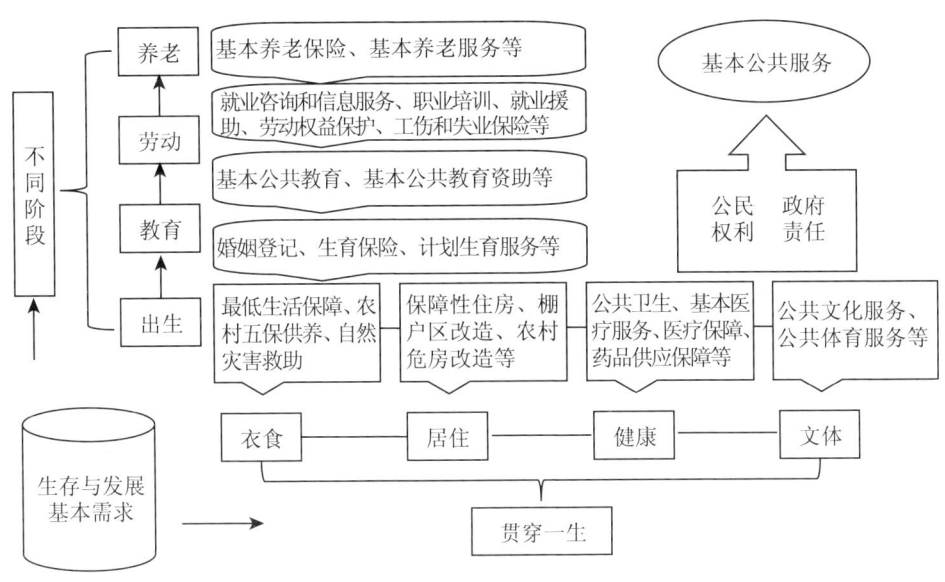

图 4-2 《国家基本公共服务体系"十二五"规划》确定的基本公共服务范围

基本公共服务的内在属性和政府部门的角色特点，决定了基本公共服务的提供责任必须主要由政府来承担。而在现实中，地方政府要提高公众的满意度，仅仅履行基本公共服务的责任是不够的。当前，各地地方政府为了回应社会公众的公共服务需求，针对不同的区域，在不同的时期，不断调整公共服务供给的内容，丰富公共服务项目。以四川省成都市为例，在 2007 年，成都市出台《关于深化城乡统筹 进一步提高村级公共服务和社会管理水平的意见（试行）》，对农村的村级公共服务的内容进行了界定。具体内容如表 4-1。

表 4-1 成都市对农村公共服务的分类

类别	内容
文体类	1. 广播电视村村通
	2. 电影放映服务
	3. 报刊图书阅览服务
	4. 文化活动
	5. 农民体育健身
	6. 文艺演出和展览服务
教育类	7. 农村义务教育
	8. 农村高中阶段教育
	9. 农村学前教育
	10. 农村职业教育
	11. 农村特殊教育
	12. 农村成人教育
医疗卫生类	13. 农村居民基本医疗保险
	14. 农村医疗救助
	15. 农村基本医疗卫生服务
	16. 卫生防疫
	17. 农村药品配送和监管
	18. 农村妇幼保健
	19. 农村计划生育
就业社会保障类	20. 农村社会养老保险
	21. 农村最低生活保障
	22. 农村五保供养
	23. 农村受灾群众救助
	24. 农村优抚
	25. 农村社会福利和慈善
	26. 农村老龄服务
	27. 农村残疾服务
	28. 农村就业服务
	29. 农村就业援助

续表

类别	内容
农村基础设施和环境建设类	30. 农村道路建设及维护
	31. 农村水利设施建设及维护
	32. 农村水、电、气、通讯、互联网等基础设施建设及维护
	33. 农村沼气池建设
	34. 农村垃圾和污水集中处理
	35. 农村客运
	36. 农村邮政
	37. 村内园林绿化
农业生产服务类	38. 农业科技推广
	39. 动植物疫病防控
	40. 农产品流通
	41. 农用生产资料供应
	42. 农业信息化
	43. 种养业良种服务
	44. 农业资源和生态保护
	45. 农村扶贫开发
	46. 农村防灾减灾
	47. 农村金融服务

资料来源：《关于深化城乡统筹　进一步提高村级公共服务和社会管理水平的意见（试行）》（成委发〔2008〕37号）。

具体到成都市的农村，公共服务的内容都有6大类47小项。实际工作中，其实提供的公共服务内容还会更多。成都市是基于成都市农村现实发展，从农民的现实需求中归纳总结出来的，这实际上是地方政府对农村公众公共服务的需求的一种回应。地方政府回应社会公众的服务需求有四个基本层次，即职能性回应、诉求性回应、责任性回应、前瞻性回应。[①]

---

① 姚秋娴：《服务型政府回应机制研究》，福建师范大学硕士学位论文，2008年，第8页。

因为公共服务既是政府的职能责任,也是群众的现实诉求,同时任何地方政府对公共服务都要有前瞻与规划。正是因为公众的"胃口"不断变大,地方政府的公共服务变革动力也就越大。在此意义上,我们可以说,地方公共服务体系变革是公民权利意识和维权动机增长的产物。虽然我们国家没有竞争性选举,但是社会公众对公共服务内容的多样化需求也同样迫使地方政府更加注重人民的福利,从而也就更加注重公共服务的范围。民主机制会对政治家产生激励,使他们采取适当的措施来提供更好的公共服务。①

一方面,社会公众的公共需求主体快速扩大,占人口比例一半以上的农民和城镇中低收入者逐步成为公共需求的主体。另一方面,公共服务项目范围不断扩大,不仅包括义务教育、基本医疗、公共卫生、社会保障等基本公共服务项目,各类中低收入群体的基本住房保障问题、公共环境保护问题、食品药品安全、卫生安全等公共安全问题也逐步纳入进来。

2. 公共服务需求标准由低向高

目前地方公共服务的规模和质量难以满足人民群众日益增长的需求,主要体现在公共服务供给标准与公共服务需求标准之间存在较大的落差。在农村和贫困地区,地方政府提供的公共服务不能满足社会公众的实际保障需求。这种公共服务供给的低标准有多方面的原因,主要有地方公共服务不合理的体制机制、城乡区域间制度设计不衔接、管理条块分割、地方公共服务提供主体和提供方式比较单一、基层政府财力与事权明显不匹配、地方公共服务缺少绩效考核以及监督问责等等。

但是,社会公众对公共服务的需求标准是越来越高。不同的地方政府对社会公众的需求都做过一些调查,反映出公众对当前地方政府公共服务标准偏低的不满。本课题组对四川省各地市常住人口等比分配,结合分层随机抽样,使用问卷进行调查,调查对象100人,调查结果如表4-2。

---

① [美]琼·M.纳尔逊:《选举、民主与社会服务》,《经济社会体制比较》2009年第4期,第17页。

表4-2 四川省公共服务满意度的情况

系列名称	项目名称	满意（%）	基本满意（%）	不满意（%）
地方公共服务状况整体评价	地方公共服务基本状况评价	21	32	47
教育公共服务评价	公共教育服务总体评价	42	27	31
	公共教育投入评价	38	23	39
	公共教育过程评价	46	24	30
	公共教育产出评价	51	23	26
公共医疗卫生服务评价	医疗卫生服务总体评价	52	26	22
	医疗卫生投入评价	45	36	19
	医疗卫生质量评价	48	24	28
	医疗卫生保障评价	34	24	42
社会保障公共服务评价	社会保障总体评价	23	34	43
	社会保险服务评价	33	27	40
	社会救助服务评价	56	21	23
	社会优抚服务评价	54	24	22
	社会福利服务评价	45	27	28
就业公共服务评价	就业服务总体评价	45	34	21
	就业服务投入评价	53	23	24
	就业服务效率评价	43	44	13
	就业服务效果评价	39	46	15
科技公共服务评价	科技公共服务总体评价	46	34	20
	科技公共服务投入评价	56	23	21
	科技公共服务活动评价	43	38	19
	科技公共服务产出评价	34	38	28
公共文化服务评价	公共文化服务总体评价	50	32	18
	公共文化资源投入评价	45	34	21
	公共文化服务质量评价	55	31	14
	公共文化服务效果评价	46	43	11
基础设施服务评价	基础设施服务总体评价	51	22	27
	基础设施投入评价	67	23	30
	交通服务评价	44	34	22
	能源服务评价	46	23	31
	饮用水服务评价	56	22	22
	环保服务评价	23	24	53
	通讯服务评价	35	34	31

从地方公共服务状况整体评价来看,有多达47%的调查对象表示不满意。持"不满意"态度的比"满意"的多26%。这在很大程度上会给地方政府压力,如果不能对公共服务体系做出变革,去适应社会公众对地方政府公共服务质量的需求,会引发人们对地方政府合法性的怀疑。

就教育公共服务评价而言,公共教育服务总体评价的满意度中,"满意"的占42%,"基本满意"占27%,"不满意"的占31%。其中,关于公共教育投入"不满意"占39%,接近4成;对公共教育过程"不满意"占30%,对公共教育产出"不满意"的占26%。

就公共医疗卫生服务评价而言,医疗卫生服务总体评价"满意"为52%,"基本满意"占26%,"不满意"的占22%。其中,关于医疗卫生投入评价"不满意"占19%,接近2成;对医疗卫生质量评价"不满意"占28%,对医疗卫生保障评价"不满意"的高达42%。

就社会保障公共服务评价而言,社会保障总体评价"满意"为23%,"基本满意"占34%,"不满意"的占43%。社会保险服务评价"不满意"占40%,社会救助服务评价"不满意"占23%,社会优抚服务评价"不满意"占22%,社会福利服务评价"不满意"占28%。

在就业公共服务评价中,对就业服务总体评价"满意"为45%,"基本满意"占34%,"不满意"的占21%。就业服务投入评价"不满意"占24%,就业服务效率评价"不满意"占13%,就业服务效果评价"不满意"占25%。

对于科技公共服务的评价,总体评价"满意"为46%,"基本满意"占34%,"不满意"的占20%。科技公共服务投入评价"不满意"占21%,科技公共服务活动评价"不满意"占19%,科技公共服务产出评价"不满意"占28%。

就公共文化服务评价而言,公共文化服务总体评价,"满意"为50%,"基本满意"占32%,"不满意"的占18%。公共文化资源投入评价"不满意"占21%,公共文化服务质量评价"不满意"的占14%,公共文化服务效果评价"不满意"的占11%。

基础设施服务评价中,对于基础设施服务总体评价"满意"为51%,"基本满意"占22%,"不满意"的占27%。基础设施投入评价"不满意"

的占 20%，交通服务评价"不满意"的占 22%，能源服务评价"不满意"的占 31%，饮用水服务评价"不满意"的占 22%，环保服务评价"不满意"的高达 53%，通讯服务评价"不满意"的占 31%。

从上述调查结果可以发现，社会公众对地方政府公共服务的总体评价不高，对地方政府公共服务的投入、过程、结果的构面评价也不是很高。公共服务需求标准的不断提高既是时代发展的必然要求，也是西方国家发展中一条清晰的线索。我国公众对公共服务的需求必然也会从生存状态的底线，逐步提高到基本发展机会和发展能力层面，最终要求享受较高层面的社会福利。具体层次见图 4 – 3。

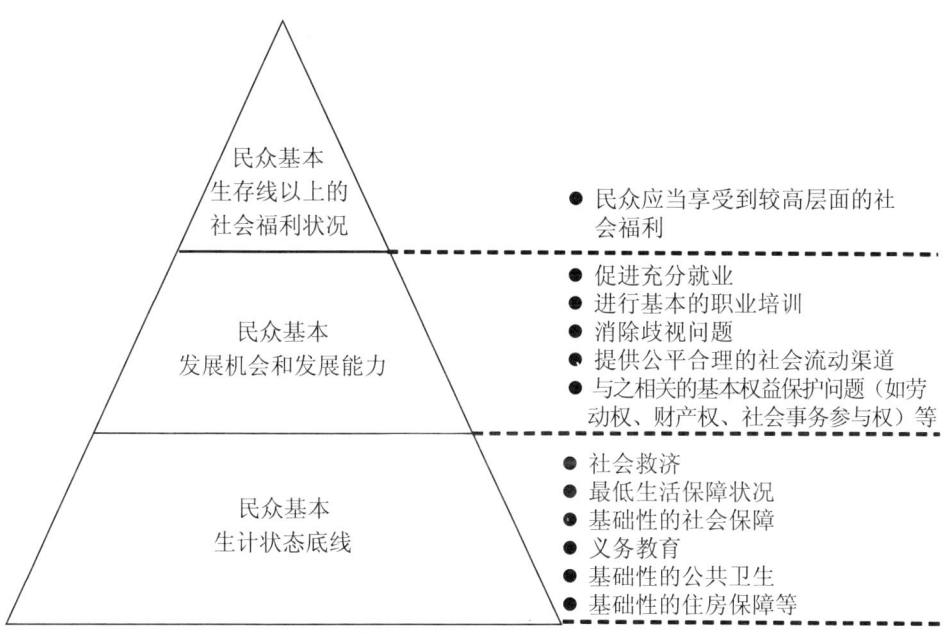

图 4 – 3　公共服务需求标准的层次图

公共服务创新是应对社会治理危机时的产物。当地方政府面对社会公众对于公共服务标准的持续不断的不满时，会面临非常大的压力，进行公共服务体系的变革也就成了唯一选择。

"十二五"时期，我国各地经济社会进入了加速转型的新阶段。随着经济发展水平的不断提高、人口的快速增长、社会结构的变动，社会公共服务需求呈现出显著的新特征。

第一，人口规模的快速增长要求扩大社会公共服务供给。

2012年末，中国大陆总人口（包括31个省、自治区、直辖市和中国人民解放军现役军人，不包括香港、澳门特别行政区和台湾省以及海外华侨人数）135404万人，比上年末增加669万人。年末全国就业人员76704万人，比上年末增加284万人；其中城镇就业人员37102万人，比上年末增加1188万人。[①] 以北京市为例，常住人口数量快速增长，2010年年底已达到1961.9万人，到2015年人口规模持续膨胀，可能会达到2300万以上，这会使社会公共服务的需求规模不断扩大。

第二，经济社会发展水平的不断提升要求提高社会公共服务质量。

随着经济发展和社会进步，社会生活水平不断提高，社会结构深刻变动，社会公众的利益诉求和生活方式日趋多元，对地方公共服务体系的全面发展有着更高的期待，要求地方政府更加关注多层次、多样化、差异化的公共服务内在需求；要求不断拓展地方公共服务新型业态，丰富公共服务内容，改进公共服务管理方式和公共服务管理手段，提升公共服务人性化、科学化、精细化管理水平。以较为发达的浙江省为例，"十二五"时期已经进入人均生产总值从7000美元向10000美元跨越的新阶段，与全面建成惠及全省人民小康社会的目标相比，与群众的新要求新期待相比，浙江省公共服务水平还存在不小差距。基本公共服务供给渠道相对单一，总量仍显不足，难以有效满足人民群众日益增长的公共服务需求。

第三，城市化进程的加快要求优化地方公共服务资源配置。

随着我国城市化率的逐步提升，大量农村居民会进入城市，要求享受城市的公共服务。这会迫使地方政府加快公共服务资源的空间布局调整，实现公共服务设施与城市总体规划、公共服务功能定位和城乡变化相匹配，提升公共服务的城乡配置效率。从城乡结构看，截至2012年年底，我国城镇人口71182万人，比上年末增加2103万人；乡村人口64222万人，比上年末减少1434万人；城镇人口占总人口比重达到52.57%，比上年末提高1.30

---

① 中华人民共和国国家统计局编：《中国统计年鉴（2013）》，中国统计出版社2013年版，第95、121页。

个百分点。全国居住地和户口登记地不在同一个乡镇街道且离开户口登记地半年以上的人口（即人户分离人口）2.79亿人，比上年末增加789万人；其中流动人口为2.36亿人，比上年末增加669万人。这些数据的变化都要求优化公共服务资源的配置。

第四，地方经济发展方式的转变要求地方公共服务提供战略支撑。

目前我国诸多地方，尤其是一些大城市已形成服务型主导的经济结构，加快社会公共服务发展既是拉动居民消费需求和促进经济增长的重要内容，也是调整产业结构、转变经济发展方式的重要抓手。加快发展公共服务体系建设，完善发展公共服务产业，既能扩大服务消费，又会带来新的市场需求。

（二）地方政府自身要素

当前，我国地方政府角色开始由管制型、经济建设型政府向服务型政府的转变。地方政府公共服务体系的变革问题是在地方政府自身转变的基础上应运而生的。正是在地方政府职能、地方公共财政转型的必要性和迫切性急切上升的背景下，地方公共服务体系产生了的强烈的变革要求。（见图4-4）

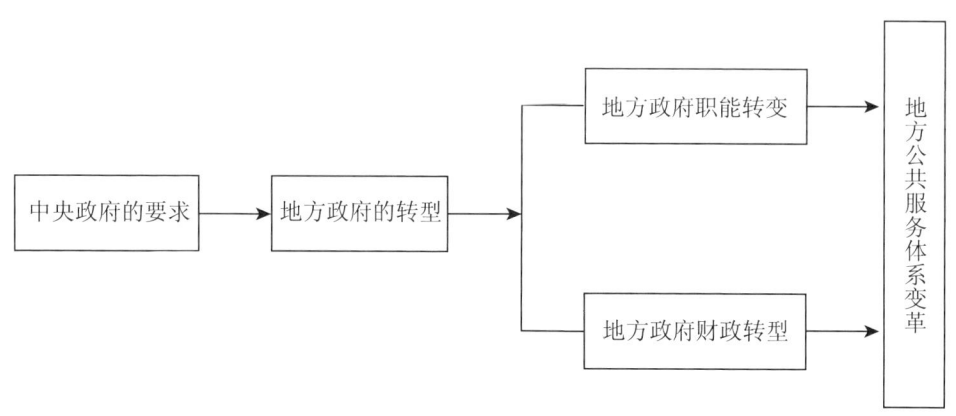

图4-4 地方政府转型引发地方公共服务体系变革的传导机制

1. 地方政府职能转变

我国社会发展阶段的变化必然引起社会公共需求结构的变化。但从现实情况看,基本公共服务供求矛盾已成为转型期突出的社会矛盾之一。

党和国家的发展理念及其地方政府工作考核评价和干部考核评价体制造就了20世纪90年代"以经济建设为中心"的发展理念和以GDP为主的考核标准,这是促成这一时期地方政府逐渐演变为"经济建设型政府"的主要原因。这种"经济建设型政府"在行为取向上表现为以追求经济增长为目标,在职能定位上表现为经济建设领域的"越位""错位"以及公共服务和社会建设领域的"缺位"。2007年以后,随着发展理念的转变,中央政府不断要求各级政府强化公共服务职能,协调经济社会发展,保障和改善民生。十七大报告提出,加快行政管理体制改革,建设服务型政府,要健全政府职责体系,完善公共服务体系,推行电子政务,强化社会管理和公共服务。党的十八大报告提出:"要多谋民生之利,多解民生之忧,解决好人民最关心最直接最现实的利益问题,在学有所教、劳有所得、病有所医、老有所养、住有所居上持续取得新进展,努力让人民过上更好生活。"这些要求对地方政府的职能转变提供了支持与要求。

近些年全国各地在服务型政府建设中,取得了明显的成绩。在建设中,地方政府对服务型政府建设的理解也越来越饱满,从建一个"服务效率高"的政府逐渐转变成建一个"把公共服务与社会管理当成主要职能"的政府。地方政府都在各类文件中提出要加强服务型政府建设,要不断增加公共服务体系建设的支出。以2013年各省的政府工作报告为例,无一例外都拿出专门篇幅谈加强公共服务体系建设问题。

表4-3 2013年全国各省、直辖市、自治区政府工作报告对公共服务体系建设的论述

省份	各省、直辖市、自治区未来五年公共服务体系建设的思路与目标
北京	更加注重改善市民福祉。就业更加充分,城乡居民人均收入到2020年比2010年翻一番,城乡收入差距逐步缩小,中低收入群众的收入水平明显提高。完成5000万 m^2 老旧小区综合整治和100万套保障房建设任务。基本公共服务更趋均等化,非基本公共服务更加丰富。基本实现义务教育资源均等化,基本满足适龄儿童入园需求,率先实现教育现代化,覆盖城乡的社会保障制度更加完善,努力建设和谐宜居之都。

续表

省份	各省、直辖市、自治区未来五年公共服务体系建设的思路与目标
天津	不断提高基本公共服务水平和均等化程度，解决好群众最关心最直接最现实的利益问题，让全体市民共建共享改革发展成果。推动文化大发展、大繁荣，加强社会主义核心价值体系建设，基本建成覆盖城乡的公共文化服务体系，促进文化产业快速发展，努力建设文化强市。实施中长期教育改革和发展规划纲要，高标准推进各类教育发展，全面建成海河教育园区，办好人民满意的教育。进一步完善公共卫生和基本医疗服务体系，建成一批重点医疗卫生设施，提高疾病预防控制能力。积极发展群众体育和竞技体育，建设健康产业园区，办好第六届东亚运动会和第十三届全国运动会。大力保障和改善民生，特别是要安排好困难群众的生活。实施更加积极的就业政策，推动更高质量的就业，新增就业230万人以上。千方百计增加群众收入，城乡居民收入保持两位数增长。完善住房保障机制，再为33万户中低收入住房困难家庭提供住房保障，覆盖35%的城镇家庭。健全城乡全民社会保障体系，完善困难群体救助制度，实现人人享有基本社会保障。大力推进社会养老服务体系建设。
河北	坚持以人为本、民生为重，努力在学有所教、劳有所得、病有所医、老有所养、住有所居上取得重要进展。办好人民满意的教育，提高教育水平，促进教育公平；坚持面向世界、面向未来、面向现代化、面向河北经济社会发展，提升高等教育质量，努力建设几所全国知名大学。加快发展医疗卫生事业，推进基本公共卫生服务均等化，加强卫生科普宣传，深化公立医院改革，振兴中医药事业，为群众提供安全有效、方便价廉的公共卫生和基本医疗服务。制定实施城乡居民收入倍增计划，大幅度提高城乡居民收入，促进居民收入水平与经济社会发展水平同步提高。实施就业优先战略和更加积极的就业政策，鼓励创业就业，加大支持青年创业的力度，构建和谐劳动关系，推动实现更高质量的就业。统筹推进城乡社会保障体系建设，坚持全覆盖、保基本、多层次、可持续的方针，提高统筹层次和保障水平。建立市场配置和政府保障相结合的住房制度。加大城乡贫困人口基本生活保障力度，三年内全部解决农村人口饮水不安全问题。
山西	大力推进社会建设，让人民过上更加幸福美好的生活。坚持教育优先发展，努力办好人民满意的教育，不断提高全民受教育程度和创新人才培养水平。实施就业优先战略和更加积极的就业政策，推动实现更高质量的就业。深化收入分配制度改革，按照我省"十二五"收入倍增计划部署，千方百计增加居民收入，努力实现居民收入增长和经济发展同步、劳动报酬增长和劳动生产率提高同步，2017年城乡居民收入分别达到3.3万元、1.1万元以上。坚持为人民健康服务的方向，大力发展医疗卫生事业，建立健全基本医疗卫生制度，为群众提供安全、有效、方便、价廉的公共卫生和基本医疗服务。坚持全覆盖、保基本、多层次、可持续的方针，全面建成覆盖城乡居民的社会保障体系。加快推进保障性住房建设，基本形成住房保障体系。在巩固提升过去两轮"五个全覆盖"成果的基础上，投入400亿元，为农民再办五件实事，即全面完成农村困难家庭危房改造、特困群众易地搬迁、行政村街道亮化、村级幼儿园改扩建和乡村清洁工程。

续表

省份	各省、直辖市、自治区未来五年公共服务体系建设的思路与目标
内蒙古	不断加大民生工作力度,坚持为群众办实事,实施民生工程,促进基本公共服务均等化。实施就业优先战略,加快推进覆盖城乡居民的社会保障体系建设。合理调整收入分配关系,不断提高城乡居民收入,实现"两个同步""两个达到"目标。优先发展教育事业,全面实施素质教育,深化教育改革,提高教育质量,促进教育公平,办好人民满意的教育。加快卫生事业改革发展步伐,强化公共卫生服务体系建设,健全覆盖城乡居民的基本医疗服务体系,提高人民健康水平。
辽宁	建成教育强省和人才强省,义务教育巩固率达到98%,高等教育毛入学率超过50%,人均受教育年限达到12年,人才总量超过400万人。医药卫生体制改革取得明显成效,公共卫生和基本医疗服务体系更加健全。人口结构不断优化,人口素质逐步提升,人口长期均衡发展,全民健康水平明显提高。文化强省建设迈出坚实步伐,公共文化服务设施实现全覆盖,大力培育具有辽宁特色的文化品牌,文化产业占国民经济的比重达到5%以上。
吉林	深入推进富民工程,坚持不懈地改善民生。实施更加积极灵活的就业政策,进一步提高就业质量,新增城镇就业人口250万人以上,农村劳动力转移就业400万人以上。巩固提高城乡基本养老、医疗、生育、失业和工伤保险等制度全覆盖水平,健全社会保险待遇和城乡低保标准动态调整机制。推进保障性安居工程建设,力争完成县级以上城市既有居住建筑供热计量及节能改造。坚持教育优先发展,合理配置教育资源,深化教育教学改革,创新人才培养模式,优化教师队伍结构,加强薄弱环节建设,着力提高教育质量,建设高等教育强省,实现各级各类教育协调健康发展,更好地服务经济社会发展和民生改善。基本建成公共卫生急救、卫生应急、大病救治、传染病防治、基本药物供应保障等体系。广泛开展全民健身运动。积极建立以家庭为基础、社区为依托、机构为支撑的养老服务体系。努力提高出生人口素质,促进人口长期均衡发展。搞好城乡社区建设。
黑龙江	基本公共服务均等化总体实现,教育现代化水平提高,城乡劳动就业更加充分,社会保障全民覆盖,保障水平与经济发展同步提高,人人享有基本医疗卫生服务,住房保障体系基本形成,人民生活水平全面提高,社会和谐稳定。
上海	努力完善基本公共服务体系,人民生活水平全面提高。城镇登记失业率控制在4.5%以内,收入分配差距缩小,社会保障体系和住房保障体系更加完善。完成350万平方米二级旧里以下房屋改造。轨道交通运营线路达到600公里以上。社会主义新农村建设成效显著。市民享有更丰富的精神文化生活、更公平的基本公共教育服务和基本医疗卫生服务。
江苏	居民收入七年倍增计划如期实现,城乡居民收入差距进一步缩小。教育现代化加快推进,就业更加充分,更有质量,社会保障全民覆盖,住房保障体系基本形成,人人享有基本医疗卫生服务,基本公共服务体系更加完善。

续表

省份	各省、直辖市、自治区未来五年公共服务体系建设的思路与目标
浙江	加快社会事业发展和社会保障体系建设，提升基本公共服务水平。坚持教育优先发展，深化教育改革，加强教师队伍建设，高标准普及十五年教育，完善高等教育体系、现代职业教育体系和终身教育体系。坚持保基本、强基层、建机制，制定实施具有浙江特色的健康发展战略，深化医药卫生体制改革，发展中医药事业，提升城乡医疗卫生服务水平。统筹做好人口和计划生育工作，提高出生人口素质。实施就业优先战略，促进创业带动就业，推动实现更高质量的就业。坚持全覆盖、保基本、多层次、可持续方针，完善养老、医疗等社会保障制度，推进住房保障体系建设，完善新型社会救助体系和社会福利体系。健全社会养老服务体系。完善扶贫开发机制和结对帮扶机制，促进低收入农户、城镇低收入家庭、城乡困难残疾人家庭和欠发达地区群众加快增收。
安徽	进一步改善民生和加强社会建设。深入实施居民收入倍增规划。拓展提升民生工程，让发展成果更多更公平惠及全省人民。实现更高质量的就业，提高社会保障统筹层次和标准。健全保障性安居工程建设与管理长效机制。办好人民满意的教育，发展均衡的基础教育、特色鲜明的职业教育和更高质量的高等教育。加强医疗卫生服务体系建设，为群众提供安全、有效、方便、价廉的公共卫生和基本医疗服务。
福建	促进人民生活全面改善。努力办好人民满意的教育，提高人民健康水平，实现更高质量的就业，千方百计增加城乡居民特别是低收入者收入，统筹推进城乡社会保障体系建设，建立市场配置和政府保障相结合的住房制度；加强和创新社会管理，加快形成科学有效的社会管理体制机制，建设公共安全体系。
江西	就业更加充分，社会保障水平不断提高，城乡居民收入增长快于GDP增长，实现城乡居民收入倍增目标，让更多的低收入家庭成为中等收入家庭。大力推进民生工程，完善基本公共服务体系，加快发展社会事业，努力增进人民福祉，促进社会和谐稳定。
山东	各项社会事业全面发展，基本公共服务均等化总体实现。全民受教育程度和创新人才培养水平明显提高。实现更高质量的就业，每年城镇新增就业和农村劳动力转移就业均在100万人以上。社会保障全民覆盖，在学有所教、劳有所得、病有所医、老有所养、住有所居上持续取得新进展。
河南	努力实现居民收入增长和经济发展同步、劳动报酬增长和劳动生产率提高同步，收入分配差距缩小，中等收入群体明显扩大，贫困人口大幅减少。基本公共服务水平和均等化程度全面提高，人人享有基本就业创业机会，人人享有基本社会保障，人人享有基本医疗卫生服务，住房保障体系基本形成，全民受教育程度和创新人才培养水平稳步提高，人民精神文化生活更加丰富，社会更加和谐稳定。

续表

省份	各省、直辖市、自治区未来五年公共服务体系建设的思路与目标
湖北	以公共教育、公共文化、劳动就业、社会保险、医疗卫生、住房保障、基本社会服务为重点的基本公共服务体系进一步健全。中等收入群体持续扩大，扶贫对象大幅减少，绝对贫困现象基本消除。就业更加充分，每年新增城镇就业60万人以上，转移农村富余劳动力就业40万人以上。到2017年，主要劳动年龄人口平均受教育年限达到11.1年；人均期望寿命达到76.7岁；城乡居民人均收入在2010年基础上分别增长1.3倍和1.4倍。社会保持和谐稳定。
湖南	完善城乡社会保障体系。坚持全覆盖、保基本、多层次、可持续，统筹推进覆盖城乡居民的社会保障体系建设。完善社会保险制度，研究建立兼顾各类人员的社保待遇确定机制和正常调整机制。统筹城乡居民基本养老保险和基本医疗保险，扩大大病医保试点范围，加快健全覆盖城乡居民的社保经办管理体制和便民服务体系。继续强化扩面征缴政府目标管理责任制。严格社保稽核和审计监督，依法打击各种弄虚作假、违规骗保行为，确保基金平稳运行。完善城乡社会救助体系，重点保障低收入群众基本生活。加强孤儿保障。抓好独生子女父母奖励、独生子女死亡或伤残家庭特别扶助等工作。保障妇女儿童合法权益，重视残疾人事业，支持老龄服务事业和产业发展。加快发展公益慈善事业。
广东	始终把实现好、维护好、发展好最广大人民的根本利益作为一切工作的出发点和落脚点，抓好促就业、健全社会保障体系、保障异地务工人员合法权益和确保社会和谐稳定工作，推进基本公共服务均等化，大力发展社会事业，让人民群众过上更好生活。
广西	九年义务教育巩固率、高中阶段教育毛入学率、高等教育毛入学率分别提高5个、11个、4个百分点。人民健康水平、社会保障水平进一步提高。实施科教兴桂战略成效显著，研发经费占地区生产总值比重明显提高，每万人口发明专利拥有量提高到三件以上。大幅度提高城乡居民收入，民生得到较大改善。城镇居民人均可支配收入3.7万元，农民人均纯收入突破1万元。扶贫开发重点县和贫困村农民人均纯收入增长幅度高于全区平均水平，按新标准贫困人口减少380万人以上，贫困发生率下降10个百分点，降到10%左右。
海南	把人民群众对美好生活的向往，作为政府的奋斗目标，确保每年新增财力的55%以上用于民生支出，城乡居民收入基本实现翻番目标，贫困人口减少30万以上，每年办成一批人民群众期盼的民生实事，使人民群众切身感受和分享到发展带来的实惠。

续表

省份	各省、直辖市、自治区未来五年公共服务体系建设的思路与目标
重庆	城乡居民收入分别达到4万元和1.5万元,赶上全国平均水平。消除绝对贫困现象。城镇登记失业率控制在4%以内。人人享有基本社会保障和基本医疗卫生服务,人均预期寿命达到77.3岁。住房保障体系更加健全。公共文化服务更加便捷充分,文化产业成为支柱产业,建成文化强市。
四川	努力推进城乡居民收入提高,深化收入分配制度改革,建立健全工资共决机制和正常增长机制,逐步提高最低工资标准,实现城乡居民收入增长与经济发展同步、劳动报酬增长与劳动生产率提高同步。持续加大公共财政对民生领域的投入,继续集中公共财力、公共资源实施重大民生工程,完善促进基本公共服务均等化的公共财政体系,确保全省财政民生支出比例稳步上升。切实落实好党中央、国务院关于保障和改善民生的决策和政策,高度重视解决我省民生方面需要解决的特殊困难和问题,突出抓好广大群众最盼解决的就业、教育、医疗、社保、安居和公共安全等方面的事情,切实推进民族地区重大民生工程项目,努力实现城乡人民群众生活普遍改善。
贵州	构建面向基层、面向民生的社会事业和公共服务体系。努力办人民更满意的教育。实现更充分稳定的就业。实施更加积极的就业政策,承接发展劳动密集型等产业,扶持小微型企业,完善公共就业服务体系,创造更多就业机会。加强职业技能培训,促进高校毕业生、城镇困难就业人员和退役军人就业,让更多返乡农民工就近就业、安居乐业。依法维护劳动者合法权益。城镇新增就业人口275万人。促进城乡居民收入更快增长。坚持产业富民、创业富民、就业富民、物业富民。通过促进全民创业和提供更多就业岗位,增加城乡居民经营性和工资性收入;通过完善社会保障制度和强农惠农富农政策,增加城乡居民转移性收入;通过深化产权制度改革,增加城乡居民财产性收入。建立更完善的社会保障体系。
云南	做好民生工作,完善共建共享和保障民生的制度安排,深化收入分配制度改革,千方百计增加城乡居民收入,切实做好中低收入者和困难家庭增收工作,确保实现居民收入增长和经济发展同步、劳动报酬增长和劳动生产率提高同步。创新方式,增加投入,全力以赴打好集中连片特困地区扶贫攻坚战。每年继续办好一批惠民实事。加强和创新社会管理,引导社会组织健康有序发展,大力推进社会矛盾排查化解。加强民族、宗教工作。大力弘扬"云南精神",加快民族文化强省建设,扩大与东南亚、南亚的文化交流。全省就业更加充分,收入差距缩小,基本建成覆盖城乡民的社会保障体系,人人享有基本医疗卫生服务,基本形成公共文化服务体系,初步建成民族团结进步边疆繁荣稳定示范区,让全省各族人民日子越过越好、幸福指数越来越高。

续表

省份	各省、直辖市、自治区未来五年公共服务体系建设的思路与目标
西藏	加快形成政府主导、覆盖城乡、可持续的基本公共服务体系，在学有所教、劳有所得、病有所医、老有所养、住有所居上持续取得新进展。坚持优先发展教育，推进义务教育均衡发展，推动教育资源重点向农牧区、边境和人口较少民族聚居区倾斜，力争到2017年，学前教育毛入园率达到60%、小学入学率达到99.5%、初中毛入学率达到99%、高中入学率达到80%以上；强化人力资源开发，做好人才工作。着力提高人民健康水平，完善城乡医疗卫生设施和功能，加强医疗卫生人才队伍建设；巩固和完善以免费医疗为基础的农牧区医疗制度，为群众提供安全、有效、方便、价廉的公共卫生和基本医疗服务；健全全民健康体检制度；推动全民健身运动深入开展；提高出生人口素质，促进人口长期均衡发展。努力实现更高质量的就业，贯彻劳动者自主就业、市场调节就业、政府促进就业和鼓励创业的方针，鼓励多渠道多形式就业，促进创业带动就业，动态消除零就业家庭；引导高校毕业生到企业、基层就业，鼓励自主创业，确保西藏高校应届毕业生全就业；加强职业技能培训，提升劳动者就业创业能力，每年新增城镇就业人口2万人以上、农牧区劳动力转移45万人次以上。统筹推进城乡社会保障体系建设，落实广覆盖、保基本、多层次、可持续的方针，进一步扩大社会保险覆盖范围，稳步提高社会保险待遇水平，尽快做到能转移、可接续、好衔接，到2017年各险种参保率达到95%以上；积极发展社会福利事业，农村五保集中供养率达到50%以上；加大残疾人就业扶持力度，继续做好优抚工作。
陕西	以发展成果更多更公平惠及全省人民为目标，不断加强制度建设，深入实施民生工程，推动更高质量的就业，基本实现居民收入增长与经济发展、劳动报酬增长与劳动生产率提高相同步，进一步完善人人享有的城乡社会基本保障体系，在学有所教、劳有所得、病有所医、老有所养、住有所居上持续取得新进展。
甘肃	切实保障和改善民生，着力促进和谐社会建设。按照全面小康社会生活质量和社会和谐目标要求，继续实施"十大惠民工程"，加快健全基本公共服务体系，保持物价总水平基本稳定，努力提升城乡居民收入水平和生活质量。
青海	一是推动就业增收。二是完善社会保障制度。三是促进各类教育协调发展。四是提高医疗卫生服务水平。五是推进城乡安居工程。六是改善农牧区生产生活条件。七是加强扶贫攻坚。八是实施文化惠民工程。九是加大科普工作力度。十是改善城乡人居环境。
宁夏	要丰富民生计划内容，发展各项民生事业，使发展成果更好地惠及全区人民。实施更加积极的创业就业政策，建立健全工资正常增长机制，按照全覆盖、保基本、多层次、可持续的方针，全面做好社会保险、救助、福利和慈善等工作，加强公共卫生服务能力和基层医疗机构建设，新增医疗卫生资源重点向农村、社区倾斜。大力培养全科医生，充实基层医疗队伍，健全城乡一体化的公共医疗卫生服务网络。构建内容丰富、覆盖城乡、惠及全民的公共文化服务体系。

续表

省份	各省、直辖市、自治区未来五年公共服务体系建设的思路与目标
新疆	民生是政府工作的重中之重，各族群众对美好生活的向往，就是我们的奋斗目标。要继续深入开展"民生建设年"活动，按照守住底线、突出重点、完善制度、引导舆论的思路做好民生工作，积极引导各族群众树立通过勤劳致富改善生活的理念。加快重点民生工程建设，完成30万户安居富民、2.71万户定居兴牧工程和29.6万套保障性住房及配套设施建设。妥善解决好自筹资金较困难的贫困户住房建设问题。继续推进定居兴牧212项配套骨干水利工程和4800公里农村公路畅通富民工程建设。

资料来源：2013年全国各省、直辖市、自治区政府工作报告。

从表4-3来看，所有省级政府无一例外，都把公共服务体系建设作为今后五年服务型政府建设的重要内容，并对公共服务体系建设的核心内容与主要目标做出了规划。政府自身的转型给公共服务体系建设带来了变革的动力。

北京市提出，社会公共服务直接关系着人民群众的福祉，其供给规模和服务水平是衡量社会进步程度、人民生活质量和城市综合实力的重要标志。不断扩展和改善社会公共服务是政府的基本职责，是广大人民群众的迫切愿望，是推动发展改革成果共享的重要体现，对于加快转变经济发展方式、促进社会公平正义与和谐稳定、提升首都综合实力和竞争力具有重要意义。北京市出台了《北京市"十二五"时期社会公共服务发展规划》，提出："强化政府在提供基本公共服务中的主体地位和主导作用，健全政府投入保障机制，完善社会公共服务支持政策，建设公共服务型政府。充分发挥市场机制的作用，鼓励、支持和引导社会力量广泛发展各类社会公共服务，拓展社会公共服务发展途径。"到2015年，基本构建起与首都功能定位和中国特色世界城市建设目标相适应的社会公共服务体系，基本公共服务水平位居全国前列并达到中等发达国家水平，基本实现学有所教、劳有所业、病有所医、老有所养、难有所助、住有所居，人民更加幸福安康，社会更加和谐稳定。

浙江省根据《国家基本公共服务体系"十二五"规划》《浙江省国民经济和社会发展第十二个五年规划纲要》，制定了《浙江省基本公共服务体系"十二五"规划》，提出要"明确政府作为基本公共服务提供主体和责任主体。加快完善公共财政体制，合理划分各级政府基本公共服务事权与支出责任，加强规划、投入、监测及政策支持，推动形成基本公共服务体系有效运行的长效机制"。

四川省政府也要求政府转变职能，保障人人享有基本公共服务，出台《四川省基本公共服务体系"十二五"规划》，要求各地方政府以人为本，保障基本，政府主导，坚持公益，统筹城乡，强化基层，制度创新，提高效率，建立健全基本公共服务体系。"十二五"时期，力争在基本公共服务方面实现供给有效扩大、发展较为均衡、服务方便可及、群众比较满意的基本目标。

目前我国各地方政府都在推进自身职能转变，虽然这种职能转变都还是起步阶段的，但是已经产生了强大的动力推动地方公共服务体系的变革。

2. 地方政府的财政转型

政府职能转变在财政因素上有明显的体现，近年来各省在民生投入上的比例显著上升，财政由经济建设为主导向公共财政转变。反过来，政府公共财政的建立，也会给公共服务体系构建提供支撑。以 2012 年为例，各省财政支出中，在公共服务体系建设上投入明显扩大，各省公共服务体系建设支出占财政总支出普遍都超过了 50%，个别省份民生支出占财政支出的比例达到了 80%。虽然由于统计口径的差异，各省、直辖市、自治区的数字不具有完全的可比性。

表4-4 2012年各省、直辖市、自治区公共服务体系财政支出情况

省份	公共服务体系建设支出（亿元）	公共服务体系建设投入占公共财政的比重（%）
北京	2620	71.1
天津	2615	76.4
河北	3116	77.5
山西	1437	53.9
内蒙古	2271	62.2
辽宁	3199	70.3
吉林	1937	78.4

续表

省份	公共服务体系建设支出（亿元）	公共服务体系建设投入占公共财政的比重（%）
黑龙江	1846	58.2
上海	2389	57.1
江苏	5265	75.6
浙江	2648	63.6
安徽	3161	79.9
福建	1906	73.3
江西	1487	49.3
山东	3311	56.1
河南	3611	72.1
湖北	2864	75.3
湖南	2695	66.0
广东	4781	65.8
广西	2251	75.9
海南	657	70.5
重庆	1606	52.6
四川	3465	63.8
贵州	2157	78.4
云南	2615	73.2
西藏	614	68.2
陕西	2662	80.0
甘肃	1571	76.1
青海	896	75.4
宁夏	635	72.8
新疆	1975	72.6

资料来源：根据各省、直辖市、自治区公开统计数据整理。

例如，浙江省提出，要进一步调整和优化财政支出结构，加大民生领域的财政投入，确保新增财力三分之二以上用于解决民生问题，重点向低收入人群倾斜，向农村和农民倾斜，向欠发达地区和海岛山区倾斜。鼓励单位、个人以及社会各界共同投入解决民生问题。

江苏省通过补助村级组织运转财政资金，将建立农村基本公共服务体系落到最基层：自2001年起将村级办公经费、农村五保户供养、村干部报酬纳入财政保障范围，2010年起又将卫生防疫、社会治安、垃圾收集等村级公共服务经费纳入该范围；2003年起全省推行低限保障制度；截至2011年，江苏省村级组织运转财政资金达到村均15.2万元，彻底扭转了农村公共服务能力薄弱的局面。

安徽省财政投入向民生倾斜成为财政收入分配的显著特征。2006年年底，安徽省在全国首开先河，提出集中财力打造民生工程，于2007年实施。民生工程从财政支出项目中被单独划分出来，着眼于解决人民群众最关心、最直接、最现实的问题，从当初的12项增至2012的33项，投入增加到2012年的3161亿元。

省级政府在努力建立公共财政，一些市、县也在逐步推动财政转型。2008年11月，成都市出台《关于深化城乡统筹 进一步提高村级公共服务和社会管理水平的意见（试行）》，2009年启动村级公共服务和社会管理改革，其目的在于提高农村公共服务和社会管理水平，促进城乡基本公共服务均等化。建立经费保障机制。2009、2010年每年至少投入每个村（涉农社区）20万元，从2011年开始每年至少投入每个村（涉农社区）25万元，三年来，共投入22亿多元，每年确定的村级公共服务和社会管理项目近20000项。解决了村级公共服务和社会管理"无米下锅"的问题，建立了持续的财政投入机制。同时为了响应大多数村民对尽快改善村级基础设施的强烈愿望，通过创新推进村级融资建设项目，截至目前共计融资2.7亿元，新（改）建道路1274公里，提灌站466个，沟渠293公里，蓄水池627口，供电、供水设施78处等。通过将公共服务和公共管理村级专项资金纳入各级财政预算，并建立"专项资金标准增长比例不低于同期财政收入增长比例"的增长机制，使农村公共服务和社会管理得到充分保障。

(三) 地方政府竞争因素

地方公共服务体系的迅速完善，另外的一个动力来源是地方政府之间的竞争。"地方竞争"是观察中国地方公共服务体系变革的另一种视角。当前的"地方竞争"已经从单纯的 GDP 竞争变成了包含公共服务体系在内的全方位竞争。(见图 4-5)

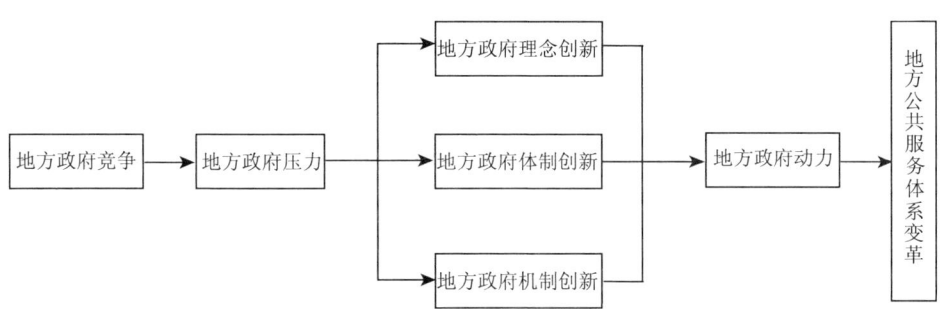

图 4-5　地方政府竞争引发地方公共服务体系变革的传导机制

我国不同地域的公共服务体系发展具有不平衡性。目前在竞争中处于劣势的地区往往会采取政策移植的方法进行改进。通过对优势政策的批判性借鉴与吸收，优化本地区政策要素的配置，从而增强自己的公共服务体系竞争力，形成后发优势。不同地方政府之间在促进区域社会发展方面存在着激烈的竞争压力，于是一些地方政府根据本地发展的需要，有意识、有目的地学习先进地区相关经验做法，并加以调整和运用，以期解决本地的实际问题。

在目前地方政府的压力型治理体制中，各级地方政府都面临来自上级政府要求推动社会发展的巨大压力。基层政府官员的政治前途在一定程度上也与地方社会发展具有重要的联系。在一些经济较为发达的地区，由于经济基础相对雄厚，改善公共服务质量、进行公共服务体系创新的动力很强。

以近若干年"中国地方政府创新奖"的获奖项目为例，我们可以看出，地方政府为了获得肯定，在"地方竞争"中获得胜利，进行了大量的公共服务体系变革。

以北京市为例，北京提出"现代化建设进入新的发展阶段，建设世界城市"的宏伟目标，要求面向世界谋划首都社会公共服务发展，加快推进服务理念、服务水平和管理方式与世界的接轨，发挥对全国发展的引领作用，成为展示中国发展与改革最新成果的窗口"，要在全国公共服务体系建设中处于领先位置。

上海市提出，要落实"四个中心"国家战略，以提高全球资源配置能力为着力点，全力推进国际金融、航运和贸易中心建设，不断提高经济综合实力，全方位提高对内对外开放水平，全面提升经济中心城市的国际地位，为2020年基本建成国际经济、金融、贸易、航运中心奠定坚实基础。要建立与上海市地位一致的公共服务体系，要"把改善民生作为转型发展的出发点和落脚点，着力推进以保障和改善民生为重点的社会建设，完善制度安排，创新社会管理模式，不断提高人民群众生活质量和满意度，使发展成果更加广泛、更加均衡地惠及人民群众，促进社会公平正义和人的全面发展"。

一些经济发展状况较好的地区，随着地方财政实力的增长，为了获得上级政府与社会公众的关注，也主动进行公共服务创新。如陕西神木2009年3月1日开始实行全民免费医疗制度改革，陕西吴起县2007年起实施从幼儿园到高中的15年免费教育，这种公共服务的设计将外来流动人口也一并包括在内。

二、地方公共服务体系变革的实践案例与模式分析

在改革开放以前，我国建立起了一个平均主义、国家包办的公共服务体系，在经济社会水平很低、资源匮乏的情况下实现了公共服务的普遍可及，但存在着公共服务供给严重短缺、效率低下以及城乡、单位间供给不均的问题。近些年来，我国地方政府进行了大量的公共服务体系变革，这些变革推动了地方政府公共服务体系的效能提升。当前地方政府推动了多元化、社会化、市场化的地方公共服务体系改革，实现了从单一供给主体到多元供给主体的转变、从国家免费供给到多方共同承担的转变，公共服务供给效率与公共服务质量大大提高。地方政府通过社会政策体系建设、公共财政体制改革

和公共服务供给机制创新，基本建立起了一个相对完备的公共服务内容体系，公共服务财政投入稳步增长，主体多元供给机制不断成熟和扩展，初步实现了公共服务供给的普遍可及性目标。地方政府公共服务体系变革的实践越来越丰富，以"中国地方政府创新奖"每年的申报项目来讲，地方公共服务体系变革的活力越来越足。

表4-5 "中国地方政府创新奖"获奖项目中公共服务类数量

届次	第一届 (2001—2002)	第二届 (2003—2004)	第三届 (2005—2006)	第四届 (2007—2008)	第五届 (2009—2010)	第六届 (2011—2012)
公共服务类数量	3	7	4	6	3	5

资料来源：根据获奖项目公开资料统计。

表4-6 "中国地方政府创新奖"公共服务类获奖项目

获奖届次	所在省份	获奖公共服务项目
第一届	江苏省	江苏省南京市下关区首创"政务超市"
	上海市	上海市徐汇区康健街道的"康乐工程"
	浙江省	浙江省衢州市"农技110"
第二届	广东省	广东省深圳市"公用事业市场化改革"
	安徽省	安徽省舒城县干汊河镇"小城镇公益事业民营化"
	河北省	河北省石家庄市"少年儿童保护教育中心"
	山东省	山东省青岛市"阳光救助"
	福建省	福建省厦门市思明区"公共部门绩效评估"
	河南省	河南省焦作市构建"三级服务型政府"
	北京市	北京市"社区公共服务平台"
第三届	江苏省	江苏省徐州市贾汪区"公众全程监督政务"
	广西	广西壮族自治区"五保村"建设
	河北省	河北省迁安市"新型农村合作医疗制度"
	福建省	福建省厦门市思明区嘉莲街道"爱心超市"

续表

获奖届次	所在省份	获奖公共服务项目
第四届	山东省	山东省莱西市人民政府：为民服务代理制
	浙江省	浙江省宁波市海曙区政府：政府购买居家养老服务
	北京市	北京市西城区政府：改进基层政府公共服务
	广西	广西自治区玉林市人民政府："一站式"电子政务新模式
	新疆	新疆呼图壁县人民政府：农村社会养老保险制度改革
	上海市	上海市南汇区惠南镇人大：公共预算制度改革"
第五届	江苏省	江苏省江阴市委市政府："幸福江阴"综合评价指标体系构建
	福建省	福建省厦门市政府：市民健康信息系统建设
	北京市	北京市政府：市级国家行政机关绩效管理体系
第六届	海南省	海南省人民政府政务服务中心：行政审批"三集中"
	天津市	天津市和平区：行政许可服务中心引入中介组织参与行政审批服务
	山东省	山东省寿光市人民政府：寿光民声
	广西	广西百色市委组织部：农事村办服务机制
	河北省	河北省环境保护厅：流域断面水质考核生态补偿机制

从上述获奖项目来看，公共服务体系的变革有多种模式。政府、社会和市场是公共服务制度供给的三大主体，其供给制度的方式也构成了公共服务制度供给的三大模式。现实中，任何一个区域的公共服务供给，任何一种制度供给模式都很难满足社会公众复杂性、动态性的现实需要，公共服务体系变革最终也是这三大主体发起，最终由这三大主体实施。

任何单一主体发起的公共服务体系变革都不足以概括地方公共服务体系变革的多样性、丰富化。地方公共服务体系协同治理追求政府、社会和市场的互动，地方公共服务变革同样也需要实现地方政府自觉主导供给、社会自主供给和市场自发供给三种模式相结合，构建一种综合联动型的公共服务制度供给模式。

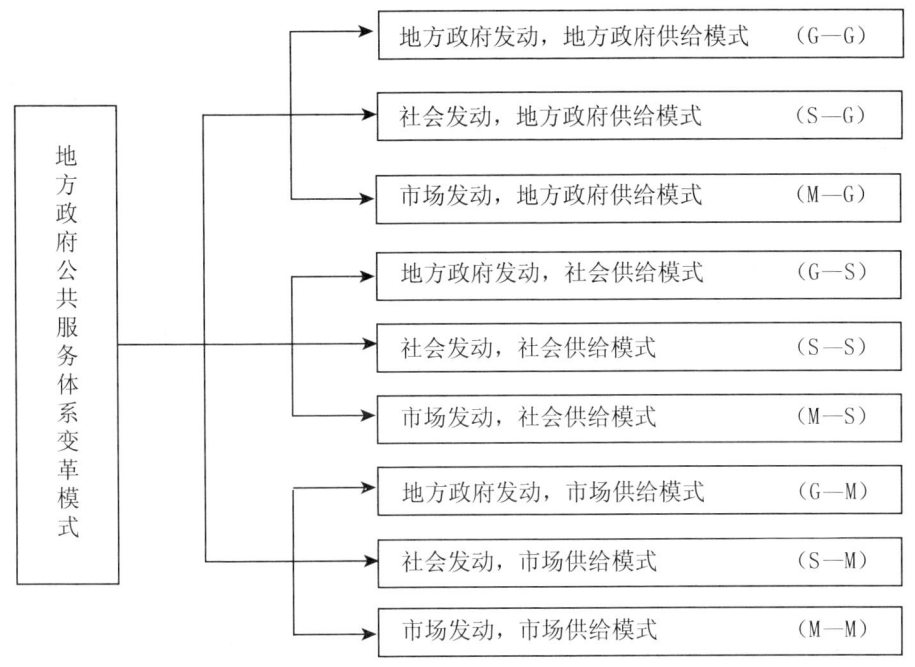

图 4-6　地方政府公共服务体系变革模式

在图 4-6 中，公共服务体系的变革模式共分为三大类九种。一大类是政府供给类变革，具体变革模式有地方政府发动、地方政府供给模式（G—G 模式），社会发动、地方政府供给模式（S—G 模式），市场发动、地方政府供给模式（M—G 模式）；第二大类是社会供给类，具体变革模式有地方政府发动、社会供给模式（G—S 模式），社会发动、社会供给模式（S—S 模式），市场发动、社会供给模式（M—S 模式）；第三大类是市场供给类，具体变革模式分为地方政府发动、市场供给模式（G—M 模式），社会发动、市场供给模式（S—M 模式），市场发动、供给模式（M—M 模式）。而地方公共服务体系变革的总体趋势是市场化、民营化与社会化。

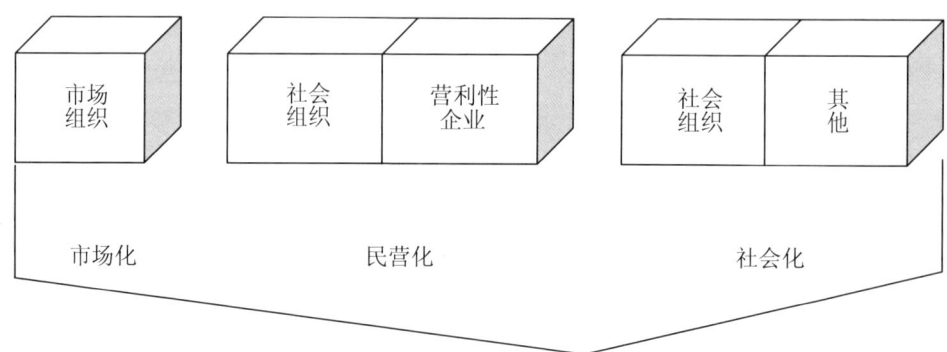

图4-7 地方公共服务体系变革的三大发展趋势

(一) 公共服务的政府供给变革模式

1. 地方公共服务变革的 G—G 模式——以《北京市社区基本公共服务指导目录(试行)》为例

地方政府发动、地方政府供给模式(G—G 模式):即地方政府发觉了公共服务变革的需求,并根据需求状况进行了制度供给,此即政府主导型的制度供给模式。在这一模式中,政府居于制度供给的主导地位,社会和市场则相对处于被动状态。政府供给的公共服务制度将面临社会或市场的两种选择:要么认可接受并遵循制度规范,要么不认可。社会或市场对政府供给的公共服务制度不认可,则表明了政府对公共服务制度需求的发觉与判断是失误或错误的,在这种情况下,政府供给的这一制度就需要重新判断、重新供给。

下面以《北京市社区基本公共服务指导目录(试行)》为例说明地方公共服务变革的 G—G 模式的基本过程。

社区是社会的基本单元,是社会成员获取基本公共服务的重要场所,也是政府行使社会管理职能和组织提供公共服务的基础平台。社区公共服务,是指满足社区成员需求的政府公共服务,主要包括政府直接提供的或引导社会力量提供的社区服务项目或服务设施。北京市每年通过开展"社区基本公共服务项目需求调查"工作,了解社区公共服务需求。每年都广泛征求意见,做好调查统计工作,并对社区提出的服务需求进行全面汇总分析,分别详细列出各项服务尚未开展的社区名单和已经开展但尚未满足需求的社区名单。

为进一步完善社区建设体制机制，大力推进社区公共服务体系建设，让广大居民更多更好地享受社区建设带来的实惠和便利，北京市社会建设工作领导小组办公室会同市委、市政府30个部、委、办、局和各区县有关部门，在充分调查研究、多次征求意见的基础上，结合北京市实际，研究制定了《北京市社区基本公共服务指导目录（试行）》（以下简称《指导目录》，共梳理出10大类60项社区基本公共服务项目。以此为主要依据，在全市大力推进并逐步实现社区基本公共服务的全覆盖。

表4-7 北京市社区基本公共服务指导目录（试行）

序号	服务类型	服务项目	服务内容	市、区县主责部门
1	（一）社区就业服务	社区劳动就业咨询服务	在社区开展有关劳动就业、社会保障、劳动维权和劳动监察方面的法律、法规和相关政策的宣传、咨询服务。	人力社保局
2		社区职业介绍服务	为社区失业人员建立动态管理服务台账，掌握就业需求，提供求职登记、职业介绍等服务，采集空岗信息，开发就业岗位；协助做好辖区内用工单位基本信息和劳动用工信息的采集、更新。	人力社保局
3		社区就业困难人员再就业服务	为社区就业困难人员建立再就业援助台账，提供就业服务信息和就业"托底"安置人员认定服务。	人力社保局
4		社区"零就业家庭"就业帮扶服务	及时了解社区"零就业家庭"就业服务需求，建立就业服务台帐，对"零就业家庭"劳动力开展一对一帮扶服务。	人力社保局
5		社区自主创业就业服务	开展社区自谋职业（自主创业）、灵活就业人员就业服务，为信用社区小额担保贷款申请人提供信用调查和开展贷后跟踪服务。	人力社保局

续表

序号	服务类型	服务项目	服务内容	市、区县主责部门
6	（二）社区社会保障服务	社区老年人（残疾人）居家养老服务	为社区80周岁以上老年人、16—59周岁无工作的重度残疾人和60—79周岁的重度残疾人每人每月发放100元养老（助残）券，用于购买生活照料、家政服务、康复护理等方面的基本生活服务。	民政局、残联
7		社区老年人（残疾人）就餐送餐服务	通过餐饮企业，为社区老年人（残疾人）提供安全的配餐、就餐和送餐服务。	民政局、残联、卫生局、商务委
8		社区老年人（残疾人）出行服务	为街道、乡镇配发养老（助残）无障碍服务车，方便社区老年人（残疾人）参加社会活动。	民政局、残联
9		社区老年人（残疾人）精神关怀服务	依托"96156"社区服务热线，通过多种方式，为社区老年人（残疾人）提供相关电话咨询、上门服务以及居家精神关怀服务。	民政局、残联
10		社区老年人（残疾人）电子辅助服务	逐步为有使用需求并具备使用能力的社区65周岁以上的老年人和16—64岁的重度残疾人配备便携式"小帮手"电子服务器，提供相关电子信息服务。	民政局、残联
11		社区老年人（残疾人）优待服务	为社区60—64周岁老年人办理优待证，为65周岁以上老年人办理优待卡，为90周岁以上老年人发放高龄津贴，为100周岁以上老年人办理医疗补助；为社区残疾人办理残疾人证。	民政局、残联
12		社区残疾人温馨家园服务	推进残疾人温馨家园建设，为社区残疾人提供职业康复、日间照料等满足其特殊需求的专项服务。	残联
13		社区残疾人无障碍设施建设服务	为社区有需求的残疾人家庭实施无障碍设施改造，给居家生活的残疾人提供洗澡、如厕、做饭、户内活动等方面的便利；协调产权人（部门）对社区居委会、服务站、卫生服务机构等对居住区内公共服务设施和居民楼入口进行无障碍改造。	残联、民政局、规划委员会、住建委

续表

序号	服务类型	服务项目	服务内容	市、区县主责部门
14	（二）社区社会保障服务	社区老年人信息档案服务	为社区全部老年人建立信息档案，为80周岁以上的老年人和60—79岁重度残疾人以及其他有服务需求的老年人建立居家养老服务信息档案。	民政局、残联
15		社区企业退休人员服务	为社区内企业退休人员提供社会化医疗费报销服务，在社区开展享受社会保险待遇居民的资格认证工作，开展城乡无保障老年居民福利性养老金、城乡居民养老保险、医疗保险的申请登记、公示核实、受理报销等工作。	人力社保局
16		社区托老（残）服务	利用养老院或社区托老（残）所，为老年人（残疾人）提供日间照料和康复护理服务。	民政局、残联
17	（三）社区社会救助服务	社区低保人员救助服务	为社区低保对象提供登记公示和相关信息报送服务，核实家庭基本情况，切实做到"应保尽保"。	人力社保局、民政局
18		社区特殊群体帮扶服务	对社区困难家庭、优抚对象、未成年人、残疾人、流动人口等特殊群体提供帮扶救助服务。	民政局、残联、流管办、团委
19		社区临时救助服务	为社区居民提供登记和相关信息报送服务，缓解其因病因灾导致的临时性、突发性困难。	民政局
20	（四）社区卫生和计划生育服务	社区公共卫生和基本医疗服务	依托社区卫生服务机构，开展以疾病预防、医疗、保健、康复、健康教育和计划生育技术服务和一般常见病、多发病的诊疗服务为主要内容的社区卫生服务。	卫生局
21		社区居民健康档案服务	为社区居民提供健康档案服务，依据健康档案，在居民自愿的基础上实行居民健康管理。	卫生局
22		社区居民转诊服务	社区卫生服务机构与有关医院按照卫生行政部门规定建立双向转诊关系，指导社区居民合理转诊，提供相应的便利服务。	卫生局

续表

序号	服务类型	服务项目	服务内容	市、区县主责部门
23	（四）社区卫生和计划生育服务	社区计划生育服务	开展社区生殖健康科普宣传教育服务，对育龄人群开展婚前健康教育和优生指导，对已婚育龄妇女开展计划生育随访服务；开展社区全员人口个案信息采集服务，为居民办理《生育服务证》和《独生子女父母光荣证》开具证明；免费发放避孕药具。	人口计生委
24		社区独生子女家庭服务	为社区独生子女家庭提供相关奖励扶助等服务。	人口计生委
25		社区急救保健服务	在社区开展急救、保健、健康教育、博爱超市等服务。	红十字会
26	（五）社区文化教育体育服务	社区群众文化服务	加强社区文体场所设施建设，组织开展各具特色的群众性文化活动，开展露天演出，放映公益电影等，丰富居民群众精神文化生活；依托社区及辖区单位，面向社区青少年、青年组织，开展交友、娱乐、读书、课外学习等活动和服务。	文化局、体育局、民政局、团委
27		社区教育培训服务	利用市民学校、人口文化学校等和相关宣传栏，开展多种形式的教育培训活动，不断满足各类居民的学习需求。	宣传部、文明办、教委、人口计生委
28		社区早教服务	整合各类教育服务资源，逐步开展0—3岁婴幼儿的早期教育服务。	教委、人口计生委
29		社区中小学生社会实践服务	为社区中小学校开展爱国主义教育、素质教育和社会实践活动提供便利条件，方便在校学生按照要求参加研究性学习、社区服务与社会实践活动。	教委、宣传部、社会办
30		社区科普服务	依托社区科普画廊，开展科普宣传服务。在具备条件的社区建立科普活动室和户外科普设施，不断提高民生科技的社区应用和服务水平。	科委、科协、宣传部

续表

序号	服务类型	服务项目	服务内容	市、区县主责部门
31	（五）社区文化教育体育服务	社区居民阅览服务	加强社区图书馆、社区益民书屋等场所建设，配备图书、报刊以及部分音像制品，方便居民读书阅报。	文化局、新闻出版局
32		社区体育设施建设服务	加强社区全民健身居家工程建设与管理，定期对健身器材进行维护与更新。在具备条件的社区，根据居民需求，建设集健身组织、健身场地、健身活动于一体的社区体育健身俱乐部。	体育局
33		社区群众性体育组织建设服务	建立社区全民健身体育协会和各类社区群众体育组织，按照要求设立社区晨练、晚练辅导站，配备社会体育指导员，为社区居民提供健身指导服务。	体育局
34		社区群众体育健身服务	组织开展经常性、日常性、传统性、品牌性的社区体育比赛和各级各类健身活动，增强活动特色和吸引力，提高体育生活化水平。	体育局
35		社区居民体质测试服务	开展社区成年人体质测定服务，为居民建立体质健康档案。	体育局
36		社区健身宣传培训服务	在社区举办全民健身大课堂讲座，订阅体育报刊、杂志、宣传材料，经常举办体育骨干技能培训。	体育局
37	（六）社区流动人口和出租房屋服务	社区流动人口服务	为居住、工作、生活在社区内的流动人口提供信息采集登记、有关法规政策宣传、开具在本社区居住的有关证明等服务，并结合实际为其提供就业和维权服务信息、计划生育和服务流程告知等服务。	综治办、流管办、人力社保局、人口计生委
38		社区出租房屋相关服务	对社区内出租房屋进行信息采集登记，宣传房屋租赁有关法规政策，告知房屋出租人依法履行纳税义务，并可受房屋出租人委托代办出租房屋税收缴纳。	综治办、流管办

续表

序号	服务类型	服务项目	服务内容	市、区县主责部门
39	（七）社区安全服务	社区治安状况告知服务	建立治安警情通报制度，定期向社区群众公示社区治安情况，增强群众安全防范意识。	公安局、综治办
40		社区治安服务	加强专职巡防队伍建设，维护本地区治安和城市秩序，为社区居民提供巡逻和防控服务；发展壮大社区治安志愿者队伍，协助专门机关做好巡逻防范、矛盾调解、隐患排查等工作。	综治办、公安局
41		社区矫正服务	为社区矫正对象提供教育矫正，帮助其解决就业、生活、法律方面遇到的困难和问题等服务。	司法局
42		社区帮教安置服务	为社区刑释解教帮教安置对象提供帮扶、教育等服务。	司法局
43		社区禁毒宣传服务	推进社区禁毒组织网络建设，组织开展禁毒宣传教育服务。	公安局
44		社区青少年自护和不良青少年帮教服务	针对影响社区青少年健康成长的普遍性问题，开设青少年成长课堂，开展青少年安全自护教育服务。建立青少年法制教育组织体系，为不良行为青少年提供帮扶、教育和转化服务。	团委、教委、司法局
45		社区法律服务	为社区居民提供法律宣传、法律咨询等服务。	司法局
46		社区消防安全服务	推进社区消防设施建设，组织开展消防宣传教育培训、家庭消防灭火和逃生演习。	公安局
47		社区安全稳定服务	加强社区安全稳定信息员和人民调解员队伍建设，及时掌握安全稳定信息，积极开展人民调解工作，为居民调解矛盾纠纷，妥善处置社区各类安全隐患。	综治办、司法局、信访办、公安局
48		社区应急服务	结合实际，为社区居民提供应急知识宣传教育、应急演练服务。	应急办
49		社区警务设施和警力配备服务	依托社区警务工作站，按照要求配备社区民警，开展社区安全服务。	公安局
50		社区物技防设施建设服务	指导建设单位和物业服务企业加强新建小区的物技防设施建设和管理；督促各地区落实属地责任，加强老旧小区的物技防设施建设。在具备条件的社区实行封闭式管理。	综治办、公安局、住建委

续表

序号	服务类型	服务项目	服务内容	市、区县主责部门
51	（八）社区环境美化服务	社区环境综合治理服务	开展社区垃圾分类处理、噪声污染治理等服务；为社区开展排水和水资源循环利用工作提供政策咨询服务。	市政市容委、文明办、水务局、环保局
52		社区绿化美化服务	开展社区绿化美化和义务植树活动，提高居民植绿、护绿、爱绿意识；倡导低碳生活方式，推行绿色消费理念，推进身边建绿、身边护绿工作。	园林绿化局、城管执法局
53		社区环境保护服务（绿色社区创建）	开展形式多样的社区环境宣传教育活动，倡导绿色生活方式，引导居民参与环保活动，树立良好的保护环境、文明养犬等环境道德和行为规范，对违规养犬行为视情节依法进行查处。	宣传部、文明办、环保局、公安局、城管执法局
54		社区节能服务	大力宣传普及节能知识和生活节能常识，倡导居民使用节能型生活器具，开展节能活动。	发改委、宣传部
55		社区市政公共设施建设服务	为社区提供天然气、煤气、宽带、有线电视、电话等市政公共设施，对出现问题的市政设施及时修补或更换。	市政市容委、经信委
56	（九）社区便利服务	社区便民商业服务	积极开发、设置社区菜市场（或便民菜店）、便利店、早餐、洗衣、美容理发、再生资源回收、邮政等服务网点，合理布局，提高居民生活便利度。	商务委、民政局、社会办
57		社区家政服务	依托"96156"社区公共服务平台和北京家政服务网，为社区居民开展小时工、家政服务员、月嫂等家政服务。	民政局、人力社保局、妇联
58		社区代收代缴服务	鼓励社区具有支付服务功能的商业网点、社区服务站增设"代收代缴服务点"内容，为居民提供代收水费、电费、煤气费、电话费等服务。	商务委、民政局、社会办

续表

序号	服务类型	服务项目	服务内容	市、区县主责部门
59	（十）其他服务	社区心理咨询服务	开展社区心理健康咨询服务，加强对居民的人文关怀和心理疏导。	卫生局、社会办、民政局
60		社区网络信息服务	依托电脑、电话、网络、呼叫器等设施，建立社区现代信息化网络阵地，方便居民通过社区综合信息平台参与管理、反映诉求、获得服务。	民政局、社会办、经信委

《指导目录》罗列了社区居民群众享有的政府提供的基本公共服务的方方面面的具体内容，是衡量评价社区基本公共服务水平的"重要标杆"，是社区基本公共服务的"准入尺度"，是政府实现社区基本公共服务全覆盖的"行动计划"。北京市政府通过政府自身的工作，发现了社区公共服务的需求，政府主动出台《指导目录》推进社区基本公共服务全覆盖，满足居民群众服务需求，提高居民生活质量，是强化政府公共服务职能的重要内容。

在具体的落实中，北京市在推进社区基本公共服务工作中，市区县政府有关部门强化服务意识，在改进服务的过程中加强管理，变单纯向社区下派任务、下达指标为注重为社区提供更多支持、提供更好的服务，不断满足广大社区居民日益增长的公共服务需求和对幸福生活的新期待。北京市明确职责任务，形成工作合力。提出："各区县、各有关部门要高度重视，把推进社区基本公共服务全覆盖工作列入重要议事日程，切实加强领导，精心组织实施。市、区县社会建设工作领导小组办公室要充分发挥统筹协调作用，搭建工作平台，加强沟通联络和督促检查，协调研究解决推进过程中的困难和问题。市、区县政府主责部门是社区基本公共服务的提供者、规划者和管理者，要根据各自职能，强化在基本公共服务中的主体地位和主导作用，制定推进计划，完善政策措施，保障资金投入，加强行业监管，促进社区服务各项工作的落实。街道办事处作为区县政府的派出机关和整合专业部门力量的重要平台，要加强对社区公共服务的组织协调，牵头组织辖区社区代表、驻区单位代表、市区人大代表和政协委员等对政府部门提供的社区公共服务进行民主监督和评议。社区党组织、社区居委会、社区服务站要发挥了解居民需求、提供便民服务方面的独特优势和重要作用,定期听取和反映居民对社区公共服务的意见,积极配合、协助政府和街道做好工作,共同完成相关任务。"

北京市在实践中继续完善社区基本公共服务工作,在公共服务平台建设方面,实现了社区公共服务信息网、96156 热线呼叫系统和居委会管理软件的联动,搭建了高效的"北京市社区公共服务平台"。

从《北京市社区基本公共服务指导目录(试行)》看出,地方公共服务体系变革的 G—G 模式的基本过程如图 4-8。

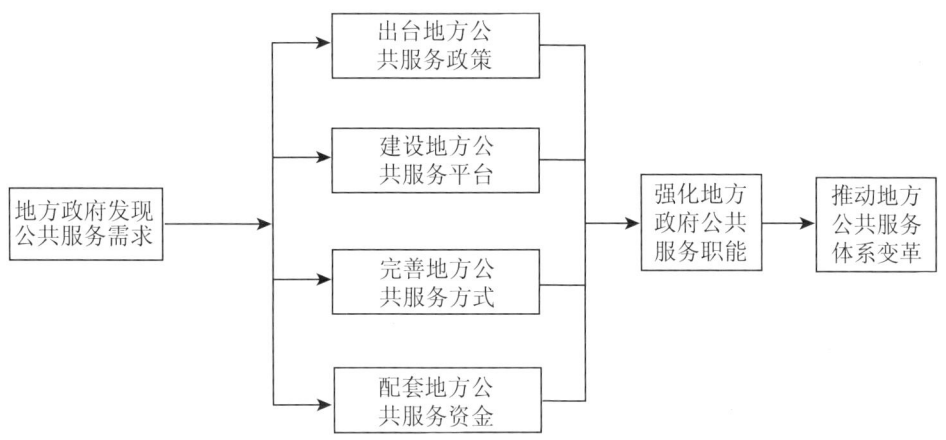

图 4-8 地方公共服务体系变革的 G—G 模式的基本过程

2. 社会发动、地方政府供给模式(S—G 模式)

与地方政府发动、地方政府供给模式的 G—G 模式不同,S—G 模式中公共服务供给的发动主体是社会,但由于社会供给仍然不成熟,因此在政府应当主导但未能及时发挥作用的范畴,公共服务需求由社会发觉并通过各种途径反馈给政府,政府接受需求信息并做出公共服务供给的制度安排和具体实施。

下面以西安市大力发展学前教育为例说明地方公共服务变革的 S—G 模式的基本过程。

在九年制义务教育之外,学前教育越来越凸显其在我国国民教育体系中的重要地位,但近年来发生的诸多"幼儿园惨剧"反映出这一教育事业发展的滞后,不能满足社会公众对其迫切需求。优质资源少,公办幼儿园难进,部分民办机构不安全且师资力量弱,部分民办"贵族幼儿园"则价格昂贵;在教育理念方面,许多幼儿园代行小学之职;在师资配备方面,由于待遇低,幼师工作流动率居高不下,无证上岗现象严重。在发生了校车闷死幼儿、校车失事、幼师虐儿、幼儿园遭歹徒强入幼儿受伤等负面事件之后,公众对于将学前教育置于公共服务体系的呼声日渐高涨。

根据2010年的统计数据,截至2010年末,西安市在园幼儿18.3万名,由1004所幼儿园承载学前教育任务,资源已然紧张;而根据预测,至2015年,该市适龄入园儿童数量将达到30万,则除去现有幼儿园,尚需新建幼儿园约430多所,才能满足适龄儿童入园需求。

为突破这一困境,西安市以"公益性""普惠性"为原则,倡导"政府主导、社会参与、公办民办"三位一体的办学机制,制定了学前教育五年规划和三年行动计划,如表4-8所示:

表4-8 西安市学前教育规划及行动路线

序号	内容	具体措施
1	投资建园	标准化幼儿园的新建、改建、扩建
		合作办园、扩建分校
		扩大民办幼儿园布点招生
		鼓励社会力量办园
		目标:至2015年,完成431所幼儿园新建、改扩建
2	免费教育	2011年起逐步推进,2015年全面实现一年免费
3	建设用地	按照公益事业用地办理并减免相关费用
4	经费来源	政府投入、民间出资、社会捐资
5	师资建设	全面实施幼儿教师资格准入,提高幼师待遇
6	财政支持	将学前教育经费列入财政预算并逐年提高,学前一年免费教育资金由市、区县承担

应该说,发展学前教育,西安市具有典范意义。我们从中可以看出地方

公共服务变革的S—G模式的基本过程如图4-9。

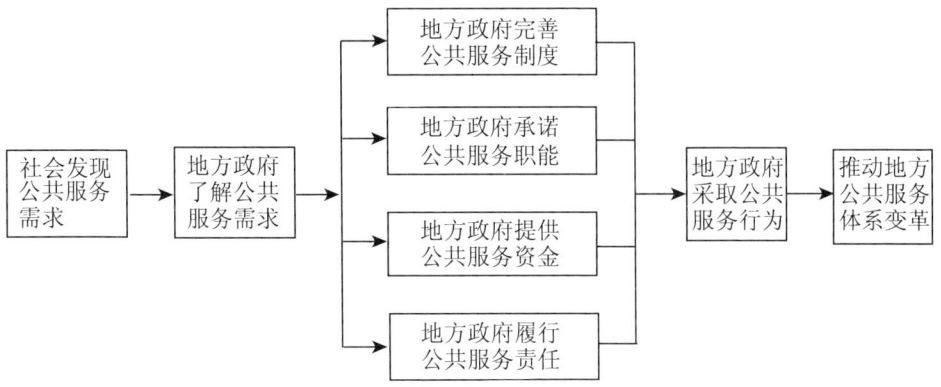

图4-9 地方公共服务体系变革的S—G模式的基本过程

3. 市场发动、地方政府供给模式（M—G模式）

M—G模式中公共服务供给的发动主体是市场，但由于市场供给仍然不成熟，因此在政府应当主导但未能及时发挥作用的范畴，公共服务需求由市场发觉并通过各种途径反馈给政府，政府接受需求信息并做出公共服务供给的制度安排和具体实施。

下面以上海研发公共服务平台的建立为例，来说明市场发动、地方政府供给的公共服务体系变革模式。

在市场中，许多企业在研发过程中发觉少了某些关键的仪器设备，怎么办？中小企业缺资金，买不起昂贵仪器，或者有些仪器只在研发的某一阶段要用到，买下来长期闲置着，不划算。为了解决这个难题，上海前些年组建了研发公共服务平台，把上海各家科研单位的仪器设备登记造册，集中到一个虚拟的平台上，让有需要的中小企业可以借用。

上海研发公共服务平台由十大系统、一个门户组成。十大系统包括四类基础条件平台、三类公共技术平台、二类转移孵化平台和一个管理决策平台。门户包括门户网站和人工服务平台。上海平台管理中心负责对十大系统、一个门户进行统一管理。十大系统的供应商（者）均通过加盟的方式接入平台，接收来自上海平台管理中心的服务需求信息并提供相关服务，并由政府为这些服务部分或者全部买单。

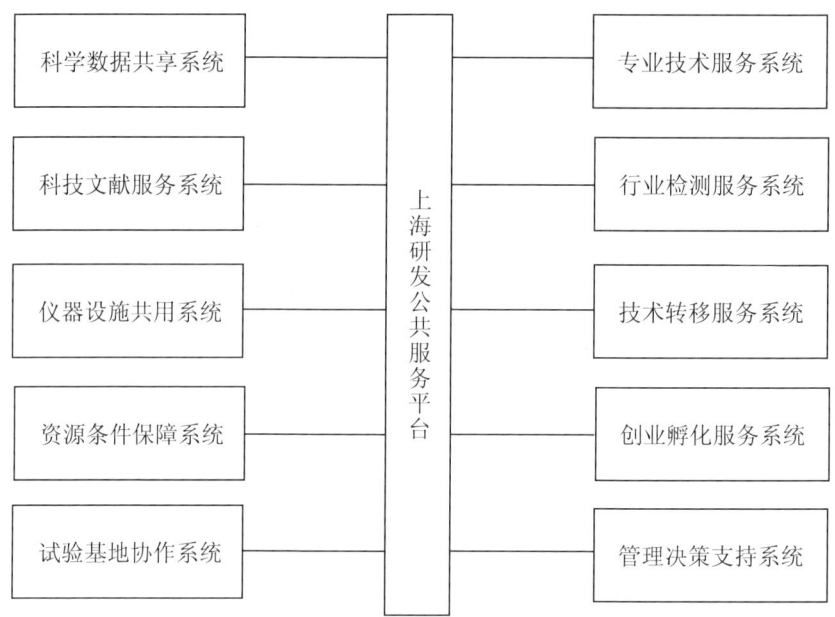

图 4-10　上海研发公共服务平台基本架构

上海平台管理中心的定位非常明确，就是以网络平台为纽带，提供科技基础条件资源服务的供求平台，通过网络或人工接收并分发服务请求。上海研发公共服务平台定位于满足科技创新创业需求，营造良好创新环境，特别是将中小企业的技术创新需求作为平台建设与服务的导向。

上海研发公共服务平台遵循"产权多元化、使用社会化、营运专业化"的原则，探索建立"政府承担、定向委托、合同管理、评估兑现"的公共服务机制，采用财政补贴、政府购买服务等形式，为中小企业购买专业技术服务。

上海研发公共服务平台以科技创新创业，特别是中小企业的技术创新需求为导向，建设了先进的网络基础设施，集聚了广泛的科技创新资源，构建了便捷的创新服务体系，取得了显著的社会经济效益，增强了全社会资源共享理念。

上海研发公共服务平台架构设计充分考虑了政府、平台管理中心、服务提供商、用户的利益需求,较好地调动了各方的积极性。

政府通过研发公共服务平台实现了提高科技创新资源的使用效率、促进创新创业活动的宗旨;服务提供商通过平台提升了知名度和美誉度,并直接增加了业务量;中小企业、研究院所、大学等用户可便捷地获取科技资源的信息和廉价优质的服务;上海平台管理中心则在服务过程中积累了大量用户信息和服务交易信息,为今后发展成为独立的服务机构奠定了必要基础。

从上海研发公共服务平台的案例,我们可以看出地方公共服务变革的M—G模式的基本过程如图4-11。

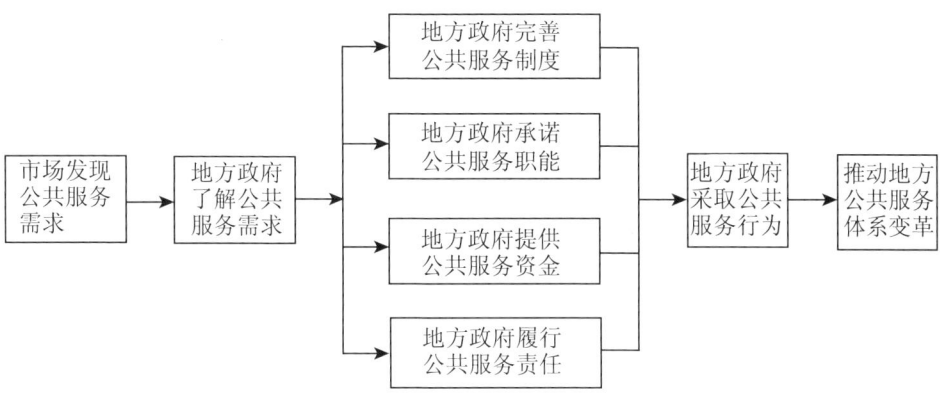

图4-11 地方公共服务体系变革的M—G模式的基本过程

(二)公共服务的社会供给变革模式

1. 地方公共服务变革的G—S模式——以成都市双流县村级公共服务外包为例

G—S模式中公共服务供给的发动主体是政府,但由于政府在某些方面的公共服务供给能力不足,或已超出现行制度安排,因此在社会能够发挥主导作用的范畴,公共服务需求由政府发觉并反馈给社会,社会组织接受需求信息并做出公共服务供给的制度安排和具体实施。

下面以成都市双流县村级公共服务外包为例,说明公共服务体系变革G—S模式的基本过程。

村级公共服务项目外包是成都市村级公共服务建设中运用较为成熟的模式。这一模式遵循"政府购买、社会提供、民主管理"的原则，不仅使各类公共服务项目得以高效优质完成，并且极大程度地促进了各类社会组织的迅猛发展。以双流县为例，2009年至2012年的四年间，完成竞标或定向委托的村级公共服务项目高达3348个，较外包前节约资金约1391.19万元，实现了少花钱办好事；在此过程中，148家公共环境卫生、动植物防疫、基础设施建设等各种类型的社会组织和私人部门得到壮大发展，成为村级公共服务的主要供给主体。

以双流县三星镇畜牧兽医协会为例，协会于2009年9月参与了"三星镇村级动物防疫公共服务项目"的外包竞购并获得成功，为三星镇七个村（社区）提供动物防疫公共服务。

表4-9　双流县三星镇村级动物防疫公共服务项目的外包价格

项目	标准
畜禽饲养户登记	2000元/年·村
狂犬病	5元/针次·每年1次
蓝耳病	1元/针次·每年2次
猪瘟	1元/针次·每年2次
猪口蹄疫	1元/针次·每年2次
牛口蹄疫	5元/针次（耕牛2次，奶牛3次）
羊口蹄疫	2元/针次·每年2次
禽流感	0.2元/针次·每年2次
鸡新城疫	0.2元/针次·每年2次
仔猪联窝免疫	1元/针次·每头2次
消毒	4500元/村次·每年2次
疫情监报及规模场监管	3000元/年·村
病死畜禽无害化处理	2500元内/村（社区）
协助疫病检测等采样	1000元/村·年
免疫应激反应治疗及死亡补偿	5000元/村（社区）
畜禽养殖技术推广	2000元/村（社区）
优良品种推广、改良	2000元/村（社区）

这一举措取得了三赢效果，如图4-12所示。

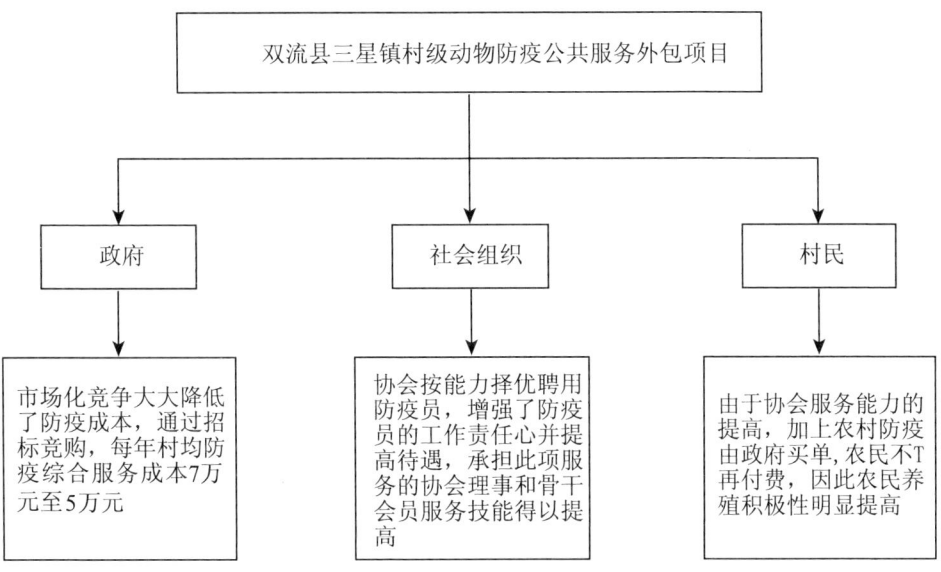

图4-12 双流县三星镇村级动物防疫公共服务外包项目受益图

从成都市双流县村级公共服务外包的案例，我们可以看出地方公共服务变革的G—S模式的基本过程如图4-13。

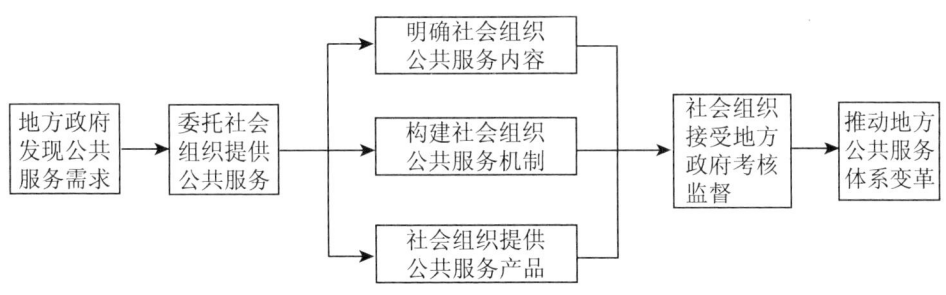

图4-13 地方公共服务变革的G—S模式的基本过程

2. 地方公共服务变革的S—S模式——以江苏省慈善总会公共服务为例

S—S模式中公共服务供给的发动主体是社会。在社会能够发挥主导作用的范畴，公共服务需求由社会发觉并由其自主实施，但实施的前提是公共服务项目须得到政府相关部门的同意。

下面以江苏省慈善总会公共服务为例,说明公共服务体系变革 S—S 模式的基本过程。

慈善服务是以慈善类社会组织为服务提供主体,通过慈善资金、物资、专业能力等内容为社会提供救助、发展、援助等社会服务形式。

当前我国经济社会快速进步、积累大量社会财富的同时,也带来了许多社会问题,如失业、贫富不均等。慈善服务正是在社会服务和公共服务共同推进的基础上茁壮成长的。随着国家制度层面保障的逐步完善,专业化职业化的社会工作兴起,慈善服务与公共服务、社会工作共同构成了社会服务的服务形态。统计数据显示,目前我国有 70 多万孤儿、7100 多万低保对象、8300 万残疾人、1.7 亿老年人、5800 万留守儿童等特殊群体需要提供救助救济照料及发展服务,另外还有环境生态、非物质文化遗产等领域亟须提供拯救性保护服务。另一方面,经济社会发展不断产生新的社会服务需求,比如空巢老人的情感支持、高龄失能老人的照护及精神慰藉、农村留守儿童的保护等问题。这些层出不穷的社会服务需求要求含慈善服务在内的社会服务必须拓展,包括生活救助、保健康复、文化娱乐、法律援助、心理疏导,几乎每一个现代人面临的全部问题,包括贫困、失业、邻里关系、压力疏导等都可以在慈善服务中找到出口。慈善服务的特征在于既追求制度化支持和专业性引导,同时保留了政府公共服务所不具备的特性,因此更能适应日益变化的社会服务需求面临的挑战;更能在公共服务空间和私人服务空间中迅速疏解社会矛盾,满足慈善服务需求。

发展慈善服务,作为缓解社会问题的有效途径,已得到发达国家和地区社会各界的广泛认同。国内一些慈善事业发展较快的地区,如上海、浙江、广东等,慈善救助网络雏形开始形成。江苏省慈善总会的做法是:

第一,构建慈善宣传网络。发挥主流媒体的影响力和号召力,与省级主流媒体合作,大力宣传慈善文化,通过电视、网络、报纸及时报道全省慈善工作的动态和信息;结合救助项目重点宣传;办好宣传阵地强化宣传;借助先进典型深入宣传。

第二,做好品牌项目,提高慈善救助成效。总会把开展慈善救助作为发展慈善事业的切入点和着力点,倾心打造品牌救助项目,创新慈善救助手段，逐步建立健全慈善救助长效机制，开展"情暖江苏"春节慰问活动与"江苏省贫困家庭儿童重大疾病慈善救助"工作，做好"心蕊工程"；认真完成常规救助项目包含"善源助学基金""慈善光明行基金""瑞华助孤""交通意外救助基金""计划生育关爱基金""真知味拥军慈善基金""擎天助学基金""先声药业助学基金""邮储——恒安基金""江苏移动助学基金"等专项基金的实施工作，实施好中华慈善总会交办的"微笑列车""格列卫""达希纳""恩瑞格""拜科奇""易瑞沙""多吉美""万他维""特罗凯"等慈善助医助药项目。

第三，重点实施七大类救助项目，开展爱心助孤活动，开展扶助孤老活动，开展慈善助学活动，开展慈善助困活动，开展慈心医疗活动，开展定向救助活动，开展应急救助工作。

据统计，2011年，省慈善总会共募集慈善资金8186.77万元，物资531.2万元，支出资金6956.34万元，物资531.2万元，开展了近50个救助项目，有11万多人次得到了救助，在社会上产生了良好的反响。据初步统计，2011年全省各级慈善组织累计募集慈善资金约21亿多元（含合同认捐8.72亿元），物资折价约1亿元，并通过组织实施一批具有品牌效应的慈善救助项目，支出救助资金9亿多元，物资折价近1亿元，受助人群达123万人。截至2011年年底，全省慈善基金总量达到140.97亿元（含合同认捐约103.91亿元）。[①]

2012年总会共募集慈善资金6505.7万元（含中华慈善总会"微笑列车"项目360.41万元），物资282.93万元，支出救助资金6293.66万元（含中华慈善总会"微笑列车"项目360.41万元），物资282.93万元，受助人群11万人；全省各级慈善组织累计募集慈善资金约15.78亿元，物资折价约2.09亿元，支出救助资金11.06亿元，物资折价2.05亿元，受助人群234.18万人。截至2012年12月底，全省慈善基金总量累计140.65亿元（含合同认捐约101.09亿元）。[②]

从江苏省慈善总会公共服务的案例，我们可以看出地方公共服务变革的

---

① 资料来源：江苏省慈善总会网站。
② 资料来源：江苏省慈善总会网站。

S—S 模式的基本过程如图 4-14。

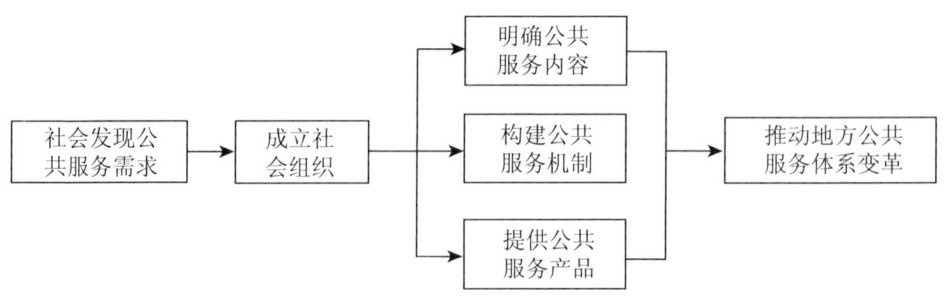

图 4-14 地方公共服务变革的 S—S 模式的基本过程

3. 地方公共服务变革的 M—S 模式——以成都市温江兰花协会为例

M—S 模式中公共服务供给的发动主体是市场，但由于政府在某些方面的公共服务供给能力不足，或已超出现行制度安排，因此在社会能够发挥主导作用的范畴，公共服务需求由市场发觉并反馈给社会，社会组织接受需求信息并做出公共服务供给的制度安排和具体实施。

例如，一些市场自发组成的行业协会，即适应了企业在成长与发展中的需求。因为企业在自己的发展过程中会产生多层次的需求，随着企业的成长，企业对互益性产品的需求也会出现，即需要行业协会向本行业的企业提供一些行业秩序、行业信息、组织维权等特殊产品。而且一般而言，广大的中小企业更需要行业协会提供互益性产品。

表 4-10 企业发展过程中的多层次需求

企业需要	产品需要	产品性质	产品提供者
第一层需要	生产资料/人力资源	私人	市场
第二层需要	产权保护/经济秩序	公共	公共部门
第三层需要	行业秩序/行业信息/组织维权	互益性	行业协会
第四层需要	行业认同	互益性/意识形态情感	行业协会
第五层需要	社会地位	政治	社会及行业协会等

如何满足市场需求是政府与社会组织都需要思考的问题。好的行业社会组织，不但能够完全承接政府转移过来的管理行业的职能，而且往往能够打

破垄断，激发行业的活力。行业社会组织的核心任务是为行业的健康发展提供各种服务，从而促进行业的健康发展。而一个行业作为经济的一部分，是不断变化的，作为行业社会组织，必须主动去顺应这种变化，根据市场的需求变化来及时调整服务，使得服务能够跟上市场需求的变化。只有做到这一点，行业社会组织才能立于不败之地，同时充满生机和活力，有效地发挥推动和引领行业发展的作用。温江兰花协会就是一个很好的例子。

温江兰花协会成立于 2002 年 12 月 28 日，是由温江区兰花爱好者、兰花栽培者、兰花专业生产者为主体的社会服务性民间社团组织。在温江兰花产业发展中其作用如下：

第一，行业服务职能。帮助会员解决生产经营中的困难，为会员提供市场信息、技术咨询、产品推介、员工培训等服务；为会员提供或发布行业发展研究、统计资料、行业分析和行业政策；组织或举办各种行业会展、商务考察、国内外经济技术交流与合作等。

第二，行业自律职能。依据章程或行规行约，制定本行业质量规范、服务标准；参与地方或国家有关行业产品标准的制定，监督会员依法经营，对违反章程和行规行约的，达不到行业质量规范与服务标准、损害消费者合法权益、参与不正当竞争、影响行业形象的会员，采取警告、业内批评、通告、开除会员资格等惩戒措施；对会员的产品和服务质量、竞争手段、经营作风进行行业评定，维护行业信誉、维持公平竞争秩序。

第三，行业代表职能。代表会员，维护会员正当权益，向政府反映会员和行业的要求；代表行业进行反倾销、反垄断、反补贴等调查或向政府提出调查申请；代表行业参与制定与行业相关的发展规划、产业政策、行政法规；参与与行业利益相关的政府决策的调研论证。

第四，行业协调职能。引导会员贯彻执行政府的有关行业政策，协调会员与会员，会员与行业内非会员，会员与其他行业经营者、消费者及其他社会组织的关系；依据法律法规授权或受政府委托，开展行业统计、行业调查，发布行业信息，签发公信证明，组织价格协调、资质审核等工作。①

---

① 丁和根：《文化体制改革：关键在于制度创新》，《新闻界》2004 年第 2 期，第 4—5 页。

协会成立以来，严格按照"团结协作、坦诚交流、以花为媒、协同发展"的宗旨，积极发挥纽带和联系作用，推动全区兰花生产的组织化、市场化、商品化进程，引导兰花资源向资本转变，有力地推动了温江区兰花产业的发展。

目前，温江区兰花栽培专业户多达2000余户，栽培面积已近3000亩，各类精品草5000余盆，在地价值达2亿元以上，兰花产品远销韩国、日本、中国台湾等国家和地区。兰花产业已经形成了一批科技含量高、互补性强、效益好、分布于各个环节的兰花龙头企业和兰花专业生产基地，如专业从事兰花种质资源收集和兰花杂交育种的成都华奕科技发展公司、从事兰花组织培养和大花蕙兰工厂化生产的四川西周种业科技有限公司、从事国兰专业化生产销售和技术推广的洪蓥兰花种植技术开发公司、从事交易市场建设的康兴花木有限公司，以及天府庆元村、和盛石牛村的兰花基地。

兰花协会与政府不具有行政隶属关系；政府和行业协会在兰花业发展、产业规划、行业协调管理等方面进行合作；通过兰花协会发展和职能发挥促进政府改进管理经济社会的方式，通过政府职能转变促进行业协会充分发挥作用；兰花协会通过反映诉求、参与决策咨询，促进政府规范行政行为，政府依法监督兰花协会履行职能。

从温江区公共服务的案例，我们可以看出地方公共服务变革的M—S模式的基本过程如图4-15所示。

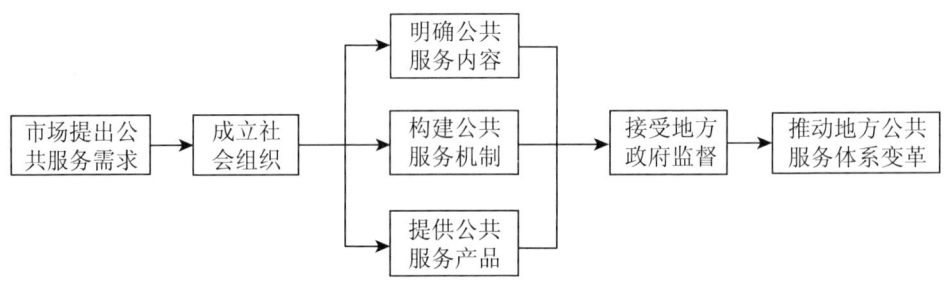

图4-15　地方公共服务变革的M—S模式的基本过程

(三) 公共服务的市场供给变革模式

1. 地方公共服务变革的 G—M 模式——以北京地铁 4 号线为例

G—M 模式中公共服务供给的发动主体是政府,但由于政府在某些方面的公共服务供给能力不足,或已超出现行制度安排,因此在市场能够发挥主导作用的范畴,公共服务需求由政府发觉并反馈给市场,市场接受需求信息并做出公共服务供给的制度安排和具体实施。

可以说 G—M 模式在目前的公共服务供给中也较为常见,"特许经营"是其中的典型代表。

下面以北京市地铁 4 号线为例,说明地方公共服务变革的 G—M 模式的基本过程。

所谓特许经营,即经营者(投资者)由政府通过招标方式选出,这一过程必须严格遵守相关法律、法规并秉承市场竞争原则,经营者(投资者)胜出后,在政府规定的期限和范围内实施公共服务供给。我国公共产品的特许经营建设从 21 世纪最近 10 年进入快速发展轨道,仅 2009 年国家就划拨 4 万亿的财政拨款用于扩大内需,其中很大一部分用于建设及改造全国各地的基础设施。特许经营在我国公用事业发展中发挥日益重要的作用。

北京市地铁 4 号线的特许经营凸显了几大特征:首个以特许经营方式运营的国内轨道交通领域项目、引进了港资投资、采取 BOT 模式投资建设。

它的具体做法是:将南起北京市丰台区马家楼、北至海淀区龙背村、全长 28.7 公里、设计车站 24 座的地铁 4 号线的 B 部分建设项目(车辆、信号、自动售检票系统等)由特许公司投资建设;项目建成后,地铁 4 号线的日常经营、运行管理、设施维护更新由特许公司负责,允许其在 30 年的特许经营期内回收投资。

北京地铁 4 号线特许经营项目同样取得了三方共赢的效果,如图 4-16 所示。

从北京地铁 4 号线的案例,我们可以看出地方公共服务变革的 G—M 模式的基本过程如图 4-17 所示。

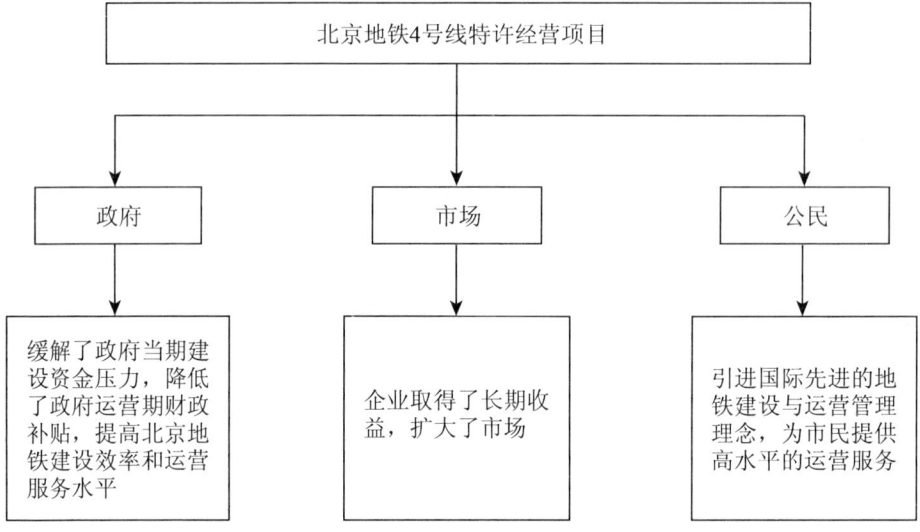

图 4-16 北京地铁 4 号线特许经营项目受益图

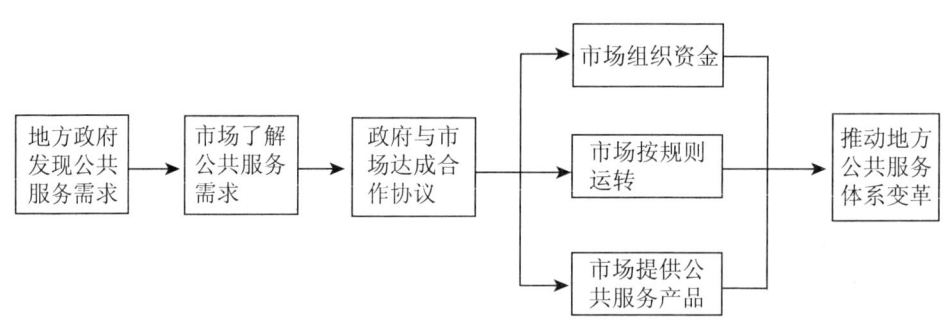

图 4-17 地方公共服务变革的 S—M 模式的基本过程

2. 地方公共服务变革的 S—M 模式——以苏州市民办养老机构为例

S—M 模式中公共服务供给的发动主体是社会,但由于政府和社会在某些方面的公共服务供给能力不足,或已超出现行制度安排,因此在市场能够发挥主导作用的范畴,公共服务需求由社会发觉并反馈给市场,市场接受需求信息并做出公共服务供给的制度安排和具体实施。市场化运营的公共服务项目就属于该模式。

下面以苏州市民办养老机构为例,说明地方公共服务变革的 S—M 模式的基本过程。

到 2009 年年底,苏州市户籍人口 633.3 万人,其中 60 周岁以上老年人口 126.8 万人,占全市户籍人口数的 20.02%;80 周岁以上高龄老人 18.3 万人,占全市户籍人口的 2.9%,占老年人口的 14.5%。

表 4-11 2009 年年底苏州市老年人口情况统计表

地区	总人口数（万人）	60 周岁以上		80 周岁以上	
		人口数（万人）	占总人口比例（%）	人口数（万人）	占 60 岁以上老年人比例数（%）
张家港市	90	17.99	19.99	2.70	15.0
常熟市	106.6	23.85	22.37	3.40	14.3
太仓市	46.7	11.1	23.77	1.78	16.1
昆山市	70	12.67	18.10	1.73	13.7
吴江市	79.7	16.68	20.93	2.40	14.6
五市小计	393	82.3	20.94	12.04	14.6
吴中区	60	10.66	17.77	1.42	13.3
相城区	37	7.09	19.16	0.98	13.8
平江区	22.9	5.29	23.10	0.92	17.4
沧浪区	32.6	6.71	20.58	1.04	15.4
金阊区	20.8	4.48	21.54	0.62	13.8
古城区小计	76.3	16.48	21.60	2.58	15.6
工业园区	33.9	5.03	14.84	0.62	12.3
高新区	33.1	5.26	15.90	0.70	13.2
七城区小计	240.3	44.52	18.53	6.30	14.1
合计	633.3	126.8	20.02	18.3	14.5

截至 2012 年年底,苏州市 60 岁以上老年人超过 144 万人,占全市户籍人口的 22.3%。按照目前老年人口的增长趋势,到 2015 年年底,我市老年人口将达到 150 万—155 万人,占全市户籍人口数 23.7% 左右,养老服务的需求将进一步加大。

苏州市早已步入人口老龄化社会,且老年人口高龄化、高龄人口"空巢"化的现象十分突出。传统的家庭养老观念正在发生转变,走进社会养老机构颐养天年已得到很多人的认可。虽然居家养老在较长时间内仍然是养老的主要方式，但从长远来看，社会养老是发展趋势，且呈加快发展的态势。

到2010年年底苏州市养老机构达到178家，养老床位数27355张，老年人拥有床位数达到21.6‰。

表4-12 2010年底苏州市养老机构及床位分布情况

地区	养老机构数（家）			床位数（张）		
	政府办	社会办	合计	政府办	社会办	合计
张家港市	13	13	26	2778	1137	3915
常熟市	21	3	24	4152	618	4770
太仓市	9	1	10	2071	400	2471
昆山市	14	1	15	2484	50	2534
吴江市	20	2	22	2793	453	3246
吴中区	14	8	22	1157	1080	2237
相城区	9	2	11	1042	420	1462
平江区	6	2	8	701	460	1161
沧浪区	4	8	12	390	1083	1473
金阊区	5	5	10	505	953	1458
工业园区	4	1	5	476	150	626
高新区	9	0	9	1072	0	1072
市本级	2	2	4	490	440	930
合计	130	48	178	20111	7244	27355

从现状看，老年人对民办养老机构有巨大的需求。民办养老机构，是指国家机构以外的社会组织或个人举办的，为老年人提供住养、生活照料、康复护理等养老服务的机构。该定义不以民办养老机构的出资性质而以举办主体为界定标准，按举办主体界定后的民办养老机构包括利用非国有资产举办的、租用国有资产举办的以及国资与民资合办在内的所有民办养老机构，扩大了民办养老机构的范围，符合我市民办养老机构的实践情况。

设立民办养老机构必须具备的八项基本条件，涉及申办人资格、机构章程和管理制度、服务场所、老年人居住使用面积、床位数、场地和设施、管理服务人员、流动资金等方面。

民办养老机构应当根据服务对象的生活自理能力和护理等级,实行分级护理服务;按照符合要求的比例配备护理人员;制定适合老年人营养均衡的食谱,合理配置适宜老年人的膳食;开展适合老年人特点的康复活动、文化体育活动;建立疾病预防、卫生消毒、24小时值班等制度。

民办养老机构有明确的收费政策:首先,民办养老机构应当根据本机构设施设备条件、管理水平、服务质量、护理等级自主确定收费标准,并报所在地民政部门、物价部门备案。其次,民办养老机构收费应当使用相应票据,应当公开收费项目和标准,实行明码标价,接受社会监督。最后,民办养老机构应当按月收取服务费用。

对民办养老机构,各级人民政府给予相关政策扶持。如民办养老机构可享受参加养老床位综合责任险的资助及税收优惠;民办养老机构可以按照居民生活(住宅)类收费标准使用水、电、气、电话、网络使用费等公用事业;民办非企业性质的民办养老机构还可享受床位建设、运营补贴;在民办养老机构就业的相关人员则可以享受免费培训、社会保险补贴等待遇及相关的就业扶持政策;另外,符合条件的民办养老机构还可以通过划拨方式取得国有土地使用权。

从苏州民办养老机构的案例,我们可以看出地方公共服务变革的S—M模式的基本过程如图4-18所示。

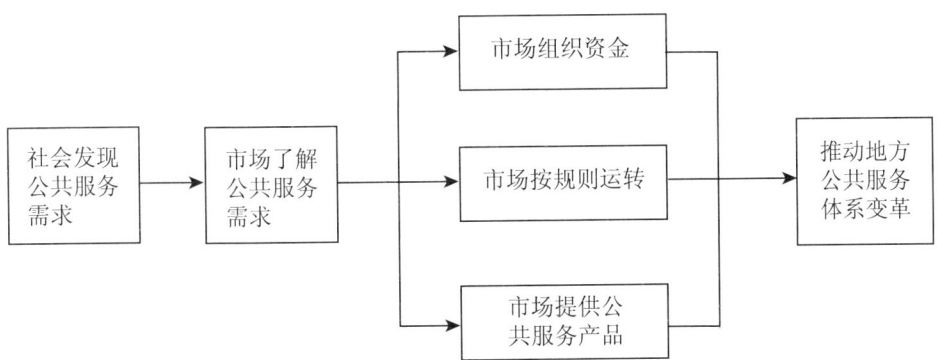

图4-18 地方公共服务变革的S—M模式的基本过程

3. 地方公共服务变革的 M—M 模式——以温州市民办教育为例

M—M 模式中公共服务供给的发动主体是市场，由于政府和社会在某些方面的公共服务供给能力不足，或已超出现行制度安排，而市场能够发挥主导作用，则公共服务需求由市场发觉，公共服务供给由市场自行做出制度安排和具体实施。这一模式中政府主要发挥宏观指导作用。

下面以温州市民办教育为例，说明地方公共服务变革的 M—M 模式的基本过程。

浙江省是获得国务院授权的"民办教育综合改革试点"，其中包括"创造鼓励民办教育健康发展的政策环境、扩大民办学校自主权、规范设立独立学院"等含金量极高的试点内容。在民办教育改革方面，浙江近年来出台的扶持政策包括：鼓励民间资本投资办学，按行政划拨方式供地，在征用土地和减免建设费的有关政策上享受与公办学校同等的待遇；加大财政支持力度，义务教育阶段学生享受公办学校同等的减免费政策；加强对民办学校的管理，落实法人财产权，实行年检制度，试行风险保证金，督导评估等。

温州市国家民办教育综合改革试点工作以该市 2011 年 11 月出台的《关于实施国家民办教育综合改革试点 加快教育改革与发展的若干意见》正式文件为信号全面铺开，并辅以九个方面的具体政策细则，包括《关于实施国家民办教育综合改革试点 加快教育改革与发展的若干意见》《关于进一步加强民办学校教师队伍建设的实施办法（试行）》《关于民办学校分类登记管理的实施办法（试行）》《关于完善民办教育社会保险制度的实施办法（试行）》《关于公共财政补助民办教育的实施办法（试行）》《关于非营利性民办学校财务管理的实施办法（试行）》《关于明确非营利性民办学校法人财产权的实施办法（试行）》《关于落实民办学校优惠政策的实施办法（试行）》《关于加强民办学校现代学校制度建设的实施办法（试行）》《关于民办学校办学水平评估的实施办法（试行）》10 个配套办法。

温州位于浙江东南部，陆域面积 11786 平方公里，海域面积约 11000 平方公里。下辖三个市辖区、六个县，代管两个县级市。全市常住人口 912.21 万，居浙江省各市第一位。现有中小学、幼儿园在校生 150 多万人，是浙江省的教育大市。温州是民营经济发祥地，也是中国改革开放的先行区。在经济社会发展各个领域，温州因为思想解放而走在了改革前沿。作为民营经济的优势地区，温州的民办教育起步早，总量多，改革开放初期，温州率先提出发展民办教育的"六个允许"政策，即：允许自聘教师、允许自定工资、允许自主招生、允许自主办学、允许自主收费、允许自定回报等，给民办教育发展开拓了广阔的空间，形成了民办教育的温州模式。

截至 2012 年年末，温州全市民办学校在校生已占全市在校生总数的三分之一，49.2 万名在校生分布于 1626 所民办学校，为民办教育综合改革试点提供了良好的基础条件。

温州市国家民办教育综合改革试点工作的基本思路如图 4-19 所示。

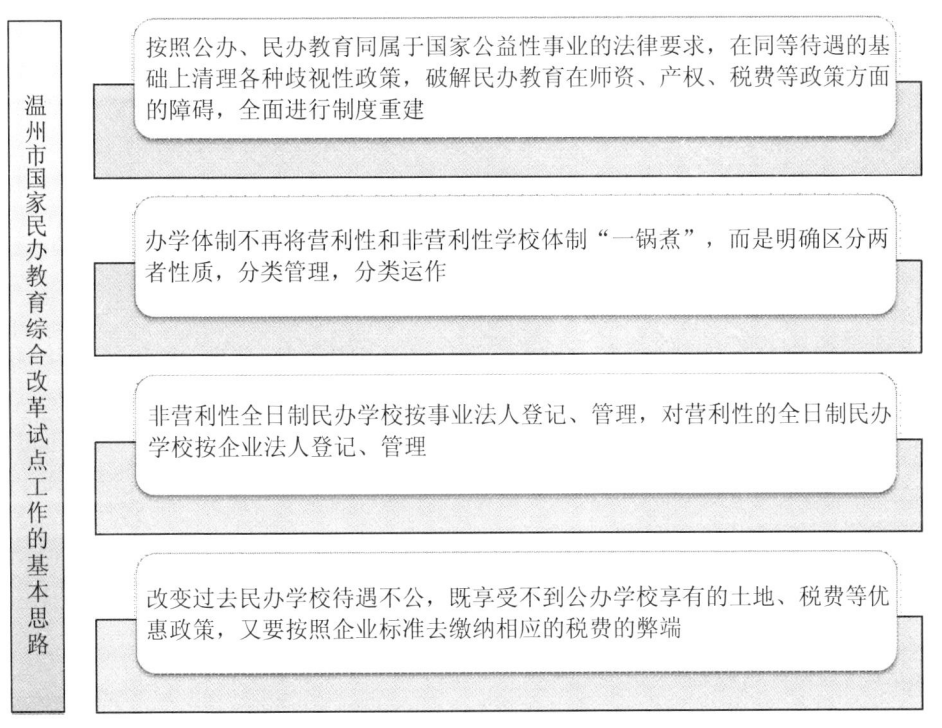

图 4-19　温州市国家民办教育综合改革试点工作的基本思路

民办教育，其实就是私立教育。温州的民间资金实力雄厚，民间资金发现了教育公共服务有投资的空间，就将大量的资金投进了教育中。由于资金的来源不同于公立教育，私立教育必须全力以赴，充分尊重资本的投入产出规律、充分尊重教育规律,才有可能站得住脚,才有可能在与公立教育的竞争中获得有利机会。

从温州民办教育的案例,我们可以看出地方公共服务变革的 M—M 模式的基本过程如图 4-20 所示。

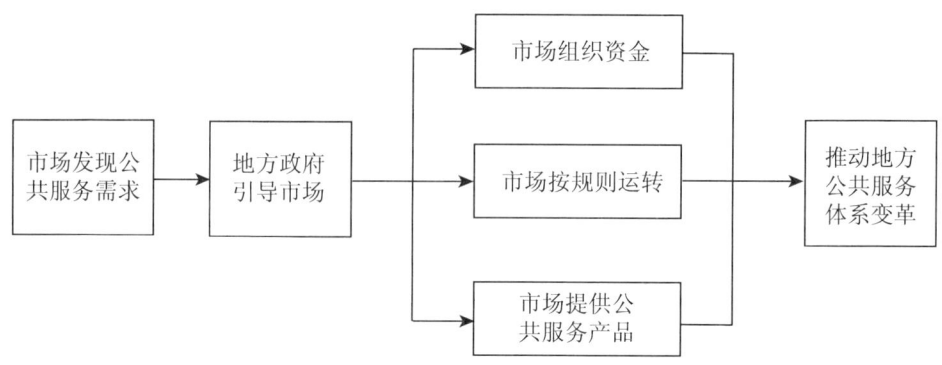

图 4-20 地方公共服务变革的 M—M 模式的基本过程

政府供给、社会供给和市场供给三种模式体现了公平、正义与效率三者兼顾的原则。现实中,地方公共服务作为一个整体,必然是政府、自治组织、私人部门、第三部门、公民五大主体共同参与,表达、决策、筹资、生产、评估、问责六大环节循环运转,合作、竞争、制衡三大系统共同作用的公共服务多元主体协同治理系统。

三、地方公共服务体系变革的障碍与原因

(一) 地方公共服务体系变革的障碍

1. 地方公共服务体系变革整体滞后于经济社会发展

当前,地方政府职能转变没有完全到位,地方政府的主要精力仍然是放在经济增长上,政府的主要职能是促进 GDP 的提升,仍然大量通过招商引资、投资项目审批、控制市场准入、具体价格管制等手段直接干预企业的微观经营活动。地方政府仍将精力相对较多地投入各种生产经营领域,承担了大量的经济建设职能。地方政府在经济事务方面的支出与其他

国家的情况相比，比例均显著偏高。在所有可获得数据的国家中，中国是除了不丹之外经济性支出占比最高的国家，比次高的国家高出了约13个百分点。但是从中央政府层面看，中国政府的经济性支出占比在有关国家比较中并不突出，也就是说经济性支出比例明显偏大的问题主要体现在地方政府层面。

从地方政府层面来讲，相对于经济建设职能的突出地位，公共服务职能仍然明显偏少、偏弱。"十一五"时期，地方财政支出向教育、医疗卫生、社会保障等公共服务领域给予了更大程度的倾斜，但同国际标准相比，投入仍然偏低。

从全国总体来讲，政府财政教育支出比例明显偏低。早在1993年，中国就发布了《中国教育改革和发展纲要》，提出，国家财政性教育经费支出占GDP比例要在20世纪末达到4%。由于种种原因，这一目标一直没有实现。2000年国家财政性教育经费占国内生产总值比例为2.87%，全国预算内教育经费占财政支出的比例为13.80%，2005年财政性教育经费占国内生产总值比例为2.82%，预算内教育经费占财政支出的比例为14.58%。同口径比较，我国与世界大多数国家的教育投入水平差距较大。多年来，我国公共教育支出占GDP的比例在2%—3%水平徘徊的局面，近年来虽有所提高，但仍未从根本上改变，多年来不仅在国际比较中远低于世界平均水平（2008年为4.6%），甚至不及发展中国家的水平（2010年低收入国家已达到4.5%）。

政府医疗卫生支出方面，从公共卫生保健支出占GDP比重看，根据世界发展指标数据库的信息，2009年世界平均为6.1%，其中高收入国家为7.4%，中等收入国家为2.9%，中国则为2.3%，处于相对较低的水平。2012年，政府医疗卫生支出的情况没有什么大的变化。目前，在全球范围内，我国依然是个人医疗负担最重的国家之一。

当前，我国政府在社会保障支出方面比例也明显偏低，中国就业和社会保障支出合计占当年财政支出和GDP的比重这几年提高到10%和2%左右的水平。但这两个比例与其他国家的情况相比，明显偏低。西方国家社会保障支出占财政支出的比重和占GDP的比重已分别达到30%和15%左右，中等收入国家普遍也达到15%和5%左右。

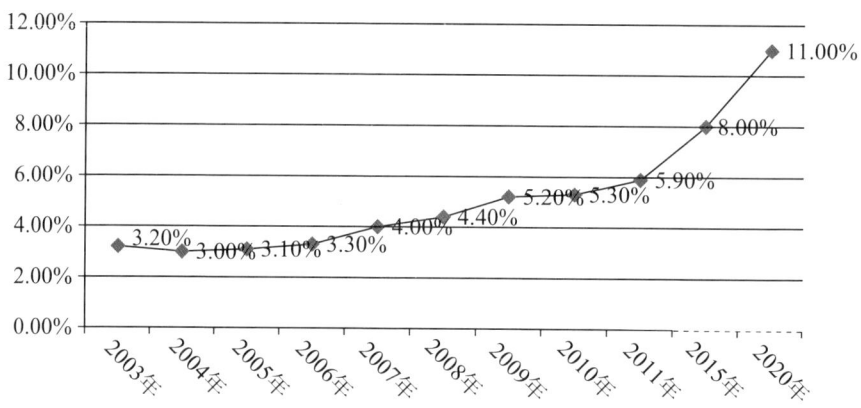

图 4-21 2003—2011 年政府实际卫生支出占财政总支出的比重

2012 年我国的 GDP 总量是世界第二,人均 GDP 是世界第 87 名。目前主要公共服务的水平与 GDP 排名相比,还要更低,严重滞后于经济社会发展水平。

2. 地方公共服务变革存在城乡不均等

地方公共服务体系变革存在城乡巨大的差异,整体显现出城市变革快、效果相对较好,农村变革慢、效果欠佳的特点。农村公共产品的供给严重不足,农村居民享受公共产品和服务的水平较低,城乡公共服务水平差距大。新中国成立以来,我国的城乡二元经济结构将城乡公共服务水平差距愈拉愈大,不均等现象在城乡卫生、教育、医疗、社会保障、基础设施等公共服务方面都有体现,农民在占有公共物品和享有社会福利等社会资源的分配中处于劣势,无法享受与城市居民同等的基本公共服务权益。① 下面以卫生公共服务、教育公共服务与社会保障公共服务为例说明。

(1) 城乡卫生公共服务不均等

地方公共服务体系不够健全表现在诸多方面,其中城乡失衡最为明显。新中国成立以来,我国的公共服务财政支出和公共产品配置主要是为了满足城镇居民的需求,为农村居民提供的公共产品和服务极少。当前城市人均卫

---

① 宫小震、李爽:《我国基本公共服务均等化:问题、原因及实现路径》,《山东行政学院学报》2012 年第 1 期,第 25 页。

生费用是农村的四五倍，50.32%的农村人口仅占有20%的医疗资源。根据2009年的统计数据，全国乡镇住院工作量、卫生院门诊量仅为全国总量的29.2%和16.8%。

我国城乡之间医疗卫生资源配置严重不公平，这导致城乡基本医疗卫生服务严重不均等。衡量医疗卫生资源配置是否公平，一般可以从医疗机构数、医疗机构床位数、卫生技术人员等方面加以比较。根据历年《中国统计年鉴》《中国卫生统计年鉴》，从政府对城乡卫生机构的资金投入情况看，虽然政府对农村卫生机构投入的财政支出逐年上升，但农村人均卫生事业费远远低于政府对城市卫生机构的补助水平和全国平均水平。

表4-13 政府对城乡卫生机构资金投入评价

指标	2002	2003	2004	2005	2006
政府农村卫生资金投入占财政支出比例（%）	0.69	0.71	0.72	0.77	1.08
农村卫生事业占全国卫生事业费比重（%）	32.53	35.72	38.56	40.21	51.75
农村人均卫生事业费（元）	13.75	19.1	22.45	28.18	46.1
城市人均卫生事业费（元）	73.71	81.37	80.32	91.31	90.63
全国人均卫生事业费（元）	30.48	37.59	40.28	48.04	60.42
农村/城市	0.19	0.23	0.28	0.31	0.51
农村/全国	0.45	0.51	0.56	0.59	0.76

资料来源：张振忠：《中国卫生费用核算研究报告》，人民卫生出版社2009年版，第56页。

据《2008年我国卫生事业发展统计公报》显示，2008年婴儿死亡率为14.9‰，其中城市婴儿死亡率为6.5‰，农村婴儿死亡率为18.4‰，农村远远高于城市；孕产妇死亡率为34.2/10万，其中城市孕产妇死亡率为29.2/10万，农村孕产妇死亡率为36.1/10万；2011年，中国卫生总费用达24345.9亿元，其中城市为18571.9亿元，占比为76.3%；农村为5774.0亿元，占23.7%。2011年，中国人均卫生费用1807.0元，城市2697.5元，农村879.4元。也就是说，城市人均医疗费是农村人均医疗费的三倍以上。根据第四次全国卫生服务调查的结果，我国城市卫生支出与农村卫生支出相比，城市城镇职工医保门诊费用给付比例为72.6%，城镇居民医保门诊费用给付比例为33.3%，新农合门诊费用给付比例为33.5%；城市城镇职工医保住院费用给付比例66.2%，城镇居民医保住院费用给付比例49.2%，新农合住院费用给付比例34.6%。我国城乡居民的健康状况、卫生支出、医保待遇水平存在明显差异。

（2）城乡教育公共服务不均等

在教育投入方面，城乡教育投入同样差距很大。首先，虽然地方政府对教育经费的投入已经呈逐年递增趋势，但由于基础薄弱，基数较小，农村义务教育经费投入依然不足。其突出表现是，生均预算内义务教育经费城市与农村差距不大，但预算外经费投入就体现了非均等化特征。原因在于农村义务教育资金来源在农村税费改革后被断流了，而城市学校有政府的财力支持、各种形式的学费杂费以及社会各类捐资助学。

其次，在师资条件方面，城乡差距也很大。农村学校条件差，教师引进和稳定都很困难。教师队伍老化、优秀教师流失导致农村中小学教师缺编严重，代课现象普遍，无法保证教学水平。政府出台的某些对农村教师的倾斜政策治标不治本，无法对教师形成吸引力。为获得职业生涯发展，农村教师以调到城市任教为根本出路，极大削弱了农村师资力量。

再次，城乡学校办学条件差距明显。虽然农村学校校舍的建设较以往已发生了巨大变化，但现代化的教学设施设备显然并未跟上，较之城市学校的微机、图书、实验设备的不断更新，农村学校可以说是贫瘠的。

（3）城乡社会保障公共服务不均等

从历史进程的角度看来，无论是改革开放前还是改革开放之后，我国地方公共服务体系中的社会保障公共服务也呈现出极为明显的城乡二元特征。如图4-22所示。

目前我国对城市居民已经建立起了一套"从摇篮到坟墓"的社会保障公共服务制度。随着经济的发展，城市社会保障体系还在不断改革中，这将推动我国城市社会保障公共服务制度逐步走向完善。与此相对应的是，农村社会保障项目少且残缺不全。城乡社会保障项目差别如表4-14所示：

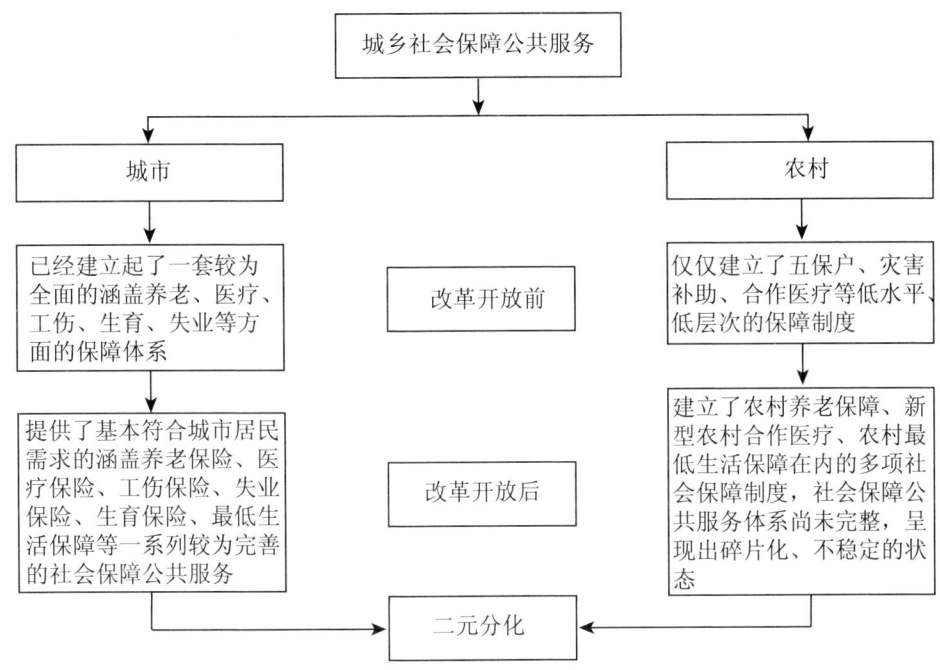

图 4－22 城乡社会保障公共服务的历史与现实差别

表 4－14 城乡基本社会保障项目对比概览

保障项目		城市	农村
社会保险	养老保险	普遍建立	全国部分地区试点推进
	医疗保险	普遍建立	建立新型农村合作医疗
	失业保险	普遍建立	无
	工伤保险	普遍建立	无
	生育保险	普遍建立	一些地区在试点
社会福利		职工福利：福利设施、补贴、休假等 公办福利：社区服务、福利院、敬老院、干休所等 教育福利：九年义务教育	公办福利：五保户供养、养老院等 教育福利：九年义务教育
社会救助 优抚安置 补充保障		最低生活保障制度及城市扶贫 优待、抚恤、安置 企业保障、商业保险	农村救济、救灾及扶贫 优待、抚恤、安置 少量商业保险

资料来源：王国军：《社会保障：从二元到三维》，对外经济贸易大学出版社 2005 年版，第 36 页。作者略作调整。

由表 4-14 而知，作为城市社会保障体系的基本组成部分，养老保险在农村是缺失的，而覆盖率较高的新农合与城镇医疗保险也存在较大差别，农村扶贫与城市低保无法相比，更勿论生育保险、工伤保险、失业保险，其在农村地区仍处于白板状态。

我国城市的社会保障得到了各级政府的高度重视，保障水平基本上有保证。而农村的社会保障则主要是由农村基层组织自己来解决。城市人均社会保障支出不仅绝对数较大，而且增长较快；农村人均社会保障支出基数小，增长缓慢。城市人均社会保障支出与农村人均社会保障支出存在巨大差距。最近几年，大量资金投入到农村社会保障公共服务体系的建设中，农村社会保障水平有了明显的提高。但是与城市雄厚的资金实力和快速提升的社会保障水平相比，城乡社会保障公共服务体系的差距并没有缩小。

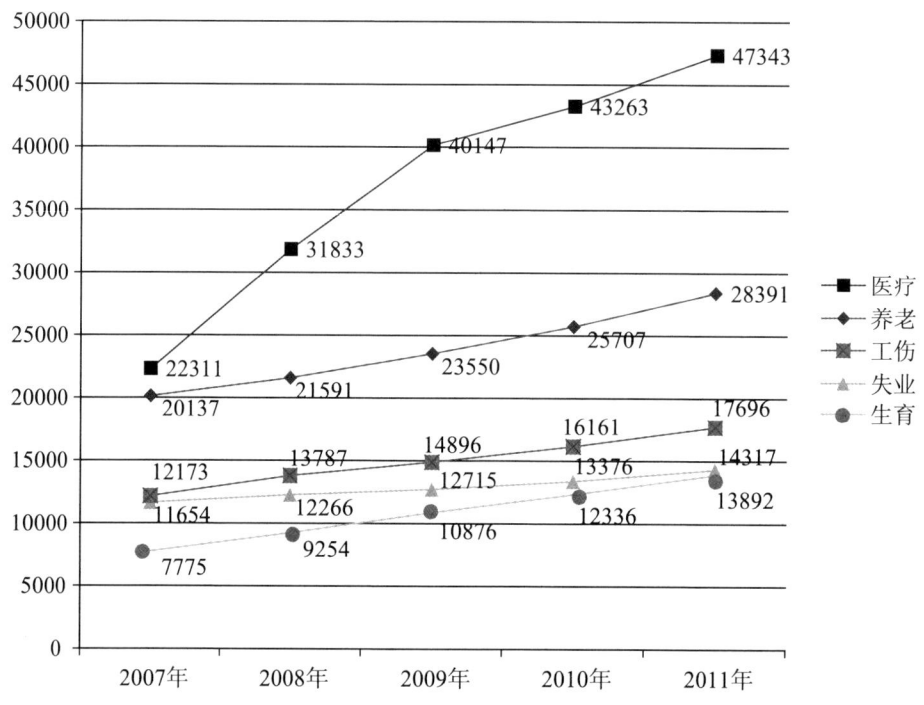

图 4-23　2007 年到 2011 年社会保险参保人数（单位：万人）

如图 4-32，2011 年末全国参加城镇基本养老保险的人数为 28391 万人，比上年末增加 2684 万人。其中，参保职工 21565 万人，参保离退休人员 6826 万人，分别比上年末增加 2163 万人和 521 万人。年末参加基本养老保险的农民工人数为 4140 万人，比上年末增加 856 万人。年末参加企业基本养老保险的人数为 26284 万人，比上年末增加 2650 万人。年末参加医疗保险的农民工人数为 4641 万人，比上年末增加 58 万人。年末全国参加失业保险人数为 14317 万人，比上年末增加 941 万人。其中，参加失业保险的农民工人数为 2391 万人，比上年末增加 401 万人。年末全国参加工伤保险人数为 17696 万人，比上年末增加 1535 万人。其中，参加工伤保险的农民工人数为 6828 万人，比上年末增加 528 万人。从以上的数据可以看出，农民与城镇居民的参保人数差距很大。

3. 地方公共服务变革存在区域不均衡

根据调查结果，我国东部地区的居民所享受到的公共服务数量与质量都明显要好于西部地区，发达地区与欠发达地区的供给不均衡非常明显。这种不均衡来自于区域公共财政投入不均等，以 2009 年为例，地方财政支出占全国的比重中，东部地区是 40.9%，西部地区是 28.8%。而公共财政投入的不均等与区域经济发展水平、区域经济运行质量、各地方社会结构差异以及地理资源条件密切相关。

当前我国区域间基本公共服务的差距仍很明显。

（1）教育公共服务

东部地区的教育资源、财政投入、设施条件等指标值均高于中西部地区，如表 4-15、表 4-16 所示。

表 4-15　2009 年东、中、西部地区教育资源及财政投入差距

地区	生师比（%）			生均预算内教育事业费（元）		生均预算内公用经费（元）	
	普通小学	普通中学	普通高中	普通小学	普通中学	普通小学	普通中学
东部地区	17.5	15.3	15.2	2855	3509	536	781
中部地区	18.6	15.8	18.2	1848	2229	348	490
西部地区	19.2	17.4	17.5	1903	2214	389	557

表 4-16 2010 年东、中、西部地区生均教育条件差距比较

阶段	地区	校舍建筑面积（m²/学生）	图书藏量（册/学生）	仪器设备总值（元/学生）
小学	东部地区	6.12	18.12	500.14
小学	中部地区	5.43	13.45	215.77
小学	西部地区	5.06	10.4	202.17
初中	东部地区	7.73	20	652.05
初中	中部地区	6.86	15.7	343.71
初中	西部地区	5.7	11.31	284.7
高中	东部地区	8.07	29.77	1783.63
高中	中部地区	4.94	17.91	960.57
高中	西部地区	5.48	21.47	1144.91

（2）医疗卫生

对医疗卫生水平的评价可以参考万人拥有床位、万人拥有医生数量两个指标。东、中、西部地区的医疗卫生差距通过这两个指标得到清晰的反映。现实当中，中西部地区就医难、缺医少药，医疗卫生覆盖面窄的状况仍然存在。

表 4-17 2010 年东、中、西部地区医疗卫生差距

地区	万人床位（个/万人）	万人医生（人/万人）
东部地区	29.99	17.56
中部地区	26.59	14.47
西部地区	27.83	14.54

（3）社会保障

东、中、西部地区的社会保障无论从保障水平还是覆盖面来看都存在较大差距。以农村社会养老保险为例，西部地区参加农村社会养老保险的人数不到全国的 20%，农业人口覆盖率不到 5%，是全国平均水平的一半，只有

东部地区的 1/10。而就基本养老保险参险人数这一指标进行比较，2007 年度西部每万城镇就业人口参险人数为东部地区 32%，中部地区为东部地区的 50%。

4. 地方公共服务变革存在群体不均衡

不同群体之间存在着失衡的现象。如全国规模庞大的流动人口尚未普遍享受到合理的社会保障，下岗职工的社会保障水平也比较低。

当前中国流动人口生存发展状况出现几大新特征：一是流动人口规模庞大，新生代农民工成为主体；二是人口流向由东南沿海单向集中向多向集中转变，新增城市人口主要集中在国家重点培育的城市群和城镇化地区；三是流动人口稳定性增强，家庭化迁移成为趋势；四是流动人口参保比重较低，权益维护有待加强。

根据课题组流动人口基本公共服务需求调查，流动人口在计划生育、优生优育服务、子女教育就学、医疗卫生服务、住房保障、社会保障、社会救助和帮扶等方面的公共服务需求满足的程度都很低。

流动人口的劳动保障状况不能令人满意。多数流动人口都没有享受法定的休息日，超时工作是比较普遍的现象，更谈不上每周两天休息、每周工作时间不超过 40 小时的待遇。绝大部分人没有签订劳动合同，一部分人不能按月领取工资，还有少数扣发工资的现象。此外，有些妇女不能享受孕期劳动保护。由于缺乏医疗保险或用工单位的相应福利政策，经济问题是制约外来流动人口使用卫生保健服务的一个主要因素，不少流动人口提出怕花钱多或因上班没有时间而不去医院看病。

以区域区分的群体公共服务不均衡如图 4-24 所示。

5. 地方公共服务体系变革的整体效率低下

公民要求的公共服务产品要求"物美价廉"，而地方政府公共服务机制却呈现"高成本、低效率"的特点，其内在原因如图 4-25 所示。

与此同时，约束与惩罚机制的缺失导致在公共服务供给过程中不可避免地出现以权谋私、公器私用的现象，公共服务应有的公平、效率的内在精神丧失。据统计，我国地方政府一般性公务费用支出占财政支出的比例已经高达 25%，这一现象又产生了两个极为恶劣的后果：一是在财政支出总额不变的情况下，一般性公务费用占比越高，则投入到基本公共服务的支出额度

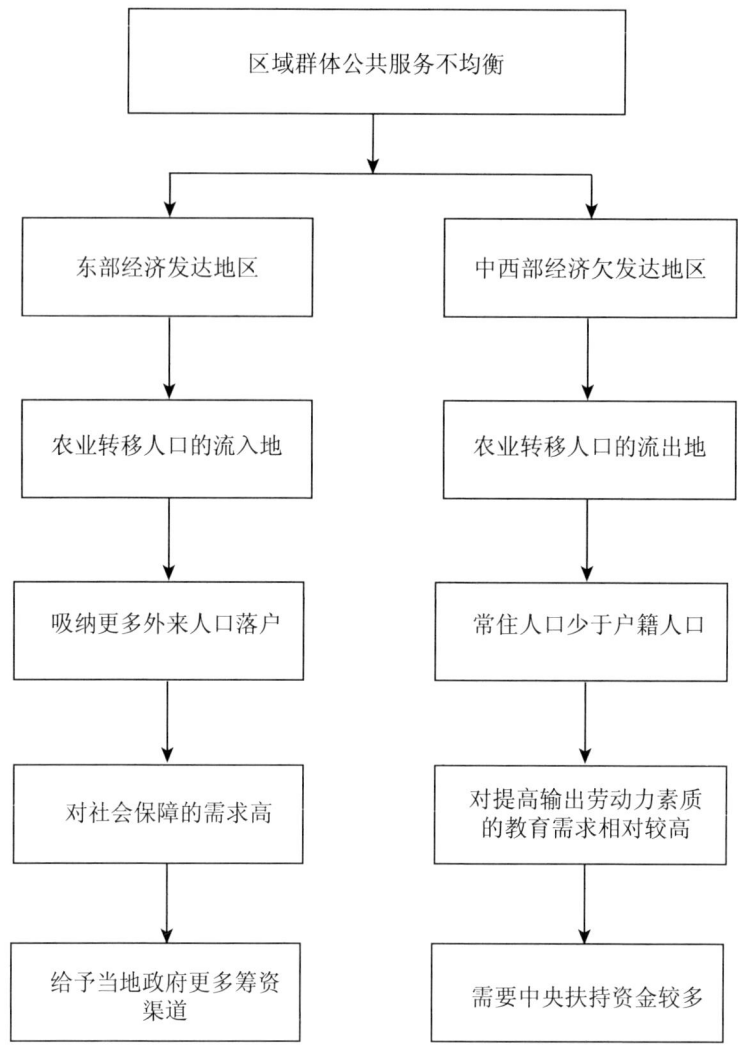

图 4-24 区域群体公共服务不均衡示意图

越会受到挤占,对满足公民日益增长的公共服务需求的财政支持力就会不足;二是一般性公务开支过大,公共资源受到侵占,且无形中会拉升公共服务的市场价格,在公共服务资金投入本身已经不足的情况下,服务价格的提升无疑使本已不足的公共服务水平雪上加霜。

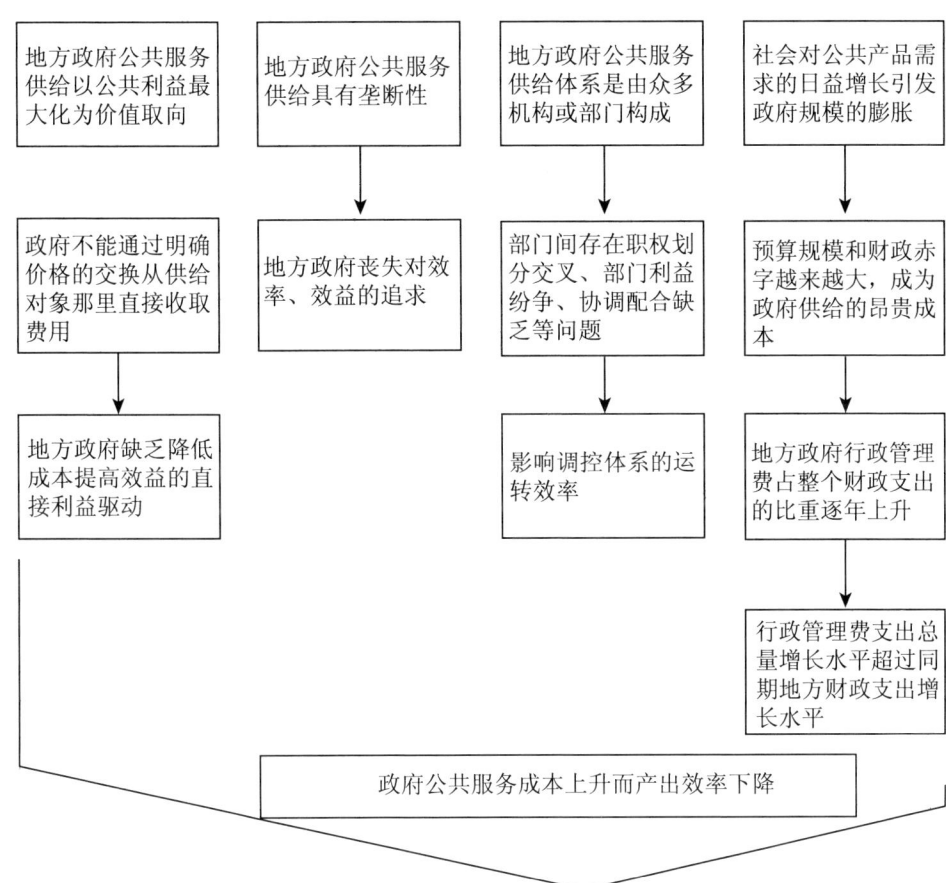

图 4-25 地方政府公共服务机制呈现"高成本、低效率"的成因

(二) 地方公共服务体系变革问题的原因

1. 理念原因

(1) 地方政府对自身职能认识不到位

一直以来,地方政府的发展理念是以经济增长、GDP 为中心,地方政府的角色长期定位于经济领域,并且认为"经济增长就是社会发展",地方政府过多地介入了本不属于其职能范围的微观经济领域,而长期忽视公共服务领域的职能,对公共服务重视不够,服务意识淡薄。在将掌握的资源主要用于经济领域的同时,把一些本应该由政府提供的公共产品和公共服务推向

了市场和社会，政府在公共服务中的缺位直接造成了基本公共服务的缺失。①

我国自 20 世纪 80 年代开始的政府行政机构改革虽已取得阶段性成果，但政府职能转变仍处于长期进程中。目前我国重视经济建设、忽略社会管理与公共服务职能的观念依然存在，导致政府、市场、社会在公共服务供给中的功能与定位不明，政府在公共服务职能发挥上普遍存在缺位或越位现象，本来应该由政府承担的纯公共品供给领域，政府却采取了"卸包袱"的方式将其推向市场，导致政府缺位，基本公共服务供给严重不足，公众利益受损。② 从实地调研当中我们发现，政府特别是基层政府现阶段在本质上还是一个经济建设型政府，它所承担的公共服务职能以外的事务太多，而在履行公共服务职能时，又因其集供给与生产于一身，供给的效率倾向对公共服务的公平性造成损害。显而易见，经济建设型政府模式直接影响农村公共服务的数量、质量与效率，而公共服务供给无法满足社会需求或缺乏公平则意味着政府职责缺失。

建设服务型政府，前提是要明确政府应当承担什么职能。党的十六大对政府职能做了四项界定：经济调节、市场监管、社会管理、公共服务。党的十七大要求"强化社会管理和公共服务"，党的十八大要求"必须从维护广大人民根本利益的高度，加快健全基本公共服务体系"，要"解决好人民最关心最直接最现实的利益问题，在学有所教、劳有所得、病有所医、老有所养、住有所居上持续取得新进展"，进一步强调了政府的公共服务职能。

从公共利益出发是服务型政府的根本标志，但现实中公务人员往往是从部门利益、小群体利益甚至个人利益出发，"公共服务"所内化的"公用""公众"的利益并不能得到切实保障。

（2）地方政府对公共服务供给模式存在错误认识

当我国步入计划经济时代，政府掌握了所有的公共资源，社会高度国家化，生产、生活资料归集体所有，由国家分配，公民日常生活由国家安

---

① 敬海新：《加强社会建设 建立健全基本公共服务体系》，《前沿》2011 年 19 期，第 127—131 页。

② 姜晓萍：《中国公共服务体制改革 30 年》，《中国行政管理》2008 年第 12 期，第 30 页。

排。这一体制运行多年，产生的直接影响就是许多政府公务员至今仍然认为政府必须并且能够主宰公共服务的一切，包括公共服务需求的提出、政策的制定、资金的筹集以及公共服务产品的直接供给，甚至"供给"还包括了"生产"。理论界与实践界，不少人甚至把政府包揽公共服务供给的模式看成社会主义制度优越性的体现。很少有人把目前地方政府公共服务高成本、低效率的原因归结为地方政府公共服务单一的供给模式，而是依旧简单地认为政府应当继续加大对公共服务体系的投入。正是地方政府长期以来形成的这一传统管理理念，严重地影响了地方政府公共服务能力的提升。

（3）地方政府对公共服务对象的理解存在偏差

"不正义正是在于不平等"①，为社会公众提供"普遍平等"的公共服务是地方政府的基本职能，公民在公共产品的享受方面应该是无差别化的。基本公共服务是每一个中国公民都有资格、有机会享有的国民待遇。但是在实践中，地方政府公共服务供给是实行差别管理的，无论是对公共服务需求信息的收集，还是公共服务产品的提供、公共服务特许经营者的遴选等环节，都不同程度地存在差别化的理念与行为，导致了严重的社会不公平，使数量不足的公共服务在质量上也受到重创，对地方公共服务体系的建立产生了极其不好的影响，困扰着地方公共服务体系的完善。

2. 体制原因

（1）我国现行的行政体制影响了地方公共服务体系变革

公共服务需要财力支撑，公共服务型政府必须辅之以公共财政体制。虽然财政体制并非造成地方公共服务供给不足的决定性因素，但从制度层面看，仍然是一个值得关注的重要原因。如果按照财力与事权相一致的原则，基层政府得到的转移支付使其财政能力能够与其公共服务供给能力相匹配，地方公共服务供给的状况至少首先具备"能不能"的前提和基础。在事权逐层下放、财权逐层上收的体制下，我国中央政府与地方政府财权与事权的配置"倒挂"，地方政府特别是基层政府的职责范围与其履责应具备的财政

---

① ［美］汤姆·L.彼彻姆：《哲学的伦理学》，雷克勤等译，中国社会科学出版社1990年版，第333页。

能力严重不匹配。在地方公共服务职责范围内，义务教育、社会保障、公共卫生、福利救济等支出的大部分均由基层财政负担，与国外基本公共服务经费多由中央和省级财政负担的状况正好相反。基层政府一无税收立法权，二无举债权，各种转移支付方式协调低效；无源可开，仅靠节流，则基层政府农村公共服务供给能力不足就不足为奇了。这又进一步造成了公共服务能力下降，公共服务供给不足的困难。

另一方面，我国现行的行政体制存在诸多的条块分割，在公共服务领域，相互独立的卫生、教育、社保等主管部门比比皆是，不难看到在应对公共服务突发事件时，各个部门缺乏有效的联动机制，也就无法做到统一指挥，无法满足公共服务及时性、全面性和统一性的需求。可以说，公共服务主管部门的各自为政形成了行政体制掣肘，对提升地方政府公共服务水平产生了严重阻碍。

(2) 我国现行的社会体制影响了地方公共服务体系变革

现代治理理论认为，由于偏好的多样性和区域的差异性，由政府单一主体提供公共服务是不够的，政府、市场和社会各有擅长：政府在公共服务政策管理、公共服务规章制度制定、保障起码的公平正义、保持全社会的凝聚力等方面具有权威性；市场在公共服务创新、推广成功经验、适应公共服务变化形式、创新公共服务活动、完成复杂和技术性任务方面更具优势；社会则在完成微利或无利可图的任务、需要同情心和对个人关心和尊重的任务时更显强势。由于各种原因，我国地方公共服务供给主体单一，机制不活，影响地方政府公共服务供给能力。社会改革滞后也影响了地方公共服务体系变革。面对民众日益增长和日趋复杂化、多样化、个性化的地方公共服务需求，任何一个政府也不可能统揽一切，因此政府必须善于调动蕴藏在社会中的巨大积极性，形成政府与公民、社会之间良性互动的局面。[①] 目前，地方政府需要对公共服务进行分类，形成纯公共服务与准公共服务的差异供给模式。

[①] 王同新：《构建公共服务型政府：问题、成因与对策》，《中州学刊》2013 年第 3 期，第 5—9 页。

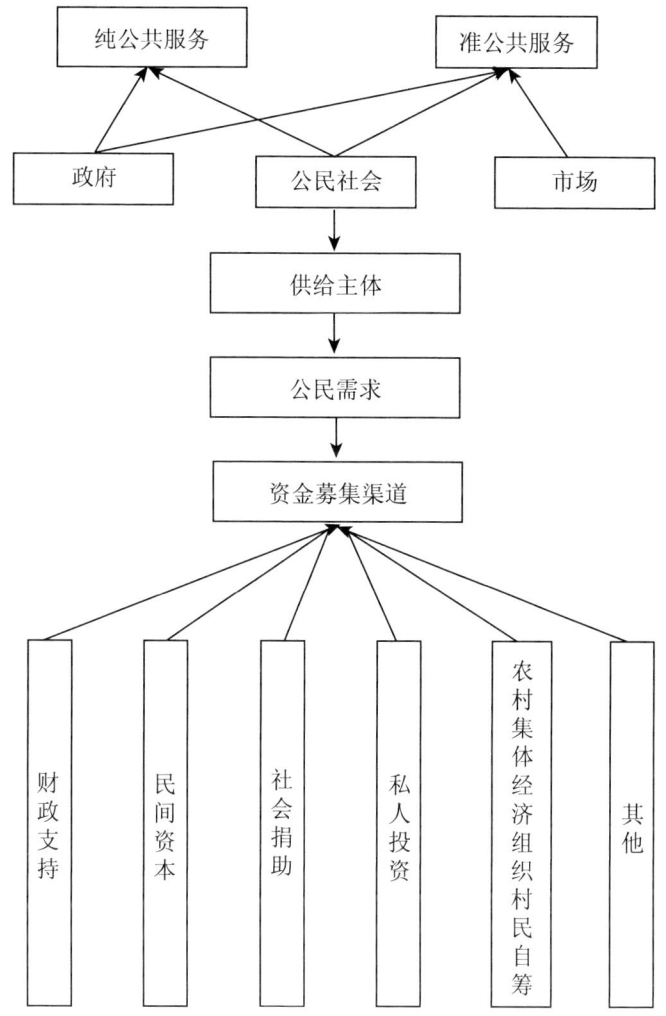

图 4-26 公共服务体系供给模式图

资料来源：祖薇：《福建省农村公共服务体系建设：问题、原因与对策》，《江西农业大学学报（社会科学版）》2010 年第 2 期，第 13 页。

从我国目前实际国情看，公民社会的基础还很薄弱，中国的公民社会还远未发展到成熟的阶段。一方面，公民精神尚待进一步的培养转化；另一方面，在复杂环境下生长的社会组织更须规范均衡。地方的社会组织相当一部分是通过行政手段自上而下组建的，它们或者由各级政府部门所直接创办，或者本身就是党政机关、事业单位转变过来的，或者由原政府官员及与党政关系密切的知名人士所创办，具有强烈的官方色彩，并不是真正意义上的"民间组织"。① 从财政的角度看，其最主要的收入来源是政府提供的财政拨款和补贴，或行政性收费。从人事的角度看，其负责人在担任该组织领导人之前都曾在国家行政部门或事业单位任过职，甚至有些就是党政官员兼职。从观念、组织、职能、活动方式、管理体制等各个方面看，它们都严重依赖于政府，甚至是作为政府的附属机构在发挥作用，或者就是"二政府"。长此以往，民间组织的"民间性"和"社会性"不复存在。② 一个国家或地区社会组织的多少，在一定程度上反映了该国家或地区的社会文明程度以及公共服务供给状况。2012年全国共有49.2万个社会组织，我国每万人拥有民间组织的数量只有3.63个，远远低于法国、日本等发达国家，而且与印度等发展中国家相比也差距较大，总体上仍处于发展初级阶段。从理论上讲，社会对公共产品的多样化需求决定了社会组织的种类，社会公共产品的需求强度决定社会组织规模大小和数量多少。我国社会组织的数量远远跟不上社会日益增长的公共服务需求。

表4-18 我国每万人拥有民间组织数量的国际比较

国家（地区）	民间组织数（个）	人口（万人）	每万人拥有数（个）	年份
中国	492000	135404	3.6	2012
法国	600000—700000	5885	110.4	1999
日本	1228344	12641	97.2	1999
美国	1400000	27030	51.8	1999
新加坡	4600	316	14.6	1999
印度	1000000	97967	10.2	1999
中国台湾	20473	2192	17.3	1999
罗马尼亚	12000	2250	5.3	1999
埃及	15000	6140	2.4	1999

资料来源：童章成：《杭州、宁波、温州、台州、绍兴五地民间组织比较研究》，《浙江社会科学》2004年第2期，第97页。

① 祝子庆：《发展非政府组织 共建和谐社会》，《社科纵横》2006年第1期，第43页。
② 祝子庆：《发展非政府组织 共建和谐社会》，《社科纵横》2006年第1期，第43页。

(3) 我国现行的财政支出结构影响了地方公共服务体系变革

我国地方公共服务投入不足，地方政府公共财政体制尚须健全。2012年度的数据显示，我国财政用于公共服务方面的支出仅占政府支出的29.7%，远远低于人均GDP 3000—6000美元的国家54%的水平。

表4-19 国家财政支出总额及部分支出项目占比情况

年份	财政支出总额（亿元）	基本建设支出（亿元）	基本建设支出占总支出比例（%）	公共服务支出（亿元）	公共服务支出占总支出比例（%）	基本公共服务支出（亿元）	基本公共服务支出占总支出比例（%）
2002	22053.15	3142.98	14.25	10244.84	46.46	5557.64	25.20
2003	24649.95	3429.30	13.91	11591.68	47.03	6246.13	25.34
2004	28486.89	3437.50	12.07	13776.27	48.36	7516.35	26.39
2005	33930.28	4041.34	11.91	16056.06	47.32	8745.67	25.78
2006	40422.73	4390.38	10.86	18347.58	45.39	9729.15	24.07

表4-19反映的是我国政府自2002年以来用于科学、文教、卫生、行政、国防、社会保障、地质勘探和农林水利等公共产品的财政支出占财政支出总额的比例。表中数据非常鲜明地显示，我国公共服务支出占财政总支出比例始终未能超过50%的比重，基本公共服务支出占财政总支出比例也一直在25%左右徘徊。而发达国家这一比例都已达到70%以上。[①]

不仅目前我国公共财政中公共服务投入严重不足，而且不合理的财政设计还导致公共服务不均等。税收返还的财政转移支付原则将东部经济较发达地区与中西部欠发达地区的公共服务财政能力差距愈拉愈大，公共服务能力不足反作用于区域经济发展，形成"愈穷愈差""愈差愈穷"的恶性循环，可以说是区域公共服务不均等的重要成因。

3. 机制原因

（1）地方公共服务体系变革缺乏以公众为导向的服务机制

公民参与，不仅是指公民的政治参与，即由公民直接或间接选举公共权

---

① 安体富：《完善公共财政制度 逐步实现公共服务均等化》，《财经问题研究》2007年第7期，第4页。

力机构及其领导人的过程,还包括所有关于公共利益、公共事务管理等方面的参与。① 而目前地方政府公共服务中"行政命令取代公民诉求""官心替代民意"的现象屡见不鲜,"为民做主,不让民做主""对上负责,不对下负责"的错位现象亦层出不穷。许多地方政府主观或客观忽视民意需求,从公共服务的源头开始,公共服务真正的公民需求得不到反馈,公共服务的制度安排没有公民参与,公共服务产品的优劣没有公民评估,公共服务的公民参与缺乏程序性、制度性保障。从根本上说,仍然是"官本位"的惯性思维而非以公众为导向的服务机制主导了公共服务的供给过程。

(2) 地方公共服务体系变革的责任机制不完善

地方政府公共服务角色的转变,要求地方政府承担责任的方式方法也要随之改变。无论地方政府是作为公共服务的主体,还是公共服务的组织者,无论是直接提供服务或产品,还是在社会主体、市场主体提供公共服务时履行引导、监督职责,无论是作为公共服务的唯一供给方,还是合作供给方,地方政府作为公共服务主体的地位始终没有改变,它的责任是无法回避的。我国出台的很多关于基本公共服务的法规中有很多已经过时,在现行的制度安排中,没有对服务供给的责任尤其是政府责任做出明确规定,失去了问责的法律基础,形成了一定的责任真空。② 目前一些地方政府对公共服务的责任机制设计不完善,现行的基本公共服务相关法规很多以政府法规政策和部门条例为主,存在立法层次比较低、监管不足等问题。公共服务的责任确定不清晰,职能交叉,政出多门,多头管理,导致公共服务不能落到实处。

(3) 地方公共服务体系变革缺少绩效评估机制

我国地方政府在公共产品和公共服务的供给上缺少绩效评估与反馈机制,导致公共服务项目投入热情大、产出效果如何则无人问津。这一缺陷直接导致地方政府在组织公共服务供给时,极少或根本不考虑投入产出的成本效益,仅仅看中项目本身动工时的社会影响,这样的思维模式使得很多服务项目并非急百姓之所急,且大多数无法落到实处。即使对少数产品或项目进行了绩效评估,也大多是定性而非定量的,没有运用科学的评估手段和工

---

① 罗豪才:《健全公民参与机制,推动政治文明建设》,《人民日报》2003年9月9日。
② 陈亚璞:《我国政府基本公共服务均等化研究》,南京航空航天大学硕士学位论文,2008年。

具。公共服务中这种不计成本、不重绩效的做法，导致公共服务成本偏高。

（4）地方公共服务体系变革缺乏约束机制

地方政府扩大公共项目投入、增加公共服务供给对于经济社会协调发展具有正面价值。但是目前，一些地方政府公共服务摊子铺得过大，超出地方政府公共能力所及，造成资源供应不及，导致了更大浪费和不均衡。某些地方政府为图政绩，盲目上马大型基础设施项目，无视基础教育经费、居民基本卫生服务的短缺；一届政府严重负债，大搞工程，将烂尾工程和财政赤字留给下一届政府；更多的地方政府在公共服务资金来源方面举步维艰，却不知联合、调动、鼓励社会和市场主体共同参与。地方公共服务体系变革约束机制的缺乏，阻碍了公共服务体系的良性发展。

第 五 章

省级政府基本公共服务体系的质量标准与评估研究

对民生和基本公共服务体系进行系统、定期的监测评估是进一步保障和改善民生的基础,它不仅可以有效地测量出基本公共服务的质量状况,发现其中存在的问题,从而逐步达到对公共服务的科学有效管理;还可以强化政府的公共服务职能,不断满足社会公众需求,为制定和完善基本公共服务政策和政府绩效考核提供依据。构建省级政府基本公共服务体系的质量标准并开展质量评估,是有效落实《国家基本公共服务体系"十二五"规划》的各项任务、构建地方政府基本公共服务绩效优化与民生改善机制、推进服务型政府建设与行政体制改革进程的重要内容。

一、基本公共服务体系质量研究的背景与基础理论

(一)基本公共服务体系质量研究的背景

2012年7月,国务院印发了《国家基本公共服务体系"十二五"规划》(以下简称《规划》),这是我国第一部国家基本公共服务体系总体性规划,涵盖了九大领域的国家基本标准,为基本公共服务各个领域明确了重点任务、基本标准、保障工程,标志着我国在进入经济社会加速转型的关键阶段,将基本公共服务均等化从基本理念上升为国家实践,具有开创性和十分

重要的意义。从整体上看，《规划》具有三个突出特点：一是突出强调"把基本公共服务制度作为公共产品向全民提供"这一核心理念，体现了鲜明的政策导向；二是较为全面系统地勾勒了国家基本公共服务的各项制度性安排，体现了顶层设计、系统规划；三是将基本公共服务及其范围、标准等概念和促进基本公共服务均等化从基本理念上升至可操作的政策措施，体现了改革创新。①

与此同时，《规划》提出：国家发改委要以全国基本公共服务水平综合评价为重要手段，制定评价指标体系和评价方案，牵头组织开展中期评估和终期评估，并向国务院提交评估报告，以适当方式向社会公布；各级政府部门要开展本行业和本地区的基本公共服务水平监测评价；鼓励多方参与评估，积极引入第三方评估；完善基本公共服务问责机制，增加基本公共服务绩效考核在政府和干部政绩考核中的权重。《规划》中的上述规定，将进一步推动我国基本公共服务绩效评价工作的开展，成为基本公共服务标准有效落实的重要保障。党的十八大报告提出要构建"人民满意"的服务型政府，那么，什么是"人民满意"？怎样达到"人民满意"？某种意义上说，这也需要对公共服务绩效进行综合评价。同样，从政策执行的角度来看，国家基本标准的确立虽然在国家层面上为推进基本公共服务均等化、构建公共服务型政府提供了"十二五"期间的总体目标和政策引导，但是，改革开放以来的非均衡发展战略实践导致了当前我国地区之间、城乡之间的二元结构现象逐步加剧，要改进基本公共服务地区、城乡均等化绩效的前提是我们必须能够科学规范地评价和描述当前地区公共服务提供的差异状况，以及长期以来这种差异的演进状况。这是我们进一步研究如何实施《规划》方略、执行国家基本标准的前提和基础。② 也只有在正视基本公共服务水平存在一定差距的前提下，通过对不同区域、不同类型公共服务的科学监测与过程控制，并明确基本公共服务均等化的实施进度和保障措施，才能有效构建基本公共服务绩效优化与民生改善机制，逐步缩小基本公共服务在城乡、区域和不同社会群体之间的差距。

---

① 刘宇南：《〈国家基本公共服务体系"十二五"规划〉中的若干重要问题探析》，《宏观经济管理》2013年第4期，第25页。

② 王伟同：《公共服务绩效优化与民生改善机制研究》，东北财经大学出版社2011年版。

实际上，自 20 世纪 90 年代后，以公民满意度为导向，基于公民公平性和便利性等要求去评估和改进政府公共服务绩效，成为世界各国政府的普遍做法。国内学者随着服务型政府目标的确立，也将社会公众的需求作为政府存在、发展的前提和目标，政府绩效评估开始由效率至上偏向于公平至上，由组织绩效评估转为公共服务绩效评估。张成福、党秀云、彭国甫、陈昌盛等、张钢等提出了较为系统的公共服务绩效评价维度和指标。陈振明、李晓园、麻宝斌、黄新华等分别就厦门市、江西省六县区、长春市社区和河南省18 个地市的公共服务绩效进行了实践评估。李军鹏、尤建新、包国宪、吴建南、刘武、朱国玮、郑方辉等对政府服务的公众满意度测量进行了价值阐释、体系建构与操作实施。但是，不可否认，当前我国公共服务绩效评估还存在一些问题，如：制度不健全，规范程度低；评价主体单一，公众参与度和评价的透明度不高；行为导向的评价指标体系多侧重于近期绩效考核和资金监管，对中长期绩效和公共服务供给的可持续性重视不够。[①] 绩效评估体系的不健全直接影响着基本公共服务均等化的绩效评估效果，制约着基本公共服务均等化工程的顺利推进。究其原因，我们认为，运用"绩效"概念来衡量公共服务活动的效果，虽然是当前国内外学术界的基本共识，它所指的不单纯是一个政绩层面的概念，还包括政府成本、政府效率、服务效果、社会公平的含义在内，但是，在评估实践中却也呈现出较多的困境，例如对于公共服务供给过程中的关键部门或关键环节缺乏有效质量控制，内部交易成本较高；忽视公众感知的差异性和感知偏差；较少考虑不确定性、多样性环境以及流程优化对绩效指标的权重配置；评估结果与实际服务质量之间存在差异，难以形成对绩效结果的责任控制，等等。概言之，在公共服务"绩效"的界定中，还缺乏对公共服务体系的复杂性、公共服务功能的发展性以及公共服务供给活动的过程性等特征的深入把握。

基于此，本研究以基本公共服务体系的主要责任主体——省级政府为研究对象，探讨地方政府基本公共服务体系的质量标准与评估。一方面，通过对传统政府绩效评估的合理反思，基于"十二五"期间的主要任务，研究

---

① 舒银燕、范亚舟：《优化我国基本公共服务绩效评价的思路及制度支持》，《理论导刊》2013 年第 3 期，第 15 页。

基本公共服务质量评估的价值取向、理论基础、指标体系、基本程序及一般方法，构建集主观评价与客观评价、发展性与保障性、过程控制与结果导向为一体的公共服务质量评估分析框架，解决公共服务绩效评估理论研究与实践探索中的诸多困境。另一方面，参考国家"十二五"规划的基本目标，通过标准设置和绩效分析，准确、有效地分析差距，比较进程，进而合理、有序地构建地方政府基本公共服务绩效优化与民生改善机制，有效落实《国家基本公共服务体系"十二五"规划》的各项任务，推进服务型政府建设与行政体制改革进程。

1. 研究框架

公共服务质量的指标应该按照公共服务种类的不同来划分，因为不同类别的公共服务的属性是不同的，而且按照公共服务种类划分便于对一个国家或地方政府公共服务的不同方面进行评价，得出的结论更具针对性和指导意义。[①]《国家基本公共服务体系"十二五"规划》将基本公共服务的范围划分为基本公共教育、劳动就业服务、社会保险、基本社会服务、基本医疗卫生、人口和计划生育、基本住房保障、公共文化体育及残疾人基本公共服务等九大领域。考虑到党的十八大报告中对"生态文明"的着重强调以及生态环境建设已然成为服务型政府的重要职能的事实，本研究在基本公共服务领域中增设了"生态环境服务"。在此十个一级指标基础上分为定性和定量两大类指标，即公民满意度指标和公共服务提供量化指标。在实际运用中，根据评价服务的着眼点不同，评价公共服务质量的方法主要分为两类：主观评价模式和客观评价模式。主观评价模式的根本出发点是将公众视为公共服务质量利益相关者中最为重要的一方，公众理应享有评价公共服务质量的话语权；客观评价则是依据公共服务提供者或者第三方机构制定的衡量公共服务质量的标准，按照设定的指标体系和权重对公共服务质量进行定量的测评。由于现实中存在公共服务的接受者不具备某些评价公共服务质量的专业知识且较难获得政府公共服务的准确信息，或者公共服务专业评价标准的制定者无法确切判断出公共服务质量好坏的关键等缺

---

① 陈文博：《公共服务质量评价与改进：研究综述》，《中国行政管理》2012年第3期，第42页。

陷，所以这两种方法在实际评价过程中可以混合使用。① 因而，本研究将主观评价模式与客观评价模式相结合形成二元评价模型（见图5-1），通过主观满意度评价对东部、中部、西部不同区域的基本公共服务体系进行绩效分析，通过客观供给评价对31个省（自治区、直辖市）的基本公共服务体系进行绩效分析。最后，比较主、客观评价结果，综合分析省级政府基本公共服务质量水平。

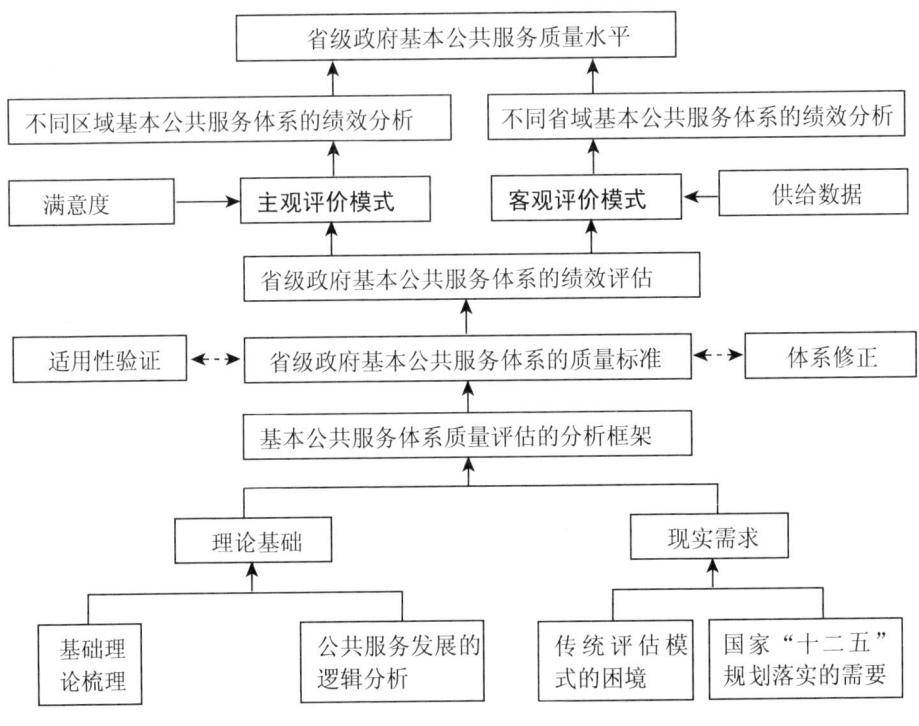

图5-1 二元评价模型技术路线图

2. 研究思路

在本研究中，我们借鉴新公共服务理论、全面质量管理理论、顾客价值理论和政府绩效评价理论，综合运用多种研究方法，从客观和主观两个层面全面考察和系统分析了省级基本公共服务体系的质量标准，探索了地方政府

---

① 陈文博：《公共服务质量评价与改进：研究综述》，《中国行政管理》2012年第3期，第42页。

基本公共服务体系质量评估的价值取向、基本原则、一般程序及方法，并对31个省（自治区、直辖市）的基本公共服务质量水平进行了绩效分析。

首先，借鉴新公共服务理论、全面质量管理理论、顾客价值理论和政府绩效评价的基础理论，进行较为全面的文献梳理和模型比较；依据服务行政发展趋向及当前服务型政府建设实践逻辑，探讨公共服务质量及其发展的内在逻辑，从而为本研究奠定理论基础。与此同时，基于传统政府绩效评估实践的困境以及《国家基本公共服务体系"十二五"规划》的执行需要，为本研究开展现实需求分析。

其次，借鉴公共服务质量评价的一般理论和研究现状，从价值取向、基本原则、程序及设计和筛选方法等方面构建省级政府基本公共服务体系质量标准体系。

再次，基于质量标准体系，分别构建主观评价模式和客观评价模式，就东部、中部、西部不同区域的基本公共服务体系进行满意度评价，就31个省（自治区、直辖市）的基本公共服务体系质量进行绩效分析。

最后，比较分析主观评价与客观评价结果，梳理基本公共服务体系的质量差距，探讨"十二五"期间省级政府完善基本公共服务体系建设及改善民生机制的政策建议。

3. 研究方法

本课题根据质量管理的理念，结合中国"十二五"规划提出的政府基本公共服务标准，综合运用多种研究方法与技术，进行理论探讨、指标构建与实证研究。

在研究综述部分，运用文献综述法对公共服务质量评估理论与实践进行总结，并运用比较研究法，对公共服务质量评估概念内涵与国内外实践的总结进行比较分析，提出本课题的分析框架，作为质量标准构建与评估的结构。

在指标构建部分，运用文献法对不同公共服务领域的研究进行综述，提出初级指标体系；运用理论分析法，结合质量评估的价值取向以及指标构建原则，对指标初稿进行专家论证筛选，获得最终的指标体系；运用层次分析法、问卷法，计算指标权重；为了实证阶段不同单位指标的综合计算，运用综合指数评价法，对不同单位的指标通过指数模型去量纲化，对每一个指标的标准值进行界定，标准值的界定方法有文献查阅、理论分析等。

在实证评估部分，运用实证研究的方法，对全国31个省域的公共服务质量进行评估与排序；运用问卷法，对东部、中部和西部地区进行主观满意度调查；通过统计年鉴等文献查阅，获得指标实际数据，代入指标体系，从而获得每个省域的得分以及31省域得分排名。

在主观满意度指标实证评估部分，采用李克特量表进行问卷调查，并计算满意度分值，在分析部分使用SPSS19.0软件，进行T检验，检测问卷信度效度，进行因子旋转分析，提取主要公共因子。

4. 研究样本

课题实证部分是对全国31个省域的各项指标进行测评，中国行政区域划分为23个省、5个自治区、4个直辖市、2个特别行政区，课题样本是港、澳、台之外的31个省域。按照区域划分为华东、华南、华中、华北、西北、西南、东北七个地区，各区域地理面貌与气候环境有较大差异；按照人口数量，5000万人口以上的有9个省份，3000万到5000万人口的有11个省份，1000万到3000万的有7个省份，低于1000万的有4个省份；各省域人口密度也有较大差距，疆藏地区人口密度很小，而京津沪等直辖市人口密度大；按照经济水平，截至2010年，全国共有17个省份GDP总量超过万亿元，其中广东、江苏GDP总量均超过4万亿元，GDP总量达到2万亿元以上的省份有6个，东西部省域之间的差距明显。中国的省域结构复杂，在民族传统、自然环境、人口构成以及经济水平等多方面呈现多样性，在公共服务的提供绩效方面，存在很大的挑战。

5. 数据来源

客观数据，是通过查阅《中国统计年鉴》《政府发展报告》以及各领域公共服务的统计年鉴和发展报告，如《中国环境统计年鉴》《中国教育统计年鉴》《中国劳动与社会保障统计年鉴》等，有些数据必须通过各省政府网站上的政府报告与统计数据获取。还需要通过对获取数据进行相应的计算，才能代入指标体系。在实证评估部分，由于存在数据缺失以及部分数据时效性的缺陷，需要进行一定的技术处理和说明。大部分客观指标采用2011年的数据，对于部分指标，无法获得2011年的数据，因此采用2010年或者2009年的数据进行替代；对个别省份的某些指标数据，在现有文献的基础上无法得出，因此采用该指标其他省份数值的均值进行填补，以避免拉大差距并造成计算困难。

主观满意度的数据，是通过问卷法，按照区域划分分别从东部、中部和西部地区进行公民满意度调查，东部地区包括北京、天津、河北、辽宁、上海、江苏、浙江、福建、山东、广东和海南等11个省域，中部地区包括山西、吉林、黑龙江、安徽、江西、河南、湖北、湖南等8个省域，西部地区包括四川、重庆、贵州、云南、西藏、陕西、甘肃、青海、宁夏、新疆、广西、内蒙古等12个省域。满意度数据的计算采用李克特量表法。

（二）基本公共服务体系质量研究的现状

服务质量原本属于市场营销学的范畴，意指市场组织能够满足或超过顾客期望的能力，也可以理解为顾客的满意度，或者是预期服务质量与感知服务质量的不同。在波及全球的新公共管理运动期间，源于工商业的管理技术和手段被不断应用于公共管理，而对顾客服务和结果导向的重视也催生了关于公共服务质量的研究与实践。[1]贝特米提出，在公共部门中质量概念的发展先后经历了三个主要的阶段：作为标准和程序出现的服务质量概念，作为效果出现的服务质量概念和作为顾客满意度出现的服务质量概念。起初，公共服务质量意味着更少的随意性和确定意义上的准确性。在这样的定义中，并没有考虑到使用者和顾客，实际上与早期工业技术领域中将服务质量看作技术上的一致性和规范是等同的。直到20世纪60年代后期，对公共服务质量的认识发生了一些变化，按照目标来进行公共部门事务管理的理论变得时兴起来。这个时期公共领域内的质量仍包括了过程的准确无误，但是已经开始将服务质量与服务的初始目的联系起来。20世纪90年代初，西方公共部门掀起了此起彼伏的质量运动，如英国的"公民宪章"运动和"竞争求质量"运动，力图通过服务承诺的方式和引入市场竞争机制来提高公共部门的服务质量。公民宪章的主要宗旨在于强调公众为顾客的理念，赋予公众选择要求质量的权利，公共服务的各部门必须界定服务的标准，使公共服务能符合民众的要求。简言之，其目的就是提高公共服务的质量并对使用者需求

---

[1] 陈振明、李德国：《公共服务质量持续改进的亚洲实践》，《东南学术》2012年第1期，第103页。

更具回应性。① 在英国内阁办公室文件中，就把公共服务质量定义为，"通过调动所有人员的潜力，以最低的成本满足确认的顾客需要"。

随着服务型政府目标的确立，国内学者也将社会公众的需求作为政府存在、发展的前提和目标，政府绩效评估开始由效率至上偏向于公平至上，由组织绩效评估转为公共服务质量评估。林尚立、张成福、党秀云等学者较早地从期望与需求的角度来定义公共服务质量，认为政府公共服务质量是指民众每次接受政府服务时，该服务所能满足民众的期望与需求的程度。但是，学术界并没有对公共服务质量形成一个大家公认的定义。目前，主流的观点主要集中在两个方面：

一是从公众感知过程的角度来描述公共服务质量。有些学者认为政府公共服务的"生产"与顾客（公众）的参与是不可分割的，同时公共服务存在无形性的特征，因而政府公共服务质量应包括以下内容：（1）政府服务质量是政府机构与公众接触过程中的"真实瞬间"（True Moment）实现的，是一种交互过程质量；（2）政府服务质量的提高需要内部形成有效沟通管理和支持系统；（3）政府服务质量是最广大顾客（公众，而非特定消费群体）感知的结果。② 有学者根据服务质量管理模型，认为公共服务质量也就是服务对象对实际所得到公共服务的感知与对公共服务的期望之间的差距。③ 张钢等认为，对于公民而言，他们在接受公共服务过程中，经历并切身感受着政府对公共资源的使用、社会关系的调整以及公共服务的提供，并由此形成了公民感知的公共服务质量。如果公民感知到的公共服务质量大于期望价值，这将产生公民对公共服务质量的较高评价，也会产生更大的公民价值，从而形成公民对政府的高水平信任。反之，如果公民感知的公共服务质量低于期望水平，公民价值将受到损害，从而也会导致公民对政府的不信任感或不满意感。④

---

① 朱国玮、刘晓川：《公共部门服务质量评价研究》，《中国行政管理》2010 年第 4 期，第 24 页。
② 徐小佶：《关于政府服务质量管理若干问题的思考》，《福建行政学院福建经济管理干部学院学报》2001 年第 2 期，第 24 页；杨坤、王冰洁：《服务交互过程质量维度及其对政府公共服务质量管理的启示》，《上海质量》2008 年第 2 期，第 51 页。
③ 朱国玮、刘晓川：《公共部门服务质量评价研究》，《中国行政管理》2010 年第 4 期，第 25 页。
④ 张钢、牛志江、贺珊：《地方政府公共服务质量评价体系及其应用》，《浙江大学学报（人文社会科学版）》2008 年第 6 期，第 34 页。

二是将公共服务质量看作一个综合性概念。蔡立辉认为公共服务质量是政府部门提供服务过程中所使用的方法与手段、公众对政府公共服务的满意程度、政府提供公共服务的态度以及政府所表现出的社会效果与管理能力的总称。① 在吕维霞看来，公共服务的质量是客观质量和主观质量的综合，其中主观质量主要通过公民的满意度和感知质量来评价，客观质量是指各种公共服务本身的产出质量和结果质量。其认为公共服务质量就是服务的卓越表现及公众的满意程度。② 丁辉侠认为，这种满意度或认可度主要取决于公共服务提供的数量是否充足、结构是否合理、服务过程态度是否良好、服务产品标准是否合格等。③ 陈振明和李德国则将其具体描述为终端使用者获得、享用公共服务的实际水平、可获得性、及时性、经济性、准确性和响应性等。④

本研究所指省级政府基本公共服务体系的质量是一个综合性概念，其第一层含义就是满足公民约定或潜在需求的特征和特性的总和，这里包含了满足公共需求和功能性（客观性）两个基本特征。第二层次含义就是基于结果导向的公共服务的综合效率，其内含有对公共服务的过程控制。第三层含义是从满意度的角度定义的，质量的主要内涵已被消费者的满意度所替代。

（三）基本公共服务体系质量研究的基础理论

根据学者对基本公共服务质量标准构建的理论研究情况，拟从基本理论、公共行政价值取向、基本公共服务职能、分析框架与指标分类等四个方面进行综述。

1. 公共服务质量标准体系的理论基础

学者们构建公共服务评估体系时除直接运用某一工具、技术以外，大多还以某一基本理论作为构建的基础。这些理论包括新公共管理理论、新公共

---

① 蔡立辉：《西方国家政府绩效评估的理念及其启示》，《清华大学学报（哲学社会科学版）》2003年第1期，第81页。
② 吕维霞：《论公众对政府公共服务质量的感知与评价》，《华东经济管理》2010年第5期，第129页。
③ 丁辉侠：《公共服务质量评价体系构建思路分析》，《商业时代》2012年第3期，第97页。
④ 陈振明、李德国：《基本公共服务的均等化与有效供给——基于福建省的思考》，《中国行政管理》2011年第1期，第48页。

服务理论、全面质量管理理论、顾客价值理论、价值管理理论等。如南锐、王新民等以基本公共服务理论为基础，构建了基本公共服务均等化水平的评估指标体系。① 吴江以价值管理的理念和方法为基础，构建了政府绩效评估指标体系。② 张钢、牛志江等依据新公共服务理论和顾客价值理论，构建了一套包含功能价值、情感价值、社会价值和感知代价等4个维度、共45个具体指标的政府公共服务质量评价指标体系。③ 戴钰指出新公共管理理论、新公共服务理论是基本公共服务绩效评估的理论基础来源，是构建我国政府基本公共服务绩效评估指标体系的必然要求。④ 江易华认为新公共服务理论对构建我国政府绩效评估体系有一定的启示意义。⑤ 贺珊基于顾客价值理论并结合公共服务的相关研究，设计了一套政府公共服务质量评价指标体系。⑥ 陈文博总结道，国外公共服务质量评价与改进的理论研究趋势可划分为质量圈、全面质量管理和市民满意度调查等三大领域。⑦

2. 公共服务质量标准体系的价值取向

公共行政价值取向是政府公共服务评价体系理论研究的重要内容，不同价值取向下构建的公共服务评价指标体现着差异性。如马宝成概括出政府绩效评估包含增长、公平、民主、秩序等基本价值取向。⑧ 李文艳、陈通提出政府绩效评估的基本价值取向主要为增长、公平、民主、稳定、自由和进步。⑨ 范柏乃等分析了"3E"评价原则在政府绩效评估中所带来的问题，并

---

① 南锐、王新民等：《区域基本公共服务均等化水平的评价》，《财经科学》2010年第12期，第58页。
② 吴江：《基于价值管理的政府绩效评估体系研究》，吉林大学博士学位论文，2007年。
③ 张钢、牛志江、贺珊：《地方政府公共服务质量评价体系及其应用》，《浙江大学学报（人文社会科学版）》2008年第6期，第31页。
④ 戴钰：《政府基本公共服务绩效评估的指标体系研究》，《湖南行政学院学报》2010年第6期，第13页。
⑤ 江易华：《新公共服务理论对建立政府绩效评估体系的启示》，《广西社会科学》2007年第1期，第155页。
⑥ 贺珊：《地方政府公共服务质量评价研究——以浙江省48个区县为例》，浙江大学硕士学位论文，2007年。
⑦ 陈文博：《公共服务质量评价与改进：研究综述》，《中国行政管理》2012年第3期，第39页。
⑧ 马宝成：《试论政府绩效评估的价值取向》，《中国行政管理》2001年第5期，第19页。
⑨ 李文艳、陈通：《政府绩效评估的价值取向及我国政府绩效评估的完善》，《唯实》2004年第6期，第51页。

提出以公众满意原则为导向的价值取向。① 徐邦友指出"满意原则是行政绩效评价的最终尺度"②。李静芳认为政府绩效评估价值取向应该从"政府本位"转到"民众本位"。③ 何植民、李彦娅认为应该把"以人为本"的发展思想和执行理念作为我国地方政府绩效评估的核心价值取向。④ 宋旭光、田芊指出我国地方政府绩效评估的基本价值取向选择应包括：实现并增进公共利益；提高社会公众的满意度；促进政府职能的合理定位；建立廉洁、公正的政府等四个方面。⑤ 臧乃康认为基本公共服务均等化的绩效评估价值包括以人为本的价值和公平正义的价值。⑥ 江易华以"社会公正"为价值取向构建了县级政府基本公共服务绩效评估指标体系。⑦ 倪星从政治合法性基础及政府所遵循的价值标准转型的角度出发，在理论上构建了一套地方政府绩效评估指标体系。⑧

3. 公共服务质量标准体系的框架与纬度

彭国甫归纳指出，国内外学者在构建指标体系时常用的逻辑框架主要有"3E"逻辑框架、"政治—经济—社会"逻辑框架、"综合指标—分类指标—单项指标"逻辑框架、平衡计分卡逻辑框架和绩效棱柱框架以及知识资本导航者框架等。⑨ 唐任伍、唐天伟以"综合指标—分类指标—单项指标"为框架，构建了一套测度我国省级地方政府效率的评估指标体系。⑩ 中国政府绩效评估研究课题组提出了一套由职能指标、影响指标和潜力指标3项一

---

① 范柏乃等：《基于满意原则为导向的人民评判政府绩效的意义阐释》，《行政与法》2004年第2期，第16页。
② 徐邦友：《试析政府绩效评估的新取向》，《中共浙江省委党校学报》2000年第3期，第79页。
③ 李静芳：《对地方政府绩效评估的价值取向分析》，《行政论坛》2001年第5期，第25页。
④ 何植民、李彦娅：《以人为本：新时期我国地方政府绩效评估的核心价值取向》，《理论前沿》2006年第1期，第28页。
⑤ 宋旭光、田芊：《政府管理的宏观视野》，社会科学文献出版社2006年版，第36—37页。
⑥ 臧乃康：《基本公共服务均等化的政府绩效评估障碍与消解》，《江苏社会科学》2009年第3期，第118页。
⑦ 江易华：《县级政府基本公共服务绩效评估指标体系的理论构建与实证检测研究——基于社会公正的研究视角》，华中师范大学博士学位论文，2009年。
⑧ 倪星：《反思中国政府绩效评估实践》，《中山大学学报（社会科学版）》2008年第3期，第134页。
⑨ 彭国甫：《地方政府绩效评估研究》，湖南人民出版社2005年版。
⑩ 唐任伍、唐天伟：《2002年中国省级地方政府效率测度》，《中国行政管理》2004年第6期，第64页。

级指标，11 项二级指标和 33 项三级指标构成的中国地方政府绩效评估指标体系。① 李凤廷从社会公众、内部业务流程、法律遵从和财务四个角度出发，构建了基本公共服务质量管理绩效指标体系的平衡计分卡框架。② 范柏乃、朱华依据地方政府绩效显现的六大领域，通过隶属度分析、相关性分析等方法，实证筛选出 37 项地方政府绩效评估指标。③ 卓越等从基本建设维度、运行机制维度和工作业绩维度三个维度出发设计基本指标以及指标要素。④

曹大友等运用 SERVQUAL 模型，将"顾客"对服务质量的感知标准分为可感知性、可靠性、响应性、保证性和移情性五个维度进行评估。⑤ 唐晓英基于地方政府公共服务职能的范围，构建了包括职能导向标准、价值标准、效益标准、公平标准和公民满意度标准的地方政府公共服务绩效评估标准体系。⑥ 赵晏等依据已有的公共服务职能构建了 8 个一级指标，并通过专家调查法和统计方法筛选出包含 37 项指标的评价体系，试图构建一套系统完整的主客观相结合的我国政府公共服务质量指标评价体系。⑦

4. 公共服务质量标准体系的指标类型

倪星将地方政府绩效评估指标体系具体的评估分为投入指标、过程指标与结果指标三个方面。⑧ 王家合认为地方政府公共服务质量指标包括及时性、可靠性、能力、服务通道、沟通、可信度、安全感、有形性、服务礼貌、责任心等多个方面。⑨ 刘成奎、王朝才利用社会保障指数、卫生服务指

---

① 桑助来、张平平：《政府绩效评估体系浮出水面》，《瞭望》2004 年第 29 期，第 29 页。
② 李凤廷：《公共服务质量管理绩效指标体系及其应用研究》，南昌大学硕士学位论文，2006 年。
③ 范柏乃、朱华：《我国地方政府绩效评价体系的构建和实际测度》，《政治学研究》2005 年第 1 期，第 84 页。
④ 卓越：《公共部门绩效评估》（修订版），中国人民大学出版社 2004 年版，第 86—89 页。
⑤ 曹大友、熊新发：《SERVQUAL 在公共服务领域的应用初探》，《学术论坛》2006 年第 1 期，第 78 页。
⑥ 唐晓英：《论地方政府公共服务绩效评估的标准体系》，《学术交流》2011 年第 10 期，第 46 页。
⑦ 赵晏、邢占军、李广：《政府公共服务质量的评价指标测度》，《重庆社会科学》2011 年第 10 期，第 113 页。
⑧ 倪星：《反思中国政府绩效评估实践》，《中山大学学报（社会科学版）》2008 年第 3 期，第 134 页。
⑨ 王家合：《我国地方政府公共服务现状及其质量指标构建》，《云梦学刊》2010 年第 6 期，第 79 页。

数、义务教育指数、基础设施指数四大指标构建了城乡基本公共服务均等化指标体系。① 李剑将基本公共服务评价指标归纳为投入类、能力类、效果类。② 张帆将地区基本公共服务均等化程度评价性指标体系归纳为投入类、产出类和效果类。③ 陈文博认为可以将公共服务质量的一级指标设定为就业服务、住房服务、公共安全、公共教育、医疗卫生、环境保护、社会保障、基础设施、公共交通、住房服务、文体休闲等 11 个大类。④ 陆远权、马垒信从基础设施服务、基础教育服务、医疗卫生服务和社会保障服务四个方面构建了城乡基本公共服务均等化评价指标体系。⑤ 杨亦然、何静从公共教育、社会福利、医疗卫生和就业服务等方面建立了评价指标体系。⑥ 徐琴提出了一个涵盖义务教育、公共卫生与基本医疗、基本社会保障及公共就业服务四个方面，涉及四个层级的评价指标体系。⑦ 孙庆国将基本公共服务类型划分为基础教育、基本医疗与公共卫生、公共安全、社会保障、就业服务、公益性基础设施、环境保护等。⑧

5. 公共服务质量评估方法研究

在公共服务体系的质量评估中，评估技术工具选择是指标体系研究中的重要组成部分，也是绩效评估价值理性能否实现的基础之一。结合现有文献，在此介绍几种相对成熟、运用较广的评估方法：

（1）层次分析法

层次分析法（Analytic Hierarchy Process，简称 AHP）由美国著名运筹学家、匹兹堡大学教授萨蒂于 20 世纪 70 年代提出，是在对复杂决策问题的本

---

① 刘成奎、王朝才：《城乡基本公共服务均等化指标体系研究》，《财政研究》2011 年第 8 期，第 25 页。
② 李剑：《基本公共服务评价指标体系研究》，《商业研究》2011 年第 5 期，第 44 页。
③ 张帆：《基本公共服务均等化衡量指标分析》，《财政监督》2011 年第 13 期，第 50 页。
④ 陈文博：《公共服务质量评价与改进：研究综述》，《中国行政管理》2012 年第 3 期，第 42 页。
⑤ 陆远权、马垒信：《城乡基本公共服务均等化评价体系的构建和实证分析——以重庆市为例》，《安徽农业科学》2010 年第 24 期，第 3—4 页。
⑥ 杨亦然、何静：《重庆市基本公共服务均等化发展状况实证研究》，《企业经济》2011 年第 12 期，第 154 页。
⑦ 徐琴：《基本公共服务供给评估指标体系的构建》，《统计与决策》2012 年第 5 期，第 40—41 页。
⑧ 孙庆国：《论基本公共服务均等化的衡量指标》，《中国浦东干部学院学报》2009 年第 1 期，第 58 页。

质、影响因素及其内在关系等进行深入分析的基础上,利用较少的定量信息使决策的思维过程数学化,从而为多目标、多准则或无结构特性的复杂决策问题提供简便的决策方法。运用层次分析法,主要有以下几个步骤:(1)明确问题,划分和选定有关因素;(2)建立层次结构模型;(3)同层次求单权重;(4)同层次求组合权重;(5)一致性检验。[①] 当前该方法影响较大,应用较多,如彭国甫等对运用层次分析法来确定政府绩效评估指标权重进行了研究[②];张钢等详细介绍了层次分析法的操作,并应用层次分析法对浙江省48个区县的地方政府公共服务质量进行评估[③];王新民、南锐运用层次分析法来确定指标权重,构建了基本公共服务均等化水平的多层次评价指标体系,并对2008年全国31个省域均等化水平进行了实证分析[④];彭尚平等运用层次分析法对成都市城乡公共服务发展现状进行实证分析[⑤];范柏乃、朱华探讨了层次分析法在政府绩效评估中的具体运用。[⑥]

(2)数据包络分析

数据包络分析(the Data Envelopment Analysis,简称DEA)主要是通过保持决策单元(Decision Making Units,DMU)的输入输出不变,借助于数学规划将各个决策单元投影到DEA生产前言面上,并通过比较决策单元偏离DEA前沿面的程度来评价它们的相对有效性。[⑦] 陈昌盛、蔡跃洲运用基准法和数据包络分析,对全国31个省级行政区域政府公共服务进行了全面评估。[⑧] 范柏

---

① 陈楠、张润君:《模糊综合评价法在公共服务绩效评估中的应用》,《甘肃科技》2010年第8期,第81页。
② 彭国甫、李树丞、明科:《层次分析法确定政府绩效评估指标权重研究》,《中国软科学》2004年第6期,第136页。
③ 张钢、牛志江、贺珊:《地方政府公共服务质量评价体系及其应用》,《浙江大学学报(人文社会科学版)》200年第6期,第31页。
④ 王新民、南锐:《基本公共服务均等化水平评价体系构建及应用——基于我国31个省域的实证研究》,《软科学》2011年第7期,第21页。
⑤ 彭尚平、谭雅丽、雷卫、王奎奎:《成都市城乡公共服务均等化的评价指标体系研究》,《四川教育学院学报》2010年第12期,第34页。
⑥ 范柏乃、朱华:《我国地方政府绩效评价体系的构建和实际测度》,《政治学研究》2005年第1期,第84页。
⑦ 张欣然、刘晔:《基本公共服务均等化研究综述》,《经济研究参考》2012年第52期,第85页。
⑧ 陈昌盛、蔡跃洲:《中国政府公共服务:基本价值取向与综合绩效评估》,《财政研究》2007年第6期,第20页。

乃、朱华探讨了数据包络分析在政府绩效评估中的具体运用。[1]王谦运用Rough Set方法和DEA模型协同政府战略绩效评估实施，基于DEA改进标杆管理、政府目标管理与平衡计分卡的综合运用。[2] 龚锋对DEA模型易受外生环境因素影响的缺陷进行了改进。[3]

（3）综合评价法

综合评价法（Comprehensive Evaluation，简称CE），是指运用多个指标对多个参评单位进行评价的方法。其基本思想是将多个指标转化为一个能够反映综合情况的指标来进行评价。严格来讲，综合评价法并非某一种特定的评价方法，而是一类评价方法，原因在于它并没有指定给评价指标赋权的方法。[4] 安体富、任强利用综合评价法，构建指标体系，对我国2000—2006年间的公共服务及其具体项目的均等化水平变化情况加以评价。[5] 刘成奎、王朝才基于综合评价法研究了城乡间的基本公共服务均等化问题。[6] 官永彬运用综合评价方法对地区间基本公共服务总体和具体项目差距做出实证评价。[7] 冯志鹏基于多策略赋权的综合评价方法，对江西省各市政府绩效进行综合打分、排名。[8]

（4）服务质量差距模型

服务质量差距模型（SERVQUAL）是"Service-Quality"的缩写，由帕拉休拉曼、赞瑟姆和贝利设计的"服务品质概念模式"（PZB）演变而来。该模型以"顾客感知服务质量的高低取决于服务过程中顾客的感觉与对服

---

[1] 范柏乃、朱华：《我国地方政府绩效评价体系的构建和实际测度》，《政治学研究》2005年第1期，第84页。

[2] 王谦：《政府绩效评估方法及应用研究》，西南交通大学博士学位论文，2006年，第120—122页。

[3] 龚锋：《地方公共安全服务供给效率评估——基于四阶段DEA和Bootstrapped DEA的实证研究》，《管理世界》2008年第4期，第80页。

[4] 张欣然、刘晔：《基本公共服务均等化研究综述》，《经济研究参考》2012年第52期，第84页。

[5] 安体富、任强：《中国公共服务均等化水平指标体系的构建——基于地区差别视角的量化分析》，《财贸经济》2008年第6期，第79页。

[6] 刘成奎、王朝才：《城乡基本公共服务均等化指标体系研究》，《财政研究》2011年第8期，第25页。

[7] 官永彬：《我国区际基本公共服务差距评价指标体系构建及其实证分析》，《经济体制改革》2011页第5期，第13页。

[8] 冯志鹏：《地方政府绩效评价指标体系及综合评价方法研究——以江西省各市政府为例》，江西财经大学硕士学位论文，2009年。

务的期望之间的差异程度"这一理论为基础,从可感知性、可靠性、响应性、保证性和移情性五个维度对服务质量进行评价。① 李晓园、张汉荣运用 SERVQUAL 模型对江西省六县公共服务质量的改进做了实证研究。② 曹大友等对 SERVQUAL 模型在公共服务领域的应用进行了分析。③

(5) 平衡记分卡

平衡记分卡由哈佛商学院教授提出,包含财务、顾客、内部业务和内部创新四个领域,每个领域的内容及具体的量化指标都有详细规定,是一种实用性很强的政府绩效评估方法。平衡记分卡不仅强调近期目标,而且兼顾长期愿景,使得其运用取得了政府绩效评估方法上的一个突破。④ 彭国甫借鉴平衡记分卡思想,构建了一套测度地方政府公共事业管理绩效的指标体系。⑤ 戴珏认为平衡记分卡既包括对财务业绩的评估,也包括对非财务业绩的评估,是一种综合性的绩效评价体系,为绩效指标体系的构建提供了一种新的思路和视角。⑥

(6) 熵权法

熵权法是一种根据各项指标值所提供的信息量的大小来确定指标权数的方法,是客观赋权法的一种。TOPSIS 法是多属性决策理论中用于多方案综合评价比较的一种基本方法,熵权 TOPSIS 法是熵值赋权法和 TOPSIS 法的组合,其基本思想是:基于原始评价矩阵,对数据进行无量纲化处理,得到规范矩阵,然后结合熵权确定的指标权重,建立加权决策矩阵,找出有限方案中的正理想方案(最优方案)和负理想方案(最劣方案),然后计算评价对象与正理想方案和负理想方案的距离,获得各评价对象与正理想方案的相对接近程度,并以相对接近度作为评价排序的依据,具体计算步骤如下:(1) 无量纲

---

① 朱琳:《公共服务质量评价体系的模型选择》,《企业经济》2010 年第 7 期,第 48 页。

② 李晓园、张汉荣:《SERVQUAL 模型下县域公共服务质量的改进——基于江西省六县公共服务的调查分析》,《南昌大学学报(人文社会科学版)》2009 年第 7 期,第 63 页。

③ 曹大友、熊新发:《SERVQUAL 在公共服务领域的应用初探》,《学术论坛》2006 年第 1 期,第 78 页。

④ 冯志鹏:《地方政府绩效评价指标体系及综合评价方法研究——以江西省各市政府为例》,江西财经大学硕士学位论文,2009 年。

⑤ 彭国甫:《地方政府公共事业管理绩效评价研究》,湖南人民出版社 2004 年版,第 324 页。

⑥ 戴珏、刘亦文:《我国政府绩效评估最新研究进展综述》,《科技管理研究》2010 年第 4 期,第 57 页。

化处理，建立规范矩阵；（2）确定指标权重，构造加权的规范评价矩阵；（3）确定矩阵的正理想解向量和负理想解向量；（4）计算各评价单元与正理想解和负理想解的距离；（5）计算各评价单元与最优值的相对接近度。①南锐、王新民、李会欣采用熵权 TOPSIS 法对全国 31 个省（自治区、直辖市）基本公共服务均等化水平进行了评估和比较。②柳劲松基于 2006 年的截面数据，运用熵权 TOPSIS 法，对不同地区城乡居民生活质量差异进行了比较分析。③

6. 公共服务质量评估实践研究

（1）省级政府的服务质量评估研究

考虑到不同层级地方政府职能重心的差异，有针对性地遴选、构建评估指标体系和评估方法有一定意义。针对省级政府公共服务质量的研究主要有：唐任伍以"综合指标—分类指标—单项指标"为框架，围绕我国省级政府基本职能，构建了一套由政府公共服务、政府公共物品、政府规模及居民经济福利等四个方面共 47 项指标组成的，测度我省级地方政府效率的评估指标体系。④陈昌盛、蔡跃洲构建了一个含 8 个子系统和 165 个指标的指标体系，运用基准法和数据包络分析，以全国 31 个省级行政区域为对象，对我国政府公共服务（2000—2004）的综合绩效（等级）、投入—产出效率、改普程度和地区差异状况进行了全面评估，得出我国当前政府公共服务呈现出"总体水平偏低、发展不平衡、效率低水平趋同"的基本特征的结论。⑤王新民、南锐构建了基本公共服务均等化水平的多层次评价指标体系，并基于这一方法确定了指标权重，应用灰色关联综合评价模型对 2008

---

① 南锐、王新民、李会欣：《区域基本公共服务均等化水平的评价》，《财经科学》2010 年第 12 期，第 61 页。

② 南锐、王新民、李会欣：《区域基本公共服务均等化水平的评价》，《财经科学》2010 年第 12 期，第 58 页。

③ 柳劲松：《我国居民生活质量地区差异的 Topsis 分析——基于公共服务均等化视角》，《学术论丛》2009 年第 5 期，第 99 页。

④ 唐任伍、唐天伟：《2002 年中国省级地方政府效率测度》，《中国行政管理》2004 年第 6 期，第 65 页。

⑤ 陈昌盛、蔡跃洲：《中国政府公共服务：基本价值取向与综合绩效评估》，《财政研究》2007 年第 6 期，第 24 页。

年全国 31 个省域均等化水平进行了实证分析。① 南锐、王新民、李会欣以基本公共服务理论为基础，构建了基本公共服务均等化水平的指标体系。然后基于统计年鉴数据，采用熵权 TOPSIS 法对全国 31 个省（自治区、直辖市）基本公共服务均等化水平进行了评估和比较。该方法在公共服务均等化上的运用首先是对省际差距的研究。②

（2）县级政府的服务质量评估研究

县级政府是公共服务的直接提供者，对该层级的政府基本公共服务水平的研究较多，积累了一定的理论和实践经验。中国政府绩效评估研究课题组（2004）在总结国内外相关指标体系设计思想和方法的基础上，提出了一套中国地方政府绩效评估指标体系。该指标体系由职能指标、影响指标和潜力指标 3 项一级指标，11 项二级指标和 33 项三级指标构成。该指标体系对全面系统地评估地方各级政府、特别是市县级政府的公共服务绩效提供了有益借鉴。③ 彭国甫利用模糊综合评价模型对湖南省 11 个地级市政府 1995—2002 年公共事业管理绩效进行实证研究，探析地方政府公共事业管理绩效模糊综合评价模型的有效性。④ 张钢等运用层次分析法，从功能价值、情感价值、社会价值和感知代价四个维度共 45 个指标对浙江省 48 个区县的地方政府公共服务质量进行评估，得出 11 个地级市均值高于全省平均水平、48 个区县的公共服务均等化水平较好的结论。⑤ 江易华分析研究了社会公正价值取向下的县级政府基本公共服务绩效评估指标构建的基本原则和基本程序、县级政府基本公共服务的内容及绩效指标设计与筛选的思路与方法，并构建了一套由 9 个二级指标、28 个单项指标组成的县级政府基本公共服务绩效

---

① 王新民、南锐：《基本公共服务均等化水平评价体系构建及应用——基于我国 31 个省域的实证研究》，《软科学》2011 年第 7 期，第 21 页。

② 南锐、王新民、李会欣：《区域基本公共服务均等化水平的评价》，《财经科学》2010 年第 12 期，第 58 页。

③ 桑助来、张平平：《政府绩效评估体系浮出水面》，《瞭望》2004 年第 29 期，第 24 页。

④ 彭国甫：《地方政府公共事业管理绩效模糊综合评价模型及实证分析》，《数量经济技术经济研究》2005 年第 11 期，第 129 页。

⑤ 张钢、牛志江、贺珊：《地方政府公共服务质量评价体系及其应用》，《浙江大学学报（人文社会科学版）》2008 年第 6 期，第 31 页。

评估指标体系。①

二、省级政府基本公共服务体系的质量标准构建

（一）质量标准构建的价值取向

正如诺贝尔经济学奖得主赫伯特·西蒙（Herbert A. Simon）所言，价值前提是决策判断的两大前提之一②，价值取向的合理化是科学构建省级政府基本公共服务体系质量标准的基本前提。省级政府基本公共服务体系是地方政府在国家顶层设计和规划的指导下，结合省情做出的公共服务的标准框架和行动指南，是服务型政府服务公众的重要依托。课题组认为，省级政府基本公共服务体系质量标准的构建应坚持如下伦理落脚点和价值坐标系：

1. 以人为本

在对省级政府基本公共服务体系进行质量评估的过程中，需要首先找准定位，厘清"公共服务为了谁"的问题。服务型政府是"在公民本位、社会本位的理念下，在整个社会民主秩序的框架下，通过法定程序，按照公民意志组建起来的以为公民服务为宗旨并承担着服务责任的政府"③，"社会本位、公民本位、公民导向"是我国建设服务型政府的必然选择④，省级政府基本公共服务体系理应建立在以人为本的理念上。省级政府在基本公共服务的规划和供给过程中，是否赋予公民主体地位，是否密切关注、准确把握、及时回应公民的需求和要求等等，都是课题组在质量评估标准构建和绩效评估中高度重视的元素。

2. 社会公正

社会管理的最佳状态是善治，而促进社会公平正义是根本。⑤ 正如奥古

---

① 江易华：《县级政府基本公共服务绩效指标：设计与筛选》，《天府新论》2011年第1期，第92页。
② ［美］赫伯特·A. 西蒙：《管理行为》，詹正茂译，机械工业出版社2004年版，第50页。
③ 刘熙瑞：《服务型政府——经济全球化背景下中国政府改革的目标选择》，《中国行政管理》2002年第7期，第5页。
④ 赵勇：《"顾客导向"与"公民导向"：政府公共服务对象分析》，《上海行政学院学报》2009年第7期，第92页。
⑤ 俞可平：《社会管理最佳状态是善治，应促进公平正义》，《理论参考》2012年第1期，第6页。

斯丁在其神学著作《上帝之城》中指出："如果正义不复存在，政府将是一大帮强盗。"现代政府有责任、有义务把捍卫社会公正作为己任，"使每个人获得其应得的东西"①，公正性应该成为省级政府基本公共服务体系的本质特征，这也决定了课题组在构建省级政府基本公共服务体系质量标准中要秉持社会公正的价值取向。公平的主体（谁与谁之间的公平）、客体（哪些方面要实现公平）和原则（如何保证、判断是否公平）② 等都是需要重点考量的问题。

3. 3E 标准

3E 标准，即经济（economics）、效率（efficiency）和效益（effectiveness），是新公共管理语境下政府绩效审核的重要维度。科学而优质的省级政府基本公共服务体系应该具备 3E 特征。服务型政府应该是效能型政府，作为社会资源的权威分配主体，理应高效率、高效能、高效益地行动，实现社会资源配置的帕累托最优，用最少的能耗、最优的方式、最小的成本，输出最多、最优的公共产品和服务。课题组将重点关注省级政府公共服务供给方式、过程和结果的经济性、效率性和效益性。

4. 全面质量

全面质量管理（Total Quality Management）是指"一种全员参与的，以各种科学方法改进组织管理与服务，通过高素质和不断改进的产品和服务，获得顾客满意的管理理念、制度和方法"③。20 世纪 90 年代以来，全面质量管理的方法被广泛运用于政府公共管理绩效评估和改进中，并取得显著成效。省级政府基本公共服务体系是一个宏大的系统，需要用戴明（William E. Deming）的 PDCA 循环（计划、执行、检查和处理）来全面把握，构建基于流程控制的公共服务绩效评估体系，进而找出省级政府公共服务供给低绩效、无绩效的症结所在。④

---

① ［美］E. 博登海默：《法理学——法律哲学与法律方法》，邓正来译，中国政法大学出版社 1999 年版，第 31 页。
② 陈昌盛、蔡跃洲：《中国政府公共服务：基本价值取向与综合绩效评估》，《财政研究》2007 年第 6 期，第 20 页。
③ 党秀云：《公共部门的全面质量管理》，《中国行政管理》2003 年第 8 期，第 31 页。
④ 王忠国、袁艺：《服务型政府建设管理路径探讨》，《行政论坛》2009 年第 4 期，第 28 页。

5. 动态发展

唯物辩证法认为，一切事物都是不断变化发展的，省级政府基本公共服务体系也不例外。优质的公共服务不仅仅承担着维护社会公平、保障公民基本权利的功能，还担负着促进公民持续成长、社会持续发展的责任；而地方政府基本公共服务体系的构建同样不是一蹴而就的，它的形成是一个不断评估和持续改进的渐进过程，而且随着经济的发展和人类社会的进步，公众对公共服务的认知和需求都会不断变化和调整，所以在进行质量标准指标设计时，课题组需要充分考虑到指标的动态性。

（二）质量标准构建的原则

为了进一步确保质量标准体系的系统性、全面性和协调性，在努力实现如上多种价值有机统一的基础上，课题组在省级政府基本公共服务体系质量标准的构建过程中还遵循了如下几大原则，以避免产生指标滥用和指标混乱的现象。①

1. 重要性与可行性相结合的原则

课题组通过文献查阅和专家咨询，全面梳理出十大类公共服务的测评指标体系，然后以重要性为依据，就每大类公共服务筛选出一系列成熟和公认的指标。在此基础上，以可操作性为准绳，进一步筛选指标，做到两个确保：对于定量指标，确保数据资料方便收集，计算简单，例如"保障性住房覆盖率"这一指标对于测评基本住房保障公共服务有较高的说明性，但是由于各省市的具体数据无法获取，最终将它从指标体系中剔除；对于定性指标，则确保表述明确，易于受访者做出判断。②

2. 客观效果与主观感知相结合的原则

统计年鉴数据可以客观说明公共服务的投入和产出，公民的主观满意度则可以在一定程度上反映公共服务的效果。课题组在收集各个省市基本公共服务投入和产出客观数据的同时，还将公众对其户籍所在省市基本公共服务

---

① 黄谋琛：《社会整体指标体系构建的几个原则》，《中共福建省委党校学报》2012年第12期，第70页。
② 李孜等：《流动人口生殖健康服务质量评价指标体系的构建原则》，《中国卫生事业管理》2008年第6期，第365页。

的主观感知纳入质量标准体系，例如对各项公共服务供给成本、方式、充足性、公平性、便捷性、实用性等方面的满意度。

3. 结果导向与过程控制相结合的原则

常规的公共部门绩效评估主要是以结果为导向，重点关注组织使命与目标的实现程度和效果，课题组在质量标准设计过程中，首先关注各省市公共服务的输出结果，例如"义务教育入学率""社区服务机构覆盖率"等。同时，还高度重视对公共服务供给过程的测评，例如"对基本社会服务供给方式的满意度""对教育服务公平性的满意度""对公共文化体育服务实用性的满意度"等。

4. 保障性与发展性相结合的原则

课题组认为，科学完善的省级政府基本公共服务体系应该兼具保障性功能和发展性功能。保障性是指公共服务的供给能满足公众现阶段的基本需求，而发展性则是指公共服务的供给着眼于未来，培育公民的发展能力。基于此考虑，课题组在设计质量标准时始终坚持保障性与发展性相结合的原则，例如，基本医疗卫生这项公共服务的质量指标既有"每万人口医疗卫生机构数量"和"孕产妇系统管理率"等保障性指标，也包括"每千人口结束健康教育培训次数"等发展性指标。

5. 数量与质量相结合的原则

评估省级政府基本公共服务体系的优劣不仅要关注公共服务供给的数量，还要重点关注公共服务的质量，即公共服务满足民众期望和需求的程度。[1] 例如，"每千人口卫生员数量""每千名孤儿拥有床位数"等数量性指标并不能充分反映公共服务的有效供给程度，需要同时加入"对公共文化体育服务实用性的满意度""对公共文化体育服务便捷性的满意度"等质量性指标。

（三）质量标准构建的程序

省级政府基本公共服务体系质量标准构建的程序，可以分为初步指标体系构建、指标筛选、指标赋权和确定指标标准值四个部分（见图 5-2）。在

---

[1] 张成福、党秀云：《公共管理学》，中国人民大学出版社 2001 年版，第 311 页。

提出初步指标体系之前，需要对省级政府基本公共服务各领域的职能进行分析，以确定评估维度，并根据公共部门绩效评估的特征，结合课题指标构建原则，进行指标设计。本课题参照《国家基本公共服务体系"十二五"规划》中对于各项公共服务领域的分类，选取基本公共教育、劳动就业服务、社会保险、基本社会服务、基本医疗卫生、人口和计划生育、基本住房保障、公共文化体育及残疾人基本公共服务等维度的公共服务内容，同时增添"生态环境服务"维度，最终形成基本公共服务的10个一级指标体系。通过对各公共服务绩效评估研究的文献资料查阅，构建二级指标，形成初步的指标体系。

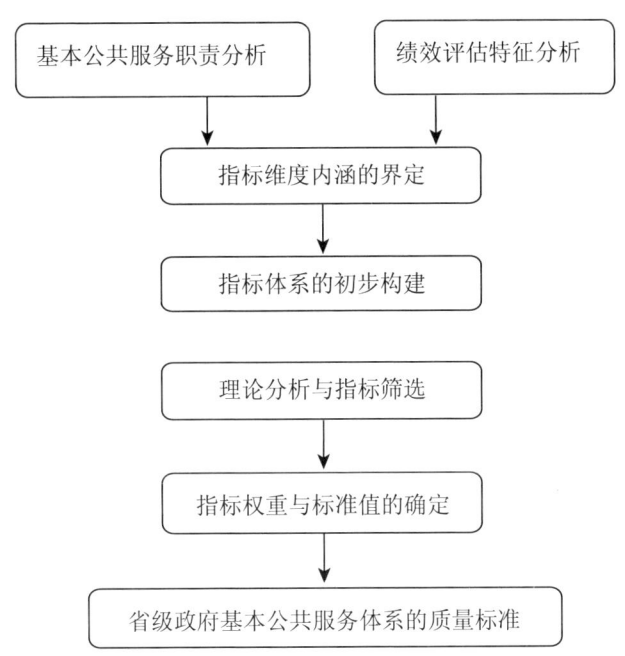

图5-2 省级政府基本公共服务体系质量标准构建的基本流程

在对初步指标体系的筛选过程中，基于文献，对于一级指标的内涵进行分析，并提出初步的二级指标体系。在指标筛选部分，运用定性分析的方法，可以保证指标设计与价值诉求的契合，同时避免了定量分析中样本选择与数据处理等步骤中出现的误差。

为了确保指标体系能够在实证研究中可行，必须对于各项指标进行权重与标准值的确定。本研究运用层次分析法，通过对专家进行问卷调查确定指标权重。层次分析法通过判断矩阵的建立、权重计算和一致性检验，得到结合了定性与定量因素的最终结果，提高了决策的有效性和科学性。对于专家的选择，应尽可能覆盖学院专家与实践专家，本课题所构建的指标体系涉及较多方面，限于实践领域的局限，不可能按照各维度对各部门的专家进行调查。因此，主要选择公共部门研究者作为调查对象，计算得出指标权重。

在实证评估过程中，需要对各项指标数据进行去量纲化处理，以保证数据单位、取值区间不同的各项指标能够综合计算。我们选择综合指数评价法，对于每一项指标数据进行标准化处理，对每一个指标确定一个标准值。标准值的设置有以下几个来源：首先，权威理论研究或者通用的标准值；其次，根据"十二五"规划中对于各项基本服务要求的阐述与标准值的提出来确定；第三，对于上述两种途径均无法获得的指标，计算2007年到2011年连续五年地方公共服务总支出年增长率平均值，以此速率计算2015年水平为现有水平的2.29倍，因此对每一项指标现有数据的平均值乘以2.29，即得出各项指标在"十二五"期间应达到的水平，作为标准值。

最终得出的指标体系是包含了10个一级指标、77个二级指标，各指标权重与标准值均确定的质量标准体系。需要注意的是，通过层次分析法赋权与综合指数评价法计算，可以完成主观与客观相结合的质量标准体系，但是在我们的实证评估部分，考虑到主观指标随机抽样调查中样本的有效性问题，对客观指标与主观指标两部分分别进行评估。因此，客观部分是10个一级指标，47个二级指标的指标体系；主观部分是10个一级指标，30个二级指标的指标体系。

（四）质量标准的设计与筛选

1. 客观指标的提出

（1）基本公共教育服务质量标准

按照《国家基本公共服务体系"十二五"规划》，基本公共教育服务旨在保障所有适龄儿童、少年享有平等受教育的权利，提高国民基本文化素养。"十二五"期间，重点巩固提高九年义务教育，基本普及高中阶段教育和学前一年教育，完善以政府为主导、多种方式并举的家庭经济困难学生资助政策，建立健全基本公共教育服务体系。①

通过对于相关研究文献的梳理，依据指标构建的价值取向与原则，从基本公共教育服务投入与产出的维度总结出20个指标。② 教育机会指标：适龄儿童义务教育入学率；教育过程指标：人均学校数、每一学生平均占有教师数（师生比）、每一学生平均占有学校面积、每一学生平均占有教学设备数、农村教师平均受教育年限、教育经费支出占地方财政支出比重、农村学生人均教育经费支出、教育经费足额拨款的比例、学前教育困难家庭儿童资助覆盖率、义务教育农村困难家庭寄宿学生生活补助覆盖率、农村贫困地区义务教育学生营养改善覆盖率、中等职业教育国家助学金覆盖率、普通高中贫困学生助学金覆盖率、中等职业教育免费覆盖率；教育结果：每十万人口中平均在校生数、高中阶段升学率、大学升学率、远程教育覆盖率、人均受教育年限。

在对上述指标进行相关度分析与数据可得性分析之后，进行筛选，对于代表性强但数据不可得的指标，则使用相关度较高的指标进行代替，最终得到实然的指标体系：义务教育入学率、每十万人口各级学校平均在校生数、教育经费支出占地方财政支出比重、农民学校（含小学、初中、高中）数量占总数的比重、高校生师比、特殊教育学校数。

（2）劳动就业服务质量标准

按照《国家基本公共服务体系"十二五"规划》，劳动就业服务旨在建立劳动就业公共服务制度，为全体劳动者创造必要条件，加强劳动保护，改善劳动环境，保障合法权益，促进充分就业并构建和谐劳动关系。其重点任务包含：就业服务管理、职业技能培训以及劳动关系协调和劳动权益保护。

在我国的公共就业服务绩效评估研究中，服务范围主要关注就业援助对象，而较少涉及援助主体如招聘单位。梁爽设计了包含34个指标的公共就业服务绩效指标体系，分为投入、管理过程和结果三个维度；吴贵明、钟洪

---

① 《国务院关于印发国家基本公共服务体系"十二五"规划的通知》，2012年。
② 王颖、张东娇：《我国基础教育阶段学校办学质量评估方案的元评估研究》，《教育学报》2013年第1期，第28页。

亮根据平衡计分卡评价体系，从四个维度设计了 74 个指标的指标体系[①]；张华新、刘海莺在对典型目标群体调查的基础上，评价了不同群体对主要就业服务制度与手段的服务质量和效果、信息化管理的满意度。[②] 参照上述研究文献，从投入和产出的角度，我们提出了关于劳动就业公共服务质量标准的 15 个指标：公共就业服务机构、就业培训年培训人次、免费劳动关系协调仲裁机构、职业技能培训补贴经费、公共就业服务信息化程度、就业保障总支出占 GDP 比重、每千个劳动年龄人口拥有公立就业服务工作人员数、零就业家庭、企业劳动合同签订率、年新增岗位、年培训自主创业人数、培训毕业人员就业率（包括特殊就业群体）、免费劳动关系协调仲裁机构结案率、失业率、岗位安置数量占登记招聘人数的比例。

在上述初步的指标群中，各指标之间可能存在相关度过高而重复的现象，因此，基于指标构建原则对其进行筛选，得出实然指标体系：就业保障总支出占 GDP 比重、每千个劳动年龄人口拥有公立就业服务工作人员数、培训毕业人员就业率、失业率、免费劳动关系协调仲裁机构结案率、岗位安置数量占登记招聘数量的比例。

（3）社会保险服务质量标准

按照《国家基本公共服务体系"十二五"规划》，社会保险服务内容包括：基本养老保险、基本医疗保险、工伤保险、失业保险和生育保险，保障公民在年老、疾病、工伤、失业和生育等情况下依法从国家和社会获得物质帮助的权利。

社会保险服务绩效研究随着我国社会保障制度的不断完善而发展。在研究内容上，从理论辨析到实证研究不断深入，在相关概念的解释上不断细化明晰，将社会保险从社会保障中分离出来，为标准化的研究奠定了基础。在指标设计上，曹信邦设计了政府社会保障绩效定量指标体系，其中社会保险作为一个维度，包括 4 个二级指标、9 个三级指标，并对每一个指标进行了

[①] 吴贵明、钟洪亮：《公共就业服务行政组织战略性绩效指标设计的探索》，《中国劳动》2010 年第 2 期，第 12 页。

[②] 张华新、刘海莺：《中国公共就业服务体系效率衡量与政策研究》，《山东科技大学学报（社会科学版）》2009 年第 1 期，第 53 页。

概念与标准值界定①；高慧从支出、收入、覆盖面、结构、管理、效率与发展七个维度，对中国社会保险水平的多项指标进行了概念界定，进行内核与外延深层次的探讨，并选取 10 个指标进行了实证测评分析②；王美霞基于平衡计分卡视角，对我国社会保险基金进行了绩效指标设计与实证测评研究，提出了包含 4 个一级指标，13 个二级指标、34 个三级指标的评估体系。③

通过对以上文献的梳理，我们提出社会保险服务质量的初步指标群：社会保险金支出总额、社会保险支出占财政支出的比重、社会保险支出 GDP 系数、社会保险工资总额比重系数、养老金替代率、失业金替代率、养老保险覆盖率、养老保险基金结余率、受保人员增长系数、社会保险基金生活保障系数、社会保险总资金增长率、社会保险基金投资收益率、社会保险基金管理节约费率。

通过对于各项指标的分析，剔除隶属度低、相关度高的指标，对于数据不可得的指标，进行筛选或者代替，得到实然的指标体系：社会保险支出占财政支出的比例、养老金替代率、年末领取失业保险人数占参保人数比例、城镇基本医疗保险基金结余率、新农保参保人数占农村人口比例、基尼系数。

（4）基本社会服务质量标准

按照《国家基本公共服务体系"十二五"规划》，基本社会服务旨在为城乡居民尤其是困难群体的基本生活提供物质帮助，保障老年人、残疾人、孤儿等特殊群体有尊严地生活和平等参与社会发展。"十二五"期间，基本社会服务的重点任务包括社会救助、社会福利、基本养老服务和优抚安置等方面的内容。

本课题大体按照基本公共服务体系"十二五"规划内容选取基本社会服务作为一级指标后，在设计基本社会服务领域下的二级指标时着重考虑以下因素：一是整体上照应本课题基本公共服务体系的质量标准评价的过程性、功能性、发展性与持续性等要求，以使该二级指标在吻合基本社会服务

---

① 曹信邦：《政府社会保障绩效评估指标体系研究》，《中国行政管理》2006 年第 7 期，第 30 页。
② 高慧：《中国社会保险水平指标体系的理论与实证研究》，中国海洋大学硕士学位论文，2008 年。
③ 王美霞：《我国社会保险基金绩效审计评价指标体系研究》，北京交通大学硕士学位论文，2011 年。

的同时,能根本性地与基本公共服务指标体系相一致;二是以《国家基本公共服务体系"十二五"规划》对基本社会服务的规定内容为基准点,尽量确保该二级指标体系能涵盖社会救助、社会福利、基本养老服务和优抚安置等方面的内容,同时能凸显老年人、残疾人、孤儿、精神病人、农村五保供养目标人群、优抚安置对象等不同特殊群体;三是选取了投入、产出、效果等作为设计该二级指标的三个维度,以尽量确保设计出的指标能体现不同价值,不至有失偏颇。

这样,设计出的二级指标有:每千名老年人拥有的养老服务机构数、每千名孤儿拥有孤儿床位数、基本社会服务投入经费占财政支出比重、每万人口拥有社会福利企业个数、民政部门医疗救助支出占政府卫生支出比重、接受最低生活保障居民人数占总人口比重、基本医疗救助覆盖率、农村五保供养人数占总人数比重、基本养老服务覆盖率、社区服务机构覆盖率、每千人口社会服务床位数等。当然,这是初步设计的指标体系,也即"应然的指标体系"。

设计出上述应然指标体系后,就进入到指标的筛选阶段。筛选指标考虑的因素与设计指标时又有所差异,主要是指标之间的隶属度大小、指标的参考值确定难度大小和指标实际数据来源的易获性。最终,经过取舍,确定基本社会服务实然的指标体系包括:每千人口拥有社会服务床位数、社区服务机构覆盖率、接受最低生活保障居民人数占总人口比重、每万人口拥有社会福利企业个数、农村五保供养人数占总人数比重、每千名孤儿拥有孤儿床位数。

(5)基本医疗卫生服务质量标准

按照《国家基本公共服务体系"十二五"规划》,基本医疗卫生服务旨在为城乡居民提供安全、有效、方便、价廉的服务,切实保障人民群众身体健康。"十二五"期间,通过公共卫生服务、医疗服务、药品供应和安全保障服务,提高基本医疗卫生服务的公平性、可及性和质量水平。

对于基本医疗卫生服务绩效研究的文献梳理,张钢等通过公共卫生服务经费支出占地方财政支出的比重、每千人拥有医生数、每十万人传染病发病例三个指标对公共卫生进行评估。[1] 丁元竹认为卫生保健方面的地区差距分

---

[1] 张钢、牛志江、贺珊:《地方政府公共服务质量评价体系及其应用》,《浙江大学学报(人文社会科学版)》2008年第6期,第31页。

别表现在卫生费用的分布和资源的分布上，基于此设计了三项具体指标：政府预算对卫生事业的拨款、居民个人在医疗保健上的开销、每千人拥有医疗机构床位数。① 南锐等用每万人口卫生机构数、每千人口卫生技术人员数、每千人口医疗机构床位数、医疗机构病床使用率、人均医疗保健支出五项指标来对基本医疗卫生均等化进行评估。② 彭尚平等在研究城乡公共服务均等化问题时，设计了五项基本指标来对医疗卫生进行评估，分别是医疗卫生支出占地方财政支出的比例、人均公共医疗卫生经费支出、医疗卫生机构总数、每万人拥有病床床位数量、每万人拥有医疗卫生技术人员数。③ 陈振明课题组通过医疗卫生经费支出、卫生机构数、医院卫生院数量、卫生机构床位数、卫生机构技术人员数、医生数、每千人拥有床位数、每千人拥有医生数、每千人口医疗机构床位数来衡量福建省医疗卫生情况。④《国家基本公共服务体系"十二五"规划》对基本医疗卫生服务提出了国家基本标准，国家统计年鉴对历年的基本医疗卫生数据进行了统计。在吸收众多学者的研究成果以及对"十二五"规划和国家统计年鉴进行深入分析研究的基础之上，我们设计出了29项指标来对基本医疗卫生服务进行评估。

考虑到指标的代表性、可操作性、数据的可获取性以及各地区进行比较的公平性，我们从以上的29项指标中遴选出6项指标来对基本医疗卫生进行评估，分别是每万人医疗卫生机构数量、人均医疗卫生费用、每千人口卫生技术人员数、每千人口医疗机构床位数、每千人口接受健康教育培训次数、设卫生室的村占行政村的数量。

（6）人口与计划生育服务质量标准

按照《国家基本公共服务体系"十二五"规划》，人口和计划生育服务旨在为城乡居民提供计划生育、优生优育、生殖健康以及人口和计划生育信息等服务。重点任务包括计划生育服务、计划生育奖励扶助，以保障城乡育

---

① 丁元竹：《开展基本公共服务的绩效评估》，《浙江经济》2008年第19期，第30页。
② 南锐、王新民、李会欣：《区域基本公共服务均等化水平的评价》，《财经科学》，2010年第12期，第58页。
③ 彭尚平、谭雅丽、雷卫、王奎走：《成都市城乡公共服务均等化的评价指标体系研究》，《四川教育学院学报》2010年第12期，第34页。
④ 陈振明、李德国：《基本公共服务的均等化与有效供给——基于福建省的思考》，《中国行政管理》，2011年第1期，第47页。

龄人群身心健康，促进人口长期均衡发展。

国家综合改革试点工作中期评估组在对吉林省长春市人口和计划生育综合改革的评估中，主要注重对该市出生人口政策符合率、人口出生率、人口自然增长率、群众满意度、财政投入等方面的考评。① 郑真真指出，20世纪70年代以来，我国人口和计划生育工作的评估指标主要有出生率、增长率、计划生育率、长期措施避孕率等。以1994年开罗人口与发展大会为转折点，许多国家的人口政策不再片面关注人口目标，纷纷开始着力构建以育龄人群的生殖健康权益为中心的计划生育优质服务框架。她认为在新的形势下，要不断增加新的考核内容，比如对咨询、随访、宣传教育等服务及服务能力的考量。② 《国家基本公共服务体系"十二五"规划》将覆盖率作为人口和计划生育服务的评价准绳，包括八个指标。龚文海对河南省的农村人口计生公共服务实施情况进行了评估，包括12个指标。③ 王铁明强调了群众满意度在计生工作评价指标体系中的地位，主张可以从如下多方面进行综合评价：是否与群众需求相吻合、工作方式是否有便民性、咨询答复是否让群众满意、技术服务质量是否规范、服务人员的态度和服务环境是否让群众满意等。④

结合各方观点，课题组从投入、产出和效果三个维度着手，将人口与计划生育事业地方财政人均投入、独生子女父母年均奖励标准、计划生育家庭人均特别扶助标准、县及县级市妇幼保健院（所、站）床位数、孕产妇系统管理率、人口平均预期寿命、计生率、已婚育龄妇女领证率、已婚育龄妇女避孕率、对当前人口政策的满意度、对计划生育技术服务的满意度和对人口和计划生育服务的总体满意度12个指标初步确立为人口与计划生育公共服务的评价指标。

考虑到指标具体数据的可获取性等现实原因，课题组将应然指标体系进行了相应的调整和修正，最终将每万人县及县级市妇幼保健院（所、站）

---

① 国家综合改革试点工作中期评估组：《吉林省长春市人口和计划生育综合改革中期评估报告》，《人口研究》2004年第4期，第87页。
② 郑真真：《评估指标改革与计划生育优质服务》，《人口与计划生育》2004年第4期，第30页。
③ 龚文海：《农村人口计生公共服务评估及创新——基于河南省的调查》，《人口与经济》2013年第2期，第108页。
④ 王铁明：《优质服务框架下的计划生育管理与评估》，《人口与计划生育》2003年第5期，第13页。

床位数、孕产妇系统管理率、人口预期寿命、计生率、已婚育龄妇女领证率、已婚育龄妇女避孕率确立为人口和计划生育服务的评价指标。

(7) 基本住房保障服务质量标准

按照《国家基本公共服务体系"十二五"规划》，基本住房保障服务旨在维护公民居住权利，逐步满足城乡居民基本住房需求，实现住有所居。"十二五"期间的重点工作内容为廉租住房和公共租赁住房、棚户区改造、农村危房改造和保障性住房管理，解决城镇居民基本住房问题和农村困难群众住房安全问题。

通过对相关文献的查阅，笔者认为，目前对于住房保障的研究更多集中于对制度改革、问题分析与对策建议做出剖析，而对于基本住房保障的评估指标，目前相关研究仍旧处于起步阶段，相关的文献与著作也相对匮乏。刘俊霞从经济学角度阐释了住房保障制度的必要性，认为需要政府介入来构建住房保障制度。[1] 而丛诚则从房地产财税角度对构建保障性住房的财政问题进行分析。[2] 邓中美则是从政策测评的角度提出了社会保障性住房的评价模型，但单从指标上来看，测评指标与权重仍待完善，同时与目前的国内现状不完全相符。[3] 在测评方面，学者李辉婕通过对我国31个省（自治区、直辖市）的测算，对廉租房政策提出了一定测评方法，但涉及方面相对局限，无法完全覆盖基本住房保障的评价指标。[4]

通过对上述研究中提出的指标进行归纳总结，根据本课题指标设计的原则，设计了初步的指标体系如下：人均房屋建筑施工面积、人均房屋建筑竣工面积、农村居民人均住房面积、本级政府资金筹集力度、机构设置完整度、农村居民住房价值、农村居民住房钢筋混凝土结构面积、农村居民住房砖木结构面积、增加廉租住房、增加公共租赁住房、增加棚户区改造、改造农村危房、游牧民定居。

---

[1] 刘俊霞：《人力资本投资、就业促进与社会保障》，《中南财经政法大学学报》2008年第3期，第28页。

[2] 丛诚：《论财税政策对住房保障体系的支撑》，《中国房地产金融》2008年第3期，第10页。

[3] 邓中美：《社会保障性住房制度评价指标体系研究》，《重庆科技学院学报（社会科学版）》2009年第8期，第96页。

[4] 李辉婕：《各地区廉租住房保障水平测算及其与经济发展的适应性分析》，《当代财经》2008年第11期，第39页。

经过分析与筛选替代，得到实然的指标体系：人均房屋建筑施工面积、人均房屋建筑竣工面积、农村居民人均住房面积、农村居民住房价值、农村居民住房钢筋混凝土结构面积、农村居民住房砖木结构面积。

(8) 公共文化体育服务质量标准

按照《国家基本公共服务体系"十二五"规划》，公共文化体育服务旨在保障人民群众看电视、听广播、读书看报、进行公共文化鉴赏、参加大众文化活动和体育健身等权益。"十二五"期间，重点任务内容为公益性文化、广播影视、新闻出版和群众教育，坚持公益性、基本性、均等性、便利性，扩大公共文化产品和服务的供给。

焦德武认为，公共文化服务体系指标第一层级，一方面要考虑公共文化服务对国民经济发展的贡献，另一方面从"社会公正"（这是衡量文化惠民与否的出发点）出发，设计了包括19个指标的评估体系。有关体育公共体系的指标研究主要包括四个方面：社区体育公共服务体系指标、高校体育公共服务体系指标、多元化体育公共服务体系指标、以社会转型为背景的体育公共服务体系指标。[①] 齐立斌等认为，体育服务体系由体育场地设施、活动指导、健身组织、组织管理和信息供给五个子系统构成。[②] 上海市体育局"体育公共服务体系研究"课题组则把公共体育服务体系理解为包括公共体育场地设施、特色体育活动、社会体育组织、体质监测网络、社会体育指导员、体育健身信息平台等内容。[③] 肖林鹏等认为，公共体育服务体系包括九大要素，即体育活动、体育组织、体育场地设施、体育信息、体育指导、体育资金、体育政策法规、体育监督反馈和体育绩效评价。[④]

通过对上述研究中提出的指标进行归纳总结，设计初步的指标体系如下：文化文物机构从业人员数量、艺术表演团队、全年公共广播节目播出时

---

① 焦德武：《公共文化服务体系的绩效评价》，《安徽农业大学学报（社会科学版）》2011年第1期，第47页。
② 曹庆荣、齐立斌、李泽群：《机遇与挑战：新农村建设背景下农村体育服务体系的重新审视》，《南京体育学院学报（社会科学版）》2009年第4期，第43页。
③ 上海市体育总会课题组李伟听：《上海市体育社团的评估指标》，《体育科研》2008年第4期，第1页。
④ 肖林鹏、李宗浩、杨晓晨：《公共体育服务概念及其理论分析》，《天津体育学院学报》2007年第2期，第97页。

间、分技术等级运动员发展人数、图书期刊报纸出版种数、博物馆文物藏品、文化机构数量、人均公共图书馆藏量、人均休闲广场的占有量、人均公园景点面积、每百个社区拥有的休闲广场数量、老年活动中心数量、青少年文化活动中心数量。

筛选之后得到实然指标体系：分技术等级运动员发展人数、每万人艺术表演团体数量、全年公共广播节目播出时间、文化文物机构数量、图书期刊报纸出版种数、人均公共图书馆藏量。

(9) 生态环境服务质量标准

生态文明旨在消除和恢复工业文明对生态造成的危害，缓解生态问题给人类生存和发展带来的压力，强调对生态保护的责任。生态环境与生态文明的反思，对我们分析政府在生态环境与生态文明中的角色与作用以及政府针对生态环境提供的公共服务提供了理论基础与分析路径。政府是生态文明的主要建设者和生态责任的主要承担者，并履行生态保护与生态管理的政府职能。党的十八大报告则进一步将生态文明建设放在"五位一体"的总体布局的高度来论述，表明建设生态文明已被提升为国家发展战略并开始付诸实施。因此，政府公共服务指标体系中将生态环境相关的公共服务评价指标加入其中，对政府公共服务进行考察。①

环发〔2007〕195 号文件中提出了生态省建设指标，从经济发展、生态环境保护、社会进步三个维度设计了 16 个指标，该指标体系在实践中广为应用，成为评估地方政府绩效的标准之一，影响深远。叶亚平、刘鲁君提出了省域生态环境质量评价指标体系，从生态环境质量背景、人类影响程度、人类适宜度需求三个维度设计了 13 个指标，并对每个指标提出了相应的辅助指标或者替代指标，以保证实证测评中的可行性。② 高春风建立并使用了生态环境质量指标体系，包括生态资源维度（15 个指标）、环境保护维度（5 个指标）、社会进步维度（3 个指标）。③ 黄娟等通过对河南、山东、西

---

① 余超文：《论生态型政府的价值与范式》，《环境与可持续发展》2013 年第 1 期，第 28—32 页。
② 叶亚平、刘鲁君：《中国省域生态环境质量评价指标体系研究》，《环境科学研究》2000 年第 3 期，第 33 页。
③ 高春风：《生态环境质量指标体系的建立与应用》，《渤海大学学报（自然科学版）》2006 年第 3 期，第 215 页。

安、厦门等地方的生态文明指标体系的借鉴，设计了江苏省的生态文明指标体系，以生态意识、生态经济、生态环境、生态人居、生态行为和生态制度为6个一级指标，以宣传教育、经济效益、企业管理、经济结构、环境质量、环境成本、污染控制、基础设施、人居条件、资源节约、政府决策、企业公众参与为12个二级指标，整个指标体系共52项指标。①

通过上述文献中的指标，我们根据课题指标构件价值取向与设计原则，进行筛选，并在指标对于评估目标的隶属度分析和指标间相关性分析的基础上，筛选得出最终的生态环境服务指标：一般工业固体废物综合利用率、空气质量达到二级以上天数占全年比重、生活垃圾无害化处理率、工业污染治理完成投资（人均）、工业污染治理竣工项目数（每万人）、人均造林面积。

（10）残疾人基本公共服务质量标准

按照《国家基本公共服务体系"十二五"规划》，残疾人基本公共服务旨在营造残疾人平等参与的社会环境，为残疾人生活和发展提供稳定的制度性保障。"十二五"期间，重点做好残疾人社会保障与基本服务的工作，按照平等、参与、共享的原则，以重度残疾人、农村残疾人和残疾儿童为重点，优先发展社会急需、受益面广、效益好的残疾人基本服务，增强供给能力。2007年，中国残疾人联合会制定了《全国残疾人小康进程监测指标体系》，该指标体系从残疾人生存状况、发展状况和环境状况三个维度，设计了包含17个指标的评估体系。周林刚指出残疾人公共服务主要包含康复、特殊教育、就业、托养、无障碍设施、文体服务等专项内容。②《国家基本公共服务体系"十二五"规划》将社会保险保费补贴覆盖率、基本医疗保障医疗康复项目覆盖率、学龄残疾儿童少年接受义务教育比率、残疾人教育资助覆盖率、残疾儿童抢救性康复覆盖面、残疾人就业服务覆盖面、残疾人文化服务、残疾人体育健身示范点数量、经常参加体育健身的残疾人比率等作为评价指标。

结合各方观点，我们提出残疾人基本公共服务质量评估的初步指标群：

---

① 黄娟、王惠中、孙兆海、吴云波：《江苏生态文明建设指标体系研究》，《环境科学与管理》2011年第12期，第157页。

② 周林刚：《残疾人社会保障体系与公共服务体系建设研究》，《中国人口科学》2011年第2期，第95页。

残疾人事业建设地方财政人均投入、每千残疾人口省市县乡残联实有工作人员、每千残疾人口康复机构在岗人员、康复工程惠及率、残疾人就业率、残疾人社会保险保费补贴覆盖率、对残疾人基本生活保障水平的满意度、对残疾人无障碍设施普及率的满意度、对残疾人基本公共服务的总体满意度等指标。

考虑到指标具体数据的可获取性等现实原因，课题组将应然指标体系进行了相应的调整和修正，最终将每千残疾人口省市县乡残联实有工作人员、每千残疾人口康复机构在岗人员、托养服务机构平均托养残疾人数量、（入库）残疾人办证率、（入库）残疾人就业率、残疾居民参加医疗保险率六个指标确立为残疾人基本公共服务质量标准。

根据以上分析，最终得出的指标体系是包含了 10 个一级指标、60 个二级指标的初级质量标准体系（见表 5-1）。

表 5-1 省级政府基本公共服务质量初级客观指标体系

一级指标	二级指标	单位
A1 基本公共教育	A11 义务教育入学率	（%）
	A12 每十万人口各级学校平均在校生数	（人）
	A13 教育经费支出占地方财政支出比重	（%）
	A14 农民学校（含小学、初中、高中）数量占总数的比重	（%）
	A15 普通高校师生比（教师人数=1）	（%）
	A16 特殊教育学校数	（所）
A2 劳动就业公共服务	A21 就业保障总支出占 GDP 比重	（%）
	A22 每千个劳动年龄人口拥有公立就业服务工作人员数	（人）
	A23 培训毕业人员就业率	（%）
	A24 失业率	（%）
	A25 免费劳动关系协调、仲裁机构结案率	（%）
	A26 岗位安置数量占登记招聘数量的比例	（%）
A3 社会保险	A31 社会保险支出占财政支出的比例	（%）
	A32 养老金替代率	（%）
	A33 年末领取失业保险人数占参保人数比例	（%）
	A34 城镇基本医疗保险基金结余率	（%）
	A35 新农保参保人数占农村人口比例	（%）
	A36 基尼系数	（%）

续表

一级指标	二级指标	单位
A4 基本社会服务	A41 每千人口拥有社会服务床位数	（张）
	A42 社区服务机构覆盖率	（%）
	A43 接受最低生活保障居民人数占总人口比重	（%）
	A44 每万人口拥有社会福利企业个数	（个）
	A45 农村五保供养人数占总人数比重	（%）
	A46 每千名孤儿拥有孤儿床位数	（张）
A5 基本医疗卫生	A51 每万人口医疗卫生机构数量	（个）
	A52 人均医疗卫生费用	（元）
	A53 每千人口卫生技术员	（人）
	A54 每千人口医疗机构床位数	（张）
	A55 每千人口接受健康教育培训次数	（次）
	A56 设卫生室的村占行政村的数量	（%）
A6 人口和计划生育	A61 每万人县及县级市妇幼保健院（所、站）床位数	（张）
	A62 孕产妇系统管理率	（%）
	A63 人口预期寿命	（年）
	A64 计生率	（%）
	A65 已婚育龄妇女领证率	（%）
	A66 已婚育龄妇女避孕率	（%）
A7 基本住房保障	A71 人均房屋建筑施工面积	（平方米/人）
	A72 人均房屋建筑竣工面积	（平方米/人）
	A73 农村居民人均住房面积	（平方米/人）
	A74 农村居民住房价值	（元/平方米）
	A75 农村居民住房钢筋混凝土结构面积	（平方米/人）
	A76 农村居民住房砖木结构面积	（平方米/人）
A8 公共文化体育	A81 分技术等级运动员发展人数	（人）
	A82 每万人艺术表演团体数量	（个）
	A83 全年公共广播节目播出时间	（小时）
	A84 文化文物机构数量	（个）
	A85 图书、期刊、报纸出版种数	（种）
	A86 人均公共图书馆藏量	（册）

续表

一级指标	二级指标	单位
A9 生态环境服务	A91 一般工业固体废物综合利用率	（%）
	A92 空气质量达到二级以上天数占全年比重	（%）
	A93 生活垃圾无害化处理率	（%）
	A94 工业污染治理完成投资（人均）	（元）
	A95 每万人工业污染治理竣工项目数	（个）
	A96 每万人造林面积	（平方米）
A10 残疾人基本公共服务	A101 每千残疾人口省市县乡残联实有工作人员	（人）
	A102 每千残疾人口康复机构在岗人员	（人）
	A103 托养服务机构平均托养残疾人数量	（人）
	A104 （入库）残疾人办证率	（%）
	A105 （入库）残疾人就业率	（%）
	A106 残疾居民参加医疗保险率	（%）

关于客观批标的筛选，在目前研究中，指标筛选过程多采用量化筛选，我们认为，通过德尔菲法进行专家问卷调查，计算隶属度、效度等，进行筛选，虽然客观，但也具有问卷本身信度效度需要测量、调查对象主观意愿被限制等局限。因此，我们采用非量化的专家讨论方法，对指标进行论证筛选。

课题组综合考虑指标的隶属度、效度，指标间的相关性等因素，删除了部分无效的指标，对部分绝对数指标进行了百分数换算，以消除不同省域总量不一致的影响。修改过程如下，删除指标：A14 农民学校（含小学、初中、高中）数量占总数的比重；A15 普通高校生师比；A23 培训毕业人员就业率；A36 基尼系数；A45 农村五保供养人数占总人数比重；A51 每万人口医疗卫生机构数量；A65 已婚育龄妇女领证率；A66 已婚育龄妇女避孕率；A71 人均房屋建筑施工面积；A76 农村居民住房砖木结构面积；A85 图书、期刊、报纸出版种数；A96 每万人造林面积；A104（入库）残疾人办证率。修改指标：A16 特殊教育学校数，转换成百分数"每百万人特殊教育学校数"；A84 文化文物机构数量，换算成百分数"每万人文化文物机构数"。得到筛选之后的指标体系（见表5-2）。

表 5-2 省级政府基本公共服务质量客观指标体系

一级指标	二级指标	单位
A1 基本公共教育	A11 义务教育入学率	（%）
	A12 每十万人口各级学校平均在校生数	（人）
	A13 教育经费支出占地方财政支出比重	（%）
	A16 每百万人特殊教育所数	（所）
A2 劳动就业公共服务	A21 就业保障总支出占 GDP 比重	（%）
	A22 每千个劳动年龄人口拥有公立就业服务工作人员数	（人）
	A24 失业率	（%）
	A25 免费劳动关系协调、仲裁机构结案率	（%）
	A26 岗位安置数量占登记招聘数量的比例	（%）
A3 社会保险	A31 社会保险支出占财政支出的比例	（%）
	A32 养老金替代率	（%）
	A33 年末领取失业保险人数占参保人数比例	（%）
	A34 城镇基本医疗保险基金结余率	（%）
	A35 新农保参保人数占农村人口比例	（%）
A4 基本社会服务	A41 每千人口拥有社会服务床位数	（张）
	A42 社区服务机构覆盖率	（%）
	A43 接受最低生活保障居民人数占总人口比重	（%）
	A44 每万人口拥有社会福利企业个数	（个）
	A46 每千名孤儿拥有孤儿床位数	（张）
A5 基本医疗卫生	A52 人均医疗卫生费用	（元）
	A53 每千人口卫生技术员	（人）
	A54 每千人口医疗机构床位数	（张）
	A55 每千人口接受健康教育培训次数	（次）
	A56 设卫生室的村占行政村的数量	（%）
A6 人口和计划生育	A61 每万人县及县级市妇幼保健院（所、站）床位数	（张）
	A62 孕产妇系统管理率	（%）
	A63 人口预期寿命	（年）
	A64 计生率	（%）
A7 基本住房保障	A72 人均房屋建筑竣工面积	（平方米/人）
	A73 农村居民人均住房面积	（平方米/人）
	A74 农村居民住房价值	（元/平方米）
	A75 农村居民住房钢筋混凝土结构面积	（平方米/人）

续表

一级指标	二级指标	单位
A8 公共文化体育	A81 分技术等级运动员发展人数	(人)
	A82 每万人艺术表演团体数量	(个)
	A83 全年公共广播节目播出时间	(小时)
	A84 每万人文化文物机构数	(个)
	A86 人均公共图书馆藏量	(册)
A9 生态环境服务	A91 一般工业固体废物综合利用率	(%)
	A92 空气质量达到二级以上天数占全年比重	(%)
	A93 生活垃圾无害化处理率	(%)
	A94 工业污染治理完成投资（人均）	(元)
	A95 每万人工业污染治理竣工项目数	(个)
A10 残疾人基本公共服务	A101 每千残疾人口省市县乡残联实有工作人员	(人)
	A102 每千残疾人口康复机构在岗人员	(人)
	A103 托养服务机构平均托养残疾人数量	(人)
	A105 （入库）残疾人就业率	(%)
	A106 残疾居民参加医疗保险率	(%)

2. 主观指标部分

一般来讲，衡量一个国家或地区的民生状态主要有两类指标，其一是指入学率、就业率、基尼系数等客观指标，其二则是反映民生感知的主观指标。[①] 民生感知中的公共服务感知是窥视省级政府基本公共服务体系质量的重要窗口，而满意度模型则是当前较为通用的公共服务感知测评工具。美国顾客满意度指数模型（American Customer Satisfaction Index，ACSI）是其中一种较为典型、影响力较大的模型，它主张从由顾客期望、感知质量、感知价值、顾客满意度、顾客抱怨、顾客忠诚等六方面综合测评顾客满意度。[②]

满意度模型最早更多的是用于顾客满意度评估，对公共服务的主观感知有其特殊性。刘武和朱晓楠认为顾客感知质量维度包括及时性、清晰性、可靠性、可获性、礼貌性、专业性和有用性。[③] 吕维霞最初认为公众感知公共

---

① 刘扬等：《民生感知的测度：理论模型与实证分析》，《经济学动态》2010年第9期，第35页。
② 陈增明：《社会公众满意度的测评模型》，《统计与决策》2007年第14期，第144页。
③ 刘武、朱晓楠：《服务接受者满意度指数模型：服务型政府绩效评价的新方法及其应用》，《公共管理研究》2006年第6期，第114页。

服务质量应主要包括公平守法性、公开透明性、廉价性和公务员服务精神四个维度[1]，随后她基于对澳大利亚学者斯特科（Scott）、白长虹、杨永恒、张成福、袁岳等人观点的梳理，并通过专家咨询，最终确立了含便利性、响应性、透明性、守法性、实效性和保证性六个指标的公众感知行政服务质量测评模型。[2] 课题组结合文献梳理和专家咨询的结果，以满意度为立足点，以经济性、公平性、便捷性、充足性、实用性等为感知维度，最终确立了一套省级政府基本公共服务质量主观指标体系（见表5-3）。

表5-3 省级政府基本公共服务质量主观指标体系

一级指标	二级指标	单位
A1 基本公共教育服务	对个人承担的教育成本的满意度	（%）
	对教育服务公平性的满意度	（%）
	对基础教育公共服务的总体满意度	（%）
A2 劳动就业公共服务	对工资水平的满意度	（%）
	对公共部门就业指导与就业援助的满意度	（%）
	对劳动就业服务的总体满意度	（%）
A3 社会保险服务	对个人负担的社会保险参保费用的满意度	（%）
	对社会保险回报率的满意度	（%）
	对社会保险服务的总体满意度	（%）
A4 基本社会服务	对基本社会服务供给范围的满意度	（%）
	对基本社会服务供给方式的满意度	（%）
	对基本社会服务的总体满意度	（%）
A5 基本医疗卫生	对基本医疗卫生服务公平性的满意度	（%）
	对未来五年个人身体健康的预期满意度	（%）
	对基本医疗卫生服务的总体满意度	（%）
A6 人口与计划生育	对当前人口政策的满意度	（%）
	对计划生育技术服务的满意度	（%）
	对人口和计划生育服务的总体满意度	（%）

---

[1] 吕维霞等：《顾客感知行政服务质量管理》，《兰州大学学报》2009年第1期，第100页。
[2] 吕维霞等：《公众感知行政服务质量模型与评价研究》，《南开管理评论》2009年第4期，第143页。

一级指标	二级指标	单位
A7 基本住房保障	保障性住房供给充足性的满意度	(％)
	对保障性住房分配公平性的满意度	(％)
	对基本住房保障的总体满意度	(％)
A8 公共体育文化	对公共文化体育服务便捷性的满意度	(％)
	对公共文化体育服务实用性的满意度	(％)
	对公共文化体育服务的总体满意度	(％)
A9 生态环境服务	对生态环境质量现状的满意度	(％)
	对目前环保政策落实情况的满意度	(％)
	对生态环境服务的总体满意度	(％)
A10 残疾人基本公共服务	对残疾人基本生活保障水平的满意度	(％)
	对残疾人无障碍设施普及率的满意度	(％)
	对残疾人基本公共服务的总体满意度	(％)

三、省级政府基本公共服务体系的质量评估

（一）层次分析法确定客观指标权重

1. 建立层次结构模型

根据本课题提出的质量标准体系客观指标部分，建立层次结构模型。最上层为目标层，即省级政府基本公共服务质量；中间层为一级指标层（准则层1），即十个一级指标；最下层为二级指标层（准则层2），即每个一级指标下属的二级指标分别构成对于所属一级指标的准则层。对应于十个一级指标，二级指标层分为十个部分，并且互不隶属。

2. 构造判断矩阵

从层次结构模型的第二层开始，对于从属于上一层因素的同一层诸因素，用两两对比法和1－9比较尺度构造正互反矩阵，直到最下层。

正互反矩阵中元素比较尺度及其含义见表5－4。判断矩阵以问卷形式发给专家进行填写，本课题共发放30份问卷，回收9份，回收率较低。其中教授四人，副教授三人，讲师两人，样本具有较高的权威性。

表 5-4 正互反矩阵中 U_{ij} 取值含义表

U_{ij} 的取值	含义
1	U_i 与 U_j 同等重要
3	U_i 较 U_j 稍微重要
5	U_i 较 U_j 明显重要
7	U_i 较 U_j 相当重要
9	U_i 较 U_j 极其重要
2, 4, 6, 8	相邻判断 1-3、3-5、5-7、7-9 的中值
1/3	U_i 较 U_j 稍微不重要
1/5	U_i 较 U_j 明显不重要
1/7	U_i 较 U_j 相当不重要
1/9	U_i 较 U_j 极其不重要
1/2, 1/4, 1/6, 1/8	相邻判断 1-1/3、1/3-1/5、1/5-1/7、1/7-1/9 的中值

3. 单层权重计算与单层一致性检验

根据专家判断矩阵问卷填答情况，进行单层权重计算，运用根法求得近似特征向量 ω 与最大特征根值 λ；计算一致性指标 $CI=(\lambda-n)/(n-1)$；找出相应的平均随机一致性指标 RI；计算一致性比例 $CR=CI/RI$；当 $CR<0.1$ 时，可接受一致性检验，否则将对判断矩阵进行修正。一致性检验通过之后，特征向量 ω 即为单层权重子集。

在本课题中，由于问卷回收相对较少，部分问卷无法通过一致性检验，因此采用适当技术调整的方法，对未通过一致性检验的矩阵的数值进行调整，以通过一致性检验。最终得到单层权重子集。

4. 层次总排序与总层一致性检验

计算最下层对目标层的权重集合，并根据公式做组合一致性检验，一致性检验不通过，则重新调整上述一致性比率较大的正互反矩阵，最终通过总层一致性检验。

在本课题中，为了便于进行数据录入以及一致性调整，采用 Excel 进行计算，获得比较好的效果，最终获得层次总排序。权重体系见表 5-5：

表5-5 省级政府基本公共服务质量标准体系客观指标部分权重体系

一级指标	权重	二级指标	权重
A1 基本公共教育	19.53%	A11 义务教育入学率	8.75%
		A12 每十万人口各级学校平均在校生数	3.81%
		A13 教育经费支出占地方财政支出比重	2.73%
		A16 每百万人特殊教育学校数	4.23%
A2 劳动就业公共服务	10.03%	A21 就业保障总支出占GDP比重	2.57%
		A22 每千个劳动年龄人口拥有公立就业服务工作人员数	2.13%
		A24 失业率	2.85%
		A25 免费劳动关系协调、仲裁机构结案率	1.30%
		A26 岗位安置数量占登记招聘数量的比例	1.18%
A3 社会保险	7.80%	A31 社会保险支出占财政支出的比例	1.73%
		A32 养老金替代率	2.61%
		A33 年末领取失业保险人数占参保人数比例	1.45%
		A34 城镇基本医疗保险基金结余率	0.95%
		A35 新农保参保人数占农村人口比例	1.06%
A4 基本社会服务	7.93%	A41 每千人口拥有社会服务床位数	1.64%
		A42 社区服务机构覆盖率	1.32%
		A43 接受最低生活保障居民人数占总人口比重	1.02%
		A44 每万人口拥有社会福利企业个数	2.61%
		A46 每千名孤儿拥有孤儿床位数	1.33%
A5 基本医疗卫生	12.25%	A52 人均医疗卫生费用	2.58%
		A53 每千人口卫生技术员	1.94%
		A54 每千人口医疗机构床位数	2.52%
		A55 每千人口接受健康教育培训次数	2.65%
		A56 设卫生室的村占村行政村的数量	2.56%
A6 人口和计划生育	6.75%	A61 每万人县及县级市妇幼保健院床位数	1.22%
		A62 孕产妇系统管理率	1.66%
		A63 人口预期寿命	2.75%
		A64 计生率	1.13%

续表

一级指标	权重	二级指标	权重
A7 基本住房保障	11.02%	A72 人均房屋建筑竣工面积	3.00%
		A73 农村居民人均住房面积	2.85%
		A74 农村居民住房价值	2.69%
		A75 农村居民住房钢筋混凝土结构面积	2.48%
A8 公共文化体育	8.56%	A81 分技术等级运动员发展人数	1.04%
		A82 每万人艺术表演团体数量	1.03%
		A83 全年公共广播节目播出时间	2.13%
		A84 每万人文化文物机构数	1.69%
		A86 人均公共图书馆藏量	2.69%
A9 生态环境服务	7.88%	A91 一般工业固体废物综合利用率	1.20%
		A92 空气质量达到二级以上天数占全年比重	2.83%
		A93 生活垃圾无害化处理率	1.63%
		A94 工业污染治理完成投资（人均）	0.96%
		A95 每万人工业污染治理竣工项目数	1.26%
A10 残疾人基本公共服务	8.25%	A101 每千残疾人口省市县乡残联实有工作人员	0.84%
		A102 每千残疾人口康复机构在岗人员	1.26%
		A103 托养服务机构平均托养残疾人数量	1.53%
		A105 （入库）残疾人就业率	2.68%
		A106 残疾居民参加医疗保险率	1.94%

5. 方法自审

首先，专家问卷的反馈率低，影响了权重问卷样本的有效性。其次，通过问卷反馈与权重计算可以看出，对于教育赋权的值偏大，对此可以有以下三种解释：教育为百年大计，赋权结果体现了专家对于教育重要性的共识；本课题选取的专家多为教育行业的知名学者和从业教师，调查对象存在本位主义倾向；教育服务作为第一个一级指标，在填答问卷过程中，可能存在首因效应，从而对第一个指标赋权过大。第三，一致性检验调整的过程，对于样本数据进行了适当的调整，在使之更加符合科学规范的同时，也对于专家的意见进行了不可避免的修正。

(二) 综合指数评价法确定客观指标总分

省级政府基本公共服务质量标准体系客观指标部分的每一个指标，都从不同侧面体现了服务质量，为了反映整体质量情况，就需要把各指标进行综合评估；另一方面，指标单位的不统一需要进行去量纲化处理。因此，在已经通过层次分析法得出权重体系的前提下，通过运用综合指数评价法，可以进行综合评估。每个指标标准值的设定，既是该方法的关键步骤，也是体现课题价值和意义的重要部分。

标准值的设定遵循以下原则：首先，权威理论研究或者通用的标准值；其次，根据"十二五"规划中对于各项基本服务要求的阐述与标准值的提出来确定；第三，对于上述两种途径均无法获得的指标，计算2007年到2011年连续五年地方公共服务总支出年增长率平均值，以此速率计算2015年水平为现有水平的2.29倍，因此对每一项指标现有数据的平均值乘以2.29，即得出各项指标在"十二五"期间应达到的水平，作为标准值。需要特殊说明的是，对于失业率指标，理想的标准值应该是充分就业状态下的自然失业率，但是中国自然失业率至今没有一个权威数据，而失业率与经济周期和经济体规模相关，难以预测在未来某个时期的合理失业率水平，因此本课题使用现有各省失业率的均值作为标准值。

综合指数评价法的计算步骤如下：

综合指数评价法的计算步骤如下：

设 X_i^I 为第 i 项指标 X_i 的实际值，X_i^O 为第 i 项指标 X_i 的标准值，则 i 项指标的绩效值 Y_i 为：

$$Y_i = \frac{X_i^I}{X_i^O} \times 100\% \text{（当 } X_i \text{ 为正指标时）}$$

$$Y_i = \frac{X_i^O}{X_i^I} \times 100\% \text{（当 } X_i \text{ 为负指标时）}$$

设 F 为省级政府基本公共服务质量标准体系客观指标部分评估得分，W_i 为第 i 项指标对于目标层的权重值，则有：

$$F = \sum_{i=1}^{60} Y_i W_i$$

代入数据计算可得 31 个省域省级政府基本公共服务质量标准体系客观指标部分得分与排序（见表 5-6）。

表 5-6　31 个省域基本公共服务质量标准体系客观指标评估结果

省域	得分	排名	省域	得分	排名	省域	得分	排名
上海	89.10%	1	河南	72.03%	12	湖南	68.33%	23
北京	84.52%	2	广东	71.87%	13	吉林	68.21%	24
天津	84.42%	3	重庆	71.36%	14	黑龙江	67.61%	25
青海	83.33%	4	湖北	71.07%	15	四川	66.34%	26
浙江	80.60%	5	江西	70.53%	16	安徽	66.12%	27
江苏	79.37%	6	陕西	70.28%	17	河北	66.05%	28
辽宁	77.74%	7	山东	70.13%	18	贵州	66.03%	29
西藏	75.35%	8	新疆	70.10%	19	云南	65.87%	30
甘肃	75.28%	9	内蒙古	69.90%	20	广西	63.63%	31
宁夏	74.48%	10	海南	69.33%	21			
山西	73.12%	11	福建	68.74%	22			

（三）客观指标体系的实证评估

1. 总体数据分析

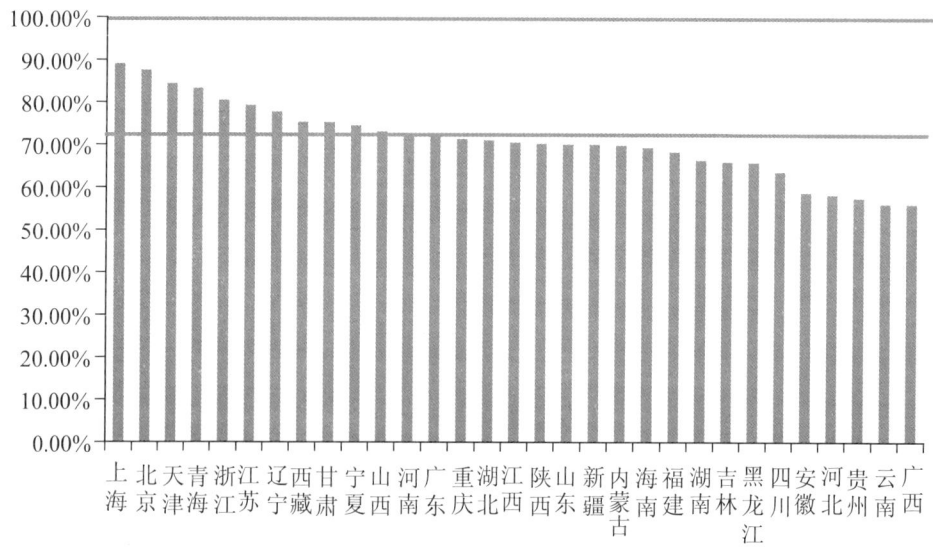

图 5-3　省级政府基本公共服务体系实证评估总分排序图
（标准值：100%；均值：72.71%）

评估结果（见图5-3）显示，近几年来，随着公共服务投入的稳步增加，各地基本公共服务体系的质量有了明显的进步，全国平均值为72.71%。但是相对于"十二五"规划的目标（标准值为100%），当前省级政府基本公共服务体系的总体水平还比较低，尚无一个省级政府提前完成"十二五"规划目标，特别是仅有三分之一的地区超过平均值；且区域不均衡现象较为明显，处于第一位的上海（89.1%）与末尾的广西（63.63%）之间的极差为25.47%，中西部地区除了山西（73.12%）以及较为特殊的青海（83.33%）、西藏（75.35%）、甘肃（75.28%）、宁夏（74.48%）外，其余地区均未达到全国平均值。因而，从总体上看，省级政府基本公共服务体系的质量水平处于巩固基础、稳步提升的阶段。

处于第一层次的是上海（89.10%）、北京（84.52%）、天津（84.42%）、青海（83.33%）和浙江（80.60%），得分均超过80%，紧随其后并超过平均值（72.71%）的有江苏（79.37%）、辽宁（77.74%）、西藏（75.35%）、甘肃（75.28%）、宁夏（74.48%）和山西（73.12%）等六个地区。上述前11位中，东部地区占6位，按2011年人均GDP计算，上海、天津、浙江、北京、江苏和辽宁又恰好是人均GDP排名前6位，基本公共服务质量与人均GDP之间显示了较强的正相关性。西部地区的青海、西藏、甘肃和宁夏分别排名第4、第8、第9和第10位，显示出较高的基本公共服务水平，究其原因可能是因为四地同属边疆地带与少数民族区域，转移支付较多，对于公共服务的投入比重较大，加之人口数量少，2011年青海、西藏、宁夏三地的总人口分别为568万人、303万人、639万人，人均类服务质量指标得分也普遍较大；而同为民族地区的内蒙古和新疆的总人口为2482万人、2209万人，排名分别为第19位和第20位。不过值得一提的是，甘肃省的人口总量虽然为2564万人，但其公共服务支出占地方一般预算支出的比重为59.91%（见附录11），名列上述区域首位。中部地区仅有山西的基本公共服务体系质量超过全国平均水平，居第11位，与其人均GDP在全国的排名相当（见附录11）。

随后处于中位的依次是河南（72.03%）、广东（71.87%）、重庆（71.36%）、湖北（71.07%）、江西（70.53%）、陕西（70.28%）、山东（70.13%）、新疆（70.10%）等八个地区，得分均超过70%而低于均值

72.71%，并且各地相差比较微小。需要说明的是，广东和山东虽然在2011年的地区生产总值分列全国第一、第三位，经济总量大，但两省同时也是全国人口最大的两个省份，2011年总人口分别为10505万人、9637万人，特别是人均公共服务支出相对落后（见附录11），因而其基本公共服务体系质量的排名仅为第13和18位，且低于全国平均值。处于第三层次的依次是内蒙古（69.90%）、海南（69.33%）、福建（68.74%）、湖南（68.33%）、吉林（68.21%）、黑龙江（67.61%）、四川（66.34%）、安徽（66.12%）、河北（66.05%）、贵州（66.03%）、云南（65.87%）和广西（63.63%），得分均低于70%。贵州、云南和广西虽然在地区生产总值、公共服务支出占地方一般预算支出比重以及人均公共服务支出等维度都不在最后层次，但其人均GDP排名却是最后三名。

从区域的比较来看（见表5-7），东部省域、中部省域、西部省域得分标准差分别为：7.7%、2.26%、5.25%，说明区域内部各省域的基本功公共服务质量水平差异较大。相对而言，中部地区各个省域之间在基本公共服务质量上比较均衡，最高为山西，最低为安徽；东部地区相差最大，特别是河北、福建、海南三省明显落后；西部地区次之，除青海、西藏、甘肃、宁夏外，重庆和陕西相对质量较高。

表5-7 省域基本公共服务实证评估总分排名

东部省域		中部省域		西部省域	
上海	89.10%	山西	73.12%	青海	83.33%
北京	87.57%	河南	72.03%	西藏	75.35%
天津	84.42%	湖北	71.07%	甘肃	75.28%
浙江	80.60%	江西	70.53%	宁夏	74.48%
江苏	79.37%	湖南	68.33%	重庆	71.36%
辽宁	77.74%	吉林	68.21%	陕西	70.28%
广东	71.87%	黑龙江	67.61%	新疆	70.10%
山东	70.13%	安徽	66.12%	内蒙古	69.90%
海南	69.33%			四川	66.34%
福建	68.74%			贵州	66.03%

续表

东部省域		中部省域		西部省域	
河北	66.05%			云南	65.87%
				广西	63.63%
极大值	89.10%		73.12%		83.33%
极小值	66.05%		66.12%		63.63%
极差	23.05%		7.01%		19.71%
均值	76.81%		69.63%		71.00%
平均差	7.70%		2.26%		5.25%

2. 分项数据分析

（1）基本公共教育

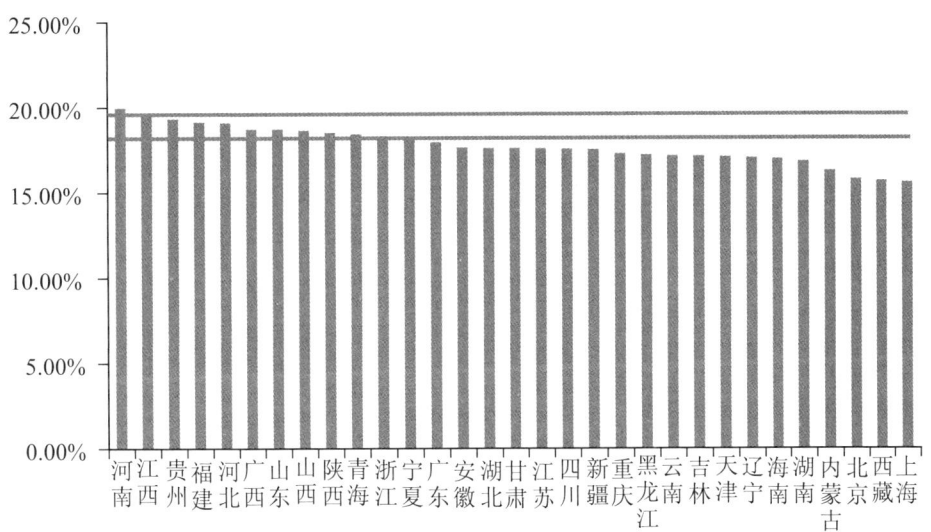

图5-4 "十二五"期间省级政府基本公共教育排序图（标准值：19.53%；均值：17.78%）

如图5-4所示，从整体上看，"十二五"期间省级政府基本公共教育质量的标准值为19.53%，2011年的平均值为17.78%，省级政府在基本公共教育领域的整体质量较高，完成率已达到91%，特别是河南和江西两地已经达到了"十二五"期间的标准值。贵州、福建、河北、广西、山东、山西、陕西、青海、浙江、宁夏和广东等11个地区超过了平均值。

基本公共教育排在前三位的是河南（19.98%）、江西（19.62%）、贵州（19.32%），而排在后三位的却是北京（16.29%）、西藏（15.79%）和上海（15.69%）。究其原因，河南在"每十万人口各级学校平均在校生数"及"教育经费支出占地方财政支出比重"两个指标的排名均为第一，江西和贵州也位列前茅，相对而言，虽然上海"义务教育入学率"为100%，北京为99.99%，但这一指标全国各地都基本完成，相差不大，而两者在"每十万人口各级学校平均在校生数"及"教育经费支出占地方财政支出比重"两个指标相对落后，当然这与指标本身有较大的关联性，特别是"每十万人口各级学校平均在校生数"取决于当地入学总人口，北京、西藏和上海明显较少。

表5-8 "十二五"期间省域基本公共教育实证评估得分排名

A1					
东部省域		中部省域		西部省域	
福建	19.13%	河南	19.98%	贵州	19.32%
河北	19.09%	江西	19.62%	广西	18.73%
山东	18.72%	山西	18.65%	陕西	18.52%
浙江	18.28%	安徽	17.64%	青海	18.43%
广东	17.96%	湖北	17.61%	宁夏	18.15%
江苏	17.58%	黑龙江	17.20%	甘肃	17.60%
天津	17.10%	吉林	17.14%	四川	17.57%
辽宁	17.04%	湖南	16.83%	新疆	17.52%
海南	16.98%			重庆	17.28%
北京	16.29%			云南	17.15%
上海	15.69%			内蒙古	16.61%
				西藏	15.79%
极大值	19.13%		19.98%		19.32%
极小值	15.69%		16.83%		15.79%
极差	3.44%		3.15%		3.53%
均值	17.62%		18.08%		17.72%
标准差	1.08%		1.11%		1.69%

从区域的比较来看（见表5-8），东部省域、中部省域、西部省域在基本公共教育的得分标准差分别为：1.08%、1.11%、1.69%，说明区域内部各省域的基本公共教育的质量水平相差较为微弱，均衡度较高。相对而言，中部地区的均值略高于西部，西部略高于东部。

（2）劳动就业服务

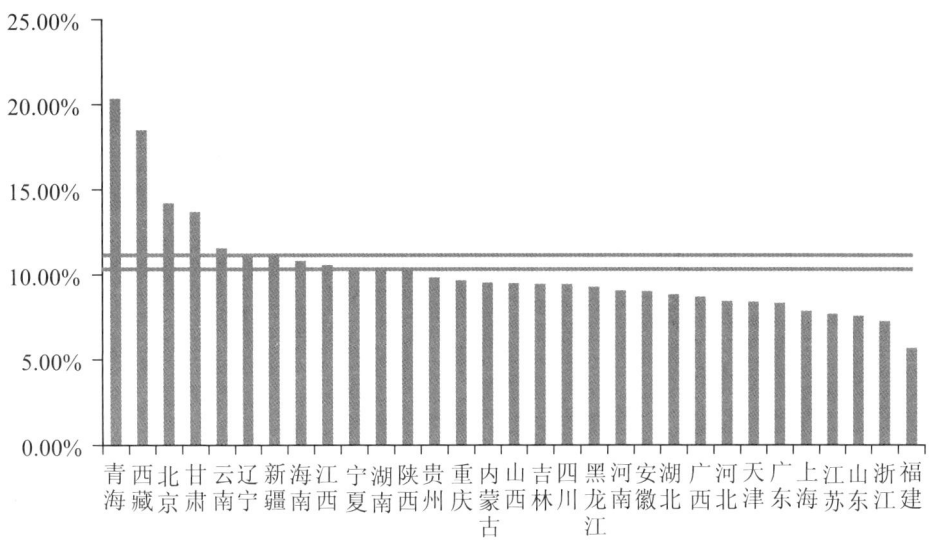

图5-5 "十二五"期间省级政府劳动就业服务实证评估排序图
（标准值：10.03%；均值：10.25%）

如图5-5所示，从整体上看，"十二五"期间省级政府劳动就业服务质量的标准值为10.03%，2011年的平均值为10.25%。省级政府在劳动就业服务领域的整体质量较高，从数据上看，青海、西藏、北京、甘肃、云南、辽宁、新疆、海南、江西、宁夏、湖南、陕西等地均已经达到了"十二五"期间的标准值，且超过目标值较大。其原因有可能是课题组对相关指标的参考值设定较为宽松，一是在"失业率"上参考国际标准，在"十二五"末保持4.1%，没有加以改善；二是根据2007—2011年的统计数据显示，各地社会保障财政支出占地方一般预算总支出的比重为负增长，我们以此确定"就业保障总支出占GDP比重"的标准值相对于2011年的平均值来说，也是负值。

劳动就业服务排在前三位的是青海（20.34%）、西藏（18.49%）和北京（14.21%），而排在最后三位的却是山东（7.61%）、浙江（7.29%）和福建（6.70%）。究其原因，青海和西藏在"就业保障总支出占GDP比重"位列前两位，浙江、福建垫底，且在"每千个劳动年龄人口拥有公立就业服务工作人员数"及"失业率"两个指标上排名也处于最后层次。

表5-9 "十二五"期间省域劳动就业服务实证评估总分排名

A2					
东部省域		中部省域		西部省域	
北京	14.21%	江西	10.58%	青海	20.34%
辽宁	11.19%	湖南	10.23%	西藏	18.49%
海南	10.81%	山西	9.51%	甘肃	13.71%
河北	8.47%	吉林	9.47%	云南	11.56%
天津	8.42%	黑龙江	9.31%	新疆	11.10%
广东	8.35%	河南	9.09%	宁夏	10.30%
上海	7.88%	安徽	9.05%	陕西	10.20%
江苏	7.71%	湖北	8.85%	贵州	9.85%
山东	7.61%			重庆	9.67%
浙江	7.29%			内蒙古	9.54%
福建	6.70%			四川	9.45%
				广西	8.72%
极大值	14.21%		10.58%		20.34%
极小值	6.70%		8.85%		8.72%
极差	7.51%		1.73%		11.62%
均值	8.97%		9.51%		11.91%
标准差	2.12%		0.56%		3.59%

从区域的比较来看（见表5-9），东部省域、中部省域、西部省域的劳动就业服务得分标准差分别为：2.12%、0.56%、3.59%，排名第一的青海与末尾的福建之间的极差为13.64%，说明区域内部各省域的差异相对较大，劳动就业公共服务的均衡度较低。相对而言，西部地区在劳动就业服务上的均值最大，但内部省域间的标准差却最大，不均衡度最高，东部和中部各地区相对均衡发展。

(3) 社会保险

如图 5-6 所示，从整体上看，"十二五"期间省级政府社会保险质量的标准值为 7.8%，2011 年的平均值为 6.2%，省级政府在社会保险领域的整体质量较高，完成率为 79.5%。从数据上看上海（11.94%）、北京（9.79%）、天津（7.96%）三个直辖市已经达到了"十二五"期间的标准值，并排在全国前三名。排在最后三位的是云南（4.87%）、广东（4.72%）和贵州（4.53%）。其原因主要在于三个直辖市 2011 年社会保险支出的比重位列全国前三，云南、贵州则为倒数两位，而广东则在"年末领取失业保险人数占参保人数比例"和"新农保参保人数占农村人口比例"等指标上排名明显靠后。

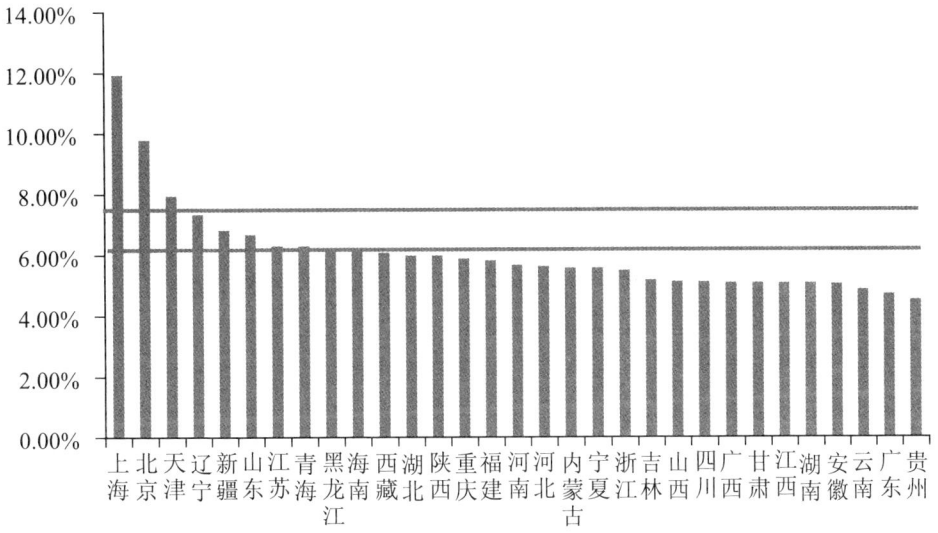

图 5-6 "十二五"期间省级政府社会保险实证评估排序图（标准值：7.80%；均值：6.20%）

从区域的比较来看（见表 5-10），东部省域、中部省域、西部省域在社会保险服务的得分标准差分别为：1.97%、0.48%、0.71%，排名第一的上海与末尾的贵州之间的极差为 7.41%，说明区域内部各省域的差异相对较大，社会保险服务质量的均衡度较低。相对而言，东部地区在社会保险服务上的均值最大，但东部省域间的标准差却最大，不均衡度最高，中西部各地区相对均衡发展。

表 5-10 "十二五"期间省域社会保险实证评估总分排名

A3					
东部省域		中部省域		西部省域	
上海	11.94%	黑龙江	6.31%	新疆	6.99%
北京	9.79%	湖北	6.14%	青海	6.58%
天津	7.96%	河南	5.99%	西藏	6.21%
辽宁	7.35%	吉林	5.58%	陕西	6.13%
山东	6.83%	山西	5.49%	重庆	6.09%
江苏	6.69%	江西	5.07%	内蒙古	5.82%
海南	6.30%	湖南	5.07%	宁夏	5.67%
福建	6.08%	安徽	5.04%	四川	5.18%
河北	5.88%			广西	5.12%
浙江	5.63%			甘肃	5.08%
广东	4.72%			云南	4.87%
				贵州	4.53%
极大值	11.94%		6.31%		6.99%
极小值	4.72%		5.04%		4.53%
极差	7.22%		1.27%		2.46%
均值	7.20%		5.59%		5.69%
标准差	1.97%		0.48%		0.71%

(4) 基本社会服务

如图 5-7 所示,从整体上看,"十二五"期间省级政府基本社会服务质量的标准值为 7.93%,2011 年的平均值为 3.56%,省级政府在基本社会服务领域的整体质量相对较低,完成率仅为 44.9%。从数据上看仅有天津、上海两地已经达到了"十二五"期间的标准值,紧随其后的也只有浙江、江苏、辽宁、北京和重庆等五地的得分超过了均值,排在最后三位的是福建(1.71%)、广西(1.60%)和海南(1.35%),其服务质量与人均 GDP 之间存在明显的正相关。

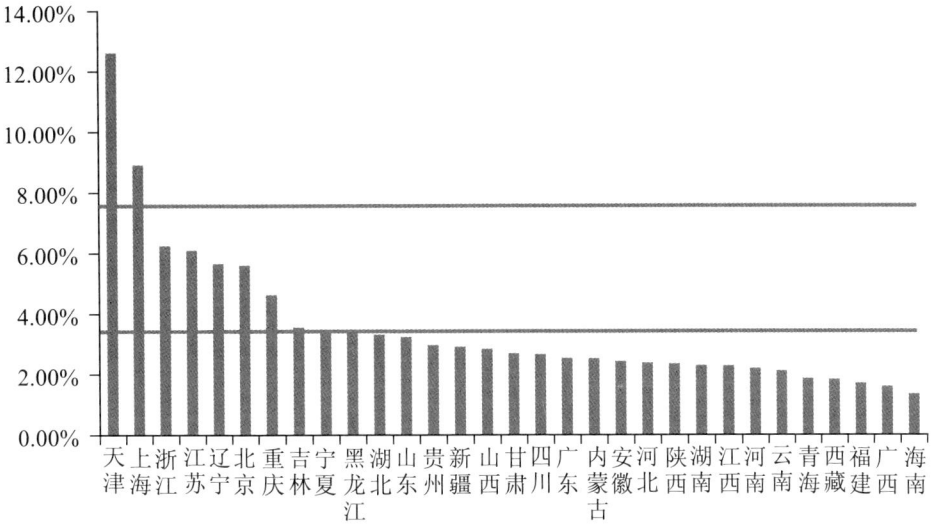

图 5-7　"十二五"期间省级政府基本社会服务实证评估排序图
（标准值：7.93%；均值：3.56%）

从区域的比较来看（见表 5-11），东部省域、中部省域、西部省域在基本社会服务质量的得分标准差分别为：3.26%、0.53%、0.8%，排名第一的天津与末尾的海南之间的极差为 11.26%，说明区域内部各省域的差异显著，基本社会服务的均衡度非常低。相对而言，东部地区在基本社会服务上的均值最大，但内部省域间的标准差却最大，不均衡度最高，中西部各地区相对均衡发展，但明显滞后。

表 5-11　"十二五"期间省域基本社会服务实证评估总分排名

A4					
东部省域		中部省域		西部省域	
天津	12.63%	吉林	3.55%	重庆	4.64%
上海	8.93%	黑龙江	3.47%	宁夏	3.48%
浙江	6.25%	湖北	3.31%	贵州	2.96%
江苏	6.10%	山西	2.84%	新疆	2.91%
辽宁	5.66%	安徽	2.43%	甘肃	2.69%
北京	5.61%	湖南	2.29%	四川	2.66%
山东	3.23%	江西	2.28%	内蒙古	2.52%
广东	2.63%	河南	2.20%	陕西	2.34%
河北	2.38%			云南	2.11%

续表

A4					
东部省域		中部省域		西部省域	
福建	1.71%			青海	1.86%
海南	1.35%			西藏	1.83%
				广西	1.60%
极大值	12.63%		3.55%		4.64%
极小值	1.35%		2.20%		1.60%
极差	11.28%		1.35%		3.04%
均值	5.13%		2.80%		2.63%
标准差	3.26%		0.53%		0.80%

(5) 基本医疗卫生服务

如图5-8所示，"十二五"期间省级政府基本医疗卫生服务质量的标准值为12.25%，2011年的平均值为9.61%，省级政府在基本医疗卫生服务领域的整体质量较高，当前完成率为78.4%。从数据上看，北京、上海、青海和甘肃四地均已经达到了"十二五"期间的标准值。超过均值的还有山西、黑龙江、海南、内蒙古、辽宁、天津和陕西等七个地区，排在最后三位的是西藏、安徽和贵州。

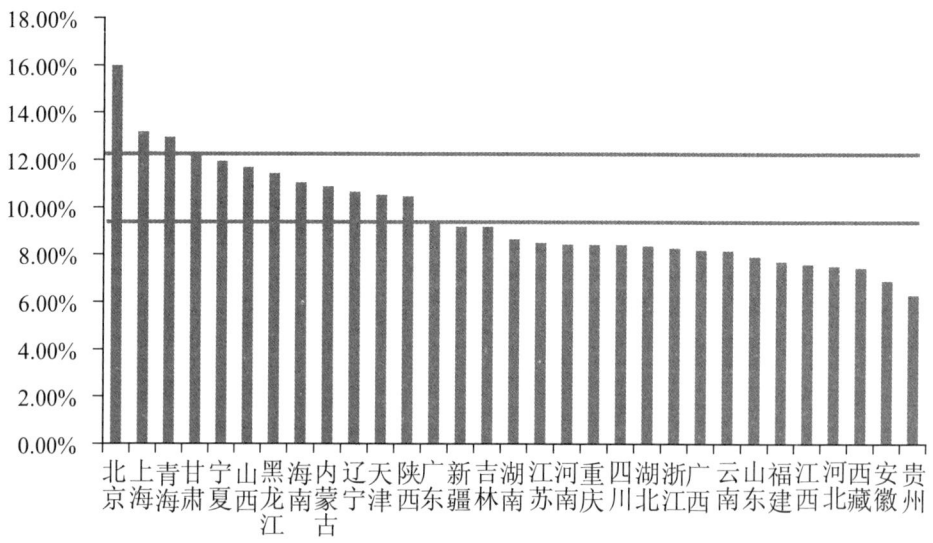

图5-8 "十二五"期间省级政府基本医疗卫生服务实证评估排序图
（标准值：12.25%；均值：9.61%）

从区域的比较来看（见表5-12），东部省域、中部省域、西部省域基本医疗卫生服务得分标准差分别为：2.50%、1.59%、2.02%，排名第一的北京与末尾的贵州之间的极差为9.7%，说明区域内部各省域的差异相对较大，基本医疗卫生服务的均衡度较低。东、中、西部在基本医疗卫生服务质量上的均值相差不大，但东部地区各省域间的标准差最大，不均衡度最高，中西部各地区相对均衡发展。

表5-12 "十二五"期间省域基本医疗卫生服务实证评估总分排名

A5					
东部省域		中部省域		西部省域	
北京	15.99%	山西	11.69%	青海	12.95%
上海	13.18%	黑龙江	11.43%	甘肃	12.33%
海南	11.05%	吉林	9.19%	宁夏	11.94%
辽宁	10.66%	湖南	8.66%	内蒙古	10.89%
天津	10.53%	河南	8.45%	陕西	10.47%
广东	9.30%	湖北	8.38%	新疆	9.19%
江苏	8.62%	江西	7.62%	重庆	8.43%
浙江	8.29%	安徽	6.90%	四川	8.43%
山东	7.93%			广西	8.21%
福建	7.72%			云南	8.18%
河北	7.54%			西藏	7.46%
				贵州	6.29%
极大值	15.99%		11.69%		12.95%
极小值	7.54%		6.90%		6.29%
极差	8.44%		4.79%		6.66%
均值	10.07%		9.04%		9.56%
标准差	2.50%		1.59%		2.02%

（6）人口和计划生育

如图5-9所示，"十二五"期间省级政府人口与计划生育服务质量的标准值为 6.75%，2011 年的平均值为 5.67%，省级政府在基本医疗卫生服务领域的整体质量较高，当前完成率为 84%。从数据上看，西藏得分最高，并已经达到了"十二五"期间的标准值。超过均值的还有内蒙古、黑龙江、辽宁、山东、陕西、甘肃、浙江、上海、宁夏、山西、新疆、北京、天津、河北、吉林等 15 个地区，排在最后三位的是江西、海南和安徽。值得一提的是，上海和北京两地的人口预期寿命最长，均已超过 80 岁，而云南、西藏、青海三地的人口预期寿命最短，均低于 70 岁。

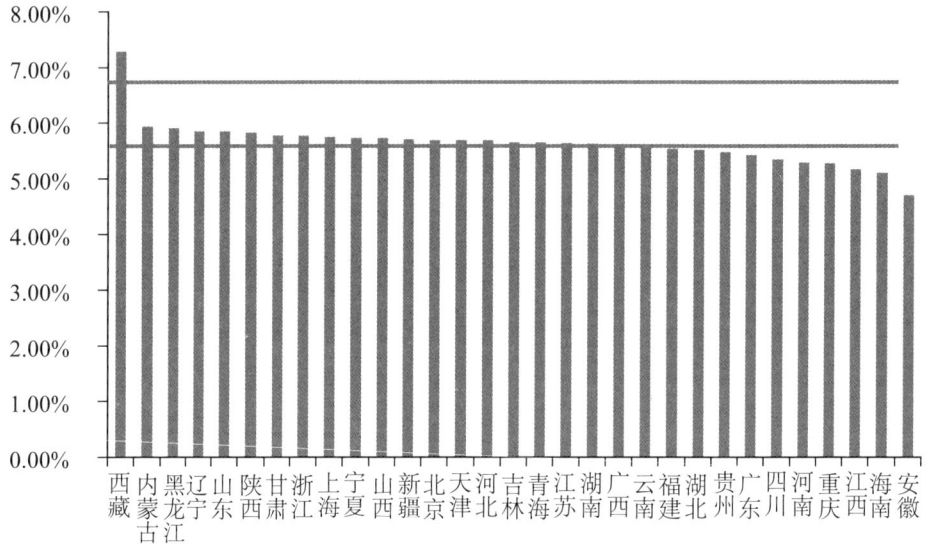

图 5-9 "十二五"期间省级政府人口和计划生育实证评估排序图
（标准值：6.75%；均值：5.67%）

从区域的比较来看（见表 5-13），东部省域、中部省域、西部省域基本医疗卫生服务得分标准差分别为：0.19%、0.35%、0.49%，排名第一的西藏与末尾的安徽之间的极差为 2.58%，说明区域内部各省域的差距十分微弱，人口与计划生育作为一种基本国策，其服务质量的均衡度在各项基本公共服务中最高。东、中、西部地区在人口与计划生育服务质量上的均值也相差不大，但西部地区各省域间的标准差最大，不均衡性相对较大。

表 5-13　"十二五"期间省域人口和计划生育服务实证评估总分排名

A6					
东部省域		中部省域		西部省域	
辽宁	5.91%	黑龙江	5.94%	西藏	7.29%
山东	5.86%	山西	5.73%	内蒙古	6.11%
浙江	5.78%	吉林	5.69%	陕西	5.85%
上海	5.77%	湖南	5.64%	甘肃	5.83%
北京	5.71%	湖北	5.54%	宁夏	5.75%
天津	5.69%	河南	5.35%	新疆	5.73%
河北	5.69%	江西	5.28%	青海	5.65%
江苏	5.65%	安徽	4.71%	广西	5.63%
福建	5.56%			云南	5.61%
广东	5.48%			贵州	5.52%
海南	5.17%			四川	5.43%
				重庆	5.29%
极大值	5.91%		5.94%		7.29%
极小值	5.17%		4.71%		5.29%
极差	0.73%		1.23%		2.00%
均值	5.66%		5.48%		5.81%
标准差	0.19%		0.35%		0.49%

（7）基本住房保障

如图 5-10 所示，"十二五"期间省级政府基本住房保障质量的标准值为 11.02%，2011 年的平均值为 4.67%，较之于其他服务类型，省级政府在基本住房保障领域的整体质量最低，当前完成率仅为 42.4%，这在很大程度上印证了"住房难"是当前最大的民生问题。从数据上看，浙江得分最高，并已经达到了"十二五"期间的标准值。超过均值的还有上海、江苏、北京、福建、江西、湖北、天津、重庆、辽宁、广东、湖南、安徽等 12 个地区，排在最后三位的是甘肃、青海和西藏。

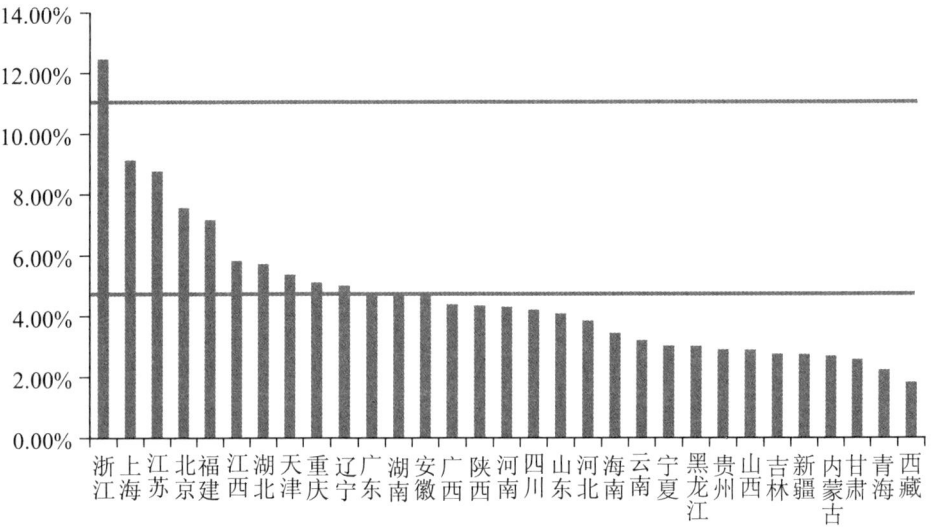

图 5-10　"十二五"期间省级政府基本住房保障实证评估排序图
（标准值：11.02%；均值：4.67%）

从区域的比较来看（见表 5-14），东部省域、中部省域、西部省域基本住房保障质量得分标准差分别为：2.66%、1.16%、0.97%，虽然内部各省域之间的均衡度较高，但排名第一的浙江与末尾的西藏之间的极差为 10.64%，且东、中、西部在基本住房保障质量上的均值也相差较大，东部地区高于中部地区，中部地区高于西部地区，呈现出较为明显的区域不均衡，必将成为"十二五"期间重点关注的基本公共服务类型。

表 5-14　"十二五"期间省域基本住房保障实证评估总分排名

A7					
东部省域		中部省域		西部省域	
浙江	12.46%	江西	5.83%	重庆	5.12%
上海	9.15%	湖北	5.72%	广西	4.39%
江苏	8.77%	湖南	4.72%	陕西	4.35%
北京	7.57%	安徽	4.69%	四川	4.22%
福建	7.17%	河南	4.31%	云南	3.20%
天津	5.38%	黑龙江	3.01%	宁夏	3.02%

续表

A7					
东部省域		中部省域		西部省域	
辽宁	5.01%	山西	2.89%	贵州	2.90%
广东	4.77%	吉林	2.75%	新疆	2.74%
山东	4.09%			内蒙古	2.69%
河北	3.86%			甘肃	2.57%
海南	3.44%			青海	2.23%
				西藏	1.82%
极大值	12.46%		5.83%		5.12%
极小值	3.44%		2.75%		1.82%
极差	9.02%		3.07%		3.30%
均值	6.51%		4.24%		3.27%
标准差	2.66%		1.16%		0.97%

（8）公共文化体育

如图 5-11 所示，"十二五"期间省级政府公共文化体育服务质量的标准值为 8.56%，2011 年的平均值为 3.73%，当前完成率仅为 43.6%，省级政府在公共文化体育领域的整体质量仅高于基本住房保障。从数据上看，目前尚未有一个地区提前完成了"十二五"规划的目标，排在前三位的是西藏、上海、青海。超过均值的还有上海、江苏、北京、福建、江西、湖北、天津、重庆、辽宁、广东、湖南、安徽等12个地区，排在最后三位的是甘肃、青海和西藏。

从区域的比较来看（见表 5-15），东部省域、中部省域、西部省域公共文化体育服务质量得分标准差分别为：1.25%、0.61%、1.93%，内部各省域之间的均衡度较高，排名第一的上海与末尾的贵州之间的极差为 6.34%。参照区域绩效均值，东部大于西部大于中部，东部大于全国均值，西部与全国均值基本持平；从区域分布上来看，参照区域绩效标准差，西部大于东部大于中部，西部大于全国绩效标准差。综合以上分析，公共文化体育服务质量绩效水平，东部最高，而中部最低；西部均衡水平最低，中部均衡水平最高。

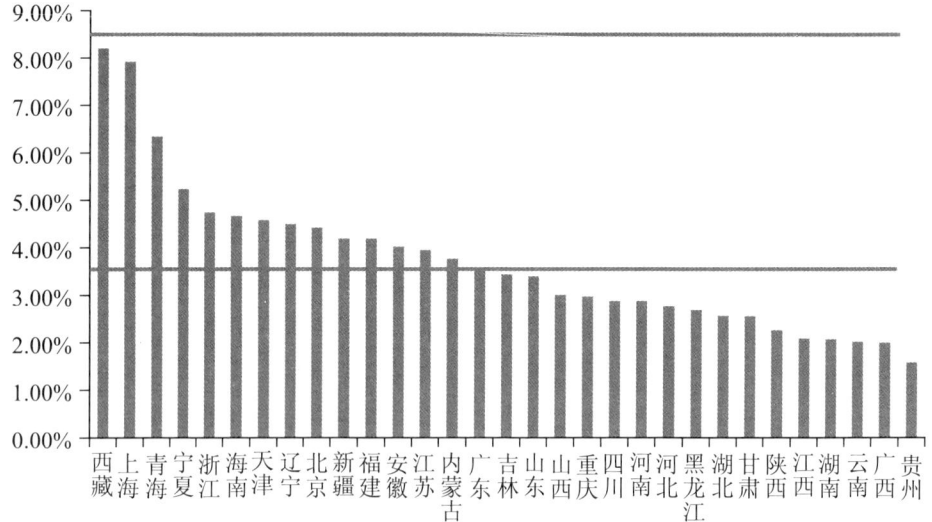

图 5-11　"十二五"期间省级政府公共文化体育实证评估排序图
（标准值：8.56%；均值：3.73%）

表 5-15　"十二五"期间省域公共文化体育实证评估总分排名

A8					
东部省域		中部省域		西部省域	
上海	7.92%	安徽	4.02%	西藏	8.20%
浙江	4.74%	吉林	3.44%	青海	6.34%
海南	4.64%	山西	3.01%	宁夏	5.23%
天津	4.58%	河南	2.88%	新疆	4.19%
辽宁	4.49%	黑龙江	2.69%	内蒙古	3.77%
北京	4.42%	湖北	2.57%	重庆	2.97%
福建	4.19%	江西	2.09%	四川	2.88%
江苏	3.95%	湖南	2.08%	甘肃	2.56%
广东	3.54%			陕西	2.27%
山东	3.40%			云南	2.02%
河北	2.77%			广西	2.00%
				贵州	1.58%
极大值	7.92%		4.02%		8.20%
极小值	2.77%		2.08%		1.58%
极差	5.16%		1.94%		6.61%
均值	4.42%		2.85%		3.67%
标准差	1.25%		0.61%		1.93%

(9) 生态环境服务

如图 5-12 所示,"十二五"期间省级政府生态环境服务质量的标准值为 7.88%,2011 年的平均值为 5.53%,当前完成率为 75.3%,省级政府在生态环境服务领域的整体质量较高,但从数据上看,目前尚未有一个地区提前完成了"十二五"规划的目标,排在前三位的是天津、浙江和内蒙古。超过均值的还有山东、山西、江苏、福建、宁夏、广东、重庆、云南、海南、青海、陕西、广西等 12 个地区,排在最后三位的是西藏、黑龙江、甘肃。

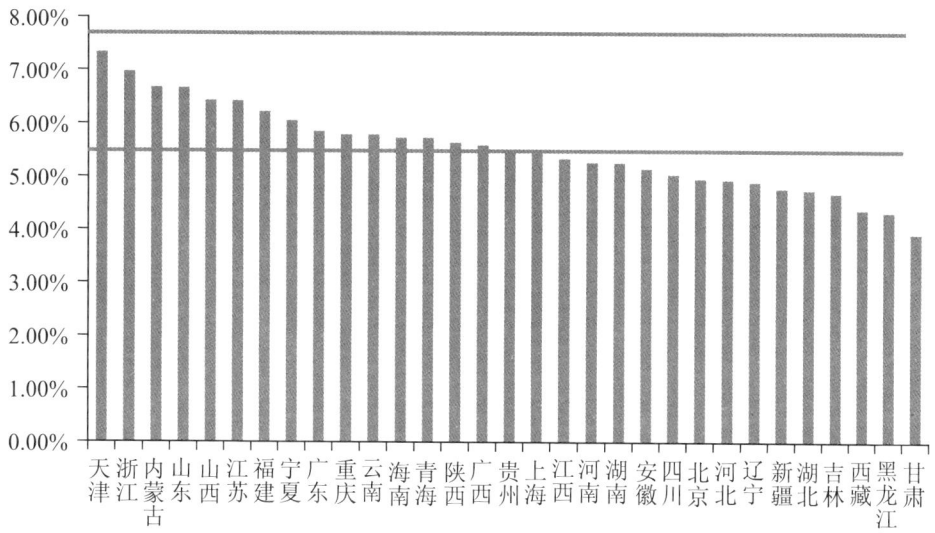

图 5-12 "十二五"期间省级政府生态环境服务实证评估排序图
(标准值: 7.88%; 均值: 5.53%)

从区域的比较来看(见表 5-16),东部省域、中部省域、西部省域生态建设服务质量得分的标准差分别为: 0.81%、0.59%、0.73%,内部各省域之间的均衡度较高,排名第一的天津与末尾的甘肃之间的极差为 3.42%,且东、中、西部在生态建设服务质量上的均值也相差微弱,东部地区略高于中西部,但标准差最大,内部之间的不均衡度相对较高,中部地区均值最小。

表5-16 "十二五"期间省域生态环境服务实证评估总分排名

A9					
东部省域		中部省域		西部省域	
天津	7.34%	山西	6.43%	内蒙古	6.67%
浙江	6.97%	江西	5.34%	宁夏	6.05%
山东	6.66%	河南	5.27%	重庆	5.79%
江苏	6.42%	湖南	5.26%	云南	5.79%
福建	6.22%	安徽	5.15%	青海	5.73%
广东	5.85%	湖北	4.74%	陕西	5.64%
海南	5.73%	吉林	4.68%	广西	5.59%
上海	5.48%	黑龙江	4.33%	贵州	5.50%
北京	4.95%			四川	5.04%
河北	4.93%			新疆	4.77%
辽宁	4.89%			西藏	4.37%
				甘肃	3.92%
极大值	7.34%		6.43%		6.67%
极小值	4.89%		4.33%		3.92%
极差	2.45%		2.10%		2.75%
均值	5.95%		5.15%		5.40%
标准差	0.81%		0.59%		0.73%

(10) 残疾人基本公共服务

如图5-13所示,"十二五"期间省级政府残疾人基本公共服务质量的标准值为8.25%,2011年的平均值为5.72%,当前完成率为69.3%,省级政府残疾人基本公共服务领域的整体质量较高。从数据上看,广东、甘肃、河南等三个地区提前完成了"十二五"规划的目标,排在前三位。超过均值的还有湖北、江苏、贵州、湖南、山西、江西、吉林、安徽、重庆和山东等10个地区,排在最后三位的是青海、上海和北京。这说明对于残疾人基本公共服务质量的评估更侧重于投入性指标,根据2006年第二次全国残疾人抽样调查统计数据显示,青海、上海和北京等地的残疾人人口总量远低于广东等地,总体投入相对较小。

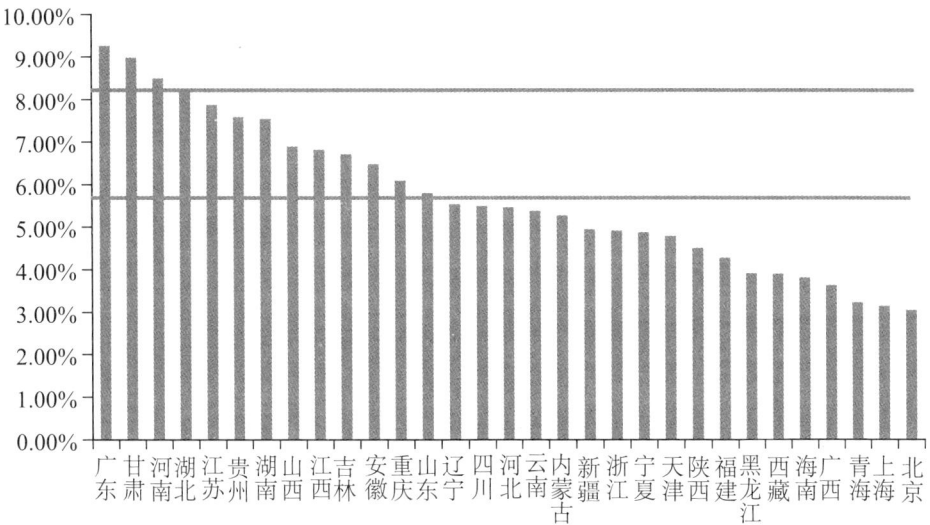

图 5-13 "十二五"期间省级政府残疾人基本公共服务实证评估排序图
（标准值：8.25%；均值：5.71%）

从区域的比较来看（见表 5-17），东部省域、中部省域、西部省域残疾人基本公共服务质量得分的标准差分别为：1.81%、1.31%、1.56%，内部各省域之间的均衡度较高，排名第一的广东与末尾的北京之间的极差为 6.22%，且东、中、西部在生态建设服务质量上的均值也相差不大，中部地区高于东、西部，且标准差最小，内部之间的均衡度相对较高；东部地区均值最小，且标准差最大，整体发展相对不均衡。

表 5-17 "十二五"期间省域残疾人基本公共服务实证评估总分排名

A10					
东部省域		中部省域		西部省域	
广东	9.27%	河南	8.50%	甘肃	8.98%
江苏	7.88%	湖北	8.22%	贵州	7.59%
山东	5.80%	湖南	7.55%	重庆	6.09%
辽宁	5.54%	山西	6.90%	四川	5.49%
河北	5.46%	江西	6.82%	云南	5.38%
浙江	4.92%	吉林	6.72%	内蒙古	5.28%

续表

A10					
东部省域		中部省域		西部省域	
天津	4.79%	安徽	6.49%	新疆	4.95%
福建	4.28%	黑龙江	3.92%	宁夏	4.88%
海南	3.82%			陕西	4.51%
上海	3.15%			西藏	3.91%
北京	3.05%			广西	3.64%
				青海	3.23%
极大值	9.27%		8.50%		8.98%
极小值	3.05%		3.92%		3.23%
极差	6.22%		4.58%		5.75%
均值	5.27%		6.89%		5.33%
标准差	1.81%		1.31%		1.56%

(四) 主观指标体系的实证评估

测量基本公共服务满意度的问卷以居住在国内东、中、西部的居民为主要的测量主体。问卷主要考察的项目为上述主体对基本公共服务各个模块中的满意度倾向。本问卷主要采用量表方式，问卷共计37个问题，分为基本公共教育、劳动就业服务、社会保险、基本社会服务、基本医疗卫生、人口和计划生育、基本住房保障、公共文化体育、生态环境建设、残疾人基本公共服务共计10个大项目，30个主要测量指标，问卷选项从1到5（1非常不满意、2比较不满意、3一般、4比较满意、5非常满意），让被试根据问卷具体问题进行打分，即分值越高，正向性越强。最终根据各因子测量出的均值测量出国内东、中、西部居民对各项基本公共服务项目的满意程度。最后，通过东、中、西部居民不同的满意程度，分析东、中、西部地方政府基本公共服务的不同水平。

1. 东部、中部、西部总体数据分析

对问卷进行分析，形成最终结果如表5-18：

表 5-18 基本公共服务满意度均值

您的户籍所在省（自治区、直辖市）	东部 均值	中部 均值	西部 均值	总计 均值
对个人承担的教育成本的满意度	3.42	3.40	3.33	3.38
对教育服务公平性的满意度	3.13	3.01	3.04	3.06
对基础教育公共服务的总体满意度	3.32	3.23	3.28	3.28
对工资水平的满意度	3.14	3.14	2.66	2.94
对公共部门就业指导与就业援助的满意度	3.22	3.15	3.01	3.12
对劳动就业服务的总体满意度	3.26	3.13	3.05	3.14
对个人负担的社会保险参保费用的满意度	3.41	3.35	3.29	3.34
对社会保险回报率的满意度	3.20	3.00	3.09	3.11
对社会保险服务的总体满意度	3.30	3.07	3.14	3.18
对基本社会服务供给范围的满意度	3.24	3.23	3.24	3.24
对基本社会服务供给方式的满意度	3.21	3.15	3.18	3.19
对基本社会服务的总体满意度	3.27	3.19	3.20	3.22
对基本医疗卫生服务公平性的满意度	3.13	3.06	2.99	3.05
对未来五年个人身体健康的预期满意度	3.42	3.43	3.29	3.37
对基本医疗卫生服务的总体满意度	3.20	3.22	3.01	3.12
对当前人口政策的满意度	3.08	3.15	3.17	3.14
对计划生育技术服务的满意度	3.12	3.26	3.21	3.20
对人口和计划生育服务的总体满意度	3.12	3.24	3.20	3.19
对保障性住房供给充足性的满意度	2.73	2.94	2.85	2.84
对保障性住房分配公平性的满意度	2.65	2.85	2.79	2.76
对基本住房保障的总体满意度	2.76	2.88	2.83	2.82
对公共文化体育服务便捷性的满意度	3.21	3.12	3.09	3.14
对公共文化体育服务实用性的满意度	3.17	3.03	3.12	3.11
对公共文化体育服务的总体满意度	3.21	3.09	3.14	3.14
对生态环境质量现状的满意度	2.63	2.73	2.79	2.73
对目前环保政策落实情况的满意度	2.58	2.52	2.77	2.64
对生态环境服务的总体满意度	2.64	2.65	2.85	2.73
对残疾人基本生活保障水平的满意度	3.23	3.13	3.23	3.21
对残疾人无障碍设施普及率的满意度	3.13	3.04	3.13	3.11
对残疾人基本公共服务的总体满意度	3.20	3.05	3.19	3.16
总计	3.11	3.08	3.07	3.09

针对如上数据结果，课题组展开了讨论与研究。总体而言，从全国平均水平来看，基本公共服务满意度维持在中等水平，民众普遍就基本公共服务满意度做出"一般"评价，可以说各省级公共部门在提升基本公共服务质量、提升公众满意度方面仍旧任重道远。

（1）东部民众基本公共服务满意度最高，中部、西部分居其后

从上表数据中我们可以看到，东部民众在基本公共服务总体满意度测评中得分最高，但与中部、西部相比满意度测评数据差距并不大，其中，中、西部满意度测评在5分制打分中仅有0.01分的数据差异。而在全国统计的均值中满意度倾向为3.09，高于中部和西部的满意度倾向。可见中部和西部对公共服务的满意度程度相对低于全国水平。

从全国经济发展水平来看，东部经济发展水平较中、西部而言有着显著优势。出众的地理条件优势与高精尖技术密集的先期基础使得东部地区在经济发展水平上远远领先于中、西部。近年来，随着"西部开发""中部崛起"口号的提出，国家从经济层面对中、西部的经济发展做出了足够的重视，但从发展基础与发展速度上仍旧存在一定限制。西部作为先期基础薄弱、后期技术支持匮乏的区域，在经济发展中仍然有较大困难。

经济情况反映于基本公共服务满意度测评中，便得出了如上结果。东部地区经济的高度发达同样带来了民众对于公共服务的高度需求。突出的经济优势带来的是东部民众对于高质量生活品质的要求。从测评结果来看，东部地区在人口和计划生育、基本住房保障以及生态环境建设三大项目的满意度测评中得分最低，反映的正是东部民众对于生活条件的要求日趋严格。而在其他7个大项目的测评中，东部地区在三大区域中得分相对较高，这与东部民众的经济条件是分不开的。从满意度测评的10个大项目中我们可以看出，劳动就业服务、社会保险、公共文化体育等几大项目中，东部地区民众的满意度较中西部都有较大优势。反观西部，由于生产力的匮乏、经济的相对落后，在各项指标中的测评中满意度相对较低，在劳动就业、医疗卫生等方面尤甚。

（2）十大项目满意度差异大，生态环境、住房保障成短板

问卷主要采用量表方式，分为基本公共教育、劳动就业服务、社会保险、基本社会服务、基本医疗卫生、人口和计划生育、基本住房保障、公共文化体育、生态环境建设、残疾人基本公共服务共计10个大项目，30个主

要测量指标对东、中、西部民众进行调查。从调查结果来看（见表5-19），多数项目在满意度测评中能达到3分以上，公民对于基本公共教育的满意度最高，但对生态环境建设、基本住房保障这两个项目的满意度最低，其中六个单项指标的满意度测评全部低于3分。

表5-19 一级指标总分均值

	东部	中部	西部	均值
基本公共教育	3.29	3.21	3.22	3.24
社会保险	3.3	3.14	3.17	3.21
基本社会服务	3.26	3.17	3.13	3.19
基本医疗卫生服务	3.25	3.24	3.1	3.18
人口与计划生育服务	3.11	3.22	3.19	3.18
劳动就业服务	3.25	3.18	3.08	3.17
残疾人基本公共服务	3.19	3.07	3.18	3.16
公共文化体育	3.2	3.08	3.12	3.13
基本住房保障	3.71	2.89	2.82	2.81
生态环境服务	2.62	2.63	2.8	2.7

基本公共服务作为国家发展完善的重要条件，在其发展过程中同样应当注重各个项目的均衡发展。科学发展要求全面、协调、可持续的发展，而在生态环境建设这一重要指标中的低分恰恰反映了在现有的发展模式和路径选择中存在重经济轻生态的趋向。生态作为民众生产生活条件的重要参考，对于生产生活的质量有着直接的影响。而在问卷统计过程中不乏民众对生态环境建设"非常不满意"，证明生态环境的建设应当在各级公共部门中引起相当的重视。而在当前房地产行业问题尖锐、住房保障问题日趋严重的情况下，全国满意度测评中基本住房保障项目呈现短板状态，原因也是很明显的。

满意度的差异正是基本公共服务在全面性与协调性上亟待改进的反映，更是各级公共部门前进的动力。基本住房保障和生态环境建设在满意度测评中的低分表现也为各级公共部门调整基本公共服务的具体方向做出引导。

(3) 基本公共服务主客观测评整体相符

此次测量基本公共服务满意度的问卷以居住在国内东、中、西部的居民为主要主体，问卷主要考察的项目为上述主体对基本公共服务各个模块中的满意度倾向。而在基本公共服务的测评中，主观因素只是其中的一部分，目前客观数据的测评对于反映目前各省、自治区、直辖市的基本公共服务水平与质量有着重要的关联。客观指标的测评分数高低，从一定程度上更直观地说明目前基本公共服务的发展现状，把主客观测评指标放置在一起比较也是必要的。

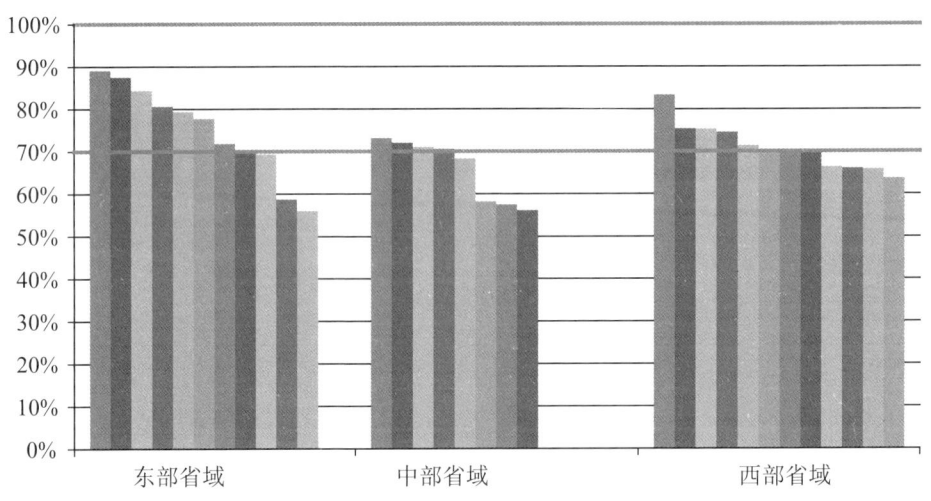

图 5-14　客观指标区域总分排名

从客观指标的测评得分中我们可以看出，总体而言，东部地区得分较中、西部而言相对较高，而西部的总体得分仍然呈现较低的状态。在东部地区成绩普遍较好的情况下，西部地区部分指标总体而言仍旧较低，甚至呈现不及格的态势。主客观指标相对比可见，主客观满意度整体相对协调。在经济条件较为出色、经济发展相对迅速的东部地区，民众满意度水平也整体较高；而在中、西部地区，由于经济发展水平相对东部而言较差，基本公共服务的供给也存在较大程度的限制，因而主客观满意度相对协调，客观基本公共服务的限制也导致了民众对于服务的满意度测评相对较低。

2. 东部、中部、西部分项数据分析

（1）东部分项数据分析

东部居民对基本公共服务满意度的综合平均分为 3.11，基本处于中偏正向的满意度，在东、中、西地域分布中处于高水平。其中对个人承担的教育成本的满意度最高，为 3.42，对目前环保政策落实情况的满意度最低，为 2.58。各项指标的分项排序如表 5-20：

表 5-20 东部分项指标排序

基本公共服务满意度评价	东部
1 对个人承担的教育成本的满意度	3.42
14 对未来五年个人身体健康的预期满意度	3.42
7 对个人负担的社会保险参保费用的满意度	3.41
3 对基础教育公共服务的总体满意度	3.32
9 对社会保险服务的总体满意度	3.30
12 对基本社会服务的总体满意度	3.27
6 对劳动就业服务的总体满意度	3.26
10 对基本社会服务供给范围的满意度	3.24
28 对残疾人基本生活保障水平的满意度	3.23
5 对公共部门就业指导与就业援助的满意度	3.22
22 对公共文化体育服务便捷性的满意度	3.21
11 对基本社会服务供给方式的满意度	3.21
24 对公共文化体育服务的总体满意度	3.21
8 对社会保险回报率的满意度	3.20
15 对基本医疗卫生服务的总体满意度	3.20
30 对残疾人基本公共服务的总体满意度	3.20
23 对公共文化体育服务实用性的满意度	3.17
4 对工资水平的满意度	3.14
29 对残疾人无障碍设施普及率的满意度	3.13
2 对教育服务公平性的满意度	3.13
13 对基本医疗卫生服务公平性的满意度	3.13
18 对人口和计划生育服务的总体满意度	3.12
17 对计划生育技术服务的满意度	3.12
16 对当前人口政策的满意度	3.08
21 对基本住房保障的总体满意度	2.76
19 对保障性住房供给充足性的满意度	2.73
20 对保障性住房分配公平性的满意度	2.65
27 对生态环境服务的总体满意度	2.64
25 对生态环境质量现状的满意度	2.63
26 对目前环保政策落实情况的满意度	2.58

其中，共有 7 项小指标低于东部满意度均值，而有 6 项小指标的满意度为负向，且这 6 项指标均为东、中、西部共同存在的满意度呈现负向的指标。因此主要的低于满意度平均值的指标为当前人口政策的满意度。可见东部居民对于基本公共服务的满意度基本呈现正向取向，满意度较高。

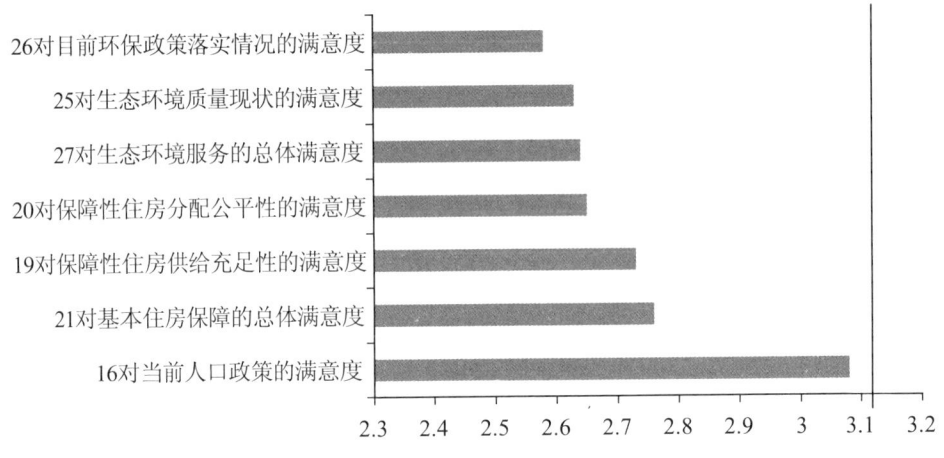

图 5-15　低于满意度均值的指标（东部）

（2）中部分项数据分析

中部居民对基本公共服务满意度的综合平均分为 3.08，基本处于中偏正向的满意度，在东、中、西地域分部中处于中等水平。其中对社会保险回报率的满意度最高，为 3.43，对保障性住房供给充足性的满意度最低，为 2.52，各项指标的分项排序如表 5-21：

表 5-21　中部分项指标排序

基本公共服务满意度评价	中部
8 对社会保险回报率的满意度	3.43
1 对个人承担的教育成本的满意度	3.40
6 对劳动就业服务的总体满意度	3.35
23 对公共文化体育服务实用性的满意度	3.26
4 对工资水平的满意度	3.24

续表

基本公共服务满意度评价	中部
5 对公共部门就业指导与就业援助的满意度	3.23
7 对个人负担的社会保险参保费用的满意度	3.23
15 对基本医疗卫生服务的总体满意度	3.22
11 对基本社会服务供给方式的满意度	3.19
30 对残疾人基本公共服务的总体满意度	3.15
22 对公共文化体育服务便捷性的满意度	3.15
9 对社会保险服务的总体满意度	3.15
3 对基础教育公共服务的总体满意度	3.14
12 对基本社会服务的总体满意度	3.13
27 对生态环境服务的总体满意度	3.13
18 对人口和计划生育服务的总体满意度	3.12
16 对当前人口政策的满意度	3.09
28 对残疾人基本生活保障水平的满意度	3.07
24 对公共文化体育服务的总体满意度	3.06
26 对目前环保政策落实情况的满意度	3.05
25 对生态环境质量现状的满意度	3.04
17 对计划生育技术服务的满意度	3.03
14 对未来五年个人身体健康的预期满意度	3.01
10 对基本社会服务供给范围的满意度	3.00
29 对残疾人无障碍设施普及率的满意度	2.94
13 对基本医疗卫生服务公平性的满意度	2.88
2 对教育服务公平性的满意度	2.85
21 对基本住房保障的总体满意度	2.73
20 对保障性住房分配公平性的满意度	2.65
19 对保障性住房供给充足性的满意度	2.52

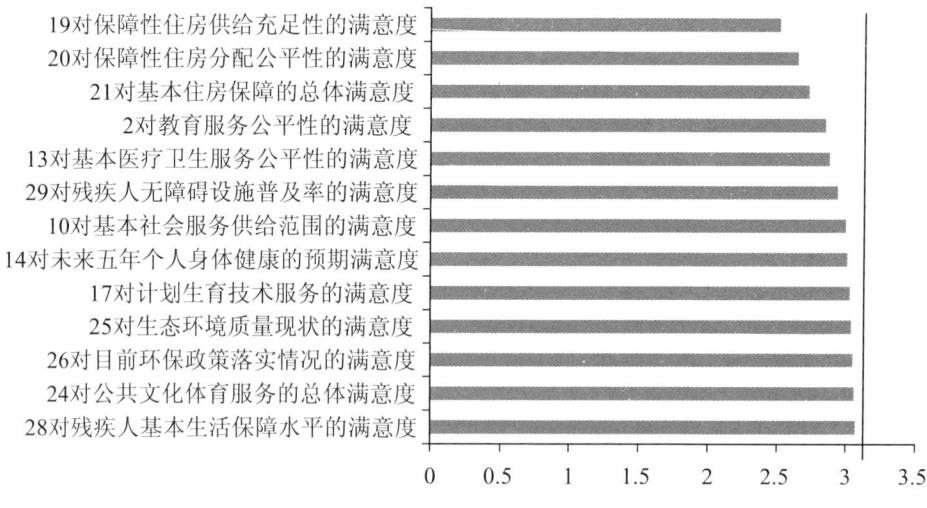

图 5-16　低于满意度均值的指标（中部）

其中，共有 13 项小指标低于中部满意度均值，而有 6 项小指标的满意度为负向。但这 6 项指标中有 3 项分别为残疾人基本公共服务、基本医疗卫生、基本教育服务，不属于东、西部共有的负向指标。而同时又有公共文化体育服务、人口和计划生育服务的小指标低于中部满意度平均值。

（3）西部分项数据分析

西部居民对基本公共服务满意度的综合平均分为 3.07，基本处于中偏正向的满意度，在东、中、西地域分部中处于低水平。其中对个人承担的教育成本满意度最高，为 3.33，对基础教育公共服务的总体满意度最低，为 2.66，各项指标的分项排序如表 5-22：

表 5-22　西部分项指标排序

基本公共服务满意度评价	西部
1 对个人承担的教育成本的满意度	3.33
8 对社会保险回报率的满意度	3.29
6 对劳动就业服务的总体满意度	3.29
7 对个人负担的社会保险参保费用的满意度	3.28

续表

基本公共服务满意度评价	西部
5 对公共部门就业指导与就业援助的满意度	3.24
27 对生态环境服务的总体满意度	3.23
23 对公共文化体育服务实用性的满意度	3.21
11 对基本社会服务供给方式的满意度	3.20
4 对工资水平的满意度	3.20
26 对目前环保政策落实情况的满意度	3.19
22 对公共文化体育服务便捷性的满意度	3.18
30 对残疾人基本公共服务的总体满意度	3.17
28 对残疾人基本生活保障水平的满意度	3.14
16 对当前人口政策的满意度	3.14
25 对生态环境质量现状的满意度	3.13
17 对计划生育技术服务的满意度	3.12
18 对人口和计划生育服务的总体满意度	3.09
10 对基本社会服务供给范围的满意度	3.09
12 对基本社会服务的总体满意度	3.05
14 对未来五年个人身体健康的预期满意度	3.04
15 对基本医疗卫生服务的总体满意度	3.01
9 对社会保险服务的总体满意度	3.01
24 对公共文化体育服务的总体满意度	2.99
20 对保障性住房分配公平性的满意度	2.85
29 对残疾人无障碍设施普及率的满意度	2.85
13 对基本医疗卫生服务公平性的满意度	2.83
2 对教育服务公平性的满意度	2.79
21 对基本住房保障的总体满意度	2.79
19 对保障性住房供给充足性的满意度	2.77
3 对基础教育公共服务的总体满意度	2.66

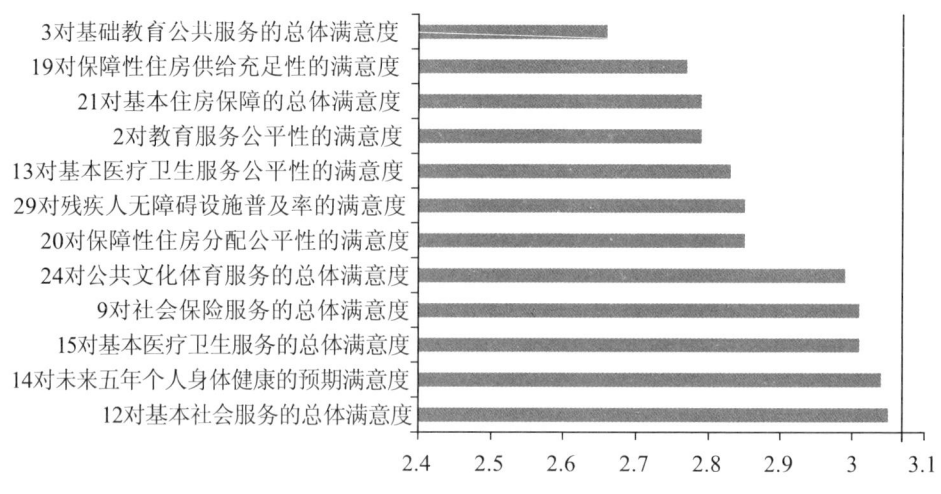

图 5-17 低于满意度的指标（西部）

其中，共有12项小指标低于中部满意度均值，而有8项小指标的满意度为负向，是东、中、西部中地域负向指标最多的地域。但这8项指标中有3项分别为残疾人基本公共服务、基本医疗卫生、基本教育服务，不属于东、西部共有的负向指标。而同时又有基本社会服务和社会保险的小指标低于西部满意度平均值。

3. 东部、中部、西部满意度因子分析

采用因子分析对我国东、中、西部的基本公共服务满意度进行综合分析，即合理提取主因子，并结合相关专业知识对其命名。因子分析（Factor Analysis）是主成分分析的推广，是一种通过降维来简化数据结构的方法：如何把多个变量（指标）化为少数几个综合变量（综合指标），而这几个综合变量可以反映原来多个变量的大部分信息。① 采用因子分析主要是由于变量多，而且各个变量相关性较强，从而在其中提取主要的因子。因此用少量的几个综合变量代替原来的许多变量是有实际意义的，即减少了变量的数量，又抓住了主要矛盾，有利于问题的分析和处理。由这几个综合变量出发，还有可能得到一个总的指标，按此总指标来排序、分类，问题就可能简

---

① 张又又：《基于统计信息的广东省城镇居民消费结构分析》，《现代计算机》2009年第1期，第110页。

单多了。因子分析的基本目的就是用少数几个因子去描述许多指标或因素之间的联系，即将相关比较密切的几个变量归在同一类中，每一类变量就成为一个因子（之所以称其为因子，是因为它是不可观测的，即不是具体的变量），以较少的几个因子反映原资料的大部分信息。因子分析的基本思想是根据相关性大小把原始变量分组，使得同组内的变量之间相关性较高，而不同组的变量间的相关性则较低。每组变量代表一个基本结构，并用一个不可观测的综合变量表示，这个基本结构就称为公共因子，公共因子之间是不相关的。[①] 这样有利于我们简明扼要地把握系统的本质特征，便于对样品的深入分析。当然，这里原有的变量是可观测的，而公共因子是不可观测的，需要计算和估计。

对收集到的数据利用 SPSS 分析。对样本首先进行 t 检验，对问卷内的各维度进行显著性分析。最后，主要采取主成分分析法对问卷进行因子分析。最终统计各因子最终负荷值都大于 0.5（见下一小节各主体因子负荷表），问卷最终的 $KMO=0.9>0.5$，达到可以进行因子分析的水平。综合上述指标，问卷能够达到测试被试满意度取向的基本信度和效度。形成的结果如下：

（1）东部

对东部收集到的满意度数据进行旋转因子分析，最终得到表 5-23 的结果。由表 5-23 看出，构成东部居民满意度的共有七个主要因子。构成第一因子的主要指标有：社会保险和基本社会服务两项指标；构成第二因子的主要指标有：基本公共教育、劳动服务就业和基本医疗卫生三项指标；构成第三因子的主要指标有：残疾人基本公共服务指标；构成第四因子的是：公共文化体育指标；构成第五因子的主要指标有：生态环境指标；构成第六因子的是：保障性住房指标；第七因子的主要指标有：人口与计划生育指标。

[①] 夏洁：《基于知识场理论的供应链知识流研究》，昆明理工大学硕士学位论文，2009年。

表 5-23　东部旋转成分矩阵 a

	成分						
	1	2	3	4	5	6	7
对个人承担的教育成本的满意度		0.706					
对教育服务公平性的满意度		0.647					
对基础教育公共服务的总体满意度		0.634					
对工资水平的满意度		0.538					
公共部门就业指导与就业援助的满意度		0.579					
对劳动就业服务的总体满意度		0.539					
个人负担的社会保险参保费用的满意度	0.659						
对社会保险回报率的满意度	0.694						
对社会保险服务的总体满意度	0.659						
对基本社会服务供给范围的满意度	0.755						
对基本社会服务供给方式的满意度	0.737						
对基本社会服务的总体满意度	0.736						
对基本医疗卫生服务公平性的满意度							
对未来五年个人身体健康的预期满意度		0.608					
对基本医疗卫生服务的总体满意度		0.57					
对当前人口政策的满意度							0.849
对计划生育技术服务的满意度							0.842
对人口和计划生育服务的总体满意度							0.83
对保障性住房供给充足性的满意度						0.812	
对保障性住房分配公平性的满意度						0.759	
对基本住房保障的总体满意度						0.806	
对公共文化体育服务便捷性的满意度			0.852				
对公共文化体育服务实用性的满意度			0.815				
对公共文化体育服务的总体满意度			0.84				
对生态环境质量现状的满意度					0.835		
对目前环保政策落实情况的满意度					0.834		
对生态环境服务的总体满意度					0.848		
对残疾人基本生活保障水平的满意度				0.719			
对残疾人无障碍设施普及率的满意度				0.795			
对残疾人基本公共服务的总体满意度				0.806			

提取方法：主成分分析法。

旋转法：具有 Kaiser 标准化的正交旋转法。

旋转在 8 次迭代后收敛。

表5-24 东部成分得分系数矩阵

	成分						
	1	2	3	4	5	6	7
a1 对个人承担的教育成本的满意度	-0.115	0.321	-0.05	-0.078	0.02	-0.003	0
a2 对教育服务公平性的满意度	-0.011	0.266	-0.13	-0.085	0.113	-0.039	-0.038
a3 对基础教育公共服务的总体满意度	0.005	0.253	-0.096	-0.02	0.013	-0.042	-0.053
a4 对工资水平的满意度	-0.059	0.173	0.001	-0.025	-0.166	0.184	-0.004
a5 对公共部门就业指导与就业援助的满意度	-0.185	0.245	0.246	-0.045	-0.107	0.052	-0.114
a6 对劳动就业服务的总体满意度	-0.138	0.198	0.257	-0.078	-0.099	0.054	-0.098
a7 对个人负担的社会保险参保费用的满意度	0.274	-0.109	0.009	-0.107	-0.057	0.008	0.058
a8 对社会保险回报率的满意度	0.265	-0.069	0.033	-0.105	-0.097	0.013	0.032
a9 对社会保险服务的总体满意度	0.241	-0.101	0.067	-0.09	-0.101	0.038	0.031
a10 对基本社会服务供给范围的满意度	0.338	-0.091	-0.115	0.029	0.018	-0.075	-0.046
a11 对基本社会服务供给方式的满意度	0.318	-0.06	-0.127	0.029	0.045	-0.109	-0.029
a12 对基本社会服务的总体满意度	0.317	-0.084	-0.115	0.062	0.029	-0.091	-0.049
a13 对基本医疗卫生服务公平性的满意度	0.026	0.131	-0.061	0.074	-0.013	-0.033	-0.021
a14 对未来五年个人身体健康的预期满意度	-0.136	0.297	0.005	0.045	-0.003	-0.199	0.087
a15 对基本医疗卫生服务的总体满意度	-0.014	0.201	-0.053	0.106	-0.008	-0.154	0.023
a16 对当前人口政策的满意度	-0.016	-0.029	-0.066	-0.095	-0.026	-0.015	0.424
a17 对计划生育技术服务的满意度	-0.009	-0.041	-0.037	-0.061	-0.047	-0.031	0.409
a18 对人口和计划生育服务的总体满意度	0.01	-0.063	-0.019	-0.04	-0.044	-0.046	0.392
a19 对保障性住房供给充足性的满意度	-0.061	-0.094	-0.036	-0.017	0.001	0.419	-0.022

续表

	成分						
	1	2	3	4	5	6	7
a20 对保障性住房分配公平性的满意度	-0.057	-0.057	-0.059	0.007	0.01	0.374	-0.033
a21 对基本住房保障的总体满意度	-0.038	-0.082	-0.047	-0.002	-0.023	0.41	-0.035
a22 对公共文化体育服务便捷性的满意度	-0.065	-0.038	-0.027	0.413	-0.114	0.022	-0.046
a23 对公共文化体育服务实用性的满意度	-0.057	-0.052	0.005	0.383	-0.067	0.019	-0.084
a24 对公共文化体育服务的总体满意度	-0.044	-0.042	-0.034	0.388	-0.059	-0.013	-0.045
a25 对生态环境质量现状的满意度	-0.035	-0.043	-0.003	-0.067	0.373	-0.012	-0.051
a26 对目前环保政策落实情况的满意度	-0.089	0.012	0	-0.099	0.377	-0.01	-0.023
a27 对生态环境服务的总体满意度	-0.046	-0.014	-0.007	-0.066	0.378	-0.057	-0.022
a28 对残疾人基本生活保障水平的满意度	0.021	-0.138	0.287	-0.019	0.043	-0.065	0.021
a29 对残疾人无障碍设施普及率的满意度	-0.096	-0.08	0.364	0.031	0.047	-0.073	-0.044
a30 对残疾人基本公共服务的总体满意度	-0.053	-0.097	0.354	-0.01	0.03	-0.074	0.004

提取方法：主成分分析法。

旋转法：具有 Kaiser 标准化的正交旋转法。

(2) 中部

对中部收集到的满意度数据进行旋转因子分析，最终得到表 5-25 的结果。由表 5-25 看出，构成中部居民满意度的共有四个主要因子。构成第一因子的主要指标有：基本住房保障、公共文化体育、生态环境建设、残疾人基本公共服务四项指标；构成第二因子的主要指标有：基本公共教育、劳动服务就业、社会保险、基本社会服务四项指标；构成第三因子的主要指标有：人口与计划生育指标；构成第四因子的主要指标是基本医疗卫生指标。

表 5-25　中部旋转成分矩阵 a

	成分			
	1	2	3	4
对个人承担的教育成本的满意度		0.748		
对教育服务公平性的满意度		0.744		
对基础教育公共服务的总体满意度		0.747		
对工资水平的满意度		0.676		
对公共部门就业指导与就业援助的满意度		0.775		
对劳动就业服务的总体满意度		0.754		
对个人负担的社会保险参保费用的满意度		0.665		
对社会保险回报率的满意度				0.52
对社会保险服务的总体满意度				0.503
对基本社会服务供给范围的满意度		0.61		
对基本社会服务供给方式的满意度		0.613		
对基本社会服务的总体满意度		0.609		
对基本医疗卫生服务公平性的满意度				0.634
对未来五年个人身体健康的预期满意度				0.76
对基本医疗卫生服务的总体满意度				0.652
对当前人口政策的满意度			0.723	
对计划生育技术服务的满意度			0.81	
对人口和计划生育服务的总体满意度			0.804	
对保障性住房供给充足性的满意度	0.619			
对保障性住房分配公平性的满意度	0.674			
对基本住房保障的总体满意度	0.67			
对公共文化体育服务便捷性的满意度	0.705			
对公共文化体育服务实用性的满意度	0.752			
对公共文化体育服务的总体满意度	0.796			
对生态环境质量现状的满意度	0.615			
对目前环保政策落实情况的满意度	0.565			
对生态环境服务的总体满意度	0.572			
对残疾人基本生活保障水平的满意度	0.731			
对残疾人无障碍设施普及率的满意度	0.672			
对残疾人基本公共服务的总体满意度	0.72			

提取方法：主成分分析法。
旋转法：具有 Kaiser 标准化的正交旋转法。
旋转在 8 次迭代后收敛。

表 5-26 中部成分得分系数矩阵

	成分			
	1	2	3	4
a1 对个人承担的教育成本的满意度	-0.138	0.210	0.020	-0.019
a2 对教育服务公平性的满意度	-0.123	0.192	0.054	-0.042
a3 对基础教育公共服务的总体满意度	-0.125	0.196	0.025	-0.017
a4 对工资水平的满意度	-0.005	0.181	-0.019	-0.146
a5 对公共部门就业指导与就业援助的满意度	0.015	0.206	-0.099	-0.113
a6 对劳动就业服务的总体满意度	0.026	0.194	-0.091	-0.121
a7 对个人负担的社会保险参费费用的满意度	-0.057	0.152	-0.108	0.087
a8 对社会保险回报率的满意度	0.016	0.033	-0.139	0.197
a9 对社会保险服务的总体满意度	0.036	0.018	-0.125	0.176
a10 对基本社会服务供给范围的满意度	-0.062	0.087	-0.010	0.110
a11 对基本社会服务供给方式的满意度	-0.014	0.085	-0.042	0.073
a12 对基本社会服务的总体满意度	0.005	0.080	-0.057	0.069
a13 对基本医疗卫生服务公平性的满意度	-0.162	-0.029	0.129	0.280
a14 对未来五年个人身体健康的预期满意度	-0.048	-0.100	-0.104	0.430
a15 对基本医疗卫生服务的总体满意度	-0.178	-0.033	0.128	0.306
a16 对当前人口政策的满意度	-0.098	-0.078	0.340	0.003
a17 对计划生育技术服务的满意度	-0.087	-0.056	0.385	-0.084
a18 对人口和计划生育服务的总体满意度	-0.095	-0.051	0.376	-0.066
a19 对保障性住房供给充足性的满意度	0.119	0.003	-0.026	-0.047
a20 对保障性住房分配公平性的满意度	0.141	-0.009	-0.008	-0.080
a21 对基本住房保障的总体满意度	0.132	-0.016	0.011	-0.073
a22 对公共文化体育服务便捷性的满意度	0.164	-0.123	-0.098	0.149
a23 对公共文化体育服务实用性的满意度	0.197	-0.124	-0.099	0.098
a24 对公共文化体育服务的总体满意度	0.231	-0.133	-0.136	0.095
a25 对生态环境质量现状的满意度	0.103	-0.053	0.141	-0.126
a26 对目前环保政策落实情况的满意度	0.053	-0.005	0.108	-0.068
a27 对生态环境服务的总体满意度	0.049	-0.024	0.131	-0.057
a28 对残疾人基本生活保障水平的满意度	0.206	0.007	-0.127	-0.084
a29 对残疾人无障碍设施普及率的满意度	0.160	0.000	0.008	-0.151
a30 对残疾人基本公共服务的总体满意度	0.180	0.000	-0.004	-0.163

(3) 西部

对西部收集到的满意度数据进行旋转因子分析,最终得到表 5-27 的结果。由表 5-27 看出,构成西部居民满意度的共有四个主要因子。构成第一因子的主要指标有:基本公共教育、劳动服务就业、社会保险、基本社会服务、基本医疗卫生几项指标;构成第二因子的主要指标有:人口与计划生育指标、残疾人基本公共服务指标;构成第三因子的主要指标有基本住房保障、生态环境建设指标;构成第四因子的主要指标是公共文化体育指标。

表 5-27 西部旋转成分矩阵 a

	成分			
	1	2	3	4
对个人承担的教育成本的满意度	0.584			
对教育服务公平性的满意度	0.556			
对基础教育公共服务的总体满意度	0.575			
对工资水平的满意度	0.603			
对公共部门就业指导与就业援助的满意度	0.565			
对劳动就业服务的总体满意度	0.643			
对个人负担的社会保险参保费用的满意度	0.744			
对社会保险回报率的满意度	0.747			
对社会保险服务的总体满意度	0.726			
对基本社会服务供给范围的满意度	0.647			
对基本社会服务供给方式的满意度	0.649			
对基本社会服务的总体满意度	0.646			
对基本医疗卫生服务公平性的满意度	0.657			
对未来五年个人身体健康的预期满意度	0.591			
对基本医疗卫生服务的总体满意度	0.638			
对当前人口政策的满意度		0.517		
对计划生育技术服务的满意度		0.561		
对人口和计划生育服务的总体满意度		0.562		
对保障性住房供给充足性的满意度			0.571	
对保障性住房分配公平性的满意度			0.501	
对基本住房保障的总体满意度			0.548	
对公共文化体育服务便捷性的满意度				0.809
对公共文化体育服务实用性的满意度				0.79

续表

	成分			
	1	2	3	4
对公共文化体育服务的总体满意度				0.802
对生态环境质量现状的满意度			0.803	
对目前环保政策落实情况的满意度			0.763	
对生态环境服务的总体满意度			0.774	
对残疾人基本生活保障水平的满意度		0.732		
对残疾人无障碍设施普及率的满意度		0.741		
对残疾人基本公共服务的总体满意度		0.788		

提取方法：主成分分析法。
旋转法：具有 Kaiser 标准化的正交旋转法。
旋转在 8 次迭代后收敛。

表 5-28　西部成分得分系数矩阵

	成分			
	1	2	3	4
a1 对个人承担的教育成本的满意度	0.117	0.053	-0.063	-0.087
a2 对教育服务公平性的满意度	0.063	0.157	-0.076	-0.110
a3 对基础教育公共服务的总体满意度	0.078	0.171	-0.185	-0.024
a4 对工资水平的满意度	0.174	-0.210	0.135	-0.078
a5 对公共部门就业指导与就业援助的满意度	0.072	0.118	-0.078	-0.071
a6 对劳动就业服务的总体满意度	0.120	0.042	-0.052	-0.076
a7 对个人负担的社会保险参保费用的满意度	0.240	-0.188	0.036	-0.083
a8 对社会保险回报率的满意度	0.223	-0.183	0.042	-0.063
a9 对社会保险服务的总体满意度	0.190	-0.139	0.018	-0.033
a10 对基本社会服务供给范围的满意度	0.123	-0.038	-0.063	0.042
a11 对基本社会服务供给方式的满意度	0.119	-0.010	-0.078	0.033
a12 对基本社会服务的总体满意度	0.110	0.008	-0.064	0.006
a13 对基本医疗卫生服务公平性的满意度	0.125	0.037	-0.122	0.010
a14 对未来五年个人身体健康的预期满意度	0.155	-0.044	-0.168	0.100
a15 对基本医疗卫生服务的总体满意度	0.110	0.049	-0.133	0.032
a16 对当前人口政策的满意度	-0.038	0.141	0.077	-0.116
a17 对计划生育技术服务的满意度	-0.008	0.151	0.034	-0.115
a18 对人口和计划生育服务的总体满意度	-0.037	0.163	0.072	-0.132

续表

	成分			
	1	2	3	4
a19 对保障性住房供给充足性的满意度	-0.025	-0.068	0.193	0.015
a20 对保障性住房分配公平性的满意度	0.017	-0.063	0.135	0.008
a21 对基本住房保障的总体满意度	0.012	-0.073	0.171	-0.011
a22 对公共文化体育服务便捷性的满意度	-0.099	-0.094	-0.060	0.480
a23 对公共文化体育服务实用性的满意度	-0.088	-0.092	-0.060	0.460
a24 对公共文化体育服务的总体满意度	-0.075	-0.094	-0.087	0.474
a25 对生态环境质量现状的满意度	-0.124	-0.092	0.402	-0.050
a26 对目前环保政策落实情况的满意度	-0.093	-0.078	0.358	-0.061
a27 对生态环境服务的总体满意度	-0.121	-0.031	0.362	-0.083
a28 对残疾人基本生活保障水平的满意度	-0.180	0.314	-0.041	0.036
a29 对残疾人无障碍设施普及率的满意度	-0.158	0.328	-0.038	-0.023
a30 对残疾人基本公共服务的总体满意度	-0.165	0.369	-0.077	-0.019

四、基本结论与政策建议

（一）基本结论

1. 省级政府基本公共服务体系的质量水平处于巩固基础、稳步提升的阶段

整体上看，近年来随着服务型政府建设的推进，地方政府在基本公共服务上的投入比重逐年增加（见表5-29），省级政府基本公共服务体系的总体质量也相应逐步提升，2011年的平均目标完成率为72.71%，但还有较大的提升空间。

表5-29　2007—2011年地方基本公共服务支出比重

	2011年	2010年	2009年	2008年	2007年
全国公共服务支出	109248	89874	76300	62593	49781
地方公共服务支出	92734	73884	61044	49248	38339
地方支出比重（%）	84.9	82.2	80	78.7	77

数据来源：根据历年统计年鉴，加总计算得到。

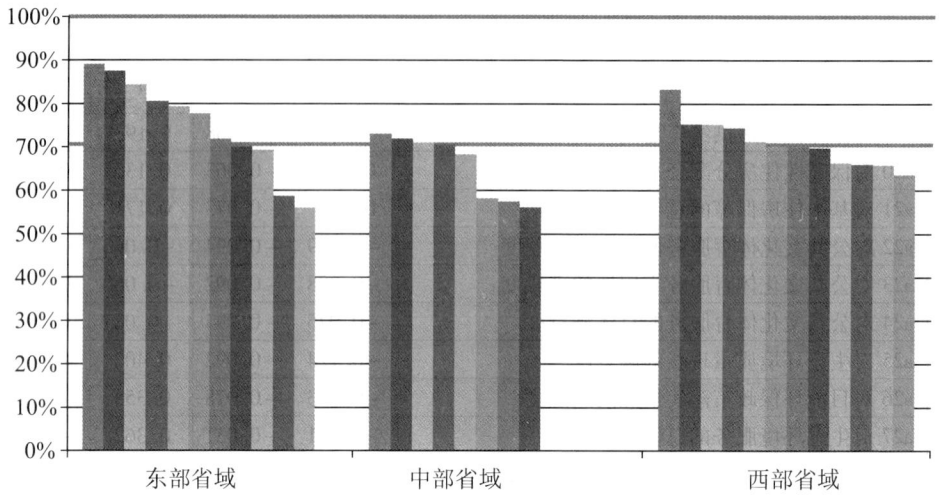

图 5-18　客观指标区域总分排名

从区域水平上来看，参照区域绩效均值，东部（76.81%）>西部（71.00%）>中部（69.63%），其中东部（76.81%）均值大于全国31省域均值（72.71%），西部、中部均低于全国均值。从分布上来看，参照极差与标准差，均为东部>西部>中部，其中，东部标准差（7.70%）大于31省域整体标准差（6.53%），说明东部质量分值极不均衡。可以看出，省级政府基本公共服务体系质量在东部、西部、中部依次递减，而绩效水平越高的区域，均衡水平越低。

2. 省级政府基本公共服务体系的构建呈现从生存性需求满足到发展性需求满足、从重点突破到系统推进的过渡

表 5-30　2011 年各类基本公共服务水平

服务类型	标准值	均值	完成率
总体水平	100%	72.71%	72.7100%
劳动就业服务	10.00%	10.25%	102.500%
基本公共教育	19.53%	17.78%	91.0394%
人口和计划生育	6.75%	5.67%	84.0000%
基本医疗卫生	12.25%	9.61%	78.4490%

续表

服务类型	标准值	均值	完成率
社会保险	7.80%	6.20%	79.4872%
生态环境服务	7.88%	5.53%	70.1777%
残疾人基本公共服务	8.25%	5.72%	69.3333%
基本社会服务	7.93%	3.56%	44.8928%
公共文化体育	8.56%	3.73%	43.5748%
基本住房保障	11.02%	4.67%	42.3775%

在十大公共服务类型中，"劳动就业服务""基本公共教育"等服务领域的水平和质量最高，"人口和计划生育""社会保险""基本医疗卫生"等服务领域的水平和质量次之，"生态环境服务""残疾人基本公共服务""基本社会服务""公共文化体育"和"基本住房保障"等服务领域的水平和质量最低，都未达到总体完成率的平均值，特别是"基本社会服务""公共文化体育"和"基本住房保障"的服务质量明显落后，需要在"十二五"期间优先发展。从中可以看出，基本公共服务体系的构建呈现从生存性需求满足到发展性需求满足、从重点突破到系统推进的过渡。相对而言，当前服务质量较高的领域优先满足了公民的生存需求，并同时回应了社会阶段性的急需；伴随着经济社会的发展，特别是城镇化进程的不断推进，公民在社会服务、文化体育、住房保障领域的需求也相应提高。

3. 地方经济发展和人均公共服务投入仍然是提高基本公共服务体系质量的必要因素

我们使用 SPSS19.0 将基本公共服务体系质量与下列因素进行双变量相关性分析，输出结果如表 5-31 所示：与服务质量指数呈正相关，按照相关性由强到弱依次为：人均地区生产总值、人均基本公共服务支出、城镇居民人均可支配收入、城市人口比重、地区生产总值；与服务质量指数呈负相关，按照相关性由强到弱，依次为：地区总人口，公共服务支出占地区一般预算支出的比重。由此可见，基本公共服务体系质量与地方经济发展和人均公共服务投入之间存在着显著正相关，但值得一提的是，与公共服务支出占地区一般预算支出的比重却是负相关。可以假设，经济发展落后的省域，虽然服务支出所占比重大，但由于绝对数小，因而服务质量差。这也从某种程度上说明基本公共服务的投入更需要由中央政府加大比重，统筹安排。

表5-31 基本公共服务质量相关因素分析

相关系数	人均地区生产总值	人均基本公共服务支出	城镇居民人均可支配收入	城市人口比重	地区生产总值	公共服务支出比重	地区总人口
服务质量指数	0.74	0.685	0.674	0.20	0.087	-0.113	-0.32
相关描述	正相关，显著相关	正相关，显著相关	正相关，显著相关	正相关	正相关	负相关	负相关

同时，我们发现，无论是总体质量还是分项指标绩效，普遍存在质量水平分布与均衡水平分布相反的趋势，即质量水平越高，而均衡度越低；质量绩效水平越低，而均衡度越高。这一点最为明显地体现在"社会保险""基本社会服务""基本医疗卫生""基本住房保障"与"生态环境服务"等领域。考虑到基本公共服务体系质量与地方经济发展和人均公共服务投入之间存在着显著正相关，可以假设，在发展的过程中，投入越多的地区，虽然整体水平较高，但因为分配方式不恰当，反而拉大了社会享受公共服务的差距。而质量绩效水平低却均衡水平高的地区，则普遍显现为"均贫"的特征。

表5-32 不同区域基本公共服务水平

	东部		中部		西部	
	均值	标准差	均值	标准差	均值	标准差
总体质量	76.81%	7.70%	69.63%	2.26%	71%	5.25%
基本公共教育	17.62%	1.08%	18.08%	1.12%	17.72%	0.93%
劳动就业服务	8.97%	2.12%	9.51%	0.56%	11.91%	3.59%
社会保险	7.20%	1.97%	5.59%	0.48%	5.69%	0.71%
基本社会服务	5.13%	3.26%	2.80%	0.53%	2.63%	0.80%
基本医疗卫生	10.07%	2.50%	9.04%	1.59%	9.56%	2.02%
人口与计划生育	5.66%	0.19%	5.48%	0.35%	5.81%	0.49%
基本住房保障	6.51%	2.66%	4.24%	1.16%	3.27%	0.97%
公共文化体育	4.42%	1.25%	2.85%	0.61%	3.67%	1.93%
生态环境服务	5.95%	0.81%	5.15%	0.59%	5.40%	0.73%
残疾人基本公共服务	5.27%	1.81%	6.89%	1.31%	5.33%	1.56%

4. 省级政府基本公共服务体系的主观满意度普遍不高，但质量评价的主客观匹配度较高

总体而言，根据主观满意度问卷调查，省级政府基本公共服务体系的公民满意度维持在中等水平，民众普遍就基本公共服务满意度做出"一般"评价，基本没有高满意度的评价，特别是生态环境建设、基本住房保障的满意度最低，共计6个分项指标中的满意度测评全部低于3分。

表 5-33　不同区域基本公共服务满意度水平

	东部	中部	西部	均值
基本公共教育	3.29	3.21	3.22	3.24
社会保险	3.3	3.14	3.17	3.21
基本社会服务	3.26	3.17	3.13	3.19
基本医疗卫生服务	3.25	3.24	3.1	3.18
人口与计划生育服务	3.11	3.22	3.19	3.18
劳动就业服务	3.25	3.18	3.08	3.17
残疾人基本公共服务	3.19	3.07	3.22	3.16
公共文化体育	3.2	3.08	3.12	3.13
基本住房保障	3.71	2.89	2.82	2.81
生态环境服务	2.62	2.63	2.8	2.7

从主客观指标相对比可见，客观质量与主观满意度评价相对协调。特别是在基本公共教育、基本医疗卫生、基本社会服务、基本公共文化体育、基本住房保障和残疾人基本公共服务等领域的主客观匹配度较高，但是在基本社会服务、劳动就业服务和生态环境服务三个领域的匹配度低，其中基本社会服务的主观满意度明显高于客观质量，其原因在于基本社会服务的对象大部分为社会弱势群体和救助对象，是基本公共服务的受益对象，主观感知比较直接，且容易产生高满意度；而劳动就业服务与生态环境服务的主观满意度明显低于客观结果，投入与效果之间存在较大脱节。

除了人口与计划生育服务以及生态环境服务两个领域，东部地区在其他领域的公民满意度均值都高于中西部，说明在经济条件较为出色、经济发展速度相对迅速的东部地区，民众满意度水平也整体较高，但与中部、西部相

比满意度测评数据差距并不大；而在中、西部地区，由于经济发展水平相对落后，基本公共服务的供给也存在较大程度的限制，民众对于服务的满意度测评相对较低。我们进一步对收集到的满意度数据进行旋转因子分析后发现，构成东部居民满意度第一因子的主要指标有：社会保险和基本社会服务两项指标；构成中部居民满意度第一因子的主要指标有：基本住房保障、公共文化体育、生态环境建设、残疾人基本公共服务四项指标；构成西部居民满意度第一因子的主要指标有：基本公共教育、劳动服务就业、社会保险、基本社会服务、基本医疗卫生等五项指标。由此可见，不同区域公民最关注和需求的服务类型有所差异。

（二）政策建议

纵观本研究的主客观评估结果，省级政府基本公共体系的质量逐步提升，但是提升空间很大，特别是中、西部地区相对落后，基本社会服务、公共文化体育和基本住房保障等领域明显滞后，这充分体现了国家出台《国家基本公共服务体系"十二五"规划》的必要性和本研究的重要性。评估的作用一方面是为了把握现状、正视差距，另一方面则是要寻找突破瓶颈、持续提升的政策建议。

1. 加快制定科学、合理的省级政府基本公共服务体系的质量标准与评估体系

《国家基本公共服务体系"十二五"规划》对基本公共服务体系制定了统一的国家标准，而省级政府是基本公共服务体系构建的最重要的责任主体，且不同区域省级政府基本公共服务体系的质量和水平相差甚大，要实现"十二五"规划的整体目标，必须尽快制定符合区域发展实际、科学合理的省级标准及其评估体系，并希望在以下几个方面着重考虑：一是在评估内容上，按照十八大报告要求，增设"生态环境服务"领域；二是在评估标准值的确定上，要充分考虑区域发展水平的差异性；三是在权重分配上，遵循优先发展和减少差距的原则，加大对基本住房保障、公共文化体育以及生态环境服务等领域的权重；四是在评估指标的设定上，尽量构建集客观性和主观性、保障性和发展性、过程性与结果性为一体的综合评价指标。

2. 高度重视基本公共服务体系质量评价中的主观满意度，提高政府绩效评价的公民性导向

贯彻落实《国家基本公共服务体系"十二五"规划》要求，"积极开展基本公共服务社会满意度调查"，要把公民对基本公共服务体系的关注度和满意度评价作为提升服务质量、改善民生的晴雨表。一是要加大主观满意度在基本公共服务体系质量评价中的比重，提高公民满意度的重要性；二是创造条件拓展公民需求表达渠道，进一步明确公共服务的战略方向和工作重点；三是创新评估机制，鼓励第三方机构参与基本公共服务体系的质量评估；四是强化社会监督，建立基本公共服务公民满意度与绩效问责之间的制度化设计。

3. 高度关注经济发展与公共服务质量的相关性分析，提升经济社会发展的协调性

要进一步树立基本公共服务体系的发展性功能，研究、考察经济发展与公共服务质量之间的互动关系，提升经济发展对公共服务质量的协调性。一是要进一步增加基本公共服务方面财政投入的规模、质量和效率，提高财政的杠杆效应；二是合理分担中央政府与省级政府在基本公共服务体系中的责任，加大中央政府的统筹；三是合理区隔不同类型基本公共服务的特征，创新公共服务的供给机制，针对性地推动公共服务的市场化、社会化；四是根据区域内各省域之间的均衡度差异，依法调整区域发展战略和基本公共服务的转移支付政策。

4. 依法公开相关绩效信息，改善基本公共服务体系质量评估环境

由于统计年鉴相对滞后、各公开数据统计口径不一致以及申请政府信息公开的渠道不畅等原因，基本公共服务体系质量的评估数据来之不易。很大程度上讲，由于数据的不可获得而割舍或调整某些指标往往是导致当前绩效评估指标质量不高的最大原因。为此，建议各级政府要依法及时公开相关绩效信息，与此同时，加大公共服务质量评估的社会宣传，提高公民的认知度和参与度，并促使他们积极理性地表达服务需求和服务满意度，保证主客观评估数据的全面性和有效性。

第 六 章

国外公共服务体系的经验借鉴与启示

一、国外公共服务体系建设的总体情况

国外公共服务体系建设是适应社会需求不断变化和信息技术发展、经济全球化以及社会环境变革的产物，是政府为巩固自身合法性而提高行政效率和强化行政责任在新时期的体现。国外公共服务体系建设是一个系统变革的工程，变革包括公共服务体系改革、公共服务组织改革、公共财政体制改革、公共服务制度创新、公共服务方式创新等方面的内容。[①] 国外公共服务体系的建设是一个理论与实践相互作用的过程，公共选择理论、新公共管理理论、治理理论、新公共服务理论等成为指导公共服务体系建设的理念。当前国外公共服务体系建设的特点主要表现在以下方面：

(一) 公共服务外延不断扩大

公共服务外延的确定与一国的公共服务供给模式密切相关，西方国家的公共服务体系改革经历了"自由市场经济时代"公共服务私人供给模式、"凯恩斯主义时代"政府供给模式和里根、撒切尔为代表的市场化供给模式。随着公共服务供给主体的不断变化，公共服务供给体系的内容也有所扩大。目前国外公共服务体系的供给主要有：一是以英美为代表的公共服务市

---

① 李军鹏：《国外公共服务改革的做法与启示》，《行政管理改革》2010年第10期，第55页。

场供给模式；二是以北欧国家为代表的福利国家模式；三是以日本、韩国和新加坡为代表的东亚模式。尽管各国对公共服务体系内容的界定不完全一致，但都主要涵盖基础教育、基本医疗卫生、就业服务、基本社会保障、保障性住房、基础科技和公共文化、公共安全、环境保护、基础设施等方面。① 总体而言，随着经济社会的发展，公众需求不断扩大，政府的公共服务体系的外延也存在着扩大的趋势。

（二）公共服务供给主体多元化

公共服务供给主体多元化是近年来国外公共服务供给体系改革的重要趋势。公共服务供给主体的多元化在第一阶段是打破政府对于公共服务供给的垄断地位，利用社会供给主体、主要是市场主体在效率、服务方面的优势，实现公共服务的高效供给，各国都推行了不同形式的市场化改革。第二阶段的公共服务供给主体多元化表现为其他社会主体、特别是社会组织和公民对于公共服务供给的参与逐步形成，各国均采取一定的形式培育本国的社会组织和公民社会成长，利用公共服务购买等形式将公民和社会纳入到公共服务供给体系之中，丰富了公共服务供给形式，也在一定程度上促进了社会的成长和发展。公共服务供给主体多元化的第三阶段是合作治理阶段，"合作治理作为政府的一种战略，在公共服务传递过程中将政府机构、企业、非政府组织和公民等聚集在一起，共同解决复杂的问题，这种解决途径是建立在审议协商的基础上，而不是传统的自上而下的政策方式"②。合作治理强调的是多元主体，包括政府、社会组织、公民、企业在公共服务供给中的合作网络建设，也就是解决如何推进不同主体之间的协作问题，当前国外许多国家都在进行这方面的尝试，如英国和澳大利亚推行的整体性政府建设，也将公私合作、公民参与等方法结合起来，力图打造世界级（World Class）的公共服务水平。③

---

① 姜异康：《国外公共服务体系建设与我国的建设服务型政府》，《中国行政管理》2011 年第 2 期，第 7 页。

② Calanni J., *Explaining Coordination Networks in Collaborative Partnerships*, West Political Science Association Annual Conference, 2010. 3.

③ Cabinet Office, *Excellence and Fairness: Achieving World Class Public Services*, http://www.fitting-in.com/reports/world-class-public-services%20pdf.Pdf, 2010. 10. 25.

(三) 公共服务管理制度不断完善

公共服务管理制度是保障公共服务有效供给并发挥效用的基本保障。当前国外的公共服务已经由早前对公共服务量的关注而转向对公共服务的质量管理，主要的制度设计表现在以下方面：一是完善公共服务的决策制度，即公共服务的决策者应该由哪些人来组成。一般而言公共服务的三大要素，包括消费者、生产者、安排者或供给者都应参与其中，而公共服务决策的制度化也是公共服务管理制度的核心与基础，各国也进行了相关的实践，如美国有《联邦咨询委员会法》（1972年），规定咨询委员会里的服务对象代表必须照顾到各界平衡，如全国饮用水咨询委员会的成员就有五名来自公用事业和其他饮用水制造者，五名来自州和地方政府，五名来自环境、消费者以及其他公益集团。目前美国联邦政府范围内有大约1000个咨询委员会在运作。①二是制定并完善公共服务质量与绩效管理制度，一方面将公共服务的各项内容标准化，以为公共服务评估和公民监督创造条件，如英国的"公共服务协议"、美国的公共服务"关键绩效指标"等制度设计，并引入公共服务的质量标准，强调对公共服务质量的监督和管理；另一方面加强对公共服务的绩效管理，如美国对于公共服务的绩效评估，主要采取"3E"标准，即效力、效率和公平三重维度，来评估公共服务的社会效果。加拿大、韩国、新加坡等国强调将公众公共服务满意度纳入公共服务的绩效评价之中。三是建立以结果为导向的预算管理制度，推进公共服务的成本管理，目前，绩效预算已成为西方国家主要的公共预算管理模式，世界上近50个国家采用了绩效预算，如英国、瑞典、日本、加拿大、法国、巴西、印度等。②

(四) 推进公共服务方式创新

各国适应自身情况积极推进公共服务方式的创新，主要表现在以下方面：一是继续深入推进公共服务的民营化，"民营化可界定为更多依靠民间机构，更少依赖政府来满足公众的需求"③，国外发达国家的公共服务民营

---

① 李军鹏：《国外公共服务改革的做法与启示》，《行政管理改革》2010年第10期，第58页。
② 李军鹏：《国外公共服务改革的做法与启示》，《行政管理改革》2010年第10期，第58页。
③ E. S. Savas, *Privatization and Public-Private Partnerships*, Seven Bridges Press, LLC, 2000.

化实践成为他们提高服务效率、降低服务成本的重要手段。当前的国外民营化主要与民营企业通过公共服务外包、公共服务协议、公共特许经营、凭单制等形式开展。二是继续推进公共服务的社会化，相对于公共服务民营化，公共服务社会化强调非营利组织对于公共服务的参与，强调的是公共服务有效供给和公民社会发展的双重目标，如德国的 NGO 管理，德国政府采取"第三方补贴原则"，通过支持非政府组织的发展来增加整个社会福利，政府在社会保障领域、教育领域、社会福利领域、发展领域和国际合作领域积极支持公共服务的发展，统计数据表明德国的非政府组织通过各种形式和渠道从政府拿到的资金占其收入总数的 65%。[1] 三是推进公共服务供给的公民参与，推进公民对于公共服务的影响力和合作参与力，如加拿大实行的"以公民为中心的可选择公共服务机制"强调公民作为公共服务供给需求方和供给方的双重责任；新加坡"21 世纪公共服务计划"设计专门政府与公民沟通机制，并建立"社区与治安计划"动员社区居民、社区领导者、政府公务员共同负责安保工作。[2] 四是推进一站式整体性服务模式，对于公共服务形式多样化而导致的公民有可能出现的选择性障碍，各国均积极推进一站式整体性公共服务模式，通过将公共服务供给主体、形式、内容等多元因素纳入到整体的服务平台，公众只需便利的路径便可方便获取公共服务。一站式服务在组织上要求推进公共组织的整合，如英国、澳大利亚推进整体性政府建设，在机制上要求流程再造，在平台上要求充分利用信息技术推进电子政务。

（五）电子公共服务体系建设不断完善

"电子公共服务，就是政府及其他公共服务机构通过现代通信技术和网络技术等电子化手段，使公共服务得到充分实现的过程和结果。"[3] 随着信息技术的发展，电子公共服务作为公共服务供给的重要形式越来越受国际社

---

[1] 唐铁汉、袁曙宏主编：《公共管理创新》，国家行政学院出版社 2007 年版，第 379 页。
[2] 崔晶、张梦中：《公共服务视角下的新加坡政府改革》，《中国行政管理》2011 年第 2 期，第 92 页。
[3] 李传军：《电子公共服务：电子政府发展的新方向》，《行政管理改革》2010 年第 3 期，第 60 页。

会的重视。电子公共服务一方面包含了基于信息技术的信息服务,另一方面也包括了传统公共服务基于信息技术的新体现。电子公共服务体系已经成为当前国外公共服务体系建设的核心内容,各国的电子公共服务体系建设当前主要表现在以下方面:一是通过推动电子政务建设推进公共服务的电子化,如英国在 2012 年 4 月发布的电子政务规划(2012—2015)中突出强调在新时代中,公民和企业希望获得更快更好更有效率的公共服务,灵活地、有针对性地使用信息和通讯技术是提高公共服务质量的关键环节,由管理和组织发展中心统一负责电子政务的保障工作,并规划 44 项措施,覆盖诸如"使用新兴技术和媒介,围绕真实的需求进行电子政务的设计,确保公共服务数据能够再使用"等八个主要方面。二是通过电子信息技术建设"智慧"服务体系,如新加坡的 IT2000 计划,主要目的是将新加坡建设成为"智能岛"。[1] 三是突破电子公共服务的被动回应性特征,推进积极主动的个性化公共服务,如 2009 年美国犹他州的地理信息系统(Geographic Information System,GIS)个性化服务案例,通过使用 GeoIP 技术识别用户的 IP 地址并利用地理信息系统(GIS)将该用户 IP 地址和相关地理环境联系起来,为每个用户就近提供个性化信息服务。该服务将所有公共场所的具体数据存入一个集中的系统并定期自动更新。犹他州政府门户网站设有一个协调 GIS 的中心机构,该机构与所有的市、县以及联邦政府进行合作,以确保 GIS 数据都能够通过州门户网站被共享,并通过本地公园、图书馆和学校等机构的数据,帮助市民选择适用于该地理位置的公共服务。[2]

二、国外公共服务体系改革的典型方式

(一) 英国以公共服务协议推进公共服务"大社会"探索

英国的公共服务改革由来已久,无论是在公共服务体系的建立方面,还是在适应时代变革方面,英国政府都进行了不断的探索。战后艾德礼政府的

---

[1] Shirish C. Srivastava、Thompson S. H. Teo, *Electronic Government as a Guided Evolution in Singapore: Vision for the World in the 21st Century*, Academy of Management Best Conference Paper 2005 PNP: E3.

[2] 王长胜、许晓平、张新红:《中国电子政务发展报告(2010):融合与创新:电子政务发展新阶段》,社会科学文献出版社 2010 年版。

"社会主义改革"。20 世纪 80 年代撒切尔政府打破原有的共识政治,重新调整国家与市场的关系,改变了英国传统的公共服务发展模式,公共服务的市场化成为改革的标签。随后上台的梅杰政府继承了撒切尔的路线,并在提高公共服务质量方面进行了探索。布莱尔政府则以强化政府责任、突出政府作用、倡导社会力量多元合作治理的新模式为改革方向。近几年来,为了进一步推进和完善多元治理以及政府整体性治理,建立"协同政府""效能政府",英国又进行了以下富有创造性的探索实践。

早在 1998 年,工党政府就推出首个"综合开支审查"(Comprehensive Spending Review)白皮书。这份白皮书由英国财政部制定,是英国政府推出的第一个全面、系统地针对政府各部门"以目标为导向"的财政预算方案。政府部门在实施支付政策的过程中所要达到的宗旨和目标,在白皮书中都有清晰的呈现。正如其制定者所说的那样,"明确的目标能够使政府部门在社会资源分配的过程中做出更加明智的决定"[①]。

"公共服务协议"是财政部与其他各个政府部门之间所建立的协议,主要包括可以量化的、以效率和效益为标准的绩效目标。公共服务协议俨然成为一种合同,将目标产出与财政投入相挂钩,以提高公共服务水平,监管政府机构。2007 年发布的新一季度综合开支审查白皮书,将这一工作推向高潮,30 项新的公共服务协议,为政府部门设定了新的工作目标。这些协议包括社会公平方面的,如截止到 2010 年贫困儿童减半,到 2020 年根除儿童贫困现象;生活质量方面,如提升全体公民的健康水平,保障儿童以及青少年的安全;社会方面,如建造更多的具有凝聚力、亲和力以及活力的社区;社会环境方面,如集全球之力避免环境恶化,等等。

中央政府进一步细化了新的公共服务协议,包括细化协议内容的"服务提供协议"(Service Delivery Agreement),保障公民参与协议运行的"服务转换协议"(Service Transformation Agreement)。"服务提供协议"以更加详细的方式说明了各个部门通过何种方式达到绩效目标。"服务转换协议"则致力于改变服务方式,以使得服务更加贴近于公民和企业,减少他们的困

---

① HM Treasury, "Comprehensive Spending Review: Aims and Objectives," http://www.hm-treasury.Gov.uk/d/460.pdf, 2009.08.07.

惑以及获得服务的难度。该协议强调"减少可避免的联系"（reducing avoidable contact），即政府应减少公民或者企业获得公共服务的程序，政府"应让公民或企业充分了解其对公共服务的需求以及应如何行动获取服务，来设定公共服务提供的标准"①。2010 年，新的公共服务协议（2010—2014）已经颁布实施，在提高公共服务效率的同时，强调公共服务支出及在公共服务部门工作的人员数量稳步下降，但同时强调保障公务员的权益，不再降低他们的工资标准。2011 年，英国新的《公共服务白皮书》更是明确指出"高质量的公共服务是每一个公民的权利"。

自 2010 年以来，英国的卡梅伦政府提出了"大社会"的发展思路，其宗旨是："创造一种新的社会文化，公众将不用总是要求官员、地方当局或中央政府来解决他们面临的问题，而将有充足的自由和权力去为自己所在的社区服务。"②而英国的公共服务协议与"大社会"发展密切相关，并成为了公共服务"大社会"的重要推手。

1. 以公共服务协议完善公共服务供给多元主体协作体系。公共服务协议的签订，一是为了解决公共服务供给中的政府责任问题，特别是政府各个部门的责任问题，"在综合开支审查的指导下，'公共服务协议'制度化地把各个部门有效调动起来，共同协作，共同负责某一个政策目标，从而打破部门主义，实现'协同政府'的治理理念"③。另外，英国的公共服务协议实现了多元社会主体对于公共服务的参与，调动了社会公共服务的积极性，实现了真正意义公共服务供给上的"大社会"，通过推进社区自我运作、购买公共服务、成立慈善导向的公司、大社会银行、鼓励志愿者活动和"国家公民服务"计划等措施，实现了社会多元主体共同参与公共服务的体制设计。④

2. 以公共服务协议提高公共服务的供给效率。公共服务的供给经历了

---

① "Service Transformation Agreement," http：//webarchive. nationalarchives. gov. uk/ + /http：/www. hm-treasury. gov. uk/media/B/9/pbr_csr07_service. pdf，2007.10.

② 新华社每日电讯:《卡梅伦发起"大社会运动"》, http：//news. xinhuanet. com/mrdx/2010 - 07/22/content_13897042. htm，访问时间：2010 年 7 月 7 日。

③ 宋雄伟：《英国公共服务协议治理理念解析》，《中国青年政治学院学报》2012 年第 4 期，第 89 页。

④ 《小政府 大社会：英国公共服务体制改革》，《公益时报》2012 年 3 月 27 日。

"市场失灵"和"政府失灵"两个阶段后,各国都在寻求破解公共服务高效供给的路径,其中英国也形成了基于公共服务协议的"政府承担、定向委托、合同管理、评估兑现"的新型政府提供公共服务的方式,其中的核心在于扩大和规范了政府的公共服务购买。英国的公共服务购买有着自身的特点,一是涉及领域广泛,包括教育、文化、公共卫生、社区服务、养老服务、残障服务、就业服务等都在公共服务的购买范围之内。二是购买方式规范,如英国政府早在1990年公布的公共医疗和社区关怀中就明确规定,中央政府拨付的特殊款项的85%必须以竞标的方式向私营或非政府组织购买。三是购买程序严格,如英国政府采购包括八个阶段:制定采购计划,确定采购总负责人和配备律师、会计师和审计师,律师起草和在制定刊物上公布信息,接受咨询,按照标准确定合格供应商名单,招标或直接采购,按照合同监督供应商完成服务,独立审计。四是建立独立的评价机制,包括由会计师事务所、法律事务所、审计事务所、专业调查公司等专业机构参与政府购买公共服务监督。它们拥有专业人才,技术性更强,同时保持客观性和公正性。

3. 以公共服务协议推进公民社会发展。英国的公共服务协议,在建立了政府与社会互动、互补关系的同时,也大大促进了英国社会组织的成长和公民社会的发展。一是在卡梅伦政府的"大社会"计划内,英国政府拿出1亿英镑专项培育社会组织和社会型企业,承担政府职能转变之后的公共服务责任;二是提供各种形式的资金支持,英国每年用于采购公共服务的资金高达2360亿英镑,其中约11%的公共服务合同由社会企业和慈善组织执行,同时还将每年博彩业收益的16.7%通过政府基金分配给全国各项慈善组织,并将银行的一些"休眠"账户中的小额存款集中起来为志愿组织提供资金,是为"大社会银行",这大大促进了英国社会组织的成长。三是英国积极鼓励公民的志愿者行动,并以社会组织为载体大力开展公民志愿服务活动,统计显示,每年约有2040万英国人参加志愿服务,他们提供了相当于120万专职人员、价值215亿英镑的工作量,这是一种博爱的社会行动和社会文化。[①]

[①] 《小政府 大社会:英国公共服务体制改革》,《公益时报》2012年3月27日。

4. 以公共服务协议保障公共服务质量。公共服务的治理是公共服务公共特征的实践标准，也是政府社会管理和公共服务绩效考核的重要指标，对此，英国保守党议员怀特提出的《公共服务（社会价值）》议案中明确要求：英国政府部门在公共服务采购进程中选择目标机构时，不能只考虑其服务是否低价或高产，而必须考虑其服务所带来的社会、经济与环境价值，做到以一个公民的价格购买真正造福于当地社区的服务。[①] 而公共服务协议所强调的服务绩效正是如此，通过协议，涵盖"服务提供协议"（Service Delivery Agreements）和"技术说明细则"（Detailed Technical Notes）[②]，涵盖了各个部门通过合作方式所要达到的绩效目标，且这种目标是可量化的，这从公共服务供给主体上强化了公共服务的供给质量。另外，公共服务协议为三年期的财政预算，这在一定程度上避免了短期财政行为导致的公共服务供给持续性不足，从过程上强化了公共服务的供给质量。再次，公共服务协议具有明确的结果导向特征，以绩效指标评价公共服务的供给行为，这在一定程度上促进了政府和社会各部门对于公共服务结果的关注，避免了因为公共事务责任不明确而导致资源浪费和公共事务管理的"公地悲剧"。

总结：英国的公共服务协议实践大大改善了英国的公共服务供给主体不足困境，提高了公共服务的供给效率和质量，但其自身的矛盾和不足也使英国的公共服务供给出现了问题，包括绩效指标模糊不清、激励和承接措施不健全、财政部和其他政府部门权力博弈等，但其公共服务的"大社会"探索对于当前的公共服务体系建设与完善意义仍旧重大。

（二）加拿大的"以公民为中心"的可选择公共服务机制

加拿大的公共服务改革是基于加拿大自身的公共服务发展历史和西方政府改革潮流而形成的。加拿大的公共服务改革是对英美国家"顾客中心"导向的公共服务改革所带来问题的回应，在追求公共服务高效率的同时，更强调公共服务背后的社会价值和所产出的社会效益。加拿大以公民为中心的公共服务改革强调了公众对于公共服务的选择权，即可选择的公共服务。

[①] 《小政府 大社会：英国公共服务体制改革》，《公益时报》2012年3月27日。
[②] H. M. Treasury："Cross-Departmental Reviews: Overview," http://www.hm-treasury.gov.uk/cross-departmental reviews_overview.htm, 2009.08.05.

可选择的公共服务，一方面强调公民对于公共服务供给内容和供给方式的选择权；另一方面，更为强调公民对于公共服务机制的选择权，即公民对于投身公共服务供给机制的选择。可选择的公共服务供给机制，正如约翰·威肯尼斯（John K. Wilkins）所述，"是指不同的服务输送给不同的人，它是公共部门改革进程中的一部分，是政府重新联系公民并建立新的网络的一种尝试，是公共部门、私人组织和志愿部门发展合作关系的平台"①，即可以说"可选择公共服务是个人、社区组织以及其他政府实体分享政府治理功能的一种机制"②。

可选择的公共服务机制强调了公民在公共服务体系中的地位和作用，认为公民不仅是公共服务的服务对象和公共服务的诉求形成主体，还是公共服务供给的重要力量，公民对于公共服务有着重要的意义。加拿大的"以公民为中心"的公共服务机制主要有以下特色。

1. 公共服务的组织变革与流程再造。一是推进以职能调整为目标的组织机构变革，如组建了三个新的公共服务特别服务局：加拿大食品调查局、加拿大海关和收入局和加拿大公园管理局，集中了原分散于其他部门的职能，大大减少了行政成本，提高了行政效率和行政责任。二是推进公共服务流程再造，大力推进一站式的窗口服务，建立与完善整体性的公共服务供给机制。三是推进公共服务的标准化。加拿大的公共服务综合网站"服务加拿大"网络系统和电话呼叫系统，可以为公众提供超过1000个政府项目和服务内容，加拿大公共服务委员会也在2007年的报告中，"声称要建立一套标准化评估机制，保障新技术的不断引入服务中，从而不断加入新的内容、新的服务，改进服务质量和服务可及性"③。

2. 公共服务供给机制中的多元合作网络。一是公共服务供给的纵向合作，主要表现为加拿大政府的联邦、省和地方政府三级主体在公共服务供给中的合作体系，不同层级的政府通过立法形式划分公共服务供给权责，尤其

---

① John K. Wilkins, *Learning from Canadian Innovation in Alternativr Service Delivery*, 5th CAPAM Biennial Conference, September 7–11, 2002, Glasgow, Scotland, United Kingdom.

② Rabin Ford & David Zussman, *Alternative Service Delivery: Sharing Governance in Canada*, Institute of Public Adminstration of Canada, 1997, p. 278.

③ Public Service Commission, 2006–2007 Performance Report, March, 2007.

是地方政府在公共服务供给中对上级政府的对话机制，包括"承认城市的自然人地位，授予特定的地方立法权，在广泛的范围内对活动授权，承诺推动省市对话，在对城市采取行动前需要得到城市认可（尤其是城市合作），并且承诺在分配城市职责的同时分配相应的资源"①。而对于公共服务，特别是地方公共服务，上级政府要下放责任与权限，特别是财政权限，实现公共服务的有效供给。二是公共服务的横向合作，特别是政府与非政府组织的合作机制。对于非政府组织，加拿大政府提供大量的资金支持，资助非政府组织的发展，截止到 2005 年 4 月，全职执行社区服务使命的非政府组织获得 8.2461 亿加拿大元的政府资助。② 资金的支持大大解决了社会组织发展的资源支持问题，使加拿大社会组织如雨后春笋般迅速崛起，在 2005 年度，加拿大的魁北克省就有了 8000 多个社区组织。另外，加拿大的社会组织虽受政府的资金资助，但其独立运作的模式并未受到政府的影响与控制，在加拿大，"只要某一方面为加拿大提供服务，而且是非营利的组织，都可以通过各种途径申请到政府的专门拨款，这在一定程度上促进了非政府组织的蓬勃发展"③。如多伦多的地区就业援助中心的经费中，联邦、省、市财政拨款占 55%。④

3. 公共服务供给的市场化改革。加拿大的公共服务市场改革从《公共服务 2000 协议》开始被着重推广，市场化改革并不是在弱化政府的公共服务责任，而是更为强调政府对于公共服务的态度以及公共服务的效率和质量。加拿大枢密院就说道，加拿大的公共服务改革目标是"使联邦公共服务部门成为顾客导向的组织"⑤。加拿大政府使用用者付费制度来解决公众对公共服务的真实需求表达，通过合同外包实现市场交换制度与政府权威制度的互补，通过部分公共服务供给的私有化推进公共服务供给主体的责任意

---

① ［加］理查德·廷德尔、苏珊·诺布斯·廷德尔：《加拿大地方政府》，于秀明等译，北京大学出版社 2005 年版，第 191 页。
② 丁元竹：《加拿大社区服务体系建设及对我国的启示》，《中国发展观察》2006 年第 9 期，第 51 页。
③ 郑慧：《加拿大公共服务改革研究》，社会科学文献出版社 2011 年版，第 74 页。
④ 于凤荣：《加拿大公共服务社会化之我见》，《行政论坛》2008 第 5 期，第 87 页。
⑤ Pricy Coun Office, "PS2000 Briefing Note: PS2000—What's All about?" Ottawa, Minister of Supply and Service, September, 1990.

识和绩效意识。加拿大公共服务市场化经历了自由市场到政府干预再到政府失灵的过程,最终形成了"通过政府权威制度和市场交换制度复合配置的新型公共服务供给制度安排"[①]。

4. 构建可选择的公共服务供给体系。可选择的公共服务供给在体制上体现为不同主体的合作共治,在供给方式上则体现为公共服务的商业化水平。公众对于可选择的公共服务供给机制,也是通过主体参与和投票偏好来进行合作治理,这保证了公共服务供给的社会价值;而政府作为主导的控制则保证了公共服务供给的公共基础。如图6-1所示,加拿大可供选择的公共服务体系主要表现在以下方面:(1)公共服务供给由单一主体走向多元共治,公共服务供给由之前的政府垄断供给走向了多元主体参与,包括社会组织、企业和公众都参与到公共服务供给之中,并与政府形成了公共伙伴关系,组建了统一的公共服务供给整体。多元参与是可供选择公共服务体系的基础,多元之间的竞争与协作形成了公众的选择基础,也为公共服务的整体性治理奠定了基础。但公共服务体系并不是简单地剥离政府职责和权力,也并不是以私人部门对政府的简单替代,而是强调以政府保障公共服务公共属性,以社会组织和私人部门扩大资源基础的伙伴合作。(2)公共服务的控制权由联邦政府向公众社会转变,公共服务的供给、管理、监督和评估不再是政府的垄断行为,公众社会成为了控制公共服务的最终主体,公众社会对于公共服务的控制包括使用选举、投票的公共服务供给控制,也包括监督评估的过程控制,还包括以使用权为内容的需求控制。这使得公众对于公共服务更具选择权利。(3)公共服务运行由低商业化向高商业化转变。公共服务的运行由以前的计划配给向商业市场转变,公共服务由具有竞争特征、成本理念的皇家公司(国有企业)运行,这破解了传统计划配给所产生的平均主义的低质量公共服务的问题,将市场选择机制引入公共服务运行之中,使得在优胜劣汰的竞争压力下,公共服务供给机构必须提高公共服务相应的品质。但公共服务的高商业化并不等于市场化,按照西方经济学的基本观点,市场失灵导致了公共服务由政府履行,而政府失灵又要求公共服务的市场机制运行,因此公共服务运行的商业化是公共服务政治属性与经济属性的

---

① 郑慧:《加拿大公共服务改革研究》,社会科学文献出版社2011年版,第158页。

均衡博弈，兼顾了公共服务效率特征和公共特征。

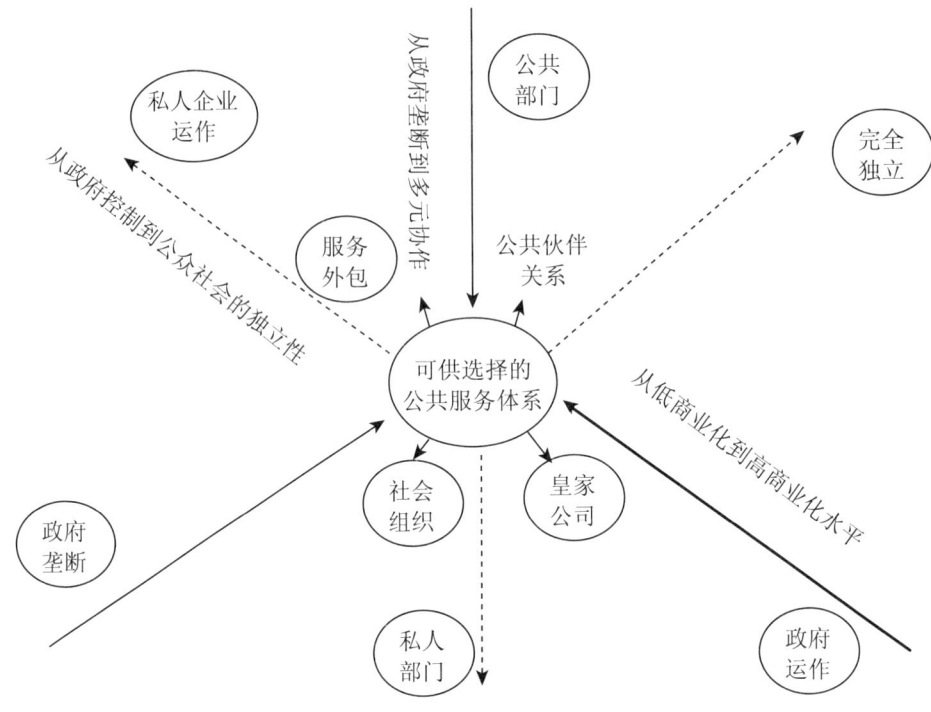

图6-1 加拿大可供选择的公共服务体系图

综上所述，加拿大的公共服务体系是沿着以上三个维度不断完善的，但是可选择的公共服务体系之所以有效，在根本上就在于其在吸收了公共服务费用承担和辐射范围公共性的基础上，强调了市场选择的竞争特征和需求导向，从而使得公共服务能够真正为公众所高效使用。

总结：加拿大的公共服务供给机制强调"以人为中心"的理念和实践，并通过"可选择的特性"来实现公众作为公共服务需求的主体地位，同时加拿大也着重将公民作为公共服务供给的主体，将公民纳入公共服务供给机制之中，保障公民在公共服务供给中的主体地位。公共服务的核心是人，现代的公共服务体系不仅仅是满足人的需求，更重要的是推动人的发展，让人来服务人，让社会来服务社会，从而建立起一种共享共治的服务网络。加拿大的实践表明，公共服务体系建设最终是要落到人这一本位之上，并以人来评判公共服务最终的有效性。

(三) 美国电子公共服务体系建设——"311"市民服务系统[①]

美国"311"市民服务系统 1996 年诞生于马里兰州的巴尔的摩市。当时"311"是一个集 40 多个市政府部门对外公布的电话为一体的专线电话，为市民提供服务并接受社会监督，受到市民的极大欢迎。之后，美国的其他城市开始陆续进行效仿。1997 年，美国联邦电讯委员会决定在全国范围内将"311"预留为非紧急求助号码。到 2005 年底，美国已有纽约、芝加哥、华盛顿、洛杉矶、底特律等多个城市建立了市民服务系统，成为保证政府和市民间通过所有可能渠道进行沟通交流的有效手段。

1. 联动整合政府各部门资源。建设"311"市民服务系统的起因是早些年美国的地方政府部门为社会所开设的服务热线和监督电话，但由于号码众多难以记忆以及众多号码导致的令出多方、没有统一标准的问题，使得这些政府热线利用率低，满意度差，基本上难以发挥作用。对此，美国对这些市民服务系统以城市为单元进行了改进，整合了号码，联动了号码背后的政府职能部门，实现了一站式的呼叫服务。同时，由于整合与联动，这些政府部门的系统建设也能相应地产生规模效应，降低建设成本，提高效率。

2. 提供专业化高效率而又人性化的服务。美国"311"市民服务热线最大的特点就是它专业化高效率而又人性化的服务。为了确保这样的服务，政府采取了多项措施，包括：(1) 依靠先进的用户响应系统 CSR 贯通各个部门，实现高效率的流转。用户响应系统利用一套计算机系统 CSR 来处理用户接入，"实现三个主要功能：第一部分：确定标准信息，包括谁来的电话、什么时间打的电话、他需要什么帮助。这些问题被数据库保存起来。第二部分：如果记录内容涉及特殊问题，操作员必须向其询问一些特别事项。例如来电人讲的是有关被弃车辆问题，这时操作员被提示询问是否有危险、现在的状况、生产厂家、型号、颜色、年代和车的式样。第三部分：有关来电人的姓名、地址和电话号码。这种接入形式只是 CSR 系统处理市民求助

[①] 本案例内容参考：洪棋新：《美国 311 市民服务系统的建设经验》，《信息化建设》2006 年第 5 期，第 36—37 页；张迎燕：《城市社区信息化服务实现途径研究》，重庆大学硕士学位论文，2007 年。

问题的开始,从问题被保存到 CSR 系统那一刻起,其他程序被自动启动,这些处理内容包括:将要求指派给主管的市政部门和机构创建适当工作命令,并指定分派给工作组创建后续的工作命令,再分派给后续的工作组在处理的适当时间内调整部门间的工作程序。用户响应系统提高了政府信息处理的能力,使政府跟踪掌握问题的进展变得极其容易,能在第一时间内掌握有关问题的详细、准确资料"[1]。(2)使用最新数据库并实时更新,保证随时满足市民的最新需求。(3)与用户响应系统密切配合的高效服务流程。即来电人得到一个可追溯的"服务任务号"——产生反映每一步的"工作状态列表"——"工作状态列表"被转化为工作指令——政府工作人员对这些工作指令进行响应。(4)知识与能力俱佳的服务人员。如果说用户响应系统 CSR 是"311"的神经支柱,那么呼叫中心的座席员(包括管理席)就是"311"系统的心脏和大脑。每个操作员必须学会多达几十种语言的关键词汇,以便能够将来电接入"语言中心",让合适的专业翻译人员协助提供服务。每个操作人员都受过内容广泛的培训,具备丰富的知识,以保证对每一个来电都能做出及时、礼貌和专业的回答。并且他们都接受过反恐、市政等训练课程,能从平常的投诉事件里,敏感地嗅到可疑的蛛丝马迹,在第一时间内做出有效率的决定。(5)严格的质量保证体系和绩效审计制度,保证高标准的服务。如果一位客服代表在某个领域得分很低,那么评估人可以指导这位客服代表并提出忠告。如果客服代表在某个领域持续得到低分,信息技术和通信署可能让这位客服代表进一步补习培训。(6)凸显人性化诉求的特设服务。由于城市规模大小不一,美国各城市的"311"中心规模也各不相同,从几个到几百个座席员都有,但都能提供每周 7 天、每天 24 小时的服务。其中夜晚和周末保证一定的座席员数量以满足服务要求,而不是完全靠自动语音回答来解决。一些城市还开通了为残障者服务的聋哑专线,文字电话服务,以及网络接入服务。

3. 举一反三的多途径利用。虽说名为市民服务热线,但是美国"311"服务热线并不是局限于便民、与市民互动。市民通过"311"热线反映意见,寻求解决问题,政府也利用"311"热线从其他方面做出了许多有益的

---

[1] 洪棋新:《美国311市民服务系统的建设经验》,《信息化建设》2006年第5期,第36页。

尝试。市政府通过"311"热线掌握城市动态，从中获得改进市政服务的灵感，正是通过"311"热线，纽约市出台了许多城市管理规定。"311"系统做到数据库的定时更新，并从中整理和收集各类深度问题，为政府决策提供支持，同时，"311"中心也做到主动向民众普及应变常识，积极参与灾难预防宣传工作。

总结：美国"311"热线属于公共服务改革类的政府创新，是政府与市民的深度互动。其实随着科技的不断发展，以服务热线的形式来促进政府与市民的互动、为市民提供服务这一方式应该说是公共服务中的一大趋势，并且会大范围地普及开来。我国的政府创新中，也有通过为市民服务热线来提供公共服务的，但是在整合各个部门的资源、服务的专业高效与人性化、利用形式的多样化上与"311"热线相比也确实有较大差距。美国"311"热线的可移植性非常强，它的很多做法包括宏观的和细节的都可以成为我们学习的对象。我国的各个地方政府都可以借鉴"311"热线的经验，再结合本地的实际情况，形成有地方特色的服务。

（四）德国以政府为主导的公共服务体系改革

在新公共管理改革的潮流中，不同于激进派的英、美、新西兰等国，德国在确保地方政府行政合法性和公共服务责任主体的前提下，采取了较为稳健的改革策略，在推进公共服务供给主体多元化和供给方式多样化的同时，也推进了与公共服务相适应的地方行政体制改革。

德国的地方公共服务体系改革是以政府主导的公共服务为特点的。德国联邦政府和地方政府的公共服务职责由《德意志联邦共和国基本法》做出原则性的规定，总体而言，德国联邦政府负责制定法律、政策和规章，而大部分具体职能由州政府负责执行。[①] 而地方的公共服务供给内容则由各州的宪法和相关法律确定，如北威州迪伦市，其承担的公共服务职能主要包括：失业人员救济、吸毒等不良嗜好青年救助、中小学日常管理、部分幼儿园、音乐学校、大众夜校、市民活动中心、体育中心、养老院、博物馆、图书馆、剧院、档案室、消防队、保洁队、墓地管理等。另外，市政府所运营的

---

① 刘志昌：《德国公共服务体制及其启示》，《湖北社会科学》2012年第8期，第38页。

公司还提供供水、供电、污水处理等服务。①对于地方公共服务，联邦政府通过财政转移支付确保公共服务的均等化原则，如为平衡东德和西德的发展差距，联邦政府以个人和企业所得税为税基，专门征收 5.5% 的团结税，支援东德的发展，这一转移的税收"从 2007 年的 121 亿欧元增加到 2008 年的 125.5 亿欧元，2009 年的 132 亿欧元，2010 年的 137.5 亿欧元和 2011 年的 142 亿欧元"②。

在德国，"公共服务的提供被认为是一个'社会国家'所应担负的宪法责任"，德国的公共行政更是被"作为一个在福利国家内的提供服务的管理者，一般被设想成一个提供服务的保证者：公共行政保证提供广泛的服务，既满足质的需要又满足量的需要"。③ 德国的公共体系完善主要表现在以下方面：

1. 公共服务体系改革强调价值的作用和影响。德国的公共服务改革强调以体制变革来推动公共服务体系建设，而体制变革必然导致出现利益矛盾问题、价值冲突问题和理念紊乱问题。对此，德国的改革坚持以下原则："一是公共服务改革谨慎而又系统地考虑到现有价值对改革的影响；二是不仅伦理价值还有其他类型的价值都要受到重视；三是公共行政的价值汇总不仅使得为整个公职领域而且也包括为各个组织单位适当评价价值对公共服务改革的影响成为可能和变得便利。"④ 因此，德国的公共服务改革相对于英美国家的基金市场化，其更多体现的是一种稳妥的实用主义改革。

2. 发展民主与提升政府绩效双赢的区划改革。一是通过"温和"的乡镇联盟，组建新的联合行政体，如石勒苏益格－荷尔斯泰因，在保留地方政府机构的同时，实现区域内的整体性治理，避免因为属地管理而形成的公共服务供给不均衡，实现公共服务在区域内的资源配置和公平普及。二是通过

---

① 国家发展改革委经济体制综合改革司培训团：《德国公共服务供给和监管的启示》，http://www.sdpc.gov.cn/zjgx/t20071226_181410.htm，访问时间：2007 年 12 月 26 日。
② 国家发展改革委经济体制综合改革司培训团：《德国公共服务供给和监管的启示》，http://www.sdpc.gov.cn/zjgx/t20071226_181410.htm，访问时间：2007 年 12 月 26 日。
③ ［德］迪特·格伦诺：《德国公共服务的特点及未来发展》，继红编译，《马克思主义与现实》2005 第 2 期，第 50 页。
④ 党秀云：《论德国公共服务改革及其对我国的启示》，《四川行政学院学报》2007 年第 1 期，第 34 页。

"激进"的合并，组建新政府，一方面通过行政立法以法律作为政策推进的保障，另一方面通过财政政策进行"规劝"，鼓励当地政府通过协商、合作等方式进行自愿改革，在此背景下，德国县级政府从425个减少到237个，政府的合并带来的是机构人员的精简和行政效率的提高，同时也为公共服务供给的统一部署奠定了基础。

3. 以政府主导，社会和市场参与的形式开展公共服务供给。德国的税收体制和税收分配机制在一定程度上影响了地方公共服务生产的行政给付能力，加之机构膨胀、人员激增、财政赤字，政府包揽社会福利的社会责任已经难以得到有效履行。这就要求依据公共品的特性合理确定公共服务的生产与供应主体，重新界定地方政府职能，构建多元社会主体共同参与的公共服务生产供给体系。对此，在公共服务的供应上，德国地方政府一方面承担起直接或间接提供公共服务的公法人职责，广开财源，尽量保证公共服务供应的充分性、及时性与满意度，做好民意调查与政府适度监控；另一方面，构建起良性互动的政府间关系，在一些跨区域公共事务上进行有效合作，如流行病的传染预防工作、流窜犯罪和跨区域水污染治理等，做到公共资源管理的综合统筹与部署。另外一些慈善性的组织也参与到了公共服务的供给之中，"这些组织总数达到了81000个社会服务设施（1993年数字），例如，它们提供服务的数量占到了青年之家的4/5，日托幼儿园的2/3，所有老年之家和失去能力人之家的半数以上，德国全部医院的1/3"[①]。

4. 多样化的公共物品生产方式。德国政府吸纳了新公共管理的一些理念，探索了适应本国自身的多样化公共物品生产方式：一是由地方政府单独直接生产提供公共服务，这种公共服务有其特有的属性和特点，典型的如警察服务、地方性法规，必须是政府才具有生产和供给的权限。二是部门间的协调生产与供应公共服务，当涉及多主体责任的公共服务时，就需要部门之间就服务的生产与供应进行协商，统一部署，以保证供应的效率和避免资源的浪费，如路政部门和警察部门对交通犯罪的协作治理。三是地方政府联合生产和提供。典型的如跨州的莱茵河污染防治。四是政府间的契约生产。即

---

① ［德］迪特·格伦诺：《德国公共服务的特点及未来发展》，继红编译，《马克思主义与现实》2005年第2期，第50页。

地方政府通过合同形式，将某些公共服务外包给一个有资质的部门进行生产，后者承担生产责任，前者通过购买或补贴承担服务供应责任。五是政府将服务交由社区生产或提供。包括各种志愿团体、民间协会和社区组织都是政府可选择的授权对象，如社区公民协商会议、学区家长委员会对学校质量的监督等。六是政府与社区联合生产与提供，典型的如巴伐利亚对社区犯罪的控制。七是部分公共物品生产的私有化和准市场竞争。[①] 即在公共事业管理中引入市场机制，由政府设定标准和政策以及监督工作，而由私人部分全权生产与供应，并通过公众选择实现服务生产与供给的竞争，确保服务质量，如特许经营方式。

5. 注重公共服务活动中的标杆管理和绩效评估。德国地方政府积极推进公共服务活动的绩效评估工作，且这种评估是在完全自愿的情况下进行，如"一些地方市政当局一直忙于根据一个总体规划，用'产品'的形式来描述自己的服务，并有两种著名的非市场竞争案例通过定期绩效比较的形式得以体现：即 Bertelsmann 绩效比较和由 KGST（德国一些城市为实行公共服务质量管理而成立的联合会）负责实施的'公共交互指标网络'。许多市（或者它们的部门）在众多的指标网络中互相合作。每一个网络都关注于一定的政策领域（例如儿童抚养、博物馆、街道清洁等）。它们经常交换绩效数据，比较自己的表现，并力图从其他市政当局或者部门那里吸收好的经验。当德国人谈起竞争的时候，他们指的主要就是这种'通过标杆管理而进行的竞争'"[②]。地方政府自己所进行的服务比较和绩效评价，在一定程度上反映到了公民"用脚投票"的公共服务选择之中，也在一定程度上成为地方政府的公共服务供给压力和提高公共服务质量的动力。另外，德国的地方公共服务也强调公众对于公共服务的评价，在德国的许多城市，公众接受服务后都要求对政府的以下服务信息做出评价：工作质量如何；是否负责；决定时间的长短；决定是否简洁易懂；政府服务机构是否就近方便；政府服务机构是否醒目易找到；现场等待时间长短；开门时间；办公地址信息是否

---

① 靳永翥：《德国地方政府公共服务体制改革与机制创新探微》，《中国行政管理》2008 年第 1 期，第 106 页。

② 党秀云：《论德国公共服务改革及其对我国的启示》，《四川行政学院学报》2007 年第 1 期，第 35 页。

完全；服务咨询的质量如何；工作人员礼貌和友善的情况等。①

总结：公共服务的改革并不具有普世的模式，改革必须符合一国的特征和长期的传统体制与文化，德国的公共服务改革是按照自身的传统和现实，结合公共服务改革的大趋势而进行的探索。德国的公共服务改革也涉及了市场化的一些改革，但"市场和其竞争性动机只是在过去数年间才被'发现'，而且这一问题和其实践并没有在整个现代化过程中发挥多大的影响力。如果它们能够发挥一定影响力的话，那么非市场的竞争形式如基准和绩效指标比较就会在改革议程中具有一定意义了"②。可见，市场化并不是公共服务体系改革的唯一路径。同时德国公共服务的改革所强调的政府主导特征坚持了公共服务的公共属性，同时所做的多元供给方式探索和公共服务的绩效管理，共同促使了德国地方公共服务体系建设的成功。另外，为提高公共服务的有效供给，进行大刀阔斧的行政体制改革也为我国的公共服务体系建设提供了经验借鉴。

（五）日本以农协为主体的农村公共服务供给体系

农村公共服务与城市公共服务在公共物品的属性特征上并无区别，但在公共服务的种类上面却有着各自的侧重点。农村公共服务除了要享有和城市共同的公共教育、公共卫生、公共文化等服务以外，还有农业生产、农村生活和农民发展特有的公共服务。

日本的农村公共服务经历了两个阶段，第一阶段为19世纪70年代以前以生产领域为主的公共服务和19世纪70年代以后以生活领域为主的公共服务，二者共同形成了日本农村公共服务体系。日本的公共服务供给体系中农协扮演了重要的作用，并成为日本农村公共服务供给体系的重要标志。

日本农协，全称为日本农业协同工会，英文简称为"JA"（Japan Agricultural Cooperatives），成立于1947年，其宗旨为"促进发展农民的合作组织，提高农业生产力和农民在社会上的经济地位，同时促进国民经济的发

---

① 国家发展改革委经济体制综合改革司培训团：《德国公共服务供给和监管的启示》，http：//www.sdpc.gov.cn/zjgx/t20071226_181410.htm，访问时间：2007年12月26日。

② ［德］克里斯托弗·理查德：《德国公共服务的市场化（下）》，《北京行政学院学报》2003年第3期，第94页。

展，建立一个农民自己的民主的合作社"①。战后的日本农协在日本农业发展、农村发展和农民权益保障方面发挥了巨大作用，主要表现为："巩固土地改革成果，保护自耕农利益；保障农产品供应，增加农民收入，缩小工农、城乡差异；有效组织农户资金，发展农村社会保障；提高农民组织程度，建设社会管理成本；强化执政党政权基础，维护政治稳定。"② 作为不同于美国农业合作组织的典型农业合作组织，日本农协按照行政区划设置，基层农协是单位农协，分为专业农协和综合农协。单位农协是个体农户作为社员的一种组合，农协联合会是单位农协作为组合员组织起来的一种组织，其中以都、道、府、县为事业区域的叫县级联合会，以全国作为事业区域的叫全国联合会。日本的三级农协组织（全国、县、基层）统称系统农协，彼此之间关系密切，统一行动，但不存在严格的隶属关系。1990年日本对农协进行了组织改革，将原来的三级改为两级，将中间的都、道、府、县一级合并为全国联合会，形成全国联合会——町村农协的新组织体系。③ 如图6-2所示。

日本农协公共服务职能主要表现在以下方面：

1. 参与农村基础设施建设。日本的农村基础设施建设仍是采取政府主导和农合组织参与的供给模式，中央政府和地方政府根据公共服务的不同属性和辐射范围确定了公共服务的供给主体和职责，农协组织主要在政府扶持下参与社区性农村基础设施建设，建设了如"升降机谷仓、捣米中心设施、育苗设施、大型农业机械、幼蚕饲养设施、集中挑选蔬菜水果设施、贮藏和冷藏设施、选蛋设施、鲜肉中心设施等"农业生产经营基础设施以及发电设施、体育活动设施、文化娱乐设施等基本生活设施，为农民的生产、生活提供了服务，增强了农民生产、生活能力。同时，农协还要指导"制定本地区农业的长期规划，为在产地之间的竞争中获胜，对品种和栽培技术、生产者组织的扶植等从生产到流通进行系统性指导"。④

---

① ［日］坂下明彦：《日本农协的组织、机能及其运营》，《农业经济研究》2009年第9期，第57页。

② 李显刚、石敏俊：《日本农协的历史贡献、存在问题和发展趋势》，《中国农村经济》2001年第3期，第74页。

③ 程又中：《外国农村公共服务研究》，中国社会科学出版社2011年版，第364—365页。

④ ［日］坂下明彦：《日本农协的组织、机能及其运营》，《农业经济研究》2009年第9期，第59页。

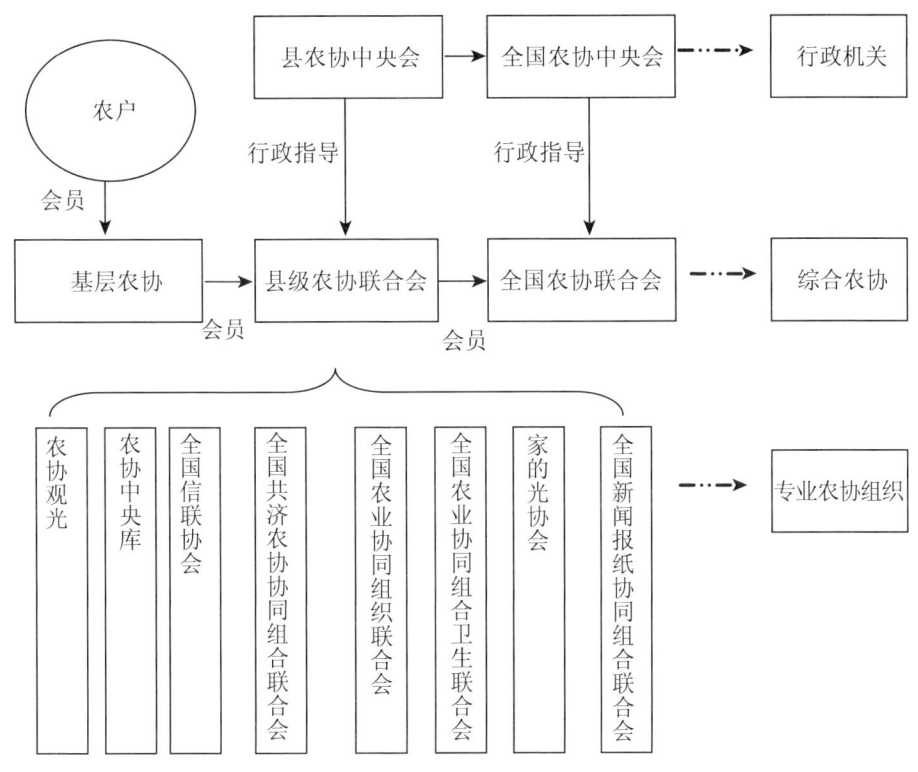

图 6-2 日本农协组织体系图

2. 推广农业科研与技术。日本的《农业协同组合法》第十条明确规定，日本农协系统要办理营农指导事业。日本"农协所主导的技术指导活动与政府指导下的普及推广活动，从体系上可理解为对同一业务的两种不同的主体，即在农业推广上的二位一体的结构。两者在活动上是相互补充和提携的关系"[1]。日本农协除了推广先进农业技术和科技之外，还强调对每个农协成员的生产技术和经营的培训，"目前，农协在全国营农指导员约有20000 名，他们的职责是与农业改良普及所合作，分配深入到农户，进行农业技术、农业教育管理、生活改善方面的指导……营农指导员平均指导100户/人"[2]。

---

[1] 章政：《现代日本农协》，中国农业出版社 1998 年版，第 83 页。
[2] 程又中：《外国农村公共服务研究》，中国社会科学出版社 2011 年版，第 82 页。

3. 大力支持农产品市场经营。一是推行农业购销服务，在采购方面，将原来农户的零星采购行为统一成大规模的统计采购，从而降低农业生产资料的成本；在销售方面，"将农户的零星生产集中起来归成一个大的销售单位，有计划地上市，所以克服了价格的波动"①，同时推进合作销售模式，通过委托销售、直接购买和中介销售等形式，稳定并提高了农民收入。二是推行农业金融信贷服务，日本在2002年专门设立了JA银行系统并开始运营，"JA银行系统的功能主要有两个方面，一是实施防止破产的政策；二是实行一体化运营，向组合成员提供金融服务，并通过信贷事业进行企划和开发"②。JA银行系统与政府的"制度金融"、私人金融机构的"民间金融"形成了日本农业发展的金融服务体系，为日本的农业生产和运营提供了大量金融支持，促进了日本农业的产业化发展。三是推进农业保险服务，结合自身的实际，日本采取了由农协组织来经营农业保险的模式，农协"所持有的合同金额仅次于日本最大的保险公司——日本生命居第二"③。在这种模式中，"投保人同时也是保险人，共同的利益关系有利于形成相互监督机制，能够有效避免'联手吃保险'情况的发生"④。同时，日本政府对于关系国计民生的农产品产业实行强制保险制度，并给予包括保费补贴的多种政策支持，以2000年为例，"日本中央政府投入741亿日元用于保险补贴（占56%），535亿日元用于管理费支出（41%）"，这大大降低了农业保险经营的单位和农民自身的生产经营风险，实现了农协与农民之间的双赢。

4. 推进产品质量安全管理。在当今食品安全日益严峻的形势下，产品安全，特别是农产品安全已经成为政府管理、经济管理和社会管理的重要内容。日本农协也参与其中，利用自身的方式，开展了产品安全管理的一系列探索。一是推进"生产履历记账运动"，即生产者按照事先规定好的、适当

---

① [日] 坂下明彦：《日本农协的组织、机能及其运营》，《农业经济研究》2009年第9期，第59页。
② 刘万霞：《日本农村金融发展的实践及启示》，《世界农业》2013年第1期，第7—8页。
③ [日] 坂下明彦：《日本农协的组织、机能及其运营》，《农业经济研究》2009年第9期，第60页。
④ 刘从军、马丽华、宋雅楠：《日本农业保险模式及其在中国的实现条件》，《日本问题研究》2006年第1期，第34页。

的生产标准进行生产及生产管理,并详细记录相关内容,农协将农产品记录进行分类管理,并向销售者、消费者以及客户等利益相关者公开。二是推行"地产地销"运动,即通过缩短产品流通距离来消解潜在的产品质量问题,包括农产品在当地消费,建立生产者和消费者直接见面、直接交流关系等方式,在生产者和消费者之间建立一种信赖关系。三是实行生产资料统一购买和产品售前统一质量检测制度。四是通过生产指导控制产品质量。全方位控制保障产品质量,保障消费者根本权益。①

5. 开展农村生活指导服务。除了经济职能之外,日本农协还为农民的生活进行指导服务,服务内容包含了各个方面。农协的生活指导方式包括出版书籍刊物和举办培训班。如:"以往的主要工作是以农村妇女为主要对象,举办烹调讲座和指导怎样记家庭收支簿等。但近年,随着农村地区的老龄化,健康管理和老年社会福利事业也变得重要起来。"②同时,"农协建立起了一些销售设施、发电设施、体育活动设施、文化娱乐设施,为农民提供生活服务,一些农协还成立了县级合作医院,为农民提供基本的医疗卫生服务,传播医药知识,增进农民的身心健康"③。

总结:日本农协从诞生以来就坚持自身保障日本农业、日本农村和日本农民发展的责任,在获取政府大力扶持的同时,也坚持自身的独立性,积极为日本农民争取利益和保障权益,得到了日本农民的认可,巩固了自身的合法性。随着经济的发展,日本农协除了继续推进自身在农业生产经营方面的服务外,逐步参与到农村的公共服务体系建设之中,不断扩大对农民的生活服务,取得了巨大成就。可见作为公共服务供给的重要主体,社会组织,特别是具有合法性基础和一定资源调配能力的社会组织非常必要,这些组织的存在一方面能够确保公众的公共服务需求得到有效保障,另一方面也是维护公众合法权益的重要保障。

---

① 秦利、李拓晨:《日本农协产品质量安全控制的主要做法》,《日本研究》2012 年第 1 期,第 34 页。

② [日]坂下明彦:《日本农协的组织、机能及其运营》,《农业经济研究》2009 年第 9 期,第 59 页。

③ 程又中:《外国农村公共服务研究》,中国社会科学出版社 2011 年版,第 47 页。

三、国外公共服务体系建设的经验与启示

西方公共服务体系170多年的探索表明，一国的公共服务体系建设既是顶层制度设计和基层实践经验的结合，也是公共服务供给主体与需求主体均衡博弈的结果，更是多元社会主体由单一供给走向合作治理的过程。国外的公共服务体系实践是基于本国特定政治体制、经济水平和社会文化传统而形成的，对于我国而言，国外的这些探索可能并不具备完全复制和直接移植的条件，但国外的许多经验教训能够为我国的公共服务体系建设提供借鉴和启示。

（一）公共服务体系建设要与国情相适应

公共服务体系深受一国的经济、政治、社会、文化和环境因素影响，这些因素通过供需两个方面影响着公共服务的合法性与合理性，因此公共服务体系建设就是依赖于一国的供给能力和需求适应性双重维度的选择。国外的公共服务体系建设都是适应本国国情而实现公共服务效率最大化的过程，公共服务体系的创新也是以适应国情为目的的"帕累托优化"过程。英美的公共服务市场化改革根植于英美发达的市场经济和自由主义文化；法、德等欧洲国家具有"福利国家"特征的公共服务则是由于这些国家发达的国有经济部门和国家社会保障文化；日、韩等东亚国家的政府公共服务主导模式则是与这些国家长期以来的中央专制密切相关。因此，中国的公共服务体系建设首先要解决的就是公共服务体系适应当前我国国情的问题。

1. 公共服务体系建设要与我国的经济发展水平相适应。经济发展水平从两方面影响着公共服务体系建设，一是经济发展水平决定了公共服务供给水平，一般而言，经济发展水平与公共服务供给水平呈正相关关系；二是经济发展水平决定了公共服务的需求水平，一方面经济发展水平越高的公众对于公共服务的追求层次越高，公共服务需求水平也就越高；另一方面，经济发展水平越高，个人所能获得的私人服务也能够对公共服务产生部分的替代效应。国外的实践表明公共服务体系建设必须与一国的经济发展水平相适应，而我国的公共服务体系建设当前仍面临着公共服务支出占GDP比例低

和人均公共服务资源占有低的双低问题。以医疗支出为例，2009年中国的医疗支出占GDP的比重是4.57%，而同期的美国为16.21%，日本为8.35%，阿根廷为9.53%，巴西为9.05%，我国的支出比例甚至低于世界低收入国家的平均水平（5.13%）；而从人均医疗支出水平来看，我国2009年人均支出为177.15美元，而同期的美国为7410.16美元，日本为3321.47美元，阿根廷为730.17美元，巴西为734.05美元，世界平均水平也达到了863.58美元。[1] 我国当前处于经济发展的重要时期，相对于发达国家经济水平仍然处于较低阶段，但是从公共服务支出来看我国的公共服务支出水平仍然低于我国的经济发展水平，政府需要加大民生的投入以适应当前我国国情。

2. 公共服务体系建设要与我国的社会发展状况相适应。社会发展状况决定了一国的社会基本状态，社会发展是一个长期的积累过程。西方国家的公共服务体系建设与其国家高度发达的公民社会密切相关，包括具有公共素养的公众、发达的市场经济主体、繁盛的公民社会组织、诚信的社会环境氛围等，使得国外的公共服务体系建设有着坚实的社会基础。如公共服务的市场化是以具有社会责任意识的市场经济主体为基础的，公共服务的社会化则依赖于社会组织的健全体系和运行机制，公共服务中的公民参与则更需要具有公共精神、参与意识和参与能力的现代公民。而我国当前的社会发展仍存在着一系列问题，市场经济体制的不健全导致了企业难以有效承担公共服务的部分责任，社会组织脆弱的合法性基础使得其责任履行难以满足公众的需求，公民公共精神和参与能力的不足更导致了很多公共服务因为公民参与而降低了其科学合理性，甚至导致"从公众讥讽到公共决策的完全瘫痪"[2]。因此，正如英格尔斯（Alex Inkeles）所述："如果一个国家的人民缺乏一种能赋予这些制度以真实生命力的广泛的现代心理基础，如果执行和运用着这些现代制度的人，自身还没有从心理、思想、态度和行为方式上都经历一个向现代化的转变，失败和畸形发展的悲剧结局是不可避免的。"[3] 中国的公

---

[1] 数据来源：世界银行WDI数据库，http://data.worldbank.org/。
[2] ［美］克莱顿·托马斯：《公共决策中的公民参与》，孙柏瑛等译，中国人民大学出版社2010年版，第9页。
[3] ［美］英格尔斯：《人的现代化》，殷陆君译，四川人民出版社1985年版，第4页。

共服务体系建设是一个不断发展和完善的过程，我们不能急功近利地照搬西方模式，虽然公共服务的市场化和社会化已经体现了目前公共服务体系完善的趋势，但在我国各方面社会基础仍不健全的情况下，仍然应该缓行、慎行，尽量避免因为激烈改革而带来的"公地悲剧"。

3. 公共服务体系建设要与一国的文化相适应。西方的公共服务体系根植于独立自由的理性文化传统，这种理性化体现在经济层面上，就是"为人类的物质性物资供应的一个理性组织而服务劳作，无疑也总是成为萦系与'资本主义精神'代表人物心头上的毕生事业的指针"[1]。西方的资本主义精神给公众指出了要勤奋、要理性奋斗、要有信仰和目标、要懂得付出和奉献，而这成了西方公民和企业社会责任的根基，也成了西方国家构筑公共服务社会化的前提。而当前我国社会文化处于一种完善阶段，一方面传统的文化理念仍将存在，包括部分政府组织仍然采取"臣民""顺民"思想，部分民众仍然存在"将政府作为独立的依赖主体"和"社会冷漠"的观念，使得公共服务难以形成政府与社会和民众的合力。另一方面适应现代社会的文化理念尚未形成，信仰的缺乏、无所畏惧的心态、不讲诚信的习惯和公共精神的缺失使得公众、社会组织和企业都没有形成参与社会化公共服务的准备和能力，公共服务只能且必然成为政府的独角戏。因此，构筑现代的公共服务体系，是以现代公共服务文化为基础和前提的，我国的公共服务体系建设必须适应现代的公共文化而建设，以免使得公共服务体系流于形式；同时，我们还应推进适应我国特色的公共文化建设，并以公共文化作为建设中国特色公共服务体系的重要支撑。

（二）公共服务体系建设要与政府改革相配套

国外的公共服务体系建设与政府改革相紧密联系，公共服务作为政府的对外职能履行，如果没有完善的组织机构支持是难以有效发挥效用的。公共服务体系改革与政治行政体制改革的配套主要体现在以下方面：

1. 公共服务体系建设必须以有限政府建设为前提。当前社会事务的复杂性和政府自身所存在的局限性使得有限政府建设成为当前公共管理改革的

---

[1] ［德］马克斯·韦伯：《新教伦理与资本主义精神》，广西师范大学出版社2007年版，第49页。

核心内容。所谓有限政府，就是"当前政府的主要职能就在于社会管理、社会服务和社会平衡，政府不需要事必躬亲，最重要的是发挥好'掌舵'作用"[1]。有限政府对于公共服务体系建设有着不可替代的意义，一方面唯有有限政府的存在，才能够推进公共服务的社会化进程，才能扩大公共服务的供给范围；另一方面，唯有有限政府才能确保公共服务供给实现资源的优化配置和供给结果的"帕累托改进"。西方国家的公共服务体系建设就是建立在有限政府建设的基础之上，包括撒切尔夫人和里根的改革，正是通过建设有限政府才将部分公共职能推向市场和社会，进而提高了公共服务的效率，同时也大大节约了社会的运行成本。我国的公共服务体系建设，首要任务也就是推进我国的有限政府建设，即推进我国的政府职能转变，这里的职能转变一方面是政府要将职能推向社会；另一方面，政府也要根据社会需求扩张和强化部分职能。但总体来说，政府就是要"集中力量做自己能够做好的事情，而将市场和社会能够做好的放归给市场和社会"，要设计出一种政府、社会和市场分工协作的机制。

2. 公共服务体系建设以责任政府建设为保障。公共服务的有效供给既是政府的重要职能，也是政府的合法性基础，而确保公共服务的有效供给，除了政府所应具备的公共服务供给能力，还在于政府要有责任。政府的责任一是体现为政府对其最终所有者——公民的政治责任，"归根到底，政府的任何行动都是公民通过他们的代表所进行的活动"[2]，政府对于公民的责任源于对宪法和法律中规定的公民权益的保护和对公民社会福利的增进责任；二是政府的法律责任，即政府的行为必须是在法律的框架和要求下进行，政府不能违反法律，更不能以公共资源而为自身谋取福利；三是政府的管理责任，主要体现为政府作为一个高效的政府，一方面以社会需求为导向实现公共服务的社会效果最大化；另一方面强化自身的科学管理，提高行政效率。实现政府的上述责任就是要推进民主政府、法治政府和高效政府建设。国外的公共服务体系建设正是建立在责任政府的基础之上，特别是西方国家的公

---

[1] [德]戴维·奥斯本、特德·盖布勒：《改革政府——企业精神如何改革公共部门》，上海译文出版社2006年版，第25页。

[2] [澳]欧文·休斯：《公共管理导论（第三版）》，张成福等译，中国人民大学出版社2007年版，第129页。

共服务改革均是以政府改革为前提,如英国推进的新公共管理改革,就强调公众要以"顾客"身份来履行监督政府的责任;同时通过"公民宪章"依法明确政府的职责,并大力推进组织机构改革和运行机制优化,提高政府效率。因此我国的公共服务体系建设中也应加大责任政府建设,提高政府服务公众的政治责任,强化政府法治建设,推进政府组织机构调整和机制创新,提高政府效率。只有如此,公共服务体系建设才能有本可依、有法可依、有体可依。

3. 公共服务体系建设以整体性政府建设为载体。整体性政府在20世纪90年代后期成为欧美国家政府改革的重要趋势,英国和澳大利亚是整体性政府建设的典型国家。整体性政府以破解之前公共管理改革的碎片化问题为己任,佩里·希克斯(Perry Hicks)就认为,"从功能上讲,分割化的治理存在让其他机构来承担代价、相互冲突的项目、重复、导致浪费并使服务使用者感到沮丧、在需要作出反应时各自为政、工作无法得到服务,或对服务感到困惑等问题,所有这些问题是整理中的一些协调、合作、整合或整体性运作想要解决的"①。整体性政府强调通过政府的部门协作、协同机制,大部门体制,电子政务来实现政府部门间的无缝隙对接和公共服务的有效供给。而我国也面临着政府部门的碎片化问题,包括纵向的政府层级之间和横向的政府部门之间以及政府与社会、市场之间,在公共服务供给中经常出现责任推卸、目标分歧、重复建设和资源浪费等问题,使得公共服务难以被保质保量地供给。因此建设和完善我国的公共服务体系,必须推进我国的整体性政府建设,从而为公共服务供给、管理和监督提供有效的平台和载体。

(三)公共服务体系建设要实现多元主体之间的有效协作

推进多元主体共同参与的公共服务体系是国外公共服务改革的重要特点,现代的公共服务体系建设在体制上就是要构建政府、非营利社会组织、企业以及公民个人的合作体系。国外的经验表明,多元的公共服务体系建设并不是简单的"政府放权分责",而是包括了不同主体之间关于责任划分、权力划分以及公共服务供给范围划分的复杂问题。

---

① 竺乾威:《从新公共管理到整体性治理》,《中国行政管理》2008年第10期,第52—53页。

1. 政府是公共服务体系的主导者。政府是公共服务体系的核心和主导，政府在公共服务体系中的地位是其他主体所不能代替的。西方的公共服务体系建设强调的是优化政府的公共服务职能，并不是剥离政府的公共服务职能，部分的公共服务放归给社会和市场仅仅是优化公共服务体系，而非对政府职能的替代。西方国家的公共服务体系建设核心都是在强化政府作为公共服务体系主导者和掌舵者的角色，如德国的公共服务体系建设首先就是通过法律来明确政府的公共服务供给职责和不同层级政府的分工情况；日本也强调政府对公共服务的干预，"在日本的体制中，政府扮演着发展社会公益事业的主要角色，民间力量是政府作用的补充"[1]。我国的公共服务体系建设中，不能以社会化和市场化而削弱政府的公共服务供给责任，在当前社会发展的情况下更应该扩大和深化政府的公共服务范围和内容，强化政府责任，以政府作为中枢领导来推进公共服务体系的不断完善。

2. 社会组织和企业是公共服务体系的重要参与主体。公共服务体系建设一方面是强调政府在当代的公共服务责任和主体角色，另一方面也是打破政府作为公共服务供给垄断者的地位，通过社会组织和企业实现公共服务资源的优化配置，提高公共服务的供给效率。西方的公共服务改革就是体现为市场化和社会化，即充分利用社会组织的专业特征和企业的竞争机制来提高公共服务的效率，如英国通过公共协议来对社会组织和企业的公共服务进行购买。社会组织参与公共服务供给除了提高公共服务效率以外，同时也成为维护群体利益的重要手段，如日本的农协组织。因此，我国在公共服务体系建设中，要着重培养社会组织和企业的公共服务参与能力，并以法律形式保障它们的参与地位、路径和效果；同时，还要加快我国的事业单位改革，类似于国外的公共企业，或者"选择改善公共企业，使其更有效率，并置于公众的更好控制之下，需要企业具有一定程度的独立性，同时保留公共所有权的优势"，或者"选择让渡资产，让其实现民营化"[2]，从而充分发挥其在公共服务和社会管理中的责任和特色。

3. 充分发挥公共服务中的公民参与。公民参与对于公共服务有着双重

---

[1] 刘晓苏：《国外公共服务供给模式以及对我国的启示》，《长白学刊》2008年第6期，第39页。
[2] [澳]欧文·休斯：《公共管理导论（第三版）》，张成福等译，中国人民大学出版社2007年版，第129页。

意义，一方面公民通过参与来表达偏好和需求，从而保障公共服务的需求导向，实现公共服务的效用最大化；另一方面，公民参与也作为公共服务的供给主体来发挥作用，扩大公共服务的供给基础，实现公共服务的社会化。西方国家的公共服务供给非常重视公民参与的重要性，如加拿大"以公民为中心的可选择公共服务供给机制"就是将公民作为公共服务需求信息表达和供给力量的双重身份。西方国家经过长期实践探索了大量的公民参与公共服务路径，如托马斯（John Clayton Thomas）总结的"关键公众接触、公民发起的接触法、公民调查、新沟通技术、公民会议、咨询委员会和斡旋调解"[①]。而在当前，我国的公民对于公共服务参与仍然处于较低水平状态，公民仅仅作为公共服务的单向供给对象，没有形成与公共服务供给主体的有效互动，更没有成为公共服务供给主体的合作伙伴。公共服务是以公民的满意为宗旨的，我国的公共服务体系建设也必须坚持这一原则，完善我国公民参与公共服务的制度设计，并结合我国的现实情况探索一些行之有效的公民参与公共服务路径。

（四）公共服务体系建设要不断完善公共服务管理的制度建设

公共服务体系除了要解决公共服务的供给主体问题以外，还应重视公共服务的管理问题，当期的公共服务已经由对"足量"的关注而走向了对"足质"的重视。国外探索了大量的公共服务管理制度，值得我们学习与借鉴。

1. 巩固公共服务基础的公共财政制度建设。公共财政是公共服务的最主要经济来源，因此公共财政的完善情况在一定程度上决定了公共服务体系的健全程度。国外为保障公共服务的资金充足，一方面不断完善国家的再分配职能，包括扩大税源和转移支付定向用于公共服务支出，如德国通过中央财政转移保障地方公共服务的均等化；另一方面，完善公共财政支出制度，为公共服务投入一定的 GDP 比重的资金，确保公共服务的充足供给，如一些发达国家的公共社会保障支出占 GDP 的比重一直较为稳定，这确保了公

---

① ［美］约翰·克莱顿·托马斯：《公共决策中的公民参与》，孙柏瑛等译，中国人民大学出版社 2010 年版，第 23 页。

共服务的稳定性和可持续性。以 2005—2007 年为例，澳大利亚为 16.52%、16.09% 和 16.02%，丹麦为 27.21%、26.59% 和 26.1%，美国为 15.83%、15.99% 和 16.2%，英国为 20.56%、20.36% 和 20.54%，日本为 18.59%、18.44% 和 18.7%，韩国为 6.45%、7.34% 和 7.52%。[①] 我国的公共服务体系建设也应推进我国的公共财政建设，一方面通过扩大转移支付，推进区域、城乡和群体之间的公共服务均等化，保障公民最基本的公共服务权利。另一方面，完善公共财政支出体制，扩大公共服务的支出额度，保障公共服务供给的可持续性。

2. 提高公共服务质量的制度建设。国外对公共服务质量的管理，一是完善公共服务的标准体系，以规范公共服务的供给数量和供给质量，如新加坡制定的"警察部队服务标准"、韩国的"行政服务宪章"等就直接对各项服务进行量化标准，作为公众监督政府的参考。二是公共服务质量的过程管理，如新加坡就专门设立经济发展局来解决失业问题，通过专门机构负责管理公共服务的决策、执行和评估工作，对公共服务实现过程管理，提高了公共服务质量。三是强化对公共服务的评估，通过对公众满意度的调查和第三方机构的独立评估来把握公共服务的质量效果。公共服务的质量问题目前也是我国公共服务改革中的大问题，公共服务的供给和公共服务需求满足情况以及公共服务的社会效果还存在着巨大的鸿沟。因此，我国的公共服务体系建设重要内容就是完善公共服务质量的制度建设，包括继续细化《国家基本公共服务体系"十二五"规划》的基本公共服务标准；制定各项个性化公共服务标准；建立健全专门的公共服务质量监督、评估机制等，切实提高我国的公共服务质量。

3. 完善公共服务的法律制度建设。公共服务供给是政府的职能履行过程，公共服务所涉及的公共资源和公共利益也成为公共服务供给本身有可能成为政府行为和社会行为失范的高发地带。国外的公共服务体系建设，都强调通过法律制度来保障公共服务供给的规范性，如美国针对政府公共服务购买，专门制定了一系列的法律规范，包括《联邦采购条例》《联邦政府行政

[①] 数据来源，经合组织 OLIS 数据库，中国统计局网站，http://www.stats.gov.cn/tjsj/qtsj/gjsj/2011/t20120712_402817781.htm。

服务和财产法》《购买美国产品法》《合同竞争法》等政府采购法律、法规。英国在1998年签署的《政府与志愿及社区组织合作框架协议》建立了对民间公益组织登记注册和监督管理的严格法律制度和相对独立、职能完备、体系健全的行政管理体系，同时确立了一整套完备的行政支持体系。我国的公共服务体系建设也面临着法治化的问题，特别是一些社会组织和企业通过在政府公共服务购买中的不诚信和欺诈行为给国家带来了巨大的损失，也严重影响了政府的合法性基础和公共服务市场化和社会化的民众认可度。我国迫切需要相应的法律法规来规范公共服务体系的有效运转。

（五）公共服务体系建设要不断创新公共服务方式

公共服务的方式是公共服务体系建设的重要内容，也是公共服务效用发挥的关键环节，更是公共服务体制是否具有合理性的重要检验标准。国外的公共服务体系创新创造了大量的公共服务方式，大大改善了公共服务的供给效率和实践效果，值得我们学习与借鉴。

1. 通过创新公共服务方式实现多元主体的有效协作。公共服务体系中的大量社会组织和企业，由于在公共服务供给中完全具备公共资源的筹措能力，其公共服务供给对于政府具有天然的依赖性，而如果这种依赖性没有妥善的处理，往往会导致社会组织和企业要么无法得到资源支持而"形同虚设"，要么会因为受到政府附加条件而沦为"政府附庸"，因此处理政府与其他社会主体的关系变成了建设公共服务体系所必须要解决的重要问题。国外的公共服务体系建设，探索了大量的公共服务方式，包括政府购买、签订公共服务协议、实行公共服务合同外包、特许经营、凭单制等方式，在发挥了多元社会主体供给公共服务优势的同时，也通过财政支持促进了社会组织和企业的成长。我国的公共服务体系建设也面临着同样的问题，社会组织和企业面临着两难选择，在与政府的关系处理中往往丧失了自身的独立性和特色，没有充分履行公共服务供给的协作效用。因此，我国的公共服务体系建设，可以充分借鉴西方的公共服务方式创新，变直接的财政补贴为市场化方式来培养社会组织和企业，保持它们在运作上的独立性和功能上对于政府的协作性。

2. 通过公共服务方式创新提高公共服务的质量和社会效益。公共部门作为公共服务的供给主体，由于资源和效果具有公共性而非个体所有，导致很多公共部门缺乏公共服务高效供给的动力和积极性，有的公共服务供给甚至导致了资源浪费和个人的政绩工程。而国外实践的一些公共服务方式，如英国的公共服务协议就在一定程度上解决了这一问题，英国财政部门通过和政府、社会组织、企业签订协议，约定公共服务的供给质量和所要取得的效果，再以财政资金作为控制因素，取得了一定的效果。我国的公共服务体系，也应该借鉴这种模式来控制公共服务的质量和效果，最大限度规制那些"拿了项目，而不做项目或者做劣项目"的行为，切实提高公共服务质量。

3. 借助电子信息平台，推动电子公共服务体系建设。随着信息技术的发展，电子公共服务体系已经成为未来公共服务体系建设的重要趋势。电子公共服务体系所带来的协同式管理、低成本运作、无障碍服务送达在一定程度上解决了公共服务的低成本和均等化问题。国外的电子公共服务体系建设已经纳入一国发展规划之中，新加坡、英国、美国、加拿大以及韩国等国家，电子公共服务在公共服务供给中的比例越来越大，并形成了自身的品牌，如加拿大的"服务加拿大"呼叫系统、美国的"311"非紧急救助系统、新加坡的"智慧国"发展计划等等。我国的电子公共服务体系建设也取得了巨大的发展，但与国外相比仍存在着差距，一方面我国的信息化水平仍然较低，按照国际电信联盟所发布的《衡量社会信息发展》（2011 报告），中国的信息社会化水平仅获得 3.55 分，排名全世界第 80 位，远低于排名前三名的韩国（8.4 分）、瑞典（8.23 分）和冰岛（8.06 分），这导致了电子公共服务的载体仍然缺乏，接受电子公共服务的需求和能力仍然不足。另一方面，我国的电子公共服务发展过于分散，各地政府、各级政府都在推进自身的电子公共服务体系建设，造成了大量的项目重复、资源浪费和公众的选择性障碍，需要加以整合。我国的公共服务体系建设离不开电子公共服务体系建设，需要加强技术和设备的硬件开发与建设，需要提高我国的整体信息化水平，更需要统筹规划、资源整合，建设一个具有品牌特征的电子公共服务体系。

国外的公共服务体系建设对我国公共服务改革和完善的意义，不仅在于我们的学习和借鉴，更在于我们能够根据他们的各自发展历程和特点，结合中国的实际情况，建设和完善具有中国特色的公共服务体系。

第七章
完善地方公共服务体系的战略设计与实施策略

一、完善地方公共服务体系的战略设计

加快地方公共服务体系建设，完善地方公共服务体制机制是提高我国公共服务水平的关键，对于推进以保障和改善民生为重点的社会建设，实现城乡、区域协调发展，构建社会主义和谐社会，维护社会公平正义，都具有十分重要的意义。尽管近年来我国各级地方政府都在完善公共服务体系方面进行了大胆的探索，取得了一定的成绩，积累了一定的经验，但目前仍然存在公共服务体系不够健全，公共服务水平不高，与社会公共需求不对称等问题，迫切需要我们总结国内各级地方政府完善公共服务体系的成效与问题，同时借鉴国外公共服务体系的经验与教训，贯彻落实十八大提出的"必须从维护最广大人民根本利益的高度，加快健全基本公共服务体系"，"加快形成政府主导、覆盖城乡、可持续的基本公共服务体系"的新要求，依据《国家基本公共服务体系"十二五"规划》对地方完善基本公共服务体系进行战略层面的顶层设计，构建符合地方社会经济发展需求的基本公共服务创新体系。

（一）完善地方公共服务体系的战略定位

地方公共服务体系是国家公共服务体系的重要组成部分，是地方政府履行公共服务职能、落实国家基本公共服务战略规划的基础。地方公共服务体

系的建设与完善，既要符合国家公共服务体系建设的总体规划，又要根据各地方经济社会发展的要求和地方公共需求的实际，因地制宜，因时制宜，形成适应需求、动态调节、相对完善的地方公共服务体系。在未来几年内，完善地方公共服务体系的战略重点在于"保基本、强基层、提能力、促统筹"。

保基本，就是要将国家基本公共服务"十二五"规划明确的服务范围和标准落到实处，覆盖到全体居民。既要实现制度全覆盖，也要逐步做到服务内容全覆盖，保障人民群众的根本权益。

强基层，就是要加强基层公共服务组织机构和能力建设。重点完善县、乡镇、村和社区基层公共服务机构，健全基层公共服务平台和网络，将公共服务资源向基层倾斜，为完善公共服务体系奠定坚实的基础。

提能力，就是要提高基层政府公共服务能力。重点加大对基层政府财政转移支付力度，平衡基层政府财力，提高公共服务预算水平，保障公共服务投入，同时提高基层公共服务人员服务水平，增加基层政府公共服务的技术投入，切实提高基层公共服务能力。

促统筹，就是促进城乡之间、区域之间公共服务的均等化。重点是改革和完善公共服务的体制机制，统筹城乡和区域发展，将公共服务资源向农村倾斜，向中西部倾斜，向偏远和不发达地区倾斜，逐步实现城乡之间、区域之间公共服务的均等化。

（二）完善地方公共服务体系的基本原则

《中共中央关于制定国民经济和社会发展第十二个五年规划的建议》提出，要"着力保障和改善民生，必须逐步完善符合国情、比较完整、覆盖城乡、可持续的基本公共服务体系，提高政府保障能力，推进基本公共服务均等化"，明确了我国基本公共服务体系建设的基本原则，即"符合国情、比较完整、覆盖城乡、可持续"的十五字方针。

"符合国情"，就是指我国基本公共服务体系的建设一定要从我国现阶段基本国情和发展阶段出发，坚持尽力而为，量力而行，不能超越国家基本财力的要求，搞不切实际的"乌托邦"。"比较完善"是对建立基本公共服务体系的基本要求，即要在公共教育、就业服务、社会保障、社会服务、医疗卫生、计划生育、住房保障、公共文化、基础设施、环境保护等基本领域进行整体规划，形成比较完善的基本公共服务框架。"覆盖城乡"，主要强调的是加强城乡基本公共服务体系的合理布局和建设，使基本公共服务惠及包含城市和农村居民在内的广大人民群众，逐步缩小城乡公共服务差距，促进城乡基本公共服务均等化。"可持续"主要就是创新基本公共服务的体制机制，特别是要完善财政保障机制、服务供给机制、管理运行机制、监督问责机制等，形成保障基本公共服务体系有效运行的长效机制。

《国家基本公共服务体系"十二五"规划》提出了"以人为本，保障基本""政府主导，坚持公益""统筹城乡，强化基层""改革创新，提高效率"的基本原则，进一步明确了我国基本公共服务体系建设的总要求，要坚持从国情出发，以保障最广大人民的根本利益为出发点，坚持基本公共服务的公益性质，明确政府的责任体系，突出了基本公共服务体系建设的重心在基层，重点在农村，关键在形成城乡一体化公共服务制度，还要继续加快公共服务体制机制改革，不断提高公共服务的质量和效率。地方公共服务体系是以地方政府为主导，在广泛的社会参与基础上，以为区域内全体居民及其组织提供基本而有保障的公共服务为主要目的而建立的一系列有关服务内容、服务形式、服务机制、服务政策等的制度安排。地方公共服务体系是国家公共服务体系的重要组成部分，是国家基本公共服务在地方落实的基础和条件。因此，完善地方公共服务体系必须首先根据《国家基本公共服务体系"十二五"规划》的要求，将基本公共服务体系建设完善，同时，要一切从地方实际出发，根据各地方经济社会发展需求，形成地方特色，促进地方发展。从总体上看，完善地方公共服务体系应该坚持的基本原则是：

民生优先，富民惠民。把保障和改善民生作为完善地方公共服务体系的出发点和落脚点，作为谋划地方经济社会发展的根本取向、推动工作的根本原则和检验成效的根本标准。紧紧围绕学有所教、劳有所得、病有所医、老有所养、住有所居，健全地方基本公共服务体系，保障人民群众共享发展成果，平等参与现代化进程。

依法服务，法治保障。要加强地方公共服务管理立法，明确地方政府公共服务法律责任,将地方公共服务的范围、内容、标准以及公共服务的供给方式等以法律法规的方式确定下来,保障公共服务质量。同时,将地方政府公共服务行为纳入法治范畴,促进地方政府依法行政,使地方公共服务体系建设置于法律保障之下。

区域协调,城乡统筹。充分考虑地方区域发展不平衡、城乡发展差异大的实际,促进公共服务资源配置更多地向农村、向贫困地区、向特殊困难群体倾斜,缩小差距,弥补"短板",确保同步全面建成小康社会。

民生政府,民生财政。坚持以人为本、执政为民,进一步强化地方政府公共服务职能职责,不断增强地方政府公共产品和服务供给能力。完善地方财政支出结构,不断强化对基本公共服务的财政保障,构建民生导向的财政资金绩效评价机制,完善公共财政体系。

创新机制,多元协同。坚持用改革的思路、创新的办法推进完善地方公共服务体系,加强系统设计,强化制度安排,推进工作理念、体制机制、管理模式创新,建立健全保障和改善基本公共服务体系的长效机制。探索公共服务的市场化、社会化改革,鼓励、引导、支持社会资本参与地方公共服务体系建设,构建公共服务多元主体协同机制。

(三)完善地方公共服务体系的战略框架

地方公共服务体系的战略框架要以服务型政府建设为基础,以更多更公平地惠及全体人民为目标,系统构建地方公共服务体系的核心任务和重点领域。如图 7-1 所示。

1. 完善地方公共服务体系的基本目标

要把健全完善地方公共服务体系作为深化地方政府行政管理体制改革、建设服务型政府的重要任务,并与全面建成小康社会和构建社会主体和谐社会、实现中华民族伟大复兴的"中国梦"的战略目标和任务紧密衔接,以全面落实《国家基本公共服务体系"十二五"规划》为重点,以实现供给充分、发展均衡、方便可及、群众满意的公共服务,让公共服务更多更公平地惠及全体人民为目标,全面建设和不断完善地方公共服务体系。其具体目标是:

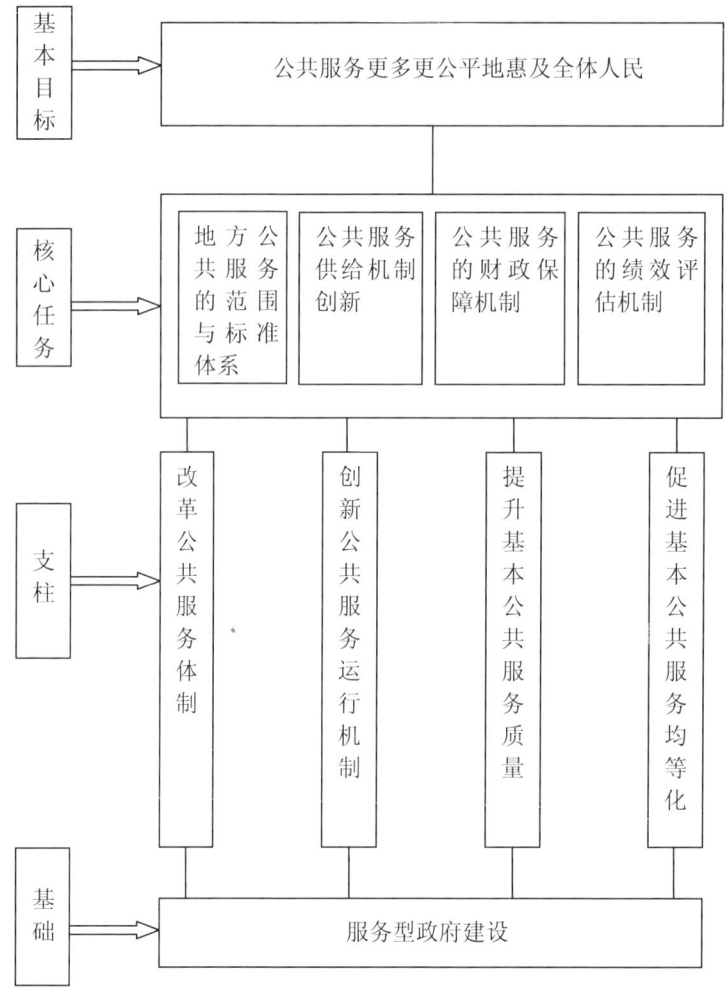

图 7-1　完善地方公共服务体系的战略框架

——保障投入,健全标准。完善地方政府公共服务投入制度,健全对地方公共服务的转移支付机制,保障公共服务有效供给,落实国家基本公共服务标准体系,实现各项制度全覆盖。因地制宜,逐步建立健全地方公共服务标准体系。

——强化管理,提高效率。加强公共服务管理,健全绩效评价和行政问责制度,提高公共服务效率,降低成本,创新公共服务供给方式,实现供给主体和供给方式多元化。

——夯实基础，持续发展。强化以县、乡镇、社区为重点的基层公共服务网络建设，实现公共服务设施标准化，服务规范化；改善资源配置，促进资源共享，基本实现县域内公共服务均等化，促进地方公共服务可持续发展。

2. 完善地方公共服务体系的核心任务

建设和完善地方公共服务体系，其核心任务在于逐步建设和完善"一个体系、三个机制"，即地方公共服务的范围和标准体系，以及公共服务供给机制、公共服务的财政保障机制和公共服务的绩效评估机制。

各级地方政府要根据地方经济社会发展的需求，因时因地制宜，建立适应本地情况的公共服务范围和标准，特别是要在落实国家基本公共服务标准基础上，根据本区域公共需求适度增减，为地方公共服务提供基本依据。同时，要建立公共服务的财政保障机制，加大财政投入力度，强化地方公共服务基础设施和人才队伍建设，保证地方公共服务的人力、物力、财力供给；要创新公共服务供给机制，形成政府主导、社会参与的多元化供给模式和社会化、市场化相结合的供给机制，提高公共服务的效率和质量；要健全公共服务的绩效评估机制，加强公共服务管理，规范公共服务行为，提高人民群众的满意度。

3. 完善地方公共服务体系的重点领域

完善地方公共服务体系，需要针对我国地方公共服务体系的现状和问题，在重点领域进行系统的改革并取得突破。重点是改革公共服务体制，创新公共服务运行机制，提升基本公共服务质量，促进基本公共服务均等化。

改革公共服务体制，重点是明确划分中央政府与地方政府的公共服务职责，促进公共服务重心下移，强化基层政府公共服务职能，为完善地方公共服务体系奠定基础。要加大对基层政府的财政转移支付力度，把更多财力、物力投入到基层，把更多的人才、技术投入到基层，健全县、乡镇、村和社区基层公共服务机构，完善基层公共服务网络，切实提高基层公共服务能力，保障人民群众的根本权益。

创新公共服务机制，重点要在合理划分中央和各级地方政府在公共服务中的责任和资源分配的基础上，科学设计公共服务的供给体制，处理好政府与市场、公平与效率、激励与约束等关系，完善公共服务的财政保障机制、管理运行机制、服务供给机制、监督问责机制等，形成保障公共服务体系有效运行的长效机制，促进公共服务的可持续发展。

提升基本公共服务质量，重点要按照《国家基本公共服务体系"十二五"规划》确定的基本公共服务范围和标准，将公共服务建设的重点放在公共教育、就业服务、社会保障、社会服务、医疗卫生、计划生育、住房保障、公共文化、基础设施、环境保护等范畴。一方面要确保基本公共服务结构合理、规模适当，覆盖全面；另一方面要逐步提高公共服务标准，提升公共服务质量，使社会发展成果惠及广大人民群众，提高民生水平。

促进基本公共服务均等化，重点是统筹城乡和区域发展，将公共服务资源向农村倾斜，向中西部倾斜，向偏远和不发达地区倾斜，逐步实现城乡之间、区域之间公共服务的均等化，促进社会公平正义。同时，各级地方政府应根据地区差异和人民群众的具体需求，有针对性地调整各地基本公共服务的范围和标准，保障基本公共服务覆盖全体社会成员，同时坚持责任与权利对等、需求与能力相适应，逐步扩大公共服务的范围，提高公共服务水平，深度推进公共服务均等化。

4. 完善政府公共服务职能，加强服务型政府建设

服务型政府是以人为本、公民本位、服务至上的政府，公共服务是政府的第一职责。建设服务型政府，就要转变观念，将公共服务职能放到政府职责的首要位置，并明确各级政府公共服务的具体职责和职权，建立和完善公共财政制度、公共服务绩效评价制度等。因此，加强服务型政府建设，是完善地方公共服务体系的前提和基础，能为促进地方公共服务体系的建设完善提供保障。

二、完善地方政府公共服务体系的实施策略

（一）推进地方政府公共服务体制改革

体制，从管理学角度来说，指的是国家机关、企事业单位的机构设置和管理权限划分及其相应关系的制度。地方政府公共服务体制是指地方政府公共服务职能机构的设置以及管理权限的划分和相应关系的制度，本质上反映

了地方政府在公共服务中的职能定位和责任分工关系。

目前我国政府在纵向职能与机构设置上都存在高度一致的现象，地方各级政府大多履行相同的公共服务职能，在公共产品或公共服务的供给方面没有明确的分工，供给不规范，也缺乏制度和法律约束。这种职责同构现象加大了地方各级政府财权事权划分的难度，政府间财政关系的界定不明确，不正式，随意性大，地方政府可以利用谈判能力获取中央财政资金，用于本地建设；中央政府也可以出台某项政策，侵占地方资金，而不做任何补偿。① 在公共服务的分工上，到底哪些公共服务项目应由中央政府负责提供，哪些公共服务项目应由地方政府负责提供，哪些由中央和地方政府共同提供，哪些由同级地方政府合作提供，或地方在公共服务的提供上出现不及时不到位等问题时，中央应该给地方哪些惩处，法律上都没有予以明确界定，最终公共服务的监管和绩效考核也流于形式。因此促进地方政府公共服务改革，健全地方公共服务体系，有必要首先厘清地方政府的公共服务事权和支出责任。②

1. 明确划分中央政府和地方政府的公共服务职能

政府在公共服务中的主要职能和角色体现在四个方面，一是制定公共服务规划与政策，营造公共服务的制度环境，保障公共服务均衡发展；二是监管公共服务的行业生产与供给，保障公共服务质量；三是通过付费购买公共产品，保障公共产品的有效供给；四是直接生产和提供基本公共服务，维护基本人道生活的公共需求。③ 不同层级的政府在履行这些职能和职责时，各有重点。

中央和地方政府的公共服务职能侧重点不一，分工也不一样。中央政府原则上应当主要负责覆盖全国范围的公共产品的供给，以城乡和区域公共服务均等化为重点，强化再分配职能。④ 中央政府的公共服务职能主要体现在

---

① 马改艳、程庆中、呼军艳：《构建中央与地方政府分工合理的公共服务体制》，《学理论》2009年第30期，第49—51页。
② 中国（海南）改革发展研究院编：《中国公共服务体制：中央与地方》，中国经济出版社2006年版，第195—202页。
③ 姜晓萍：《中国公共服务体制改革30年》，《中国行政管理》2009年第1期，第28—32页。
④ 中国（海南）改革发展研究院：《加快建立社会主义公共服务体制［EB/OL］》，http://www.sdpc.gov.cn/tzgg/shlygg/t20060829_82124.htm，访问时间：2006年8月15日。

制定方针政策、监督地方政府的公共服务、确保公共服务的公平公正等方面。各级地方政府主要负责各自辖区内公共产品的供给，应当重点关注各自辖区内居民的实际需求，强化公共产品供给效率。因此地方政府则更多的是制定辖区内公共服务规划，并严格遵守中央统一的公共服务政策和命令，确保地区范围内公共服务供给充足、消费有序、监督有力等。

具体来说，中央政府的公共服务职责主要是制定有关公共服务的法律法规、方针政策，依据国民经济与社会发展规划制定国家公共服务发展专项规划和公共服务质量标准，提供国家层面的公共产品和公共服务；对各省、自治区、直辖市的公共服务进行宏观统筹管理和监督检查；运用财政转移支付大力推进公共服务均等化，保障公共服务的公平公正。省级政府的公共服务职责主要是保证国家法律、法规、政策、规划的执行，根据本地区情况制定地方公共服务的规章、政策与规划；提供本区域内的公共产品和服务，建立和完善地方公共服务体系；对各市县的公共服务进行组织协调和监督检查，对基本公共服务提供必要的财政保障。市级和县级政府的公共服务职责主要是贯彻落实国家和省级政府的相关法律、法规、规章与政策，提供区域内各项公共产品与公共服务，保障基本公共服务的实现度与满意度，维护社会稳定，促进社会和谐。乡镇政府的公共服务职责主要是管理乡镇公共事务，落实各级政府的公共服务政策到村到户，为社会主义新农村建设提供直接的基本公共服务；及时化解基层纠纷，维护基层稳定与社会和谐；逐步由基层行政组织向直接为居民服务的"公共服务中心"转变。①

2. 公共服务重心下移，强化基层政府公共服务职能

《国家基本公共服务体系"十二五"规划》将基本公共服务的范围划分为公共教育、劳动就业服务、社会保障、基本社会服务、医疗卫生、人口计生、住房保障、公共文化、残疾人基本公共服务九大领域，并提出了要建立健全"地方政府为主、统一与分级相结合"的公共服务管理体制，明确了地方政府为基本公共服务的责任主体，划分了各级政府的基本公共服务事权和支出责任。

---

① 沈荣华：《政府公共服务职责划分的指导原则和改革方向》，http://theory.people.com.cn/GB/41038/5270036.html，访问时间：2007年1月11日。

从"事权"的角度来看，地方政府是向公民提供公共服务的责任主体，且每一项公共服务政策的实施都需要基层政府的落实，县、乡基层政府还担负着化解公共服务纠纷，维护社会稳定的职责。从"财权"角度来看，有数据显示公共服务支出的55%来自于县、乡两级财政。县乡两级政府的财政收入却仅占国家财政收入的22%，因此县、乡两级财政绝大部分收入都用于公共服务支出，基层政府实实在在扮演着公共服务的支出责任主体的角色。[①]

在实践中，地方政府，尤其是县、乡两级基层政府的责任主要体现在公共服务与社会管理上，而经济调节、市场监管等职能空间较小。因此有必要将县、乡两级基层政府除公共服务职能之外的其他职能逐步剥离开来，强调基层政府的公共服务责任。当前，可以探索转变乡镇政府职能的途径，将乡镇政府直接改建为区域"公共服务中心"，或者在乡镇政府加挂"公共服务中心"的牌子，使乡镇政府实现"两块牌子一套人马"的管理方式。

3. 健全财政转移支付制度，保证地方政府公共服务财力

地方政府履行公共服务职能需要相应的财政保障制度作为支撑，即事权的实现需要相应的财权来匹配。在我国，财权与事权是相对分离的，财权上收、事权下移是普遍现象。基层政府的公共服务职能需要政府间的财政转移支付来支撑。然而在实践中，财政转移支付的标准是什么，各级财政转移支付的比例大小怎样划分，专项专款支出和一般性转移支付的比例如何确定，如何解决转移支付的滞后性对公共服务的影响，基层政府如何弥补一般性转移支付的缺口等等问题，都有待健全转移支付制度来解决。另外，财政转移支付还会受区域发展差异、人口因素等影响。如何确定中西部各个不同发展区域的政府财政转移支付标准，如何根据人口多少、消费水平差异来确立财政转移支付的标准等问题也需要健全财政转移支付制度。

目前，我国地方政府，尤其是县、市级政府每年接受中央财政转移支付的数额逐渐增多，但是，其财政使用的自主性却不断缩小，基层政府难以自由支配转移资金；来自转移支付的资金金额和时间的不确定导致基层政府不能合理地编制财政预算；一般性财政转移支付缺口较大，而地方政府难以补

---

① 张晨：《公共服务研究现状及展望》，见《建设服务型政府的理论与实践研讨会暨中国行政管理学会2008年年会论文集》，2008年，第3页。

足，难以自主提供充足的公共服务；加上缺少对地方政府公共服务资金的使用监督和绩效评估，因此资金的使用率偏低，甚至存在权力寻租现象；为了获得更多的财政转移支付资金，一些地方政府不择手段，谎报地方财政支出或者项目资金，这些都导致地方政府公共服务的无序和混乱。[①] 因此，政府间财政转移支付的目的不仅仅是要确保地方政府公共服务职能的实现，更重要的是通过财政转移支付制度实现区域之间、城乡之间的公共服务的均等化。

4. 加强公共服务监管，改进公共服务绩效评估

地方政府履行公共服务职能和提供公共服务的过程需要相应的监督，公共服务的质量和效益如何还需要相应的绩效评估。因此有必要加强公共服务监管，建立一套完整的与我国实际相符的公共服务绩效评价体系，并建立和完善公共服务评价的配套机制和地方政府的公共服务激励和惩罚机制，加强对政府公共服务职能履行情况的考核。

首先，政府自身应该充分运用各种手段和方法加大对公共服务的监督和管理。这样的监督和管理包括直接的和间接的监管，事前、事中和事后的全过程监管，行政的、经济的、法律的等各种手段的监管。特别要加强中央政府对地方政府公共服务的审计和监察，实行以公共服务为导向的干部政绩考核制度，尽快把公共服务数量和质量指标纳入干部政绩考核体系中，逐步增加其权重，并建立科学的问责机制，将地方政府公共服务职责落到实处。

其次，注重公民参与公共服务监督，注重公共服务职能运行的公开、透明。人民群众是公共服务的受益者，也是公共服务的评价者。当前，在对公共服务的评价中要逐步从服务的过程和效率导向转变为公民导向和结果导向，公共服务的全过程都必须要有人民群众的参与，政府履行公共服务职能也必须置于人民群众的监督之下，公共服务的评价也必须以公民满意度为核心。总之，公共服务的决策、执行、监督等各个环节都必须公开透明，必须有公民的参与，必须置于公民的监督之下，这是保证公共服务公平公正和保证服务质量的前提。

其三，为加强公共服务监管，改进公共服务绩效评估提供良好的法律环

[①] 王朝才、冷永生、王彦荣：《增强县市政府自主公共服务能力的思考》，《地方财政研究》2008年第11期，第4—7页。

境，保障监督主体的监督权利，保证监督结果和绩效考核的公平、公正。

（二）构建多元主体协同的公共服务供给机制

公共服务是旨在保障公民生存和发展的基本需求的公共产品和服务。按照《国家基本公共服务体系"十二五"规划》的界定，公共服务的范围一般包括"保障基本民生需求的教育、就业、社会保障、医疗卫生、计划生育、住房保障、文化体育等领域的公共服务，广义上还包括与人民生活环境紧密关联的交通、通信、公用设施、环境保护等领域的公共服务，以及保障安全需要的公共安全、消费安全和国防安全等领域的公共服务"。公共服务的主要目是为社会公众参与社会经济、政治、文化和社会活动等提供保障，体现的是公民权利与国家责任之间的公共关系。

公共服务供给主要有政府、市场和社会三种途径，其供给主体主要有政府、私人组织和社会组织（主要是非政府组织、非营利组织）等三类。其中，政府是公共服务的主要提供者，私人组织和社会组织也参与公共服务，是政府供给公共服务的必要补充。三种供给主体对应产生了公共服务的三种供给机制，即政府供给机制、市场供给机制、社会自愿供给机制。这三种供给机制并不是孤立存在的，而是在空间上并存，时间上交叉，运行中相互结合而发生作用。因此，在地方公共服务的供给过程中，要发挥政府提供公共服务的主导作用，强化政府的公共服务责任，同时要广泛调动社会各方面的力量共同参与，形成公共服务供给主体的多元化，促进公共服务供给的社会化、市场化，建构起"多中心"的公共服务供给模式和多元主体协同的公共服务供给机制。

1. 坚持政府的主导地位，保障基本公共服务供给

由于公共服务惠及和影响到全社会每一个家庭和个人，具有基础性、广泛性、公共性等特征。这就决定了公共服务的主要提供者应该是掌握大量公共资源，具有凌驾于社会之上的权威，拥有社会整体资源调配能力的政府。因此，在公共服务的供给中，必须坚持政府的主导地位。

在实践中，政府提供的公共服务往往是保障基本民生需求的服务项目，如义务教育、劳动就业、社会保障、医疗卫生、计划生育、住房保障、文化体育、基础设施、环境保护等领域，是每个公民生存和发展所必需的方面。

这些领域的广泛性和公共性尤为明显，需要大量的财力、物力投入，且缺乏明显的利益诱导，私人组织往往不愿意投身于这些服务领域，而第三部门的社会组织往往又没有能力供给这类公共服务，因此，基本公共服务的供给重担必然要由政府来承担。

另外，私人组织供给公共服务的动力主要由利益来调节，具有一定的盲目性和滞后性；而社会组织自愿供给公共服务则主要依靠公益志愿精神，且供给的方向和内容往往与供给主体所在区域相关联，具有一定的地域局限性。因此，这两种供给主体的服务过程都无法准确回应全社会公众普遍的、基本的公共服务需求。因此，需要政府结合经济社会的发展水平和所处的发展阶段，针对性地对社会公众基本公共服务需求进行宏观的调控与把握，以满足和适应社会的基本公共需求。这就要求我们在地方公共服务的供给过程中，一定要坚持政府的主导地位，充分发挥政府的宏观调控职能，保证基本公共服务的有效供给。

2. 改革事业单位，强化公共服务职能

目前，我国公共服务的主要提供者是政府，但事业单位和国有企业等公共部门在公共服务中也发挥了重要的作用，特别是我国特有的"事业单位"。相关统计显示，我国目前共有事业单位126万个，拥有正式职工共计3000多万人，另外有近千万的离退休人员，事业单位总人数超过4000万人。世界银行东亚与太平洋地区减贫与经济管理局对我国事业单位改革的深入研究成果（2005年）指出，大多数事业单位建立的目的是为了更有效地提供公共服务，但出于种种原因，我国的社会事业发展相对滞后，事业单位的功能定位不清，政府对事业单位管理体制并不完善，仍然存在政事不分、管办不分、投入机制不健全、政府对社会力量投入公共服务的组织管理不规范等问题，造成事业单位公共服务供给总量不足，供给方式单一，资源配置不合理，服务供给质量和效率不高等弊病，加之部分事业单位过于追求部门利益和个人利益，导致作为公共机构的事业单位偏离了其公共服务供给的基本价值取向。[①] 从这个角度来讲，改革事业单位，对于提高公共服务质量来

---

① 世界银行东亚和太平洋地区减贫与经济管理局：《中国：深化事业单位改革 改善公共服务提供》，中信出版社2005年版。

说，具有十分重要的意义。然而，虽然我国事业单位的改革已经走过了近20年的历程，但就目前事业单位改革的成效来看，依然任重而道远。

当前，地方政府应抓住事业单位改革契机，按照政事分开、事企分开和管办分离的基本要求，以促进公益事业发展，提高地方公共服务质量为目的，以科学分类为基础，因地制宜，对地方事业单位进行改革，增强事业单位的活力，强化其公共服务职能。具体说来，事业单位的改革，应按照《中共中央国务院关于分类推进事业单位改革的指导意见》，将强化事业单位的公共服务职能作为地方事业单位分类改革的主导理念，将承担行政职能和从事生产经营活动的事业单位逐步转变为行政机构和企业，只保留提供公益服务的事业单位，并将其作为公共服务的主要提供者加以建设和管理。对保留的公益服务类事业单位，按照中央的改革部署，根据所承担的职责任务、服务对象和资源配置等情况，结合地方实际，可以将其分为纯公益类事业单位和准公益类事业单位两种。这两种事业单位均不能进行以营利为目的的生产经营活动，但应在市场配置资源的允许程度上加以区别。例如，承担义务教育、公共卫生、公共文化及基本医疗服务等基本公共服务项目的，应划分为纯公益类事业单位，不能由市场配置资源，而是由政府统一财政划拨来保障；而承担高等教育、职业教育、综合医疗服务等准公共服务项目的，则应该划分为准公益类事业单位，允许其部分市场配置资源。以此来激发和鼓励公益类事业单位强化其公共服务提供职能，充分满足社会公众日益增长的公共服务需求。

3. 鼓励社会力量参与公共服务

社会力量的志愿参与同样是地方公共服务体系的重要组成部分。社会力量是政府与私人部门之外的第三种力量，主要是第三部门的各种组织。这类组织一般具有草根性、民间性、非营利性、自治性和志愿性等特点。在我国，从广义的角度讲，社会力量包括各种人民团体、社会团体、转型中的事业单位、群众性组织、中介组织和各种行业协会等；从狭义的角度看，主要是指民间草根类志愿者组织。

社会力量以志愿和公益精神为出发点，主要通过社会公众个体或社会组织等形式志愿参与，为社会提供公共服务。由于这类组织的特殊性质，它们的服务多带有社会援助的特色，并偏重于对社会弱势群体提供公益性服务，在代表公众地方公共服务需求的能力上要明显优于政府和市场。同时，社会组织参与公共服务还有利于对"原子化"的社会公众进行有效组织，提升社会公众在公共服务中的地位和能力。在公共服务过程中，社会组织还可以充当社会公众和政府之间进行有效沟通的桥梁，避免公众与政府之间的非合作博弈，更好地实现政府、公民等各方利益的最大化，促进社会和谐稳定。因此，在完善地方公共服务体系的过程中要充分重视和鼓励社会力量有效参与公共服务。

为此，我们要加强全社会志愿和公益精神的培育，大力发展志愿者组织，鼓励志愿服务，支持社会力量在志愿服务中成长壮大。首先，要积极培育各类社会组织，充分发挥社会组织在公共服务的需求表达、服务供给与监督评价等方面的积极作用。特别要重视将分散的志愿力量组织起来，实现公共服务的组织化参与，形成社会力量参与公共服务的合力。其二，要积极发展慈善事业，增强全社会的慈善意识，积极培育公民社会与慈善组织，完善慈善捐赠的相关法律法规和税收减免政策，充分发挥慈善事业在公共服务提供和筹资等方面的作用。其三，政府要通过购买公共服务或服务外包等方式，把适合由社会组织承担的公共服务事项，交由社会组织承担。这样不但可以缓解社会组织面临的资金匮乏等压力，还可以发挥社会组织在公共服务方面所具备的专业知识和技能，提升公共服务供给的质量，让有限的公共资金发挥出最大的供给效率。其四，要完善公共服务管理制度，特别是要公开公共服务供给决策及运营过程，强化社会公众对公共服务供给决策及运营的知情权、参与权和监督权，增加决策透明度，帮助公众形成公共服务参与的主人翁意识，形成社会力量与政府部门之间的优势互补、有机融合、相互信任和合作共治局面。

4. 加强社区公共服务能力建设

社区是社会治理的基本单元，是社会公众活动的主要场所。当前，我国在基层社会治理中主要实行是社区自治制度，通过居（村）民委员会等基层群众自治性组织推动广大居（村）民直接行使民主选举、民主决策、民主管理、民主监督等权利，依法办理自己的事情，实现自我管理、自我教育、自我服务功能。

提升社区基本公共服务能力，主要是要构建以社区为基础的城乡基层社会管理和公共服务平台。重点是以社区居民公共服务需求为导向，充分利用社区内的社会资本，加强对社区内部公共服务资源的整合，实施社区服务体系建设工程，因地制宜建设社区综合公共服务设施，加强对社区公共服务基础设施的共建共享力度，提升社区公共服务能力。

当前，提升社区公共服务能力的瓶颈在人才。因此，加强社区公共服务能力建设要突出社会工作专业人才队伍的建设。要通过加强社会工作专业人才教育培训，改善和提高其基本待遇水平，健全社会工作专业人才激励机制，培养和造就大批社会工作专业人才。还要充分发挥社会工作专业人才在社区公共服务中的支柱作用，通过他们的影响，聚合社区人力资本，组织、发展和培训社区服务志愿者，壮大社区公共服务力量，建立专业人员引领志愿者服务的社区公共服务机制。

5. 健全市场服务机制，强化服务竞争

地方公共服务的供给，除了坚持政府主导地位，社会力量广泛参与外，还要充分发挥市场机制的作用，在公共服务社会化、市场化过程中，促进公共服务主体之间的竞争，以降低公共服务成本，提高公共服务的效率和质量。地方政府是地方公共服务的主导者，要通过政治过程做出决策，制定地方公共服务的供给数量及质量标准，并以市场机制为杠杆，通过积极推行政府购买、特许经营、合同委托、服务外包、服务消费券等市场化机制，调动公营事业部门、私营部门等市场主体参与公共投资项目，在竞争中完成公共服务的供给。

建立健全市场化的公共服务机制，强化服务竞争，关键是要吸引民营社会资本投入公共服务领域。当前，我国民营资本逐步强大，但进入公共服务领域面临许多障碍，需要我们解放思想，大胆改革，为民营资本进入公共服务领域创造条件。其一，地方政府应加强规划，逐步有序扩大公共服务面向社会资本开放的领域。各级地方政府和相关部门在制定规划和配置公共服务资源时，要给社会资本预留合理的准入空间和发展机会，特别是在配置新增公共资源时要统筹考虑由社会资本来举办服务机构和提供服务的可行性。其二，要放松管制，鼓励和支持民营社会资本投入公共服务。在公共服务的准入标准、资质认定、登记审批、招投标、服务监管、奖励惩罚及退出等操作规则和管理办法等方面，要为民营社会资本创设平等的政策环境和条件，对民营公共服务机构,在设立条件、资质认定、职业资格与职称评定、税收政策等方面,要与国有事业单位享有平等待遇,以激发民营社会资本参与投入公共服务的积极性。其三,要发挥公共服务财政资金引导作用,吸引更多的民营资本投入。要合理利用政府补贴服务的调节手段,探索和完善财政资金对民营社会资本参与公共服务的扶持和补偿机制,以此增加公民对公共服务的选择权,促进公共服务供给机构间形成公平竞争的良性发展局面。

(三)健全地方公共服务的资源保障机制

完善地方公共服务体系,提高地方公共服务水平,必须要有充足的资源保障。目前,我国的地方公共服务总体上供给不足,城乡之间、区域之间发展也不均衡,究其原因,一个很重要的方面就是地方公共服务投入不足,公共服务资源保障机制不够健全。比如在城乡之间,由于城乡二元结构,在城乡公共服务的制度设计上衔接不够,管理分化,进而造成在城乡公共服务资源配置上的不平衡,农村地区公共服务投入不足,基础设施建设落后,人才缺乏,公共服务水平与城市相比差距甚大。《国家基本公共服务体系"十二五"规划》明确提出,要把更多的财力、物力投向基层,把更多的人才、技术引向基层,切实加强基层公共服务机构设施和能力建设,加强基层公共服务资源保障,全面提高基本公共服务水平。完善地方公共服务的资源保障机制应该从人、财、物三方面着力,即加强地方公共服务的专业人才队伍建设、加大公共财政投入和强化地方公共服务基础设施建设。

1. 加强地方公共服务的专业人才队伍建设

人才是我国经济社会发展的第一要素,人才资源是公共服务的第一资源。建立健全地方公共服务体系,人才队伍是关键。目前,我国公共服务人才总量不足,人才队伍结构不适应公共服务发展需求的矛盾还没有彻底解决,在一定程度上影响和制约了公共服务体系建设。

《国家基本公共服务体系"十二五"规划》将基本公共服务的范围确定为公共教育、劳动就业服务、社会保障、基本社会服务、医疗卫生、人口计生、住房保障、公共文化与体育等基本民生领域。在这些领域,专业人才不足,人才队伍结构不合理的问题还没有得到根本解决,有些地方矛盾还十分突出,特别是专业人才匮乏的问题还相当严重。比如农村地区、西部地区高级教育人才、医疗卫生专业人才、社会保障专业服务人才、公共文化服务人才等还严重不足。因此在公共服务体系建设实践中，专业技术人才的培养与发展成为公共服务人才队伍建设的重中之重。

《国家中长期人才发展规划纲要（2010—2020）》提出了"服务发展、人才优先、以用为本、创新机制、高端引领、整体开发"的人才发展指导方针，为地方公共服务体系人才队伍建设指明了方向。我国地方公共服务体系人才队伍建设要以完善地方公共服务体系为导向，以满足人民群众公共需求为目标，不断壮大公共服务人才队伍规模，提高公共服务从业人员素质，优化公共服务队伍结构，提升公共服务专业技术人才比例，提高人才使用效能，为公共服务提供人力资源保障。其中，重点任务有三点：

第一，要大力发展公共服务重点领域的急需紧缺专业技术人才。充分利用国家组织实施"青年英才开发计划""高素质教育人才培养工程""文化名家工程""全民健康卫生人才保障工程"等机会，重点发展高级教育人才、医药卫生专业人才、人口与计划生育专业人才、社会保障专业服务人才、公共服务管理人才等。

第二，积极培育大批公共服务高技能人才队伍和大批社会工作人才队伍。要依托国家职业教育体系，培育大批公共服务的高素质、高技能人才。特别要适应地方和基层公共服务的需要，以人才培养和岗位开发为基础，以中高级社会工作人才为重点，培养造就一支职业化、专业化的社会工作人才队伍。

第三，要改进和完善公共服务人才队伍管理的体制机制，增强公共服务人才队伍活力。要改进公共服务人才队伍建设的领导体制和管理方式，促进人才队伍建设的法治化；要创新公共服务人才培养开发机制、人才评价发现机制、人才选拔任用机制、人才流动配置机制、人才激励机制等，增强公共服务人才队伍活力；要健全和落实促进公共服务人才队伍发展的政策体系，为培育和造就大批公共服务人才奠定基础。

2. 加强地方公共服务的财政保障

财政本身就是政府履行职能的物质基础、体制保障、政策工具和监管手段，财政也肩负着推进公共服务体系建设的重要职责。但是长期以来，由于受计划经济体制"生产建设型"财政的影响，我国财政支出中经济建设占据了较大比重，公共服务支出比例较小，影响了公共服务供给，造成了公共服务需求全面增长与公共服务供给短缺的矛盾。与此同时，我国中央财政与地方财政在公共服务供给上财权与事权不匹配，地区之间地方财力差异巨大，在教育、医疗、社会保障、环境保护等基本公共服务领域财政保障力度不够等问题，加剧了公共服务领域的矛盾。

加大财政投入，保障公共服务体系建设，也是新时期公共财政建设的重要任务，是保障国民经济和社会建设可持续发展、构建社会主义和谐社会的重要任务。在地方公共服务体系建设中，加强财政保障的着力点主要在两个方面：

第一，要加大公共服务的财政投入。在过去的"十一五"期间，我国用于教育、就业、医疗卫生、社会保障、住房和公共文化等基本公共服务的公共财政支出从9948亿元增加到39750亿元，年均增长率达到了26.0%。特别是从2007年到2011年，教育、社会保障、就业、医疗卫生、住房、文化体育方面的财政支出累计达到了12.7万亿元，年均增长幅度是26.3%，这个增长幅度大大高于财政支出的增长幅度。[①] 这些变化反映了我国基本公共服务财政保障水平显著提高，而且对基本公共服务的财政投入机制也进一步完善。特别是国家出台了一系列保障地方基本公共服务的政策，如：开征地方教育费附加，从土地出让收益中按10%的比例计提教育资金；通过财政专项资金、土地出让收益资金以及住房公积金增值收益等多种渠道筹集资金，确保保障性住房建设资金需要；增加政府非税收入用于文化建设的投入，等等。同时，在教育、就业、医疗卫生、社会保障、住房保障、文化体育等基本公共服务领域，政府间事权和支出责任划分逐步明确，保障了公共服务的财政投入。

在未来，建设地方公共服务体系，需要进一步改革地方财政支出政策，加强财政保障公共服务的制度支撑，进一步加大财政对基本公共服务领域的投入，确保地方政府财政投入公共服务的增长幅度不低于中央财政投入公共服务的增长幅度。在未来一定时期，要重点从改革和完善公共服务领域的投资体制出发，提高公共财政投资效率，建立公共服务投入增长高于财政支出

---

① 张平：《2007—2011年公共服务财政支出12.7万亿》，http：//cpc.people.com.cn/18/n/2012/1110/c350840-19538669.html，访问时间：2012年11月10日。

的约束性指标；同时将财政集中到省级以下的市、县级政府，并进一步明确市、县级政府在不同公共服务项目中的责任分担比例，保证公共服务投入额的相对稳定，为地方公共服务体系建设提供强大的物质保障。

第二，要加大财政转移支付，保障地方政府公共服务财力。由于我国地区之间、城乡之间发展差异巨大，地方政府财力不均衡，严重影响了地方公共服务体系的建设和完善。因此，国家财政要统筹兼顾，进一步加大中央转移支付力度，对于西部、农村地区的公共财政支出应快于其他地区和部门，保障各地方政府有足够的公共服务财力。

要完善财政转移支付制度，就要健全财政转移支付体系。一般来说，财政转移支付包括一般性转移支付、专项转移支付和特殊转移支付等类别。一般性转移支付主要用于解决"吃饭"（生存与发展）的问题，目的是满足地方政府财政达到基本的保障水平，实现公平的目标；专项转移支付，主要用于解决具有溢出效应的公共物品供给不足问题，以及贯彻执行上级政府宏观调控的政策意图；而特殊转移支付，主要用于弥补突发事件所造成的损失，以支持局部地区渡过难关。[①] 财政转移支付的目的是要为经济欠发达地区公共服务提供财力保障，把公共服务的标准与平均水平的差距控制在人们可接受的范围之内。有专家提出，世界各国制定贫困线的标准一般是平均收入的 50%—66.7% 之间，按此标准，平均财力水平的 50%—66.7% 为基本公共服务的财力标准，即地区提供单位公共服务的政府财力至少应达到平均水平的 50%—66.7%。根据国际公认的标准，基尼系数一般在 0.2—0.4 之间的差距往往被认为是能接受的，其中在 0.2—0.3 之间是比较平均的，因此，地区提供单位公共服务的政府财力差距控制在 0.2—0.3 之间[②]。这种思路对于加强政府间转移支出、保障地方政府公共服务财力是有启迪的。

3. 加强地方公共服务的基础设施建设

完善地方公共服务体系，提升公共服务水平，必须加强地方公共服务基础设施建设，为公共服务提供基础条件。加强地方公共服务的基础设施建设

---

① 黄雪琴：《基本公共服务均等化下的财政转移支付制度研究》，《南京社会科学》2008 年第 5 期，第 38—57 页。

② 黄雪琴：《基本公共服务均等化下的财政转移支付制度研究》，《南京社会科学》2008 年第 5 期，第 38—57 页。

有两层含义，一是在社会公共基础设施领域，政府本身就具有基本公共服务义务。建设社会基础设施是地方公共服务体系的重要组成部分。《国民经济和社会发展第十二个五年规划纲要》和《国家基本公共服务体系"十二五"规划》明确提出政府在基础设施、环境保护等领域的基本公共服务重点任务，包括"行政村通公路和客运班车，城市建成区公共交通全覆盖；行政村通电，无电地区人口全部用上电；邮政服务做到乡乡设所、村村通邮；县县具备污水、垃圾无害化处理能力和环境监测评估能力；保障城乡饮用水水源地安全"等等。二是政府要加强公共教育、劳动就业服务、社会保障、基本社会服务、医疗卫生、人口计生、住房保障、公共文化等基本公共服务领域的基础设施建设，保障公共服务的顺利进行。根据《国家基本公共服务体系"十二五"规划》，在这些领域基础设施建设的重点任务各有侧重。

在教育领域，基础设施建设的重点是实施"义务教育学校标准化建设工程"，着力改造农村义务教育阶段薄弱学校，实现中小学校舍、设备、图书、体育场地等基础设施标准不低于国家标准，保证教育公共服务的质量。

在劳动就业服务领域，基础设施建设的重点是实施"基层劳动就业和社会保障综合服务平台建设工程"，加强县、乡两级服务设施（设备）建设，实现街道（乡镇）服务站、行政村（社区）服务窗口与其他公共服务设施共建共享。

在社会保险领域，基础设施建设的重点是实施"省、市（地）级社会保障服务中心建设工程"，新建和改扩建一批省、市（地）级社会保障服务设施，配置必要的设备，改善社会保险服务项目经办服务条件。还要实施"社会保障卡建设工程"，逐步推行全国统一的社会保障卡，实现设备信息共享，完善国家、省、市（地）三级社会保障卡中心及其支持系统。

在基本社会服务领域，基础设施建设的重点是实施"低收入家庭认定体系建设工程"，完善居民家庭经济系统；实施"孤残儿童保障服务工程"，推进儿童福利机构建设，配备必要的专业救治和康复设施，拓展流浪未成年人保护设施功能，发挥庇护救助作用；实施"养老服务体系建设工程"，加快专业化的老年养护机构和社区日间照料中心建设，增加养老床位，支持有需求的失能老年人实行家庭无障碍设施改造；实施"综合防灾减灾工程"，推进国家自然灾害四级应急救助指挥系统、救灾物资储备库及综合应急避难场所等建设，等等。

在基本医疗卫生领域，基础设施建设的重点是实施一批基本医疗卫生服务保障工程，改善基础设施条件，健全服务网络，同步完善医疗卫生机构管理运行机制，为基本医疗卫生服务供给提供有力支撑。实施"公共卫生服务体系建设工程"，重点改善卫生监督、精神卫生、农村应急救治、食品安全等专业卫生服务机构基础设施条件；实施"药品安全保障基础设施建设工程"，改善省、市（地）两级药品检验机构实验室条件，重点提升检验检测、认证检查和不良反应监测等药品安全技术支撑能力；实施"医疗服务体系建设工程"，推进基层医疗卫生机构标准化建设；实施"医药卫生信息化建设工程"，推进基层医疗卫生信息化建设。

在人口和计划生育服务领域，基础设施建设的重点是实施"人口和计划生育服务体系建设工程"，改造市（地）级、县级和乡（镇）中心站基础设施，更新、增配必要的计划生育流动服务车和相关设备，提高信息化水平，使每个县和中心乡镇都有一个符合国家标准的人口和计划生育服务机构，等等。

在公共文化体育领域，基础设施建设的重点是实施公共文化体育服务保障系列工程，健全服务网络，着力改善基层文化体育设施条件，有效提升公共文化体育服务能力。实施"公共文化服务体系建设工程"，推进广播电视村村通、国家数字图书馆推广工程、公共电子阅览室建设计划、农村数字电影放映、农家书屋等；实施"体育基本公共服务建设工程"，重点支持县级公共体育场建设，建设一批中小型全民健身中心和灯光球场，改善农村公共体育设施条件，等等。

在残疾人基本公共服务领域，基础设施建设的重点是针对残疾人基本公共服务的特殊性和专业性，实施残疾人基本公共服务系列保障工程，提升残疾人基本公共服务能力。实施"残疾人康复和托养设施建设工程"，建设一批残疾人康复设施；实施"特殊教育学校建设工程"，改扩建和新建一批特殊教育学校，添置必要的教学、生活和康复训练设施，等等。[1]

---

[1] 以上段落参考《国务院关于印发国家基本公共服务体系"十二五"规划的通知》（国发〔2012〕29号）。

（四）不断提升地方基本公共服务的质量

基本公共服务包含公共教育、劳动就业服务、社会保障、基本社会服务、医疗卫生、人口计生、住房保障、公共文化等众多领域。健全基本公共服务体系，提高基本公共服务质量必须量力而行，循序渐进。当前，提升地方基本公共服务质量应抓住重点，从基础教育、基本医疗与公共卫生、社会保障和劳动就业服务等几个关键领域突破，逐步提升基本公共服务的整体质量。

1. 提升基础教育均衡发展质量

根据联合国教科文组织的定义，基础教育是向每个人提供并为一切人所共有的最低限度的知识、观点、社会准则和经验的教育。基础教育是整个教育体系的关键部分。在我国，基础教育主要是幼儿教育、小学教育和普通中学教育，重点是九年制义务教育。

基础教育是地方公共服务体系的重要组成部分。在地方公共服务体系建设中，促进基础教育的均衡发展重点是促进城乡教育的均衡，缩小城乡之间基础教育的差距，保障城乡居民享有同等的基础教育权利。为此，需要从制度设计与政策安排、资源投入与保障等重点和关键环节入手，完善体制机制，促进城乡教育均衡发展。

（1）建立并完善城乡一体化的基础教育政策与制度

第一，要全面落实城乡一体化的基础教育政策。长期以来，我国农村义务教育的办学标准低于城市，针对农村义务教育的评估标准也低于城市，农村和城市基础教育的差距不断拉大，影响了教育公平。所以，促进基础教育均衡发展，首先就要从政策上统一城乡基础教育的办学标准，保障基础教育资源向农村和薄弱地区倾斜。

1999年，中共中央、国务院颁布了《关于深化教育改革，全面推进素质教育的决定》，倡导城市的教师赴农村任教，拉开了推进区域教育均衡发展的帷幕。2005年，教育部颁布《关于进一步推进义务教育均衡发展的若干意见》，明确提出了师资、信息化、设备、待遇、编制、职称等办学资源向农村和薄弱学校倾斜的多项政策。到2012年，国务院出台了《关于深入推进义务教育均衡发展的意见》，立足淡化升学率、减轻学生负担，以求切实保障义务教育的均衡发展。① 这些年来,国家针对基础教育均衡发展出台的多项倾斜性政策取得了明显成效,但是城乡基础教育发展不均衡在我国大部分地区,尤其是中西部地区表现依然很明显。因此,在政策制定与制度保障方面,还有必要建立和完善城乡一体化的基础教育政策与制度。在《国家基本公共服务体系"十二五"规划》中,国家制定了"十二五"时期基本公共教育服务国家基本标准,各省(自治区、直辖市)政府应遵循实施国家基本标准,并可结合本地区实际情况,适当拓展基本公共教育服务范围和提高服务标准,统一城乡基础教育政策,为促进基础教育均衡发展创造条件。

第二,要建立并完善促进城乡基础教育均衡发展的管理制度。要实现基础教育城乡一体化的均衡发展,还需要依靠完善的管理制度来保障,来提高政策运作的规范性。首先,要建立和落实基础教育均衡发展责任制。城乡基础教育均衡发展,政府、教育行政主管部门和学校各有责任。为了落实责任到位,就要建立健全相应的责任制,将政府、教育行政主管部门和学校等各自的责任用制度法规明确下来,把各方履职情况纳入考核范围,奖优罚劣,建立责任追究机制。其次,建立完备科学的基础教育发展评价机制。要在评价指导思想、评价内容、评价方法、评估过程等方面做出努力,通过以评促建,促进城乡基层教育均衡发展。

(2)加大财政投入力度,建立农村基础教育补偿机制

由于我国长期处于社会主义初级阶段,经济与社会发展水平不高,城乡非均衡发展战略的实施加剧了城乡基础教育发展的差距。尽管近年来农村基层教育经费投入总量不断增加,地方政府财政预算内教育经费和预算外教育经费不断增长,但农村基础教育经费紧缺的现状仍然没有得到根本改变。因此,在现阶段,必须强化地方政府对农村基础教育的职责,尽快将农民办农村教育转为政府办农村教育。同时,要针对不同地区之间特别是城乡之间经济发展水平存在巨大差异的情况,从农村基础教育状况出发,在教育财政资源配置、投资支出结构等方面下大力气促进农村基础教育的快速发展。

第一,要加大教育财政投入力度,加快财政投入体制创新。重点是完善

---

① 晋银峰:《基础教育均衡发展:模式与反思》,《教育探索》2013年第7期,第28—30页。

公共财政预算，优化财政支出结构。各级政府要优先安排预算用于农村基础教育，并确保增长幅度与财力的增长相匹配，同农村基础教育需求相适应。同时，要拓宽农村基础教育服务资金来源渠道，注重从地方财政预算外资金中筹措教育经费，在地方政府财政预算中逐步加大用于农村基础教育的比重。

第二，要健全农村基础教育补偿机制。在城乡差异短期内无法解决的情况下，要促进基础教育均衡发展，就需要改变政府以往对农村基础教育长期坚持的"弱势倾斜"政策，将其调整为"弱势补偿"，并建立健全"弱势补偿"制度。[①] 当前，建立农村基础教育补偿机制，重点要明确以政府为主的教育补偿责任，激发多元利益驱动下的教育补偿动力，建立多渠道教育资源筹集机制，保障农村基础教育补偿能够顺利进行。

（3）加强基础教育设施配置，促进义务教育学校标准化建设

教育基础设施是教育服务的基本保障，促进基础教育均衡发展首先就要加强教育基础设施建设，促进教育基础设施的均等化。近年来，各地方在探索加强农村地区教育基础设施建设过程中，大力度促进教育基础设施的标准化建设，着力改善薄弱学校办学条件，有效缩小了城乡教育基础设施差距。比如成都市，为了缩小城乡教育条件的巨大差异，全面深入实施城乡教育一体化战略，在工作实践中逐步形成了"一元化标准、全域化规划、标准化建设、倾斜化配置、一体化管理、特色化发展"的城乡教育均衡发展路子。特别是在推进农村学校标准化建设方面下了大力气。早在2007年，成都市就完成了410所农村中小学标准化建设，覆盖全市农村96%的乡镇，彻底消除了农村中小学危房，整体提高了农村学校的校舍标准和办学条件，使全市校点布局更加科学，教育资源配置更加优化，学生分布更加合理，城乡差距明显缩小，有力地推进了城乡教育均衡发展。因此，成都市也被纳入全国义务教育均衡发展标准化建设试点城市。在2012年，成都市又出台了《成都市城乡中小学标准化建设提升工程实施方案》，对所有公办中小学校教室进行光环境改造，对具备改造条件的约370个公办中小学校运动场进行标准

---

① 岳金辉、芦津华：《以资源优化配置推进基础教育均衡发展》，《学校党建与思想教育》2011年第10期，第16—18页。

化改造,旨在实现全域成都中小学教育高位均衡。

从全国范围来看,各地方应因地制宜地促进基础教育设施的标准化,重点是建设标准化中小学校。建设标准化的学校,首先是要科学规划中小学布局。中小学布局要结合城镇化建设和新农村建设规划,根据人口出生及流动规律,立足长远,科学规划调整学校布局。其次,国家应该尽快制定统一的中小学办学标准。各地方应根据具体情况对所辖区域进行统一的部署,层层落实,逐步展开。再次,建设标准化学校要突出学校师资力量配置的标准化。按照国家和各省级政府编制标准、教师资格制度及学校岗位设置方案,为学校配备结构合理的合格教师、管理及工勤人员,切实满足教育教学需要。

(4) 加快城乡师资队伍的均衡发展

师资是教育活动中最重要的资源,是教育活动的决定性要素。促进基础教育的均衡发展关键在于加快城乡师资队伍的均衡发展。

第一,要制定城乡师资队伍建设的整体性规划,合理配置教师资源。各地区要根据未来几年当地基础教育均衡发展的需要,制定所在地区师资队伍建设与发展的整体规划,在区域内建立一个覆盖城乡、结构合理的教师队伍。各级政府与教育行政部门要制定中长期教师培养计划,推出各种鼓励措施,促进教师专业成长,促进区域教师教学水平的整体性提高,促进城乡师资队伍均衡发展。

第二,调整城乡教师编制标准,优化农村学校学生和教师的比例。我国现行中小学教师编制标准是2001年颁布的,这一编制标准存在编制整体偏紧、城市偏向和城乡严重倒挂的突出缺陷,与我国广大农村地区,特别是山区地广人稀、生源分散、学校规模较小、成班率低的实际情况严重相违。该标准实施以来,农村学校教师编制大幅减少,使农村学校教师负荷过重,甚至不能满足当前农村学校正常运转和教育教学的基本需要,更难以满足城乡教育均衡发展的要求。因此,政府有关部门应高度重视并尽快调整教师编制标准,"新的编制标准应以公平、均衡和弱势补偿为基本价值取向,坚持实事求是、因地制宜的原则,充分考虑我国农村地区、特别是山区的实际情况,将城乡倒挂的编制标准转变为向农村倾斜,适当增加农村学校教师的编制数量,从而优化农村学校的'生师比',进而也可优化农村教师的职称、年龄等结构"①。在教师编制数量方面向农村特别是偏远地区农村倾斜，进一步优化中小学教师的编制标准，可以使我国目前大多数教师不愿意去农村任教的情况得到较大的改善。

第三，加大对农村教师的激励，提高农村教师的整体待遇。提高农村教师的整体待遇可以很大程度上促进城乡师资队伍的均衡发展。目前，可以从以下几个方面努力：在教师的职称评定上，对农村教师给予政策上的倾斜；建立和完善农村教师津贴制度，严格执行国家规定的对农村地区、边远地区、贫困地区中小学教师给予一定的津贴、补贴的规定，经济相对发达的地区可以在此基础上加大对农村中小学教师的津贴补贴力度，通过给予相对高的报酬来引导优秀教师或优秀师范毕业生到农村中小学任教②；增加农村教师接受继续教育和培训的机会，增强其职业发展能力，进一步提升农村教师业务技能。杭州市政府筹集专项资金，向欠发达地区及农村教师发放"教育培训券"，教师可凭券在全市范围内选择培训机构参加学习培训，就取得了很好的效果。③

第四，进一步完善区域内城乡之间教师的流动措施。在市场经济条件下，教师的流动主要应依据教师人才市场的运行规则来流动。同时，各地教育行政部门应可以依照区域实际情况，制定促进教师流动的行政措施。各地在制定区域内教师流动措施时应注意几个问题：一是要尊重教师的意愿，不搞强制流动；二是鼓励城乡之间师资的流动；三是要根据区域实际情况确定具体流动师资的条件，包括工作年限、业务水平、身体健康状况等；四是要制定教师定期流动的实施细则，内容包括流动范围、有关原则、要求和待遇等；五是要确定教师流动的比例，保证不因行政性师资流动影响地方教育稳定和教学质量；六是要重点探索校长轮岗制度，鼓励优秀校长到薄弱学校或边远地区、农村担任领导职务，通过更换领导力量实现学校面貌的快速更

---

① 蔡明兰、高政：《基础教育阶段城乡教师资源差距之审视》，《中国教育学刊》2010年第7期，第5—8页。
② 中国民主促进会上海委员会课题组：《上海基础教育均衡发展研究》，《教育发展研究》2006年第1期，第42—46页。
③ 杭州市基础教育均衡发展策略研究课题组：《杭州市基础教育均衡发展策略研究》，《教育发展研究》2005年第10期，第46—52页。

新,这不但可以把优秀的中小学学校管理经验带到农村地区的中小学校,促进中小学校管理水平的提高,提高教育管理资源利用率,还可以进一步锻炼优秀的中小学管理人才,全方位地提升区域内中小学教育管理质量,促进基础教育均衡发展。

2. 提升劳动就业服务质量

劳动与就业是基本民生,劳动与就业服务是国家基本公共服务体系的重要组成部分。《国家基本公共服务体系"十二五"规划》明确规定,国家建立劳动就业公共服务制度,为全体劳动者就业创造必要条件,加强劳动保护,改善劳动环境,保障合法权益,促进充分就业和构建和谐劳动关系。

健全劳动就业服务体系是完善地方公共服务体系的重要内容,其主要任务是建立健全覆盖城乡的劳动就业公共服务体系,以高校毕业生、农村转移劳动力、城镇就业困难人员和零就业家庭为重点服务对象,全面提升就业全过程中的公共服务能力,努力创造平等就业机会,积极构建和谐劳动关系。当前,健全劳动就业服务体系应重点从以下几个方面入手:

(1)建立城乡一体的就业制度

第一,探索有利于城乡就业一体化的户籍制度。城乡分割的户籍制度是特殊历史时期形成的结果。就户籍制度本身而言并无好坏之分,我国城乡分割的户籍制度在特定的历史条件下对国家治理还起过积极的作用。[①] 但是,这种城乡分割的户籍制度是计划经济时期的产物,户籍不仅起到了确认公民身份、统计人口信息、为国家有效管理社会提供人口信息服务的作用,而且还充当了分配社会福利的工具,人们享受社会福利、就业权利等与户籍捆绑在一起。在当今社会主义市场经济条件下,传统的城乡分割的户籍制度的弊端越来越明显,其中一个重要的方面就是削弱了劳动力等经济要素的自由流动,阻碍了经济的可持续发展,不利于形成全国统一的劳动力及人才市场。"城市关门"现象出现,抑制了劳动力的自由流动,对农村人口的转移形成体制性障碍,对保护公民基本的就业、就学、迁徙权利有极大的影响。当前

---

① 赵秀丽、吴世香:《城乡就业一体化对策探析》,《山东社会科学》2010年第12期,第54—57页。

的户籍制度改革，重点在于打破现有的利益格局，取消与户籍相关的利益分配，恢复户籍作为人口管理工具的本来面目，从传统的城乡分割的二元户籍制度，过渡和改革为城乡统一的一元户籍制度，充分体现公民有居住和迁移的自由权利，剥离、剔除黏附在户籍关系上的种种社会经济差别功能，消除城乡居民在就业、就学等方面的障碍，实现城乡居民就业、就学的一体化，真正做到城乡居民在发展机会面前地位平等。

第二，建立和完善城乡一体的劳动力市场。建立和完善城乡一体的劳动力市场，首先就要建立城乡劳动力双向就业协调机制。建立城乡互通的劳动力双向就业协调机制是实现城乡一体化劳动力市场的重要途径。劳动力是一种特殊商品，劳动力资源的配置主要依靠劳动力要素的价格（工资）来调节。劳动力的价格也是由劳动力资源自身的供求关系来决定的。城镇新增富余劳动力进入农村、农业和农村乡镇企业，可以带来城市先进科技和城市文明，促进乡村的发展；农村剩余劳动力进城务工，也能满足城市经济发展的需求。当前，由于受到各方面的制约因素，价格调节机制并没有真实反映劳动力资源本身的稀缺状况。要想实现劳动力资源在城乡之间的有效配置，就要依靠竞争性的市场协调机制来调节城乡之间劳动力的供求状况。统筹城乡劳动力市场，合理规范农村劳动力的流动，实现劳动力资源的市场化配置，是促进城乡一体化就业的重要途径。

第三，还要进一步发展和规范农村劳动力市场，使之与城市化、工业化和农业现代化发展相协调。据统计，从20世纪90年代以来，我国农业剩余劳动力已经下降了两千多万人。有资料表明我国当前有三分之一的农村劳动力脱离了农业生产，不过这部分人并没有转化为城市人口，而是变成了游走于城市和乡村间的农民工群体。建立和完善农村劳动力市场，健全农业劳动力转移机制是健全城乡一体化劳动力市场的重要举措，有利于劳动力在城乡之间自由流动，保护农民工这种特殊就业群体的利益。发展农村劳动力市场，还要关注农村和农业劳动力的有效回收。要通过加强农村基础设施建设，给予适当的优惠政策，鼓励有才能的外出人员回乡创业，缓解农村人才短缺问题。将农村劳动力大规模转移流动与农村、农业发展有机统一起来，在促进农业、农村健康发展的同时，规范并有序引导劳动力的合理转移，不仅能增加农民收入，还能改变城镇劳动力成本不断升高的状况。

(2) 健全就业信息服务机制

第一，加大投入，健全就业信息网络，实现就业信息共享。我国劳动力市场发展较晚，就业信息网络建设滞后，就业信息不对称是制约就业的重要因素。信息的障碍"阻止了低效率的雇主获得劳动供给，使无效率的劳动者不能得到较好的工作"[1]。因此，在信息时代，建立城乡一体化的劳动力市场，需要增加就业信息网络的建设投入，建立一套企业、求职者、职业介绍机构多方主体共同参与和分享的就业信息网络系统。将户籍登记与社会保障、养老保险等信息实现全国联网，采取就业实名制，创建全国劳动力动态变化的管理机制。完善信息网络系统，还可以打通普通劳动力市场、高端人才市场、大学生就业市场等，实现各类就业市场互联互通，实现就业信息充分共享，优化人岗匹配结构，合理配置劳动力资源。[2]

第二，完善就业中介服务。在市场经济条件下，中介服务是指为交易活动提供咨询、价格评估、经纪等行为的总称。就业中介服务是促进劳动就业的重要环节，能够帮助就业者与雇主达到交易，促进劳动雇佣。在我国，由于就业信息资源获取上的不对称、传递上的不通畅，极大地阻碍了劳动就业。政府应当转变职能，加大对城乡就业信息服务体系的投入，大力发展劳动就业中介服务机构，鼓励和支持中介机构开展就业服务，以克服劳动者与雇主之间的障碍，促进劳动力充分就业。在劳动就业服务中介机构中，劳务中介机构发挥着特殊作用，特别是在促进农村剩余劳动力就业方面。政府要积极发挥劳务中介机构的作用，充分利用劳务中介机构为农民工提供职业培训、岗位培训、就业信息以及相关法律法规等方面的服务，健全农民工就业的服务体系，并逐步建立城乡间双向流动的就业机制，促进城乡间劳动力的双向流动，优化劳动资源配置。

(3) 加强职业教育和职业培训

第一，大力发展职业教育。要深刻认识职业教育在培养高素质劳动者和实用人才、促进就业的重要作用，大力发展各种层次、各种类别的职业教

---

[1] [美] 乔治·J.施蒂格勒：《产业组织》，王永钦、薛锋译，上海人民出版社2006年版，第268页。

[2] 赵秀丽、吴世香：《城乡就业一体化对策探析》，《山东社会科学》2010年第12期，第54—57页。

育。特别是为初、高中毕业生和城乡新增劳动者、下岗失业人员、在职人员、农村劳动者及其他社会成员提供多种形式、多种层次的职业学校教育和职业培训。

第二，建立覆盖城乡的职业培训体系。要充分利用和整合各类职业教育和职业培训资源，重点建设一批优秀的职业教育培训机构，逐步建成城乡一体、布局合理、机制灵活的职业培训组织体系，为城乡劳动者提升自身职业技能、提高就业能力提供有效帮助。要支持鼓励职业院校与相关企业合作，促进生产、服务一线急需的技能型人才培养工作。要对即将往城镇转移的农村劳动力开展引导性培训和职业技能提升培训，对已转移就业的人员定期开展岗位技能培训，特别还要重点关注失业人员的再就业培训，积极鼓励和支持自身劳动技能低下人员的培训教育工作。在农村，要充分发挥以县级农民科技教育培训机构为龙头，以县、乡、村各类农民教育、技术推广和科研机构为补充的农民科技教育培训体系的作用。各级政府要加大职业教育和职业培训的财政和政策支持，把职业教育和培训资金纳入各级政府的财政预算当中，确保经费使用到位。在职业培训中，还要充分引入竞争机制，提高职业教育经费使用效率，提升职业教育培训质量。

（4）维护农民工和流动就业人员的利益

第一，加强政府管理和服务职能，切实维护农民工和流动就业人员的利益。农民工和流动就业人员是相对弱势的就业者，维护弱势就业者的利益是促进公平正义的根本要求。各级地方政府不仅要大力宣传维护农民工和流动就业人员利益的政策措施，还要成立指导农民工就业的专门机构，将农村劳动力转移就业纳入统一规范的管理轨道，并大力清理和改变阻碍农民进城务工的有关歧视性政策，促进农村富余劳动力向城镇和非农业的自由流动，创造公平的就业环境。政府还要完善相关法律制度，为农民工和流动就业人员加入工会组织提供法律上的支持，增强农民工和流动就业人员维权的组织性。

第二，加强劳动合同的监督管理。要逐步健全以劳动合同管理为核心的企业劳动管理机制，规范企业用工制度，保障劳动者合法权益。特别要结合农民工和流动就业人员在就业中遇到的实际状况，从法律层面上确定和规范农民工和流动就业人员与用工单位的劳动关系，制定实施细则，严格用工制度，规范劳动关系，并坚决取缔歧视农民工和流动就业人员的就业制度与政策。

第三，严厉打击拖欠农民工和流动就业人员工资的行为，逐步将农民工和流动就业人员纳入城市社会保障范畴。要从用工单位与农民工签订的劳动合同入手，严格监管，并建立健全一套农民工和流动就业人员工资支付基金制度，切实保证农民工和流动就业人员能按时足额拿到工资。当前，还应积极探索和完善社会保障体系，将农民工和流动就业人员纳入社会保障范畴。

（5）建立人才储备制度

第一，营造良好环境接纳高校毕业生，加强人才储备。当前，通过"三支一扶""大学生村官""西部志愿者""特岗教师"等多种政策举措，很多地方政府将一大批优秀的高校毕业生储备到了基层，极大地促进了基层经济的发展和社会的进步，也缓解了高校毕业生的就业压力。但是由于受环境、教育、经验等多方面因素的影响，很多高校毕业生难免会遇到许多不适应，还会暴露出许多缺点和不足。各级政府特别是相关人力资源管理部门要努力去营造一个良好的人才生态环境，包括良好的政策法律环境、工作生活环境、人文社会环境，创新一系列管理办法和优惠政策，包括户籍管理、考核管理、经费保障，以及代偿助学贷款、录用招聘考研加分、优先推荐就业等等，鼓励、支持和帮助高校毕业生到基层锻炼成长。[①]

第二，实现储备人才的稳定就业。凡在基层储备、锻炼期满的高校毕业生，只要考核合格的，都应该千方百计配置到合适的岗位，实现稳定就业。要把招募、服务等短期计划，变为切实有效的人才配置机制，让这些优秀的高校毕业生在基层能够干得好、留得住、有发展。特别是事业单位、政府机关新增编制和补充人员应重点从这些储备人才中选拔、聘用。

第三，逐步形成基层导向的就业机制。将人才储备到基层之后，还要加强培养，加大激励。在上级单位需要人才时，应从现有基层储备人才队伍中逐级选拔充实。此外，在选拔领导干部时也应要求有在基层锻炼的经历，进而逐步形成符合人才队伍科学发展的人才就业链和成长链。建立起激励机制，使高校毕业生认识到基层锻炼是成长成才的必由之路，把高校毕业生导向基层，促进基层经济社会的可持续发展。

---

① 余春林：《以科学发展观统领新农村建设人才战略》，《企业家天地》2007年第12期。

(6) 完善创业扶持政策,优化创业公共服务

实施创业带动就业的发展战略是解决就业问题的新渠道。因此,健全创业支持政策体系,鼓励创业是就业公共服务的重要内容,具有重要的现实意义。要以高校毕业生、城镇下岗失业人员、城乡农民工等特殊群体的创业工作为重点,完善创业扶持政策,优化创业公共服务,鼓励和扶持更多城乡劳动者成为创业者。

第一,要完善创业扶持政策,多措并举,支持劳动者自主创业。要重点从税收减免、小额贷款和贷款担保等优惠政策入手,完善创业扶持政策体系。要放宽创业市场准入,实施税费减免措施,拓宽创业融资服务渠道,实行创业补助政策。同时,政府要建立创业专项资金,以贴息、补贴、奖励、风险补偿等方式,用于创业项目开发、开展创业培训、组织创业实训、建设创业基地、提供创业后续服务等。

第二,要建立健全创业公共服务体系。一是加强政府宏观调控,制定创业带动就业的中长期规划,优化创业环境。二是要健全各级各类创业服务组织,为创业者提供全方位服务。三是要完善孵化制度,为创业者提供创业孵化场所。四是完善创业指导咨询服务,充分利用各类创业服务机构,为创业者提供方案设计、风险评估、开业指导、税费减免、政策咨询、融资服务、跟踪扶持等"一条龙"的创业服务。

第三,区分不同创业人群,实施差异化的创业扶持政策,重点支持大学生创业。要根据高校大学生、城镇下岗失业人员、农民工等不同人群来设计不同的创业扶持政策。同时应该根据创业者的创业阶段制定针对性的扶持政策和措施,解决创业初期、创业中期、创业成功期等不同阶段所面临的各种问题,完善扶持政策。要进一步完善大学生创业政策支持体系,提供促进大学生创业的人事管理、户籍管理、税费减免等方面的专门政策支持;设立大学生创业专项资金,对大学生创业给予创业补贴和社会保险补贴;加大小额担保贷款力度,降低大学生创业贷款门槛,同时,要提高大学生创业贷款额度,延长贷款期限,为大学生自主创业提供资金扶持。

3. 提升社会保障水平

社会保障是保障人民生活、调节社会分配的一项基本制度,是基本公共服务的重要内容。党的十八大报告要求,要坚持全覆盖、保基本、多层次、

可持续方针，以增强公平性、适应流动性、保证可持续性为重点，统筹推进城乡社会保障体系建设，全面建成覆盖城乡居民的社会保障体系。

社会保障体系是指社会保障各个有机构成部分的相互联系、相辅相成的总体，主要包括社会保险、社会福利、社会救助、社会优抚等内容。

(1) 健全社会保险体系

《国家基本公共服务体系"十二五"规划》提出："国家建立基本养老保险、基本医疗保险、工伤保险、失业保险、生育保险等社会保险制度，保障公民在年老、疾病、工伤、失业、生育等情况下依法从国家和社会获得物质帮助的权利。"《规划》还明确了"十二五"期间我国社会保险应坚持"广覆盖、保基本、多层次、可持续"的方针，以基本养老保险，基本医疗保险，工伤、失业、生育保险等为重点建设任务，以增强公平性和适应流动性为重心，着力完善制度，扩大覆盖范围，逐步提高保障水平和统筹层次，建立健全覆盖城乡居民的社会保险体系。党的十八大报告提出了更高的要求，把"广覆盖"调整为"全覆盖"，要求我国在未来几年内，以社会保险为主要内容的社会保障体系要达到"全覆盖"，实现人人享有基本社会保障的目标，这为完善公共服务系统建设指明了方向。

虽然《国家基本公共服务体系"十二五"规划》明确提出职工享有职工基本养老保险，农村居民享有新型农村社会养老保险，城镇居民享有城镇居民社会养老保险；同时职工享有基本医疗保险，农村居民享有新型农村合作医疗保险，城镇居民享有城镇居民基本医疗保险；另外职工还享有工伤、失业和生育保险等权利。但是，现阶段，我国社会保险体系覆盖面较窄，制度还不够完善，保障水平低，流动性差，特别是针对农民群体的社会保险体系非常薄弱。因此，地方政府要以这五大类社会保险为重点和核心，努力健全合理的社会保险体系。

第一，社会保险体系建设，要突出"增强公平性、适应流动性、保证可持续性"的重心。增强公平性，就是要实现城乡各类群体的全覆盖，并逐步缩小城乡差距和地区差距，凸显社会保险制度的公平性。要实事求是，按基本财力办事，不搞乌托邦式的梦想。重点通过做实个人账户、实现基础养老金全国统筹、扩大社会保险基金筹资渠道等途径，夯实社会保障的物质基础，建立长期稳定运行的长效机制。

第二，坚持以基本养老保险、基本医疗保险、失业保险为核心，完善工伤保险、生育保险，形成结构完善的社会保险体系。基本养老保险的重点是将农民工、非公有制经济组织从业人员、灵活就业人员、未参保集体企业退休人员等等全部纳入基本养老保险保障范围，实现养老保险全覆盖。基本医疗保险的重点是提高农民工、个体工商户和灵活就业人员参保率，扩大职工基本医疗保险制度覆盖范围，争取实现全覆盖。失业保险的重点是健全失业保险待遇正常调整机制和建立失业保险关系转移接续机制。工伤保险和生育保险的重点以农民工、非公有制经济组织从业人员、流动和灵活就业人员等为重点，扩大工伤和生育保险覆盖面，建立健全农民工、非公有制经济组织从业人员、流动和灵活就业人员意外伤害保障机制和覆盖城乡居民的生育保障机制。

第三，要加大保险制度改革力度，统筹推进企业和机关事业单位社会保险制度改革，实行单位与个人缴费、统账结合的基本制度。

(2) 推进社会福利体系建设

从广义的角度看，社会福利是指国家依法为所有公民普遍提供旨在保证一定生活水平和尽可能提高生活质量的资金和服务的社会保障制度。表现为国家和社会为各类社会成员提供的各种福利性补贴和福利事业。从狭义的角度看，社会福利主要是指对生活能力较弱的儿童、老人、母子家庭、残疾人、慢性精神病人等的社会照顾和社会服务。社会福利的内容十分丰富，包括生活、教育、医疗、卫生、住房、交通、文娱、体育以及社会津贴、财政补贴方面的待遇。

社会福利较社会保险而言是更高层次的社会保障制度，旨在保证人民群众共享发展成果，它是在国家财力允许的范围内，在既定的生活水平的基础上，尽力提高服务对象的生活质量。

改革开放以来，特别是21世纪以来，我国社会福利政策不断完善，福利事业不断发展，受惠范围逐渐由孤寡老人、残疾人、孤儿、弃婴等特殊群体向全社会拓展，社会福利事业正在由"补缺型"向适度"普惠型"迈进。[①] 但是，由于财力的制约和计划经济时期企业办福利的影响，我国的社

---

① 《我国基本民生保障十年实现新跨越》，http://news.xinhuanet.com/yzyd/mil/20120921/c_113153476.htm，访问时间：2012年9月21日。

会福利体系还存在许多问题。首先,相关社会福利的法律法规不够健全。一些社会福利,例如住房福利、儿童福利等没有相应法律法规,也缺少对社会福利事务的监督,社会福利的落实难度较大。其次,我国一贯将职业福利作为职工家庭收入的重要经济来源,不可避免地降低了职工工资收入,企业的社会福利责任增长,形成企业办社会、政府办企业的局面,制约我国社会福利事业的发展[①];其三,我国的社会福利覆盖人群主要是老人、儿童和残疾人士,而且相关的福利项目较少,且各种福利项目分别由不同的部门牵头负责,造成了社会福利资源分散和浪费;其四,我国财力有限,社会福利支出相对较少,仅占财政支出的很少一部分。推进社会福利体系建设主要应从以下几个方面努力:

第一,逐步建立适度普惠型社会福利体系。为了进一步缓解社会矛盾,构建社会主义和谐社会,根据国情和国际经验,我国应逐步建立适度普惠型社会福利体系。适度普惠型社会福利体系的内容十分丰富,主要包括对老年人的社会养老服务;给孤儿、贫困儿童、残疾儿童等的救助;对残疾人的医疗、就业、康复、教育帮扶;对妇女的就业机会、身心安全的保障;保障社会成员的住房需求,实现居者有其屋;对适龄儿童的免费义务教育;对失业人员的免费职业培训;保证社会成员人人享有基本医疗卫生服务;保证社会成员人人享有基本生活保障等等。

第二,建设社会福利体系需要统筹兼顾。首先,社会福利体系建设必须坚持底线公平,满足社会成员的基础性需求。其次,要做到层次有别,基本福利无差别享受,非基本福利要与个人对社会的贡献挂钩。其三,坚持政府主导,满足社会刚性基本需求,同时也要鼓励其他社会主体的参与。其四,社会福利体系的建设要水平适中,使福利水平与经济发展水平和政府财力相一致,协调好福利供给与人民福利需求的关系。

第三,突出重点,完善社会福利事业管理体制机制。一是要加强社会福利法制建设,制定与各项社会福利相配套的法律法规。二是创新社会福利管理体制,构建新型的社会福利管理体制和运行机制。三是理顺企业与政府、市场之间的关系,改革职业福利制度,分离职业福利。四是加大社会福利经

---

① 王素英:《健全社会福利制度,发展社会福利事业》,《社会福利》2013年第3期,第6—7页。

费投入，探索建立与经济发展相适应的福利投入增长机制。五是加快福利服务设施建设，健全各类福利服务机构，维持社会福利设施的合理增长。六是壮大福利社会组织和社会工作队伍，提高社会福利服务的能力和水平。

(3) 完善社会救助体系

社会救助又称"公共救助""社会救济"，是国家和社会向那些因各种原因导致基本物质生活陷入困境、自己无力维持最低生活水平的人提供各种形式援助的一种社会保障制度。是对无劳动能力和生活来源的人给予的短期或长期的物质帮助制度。[①] 社会救助的项目主要包括四个方面：救灾、救济、五保和扶贫，因此社会救助主要是帮助灾民脱离灾难险情，减轻灾害损失，克服灾后生活和生产困难；保证无法定扶养人、无劳动能力、无可靠生活来源的老年人，残疾人和孤儿基本生活需求。[②]

实践中，我国的社会救助一般分为定期定量救助和临时救助两种。享受定期定量救助的对象主要是无法定扶养人、无劳动能力、无可靠生活来源的老年人，严重残疾人和未成年的孤儿和部分农村五保对象，符合救助条件的精简退职老职工，以及需要特别给予救助的人员。

近年来，我国的社会救助体系建设取得了巨大进步，救助体系越来越完善，但也存在许多亟待解决的问题。主要是社会救助资金投入不足，社会救济的力度不够，社会救助水平较低，很难从根本上解决被救助者的问题；社会救助缺乏规范和标准，难以确定符合条件的救助对象和救助水平；社会救助力量分散，各部门各自为政，没有形成社会救助的合力；社会救助过程缺乏监督，等等。鉴于此，地方政府应当采取措施，加强社会救助体系的建设。

第一，要加强社会救助立法，完善社会救助制度体系。首先需要健全社会救助法律制度，明确各级政府在社会救助中的基本职责。当前，要尽快制定一部《社会救助法》，全面规范社会救助事业所涉及的各种社会关系。

第二，要以政府为主导，建立专项的社会救助基金，为社会救助提供必

[①] 莫纪宏：《我国社会救助的现状、问题和对策》，中国社会救助网，http://www.cnsa.org.cn/llyj/info-5176.shtml。

[②] 刘喜堂：《建国60年来我国社会救助发展历程与制度变迁》，中国社会救助网，http://www.cnsa.org.cn/llyj/info-5195.shtml，访问时间：2010年11月29日。

要的资金保障。

第三,建立受救助人公示制度。凡是接受国家社会无偿救助的人员名单及其相关救助情况都应当及时向社会公布,接受社会公众的监督。

第四,要进一步开放社会救助渠道。在遵守中国法律、法规的前提下,鼓励境外的慈善机构和社会团体,在境内开设各种形式的慈善救助机构。特别是应当加强与联合国救助机构之间的合作与联系,争取更多的外部资源支持。要通过政策来引导企业和个人出资从事社会救助事业,大力发展以从事社会救助为公益目标的非营利组织,形成政府与社会共同合作的社会救助模式。①

(4) 完善社会优抚体系

社会优抚是政府依照法律对于为国家和社会做出贡献和牺牲的人员及其家庭所给予的物质优待和抚恤,主要由退伍军人优抚安置、死亡或伤残抚恤构成。在我国,优抚的对象主要是烈军属、复员退伍军人、残疾军人及其家属;优抚的内容主要包括提供抚恤金、优待金、补助金,举办军人疗养院、光荣院,安置复员退伍军人等。

目前,我国社会优抚体系存在的问题主要表现在"三属"(烈属、因公牺牲军人遗属、病故军人遗属)定期优抚金存在明显的城乡差别。居住在城镇的烈属的优抚金明显高出居住在农村的烈属的优抚金,不同地区在乡老复员军人的定期生活补助标准也有明显的地区差别,另外社会优抚长期以来并没有成为社会保障的关注点,因此民众的优抚意识较为薄弱。② 鉴于此,需要强化社会优抚体系建设。

中央政府应该主动承担社会优抚的主要支出,并适度调节,加强对落后地区社会优抚的政策倾斜,逐步缩小城乡之间、区域之间的"三属"定期优抚差距。另外,各省、市、县级政府也应该配合中央政府的统一政策,主动承担部分社会优抚支出责任,加强对经济不发达、社会优抚负担较重区域的政策支持。

4. 提升基本医疗与公共卫生服务质量

基本医疗与公共卫生服务是地方公共服务的重要组成部分之一,主要由

---

① 莫纪宏:《我国社会救助的现状、问题及对策》,《中国社会科学院院报》2005年9月27日。
② 王玲:《试析优抚对象社会保障体系的完善》,《郑州航空工业管理学院学报(社会科学版)》2011年第2期,第29—31页。

基本医疗服务和基本公共卫生服务组成。基本医疗与公共卫生事关人民群众身体健康，是基本民生。优化基本医疗与公共卫生服务，实现基本医疗与公共卫生服务的均等化，提高基本医疗与公共卫生服务的公平性、普及性和质量水平，为城乡居民提供安全、有效、方便、价廉的医疗与公共卫生保障，是地方公共服务体系建设的重要内容。

当前，我国的医疗体制改革和公共卫生体系建设还处于探索实践中，各地方基本医疗与公共卫生服务体系建设还存在巨大差异，不够完善。从总体上看，优化基本医疗与公共卫生服务体系要从以下几个方面入手：

（1）健全基本医疗与公共卫生服务机构

优化基本医疗与公共卫生服务的首要任务就是要健全基本医疗与公共卫生机构，为确保基本医疗与公共卫生服务实现全覆盖创造充分的物质条件。当前，由于各地方经济社会发展水平不同，城乡之间、区域之间基本医疗与公共卫生服务机构差距较大，还没有实现全覆盖，各地方医疗卫生机构建设的标准也不统一，水平参差不齐，客观上影响了各地居民享受基本医疗与公共卫生服务的机会均等。

健全基本医疗与公共卫生服务机构，重点应该放在农村地区和欠发达地区。要按照"大病不出县，小病不出乡（村、社区）"的要求，加强以县级医院为龙头、乡镇卫生院和村（社区）卫生室为基础的农村三级医疗卫生服务网络建设，建立健全社区卫生服务机构。强化基层医疗卫生机构标准化建设，提高服务水平。还要完善卫生监督体系，建立食品安全和饮用水卫生监督检测机构，逐步完善农村地区急救网络建设。

（2）建立基本医疗与公共卫生服务标准

在基本医疗与公共卫生服务标准的制定上，地方政府应该依据国家医疗卫生领域相关法律法规，在遵循实施国家基本标准的基础上，可结合本地区的经济发展水平和医疗与公共卫生服务实际情况适当调整标准。

《国家基本公共服务体系"十二五"规划》规定，"十二五"时期基本医疗卫生服务国家基本标准共包含居民健康档案、健康教育、预防接种、传染病防治、儿童保健、孕产妇保健、老年人保健、慢性病管理、重性精神疾病管理、卫生监督协管、基本药物制度、药品安全保障等12个方面，涵盖了医疗和卫生两方面的基本内容，不仅有专业医疗的监测、预防和控制，还有针对公共卫生的监督监测。

从基本医疗与公共卫生服务服务内容和标准的设置上来看，地方政府暂时无需做过多过大的变动，只需要依据国家规定的基本项目和标准，同时参考地方实践，做出适当的增减或补充。以成都市公共卫生服务标准为例，"成都市公共卫生服务指标"（2012）规定，成都市城乡公共卫生服务项目共计 11 项，分别为：城乡居民健康基本信息及档案管理、健康教育、预防接种、传染病防治、儿童健康管理、孕产妇健康管理、65 岁以上老年人健康管理、慢性病患者健康管理、重性精神疾病患者健康管理、卫生监督及爱国卫生服务、突发公共卫生事件处置。将上述公共卫生服务项目与国家规定基本内容做简单对比不难发现，成都市城乡公共卫生服务项目只是在结合城乡实践的基础上，对国家规定的基本项目内容进行了细化和规范化，如在老年人保健一项上细化了年龄标准；在卫生监督协管一项中增加了爱国卫生服务；整体上依据地方发展过程中出现的问题增加了突发性公共卫生事件处置一项，使地方公共卫生服务的内容更加规范化，符合地方公共服务体系建设的需要，更加符合本区域人民群众生产生活的实际需要。

（3）加大基本医疗与公共卫生服务投入

加大经费投入是保证基本医疗与公共卫生服务质量和水平的物质基础。没有稳定的经费投入做保障，提升基本医疗与公共卫生服务质量和水平、促进基本医疗与公共卫生服务的均等化只能是空中楼阁。因此，地方政府完善医疗与公共卫生服务体系必须要稳步提高地方公共卫生服务的经费标准，形成支持基本医疗和公共卫生服务发展的良性投入机制。以城市社区公共卫生服务为例，自 2006 年国务院发布《关于发展城市社区卫生服务的指导意见》（国发［2006］10 号）以来，中央及地方各级政府对城市社区公共卫生服务的经费投入虽然在逐年增加，但尚未形成合理的分级负担投入机制，经费投入的增长并不稳定。国务院城市社区卫生服务工作领导小组 2007—2008 年进行的社区卫生服务体系建设课题调研数据显示，"29 个首批重点联系城市（区）2006—2008 年 3 年的卫生事业经费占财政支出的比例为 4.51%、4.67%、4.90%；社区卫生服务经费占卫生事业经费的比例分别为 19.70%、23.42%、26.80%；人均公共卫生经费分别为 10.35 元、18.08 元、25.34 元。财政对社区卫生服务的投入以区级财政为主，区级财政投入约占各级财政投入总和的2/3"①。如果分级负担机制不清晰，容易造成各级政府间因责任不清而相互推诿，进而影响社区卫生服务的经费投入，直接影响公共卫生服务体系建设的进程。因而，对于地方政府来说，建立和完善基本医疗和公共卫生服务体系的首要任务即是将服务经费的投入机制及分担机制制度化，确保地方基本医疗和公共卫生服务经费投入的稳定增长。

（4）优化基本医疗与公共卫生服务人才队伍

基本医疗与公共卫生服务人才队伍建设对于加强基本医疗与公共卫生服务体系建设的重要性不言而喻。当前，各级地方政府虽然相继出台了一些利于人才队伍建设的积极措施，但从医疗卫生服务人才队伍建设实践来看，依然存在诸如人才梯队建设不规范、配置不合理、激励机制作用不明显等问题，人才队伍问题仍旧是制约基本医疗和公共卫生服务发展的瓶颈。因此，地方政府在基本医疗与公共卫生服务体系建设过程中，要重视优化基本医疗与公共卫生服务人才队伍。具体说来，重点在两个方面：

第一，要设置有效吸引优秀医疗卫生人才进入基层工作的激励机制。当前，社会公众对基本医疗与公共卫生服务的需求正处于持续增长的阶段，需求量主要集中在基层，集中在农村，导致农村和基层基本医疗与卫生公共服务工作量明显加大。而现阶段农村和基层专业医疗卫生服务人员供给不足，许多是临时聘用人员，流动性较大，严重影响了医疗卫生人才队伍的稳定性。与此同时，从事基本医疗与公共卫生服务的医护人员的薪资待遇与其付出的工作量之间不成正比，劳动价值无法得以真实体现，加之基本医疗与公共卫生服务机构尚未纳入收入分配方面的优惠倾斜政策，不利于长期吸引并留住优秀人才。因此，地方政府应适当增加基本医疗与公共卫生服务的预算比重，用以解决从事基本医疗与公共卫生服务的人才的薪酬福利，同时在职称评定、进修学习、人员编制、子女入学等方面给予相应的优惠政策，健全激励机制，以期稳定进入农村和基层的医疗与公共卫生服务人才队伍的优秀专业人才。

第二，要规范人才梯队建设，注重培养全科医生。目前，从事基本医疗

---

① 卢祖洵、李永斌等：《全国社区卫生服务体系建设重点联系城市试点工作进展、成效及值得关注的问题》，《中国社会医学杂志》2009年第6期，第321—325页。

与公共卫生服务的全科医生严重缺乏，后备人才的储备、培训与实际的岗位职责需求衔接并不紧密，导致基本医疗与公共服务人才梯队的建设滞后。《国家基本公共服务体系"十二五"规划》明确要求，要"加强以全科医生为重点的基层医疗卫生队伍建设，以三级综合医院和有条件的二级医院为临床培养基地，以社区卫生服务中心和专业公共卫生服务机构为实践基地，建设全科医生培养实训网络，通过转岗培训和规范化培训等多种途径培养全科医生"。在实践中，全科医生主要是靠转岗培训来实现，国家并没有建立相应的学校教育培养机制。而全科医生的转岗培训势必会影响医生的职称晋升、工资待遇、进修机会等，造成许多医生并不愿意进行转岗注册。对于现有从业人员的培训，往往只涉及基本医疗卫生的内容，而这些对于长期从事基本医疗与公共卫生服务的工作人员来说，意义不大，吸引力差。因此，从规范人才梯队建设的角度出发，地方政府在基本医疗与公共卫生服务人才队伍建设过程中，要建立全科医生培养计划，严格按照《国家基本公共服务体系"十二五"规划》的要求，加大全科医生培养投入，加强全科医生培养基地建设，健全全科医生培养实训网络，通过转岗培训和规范化培训等多种途径培养全科医生，充实和完善农村和基层基本医疗与公共卫生服务人才队伍，保障基本医疗与公共卫生服务可持续发展。

第 八 章

统筹城乡发展中的基本公共服务均等化的案例研究

目前我国城乡基本公共服务的二元结构,导致农村基本公共服务供给严重短缺、公共产品质量不高、基本公共服务体系不完善等现实问题,使农民既缺失参与现代化进程的起点公平,同时也缺失了共享改革发展成果的机会公平。这不仅加大了城乡差距与贫富差距,也是加剧城乡社会矛盾,诱发群体性冲突的重要原因。2012年7月颁布的《国家基本公共服务体系"十二五"规划》,明确提出"十二五"时期我国基本公共服务的发展目标是:"覆盖城乡居民的基本公共服务体系逐步完善,推进基本公共服务均等化取得明显进展;到2020年实现全面建设小康社会奋斗目标时,基本公共服务体系比较健全,城乡区域间基本公共服务差距明显缩小,争取基本实现基本公共服务均等化。"[①]

一、四川省统筹城乡发展中的基本公共服务均等化案例研究

本部分以四川省统筹城乡发展中促进基本公共服务均衡化为典型案例,通过四川省推进基础教育、就业服务、公共卫生、社会保障、灾后重建公

---

① 本部分内容主要来源于本课题中期研究成果:姜晓萍:《统筹城乡中基本公共服务均等化研究》,《社会科学研究》2012年第6期。

服务体系重构等专题调研报告，归纳提炼地方政府推进基本公共服务均等化的创新实践，提供具有示范性和推广价值的案例样本，为其他地区提供比较和参考。

（一）四川省城乡基础教育均等化研究报告

基础教育是学前教育、义务教育和高中教育的统称，是国民教育的主体，也是基本公共服务的重要组成部分。实现城乡基础教育的均衡发展是现阶段教育改革的战略目标，也是打破城乡二元结构、促进社会公平、切实改善民生的关键所在。统筹城乡教育发展需要"整合城乡教育资源，打破城乡二元经济结构和社会结构的束缚，构建动态均衡、双向沟通、良性互动的教育体系和机制，促进城乡教育资源共享、优势互补，推动城乡教育相互支持、相互促进，缩小城乡之间的教育差距，有效消除地域、经济等原因导致的教育不公平，改变农村地区教育的落后状况，使均衡化的公共教育服务覆盖城乡全体居民，实现城乡教育均衡发展、协调发展、共同发展"[①]。

四川省在积极推进统筹城乡发展的过程中，将城乡基础教育一体化作为城乡公共服务一体化的重要内容，把城乡基础教育均等化作为促进教育公平的重要手段，努力构建惠及城乡居民的基础教育体系。2009年4月5日，教育部、四川省政府与成都市政府共同签署了共建统筹城乡教育综合改革试验区合作协议，旨在将四川省推进城乡基础教育"六个一体化"的经验在全国推广。这表明四川省和成都市以制度创新推进城乡基础教育均衡发展的做法取得了显著的成效，值得深入研究，总结提炼。本研究以探究城乡基础教育协同发展路径为目的，着重关注四川省基础教育均等化发展过程中的实践措施、成效以及问题，并从四川省基础教育均等化的模式与特色中提炼出共性的经验，为其他地区开展城乡基础教育均等化提供一定的借鉴。

1. 四川省推进城乡基础教育均等化的时代背景与理论基础

进入21世纪以来，在基础教育的规模快速发展的同时，教育质量和教育公平问题日趋凸显。2003年以来，四川省基于对历史和现实因素的综合考量，以均等化为导向，扎实推进城乡基础教育改革。

---

① 褚宏启：《城乡教育一体化：体系重构与制度创新》，《教育研究》2009年第11期，第3页。

(1) 四川省推进城乡基础教育均等化的时代背景

①推进基础教育均衡发展被确定为国家发展战略。

近年来，我国教育事业建设呈现思路清晰化、重点明确化和措施给力化的特征。经过长期的探索和酝酿，我国政府于2001年开始全面启动基础教育改革，明确提出基础教育均衡的路线图和时间表，开始以更广的面度、更大的力度和更快的进度来推进城乡基础教育均衡发展。2001年5月出台的《国务院关于基础教育改革与发展的决定》明确了基础教育在社会主义现代化建设中的战略地位，强调要优先发展基础教育。2005年5月《教育部关于进一步推进义务教育均衡发展的若干意见》就推进城乡义务教育均衡发展进行了顶层设计和系统谋划。2006年6月发布的新《义务教育法》在重申义务教育公益性和义务性的同时，高度强调了义务教育的统一性，标志着基础教育均衡发展的价值理念有了法律保障。2010年7月，《国家中长期教育改革和发展规划纲要（2010—2020年）》指出要把促进公平作为国家基本教育政策，合理配置教育资源，向农村、边远贫困和民族地区倾斜，以促进义务教育均衡发展为重点，加快缩小教育差距。2012年1月，为切实保证义务教育均衡发展目标的实现，教育部印发了《县域义务教育均衡发展督导评估暂行办法》，明确了评估内容、指标、程序和奖惩机制，从而建立和规范了县域义务教育均衡发展督导评估制度。2012年9月，《国务院关于深入推进义务教育均衡发展的意见》就推进义务教育均衡发展的战略意义、指导思想、基本目标和关键环节等进行了全面论述，强调要均衡配置办学资源，推动优质教育资源共享。如上六个重量级文件的出台见证和标志着推进基础教育均衡发展已被确立为国家的发展方略，四川省正是在如上国家政策动向的指引下，开始了城乡基础教育均衡发展的实践探索。

②四川省大农村、多民族、不均衡的省情实际。

诚如四川省委前宣传部长黄新初所言，四川作为西部多民族内陆大省，基本省情特征是人口多、底子薄、欠发达、不平衡，教育事业过去长期发展不充分且不均衡。① 截至2012年末，四川省常住人口有8076万人，居全国第三位，其中58.17%（4698万人）为农业人口，辖21个市（州），181个

---

① 黄新初：《从薄弱环节和特殊群体入手推进公平》，《中国教育报》2010年7月18日。

县（市、区），有54个少数民族定居，是全国最大的彝族聚居区，唯一的羌族聚居区，藏族聚居人口仅次于西藏，民族自治地区土地面积30.4万平方公里，占全省总面积的62.7%。由于历史、地理和经济等多种原因，四川省农村地区和民族地区教育发展长期相对滞后，一直是四川省实现"两基"（基本实施九年义务教育和基本扫除青壮年文盲）的难点所在。2000年，四川全省"普九"人口覆盖率达93%，义务教育总体发展态势良好，但是全省50个民族自治县（市）中还有13个县未普及小学教育，45个县未普及九年义务教育，20个县未实施基本扫除青壮年文盲，有4个县小学入学率不到60%，个别县的初中入学率仅为百分之几。[①] 为了更好地适应农村和民族地区经济社会的发展需要，更充分地保障城乡各民族公民平等接受基础教育的权利，更有力地实现城乡各民族共同发展繁荣，四川省立足省情，从薄弱环节和特殊群体入手，把统筹城乡基础教育发展作为城乡统筹的突破口。

③四川省被确立为统筹城乡教育综合改革试验区的发展契机。

2003年以来，四川省先行先试，率先将统筹城乡发展确立为地方发展主线，并进行了全面、深入而持久的探索，统筹城乡基础教育的改革也在第一时间启动。2003年，《四川省政府工作报告》明确指出，教育投入要开始向义务教育特别是农村义务教育倾斜，民族地区教育发展十年行动要稳步推进。2007年6月，四川省，尤其是成都市统筹城乡的实践探索得到了国家层面的肯定，成都市被国务院批准为全国统筹城乡综合配套改革试验区，《成都市统筹城乡综合配套改革试验总体方案》将推进城乡教育协调发展作为实现城乡基本公共服务均等化的首要任务。2008年5月，四川省被教育部确立为国家职业教育综合改革试验区，启动了《2008—2010年职教攻坚计划实施方案》，承诺在随后的三年内筹措攻坚经费100亿元，大力发展中等职业教育。2009年4月，成都成为国家统筹城乡教育综合改革试验区，分三个阶段，开始有计划、有步骤地构建城乡一体的现代教育体系。2010年年底，成都市又被国务院确定为国家教育体制机制改革试点城市（教育均衡发展和职业教育）。先行先试的自主探索让四川省储备了坚实的基础，

---

① 中共四川省委、四川省人民政府：《四川省民族地区教育发展十年行动计划》，2000年12月10日。

成都市顺利获批成为统筹城乡教育综合改革试验区，而作为改革试验区的四川也得以获得更多的政策和财政支持，加快推进城乡基础教育均等化的进程。

(2) 四川省推进城乡基础教育均等化的理论基础

四川省推进城乡基础教育一体化，不只是对现实需求的回应，还是在社会学、教育学、心理学和管理学等学科相关理论的价值指引下做出的战略抉择，具有深厚的理论基础。

①教育公平理论。

教育公平既是社会公平的表现，又是实现分配正义和社会公平的一种程序正义原则与设计。[1] 主张"有教无类"的孔子、提出实施初等义务教育构想的柏拉图、强调通过法律保证自由民教育权利的亚里士多德、主张"泛智论"的夸美纽斯等是教育公平理论的奠基者。[2] 早期的教育公平理论高度强调教育机会平等，主张人人都享有受教育权利，都应进入学校接受教育，但只是关注数量和形式上的均等，随着实践和研究的深入，人们越来越强调实质的教育公平[3]，美国著名教育学家詹姆斯·科尔曼（James Kelman）指出了评估教育机会均等的四大标准，即进入教育系统的机会均等、参与教育机会的均等、教育结果的均等、教育对生活前景机会的影响均等。[4] 真正的教育公平应全面包括起点公平、过程公平和结果公平，不是简单的教育平等，而是教育基本权利的平等和非基本权利的比例平等的结合，平均主义和限制发展等都是对教育公平内涵的曲解。[5] 教育资源的配置过程中要坚持平等、差异和补偿三种合理性原则，现代教育要坚持"教育公平与教育效率并重的原则，通过教育公平来提升教育效率"，从而实现优质均衡。[6] 基础教育是国民教育的起点，基础教育公平则是教育公平的起点和关键[7]，教育

---

[1] 贾中海：《教育公平及其社会正义价值》，《黑龙江高教研究》2008年第11期，第5页。
[2] 杨东平：《教育公平的理论和在我国的实践》，http://www.aisixiang.com/data/28687.html，访问时间：2014年7月6日。
[3] 单中惠、勾月：《走向实质的教育公平——20世纪美国基础教育公平理念探析》，《外国教育研究》2011年第2期，第29页。
[4] 张人杰：《国外教育社会学基本文献》，华东师范大学出版社1989年版，第191页。
[5] 施丽红：《对教育公平理论和实践的认识》，《教育与职业》2007年第24期，第20页。
[6] 褚宏启：《关于教育公平的几个基本理论问题》，《中国教育学刊》2006年第12期，第1页。
[7] 王铁群：《制度化教育下的教育公平诉求——对基础教育公平的事理分析》，《教育科学研究》2009年第4期，第9页。

公平理论就教育公平的战略意义和主要内涵的界定和论述,为四川省推进城乡基础教育均等化提供了有力的理论指导。

②系统理论。

系统理论的鲜明特点在于从事物的部分与整体、局部与全局以及层次关系的角度来研究客观世界[①],当前被广泛运用于管理学的研究和实践中。该理论是由美籍奥地利人、理论生物学家 L. V. 贝塔朗菲(L. Von. Bertalanffy)创立,在其《关于一般系统论》《一般系统理论:基础、发展和应用》《一般系统论的历史与现状》《人的系统观》等系列论文著作中,他精妙地阐述了整体与部分之间的关系。系统理论主张任何系统都是一个由子系统构成的有机整体,子系统决定系统整体发展态势,各个子系统之间是相互关联的。系统理论给四川省的启示主要有二:一是教育是基本公共服务的子系统,城乡教育一体化是统筹城乡基本公共服务进程中不可回避的重要任务;二是城市基础教育和农村基础教育都是国民教育体系的子系统,国民教育的大发展、大繁荣有赖于城市和农村基础教育的协同发展,农村基础教育的滞后会使城市基础教育和国民教育的科学健康发展受到掣肘。

③需要层次理论。

美国著名心理学家亚伯拉罕·马斯洛(Abraham Harold Maslow)在其《人类动机论》中首次提出了需要层次理论。他将人类的多种需要划分为五个层次:生理需要、安全需要、归属与爱的需要、尊重的需要和自我实现的需要[②],人们在温饱阶段的主要需求是生理和安全,在小康阶段则社会需要和尊重需要更迫切,在富裕阶段则自我实现的需要更突出。接受教育是城乡公众共同的发展需求,也是城乡公众满足自己各层次需求的路径,因为知识和技能的学习是获得工作和社会地位以及实现自我社会价值的重要前提。在一定程度上,教育是社会底层民众,尤其是农村民众向社会上层流动的最主要途径。早在1927年,美国著名社会学家索罗金(Pitirim A. Sorokin)就在其著作《社会流动》中指出,"学校是人从社会底层流动到社会上层的电

---

① 李玲等:《城乡一体化:理论、指标与测算》,《教育研究》2012年第2期,第42页。
② 王文娟:《马斯洛需要层次理论在新生入学教育中的应用探析》,《云南民族大学学报(哲学社会科学版)》2012年第7期,第116页。

梯"①。美国社会学家克里斯托弗·詹克斯（Christopher Jencks）等人的研究也发现，一个青年人的受教育年限，能预兆其最终的社会地位和工资收益。② 基于此，四川省将基础教育定位为城乡民众的基本需要，优先发展基础教育，充分而均等地保障城乡民众的受教育权。

2. 四川省推进城乡基础教育均等化的主要措施与模式分析

长期以来，四川省把办人民满意的教育、打造西部人才高地作为全省教育事业的发展目标，大力发展基础教育。作为统筹城乡发展的先行者，从2003年开始，四川省就开始积极探索城乡基础教育均衡发展的可行路径。尤其是在四川省的省会成都被确立为全国统筹城乡综合配套改革试验区（2007年）以来的六年，四川省在推进城乡基础教育均等化的道路上迈出了坚实的步伐。

（1）四川省推进城乡基础教育均等化的主要措施③

根据《国务院关于基础教育改革与发展的决定》，我国的基础教育包括学前教育、义务教育和高中教育（普通高中与中等职业教育），四川省针对这三大类教育的均等化，都进行了积极有益的探索，同时，作为多民族聚居区域，四川省也高度重视民族地区的基础教育事业建设。

①四川省推进城乡学前教育均等化的主要措施。

正如我国著名教育学家陶行知所言，"小学教育是建国之根本，幼稚教育尤为根本之根本"。学前教育作为国民教育的开端，从源头上决定着国民自身和国家的发展前景，而城乡学前教育均等化则正是保障教育起点公平的关键所在。④ 四川省在《关于当前发展学前教育的实施意见（2011）》中指出，学前教育是四川省各类教育中的薄弱环节，为了在全省范围内建成"广覆盖、保基本"的学前教育公共服务体系，四川省在过去的几年主要采取了如下措施来推动城乡学前教育的均衡发展：

---

① Pitirim Sorokin, *Social and Cultural Mobility*, The Free Press, 1959.
② ［美］戴维·波普诺：《社会学（下）》，李强等译，辽宁人民出版社1987年版，第37—38页。
③ 此章节资料来源主要为《四川教育年鉴》（2011）、《四川教育年鉴》（2010）、《四川省政府工作报告》（2003—2013）、《四川省教育厅工作重点》（2008—2013）、《四川省关于切实推进城乡义务教育均衡发展的意见》等官方资料。
④ 杨波：《新形势下基于公共服务均等化视角的学前教育研究》，见《中国行政管理学会2011年年会暨"加强行政管理研究，推动政府体制改革"研讨会论文集》，2011年。

重点发展农村学前教育。按照《四川省中长期教育改革和发展规划纲要（2010—2020年）》和《四川省人民政府关于当前发展学前教育的实施意见》的部署，四川省各级政府把发展学前教育作为新农村建设的重要内容，将幼儿园作为新农村公共服务设施，统一规划，优先建设，加快发展。各级政府都加大了对农村学前教育的投入，安排专门资金，重点建设农村幼儿园，农村幼儿园的建设以乡镇中心幼儿园为主，在幼儿人数较少的乡、村，由当地小学建立附设幼儿园（班）。此外，四川省还采取有力措施，加大对民族地区、革命老区和贫困地区学前教育的支持，加强对农村留守儿童和进城务工人员随迁子女的关爱。在强调政府投入为主的同时，支持街道、农村集体举办幼儿园，多种形式扩大农村学前教育资源，逐步完善县、乡、村三级学前教育网络，为广大农村幼儿提供接受学前教育的机会。

建设乡镇标准化幼儿园。2007年以来，四川省以新津县为代表的一些地方在完成农村中小学标准化建设工程的基础上，将学校标准化建设向学前教育延伸，严格按照《四川省幼儿园办园基本要求（试行）》（2006）确立的标准，统一规划、统一建设、统一管理，力求为农村幼儿提供与城市幼儿同质的学前教育环境。2010年，成都市出台《关于促进学前教育发展的意见》，全面启动公益性标准化中心幼儿园建设，提出要在2011年年底实现公益性标准化中心幼儿园在全市223个农村乡镇（街道）的全覆盖。

建立健全城乡学前教育帮扶的长效机制。2011年，四川省启动学前教育三年行动计划，将建立健全城乡学前教育帮扶机制作为工作重点，加大优质学前教育资源向农村辐射的力度。四川省实现优质学前教育资源共享的做法主要有：实施城乡"区对区、园对园"的合作助教项目；完善教师"结对子"和城乡园长互派制度；开展骨干教师送教下乡活动；健全教研网络，定期开展学前教育保教经验城乡交流。

②四川省推进城乡义务教育均等化的主要措施。

义务教育是国民教育的主体部分，是政府应该且必须提供的公共产品和服务。[①] 义务教育均等化指城乡居民享受义务教育的机会差异化均等和居民

[①] 厉以宁：《关于教育产品的性质和对教育的经营》，《教育发展研究》1999年第10期，第9页。

获得义务教育的结果差异化均等[1],是城乡基础教育均等化链条上最核心的一环。早在2007年,四川省省委、省政府就出台《关于切实推进城乡义务教育均衡发展的意见》,为全省统筹城乡义务教育指明了方向,明确了思路:始终把教育放在优先发展的战略高度,始终把义务教育作为教育事业的根本,始终把城乡义务教育一体化作为统筹城乡发展的重要内容,始终把教育公平作为改善民生的重点,坚定不移地走平民教育之路,践行统筹规划、政府主导、以县为主、突出重点、分步实施和积极推进的六大原则,突出乡村学校和薄弱学校建设两个重点,切实缩小城乡和校际差异,确保全省适龄青少年平等接受优质的义务教育。[2] 具体来看,四川省推进城乡义务教育均等化的四大抓手是经费保障、办学条件、师资队伍和扶弱助学。

加大财政对义务教育的支持力度,完善义务教育均衡发展,经费保障机制。近年来,四川省积极调整优化财政支出结构,大力增加公共教育投入。一是省级财政在安排教育经费时优先保障义务教育均衡发展投入,安排专项经费扶持贫困地区和薄弱学校。二是在加大省级统筹力度的同时,明确各级政府加大财政对义务教育的投入责任,督促其足额落实地方配套资金(公用经费、校舍维修改造经费和贫困寄宿生的生活补助费等)。三是巩固完善农村义务教育经费保障机制,优先保证农村教育发展所需资金,依法落实教育经费"三个增长"和新增教育经费主要用于农村的规定。

推进义务教育学校标准化建设,改善农村办学条件。四川省高度重视义务教育学校的硬件建设,各级财政都加大了教育装备投入,统筹安排教育费附加以及各种项目资金,积极推进义务教育学校标准化建设,重点保障中小学校舍安全工程、农村寄宿制学校的建设工程、农村义务教育薄弱学校改造、教学仪器设备配备和信息化建设,组织实施"西部农村初中校舍改造工程""新农村卫生新校园建设工程"等项目,切实改善农村办学条件,方

---

[1] 董明涛等:《城乡义务教育均等化水平实证研究——以河北省为例》,《经济与社会发展》2012年第10期,第79页。

[2] 《中共四川省委办公厅、四川省人民政府办公厅关于切实推进城乡义务教育均衡发展的意见》,http://www.sc.gov.cn/zt_sczt/hmyr/jcpmzl/200709/t20070924_205149.shtml,访问时间:2014年9月4日。

便农村中小学生就近上学。经过数年的探索和酝酿，2012 年，四川省出台《义务教育学校办学条件基本标准（试行）》，就学校的设置、规划、建设用地标准、校舍建筑标准、装备条件标准、经费保障、师资队伍等都做了相应规定，标志着四川省义务教育学校标准化建设进入系统化、制度化和规范化阶段。

师资配置向农村倾斜，缩小城乡学校师资水平差距。《义务教育法》第三十二条明确规定，县级人民政府教育行政部门有均衡配置本行政区域内师资的法律义务。[①] 首先，四川省积极改革教师配置模式，在严格按核定的编制配足配齐农村中小学教师的同时，着力促进教师资源向农村倾斜，新增教师优先满足农村学校，鼓励大学毕业生到边远贫困地区任教。其次，四川省高度重视农村教师的待遇改善问题，严格执行国家关于中小学教师工资收入和福利待遇的政策规定，缩小城乡、校际间不合理的教师收入差距，不断着力改善教师的工作和生活条件，重点解决农村教师的住房难题。为了进一步缩小城乡学校师资水平差距，四川省明确了城镇师资队伍对农村的支持和帮扶责任，建立了城乡校长和教师合理流动机制，在"输血"的同时也狠抓"造血"，依托农村义务教育阶段学校教师特设岗位计划和中小学教师国家级培训计划等项目，加大对农村学校、薄弱学校教师的培训力度，努力使全省所有农村教师完成不少于 240 学时全员培训。

"两免一补"，扶弱助学。2001 年以来，四川省认真落实国家的"两免一补"政策，分三个阶段（覆盖农村义务教育阶段的贫困家庭学生、覆盖城市低保家庭义务教育阶段学生、覆盖城市义务教育阶段的贫困学生），逐步免除城乡义务教育学生学杂费并免费提供教科书，对家庭经济困难学生提供生活补助，真正实现了城乡免费义务教育。此外，四川省根据国务院《关于实施农村义务教育学生营养改善计划的意见》和教育部《农村义务教育学生营养改善计划实施细则》的部署，于 2012 年启动农村义务教育学生营养改善计划，省、市（州）、县（县级市、区）三级财政共同分担，加大经费投入，加快广大农村地区和民族地区义务教育学校食堂建设，改善学生

---

① 蔡金花、胡劲松：《论县级教育行政部门均衡配置师资的法律义务》，《教育理论与实践》2008 年第 5 期，第 3 页。

就餐环境，按照每生每天3元的标准进行补助。

此外，四川省于2012年9月与教育部签订《四川省人民政府关于推进义务教育均衡发展备忘录》，明确了推进县域义务教育均衡发展的时间表：到2013年底，在38个县（市、区）基本实现；到2015年底，累计94个县（市、区）实现，到2020年底，确保全省181个县（市、区）全部实现。为了督促和确保义务教育县域均衡目标的顺利实现，四川省出台《四川省县域义务教育均衡发展督导评估实施办法》，用明确的指标、规范的程序对全省各县（市、区）的义务教育均衡情况实行动态监测。

③四川省推进城乡高中教育均等化的主要措施。

高中教育在整个教育体系中具有承上启下的作用，它是基础教育的高级阶段，也是高等教育的基础。[①] 《国家中长期教育改革和发展规划纲要（2010—2020年）》明确指出，"高中阶段是学生个性形成和自主发展的关键时期，对提高国民素质和培养创新人才具有特殊意义"。随着经济社会的不断发展进步，我国对高中教育的定位已从精英教育转变为大众教育[②]，四川省就推进城乡高中教育均衡发展主要做了如下工作：

着力加快普及高中教育。在一定程度上来讲，高中教育的普及本身就是促进城乡教育均等化的表现，传统高中教育由于未被纳入义务教育体系，经费以学校自筹为主，政府投入为辅[③]，实质上教育成本主要由学生家庭负担，这使得家庭经济情况直接决定适龄学生能否接受高中教育。由于长期缺乏政府的干预和扶持，城乡高中教育的不均等化程度显著高于义务教育。《四川省中长期教育改革和发展规划纲要（2010—2020年）》明确了四川省普及高中教育的时间表（见表8-1），提出要积极推进普通高中和职业高中的协调发展，实施中等职业教育免费政策试点，不断完善普通高中奖贷助学金制度资助体系建设，确保所有家庭经济困难学生不因贫失学。

---

① 冯建军：《高中教育公平的哲学基础》，《教育科学研究》2011年第2期，第8页。
② 徐爱杰：《论我国高中教育的功能定位》，《教育理论与实践》2012年第7期，第29页。
③ 汤学兵、张艳宁：《我国基础教育地区间均等化程度及其影响因素分析》，《统计与决策》2011年第4期，第74页。

表8-1 四川省高中阶段教育毛入学率发展目标（单位:%）

地区	2009年	2015年	2020年
经济社会发达地区	93.3	94.0	95.0
经济社会中等发达地区	74.9	85.0	90.0
经济社会欠发达地区	36.2	70.0	90.0
全省目标	75.9	85.0	90.0

数据来源：《四川省中长期教育改革和发展规划纲要（2010—2020年）》。

注：高中阶段教育指普通高中教育和中等职业教育。

大力发展中等职业教育。2008年，四川省启动职教攻坚计划（2008—2010），与教育部共建"全国职业教育综合改革实验区"，大力发展中等职业教育。首先，着力推进职业教育办学体制改革与创新，扩展职业教育重要性宣传，提高技能型人才待遇，改善职业教育发展环境。其次，四川省建立了较为完善的职教攻坚经费保障机制，将职教攻坚经费纳入财政预算，各级财政都加大了对职教的支出力度，明确规定从2008年起，城市教育费附加和职业院校收入的学费用于职教攻坚的比例都不得低于30%。在统筹城乡的大时代背景下，四川省在推动职业教育大发展的过程中，高度注重向农村地区的倾斜。2010年，四川省制定《四川省"中职免学费政策"实施方案》，规定从2009年秋季学期开始，对公办中等职业学校全日制正式学籍一、二年级涉农专业学生和农村家庭经济困难学生（艺术类相关表演专业学生除外）免除学费；2013年，《四川省教育厅工作要点》进一步指出，要制定四川省中等职业学校免学费补助资金、国家助学金管理实施办法，全部免除中职学生学费。同时，四川省还在积极探索优质职业学校对农村薄弱职业学校托管、帮扶的多种办学模式。

④四川省促进民族地区基础教育发展的主要措施。

促进各民族基础教育均衡发展是实现城乡基础教育均等化的必由之路。为了有效改善广大民族地区相对滞后的教育状况，在省内全面实现基础教育均衡发展，四川省连续实施两个《四川省民族地区教育发展十年行动计划》，在藏区和彝区深入实施"9+3"免费教育计划，多管齐下，促进教育资源向民族地区倾斜。

加大对民族地区的教育投入。2001年,四川省启动《民族地区教育发展十年行动计划》,面对40亿的资金缺口,四川省分别明确了省财政厅、教育厅、计委、民委、扶贫办等主体每年的投入责任,截至2010年,中央和省级财政共投入65亿元发展民族地区教育,主要用于实现免费义务教育全覆盖、新建和改扩建学校、改善民族地区办学条件、为贫困家庭寄宿制学生提供生活补助、组织藏区学生到内地接受中等职业教育等。在统筹省级财政的同时,四川省还积极争取内地支援、国外援助和社会捐赠,多渠道筹措民族地区的教育经费。

加强对民族地区教育的对口支援。四川省在《中共中央办公厅国务院办公厅关于推动东西部地区学校对口支援工作的通知》的指导下,积极争取浙江等东部省市的学校对口支援我省民族地区的学校。同时建立了省域内部的对口支援机制,组织全省较发达的地区(成都、绵阳、德阳等八个市)以县对县、校对校的方式对口支援甘孜、阿坝、凉山等47个县的中小学。支援方式主要有内地和民族地区各自选派教师和管理人员到支援合作单位任教、任职;内地学校为民族地区学校提供经费、物资和设备支持;探索开展远程教育等多种形式的联合办学,将先进的教学模式、教学方法和教学设施引入民族地区。截至2010年,成都、绵阳等10个市共选派了8000多名教师赴民族地区支教,支援资金物资1.2亿多元。

加强民族地区师资队伍建设。四川省高度重视民族地区师范院校的办学,积极培养本土的教师队伍;在内地师范院校定向为民族地区培养师资;出台双薪制等各种优惠政策,激励内地教师到民族地区任教。在不断充实民族地区师资力量的同时,四川省还有计划地着力提升既有教师队伍的教学水平,把民族地区的教师保送到师范院校进修,使其接受专业系统的培训;逐步清退代课教师;加强中小学校长和教育行政管理干部的培训。到2010年底,累计培训民族地区学校干部和教师10万余人次。

(2)四川省促进城乡基础教育均衡发展的成都模式①

成都市自2007年被国务院批准为全国统筹城乡综合配套改革试验区、

---

① 此部分为本课题中期研究成果:姜晓萍、黄静:《构建城乡基础教育均衡发展的制度体系:以成都试验区为例》,《中国行政管理》2013年第6期,第27—31页。

2009年被教育部批准为国家统筹城乡教育综合改革试验区以来，按照科学发展观要求，在"全域成都城乡居民子女共享优质教育"理念的指导下，坚持政府主导、全域统筹、城乡互动，努力构建以城乡基础教育发展规划、办学条件、师资配置、经费投入、教育质量、评估标准"六个一体化"为主要内容的新型制度体系，在促进城乡基础教育均衡发展方面取得了积极进展。本节旨在从制度分析的角度透析成都试验区破除城乡教育二元体制、探索城乡基础教育均衡发展机制创新的实践，并在此基础上提炼出具有推广价值的主要经验，为更大范围、更深层次深化教育体制改革提供参考。

①成都模式的形成：从硬件均衡到优质均衡。

根据党中央"统筹城乡经济社会发展"的新思路，2003年以来，成都市开展了一场统筹城乡发展、推进城乡一体化的探索实践，并把破除城乡教育二元体制、促进基础教育均衡发展作为重点领域，率先进行改革探索。其改革大致经历了三个阶段：一是以"硬件均衡"为重点的自主探索阶段（2003—2007年）。这一阶段主要瞄准农村教育事业硬件建设"短板"，以优化农村中小学布局、推进标准化建设为重点，全面实施农村学校办学条件提升工程，使所有农村中小学生享受到了与城区学生相近的基础教育资源。二是以"制度创新"为重点的国家战略阶段（2007—2010年）。这一阶段主要立足于成都先后被批准为全国统筹城乡综合配套改革试验区和统筹城乡教育综合改革试验区的重大机遇，按照国务院、教育部的要求，着力破除城乡教育二元体制、构建城乡基础教育均衡发展的制度体系。主要做法是按照"全域成都"的理念，以统筹城乡教育的思路和办法，以优质基础教育资源的城乡交流共享为抓手，推进发展规划、办学条件、师资配置、经费投入、教育质量、评估标准六个方面的城乡一体化，缩小城乡差距，促进城乡基础教育均衡发展。三是以"优质均衡"为重点的改革深化阶段（2010年至今）。2010年，在已有改革探索取得积极进展的基础上，成都被国务院确立为国家教育体制改革试点城市，重点探索"推进城乡教育一体化，促进全域成都教育优质均衡发展"的改革项目，标志着成都市城乡基础教育进入"优质均衡"发展阶段，也意味着成都城乡教育一体化改革进一步迈入攻坚阶段。

在十年多的探索实践中，成都市始终坚持以制度创新推进城乡基础教均衡发展，形成可持续的长效机制。围绕城乡基础教育均衡发展的核心内容与关键环节，成都市先后出台了134个相关政策文件。其中，综合导向性文件有12个，经费投入、教育资助、城乡教育互动发展、教师资源配置文件各有6个，标准化建设方面的文件有7个，提高教师素质和教育质量方面的文件27个，进城务工人员子女接受义务教育方面的文件有8个，建立健全评估机制方面的文件有7个。① 这些政策共同构成了成都统筹城乡基础教育均衡发展的制度体系，为促进城乡基础教育均衡发展提供了基本保障。

②成都模式的内核：构建"六个一体化"的城乡基础教育均衡发展制度体系。

近年来，成都市针对破除城乡教育二元体制这一重大难题，以城乡居民享有平等受教育权为核心，以城乡基础教育发展规划、办学条件、师资配置、经费投入、教育质量、评估标准"六个一体化"为主要内容，初步构建了符合基础教育特点、具有成都特色的新型制度体系。②

一是发展规划一体化。科学规划是科学发展的龙头和依据，也是城乡基础教育均衡发展的引领和向导。在促进基础教育均衡发展过程中，成都市力图打破城乡办学分割格局，根本解决"分而治之"的历史难题。坚持"全域成都"理念，把全市城乡幼儿园、中小学建设全部纳入城乡一体化发展规划，贯穿于城乡建设、产业发展全过程，做到基础教育资源布局与城乡基础设施建设同步规划、同步实施。

二是办学条件一体化。办学条件是城乡基础教育均衡发展的基础。成都市在改革之前，与其他城市一样，在城乡教育二元体制的影响下，城乡学校办学条件差距明显，农村学校远远落后于城区学校。为改变这一格局，成都市在科学规划的基础上，着力推进城乡办学条件的一体化，以标准化建设为突破口，实施"全域统筹"的重大项目和工程，促进资源向农村地区和薄弱学校倾斜，全面改善农村办学条件。同时，充分依托现代信息技术，加快实现教育信息网络满覆盖、教育教学资源满覆盖、教育信息技术应用满覆

---

① 吕信伟等：《国家教育综合改革试验区前沿报告》，科学出版社2012年版，第164页。
② 四川大学成都科学发展研究院、四川大学公共管理学院、成都大学统筹城乡教育发展研究中心：《成都市城乡教育一体化发展研究报告（2003—2010）》，见《成都：城市教育现代化论坛会议论文》，2011年辑。

盖，并提高师生综合运用信息技术的能力，以教育信息化推进教育均衡化，使农村学生享受到与城区学生相近的硬件资源。

三是师资配置一体化。师资水平是影响教育质量的关键，也是促进城乡基础教育均衡发展的核心因素。改革城乡教师的配置机制是当前教育体制机制改革的重点环节。针对这一问题，成都市在解决办学硬件条件的基础上，着力在师资一体化配置上进行了机制创新。在实践中，主要是按照"全域统筹"理念进行教师配置，促进教师资源在城乡之间均衡配置。一是建立"交流共享"的城乡教师流动机制，实现教师的统筹配置，促使城区优秀教师和干部向农村流动。例如实施中小学校长定期交流轮换制度，选派了100名城区学校校长到农村学校任职，市级财政设立专项目标奖励经费；实施中小学教师定期支教制度，从城区学校选派1%的教师到农村学校定期服务，并把支教一年以上作为晋升高级职称的必要条件；实施名校集团定期交流制度，名校集团龙头学校与成员学校之间、城乡结对学校之间按一定比例，统筹干部教师相互交流。① 二是统筹实施"特岗教师"计划，实施学段从义务教育阶段扩大至非义务教育阶段，实施范围从农村中小学校扩大到了城区（镇）中小学，招募范围扩大到30个学科，有效地解决了偏远地区的师资紧缺问题。三是统筹城乡干部教师培训培养，将城乡干部和教师的培养纳入了统一体系，特别是开展为期一年的城乡1081名校长参加的"千名校长大练兵"活动，基本建立了"研训一体、实践导向、问题探究、合作共赢"的校长研修共同体，促进城乡校长在制度化的交流互动中实现共同提高。四是统筹保障城乡教师培训经费，将教师培训经费列入政府预算，统一构建市、区（市）县、校三级培训体系，在考核标准和培训机会上充分体现城乡标准统一与平等共享的同时，有区别地加大对农村教师培训的投入。五是统筹提高教师待遇，在全面落实全市义务教育学校教师绩效工资的同时，按照政府引导、市场运作、社会参与、教师自愿的原则，通过集中建设、政府补贴等多种方式，为农村教师建设住房，基本解决了全市农村中小学教师住房困难问题。

四是经费投入一体化。经费投入是城乡基础教育发展的基础性保障，过

---

① 此内容来自课题中期成果：姜晓萍：《统筹城乡中基本公共服务均等化研究——以四川省成都市为例》，《社会科学研究》2012年第6期，第33—40页。

去的教育投入体制是导致城乡教育水平巨大差距的主要原因之一。因此，成都市在改革实践中，始终将建立城乡一体化的经费投入体制作为重点来抓。一是针对"以县为主"的农村义务教育财政体制的不足，确立了"以市为主、分级承担，分类指导、区别对待"的经费分担原则，实行义务教育经费预算单列，确保教育投入的"三个增长"。二是明确坚持政府投入为主，按照"支持城区、补助近郊、扶持远郊"的思路，将新增教育经费主要用于农村，确保农村教育经费持续稳定增长；加大市本级向农村的转移支付力度，弥补农村教育经费"短板"，着力提高"倾斜农村"的经费保障水平，实现城乡教育投入均衡化；统一并提高城乡生均公用经费标准和教育事业费，实现均衡共享。

五是教育质量一体化。质量是均衡发展城乡基础教育的生命线。成都市在改革实践中，重点抓住两个方面进行突破，推进城乡基础教育质量在高水平基础上的均衡发展。一是全面实施素质教育，以全面提高学生综合素质为目标，从"区域推动"到"全域实施"，从"单纯减负"到"内涵发展"，全市一盘棋，以内涵发展为核心，聚焦课堂，实现"轻负高效"。特别是建立和完善符合素质教育要求的学生学习和成长的综合素质评价体系，完善教学指导和质量监测体系，完善教学业务捆绑帮扶制度、课堂教学评价标准以及教学质量监测评估等形成性评价制度，保证素质教育的实施和课堂教学效益的提高。二是促进优质教育资源全域满覆盖，以建立城乡互动交流机制为核心，通过统筹配置全市优质教育资源，形成优质教育资源在城乡间有效流动的机制。特别是通过组建名校集团和建立城乡互动联盟，推进名校捆绑式发展和城乡共享，引导城市优质教育资源向农村流动。依托这些城乡互动机制平台，开展城乡百校结对，形成合作互动的发展团队，实现共同教研科研、共同培训、共享前沿信息、共享教育资源、共享发展成果。组织城乡师徒牵手，使城市业务精湛的教师与农村一般教师结对，切实提升农村教师的专业化水平。

六是评估标准一体化。成都市坚持把评估标准城乡一体化作为督促手段和检验标准，以评价、监测体系为杠杆，以督导评估为导向和保障，建立起"城乡统一"的基础教育督导评估标准，以促进城乡基础教育均衡发展，缩小校际之间、区域之间、城乡之间的教育质量差异。一是建立城乡教育均衡发展监测和评价体系，研究拟定城乡教育均衡发展实现度、教育公平度等指标体系，每年进行监测并发布监测报告。二是建立城乡素质教育的监测机制，制定学生学业水平质量监测体系、基础教育学能监测体系和科学的评价制度，形成了有利于推进素质教育的考评监测体系。三是制定城乡教育现代化的评估标准，参照中等发达国家21世纪初的教育发展水平和国内教育现代化先行省市的共同性、代表性指标，统筹拟定了成都市、区（市）县、各级各类学校实现教育现代化的指标体系和评估标准，制定成都小学、初中、高中学校的教育现代化标准，为深入推进城乡基础教育均衡发展提供了重要依据。

城乡基础教育均衡发展的"六个一体化"，共同构成了一个相对完整的制度体系。通过实施和运行这一新型制度体系，成都市在破除城乡教育二元体制、促进城乡基础教育均衡发展方面取得了积极进展。体制机制的转变，促进了城乡中小学从差距过大到基本均衡，不仅办学条件得到了同步改善，而且师资配置水平、教育教学质量等方面的差距也大为缩小。根据《成都市义务教育校际均衡监测总报告（2012）》，2011年，成都市各区（市）县义务教育均衡总指数平均值为0.39，各区（市）县域小学、初中校际均衡差异系数平均值分别为0.49和0.43，均小于国家规定的基本均衡差异系数标准（小学小于等于0.65，初中小于等于0.55）。同时，全市农村中小学许多均值指标已经大于或等于城镇中小学均值指标（见表8-2、表8-3）。但由于各种原因，在事关教育质量的有些核心要素上尽管已经有了很大改观，但依然存在着不小差距。

表8-2　14个郊区（市）县城镇小学均值与农村小学均值比较

监测指标	全市均值	城镇均值	农村均值	农村/城镇
生均公共财政预算教育事业费支出（元）	5055.82	4691.67	5492.36	1.17
生均公共财政预算公用经费支出（元）	917.39	990.07	830.25	0.84
生均教学仪器设备值（元）	1206.04	1259.42	1142.02	0.91
生均图书册数（册）	16.59	16.07	17.22	1.07
百名学生拥有计算机数（台）	8.89	9.39	8.30	0.88
生均体育运动场馆面积（m^2）	5.22	3.33	7.48	2.25
生均教学及辅助用房面积（m^2）	4.29	4.03	4.61	1.14
专科及以上学历专任教师比例（%）	86.47	94.06	79.47	0.84
中级及以上专业技术职务教师比例（%）	66.73	64.28	68.99	1.07
骨干教师比例（%）	26.17	31.81	20.96	0.66

续表

监测指标	全市均值	城镇均值	农村均值	农村/城镇
生师比（$x:1$）	17.48	19.86	15.28	0.77
班额达标比例（%）	49.65	42.35	57.72	1.36
小学六年巩固率（%）	99.31	99.67	98.95	0.99
小学毕业考试一次性全科及格率（%）	95.94	98.54	93.32	0.95

数据来源：《成都市义务教育校际均衡监测总报告（2012）》，见吕信伟等：《国家教育综合改革试验区前沿报告》，科学出版社2012年版，第164页。

表8-3 14个郊区（市）县城镇初中均值与农村初中均值比较

监测指标	全市均值	城镇均值	农村均值	农村/城镇
生均公共财政预算教育事业费支出（元）	6750.05	6948.14	6560.72	0.94
生均公共财政预算公用经费支出（元）	1266.85	1422.82	1117.76	0.79
生均教学仪器设备值（元）	6750.05	6948.14	6560.72	0.79
生均图书册数（册）	18.94	18.48	19.39	1.05
百名学生拥有计算机数（台）	9.42	9.75	9.11	0.93
生均体育运动场馆面积（m²）	6.36	5.14	7.52	1.46
生均教学及辅助用房面积（m²）	4.82	4.79	4.85	1.01
本科及以上学历专任教师比例（%）	80.29	87.06	74.55	0.86
中级及以上专业技术职务教师比例（%）	67.20	70.75	64.20	0.91
骨干教师比例（%）	24.56	26.59	22.84	0.86
生师比（$x:1$）	13.52	14.40	12.78	0.89
班额达标比例（%）	63.78	60.65	66.79	1.10
初中三年巩固率（%）	97.70	97.59	97.78	1.00
初中毕业考试一次性全科及格率（%）	38.68	52.91	27.60	0.52
初中毕业升学率（%）	94.21	97.76	91.44	0.94

数据来源：《成都市义务教育校际均衡监测总报告（2012）》，见吕信伟等：《国家教育综合改革试验区前沿报告》，科学出版社2012年版，第164页。

③成都模式的启示：创新城乡基础教育均衡发展的战略模式。

总体上看，城乡基础教育均衡发展，既是一种发展目标，也是一个发展过程；既是一种教育发展目的，也是一种促进基础教育发展的指导思想。[①] 从成都试验区十多年的探索实践看，促进城乡基础教育均衡发展，关键是全

---

① 中国民主促进会上海市委员会课题组：《上海基础教育均衡发展研究》，《教育发展研究》2006年第2期，第44页。

面破除城乡教育二元体制，构建城乡一体化的基础教育体制机制。成都的实践探索，使我们深刻认识到：促进城乡基础教育均衡发展，既需要我们从战略的高度考虑政策制定的科学性、前瞻性、系统性，确保价值理性与工具理性的契合。也需要我们从实施路径的角度考虑制度设计中创新性与现实性的结合、针对性和操作性的结合。具体体现在以下几个方面。

一是必须确立公平共享的制度设计理念。理念是行动的先导，也是制度建设的依循。促进城乡基础教育均衡发展，首先要确立科学的制度设计理念。平等地接受教育的权利，是国家赋予每位公民的基本权利，而教育公平是国家已经确定的基本教育政策。构建城乡基础教育均衡发展的制度体系，首先要坚持的价值追求就是城乡居民对优质教育资源的公平共享。从成都市的实践看，在推进城乡教育一体化进程中，不仅要在规模和数量方面注重基础教育的城乡公平共享，而且更要在内涵、质量与效益方面注重基础教育的城乡均衡，促进城乡居民子女共享基础教育改革发展成果。

二是必须坚持政府主导的教育发展路径。基础教育作为一项基本公共服务，其供给主体无可争议应该是政府。而且在当前城乡存在明显收入差距和生活差距的情况下，靠市场机制"无形的手"是无法自动实现优质教育资源要素从城市向农村逆向流动的。[1] 因此，推进城乡基础教育均衡发展，政府无疑应该发挥主导作用。特别是要在改革实践中，鲜明地明确政府在制定基础教育事业发展规划、配置基础教育资源、改革基础教育体制、完善保障体系等方面的主体职责。同时，必须明确划分各级政府职责，科学界定各级政府的管理重点，在有效消除政府职能交叉、重叠和错位现象的基础上，使政府真正成为教育体系的规划者、教育条件的保障者、教育服务的提供者、教育公平的维护者、教育标准的制定者和教育质量的监管者。[2] 但政府主导并不意味着政府包揽一切，也必须发挥社会的协同作用和办学主体的基础性作用。特别是要建立现代学校制度，加大学校管理自主权，促进学校在教师发展、课程实施、学生成长等关键要素上能够自主决策、有所作为，真正形成"教育统筹层级和投入重心上移，学校管理重心下沉，城乡教育制度一

---

[1] 邬志辉：《城乡教育一体化：问题形态与制度突破》，《教育研究》2012年第8期，第23页。
[2] 褚宏启：《教育制度改革与城乡教育一体化——打破城乡教育二元结构的制度瓶颈》，《教育研究》2010年第11期，第10页。

体化"的城乡基础教育均衡发展新模式。

三是必须建立全域统筹的资源配置机制。基础教育"以县为主"的管理体制，虽然较好解决了乡镇学校、农村村小等问题，但因其统筹能力有限、财力差异大，导致穷县办"穷教育"、富县办"富教育"，造成了基础教育发展的"碎片化"现象。解决这一问题的根本途径就是提高统筹的层级和重心，真正实施市级"全域统筹"。成都市在推进城乡一体化进程中，在全国创造性地提出了"全域成都"理念，即打破行政区划的体制障碍，将全市市域范围1.24万平方公里作为整体，进行规划、建设和管理，系统推进城市和农村的现代化。按照这一理念，成都市打破行政区划的界限，对"全域成都"范围内基础教育发展统一规划，科学布局，系统整合并优化配置城乡教育资源，有效消除了地域、经济等原因导致的教育不公平等问题。因此，要实现城乡基础教育均衡发展，必须要按照"全域统筹"的理念，构建"全市一盘棋"的资源配置机制，促进优质教育服务城乡全面覆盖、全域充分交流，进而实现城乡基础教育一体化发展。

四是必须形成城乡互动的共同发展格局。打破城乡教育二元体制，目的在于促进教育资源要素在城乡之间合理流动和优化配置。实现这一目标，关键在于形成城乡教育互动交流、共同发展的新格局。从成都的改革实践看，必须要按照以城带乡、城乡互动、优势互补、共同发展的要求，着力打破区域壁垒、行政壁垒和体制壁垒，通过捆绑式发展等政策措施，引导城市优质教育资源向农村流动，同时突显农村教育的乡村特色，实现城乡教育资源双向交流、互促共进，从而形成城乡基础教育动态均衡发展的整体结构[1]，有效提升全域范围内基础教育质量。同时又要妥善化解城乡教育二元的利益矛盾，既尊重和保存二者的个性和优势差异，又以科学的政策措施促进二者的利益融合[2]，真正使城乡基础教育均衡发展，不是"削峰填谷"式的"零和"均衡，而是"抬峰填谷"式的城乡共进。

3. 四川省城乡基础教育均等化的成效与问题

在过去十余年的改革和发展中，四川省推进城乡基础教育均等化的决心

---

[1] 全国教育科学"十五"规划（FFB11148）课题成都子课题组：《〈成都市构建城乡教育一体化发展模式研究〉的研究报告（撮要）》，《成都教育学院学报》2006年第7期，第11—12页。

[2] 李玲等：《城乡教育一体化：理论、指标与测算》，《教育研究》2010年第2期，第41页。

和努力有目共睹，省教育厅等17个部门联合成立教育体制改革领导小组，先后推进了"推进县域内义务教育均衡发展"和"深入推进城乡教育一体化，促进全域成都教育优质均衡发展"等6个国家级改革试点项目、25个省级试点项目，在推进城乡基础教育发展规划一体化、经费投入一体化和评估标准一体化等方面取得了显著成效，但由于历史、地理和经济等原因，在办学条件、师资队伍和教学队伍等方面仍有诸多薄弱环节亟待突破。

(1) 四川省推进城乡基础教育均等化的主要成效

四川省以实现优质均衡为目标，着眼于保障公民受教育的权利和促进社会公平，不断寻找基础教育改革的新突破，在配置教育资源的过程中重点向农村、民族、边远和贫困地区倾斜，扎实推进素质教育改革、义务教育均衡发展改革、职业教育改革等工程，经过数年坚持不懈的努力，四川省区域、城乡、校际之间的基础教育资源差距明显缩小，城乡一体化的基础教育体系初步形成。

①城乡基础教育发展规划一体化。

规划一体化是协调城乡基础教育布局、优化城乡基础教育资源配置和统筹城乡基础教育均衡发展的先导。近年来，四川省就城乡基础教育的均衡发展进行了系统谋划，颁布实施了《四川省中长期教育改革和发展规划纲要(2010—2020年)》《四川省"十二五"教育事业发展规划》《四川省关于切实推进城乡义务教育均衡发展的意见》等纲领性文件，每年的《省政府工作报告》和《省教育厅工作重点》都将"教育均衡"作为关键词，把城乡教育放在同等重要的战略高度，通盘考虑，共同发展，打破了过去城乡基础教育割裂发展的局面。现阶段，省内以成都市为代表的许多地区已经基本实现城乡中小学布局规划一体化，按照全域全程规划、开门开放规划、起点超前规划的原则，幼儿园小学就近、初中进镇、高中进城的思路，综合考虑经济发展状况、城镇化进程、学龄人口变化等因素，合理确定学校布局及规模。

②城乡基础教育经费投入一体化。

充足而均衡的经费投入是城乡基础教育实现高质量均衡发展的必要保障。在过去的数年，四川省做出多方面努力，有效改变了长期失衡的城乡教育投入体制。首先,省级财政把教育支出作为重点领域(2011年,四川省的教育财政支出为684.66亿元,居全国第五),并优先保障其中用于农村教育的支出,不断加大财政转移支付力度和专项支持力度,不断加强对民族地区、革命老区、欠发达地区和财政困难地区的支持。同时,农村义务教育经费保障机制得以进一步完善,每年新增教育经费主要用于农村义务教育,公用经费财政拨款标准不断提高,教师工资和应由财政负担的地方津补贴、住房公积金、社会保障经费、"两免一补"资金、校舍维修改造经费都被纳入财政预算,并保证足额及时拨付,农村义务教育债务化解工作有序推进。

③城乡基础教育评估标准一体化。

一体化的评价标准是督促城乡基础教育协调发展的有力杠杆。四川省为确保到2020年在全省所有县(市、区)实现县域内义务教育基本均衡,出台了《四川省县域义务教育均衡发展督导评估实施办法(试行)》。一是明确了县域义务教育均衡的评价内容和标准,即办学基本条件达标情况、校际均衡状况、县级人民政府推进义务教育均衡发展的工作情况(保障机制、入学机会、教师队伍、质量与管理)和公众满意度调查等。二是明确了评估方式和程序,按县级自评、市级复核、省级评估和国家认定四个步骤,分年度逐县进行义务教育均衡发展监测和评估,到2012年底,四川省教育督导部门对成都市全部19个县(市、区)进行了督导评估,2013年计划完成对绵竹市等19个县(市、区)的督导评估。三是确立了评估复查制度,对于教育部认定的基本均衡县,将对其进行至少3年的连续复查,确保教育均衡成果的巩固提升。

(2) 四川省推进城乡基础教育均等化中的主要问题①

四川省在总结城乡基础教育均等化成功经验的同时,也高度重视问题自查,2012年底,省教育厅组织专人就全省义务教育均衡现状进行了摸底调研,发现了如下问题:

①城乡基础教育办学条件欠均衡。

虽然四川省一直将改善农村、民族、边远地区基础教育学校办学条件作

---

① 四川省教育厅:《优化城乡教育资源配置 确保2020年实现全省县域内义务教育基本均衡的调研报告》,2013年。

为教育工作的重中之重，但是由于地理位置偏远、先期基础薄弱、原有政策形成的路径依赖、地方政府重视不够、投入不足、教育行政主管部门督导不力等主客观原因，目前四川省城乡学校的办学条件差距依然明显，这主要表现在两方面：一是当前四川省部分学校的办学条件仍未达到国家或省级基本办学标准，多数地方尚未实现办学条件一体化，主要表现在生均校舍面积、运动场馆面积、图书资源配置、教学设备配置等不达标，校园信息化建设水平参差不齐等，仅民族地区的校舍建筑面积缺口就达2091万平方米。二是多数地方尚未实现办学条件的县域内均衡，以教育均衡已处于较高水平的成都市为例，它的各郊县内学校之间在生均教学仪器设备值、百名学生拥有计算机数等方面仍存在较大差异。据测算，全省在学生食堂、学生宿舍、教学用房、农村学校实验仪器、音体美器材、图书项目、信息化建设等方面都存在较大的资金缺口，办学条件改善工程的推进受到限制。

②城乡基础教育师资配置欠均衡。

师资配置是一项系统工程，牵涉面广，难度大，见效慢。当前四川省城乡师资配置的不均衡主要表现在三方面：一是农村地区教师数量不足，生师比显著高于城镇。部分地方不按空缺编制和教育教学的需要及时补充教师，加之一些农村学校条件艰苦，教师难招且流失率高。二是农村教师整体水平偏低，高学历教师、中级及以上专业技术职务教师、骨干教师所占比例都远低于城镇。三是农村地区教师学科结构不合理，普遍缺少英、音、体、美等学科专业对口的教师。四是教师激励机制和流动机制尚不健全，既有体制难以充分实现教师资源在城乡之间的优化配置和自由流动。

③城乡基础教育教学质量欠均衡。

办学条件和师资配置的双重不均衡直接导致了四川省城乡基础教育教学质量不均衡的局面，这主要表现在如下两方面：一是农村学校在办学方向、课程设置、教学管理、教学手段以及学生发展等方面存在明显差距。多数农村地区优质教育资源供给不足，素质教育推进困难，过于关注升学率等应试教育指标，课程设置片面重视升学考试科目，忽视美术、音乐、计算机、体育等课程，教学手段和方法传统、单一，学生不具备实现德智体美全面发展的平台。二是农村学生学业成绩及综合素质相对城市学生整体上存在明显差距。以城乡教育均等发展"标兵"成都市为例，对其14个郊县初中毕业考试一次性全科及格率的校际均衡的检测结果显示,城镇均值(52.91)是农村均值(27.60)的近两倍。三是"择校热"现象仍存在。虽然四川省已采取农村中小学标准化建设、义务教育阶段学生按户籍所在地就近入学、组建名校教育集团等多项措施,缓解城乡、区域、校际"择校热",但由于教学质量差异的客观存在和家长学生对升学成绩的偏好,重点校、重点班等违规行为仍然在一定范围内存在。

(3)四川省基础教育均衡发展的公众认知调查

公众对公共服务的认同度和满意度是衡量一国或地区公共服务水平的重要指标,教育部制定的《县域义务教育均衡发展督导评估暂行办法》明确要求将公众满意度作为县域义务教育均衡发展评估认定的重要参考。虽然公众认知主观性大,并不能客观准确评价四川省城乡基础教育均等化的现状,但可以在一定程度上折射出一些需要公共管理者注意和深思的问题。课题组为了了解四川省公众对四川省基础教育均等化的真实态度和看法,采用偶遇抽样的方法,面向全省公众发放问卷400份,回收有效问卷343份,受调查者的基本情况如表8-4所示。

表8-4 四川省基础教育均等化公众认同度和满意度调查样本基本情况

特性	类别	频率	有效百分比	特性	类别	频率	有效百分比
性别	男	193	58.7%	年龄	20岁及以下	2	0.6%
	女	136	41.3%		21—30岁	81	24.3%
居住地	成都市	167	50.2%		31—40岁	113	33.9%
	成都市以外的市州	166	49.8%		41—50岁	130	39.0%
家庭年收入	3万元及以下	23	6.9%		50岁以上	7	2.1%
	3—5万元	114	34.2%	学历	初中及以下	2	0.6%
	5—8万元	102	30.6%		中专及中专	8	2.5%
	8—15万元	77	23.1%		大专	61	18.7%
	15—30万元	14	4.2%		大学本科	214	65.6%
	30—100万	3	0.9%		硕士及以上	41	12.6%

①对四川省城乡基础教育均等化意义和障碍的认知。

如图8-1所示,四川省公众更看重城乡基础教育均等化在充分保障公民受教育权(40.8%)和促进社会公平(28.8%)这两方面的重要意义。

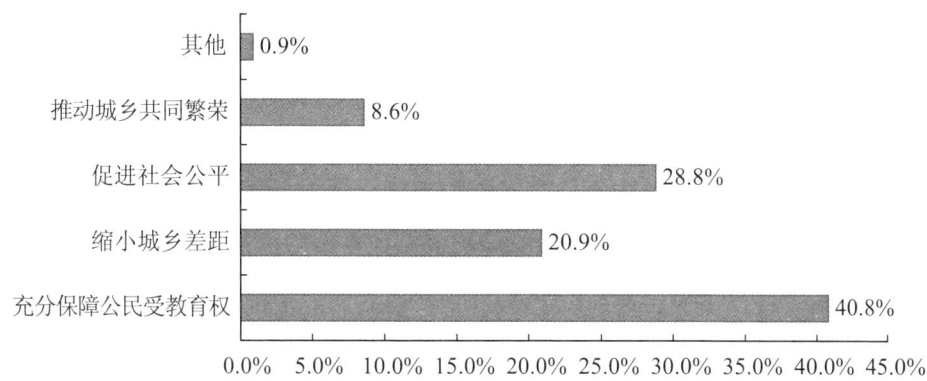

图 8-1　四川省城乡基础教育均等化的最大意义示意图

如图 8-2 所示,近五成的公众认为城乡基础教育均衡发展的最大障碍是长期存在的城乡二元结构 (47.9%),同时有近三成的公众认为师资资源配置不均衡也制约着城乡基础教育的均衡发展 (26.8%)。

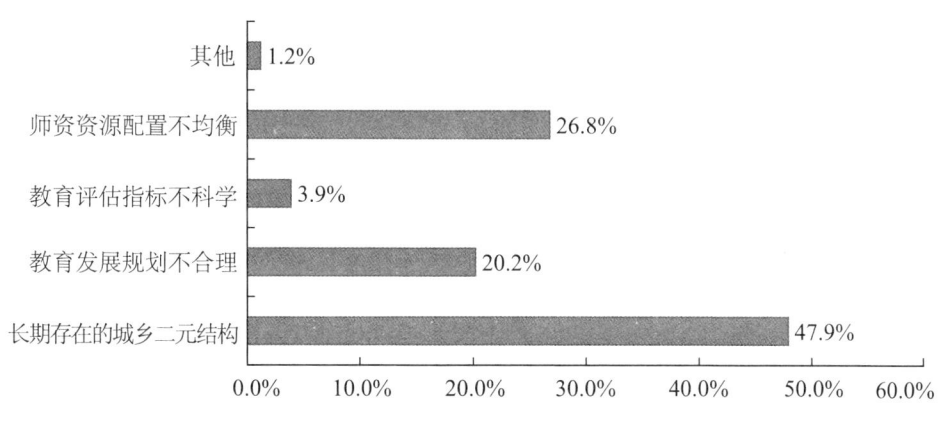

图 8-2　城乡基础教育均衡发展的最大障碍示意图

②对四川省城乡基础教育均等化现状的认知。

数据显示,受调查的四川公众普遍认为城乡基础教育的各方面都不太均等,对于城乡教学仪器设备 (84.3%)、图书资源 (85.3%)、运动场地及设施 (80.8%)、办学总体条件 (83.7%)、骨干师资所占比例 (87.1%)、中级以上师资所占比例（84.6%）、城乡师资配置总体情况（83.9%）、城乡基础教育均等化程度总体评价（83.5%）等八个测评指标，认为不均等的公众所占比例都在80%以上，其中认为城乡骨干教师所占比例不均等的公众最多（87.1%）（见表8-5）。公众形成这种认知的可能原因主要有两个：一是四川省城乡教育确实存在显著差距，二则是公众对全省情况不了解，仅凭主观感觉做出判断。

表8-5 公众对四川省城乡教育均等化现状的认知

一级指标	二级指标	很均等	较均等	相当	不太均等	很不均等
城乡教育经费投入均等化程度	小学	6.7%	26.9%	10.4%	36.7%	19.3%
	初中	4.0%	18.2%	14.8%	43.2%	19.8%
	高中	3.1%	11.1%	11.5%	47.4%	26.9%
	总体评价	2.4%	11.9%	15.2%	50.2%	20.4%
城乡办学条件均等化程度	校舍面积	2.5%	15.7%	17.2%	41.8%	22.8%
	住宿条件	2.5%	9.9%	10.5%	47.8%	29.3%
	教学仪器设备	2.8%	6.2%	6.8%	45.2%	39.1%
	图书资源	2.1%	5.8%	6.7%	45.4%	39.9%
	运动场地及设施	2.4%	7.3%	9.5%	44.5%	36.3%
	总体评价	1.8%	6.4%	8.0%	52.1%	31.6%
城乡学校师资配置均等化程度	生师比	1.2%	10.1%	15.6%	50.0%	23.0%
	骨干教师所占比例	0.9%	5.2%	6.7%	46.3%	40.8%
	中级以上教师所占比例	0.9%	6.4%	8.0%	47.5%	37.1%
	总体评价	1.2%	5.4%	9.4%	49.8%	34.1%
城乡教学质量均等化程度	学生体质健康	3.7%	16.8%	31.7%	35.4%	12.4%
	学生成绩达优率	2.2%	3.7%	14.2%	54.6%	25.0%
	初中毕业升学率	2.2%	6.8%	14.5%	52.5%	24.1%
	学生综合素质	2.8%	5.8%	13.2%	54.5%	23.7%
	总体评价	1.8%	6.1%	13.2%	54.9%	23.9%
城乡基础教育均等化程度总体评价		1.2%	6.8%	8.4%	56.2%	27.3%

如图 8-3 所示,数据还显示,受调查公众认为当前四川省城乡基础教育的差距主要表现在经费投入(36%)和师资配置(36%)。

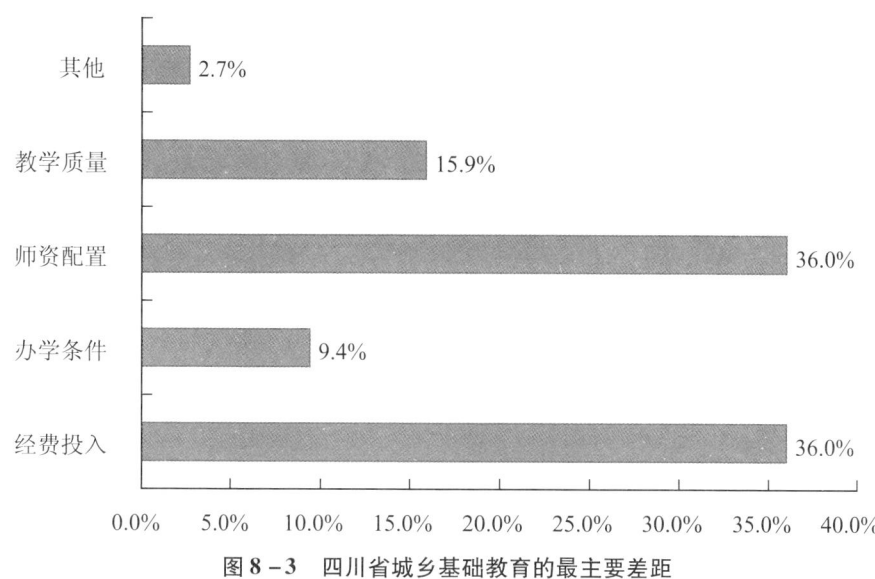

图 8-3　四川省城乡基础教育的最主要差距

如图 8-4 所示,对四川省推进城乡基础教育均等化的努力持满意态度的公众占总人数的 25.3%,48.8% 的公众的评价为一般,明确表示不满意的则有 25.9%。

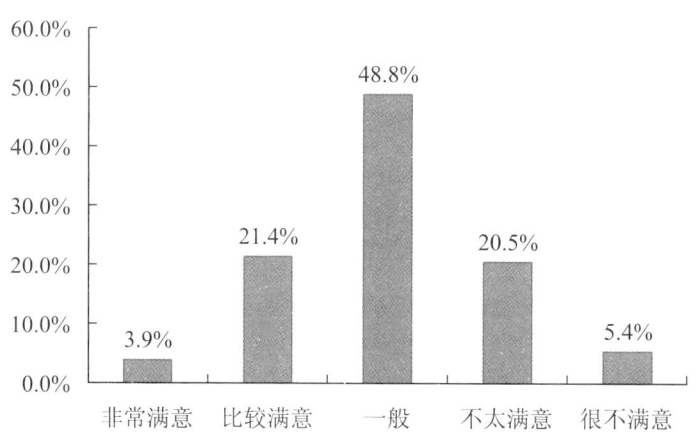

图 8-4　对四川省推进城乡基础教育一体化的努力的满意度

③对四川省城乡基础教育均等化的前景展望。

如图8-5所示,更多的公众认为当前四川省在推进城乡基础教育均等化进程中,最迫切需要实现的是发展规划一体化(25.7%),其次是师资配置一体化(24.2%)和经费投入一体化(16.7%)。

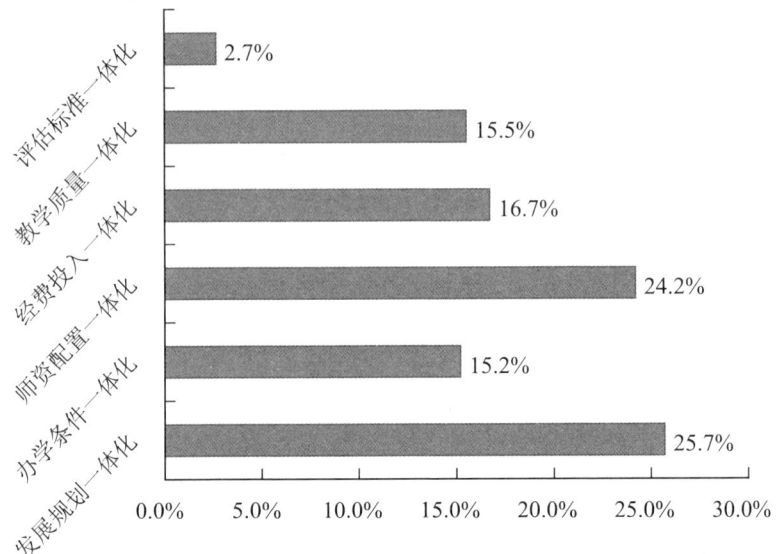

图8-5 四川省城乡基础教育最迫切需要实现的一体化

如图8-6所示,近七成的公众更看好通过优化管理体制(68.2%)和合理分配教育经费(66.1%)来推进城乡基础教育均等化,同时,强调加强城乡之间的交流和合作(57.9%)和强化政府责任意识(50.3%)的都超过五成。

如图8-7所示,52.4%的公众对四川省基础教育城乡一体化的发展前景持有信心,其中7.8%的公众表示非常有信心,而23.8%的公众则持消极态度,明确表示信心不大或者完全没信心。

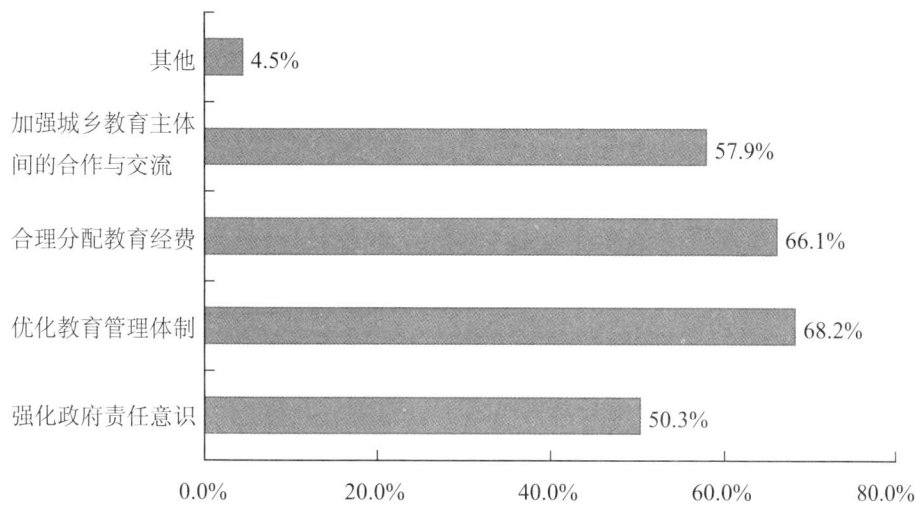

图 8-6　推进城乡基础教育均等化的可行措施

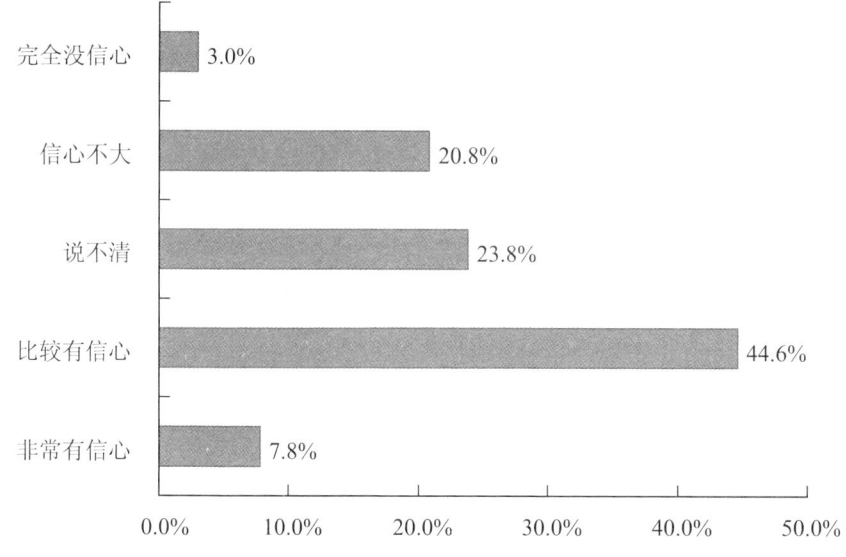

图 8-7　对四川省基础教育城乡一体化前景的信心

4. 进一步促进四川省城乡基础教育均等化的政策建议

如前文所述,四川省推进城乡基础教育均等化的成效显著,问题也不少。为了更好地促进和实现教育公平,为推进四川"两个加快"提供更强有力的人才支撑和智力支持,四川省需要在归纳吸收已有成功经验的基础上,继续大力推进城乡基础教育均衡发展。

(1) 优化城乡基础教育均衡发展的制度环境

日本等发达国家的实践表明,教育均等化的高水平发展在很大程度上得益于良好的制度环境[①],四川省要加强城乡基础教育统筹规划,完善政策保障机制,建立健全政府职责体系,逐步构建起一套优良的制度体系,为保证城乡基础教育的均衡发展提供良好的发展"软环境"。

①加强城乡基础教育统筹规划。

目前,《四川省中长期教育改革和发展规划纲要(2010—2020年)》《四川省"十二五"教育事业发展规划》等规范性文件已经就四川省城乡基础教育的均衡发展做了顶层设计。在下一阶段,四川省应继续加强对城乡基础教育统筹规划的重视,编制更加前瞻性、战略性、协同性、科学性和可行性的发展规划,这主要需要如下努力:一是要树立正确的规划理念,着眼于全域统筹、区域统筹和县域统筹,坚持开放规划和深度规划的原则,突破条块分割和行政壁垒,构建各部门、各层次的合作机制。二是要采用"横到边,纵到底"的规划编制方法,在规划时要综合考虑各相关平行部门和不同层级教育相关主体的诉求和能力。[②] 三是要建立城乡一体的教育信息系统,全面准确地收集全省教育事业发展的相关信息,为科学编制准备必要的数据基础,确保规划是建立在准确把握现实的基础上。[③]

②完善城乡基础教育均衡发展的政策保障机制。

充分且有力的政策保障是城乡基础教育一体化目标顺利实现的必备要素,四川省要更加善于运用政策的力量,即通过政策制定和设计来激励和引

---

① 李协京:《日本教育财政制度和教育立法的若干考察——教育均衡化发展的制度环境》,《外国教育研究》2004年第3期,第61页。

② 《成都市统筹城乡规划的经验总结》,http://www.chinareform.org.cn/area/west/Report/201101/t20110131_59942_1.htm,访问日期:2014年8月31日。

③ 褚宏启:《城乡教育一体化:体系重构与制度创新》,《教育研究》2009年第11期,第8页。

导各种主体积极主动地为促进城乡基础教育均衡发展贡献力量,这主要可以通过如下几种方式实现:一是要构建起一套包括教育经费保障、师资队伍建设、办学条件改善、教学质量提升等的政策体系,为推进城乡基础教育均衡发展的各个重点环节都提供有力的政策支持。二是要确保出台的各项政策具备科学性、合理性和回应性,紧扣各级政府、学校、老师和学生的需求,出台有针对性、操作性和可行性的政策。三是要确保政策体系的连续性,保证各种政策在各个层级之间、各个时间段之间的衔接和契合。

③建立基础教育均衡发展的政府职责体系。

《国家中长期教育改革和发展规划纲要(2010—2020年)》明确规定,教育公平的主要责任在政府,推进城乡基础教育均等化是政府以人为本施政理念的本质要求[1],为了更快更好地推进四川省城乡基础教育的均衡发展,有必要建立一套相应的政府职责体系,督促各级政府自觉增强紧迫感和责任感。一是要明确和强化各级政府推动基础教育均衡发展的事权、财权和人权责任,尤其是其中的投入责任、支出责任和协调责任[2],与各级政府签订《基础教育均衡发展备忘录》、《基础教育均衡发展目标责任书》,让其明晰自己的"角色"。二是要进一步完善政府责任履行机制,从地方实际出发,科学合理地把目标分解到部门、具体到项目、落实到岗位、量化到个人,让每个责任主体都能有的放矢地履行职责。三是要建立健全评估和问责机制,加强对各地政府,尤其是教育行政部门的监督、考核和问责,在政府绩效考核中加重对城乡基础教育均等化的考核力度[3],严厉查处和追究不作为、慢作为、乱作为和滥作为政府部门的责任。

(2)提升城乡基础教育均衡发展质量

教育质量悬殊是城乡基础教育差距最集中的体现,要实现城乡基础教育均等化发展就必须在保证名校发展的同时大力提高普通学校特别是农村学校的教育质量,减小城乡学校间的差距。教育质量最直观的表现在学校的办学

---

[1] 阎宇:《城乡基础教育均等化与地方政府间关系的内在逻辑》,《吉林师范大学学报(人文社会科学版)》2011年第5期,第12页。

[2] 李忠华:《城乡基础教育均等化的政府责任机制》,《人民论坛》2011年23期,第183页。

[3] 范魁元、王晓玲:《城乡教育一体化背景下的教育管理体制改革研究》,《教育科学研究》2011年第6期,第8页。

条件和师资水平两个方面①，因此，提高农村学校的办学条件，优化师资配置刻不容缓。

①改善农村地区与民族地区办学条件。

四川省城乡基础教育不均衡最为突出的表现在于办学条件上的差异，特别是在校舍、运动场所等基础设施建设以及教学仪器等技术装备的配备上差距显著，要从以下几方面着力提高办学条件：首先，完善城乡学校标准化建设体系，加快农村地区和民族地区落后学校基础建设的速度，完善基础设施建设、教学设备配置等，尤其要重视农村寄宿制学校的建设，进一步实现城乡学校基础设施的均衡。其次，加快信息化建设的步伐。信息化发展已经成为当今社会发展的一种必然趋势，要提高农村地区和民族地区学校的信息化发展水平，尽快建立健全覆盖整个基础教育区域的信息化网络，通过远程教育实现优质资源的共享，进而缩小城乡教育质量的差距。再次，加快实施学校布局调整②，因地制宜，通过撤销、合并、新建、扩建学校等方式对城乡基础教育学校进行整合和优化升级，实现办学条件的较大提升。

②优化城乡师资配置，加强农村地区与民族地区师资队伍建设。

一定意义上讲，教师队伍的水平直接决定当地教育发展的水平，四川省迫切需要以优化城乡师资配置为突破口，提升城乡基础教育的教学质量。一是要加强对农村地区和民族地区现有教师教书技能、教师品德等方面的业务培训，提高教师队伍综合素质。二是加强政策引导，探索实行城乡统一的教师编制标准，改善农村和民族地区教师的工资待遇和生活条件，教师职务评聘、评优等制度向农村教师倾斜，吸引优秀教师、高校毕业生等到农村和民族任教，保障农村和民族地区教师的稳定。三是要依托农村义务教育学校教师特岗计划和四川省农村中小学教师定向免费培养计划，进一步充实农村教师队伍。四是加大教师本土化培养力度③，一般而言，农村地区和民族地区

---

① 四川省教育厅：《优化城乡教育资源配置确保2020年实现全省县域内义务教育基本均衡的调研报告》，2013年3月12日。

② 义务教育均衡发展工作组：《成都市城乡教育一体化 推进教育均衡发展模式经验总结报告》，《教育决策咨询》2011年第13期。

③ 莫永生：《加强农村初中教师队伍建设：破解县域教育均衡发展的瓶颈》，《继续教育研究》2012年第2期，第99页。

本土人群在吃苦耐劳、忠诚稳定性上远高于外来教师。

(3) 构建促进城乡基础教育均衡发展的财政保障机制

教育经费是城乡基础教育均等化建设的物质基础，是顺利实施各项规划、措施的根本保障。扩大城乡基础教育经费来源、合理进行分配、对教育经费来源及运作进行有效监督等都是四川省下一阶段应重点着力的问题。

①保障教育经费来源。

四川省要继续推行"政府投入为主，多渠道筹集教育经费"的财政体制，以确保教育经费的稳定投入。首先，政府要对教育经费的投入施以足够的重视，把其作为财政支持的重点领域，保障基础教育的优先发展。严格按照《四川省中长期教育改革和发展规划纲要（2010—2020年）》的要求，确保全省财政收支的18%用于教育事业，并且随着财力的增长而动态提高。第二，进一步明确县级政府对本地基础教育的投入责任，督促其足额及时拨付经费。第三，对于贫困、边远以及民族区域，中央、省、市各级财政要进一步加大转移支付力度，为其基础教育的发展解决资金瓶颈。第四，通过物质及精神奖励，引导社会各界对城乡基础教育进行捐助和投资办学，合理规范地拓展教育经费来源。

②合理分配教育经费资源。

在充分保障教育经费来源的基础上，四川省各级政府需要做好规划，实现教育经费的最优配置。首先要在省级层面建立基础教育经费统筹机制，由省级部门根据实际情况，决定对民族和农村地区转移支付的对象、广度和力度①，确保教育经费在区域间、城乡间、校际间、群体间实现均衡配置。二是要在县级层面建立科学合理的基础教育经费分配机制，加大对县域内农村基础教育的投入力度，进一步缩小同城市学校的生均教育经费额度差距。三是要在教育经费中设立专项资金，建立完善资助体系，对低收入和困难家庭学生施以资助，以保障其接受基础教育的权利。四是要设立专项资金对农村和民族地区的薄弱学校进行改造，改善办学条件。

---

① 张惠、秦建平：《义务教育公平程度的实证研究——以四川省成都市为例》，《教育导刊》2011年第2期，第32页。

③建立城乡基础教育经费的监督体系。

四川省要着力构建城乡基础教育经费的监督体系，加强对教育经费来源即政府投入和社会融资的有效监督；并对教育经费在城乡基础教育中的使用进行监督。一方面要就各级政府教育经费的投入额度建立严格的审核及考核机制，保证足额的城乡基础教育经费投入。另一方面，要对城乡基础教育经费使用进行全程监督，各级政府和各个学校要就经费使用做好预决算和财务公开，接受上级部门以及广大公众的监督，建立阳光、透明、高效的教育经费运作机制。

（4）加强城乡基础教育办学主体间的合作交流

城乡基础教育主体间的合作交流，能够增进彼此了解以减少双方隔阂；更重要的是能够相互学习，共同进步，尤其是农村可以向城市基础教育主体学习先进的管理模式、优质的教学经验、成熟的科研体系等。

①继续深化推广城乡捆绑模式。

为了进一步深化城乡基础教育内涵均等化发展①，四川省要继续推广城乡学校捆绑发展模式，打造更多的城乡教育共同体，把城市教育主体的优秀经验、教育资源、管理模式等带到农村中去，用城乡学校的深度结合加速实现城乡基础教育的均衡发展。首先要建立城乡学校管理共同体，结盟学校的校长要到对方学校任职，城区学校要向城郊学校输出好的管理者和好的管理方法。再者是要建立师资共同体，被捆绑的学校之间要建立起短期、中期、长期的教师互派、交流和学习计划，城区学校要向城郊学校输出优秀的教师和良好的教学方法。第三是要建立学生共同体，被捆绑学校的学生之间要保持常态的交流、学习和互助关系。②

②进一步完善城乡校长和教师交流制度。

城乡校长和教师的互换，可以缓解农村和民族地区优质师资缺乏的问题，同时让城乡学校更好地了解各自的优势和劣势，有利于其取长补短，促进基础教育均等化，四川省要着力建立长效的城乡校长和教师定期双向交流制度。首先要建立健全激励机制，通过各种精神和物质奖励引导城市学校校

---

① 义务教育均衡发展工作组：《成都市城乡教育一体化 推进教育均衡发展模式经验总结报告》，《教育决策咨询》2011年第13期。

② 《武侯区高质量推进城乡教育一体化》，《成都日报》2005年8月26日。

长和教师到农村和民族地区支教,条件允许的地方可以对支教教师实行双薪制,综合运用各种激励手段,充分调动城乡校长和教师交流的积极性,实现"要我交流"向"我要交流"的转变。二是要建立健全保障机制,改善支教教师的工作和生活条件,使其下得去、留得下。三是要建立完备的城乡教师交流监督制度,保障交流达到的预期效果,防止少数人以提职称、定岗位为目的而使得交流制度形式化。①

(5) 进一步完善城乡基础教育均衡发展的监测评估体系

近年来,全国各地掀起了一股对城乡基础教育,尤其是义务教育均衡发展进行监测评估的热潮,"让均衡能监测,使优质能评估"成为统筹城乡基础教育发展的共识,为了更充分地发挥均衡监测促进教育公平和提升教育质量的作用,四川省要进一步完善现有的城乡基础教育均衡发展的监测评估体系。

①进一步扩大监测范围。

2010年以来,成都市每年发布的《义务教育校际均衡监测报告》已成为成都乃至四川的一张亮丽名片,在下一阶段,四川省要进一步扩大均衡监测的范围。一是要实现从成都到全省的扩大,成都市几年来的监测探索已经为四川全面推进监测准备了较为坚实的经验基础,四川省要结合推进教育均衡的时间表和路线图,有计划、有步骤地在全省推开均衡监测的大网。二是要实现从校际均衡监测到县域均衡监测的扩大,四川省已于2012年10月出台《四川省县域义务教育均衡发展督导评估实施办法(试行)》,明确了义务教育县域均衡的评估指标,由省教育督导团分年度逐县评估,尚未形成常态规范的监测体系,在未来的几年,四川省要尽快建立健全县域均衡监测体系,出台年度《县域均衡监测报告》。三是要实现从义务教育的均衡监测到基础教育的均衡监测,目前,各地的均衡监测都以义务教育为主,四川省要敢为人先,将基础教育中的学前教育和高中教育纳入均衡监测的范围,让均衡监测覆盖到基础教育的每个阶段。

②优化监测评估指标体系。

指标体系的设计和筛选直接关系到监测评估结果的质量和信度,经过数

---

① 崔秀英:《关于推进城乡教育协调发展的对策研究》,《科学发展与社会责任(B卷)——第五届沈阳科学学术年会文集》,2008年10月。

年的探索和修正,成都市已经形成了一套较为成熟的监测评估指标体系,但是若要在全省、全国推开,需要进一步调整和优化。一是要进一步充实监测评估指标,例如教师编制配备等,虽然指标数量的增加会加大监测评估的难度和成本,但这是提升监测的全面性、准确性和科学性的必然要求。二是要加强对公众满意度的监测,课题组对省内部分公众的调查结果显示,目前大部分公众认为当前四川省基础教育的各方面都不均衡,对政府推进基础教育均等化的努力满意度也不高,这在一定程度上反映了四川省在推进基础教育均等化过程中对公众满意度的不重视,建议把公众满意度纳入年度监测指标体系,实时公布公众评价,进一步督促各级各地政府全力推进基础教育均衡发展。

(二)四川省基本公共卫生服务均等化调查报告

公共卫生服务是国家基本公共服务的重要组成部分,实施国家基本公共卫生服务项目是促进基本公共卫生服务逐步均等化的重要内容,也是协调推进基本公共服务均等化的重要举措。为全面了解四川省基本公共卫生服务均等化的发展现况,分析公共卫生服务不均等的原因,为促进四川省基本公共卫生服务均等化提供对策和建议,课题组对四川省基本公共卫生服务均等化现状进行了调查和分析。

本次调研采用调查表,通过现场调查、电话访谈等方式收集相关资料,用多阶段分层抽样的方法,首先抽取21个市(州)卫生局,再在每个市(州)随机抽2个县(区)卫生局,每个县(区)抽取3—4家基层医疗卫生机构(即社区卫生服务中心和乡镇卫生院),共63家卫生局、153家基层医疗卫生机构为调查对象。利用《四川省2011年基本公共卫生服务项目绩效考核操作表》,从组织管理、项目实施和实施效果三个方面对市(州)、县(区)基本公共卫生服务项目的11项内容的实施情况进行调查。[①]

1. 四川省促进基本公共卫生均等化的主要措施与成效

(1)建立了各级公共卫生管理与服务机构,有效履行职责

四川省建立了"三级纵向指导,多部门横向协作"的基本公共卫生均

---

① 本部分内容为课题阶段性成果:张静靖等:《四川省基本公共卫生服务现状分析》,《职业卫生与病伤》2012年第5期,第283—286页。

等化指导中心体系,除省、市(州)、县卫生局和基层医疗卫生服务机构外,各市州和县区都成立了促进基本公共卫生服务均等化指导中心,在项目协调管理、技术培训、指挥督导、绩效考核和信息管理等方面开展工作。

绝大部分市州和县区均出台了促进基本公共卫生服务均等化相关管理文件、成立了领导小组、组建了专家队伍、下达了年度实施方案和工作指标;出台或转发了资金管理办法,国家和省下拨的基本公共卫生服务补助经费能够及时、足额落实;能够及时组织相关的技术指导和督导检查工作,组织开展本辖区内的绩效考核工作,并将考核结果与经费拨付挂钩;能够及时报送本级基本公共卫生服务工作报表,数据真实性和逻辑性较好。

大部分市州将适宜基层开展的基本公共卫生服务工作下沉、落实到基层医疗卫生机构,建立了区域范围内的疾控、妇保和基层医疗卫生机构的分工协作机制。大部分基层医疗卫生机构均组建了预防保健科或公共卫生科,有专职、兼职公共卫生人员并开展培训;资金使用能够做到专款、专账、专用。调查显示,公众对18个市级卫生服务机构满意度较高,对州卫生服务机构评价偏低。见表8-6:

表8-6 各级卫生服务机构工作满意度

地区	组织管理	项目实施	实施效果	总体情况
18个市	91.24	82.68	87.85	83.81
三州地区	78.81	64.87	56.67	64.90
社区卫生服务中心	82.27	82.64	84.65	82.83
乡镇卫生院	83.67	79.22	83.39	79.97

(2)规范基本公共卫生服务的各项制度

大部分地区均已建立卫生监督协管工作制度、管理规定、服务计划等,监督协管人员有固定、独立的办公场所,配备相应的办公设备,开展了职业卫生、饮水卫生、学校卫生、非法行医和采供血等方面的监督巡查和报告。有的以市政府和卫生局名义出台了健康教育、预防接种服务、老年人及慢性病管理、重症精神病管理和传染病报告及突发公共卫生事件报告和处理等一系列文件,把基本公共卫生服务项目与公共卫生、疾病预防控制、妇幼保健等常规工作有机结合,充分发挥专业公共卫生机构的优势和作用,促进基本公共卫生服务均等化工作有序、有力、有效。

尤其加强了财务管理规范。针对基础财务人员业务素质参差不齐的现状加强财务管理。一是责任管理。为加强基本公共卫生服务项目管理,实行上级与下级政府签订协议书,明确目标任务。二是实行财务片区负责制。一种是卫生局成立核算中心(事业编制),分片负责乡镇卫生院财务管理、会计核算等工作。另一种是委派中心卫生院财务人员负责片区乡镇卫生院财务管理、会计核算等工作,使乡镇卫生院财务统一管理,统一核算。三是经费拨付与绩效挂钩。基本公共卫生服务项目经费分配拨付不光考虑服务人口、考核成绩等传统因素,还侧重以重点人群的实际服务数量及质量来权衡经费分配,有效调动了基层医疗卫生机构的积极性,很好地体现了绩效考核的杠杆作用。

(3)创新工作机制,积极推进基本公共卫生服务项目

为加强对基层医疗卫生机构提供基本公共卫生服务项目的管理,各地结合实际,创新了一些做法。一是《乡村医生基本公共卫生服务指导手册》。该手册既可用于记录乡村医生为居民免费提供基本公共卫生服务的依据,也可作为上级开展绩效考核的依据。二是指导评估报告。专业公共卫生机构对基层医疗卫生机构每次督导后,有督导记录,形成督导评估报告及反馈意见,并将督导结果通报,提出整改措施,确实提高了基层的服务水平。三是实行工作月报。不少市州实行基本公共卫生服务项目工作月报制,对落后的县区进行通报,督促整改,各县区工作进度大为提高。

目前10类基本公共卫生服务内容普遍开展,其中预防接种、传染病和突发公共卫生事件报告与处理、健康教育、孕产妇管理、健康档案、儿童保健开展较好。健康教育工作逐步规范化,大部分地方能够做到有计划、有总结,健康咨询活动和健康知识专题讲座开展较好,能保证服务的数量。免疫规划合格接种门诊普遍建立,接种人员持证上岗;建证率和建卡率能够达到目标要求,能够较好地完成年度接种任务。法定传染病报告率、报告及时率、一致率等均较好,突发公共卫生事件能及时报告和处置,做好了应急准备、开展了应急演练;对结核病和艾滋病人能够协助专业防治机构开展病例的督导管理。孕产妇、儿童、老年人等重点人群健康管理服务普遍开展。孕

产妇早孕建册建卡、产前管理和产后访视工作进展顺利，但对高危孕产妇管理部分地区还不够规范、转诊不够及时；0—3 岁儿童管理稳步推进，4—6 岁儿童管理逐步开展；老年人建档、体检范围逐步扩大；高血压、糖尿病、重性精神疾病等患者健康管理服务工作逐步深入，部分地区还增加了管理疾病的种类。患者健康档案逐步规范，患者管理人数、管理率和规范管理率均较 2010 年有较大提升。见表 8－7：

表 8－7 卫生服务项目工作绩效得分

地区	健康档案	健康教育	预防接种	儿童健康管理	孕产妇健康管理	老年人健康管理	慢性病管理	重性精神病患者管理	传染病	监督协管	项目实施总体情况
18 个市	89.58	99.64	98.54	92.61	91.55	95.34	86.20	90.99	99.93	99.52	82.68
三州地区	80.42	81.04	88.63	64.98	63.53	56.78	40.63	32.99	89.66	67.62	64.87
社区卫生服务	87.11	94.15	96.46	86.55	87.82	75.92	71.74	56.59	95.08	73.46	82.64
乡镇卫生院	81.58	91.03	97.37	82.39	81.69	68.04	60.98	64.79	92.95	80.04	79.22

（4）改进服务方式，提升服务质量

一是创新家庭医生团队。积极探索建立了家庭医生和健康顾问服务团队模式。由卫生行政部门统筹区域医疗卫生资源，确立了以社区卫生服务机构、乡镇卫生院为主体，二级以上医疗机构和公共卫生机构为技术支撑的服务模式。服务采取属地化、网格化的管理措施，推行主动服务、上门服务、延伸服务、追踪服务和限时服务。服务内容除覆盖 10 大类基本公共卫生服务外，还包括健康咨询和家庭保健服务。同时免费搭建快速、绿色健康通道，为城乡居民免费提供专家健康咨询、专家预约诊疗、专家会诊等便捷服务。以每个服务团队覆盖 300—500 户居民的标准，明确划分了服务覆盖区域，实行网格化管理，确保基本公共卫生服务无空白、无遗漏。已在全市 15 个社区卫生服务中心组建 136 个家庭医生服务团队和 32 个健康顾问服务团队，已签约家庭 149905 户，服务 45 万余人。

二是规范妇儿服务。为规范孕产妇、儿童、老年人等健康管理工作，各地制定了一些具体实施办法。一是规范表、册管理。印制了统一的孕产妇、儿童保健服务规范表、册五种。二是母子保健"一卡通"管理。基层医疗卫生机构使用母子保健"一卡通"管理系统，实现了孕产妇及儿童保健个案信息网络管理，提高了管理能力。三是实行定期服务。部分基层医疗卫生机构对孕产妇实行定期体检、定期随访。四是信息共享。实行孕产妇的信息每月在市级信息平台公布，便于提供服务。

三是整合医保政策。新农合参合农民，经市人民医院确诊患有Ⅱ级以上高血压或糖尿病的患者，统一归口于户籍所在地的基层医疗卫生机构实施规范化健康管理，由新农合支付健康管理费用。对Ⅱ级以上高血压患者，新农合给予600元/年的管理和药物费用，糖尿病患者给予800—1200元/年的管理和药物费用。各乡镇卫生院对高血压、糖尿病患者提供免费健康管理，频次不少于1次/月，提供免费服药及免费健康体检（1次/年）。此举切实有效整合了现有医疗保障资源，为加快推进慢性病管理进农村提供了强有力的政策支撑。

四是整合信息管理。有的县将"三网"整合为公卫信息平台。平台按照老年人、妇女、儿童及高血压、糖尿病等慢性病患者的不同重点服务对象分类组群，定期通过短信有针对性地发送健康教育知识、健康体检安排、健康知识讲座通知、预防接种通知，以及在特殊时期发布卫生应急警示等，信息内容通俗实用，信息发送全面覆盖移动、联通、电信，有的放矢。

五是细化分级管理。有的县按照危险因素评估，将65岁以上老年人分三级管理，管理全面到位。为加强对老年人健康知识的宣传及体检，采取对每次参加健康讲座的老人分发礼品、参加三次讲座可得一张免费体检券的方式以加强老年人参与积极性。

六是创新健康教育。有的县开展了"进村入户送健康活动"，建一份健康档案，发一本健康知识手册（农村居民健康教育手册，每户一本），办一次健康知识讲座，进行一次健康体检，开展"一对一"健康指导。编制儿童保健口诀，通过短信、一封信、张贴资料等形式，把知识传送给群众，这项活动深受群众欢迎，收到良好效果。

2. 四川省推进基本公共卫生均等化进程中存在的主要问题

本次调查结果显示，四川省基本公共卫生服务发展不均衡，仍然存在城乡差异、地区差别，社区情况好于乡镇，18个市优于三州地区的现象。

(1) 城乡基本公共卫生服务差异仍然存在

在财政支持力方面，市（州）、县（区）的配套资金未能及时和足额到位，机构的资金使用未完全做到专款、专账、专用，尤其在三州地区这种现象更加突出。充足、可靠的财政支持是城乡公共卫生服务均衡发展的重要基础。各地应加强项目资金监督管理，督促基层医疗卫生机构认真落实《四川省基本公共卫生服务项目资金管理办法》《四川省基本公共卫生服务项目管理手册》，规范资金使用，确保资金安全。

在项目实施方面，也存在城乡差别和地区差异。即乡镇卫生院的基本公共卫生服务工作滞后于社区卫生服务中心，三州落后于18个市，其差距仍然主要体现在慢性病、重症精神病和老年人健康管理领域。造成这种差异的主要原因包括各地经济发展水平差异、人口特征差异、资源禀赋差异和制度保障差异等。[1]

(2) 部分地区基本公共卫生服务组织管理不到位

部分市、县（市、区）管理制度不健全，措施不细化，没有按照国家和省有关要求下沉公共卫生服务职能，专业公共卫生机构培训、技术指导也没有到位。还有一些市县大部分管理人员和从事公共卫生服务的工作人员对《国家基本公共卫生服务规范（2011年版）》不了解、不熟悉，甚至有的卫生人员根本就不知道2011年版，造成部分服务内容开展不规范。部分被抽查的市、县（市、区）绩效考核流于形式，普遍存在市级复核和县级考核分数与省级抽查结果相差较大的情况。基层在实施基本公共卫生服务项目后，存在专业人员不足的问题，尤以三州地区为甚，"一人、两人"的乡镇卫生院都还占有较大的比例，完成基本公共卫生服务任务还存在非常大的困难。

在资金管理方面，极少县有违规分配专项资金的情况，部分基层医疗卫生机构，尤其是乡镇卫生院，还没有建立基本公共卫生服务资金专账，或缺乏专职财务人员，或不明确资金使用规定，导致资金管理和使用不规范、沉淀资金多等现象。个别市、县（市、区）存在将其他卫生经费冲抵基本公

---

[1] 本部分内容为课题阶段性成果：张静靖等：《四川省基本公共卫生服务现状分析》，《职业卫生与病伤》2012年第5期，第283—286页。

共卫生服务项目地方配套资金的现象，极个别市、县（市、区）未足额落实本级配套经费。部分县（市、区）没有按现行政策分配项目经费，社区卫生服务机构没有建立项目经费专账。四是大部分县（市、区）的年度项目经费下达较迟，个别县没有按规定时限下拨资金。五是个别市、县（市、区）将基本公共卫生服务项目经费与医药补助等经费捆绑下达，使经费不清。

在管理信息方面，缺乏统一的顶层设计，各地实际使用的信息系统五花八门，有使用全省统一系统的，也有自行研制开发的，在系统设计、功能开发、统计口径上均存在较大的差别，无法满足规范化，信息共享，动态管理的要求。信息软件系统不能满足基本公共卫生服务项目的需求，特别是公共卫生管理信息与临床信息的互通、互用，资源共享。

（3）工作落实机制有待完善

有些地方制定年度任务指标不具体，针对性不强，操作性差，考核难。部分基层医疗卫生机构对社区诊断的意义、辖区的居民健康状况、影响居民健康的危险因素等情况不清，制定的干预措施没有针对性。基层医疗卫生机构对10类服务项目没有全覆盖。如精神病患者管理、卫生协管等与要求还有差距。部分基层医疗卫生机构没有将重点人群居民健康档案、访视记录、体检表等信息归入同一档案管理；孕产妇、0—6岁儿童、老年人、慢病患者管理不规范，普遍存在漏项、缺项，随访记录不及时等情况；老年人体检项目不全，等等。基层医疗卫生机构居民健康档案电子化管理，一些使用了计算机管理的机构录入的居民健康档案也不完整，体检、随访记录等未及时录入，信息利用率低，使健康档案成为"死档"，距规范健康档案建档率的要求还有距离。基本公共卫生服务内容居民知晓率低，居民（包括医改相关部门）特别是老人保健和慢性病患者主动参与意识不强。

3. 促进四川省基本公共卫生服务均衡化的对策建议

（1）进一步建立健全基本公共卫生服务体系

一是要拓宽思路，创新方式，加紧完善三级指导中心体系。各级卫生行政部门要参照省级做法，并结合本地实际，积极建立指导中心，履行专业公共卫生机构对基层医疗卫生机构实施基本公共卫生服务项目的培训、指导、督查、考核等的优势和作用，尽快构建并逐步完善全省"三级纵向指导、多部门横向协调"的管理体系。二是要着力解决基本公共卫生服务人力资源不足的瓶颈。各地在2011年完成对乡镇卫生院和社区卫生服务机构核编的基础上，进一步采取有效措施加紧"招兵买马"，推进编制落实，逐步缓解"有编无人、有岗缺人"的突出矛盾，着力解决基层公共卫生服务人力资源数量不足和质不适应的矛盾。三是确保专业公共卫生机构履职到位。目前，绝大部分地方财政没有按要求安排专业公共卫生机构履行基本公共卫生服务项目培训、指导、督查、考核等工作经费。一方面要积极向政府领导和财政汇报，这些工作经费按上级要求是当地政府解决，争取一定的专项经费。另一方面，要督促专业公共卫生机构履好职，特别是在提高基本公共卫生服务质量上狠下工夫，切实让群众受益。

（2）进一步加强项目资金监督管理

一是严格按照国家、省确定的各级财政承担基本公共卫生服务项目资金比例，及时、足额、配套到位，全面落实项目专项经费。二是按照国家和省《基本公共卫生服务项目资金管理办法》的要求，并采取"年初预拨、考核结算"的办法，将经费及时拨付到基层医疗卫生机构，保障服务所需经费。三是按照《四川省基本公共卫生服务项目管理手册》和《四川省基本公共卫生服务项目成本核算指导意见》两个文件，抓紧督促基层医疗卫生机构尽快使用，做到基层用好钱、做好账、办好事、降风险的目的。四是要进一步加强资金监管，不得将基本公共卫生项目经费用于购买医疗仪器设备等其他支出，做到专款专用，严禁挪作他用。

（3）进一步解决服务内容的薄弱环节

一是加强培训和指导，重点对《国家基本公共卫生服务规范（2011年版）》《四川省基本公共卫生服务项目管理手册》《四川省基本公共卫生服务项目成本核算指导意见》等的培训和现场指导，以进一步规范经费管理与使用，提高基层服务能力，规范服务项目，提高服务质量。二是针对基层经费管理与使用、绩效考核与经费的挂钩、精神卫生机构专业性不足、流动人口服务难度大等，既有管理上的问题，也有专业能力上的问题。各地应充分结合自身实际情况，积极探索，创新机制，采取有效措施，借鉴各地好的做法，有针对性地解决面临的实际问题和困难。三是针对儿童健康管理与计划免疫、慢性病管理与老年人管理、居民健康档案建立与重点人群的服务等工作,并与常规疾病预防控制、妇幼保健等公共卫生工作有效整合,使各项工作相互补充,互相促进,进一步提高服务效率和质量。四是巩固成果推广经验,要认真总结、积极推广,各地做出亮点和特色,实施基本公共卫生服务项目示范建设,以点带面,带动辖区内服务质量的提高,并推动全省服务质量的提高。五是提高群众知晓率和依从性。各地应积极与宣传部门、新闻媒体加强沟通协调,积极开展包括对基本公共卫生服务项目的整体宣传和各项服务内容的讲解,提高群众的知晓率和依从性,促进群众主动寻求和接受服务。县级可统一设计制作宣传资料,统一基本公共卫生服务标识,由此,既能保证宣传内容的质量,也能打造统一的基本公共卫生服务形象,增强宣传的力度,提升群众的信任度、知晓率和依从性。真正把项目实施成为"党和政府得民心、人民群众得健康"的德政工程。六是全面加强项目绩效考核。各级要按照国家和省相关要求,建立健全基本公共卫生服务绩效考核制度,完善考核评价体系和方法,加强对工作落实情况、服务质量和服务效果考核的权重,采取日常考核与定期考核,定量考核和定性考核相结合等方式,客观、准确评价项目工作开展情况,保证基本公共卫生服务保质保量落实到位。要将考核结果与资金分配挂钩。

(三)四川省公共就业服务均等化调查报告

公共就业服务是由政府或其他公益性的社会团体主导和管理的,以公共性资源支持的就业服务活动,它是促进就业的重要手段,也是缓解就业压力的重要途径。[①] 公共就业服务具有四个基本要素,即:以促进就业为目的;以提供公益服务来定性;以政府服务公众的职能为定位;公共政策和公共财政给予保障和支持。[②] 通常,政府是公共就业服务的主要实施主体,因为它们可以通过建设劳动力市场、发布劳动力信息、提供职业介绍、职业指导、职业培训、政策咨询等方式,对就业困难群体进行帮扶,从而实现提高劳动者就业能力、促进就业的目的。

在我国,公共就业服务主要指政府人力资源和社会保障部门提供的面向

---

① 亚洲开发银行项目专家组:《四川省公共就业服务均等化研究》,四川省就业服务管理局未刊稿 2012 年版,第 3 页。

② 小志:《公共就业服务》,《中国就业》2011 年第 9 期,第 12 页。

所有劳动者的公益性就业服务。《中华人民共和国就业促进法》第三十五条规定，县级以上人民政府建立健全公共就业服务体系，设立公共就业服务机构，为劳动者免费提供下列服务：（1）就业政策法规咨询；（2）职业供求信息、市场工资指导价位信息和职业培训信息发布；（3）职业指导和职业介绍；（4）对就业困难人员实施就业援助；（5）办理就业登记、失业登记等事务；（6）其他公共就业服务。劳动和社会保障部 2007 年 11 月 5 日公布的《就业服务与就业管理规定》指出，公共就业服务机构应当根据用人单位需求提供以下服务：（1）招聘用人指导服务；（2）代理招聘服务；（3）跨地区人员招聘服务；（4）企业人力资源管理咨询等专业性服务；（5）劳动保障事务代理服务；（6）为满足用人单位需求开发的其他就业服务项目。人力资源和社会保障部、财政部 2012 年 12 月发布的《关于进一步完善公共就业服务体系有关问题的通知》指出，公共就业服务的内容包括：就业政策法规咨询；职业供求信息发布，市场工资指导价位信息和职业培训信息发布；职业指导和职业介绍；组织就业见习，推荐开展职业培训和职业技能鉴定；开展创业服务；对就业困难人员实施就业援助，对高校毕业生、农村转移劳动者等重点群体提供专门就业服务；劳动人事档案管理服务；失业人员管理，办理就业登记、失业登记等事务。

综上所述可知：政策咨询、信息发布、职业介绍、职业指导、组织培训、创业服务、就业援助、人事档案管理、就业与失业管理是我国公共就业服务的主要内容。

1. 四川省推进公共就业服务均等化的主要措施

四川省是我国的人口大省。截至 2012 年末，四川省共有常住人口 8076.2 万人，比上年末增加 26.2 万人。其中，城镇人口 3515.6 万人，乡村人口 4560.6 万人。[①] 城乡劳动力资源总数达到 6387.0 万人，比上年末增加 44.0 万人。年末城乡就业人员 4798.3 万人，比上年末增加 12.8 万人。[②] 事

[①] 四川省统计局、国家统计局四川调查总队关于 2012 年四川国民经济和社会发展的统计公报，http://www.sc.stats.gov.cn/sctj/Default.htm?status=Main&menu=4&sub=6，false，访问时间：2013 年 7 月 13 日。

[②] 四川省人力资源和社会保障厅四川省统计局：《2012 年四川省人力资源和社会保障事业发展统计公报》，http://www.sc.hrss.gov.cn/gg/201307/t20130709_38059.html，访问时间：2013 年 7 月 13 日。

实上,2005 年以来,四川省的就业人口基本维持在 4700 万—4800 万之间。然而,全省劳动力资源总数从 2005 年的 6058.0 万增加到 2012 年的 6387.0 万,就业总数占劳动力总数的比例从 2005 年的 77.62% 下降到 2012 年的 75.13%,不仅如此,2009 年以来,就业总数占劳动力总数的比例分别为 75.98%、75.74%、75.44%、75.13%[①],呈逐年下降趋势,这表明,四川省的就业形势不容乐观。此外,四川省劳动力市场供大于求的总量矛盾短期内难以得到根本改变,高端技术人才极为缺乏,普通技能型人才的比例也严重失衡,加之 500 万左右年龄偏大、文化技能素质偏低、有家庭拖累的农村劳动力,四川省的就业形势依然严峻。[②] 面对如此严峻的就业形势,四川省委省政府及相关部门狠抓就业工作,出台了一系列促进就业的政策文件,完善了相关的制度设计,基本构建了一套相对完整的积极的就业政策体系,并采取措施,以高校毕业生、返乡农民工等群体为工作重点,大力解决其就业问题。

(1) 出台一系列促进就业的政策文件

2008 年以来,四川省政府发布了一系列促进就业的政策文件(详见表 8-8),这些政策文件涵盖灾后重建就业与社会保险、农民工就业、高校毕业生就业、创业、农村劳动力就业、用人单位等方面,初步形成了一个涵盖范围广泛、内容相对全面的促进就业工作的政策体系,为全省的公共就业服务提供了较好的政策支持。

表 8-8 2008 年以来四川省政府发布的关于就业工作的文件

时间	名称	发文单位
2008 年 7 月 16 日	关于支持汶川地震灾后恢复重建就业和社会保险政策实施意见	省政府办公厅
2008 年 12 月 29 日	关于促进农民工稳定就业切实解决失业返乡农民工有关问题的意见	省政府

---

① 数据来源于历年《四川省人力资源和社会保障事业发展统计公报》(2008 年以前名为"四川省劳动和社会保障事业发展统计公报"),详见四川省人力资源和社会保障厅网站。比例数字由作者根据公报数据计算而得。

② 亚洲开发银行项目专家组:《四川省公共就业服务均等化研究》,四川省就业服务管理局未刊稿 2012 年版,第 28 页。

续表

时间	名称	发文单位
2009年1月8日	转发国务院办公厅关于切实做好当前农民工工作的通知的通知	省政府
2009年1月20日	关于采取积极措施减轻企业负担稳定就业局势有关问题的通知	省政府
2009年4月23日	关于进一步加强普通高校毕业生就业工作的通知	省政府办公厅
2009年4月24日	转发省劳动保障厅等部门关于促进以创业带动就业工作实施意见的通知	省政府办公厅
2009年5月8日	关于进一步做好就业动作的通知	省政府
2009年6月20日	转发省人事厅等部门关于促进高校毕业生创业的意见的通知	省政府办公厅
2009年7月13日	转发省劳动保障厅等部门关于促进五类重点群体就业工作方案的通知	省政府办公厅
2010年2月11日	关于进一步做好坚强企业负担稳定就业局势有关工作的通知	省政府办公厅
2010年2月20日	关于做好地震重灾区农村劳动力就业和相关工作的意见	省政府办公厅
2010年7月29日	关于促进汶川地震重灾区群众就业的意见	省委办公厅、省政府办公厅
2010年7月29日	关于进一步做好农民工培训工作的意见	省政府办公厅
2011年6月14日	关于进一步做好普通高等学校毕业生就业工作的通知	省政府
2011年10月28日	四川省"十二五"就业和社会保障规划	省政府办公厅
2013年5月25日	关于印发四川省基本公共服务体系"十二五"规划的通知	省政府
2013年6月7日	关于做好2013年普通高等学校毕业生就业工作的通知	省政府办公厅
2013年6月10日	关于进一步加强就业创业工作的意见	省政府

资料来源：四川省人民政府网站，http://www.sc.gov.cn/，访问时间：2013年7月13日。

此外，四川省省级相关部门也根据国家有关规定和省政府的上述文件精神，结合四川实际制定发布了一系列促进就业的政策文件（详见表8-9），内容涉及就业政策细化、高校毕业生就业、城市低收入家庭就业、被征地农民就业、创业、职业培训、资金管理、机构建设与管理、就业援助、信息发布、就业与失业管理等方面，基本涵盖了公共就业服务的全部内容。这些文件既是对国家、四川省相关政策的解释、细化，更是了解四川省就业政策的直接依据，他们与四川省政府发布的文件一起，共同构成了四川省的公共就业服务政策体系。

表8-9 2008年以来四川省相关部门发布的关于就业的文件

时间	名称	发布单位
2008年12月31日	关于开展2009年就业服务系列活动的通知	省劳动和社会保障厅等七部门
2009年3月19日	关于转发《关于鼓励科研项目单位吸纳和稳定高校毕业生就业的若干意见》的通知	省科技厅等五部门
2009年3月24日	关于推动建立以创业带动就业的创业型城市有关问题的通知	省劳动和社会保障厅
2009年4月23日	关于实施四川省特别职业培训计划的通知	省劳动和社会保障厅、发展和改革委员会、财政厅
2009年5月12日	关于转发人力资源和社会保障部办公厅《关于重大科研项目单位吸纳高校毕业生参与研究工作签订服务协议有关问题的通知》的通知	省人事厅、劳动和社会保障厅
2009年8月24日	关于就业专项资金使用管理及有关问题的通知	省财政厅、省劳动和社会保障厅
2009年6月18日	关于进一步做好小额担保贷款工作的通知	省劳动和社会保障厅、财政厅、中国人民银行成都分行
2009年7月1日	关于实施高校毕业生就业见习制度的通知	省人事厅等九部门
2009年7月6日	四川省就业困难人员申请认定办法（试行）	省劳动和社会保障厅
2009年8月4日	基层就业和社会保障公共服务机构信息化建设指导意见	省劳动和社会保障厅
2009年8月7日	关于印发《2009年四川省高校毕业生"三支一扶"计划实施方案》的通知	省人事厅
2009年10月9日	关于高校毕业生就业见习生活补助等有关问题的通知	省人事厅、财政厅、劳动和社会保障厅

续表

时间	名称	发布单位
2010年4月6日	关于加强全省基层就业和社会保障公共服务机构建设有关问题的通知	省委机构编制委员会
2010年5月31日	四川省促进高校毕业生就业工作方案	省人力资源和社会保障厅等四部门
2010年5月31日	四川省促进城市低收入家庭失业人员就业工作方案	省人力资源和社会保障厅等四部门
2010年5月31日	四川省促进被征地农民就业工作方案	省人力资源和社会保障厅等四部门
2010年5月31日	四川省促进农村劳动力专业就业工作方案	省人力资源和社会保障厅等四部门
2010年11月17日	关于印发进一步加强基层劳动就业社会保障公共服务平台和网络建设实施意见的通知	省人力资源和社会保障厅
2011年1月28日	四川省就业和失业登记暂行办法	省人力资源和社会保障厅
2011年1月28日	四川省就业失业登记证管理暂行办法	省人力资源和社会保障厅
2011年2月21日	关于建立全省就业信息监测制度的通知	省人力资源和社会保障厅
2012年4月6日	关于印发四川省就业困难人员公益性岗位就业管理暂行办法的通知	省人力资源和社会保障厅
2012年4月6日	关于印发四川省零就业家庭就业帮扶管理暂行办法的通知	省人力资源和社会保障厅
2012年4月6日	关于印发四川省就业困难人员灵活就业社会保险补贴申领管理暂行办法的通知	省人力资源和社会保障厅
2012年4月6日	关于加强就业专项资金内控制度建设和基础管理的通知	省人力资源和社会保障厅
2012年4月20日	关于印发《2012年四川省高校毕业生"三支一扶"计划实施方案》的通知	省委组织部等八部门
2012年7月2日	关于做好职业培训机构财务统计工作的通知	省人力资源和社会保障厅
2013年1月4日	关于做好2012年度技工院校和民办职业培训机构统计年报工作的通知	省人力资源和社会保障厅
2013年1月22日	关于进一步落实普通高等学校毕业生就业政策的通知	省人力资源和社会保障厅、财政厅

续表

时间	名称	发布单位
2013年3月5日	关于做好2012年度人力资源服务机构年检工作的通知	省人力资源和社会保障厅
2013年3月27日	关于组织实施"千名藏区群众职业培训行动"的通知	省人力资源和社会保障厅、财政厅

资料来源：四川省人力资源和社会保障厅等相关部门网站，http://www.sc.hrss.gov.cn/，访问时间：2013年7月14日。

(2) 完善就业服务的制度设计

在上述政策文件的指导下，四川省着力完善公共就业服务的制度体系，一是建立基层公共就业服务平台制度，二是完善就业促进制度，三是健全就业援助制度，四是建立就业失业登记制度。

①建立就业工作联席会议制度。

就业服务涉及众多部门和不同的需求者，因此有诸多问题需要各政府部门协同解决，为此，四川省在2002年即建立就业再就业联席会议制度，2006年调整为就业联席会议制度。联席会议下设办公室，定期召开会议，协调解决就业工作的重大问题。联席会议由与就业工作相关的部门组成，并根据机构改革的变化和实际工作需要加以调整，目前共包括人力资源和社会保障厅、省委宣传部、省委编办、省发展改革委、省经济和信息化委、财政厅、教育厅、省总工会、团省委、省妇联、省残联、省工商联等26个部门，各部门各司其职，共同推进四川省的就业服务工作。

2008年汶川地震后，为了将灾后重建与扩大就业结合起来，四川省政府又建立了就业援助联席会议制度，定期召开例会，通报灾区就业援助情况，分析研究工作中存在的问题，协调解决有关重大事项。

就业工作联席会议制度的建立整合了省内各部门的合力，有助于各部门协同解决就业工作中遇到的难题，为四川省就业服务工作提供了组织基础。

②健全就业促进制度。

四川省一直是劳务输出大省，常年在外打工的农民工超过2000万。2008年以来，受金融危机的影响，沿海城市制造型企业大量倒闭，因此当年年底四川省返乡农民工达100万人，对全省的就业工作形成了新的压力。

对此，四川省委、省政府高度重视，省政府于 2008 年 12 月 29 日出台《关于促进农民工稳定就业切实解决失业返乡农民工有关问题的意见》，从对促进失业返乡农民工稳定就业、实施农民工技能培训、开展职业帮扶、扶持创业、依法维权、困难救助等六个方面提出了具体的政策措施和要求。此后，省政府又陆续发布《转发国务院办公厅关于切实做好当前农民工工作的通知的通知》《关于采取紧急措施减轻企业负担稳定就业局势有关问题的通知》《关于进一步做好就业工作的通知》。通过这些通知，四川省有力地解决了返乡农民工的就业问题，帮助他们渡过了难关，稳定了就业形势。

除了返乡农民工之外，灾区群众、高校毕业生、被征地农民、城市低收入家庭失业人员也是四川省就业促进制度的关注重点。2009 年 7 月 13 日，四川省政府办公厅转发省劳动保障厅等部门制定的《关于促进五类重点群体就业工作方案的通知》，通知除重申返乡农民工的就业政策之外，还专门出台了针对灾区群众、高校毕业生、被征地农民、城市低收入家庭失业人员的就业促进政策，政策明确了这些就业困难群体的鉴别认定、技能培训、职业帮扶、扶持创业、权益维护、救助管理等细节，是四川省就业促进制度体系的重要构成内容。

③完善就业援助制度。

目前，四川省将城市低收入家庭失业人员，特别是其中的"4050"人员、残疾人、失业一年以上人员、就业困难的高校毕业生纳入就业援助范围，为他们提供及时有效的就业援助服务。

就业困难人员申请认定。为推动就业援助工作的规范化、精细化，2009 年 7 月 6 日，四川省劳动和社会保障厅发布《四川省就业困难人员申请认定办法》，办法将就业困难人员定位为"办理失业登记、难以实现就业且无其他生活来源的人员"，具体包括："4050"人员——在申请认定时女性年满 40 周岁、男性年满 50 周岁的人员；残疾人员——指持有残疾证且具有劳动能力的人员；低收入家庭人员——家庭成员人均收入和家庭财产状况符合当地人民政府规定的城市低收入标准的城市居民家庭的人员；承包土地被征用，按城镇人口安置的人员；在申请认定时已进行失业登记且连续失业满一年以上的失业人员。① 办法还明确了申请人需要提交的材料、认定程序、退出机制、监督管理等内容，为四川省就业援助对象的确定提供了明确的工作依据。

对就业困难人员进行培训。职业培训是提高就业困难人员的素质技能、解决其就业难题的关键环节，因此四川省历来重视对就业困难人员进行培训。2008年以来，针对返乡农民工、受金融危机影响下岗的企业职工越来越多的特点，四川省先后制定实施了特别职业培训计划和农民工培训工作，用两年左右时间，对受金融危机影响的困难企业在职职工开展了技能提升培训和转岗转业培训，对失去工作返乡的农民工开展职业技能培训或创业培训，对失业人员（包括进行了失业登记的大学毕业生、城市中失去工作的农民工）开展中短期职业技能培训，对农村新成长劳动力开展储备性技能培训。为了增强培训效果和受训者的积极性，四川省给予每位受训者培训费用50%、最高不超过400元的补贴（高技能人才不超过600元/人）。通过这些培训，就业困难人员的就业、再就业和创业能力得到显著增强。

开发公益性岗位和社区就业岗位。针对就业困难人员的特点，四川省结合实际，开发出劳动保障协理、公共交通协管、社会治安协管、环境卫生协管等公益性岗位，并以社区为依托，发展社区就业实体，开发社区服务、社区管理等就业岗位，优先安置符合岗位要求的低收入家庭失业人员。通过这些措施，有力地解决了部分就业困难人员的就业难题。②

就业困难人员职业介绍。为解决就业困难人员的就业问题，四川省还通过公共就业服务机构，例如职业介绍所，为他们发布相关的就业信息，并通过专场招聘会等形式，帮助他们实现就业。

鼓励吸纳就业和自主创业。四川省规定，对吸纳城市低收入家庭失业人员就业的用人单位，按规定落实税费减免、社保补贴、岗位补贴等扶持政策；对自主创业的城市低收入家庭失业人员，按规定提供税费减免、小额担

---

① 四川省劳动和社会保障厅：《四川省就业困难人员申请认定办法（试行）》，http://www.sc.gov.cn/scszfxxgkml_2/sbgt_68/fggw/gw/200907/t20090728_791457.shtml，访问时间：2013年7月15日。

② 四川省劳动与社会保障厅：《转发省劳动保障厅等部门关于促进五类重点群体就业工作方案的通知》，http://www.fsou.com/html/text/lar/170968/17096890_2.html，访问时间：2009年7月13日。

保贷款、场地安排等方面的政策扶持。

开展就业援助服务。依托街道、社区公共就业服务机构以及惠民帮扶中心开设专门窗口，对城市低收入家庭失业人员开展政策咨询、求职登记、职业指导等援助服务；通过组织城市低收入家庭失业人员参加招聘活动，或个别介绍、送岗位到家等形式，为他们提供就业岗位。

④加强就业失业登记制度。

为加强对劳动者的就业与失业管理，四川省在开展试点的基础上，建立了就业失业登记制度。2011年1月28日，四川省人力资源和社会保障厅发布《四川省就业和失业登记暂行办法》《四川省就业失业登记证管理暂行办法》。两个办法规定，四川省的城镇劳动者、农村进城务工人员和其他非本省籍常住人员都具备就业登记和失业登记的资格，进行就业登记和失业登记的劳动者可按相关规定享受公共就业服务、就业扶持政策和申领失业保险待遇。按照这个办法，就业登记和失业登记由街道（乡镇）、社区（村）公共就业服务机构具体承办，用人单位应为其建立劳动关系的劳动者个人办理就业登记，同时办理劳动用工备案。农村进城务工人员和其他非本地户籍人员在常住地稳定就业满6个月以上的，失业后可在常住地登记。① 两个办法的颁布实施标志着四川省就业失业登记制度初步建立。

（3）构建需求导向的公共就业服务体系

四川省的公共就业服务体系可追溯到20世纪80年代。1983年，为解决城市失业问题，四川省成立了劳动服务公司。1986年，四川省劳动服务公司增挂四川省社会劳动力管理局的牌子。1990年，在省、市、县统一设立了就业服务机构——就业服务管理局，主要履行就业管理、就业服务、创业服务、技能培训、失业保险等职责。进入21世纪，四川省公共就业服务进入了体系形成和发展的关键阶段。

首先，推进就业服务的制度化、专业化和社会化（即"新三化"②）建设。2005年2月，四川省就业服务管理局发布了《四川省推进就业服务制

---

① 四川省人力资源和社会保障厅：《四川省就业和失业登记暂行办法》《四川省〈就业失业登记证〉管理暂行办法》。
② 这是相对于1998年国务院提出的劳动力市场建设的科学化、规范化、现代化，即"老三化"而言的。

度化专业化社会化工作计划（2005—2007 年）》，要求到 2007 年年底前在全省建立与市场导向就业机制相适应的公共就业服务制度，形成城乡统一、机构完善、制度健全、手段先进、功能多元、规范高效的就业服务体系，使全省就业服务基本达到制度化、专业化、社会化的要求。2007 年，上述目标基本实现。以此为契机，四川省就业服务管理局又拟定了《四川省就业服务"新三化"建设评估标准》，并在成都等六个城市进行试点。随后，省就业服务管理局组织召开了完善公共就业服务功能的研讨会，总结推广了就业服务新三化建设试点的经验，并统一推行了劳动和社会保障部培训就业司和中国就业培训技术指导中心编制的《城市公共就业服务机构综合性服务场所功能手册》。从此，就业服务的制度化、专业化、社会化得到了四川各级就业服务机构的广泛应用，既完善了服务设施，简化规范了服务程序，又拓展了服务方式、服务内容和服务功能，较大地提高了公共就业服务的效率和质量。

其次，以解决地震带来的生产、生活困难为契机，完善公共就业服务体系。一方面，将就业援助的范围从城镇登记失业人员扩大到农村因地震失去土地等生产资料的劳动者，另一方面，将救灾产生的岗位纳入公益性岗位认定范围，并延长补贴时限；采用失业预登记的办法，为受灾企业职工发放失业保险金，稳定就业岗位。

再次，加强就业服务机构建设。以人力资源和社会保障部发布的《关于进一步加强公共就业服务体系的指导意见》为指导，2010 年 4 月 6 日，中共四川省委机构编制委员会发布《关于加强全省基层就业和社会保障公共服务机构建设有关问题的通知》，规定：服务对象 10000 人以下的，核定事业编制 2 名，服务对象超过 10000 人，每增加 10000 人可核增事业编制 1 名，每个中心最多不超过 8 名。根据这个通知，5 月 13 日，四川省人力资源和社会保障厅发出通知，提出原则上在每个街道和乡镇都要设立就业和社会保障服务中心，在每个社区和有条件的村都要设立就业和社会保障服务站。街道服务中心工作人员的配置主要通过核定编制解决，按规定核准的编制不能满足工作需要的，可采取聘请协理员的方式进行补充。社区服务站及尚未建站的社区，可采取聘请协理员或由社区村干部兼职的方式解决。11 月 17 日，四川省人力资源和社会保障厅下发《关于进一步加强基层劳动就业社会保障公共服务平台和网络建设的实施意见》，要求在 2010 年至 2012 年，以公共就业、社会保障、劳动关系协调、劳动争议调解和劳动保障监察为重点，在全省街道、乡镇、社区、行政村基本建立健全劳动就业保障的公共服务平台，平台的名称、人员配备、建设标准、硬件配置标准、工作职责等在《意见》中都有详细具体的界定，是迄今为止四川省就业服务平台建设方面的最主要的政策文件。

最后，以金保工程为契机，建立四级联动的公共就业服务信息系统。从 2005 年开始四川省按照"完整、正确、统一、及时、安全"的要求加快了金保工程建设步伐，到 2006 年，全省 21 个市（州）和省本级的金保工程项目建设全部启动实施，城域网覆盖率达到 57%，成都、眉山、阿坝、甘孜等市（州）已完成所辖区县的联网工作。此后，各地积极推进金保工程建设，城域网覆盖率不断提升，各地区、各部门实现了内部网络的互相连接。在此基础上，2009 年 8 月 4 日，四川省劳动和社会保障厅发布《基层就业和社会保障公共服务机构信息化建设指导意见》，要求在四川省建立省、市、县、乡四级联通、分级管理的信息系统，加强四川省基层就业和社会保障公共服务机构网络的信息化建设。2010 年 11 月 17 日发布的《关于印发进一步加强基层劳动就业社会保障公共服务平台和网络建设的通知》中专门提出要加强公共就业服务的信息化建设，为此还提出了具体的建设标准。这标志着四川省公共就业服务的信息化建设有了统一、明确、具体的标准，是各级地方政府和就业服务机构信息化建设的工作指导依据，作用重大。

（4）规范公共就业的服务标准

在完善体系的基础上，四川省总结各地的实际经验和典型做法，制定了《四川省公共就业服务和管理指南》《四川省公共就业服务标准》，将直接面向公共就业服务对象的服务项目分门别类，建立了微笑服务制度、规范服务制度、首问负责制度、限时办结制度、一次性告知制度、服务承诺制度，每项制度都规定了明确的标准和具体要求。此外，四川省还把公共就业服务涵盖的政策咨询、信息发布、职业指导、就业援助、技能培训、创业服务、就业与失业管理等内容细化为 27 项服务项目，对每个项目的工作内容、服务对象、工作依据、办理流程、工作时限、负责部门、具体要求等都做了详细规定。① 公共就业服务指南和标准的颁布实施，标志着四川省的公共就业服务体系迈向了精细化、专业化、人本化、科学化的道路，较大地提升了四川省公共就业服务的形象，提高了人民群众和各类人才的满意度，将公共就业服务工作推向了新的高度。

（5）加强创业公共服务体系建设，以创业带动就业

创业是劳动者通过自主创办生产服务项目、企业或从事个体经营实现市场就业的重要形式。创业不仅能使创业者自己实现就业，而且可以创造新岗位，对就业具有倍增效应。创业是扩大就业的"主发动机"。近年来，四川省把促进创业带动就业作为实施积极就业政策的重要举措和稳定就业形势的有效途径，在加强创业服务体系建设、完善创业服务内容、丰富创业服务形式、提升创业服务质量和水平上进行了积极有益的探索和尝试。

一是初步形成创业公共服务体系。四川省各地依托公共就业服务机构，大力推进创业服务机构建设。有19个市（州）[占全省21个市（州）总数的90.5%]建立创业服务机构或在公共就业服务机构中设立创业服务窗口3097个，有创业服务工作人员4409人，平均工作人员1.4人。

从创业服务机构的层级来看，市（州）级机构有23个，人员243人；县（区、市）级机构有230个，人员1010人；街道（乡镇）级机构有1088个，人员1504人；社区（村）级机构有1756个，人员1630人。（见表8-10）

表8-10 四川省创业服务机构建设情况

	创业服务机构（个）	创业指导人员（人）	有创业服务机构的市（州）个数
合计	3097	4409	（全省共有21个市州）
市（州）级	23	243	16
县（区、市）级	230	1010	17
街道（乡镇）级	1088	1504	11
社区（村）级	1756	1630	9

除人力资源社会保障部门外，一些地区的团委、总工会、妇联、残联、

---

① 四川省就业服务管理局编印：《四川省公共就业服务和管理指南》，见《四川省公共就业服务标准（试行）》。

职业培训院校和青年创业促进会等部门（组织）也成立了创业服务机构，为劳动者自主创业活动提供创业服务。

二是积极组织开展创业培训。从2005年引入"创办和改善你的企业"（SIYB）项目以来，在全省范围内广泛开展了针对下岗失业人员、大学生、农村劳动者等不同群体的创业培训，初步建立了技术完善、管理规范、师资倍增的创业培训体系。目前，全省有20个市（州）建有各类创业培训机构247个，创业培训师资1213人，平均师资4.9人，年培训规模约为8万人。（见表8-11）

表8-11 四川省创业培训机构建设情况

	合计	设区市	县（区、市）	街道（乡镇）	社区（村）
创业培训机构（个）	247	44	190	0	0
创业培训师资（人）	1213	519	632	0	0

三是全面落实小额担保贷款政策。四川省各地通过加强组织领导、强化部门协作、完善政策措施、创新工作模式，建立完善了小额担保贷款"贷得多、用得好、收得回、效果好"的良性工作机制，能为有创业能力和愿望的劳动者及时提供融资服务。目前，全省共有创业融资（贷款）担保机构133个，提供创业贷款的金融服务机构352个。（见表8-12）

表8-12 四川省创业担保机构和融资机构建设情况

	合计	设区市	县（区、市）	街道（乡镇）	社区（村）
创业融资（贷款）担保机构（个）	133	24	108	1	0
提供创业贷款金融服务机构（个）	352	36	252	64	0

2008年至2011年，全省新增发放小额担保贷款分别为9460万元、6.8亿元、15.8亿元、24.1亿元，小额担保贷款规模不断扩大，促进创业效果日益明显。

四是组织建立创业专家指导队伍。成都、绵阳、宜宾等市建立了由企业家、专家学者及有关人员组成的创业指导和服务队伍，为创业人员提供政策咨询、项目推介、方案设计、风险评估、开业指导、融资服务、跟踪扶持等"一条龙"创业服务。通过创业专家队伍推荐、向社会公开征集等方式，多数地区已建立了创业项目库,并举办了形式多样的创业项目推荐会、说明会及创业项目巡回展示活动。

五是建立了一批创业园区(孵化基地)。据初步统计,四川省已建成各类创业园区(孵化基地)230个,为创业者提供了经营场所和工商登记、财政申报、社会保险、人事代理、创业资金等孵化服务,增强了初创阶段企业的经营管理和市场竞争能力,为提高创业稳定率发挥积极作用。(见表8-13)

表8-13 四川省创业园区(孵化基地)建设情况

	合计	设区市	县(区、市)	街道(乡镇)	社区(村)
创业园区(个)	85	5	73	7	0
创业孵化基地(个)	145	7	124	14	0

六是开展创业专项行动。四川省各地结合本地实际,举办了创业培训进校园、"青年创业大赛"、农民工创业基金项目选拔赛、创业成功人员报告会、成长型中小企业健康大巡诊、"创业之星"评选、"全民创业一帮一"等形式灵活多样的活动。同时,通过各种新闻媒介,加强了创业宣传。

2. 四川省促进公共就业服务均等化的成效与存在问题

(1)四川省公共就业服务均等化的成效

自开展公共就业服务工作以来,四川省各级部门认真履职,不断创新,在制度体系构建、机构设置与人员配备、经费保障、特殊困难群体就业、职业培训、职业指导、创业服务、信息化建设等方面取得了不俗的成就,具体如下:

①以"新三化"建设和灾后重建为契机,形成了相对完备的公共就业服务制度和比较健全的公共就业服务体系。

实施"新三化"建设以来,尤其是汶川地震后,四川省委、省政府及相关部门审时度势,出台了涵盖就业政策细化、特殊群体就业、创业、职业培训、资金管理、机构建设、就业援助、信息发布、就业与失业管理等方面的公共就业政策体系,为各级地方政府和就业服务机构开展就业服务提供了详细、具体的指导。以此为契机,四川省逐步建立了公共就业服务的联席会议工作制度、基层服务平台建设制度、就业促进制度、就业援助制度、就业失业登记管理制度、创业制度等制度体系,颁布实施了四川省公共就业服务指南和服务标准,提高了四川省公共就业服务的精细化和科学化水平。

不仅如此，经过 30 年的发展，四川省已经基本建成了适应需要的、覆盖城乡的省、市、县（区）、乡（街道）、村（社区）五级公共就业服务体系。其中，省、市就业服务管理局负责拟定相关规划，制定具体的就业政策，指导基层就业服务机构的工作，同时履行组织与协调、资源配置、信息发布、综合管理等职责。区县就业服务管理部门负责动员资源、执行法律、贯彻政策、落实计划，例如拟定本区域内的就业服务政策和发展规划，负责劳动力市场、职业介绍机构的建设和管理工作，组织开展再就业小额贷款、就业训练、失业管理等工作，指导街道、乡镇的信息平台建设，等等。乡镇、街道、社区、村则负责提供具体的公共就业服务，例如宣传相关的政策，提供咨询服务，进行就业失业的登记工作，提供职业指导、职业介绍、农村劳动力转移、职业培训、贷款等。五级就业服务体系为四川省公共就业服务工作提供了良好的组织基础。

目前，各级就业服务机构运转顺畅，为求职者和用工单位等提供了政策咨询（28.1%）、供求双方见面咨询（24.5%）、帮助求职者匹配工作（22.1%）、帮助用工单位匹配（18.2%）等服务[①]，基本满足了求职者和用工单位的需求。

②公共就业服务机构及从业人员不断优化。

2005 年以来，四川省逐步优化公共就业服务机构，将重点放在直接与服务对象打交道的基层服务体系上。为此，四川省采取了两项措施。

其一，整合公共就业服务机构，进行资源的优化配置，使得全省公共就业服务机构的数量逐步减少，人员得以优化。（详见表 8-14）

表 8-14 四川省公共就业服务机构情况

	2009	2010	2011	2012
公共就业（人才）服务机构（个）	473	419	407	354
从业人员（人）	4973	4308	3532	4304

资料来源：《四川省人力资源和社会保障事业发展统计公报》，详见四川省人力资源和社会保障厅网站，http://www.sc.hrss.gov.cn/，访问时间：2013 年 7 月 20 日。

---

① 数据来自课题组的调查结果，此项调查共有 462 份有效问卷，括号中的数字为选择该项服务的比例。

其二，增加街道、乡镇、社区等基层区域公共就业服务机构的数量，拓展服务人员，使基层就业服务的力量大大增强（详见表8-15、表8-16），就业服务机构在高层和基层间的结构得以优化。

表8-15 四川省基层就业服务机构情况（单位：个）

	2008	2009	2010	2011	2012
街道	263	281	283	267	294
乡镇	2734	3700	3640	4154	4093
社区	4096	4575	4330	4994	5197

资料来源：2008年的数据来自《四川省劳动和社会保障事业发展统计公报》，详见2008年《四川日报》；2009—2012年的数据来自《四川省人力资源和社会保障事业发展统计公报》，详见四川省人力资源和社会保障厅网站，http://www.sc.hrss.gov.cn/，访问时间：2013年7月20日。

表8-16 四川省基层就业服务从业人员情况（单位：人）

	2005	2006	2007	2008	2009	2010	2011	2012
街道	778	1167	1006	1254	995	1397	1414	1482
乡镇	4582	4798	4646	4543	6017	6337	7941	9333
社区	6360	8471	7039	5755	7574	7283	8200	8609

资料来源：2005—2008年的数据来自《四川省劳动和社会保障事业发展统计公报》，详见2005—2008年《四川日报》；2009—2012年的数据来自《四川省人力资源和社会保障事业发展统计公报》，详见四川省人力资源和社会保障厅网站，http://www.sc.hrss.gov.cn/，访问时间：2013年7月21日。

如上表所示，2008年以来，无论是街道、乡镇还是社区，基层就业服务机构的数量都呈逐年上升趋势，从业人员也属如此。[①]众所周知，为服务对象提供直接就业服务的主要是基层就业机构，因此四川省采取的这两项措施实现了就业服务机构布局的整体优化，有助于为各种服务对象提供数量更多、质量更高的就业服务，值得称赞。

同时，职业培训与就业训练机构总体稳定。除了政府服务机构外，为服

---

① 由于缺乏2008年以前基层就业服务机构的数据，因此基层就业服务机构数量的统计从2008年开始。

务对象提供培训训练的服务机构，例如技工学校、民办职业培训学校、就业训练中心等，也是公共就业服务机构的重要组成部分。2005年以来，四川省的这类机构数量上总体保持稳定，并通过举办各种各样的培训和就业训练，为四川省的公共就业服务做出了较大贡献。（详见表8-17）

表8-17 四川省培训训练类就业服务机构情况

	2005	2006	2007	2008	2009	2010	2011	2012
技工学校（所）	121	122	119	120	121	116	115	92
民办职业培训机构（个）	1235	1468	1417	1484	1437	1444	1470	1444
就业训练中心（所）	164	160	164	164	159	170	157	158

资料来源：2005—2008年的数据来自《四川省劳动和社会保障事业发展统计公报》，详见2005—2008年《四川日报》；2009—2012年的数据来自《四川省人力资源和社会保障事业发展统计公报》，详见四川省人力资源和社会保障厅网站，http：//www.sc.hrss.gov.cn/，访问时间：2013年7月21日。

③建立健全了公共就业服务的经费保障机制。

有效的经费投入是公共就业服务机构履行职责的根本保障。除2011年和2012年外，四川省对就业服务的经费投入逐年上升，经费支出情况也是如此。（详见表8-18）这表明，四川省已逐步建立了较为稳定的公共就业服务经费保障机制。

表8-18 四川省公共就业服务资金的投入和支出情况（单位：亿元）

	2005	2006	2007	2008	2009	2010	2011	2012
投入	10.3462	12.55	13.09	14.68	19.57	22.24	19.3	20.187
支出	—	21.0186	18.1694	22.9975	25.4355	26.4996	—	—

数据来源：四川省财政厅网站，http：//www.sccz.gov.cn/，访问时间：2013年7月22日。

④有力地解决了特殊困难群体的就业难题，就业工作成效显著。

首先是就业人员总数不断增加，就业结构不断优化。根据四川省劳动（人力资源）和社会保障事业发展统计公报的数据，2005年至2012年，全省每年就业人数维持在4700万—4800万人之间，并以年均12万人的速度增长。其中，城镇就业人数逐年提高，年均增长 28 万人，乡村就业人数逐年下降，年均降幅 18.5 万人。此外，2005 年以来全省新增城镇就业共 563 万人。（详见表 8 - 19）可见，2005 年以来，四川省就业工作取得了巨大成就，不仅就业人员总数稳步上升，而且城乡就业结构不断优化。

表 8 - 19　2005—2008 年四川省就业情况（单位：万人）

	2005	2006	2007	2008	2009	2010	2011	2012
就业总数	4702.0	4715.0	4731.1	4740	4756.5	4772.5	4785.5	4798.3
城镇就业	1228.9	1262.7	1298.4	1310	1345.8	1381.9	1417.5	1455.0
乡村就业	3473.1	3452.3	3432.7	3430	3410.7	3390.6	3368	3343.3
城镇新增就业	57.4	63.1	65.9	63.5	72	75.4	76.1	89.6

资料来源：2005—2008 年的数据来自《四川省劳动和社会保障事业发展统计公报》，详见 2005—2008 年《四川日报》；2009—2012 年的数据来自《四川省人力资源和社会保障事业发展统计公报》，详见四川省人力资源和社会保障厅网站，http：//www.sc.hrss.gov.cn/，访问时间：2013 年 7 月 22 日。

其次是特殊困难群体就业稳步增长。通常，失业人员、"4050" 等救助对象和零就业家庭是就业比较困难的群体，因而也是公共就业服务政策重点扶持的对象。2005 年以来，通过各种技能培训、介绍职业等多种措施，四川省在特殊困难群体的就业工作上取得了较好成绩，共帮助 286.63 万失业人员、82.94 万 "4050" 救助对象实现了就业，13.31 万零就业家庭至少有一人实现了就业。（详见表 8 - 20）

表 8 - 20　四川省特殊困难就业群体的就业情况

	2005	2006	2007	2008	2009	2010	2011	2012
失业人员就业（万人）	43.2	32.5	33	33.1	51.3	35.2	29.53	28.8
"4050" 等救助对象（万人）	9.2	10.2	10.7	10.9	10	11.5	10.94	9.5
零就业家庭（万户）	4.6	1.9	0.7	5.5	0.2558	0.1661	0.1262	0.0628

资料来源：2005—2008 年的数据来自《四川省劳动和社会保障事业发展统计公报》，详见 2005—2008 年《四川日报》；2009—2012 年的数据来自《四川省人力资源和社会保障事业发展统计公报》，详见四川省人力资源和社会保障厅网站，http：//www.sc.hrss.gov.cn/，访问时间：2013 年 7 月 23 日。

其三是农村劳动力输出稳步增长。四川是我国的劳务输出大省。2005年以来,平均每年输出劳动力2083.9万人,实现劳务收入共9957亿元,年均1659.5亿元。劳务输出和劳务收入的数量都呈上升趋势(详见表8-21)。取得如此巨大的成绩,全省各级公共就业服务机构功不可没。

表8-21 四川省农村劳动力输出和劳务收入情况表

	2005	2006	2007	2008	2009	2010	2011	2012
输出数量(万人)	1637.3	1874.1	2002	2023	2173.9	2245.9	2300.5	2414.6
劳务收入(亿元)	—	—	1077	1228	1469.0	1757.9	2035.8	2389.3

数据来源:2005年数据来自四川省人民政府办公厅:《农村劳动力转移与输出》,四川省政府门户网,http://www.sc.gov.cn/scszfxxgkml_2/sbgt_82/gkxx/scgk/200903/t20090313_628310.sht,访问时间:2013年8月4日;2006年数据来自《四川省劳动和社会保障事业发展统计公报》,详见《四川日报》;2007年数据来自:杨三军等:《四川地震灾区:60多万返乡农民工面临再就业难题》,中国网,http://www.china.com.cn/news/txt/2008-07/02/content_15923736.htm,访问时间:2013年8月4日;2008—2012年数据来自《四川省人力资源和社会保障事业发展统计公报》,详见四川省人力资源和社会保障厅网站,http://www.sc.hrss.gov.cn/,访问时间:2013年8月4日。

其四是高校毕业生就业逐步好转。近年来,随着就业岗位减少和毕业生数量的增加,高校毕业生的就业形势越来越严峻,因此促进高校毕业生就业也是四川省公共就业服务的工作重点之一。通过举办高校毕业生服务周和各种招聘会等措施,虽然高校毕业生数量逐年增加,但每年的就业率稳定在84%和87%之间,成效显著。(详见表8-22)

表8-22 四川省高校毕业生就业情况 (单位:万人)

	2005	2006	2007	2008	2009	2010	2011	2012	2013
毕业生人数	14.87	18.5	23.89	26.85	27.63	30.38	31.47	31.3	34.21
就业率(%)	85.55	85.03	84.02	85.15	85.98	84.86	86.18	86.23	84.98

资料来源:四川省教育厅网站,http://www.scedu.net/,访问时间:2013年8月4日。

此外,从2003年起,毕业半年仍未找到工作的毕业生可以进行失业登记,因此促进这类毕业生重新就业成为四川省公共就业服务体系的工作重心之一。实践表明,四川省在这方面也取得了较好的成绩。例如,2011年和

2012年分别有3.2万和3.5万登记失业的高校毕业生实现了就业，2009年、2011年、2012年参加就业见习的毕业生分别是9108人、1.2万人、1.2万人，而2009—2012年在公共就业服务机构的帮助下顺利实现创业的毕业生也分别为5543、4023、3763、4263人①，可见，公共就业服务机构对高校毕业生就业的贡献也不可忽视。

⑤职业培训与职业指导工作成绩明显。

职业培训和职业指导也是公共就业服务的内容之一。2005年以来，四川省对下岗失业人员和农民工等进行再就业培训，累计达541.8万人，培训后就业率均在70%以上。另外，2005年以来，共有49.5万人接受了创业培训，培训后成功创业率在60%以上。（详见表8-23）再就业培训和创业培训较高的成功比率表明，四川省的就业和创业培训工作是比较成功的。

表8-23 四川省再就业培训和创业培训情况

		2005	2006	2007	2008	2009	2010	2011	2012
再就业培训	人数（万人）	28.9	28.6	29.1	27.2	130.1	102.3	107	88.6
	就业率（%）	72.5	70.2	71.2	71.2	—	—	—	—
创业培训	人数（万人）	4.3	5.5	5.4	5.4	6.4	6.8	7.3	8.4
	创业率（%）	87.9	60.3	62.2	63.9	62.4	—	64.8	82.5

资料来源：2005—2008年的数据来自《四川省劳动和社会保障事业发展统计公报》，详见2005—2008年《四川日报》；2009—2012年的数据来自《四川省人力资源和社会保障事业发展统计公报》，详见四川省人力资源和社会保障厅网站，http：//www.sc.hrss.gov.cn/，访问时间：2013年8月4日。

调查发现，就业培训中培训的内容按比例由高到低依次是政策培训（22.5%）、实用技能培训（20.5%）、职业资格技能培训（15.5%）、管理技能培训（14.4%）、常识性知识培训（12.7%）、创业培训（9.0%）②，总体上契合就业培训的内涵，发挥了其应有的作用。受访者对此也表示认可。调查发现，在就业培训中，受访者最满意的服务内容依次是政策宣传、

---

① 数据均来自《四川省人力资源和社会保障事业发展统计公报》，详见四川省人力资源和社会保障厅网站。其中，2010年参加就业见习的毕业生人数缺失。
② 此项调查共有458份有效问卷，括号中的数字为选择该项的比例。

课程内容与需求满足、授课方式、授课教师水平、授课教师态度，可见四川省的就业培训总体上满足了求职者的需要，这也是培训后就业率均在70%以上的原因。

另外，2005年以来，四川省的求职登记和职业指导工作也取得了不错的成绩。如下表所示，2005年以来，四川省的各级各类公共就业服务机构共为求职者提供了1408.5万人次的求职登记服务，平均每年达176万人次。在职业指导上也是如此，除2008年以外，2005—2012年，各级各类就业服务机构共为求职者提供了729.6万人次的职业指导服务，年均104.3万人次。（表8-24）调查发现，受访者最满意的职业介绍服务依次是政策宣传、业务咨询、服务内容与需求满足程度、获取岗位空缺信息的渠道以及信息的质量与真实性，职业指导服务中，受访者对内容与需求满足、政策宣传、服务方式、服务流程比较满意，这表明四川省的职业介绍与职业指导工作基本能够满足求职者的需求。

表8-24 四川省求职登记与职业指导情况表（单位：万人次）

	2005	2006	2007	2008	2009	2010	2011	2012
求职登记	108.5	140.7	172.1	295	299.6	138.0	127.3	127.3
职业指导	94.8	95.9	102.4	——	105.3	124.6	98.2	108.4

资料来源：2005—2008年的数据来自《四川省劳动和社会保障事业发展统计公报》，详见2005—2008年《四川日报》；2009—2012年的数据来自《四川省人力资源和社会保障事业发展统计公报》，详见四川省人力资源和社会保障厅网站，http://www.sc.hrss.gov.cn/，访问时间：2013年8月4日。

⑥以创业促进就业取得初步成效。

经过努力，四川省鼓励创业、勇于创业、崇尚创业的全民创业社会氛围日益浓厚，每年新增的私营企业、个体工商户以及创业带动的就业人数大幅度增加。创业已成为潮流和时尚，成为一种实现自我价值的途径和追求。2010年，全省有城镇私营单位22.8万户、城镇个体单位190.9万户，分别比2006年增加10.7万户、49.4万户；2010年，全省城镇私营单位就业285.9万人、城镇个体就业369.1万人，分别比2006年增加67.9万人、72.7万人。（见图8-8）

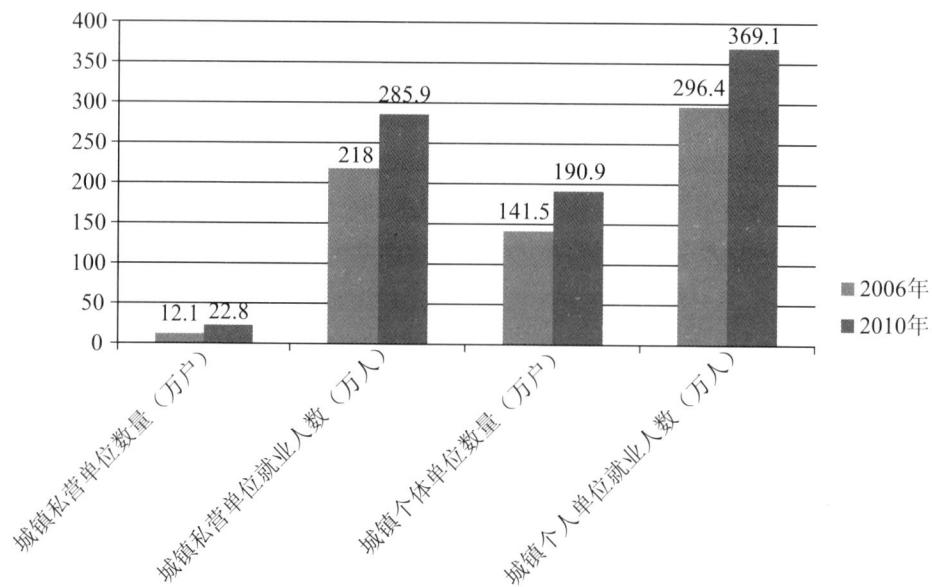

图 8-8　2006 年和 2010 年四川省城镇个体、私营单位数及就业人数

此外，2009 年以来，四川省的就业管理部门加大了创业工作的力度，通过各种措施帮助农民工、就业困难群体等实现自主创业，截至 2012 年，共有 11.6 万人和 33.2 万返乡农民工在各级各类公共就业服务机构的帮扶下实现了自主创业（详见表 8-25）。

表 8-25　2009 年以来四川省创业情况表（单位：万人）

	2009	2010	2011	2012
自主创业	—	3.1	3.7	4.9
农民工回乡创业	7.2	5.3	11.4	9.3

资料来源：《四川省人力资源和社会保障事业发展统计公报》，详见四川省人力资源和社会保障厅网站，http://www.sc.hrss.gov.cn/，访问时间：2013 年 8 月 6 日。

⑦就业服务信息化建设取得显著成绩。[①]

自 2005 年四川启动金保工程建设项目以来，四川省的就业服务信息化

[①] 本部分内容主要根据 2005—2012 年《四川省劳动（人力资源）和社会保障事业发展统计公报》整理而成。

水平不断提升。2006年,全省21个市(州)和省本级的金保工程项目建设全部启动实施,城域网覆盖率达到57%,其中,成都、眉山、阿坝、甘孜等市(州)已完成所辖区县的联网工作。2007年,全省21个市(州)和省本级均建立了互联网门户网站或在政府门户网站设立了二级网站,为社会公众提供政策查询、举报投诉以及办事表格下载等公共服务。成都、眉山、阿坝、甘孜等金保工程示范城市劳动保障数据中心基本建成,全省劳动保障城域网覆盖率达74%,其中,成都、绵阳、眉山、内江、攀枝花、南充、巴中、德阳、乐山、泸州、自贡、雅安、阿坝、甘孜等14个市(州)已完成了所辖区县的联网工作。

2008年,全省已建成省、市二级骨干业务专网,并实现部分网上应用。全省劳动保障城域网覆盖率达到89%,所辖区县实现联网的市(州)扩大到18个,这些地区的劳动保障部门还建立了互联网门户网站或在政府门户网站设立了二级网站。全省有7个市(州)进行了业务系统的本地化工作,新开发的业务系统已经上线运行。成都、攀枝花、绵阳、眉山、内江、南充、阿坝、甘孜8个市(州)及省本级被列为全国金保工程建设示范城市。

2009年8月4日,四川省劳动和社会保障厅发布《基层就业和社会保障公共服务机构信息化建设指导意见》,要求在四川省建立省、市、县、乡四级联通、分级管理的信息系统。当年,省本级和成都、攀枝花等8个市(州)金保工程示范城市数据中心建设基本完成,19个市(州)完成了所辖县(市、区)联网工作,城域网覆盖率达到90%,21个市(州)都开通了劳动保障门户网站。

2010年11月17日发布的《关于印发进一步加强基层劳动就业社会保障公共服务平台和网络建设的通知》中专门提出要加强公共就业服务的信息化建设,并颁布了具体的建设标准。到当年年底,全省共有20个市(州)完成了所辖县(市、区)联网工作,城域网覆盖率达到96.7%。2011年,这一比例增加到99.0%。2012年,21个市(州)全部实现与所辖县(市、区)联网,就业服务信息化建设进步明显,成效卓著。

⑧开创了一些独具特色的公共就业服务与管理模式。

以成都和广元最为典型。成都是四川的省会,2003年开始,成都开始了以城乡一体化、规范化服务型政府和基层民主政治建设为保障的城乡统筹、四位一体科学发展战略,提出了统筹城乡就业的新思路,将失地农民、农村富余劳动力纳入就业和再就业的范畴,为此先后出台了《关于加强我市农村劳动力培训和就业工作的意见》《关于促进城乡充分就业的意见》《关于失地物业人员再就业有关问题的意见》《关于促进农民集中居住区就业工作的意见》《关于进一步做好促进城乡充分就业工作的实施细则》等政策文件,构建了城乡一体的就业服务新模式。表现在:将就业纳入各级领导干部的考核范围,就业试行实名制管理,建立分片定责入户督察机制;建立城乡一体的劳动力市场机制;建立城乡一体的劳动就业培训机制;建立城乡一体的就业援助机制;建立城乡一体的就业优惠扶持政策。总之,成都模式的核心是彻底打破城乡二元分割的格局,将农村居民的就业需求纳入公共就业服务的范畴,致力于缩小城乡间的差距,构建更加均等的公共就业服务模式。

广元是四川省的欠发达地区,但在就业方面也取得了较大的成就,被称为广元模式。广元模式的首要特点是"1+4"的统筹城乡模式。所谓"1+4",是指"培训+产业、企业、创业、就业",其内在关系是以培训为起点,围绕产业发展,鼓励创业,做强企业等方式来促进城乡创业。此外,广元还创造出"基地—订单—培训—鉴定—就业—参保—维权"的农民工工作模式,即通过打造劳动力储备、农民工培训、劳务用工三大基地,与企业签订订单,根据企业用工需求对农民工进行培训和技能鉴定,规范化输出就业,跟踪开展参与社会保障和维权服务。

成都模式和广元模式是四川省公共就业服务中比较有特色的做法,代表着四川省公共就业服务工作的最高水平,值得学习、借鉴。

(2) 四川省促进公共就业服务均等化进程中存在的问题

①就业服务的专职工作人员过少,现有人员的素质与能力有待提高。

课题组调查发现,专职人员少是受访者认为第一个需要解决的问题。亚洲开发银行对四川省公共就业服务体系的研究也得出了同样的结论,他们发现,在四川,基层公共就业服务机构的工作人员存在较大缺口,而且兼职人员比例过高,现有人员的专业水平和学历结构较差。[①] 专职人员过少和现有

---

① 亚洲开发银行项目专家组:《四川省公共就业服务均等化研究》,四川省就业服务管理局未刊稿 2012 年版,第 58—62 页。

工作人员素质与能力较差的现实决定了一些公共就业服务机构不能完全满足求职者和用工单位的多样化需要，就业服务的质量受到严重损害，信息传递也受到了影响。

②就业培训内容与求职者的需要没有有效对接。

调查发现，目前四川省的就业培训机构提供的培训内容按比例由高到低依次是政策培训22.5%、实用技能20.5%、职业资格技能15.5%、管理技能14.4%、常识性知识培训12.7%、创业培训9.0%，而求职者希望获得的培训排序由高到低依次是实用技能24.4%、职业资格技能19.0%、创业培训17.2%、政策培训14.6%、管理技能13.9%、常识性知识培训10.9%[①]，可见，二者存在一些偏差，并没有实现无缝对接。这需要在今后的培训中加以调整。

③就业服务的满意度有待提升。

调查发现，在对就业服务工作环境的调查中，满意和很满意的仅有31.3%，57.9%的受访者选择"一般"，工作人员态度、服务的及时性、解决问题的能力以及整体评价都是如此，选择"一般"的在53.7%到55.2%之间，选择"满意"和"很满意"的依次占32.7%、26%、24.7%、26.3%[②]，这表明四川省公共就业服务的满意度较低，需要采取措施加以提高。

④就业服务的流程需要优化，效果也欠佳。

调查发现，受访者对职业介绍、职业指导、就业培训的服务流程都不太满意，服务效果也是如此，是所有受访者认为最不满意的选项，这表明四川省公共就业服务的服务流程有待优化，服务效果亟须提升。对就业服务面临的主要问题的调查也间接支持这一结论，结果表明，服务效果欠佳是受访者认为第五个需要解决的问题，虽然受访者将服务流程优化列为最后一个需要解决的问题，这仍表明受访者认为服务流程有可以改善的空间。总之，四川省公共就业服务的效果亟须提升，流程亟须优化。

⑤培训的成功率有待提高。

如前所述，目前，四川省就业培训后就业率在七成左右，而创业培训的

---

① 两项调查的有效问卷分别是458份和953份，括号中的数字为选择该项的比例。
② 五项调查的有效问卷分别是297份、297份、297份、296份、297份。

成功率除 2005 年和 2012 年分别为 87.9% 和 82.5% 以外，其余年份的成功率均在 60%—65% 之间，这表明相关机构应继续修正培训内容，提升培训效果，使之符合受训者的需要，进而提高培训的成功率。

⑥经费投入呈下降趋势。

首先，虽然 2005 年至 2010 年，四川省就业专项资金的投入逐年增长，但是到 2011 年和 2012 年，却呈现下降趋势，这有悖于劳动力数量逐年递增的现状。其次，虽然 2006 年至 2010 年，四川省就业专项资金支出呈逐年递增趋势，但它在地方财政支出中所占的比例却逐年下降（详见表 8 – 26）。可见，四川省对就业的经费支出力度正逐渐减弱，这种状况需要改变，以适应劳动力总数不断攀升、就业服务工作量持续增加的现状。

表 8 – 26　2006—2010 年四川省就业支出占财政支出总额的比重（单位：万元）

	2006	2007	2008	2009	2010
就业支出	210186	181694	229975	254355	264996
财政支出总额	13473951	17591304	29488269	35907175	42579806
比重	1.56	1.03	0.78	0.74	0.62

资料来源：财政支出数额来自历年四川省统计年鉴。

⑦信息化建设应走向精细化、人性化，信息公开程度也有待提高。

目前，四川省就业服务的信息化建设已取得了较好的成绩，各地不仅实现了与区县的联网，而且在一定程度上能够做到公开透明。不过，总体上看，当前四川省就业服务的信息化建设存在以下问题。第一，信息系统不够精细化、人性化。例如，人力资源和社会保障厅网站中，站内搜索功能无法使用，政策文件、公告、工作动态等信息也没有分门别类，这些都给使用者造成了极大的不便。第二，相关信息的公开程度有待提高。例如，作为四川省就业服务管理局主办的网站，四川省就业网理应发挥信息库的作用，然而该网站部分信息更新速度过慢，一些板块甚至没有任何可供查询的信息。在已经公布的信息中，也有相当部分是政策文件和法律法规，缺乏关于该部门工作动态的详细、具体、及时的信息，也缺乏相关的统计数据。

⑧公共就业服务体系发展不均衡的现状有待继续改善。

虽然四川省早就开始采取措施解决不同地区间就业服务不均衡的问题，

也取得了一些成绩，但由于城乡二元结构等因素的作用并非一朝一夕就能解决，因此仍需继续努力，消除公共就业服务体系发展的不均衡现状。

首先，城乡间和区域间公共就业服务体系存在较大差距。城市就业服务机构在人员配备、设施设备、经费投入、工作人员待遇、信息化水平等方面明显高于农村地区，这导致城市和乡村之间存在较大的差距，区域间发展不均衡。

其次，基层公共就业服务机构的发展明显滞后。突出表现在：社区和行政村的工作人员配备不足，兼职人员比例过高，现有工作人员的素质难以胜任工作需要，资金投入过低，设施设备配置不达标，信息化水平低。

⑨以创业促就业有待加强。

一是创业服务体系不健全。机构不健全，人员少，工作量大，缺乏资金支持，严重影响了创业公共服务内容的扩展、服务的深化和服务功能的发挥。目前四川省还有约四分之一的市（州）在市、县两级没有创业服务机构；全省有超过一半街道（乡镇）没有创业服务机构（窗口）；绝大多数社区（村）没有创业服务平台。已成立的机构名称不统一，有"创业指导中心（科、股）"，有"创业促就业协会"，有"创业担保有限公司"等等。这些机构多属挂靠和临设机构，全省非独立设置机构占了总机构数的80.9%。同时，创业服务工作人员也严重不足。全省3097个创业服务机构，有创业服务工作人员4409人，平均每个机构不足1.5人。特别是社区（村）级创业服务机构，平均工作人员不足1人。表明相当部分机构只是"挂牌"机构，没有从事此项工作的工作人员。

在这些创业服务工作人员中，非独立设置机构工作人员占73.5%；"聘用/公益性岗位/借调/兼职/临时性人员"占67.0%，其中独立机构临聘人员占64.7%，非独立机构临聘人员占67.9%。可见，相当多创业服务工作人员本身工作不稳定，流动性较大，其业务能力和承载的服务功能难以保证。并且，创业服务的工作经费难以筹措。从调查看，四川省创业公共服务机构的工作经费来源，除少数机构是自收自支外，大部分来有财政经费。全省有财政经费的创业服务机构占86.3%，其中，独立机构有财政经费的占83.0%，非独立机构有财政经费的占87.0%，有财政经费的非独立机构占比略高于独立机构。但是，经费严重不足。全省绝大部分地区没有新增开展创业服务工作的人员编制，工作主要依托现有就业服务机构，人员经费和工作经费也就是从本来就不足的就业服务机构经费中划出的一小部分,再加上,国家和省没有出台开展创业服务给予补助经费的政策,除了一些地区财政安排少量的创业补助资金外,各地筹措经费的途径、能力相当有限。图8-9是四川省各类创业服务工作机构经费来源情况示意图。

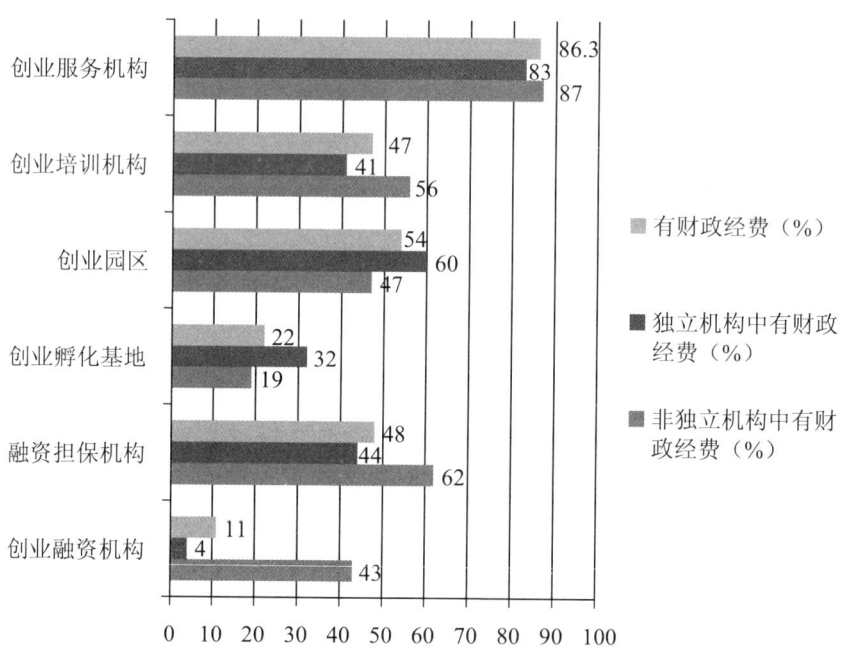

图8-9　四川省各类创业公共服务工作机构经费来源情况

二是创业公共服务质量有待提升。存在创业服务管理不规范。四川省对创业服务没有统一的要求和目标考核,没有相应的规范标准;创业服务的水平不高,提供的创业服务产品相对单一。尽管大多数地区提供的创业服务涉及了咨询服务、信息服务、项目服务、培训服务、融资服务、孵化服务、开业服务以及其他服务等方方面面,但从实际情况看,全省各地仍以政策咨询、小额担保贷款和创业培训为主,远不能满足创业者的千差万别的创业服务需求。创业服务的专业化程度也较低,针对性不强,服务效果不理想。如:创业咨询服务中,各地积极组建由企业家、创业成功人士、专家学者及相关政府部门工作人员共同组成的创业服务专家队伍。但由于没有健全专家激励机制和工作规范，缺乏工作经费，大部分专家都是自愿参与，不能确保专家为创业者提供专业化、针对性的指导服务。

创业项目服务中，受资金不足等因素影响，很多地方难以开展对项目的风险评定、成效反馈等动态评估工作。如一些地区没有对收集的创业项目开展可行性评估；很多地方没有建立创业项目库，不能够为创业者提供更多的有可行性的创业项目；在可提供的创业项目中，多为传统产业项目，农业项目、商贸项目、旅游项目、酿造项目居多，少有高附加值产业项目，多为劳动密集型项目。创业项目的开发、推介力度小，项目利用效率低。

创业融资服务中，大部分地区只开展了小额担保贷款工作，没有其他融资渠道。小额担保贷款政策本身受贷款对象范围窄、贷款额度低、担保基金不足等因素影响，不能满足不同群体创业的融资需求。

创业孵化服务中，由于目前四川省创业孵化园（基地）的数量有限，并且，很多创业孵化园非人社系统开发建设，园内的优惠政策是由多家政府部门共同出台。因此各地对孵化服务涉足不深，主要开展了创业者入园申请受理、向孵化园推荐企业、对创业孵化园或基地的认定，以及为园区企业招工等工作。

三是对大学生等重点群体的创业扶持力度不够。目前针对大学生创业的部分优惠政策由于没有明确具体的部门经办，政策落实还没有完全到位。

四是地区间创业服务能力参差不齐。受各地财政状况、对创业公共服务投入多少等因素的影响，地区间创业服务水平差异明显。从全省各市（州）成立的创业服务机构（窗口）来看，成都（695个）、泸州（395个）、绵阳（386个）、攀枝花（319个）、内江（310个）、德阳（298个）、南充（286个）、宜宾（214个）机构相对完善，八地机构数占全省机构总数的93.8%；从各市（州）创业服务人员配备来看，成都（1184人）、南充（862人）、绵阳（653人）、攀枝花（399人）、宜宾（360人）、内江（339人）情况较好，六市创业服务人员占全省总数的85.9%。

3. 加快促进四川公共就业服务均等化的政策建议

（1）加强顶层设计，整合各种资源，减少就业服务工作的碎片化

由于就业工作涉及众多群体，工作内容也十分复杂，因而需要进行顶层

设计，做好统筹规划，减少因各自为政造成的资源浪费和碎片化。

首先，制定统一的法律法规。目前我国虽然有《就业促进法》，但是它并没有涵盖就业服务的所有方面，一些内容的规定也较为笼统，正因为如此，人力资源和社会保障部、四川省政府、四川省人力资源和社会保障厅等部门又在工作实践中制定了诸多政策文件，这些政策文件虽然帮助四川省完善了相关的政策体系，但不可避免地带来了一个问题，政策文件数量过多（如前所述，四川省政府共制定了18个相关的文件，四川省政府下属的政府部门共制定了32个相关的文件），相互间衔接不够，因此迫切需要对这些政策规定进行梳理，发现其交叉和冲突的地方，进而颁布统一的、更权威的就业服务法规。

其次，以现有的就业工作联席会议制度为载体，加强统筹规划，整合各种资源，减少碎片化。第一，加强省、市（州）、县（区）、乡（街道）、村（社区）就业服务机构的沟通协调，整合各个层级的就业服务机构，减少重复和交叉。第二，建立培训联络小组，相关部门和培训主办方参与。小组的作用是定期沟通各自的培训计划、培训信息，以减少重复培训，整合培训资源。第三，整合就业服务资源，形成合力。例如，可以将创业培训、自主创业培训、创业融资等整合在一起，形成创业培训的一条龙服务。再比如，可以在基层建立一站式服务中心，实现设施设备、信息、职业介绍、职业指导等资源的共享，以减少重复和交叉，提高资源利用率。第四，优化就业服务流程，尽量减少不必要的重复、等待，提高服务效率。

（2）进一步促进公共就业服务的均等化

第一，加强基层就业服务机构建设，增强基层公共就业服务机构的人员配备，减少兼职人员的比例，尽可能地使用专职人员，并提高基层就业服务人员的素质和能力。其一，增加基层就业服务机构的人员录用。首先，明确录用的标准，如至少应有大专以上的学历，具备相关的专业知识。其次，坚持公开、公平、公正的原则，通过考试、考核等方式公开招聘，择优录用。再次，将"三支一扶"、大学生村官、西部志愿者等充实到基层就业服务机构中。其二，加强基层服务人员的培训。例如可规定所有人员每年应至少参加一次以上的业务知识培训，再比如可以要求所有新进人员必须参加见习，获得相关的资质和经验后方可上岗。其三，条件成熟时可以考虑建立就业服务人员资格认定制度，提高从业人员的专业化水平。

第二，解决城乡间就业服务人员工资待遇不同、服务场所面积差异较大、信息传输设备配置水平不同、办公设备配置不均等问题，缩小城乡间、区域间的差距。

第三，注意解决由于信息化带来的城乡间、不同群体间的断裂和鸿沟问题。例如，在少数民族地区和偏远地区，求职者的文化素质可能比较低，不会使用先进的信息技术设备，因此信息化的后果是将他们排除在就业服务体系之外，此时就需要防止因为信息化而带来新的不均等。正确的做法是为这类群体配备专门的服务人员，用传统的讲解、传授、手把手帮扶等方式为他们提供服务。

（3）健全公共就业培训制度

首先，修正就业培训的内容，使之契合求职者的需要，即减少政策培训的内容，增加实用技能、职业资格技能和创业培训。其次，在对就业困难群体进行培训时增加基础知识教育的内容，提升其文化素养。再次，加强在职培训，对企业内部培训予以政策扶持和补贴，提高企业参与职业培训的积极性。

（4）改善创业服务

一是健全创业服务体系。机构不健全、人员少、工作量大、缺乏资金支持是目前四川省创业服务体系亟须解决的问题，因此应该：在没有设立创业服务机构的区域设立创业服务机构；规范创业服务机构的名称；明确创业服务机构的性质，解决挂靠在其他单位等问题；通过明确身份、确保待遇等方式稳定创业服务工作人员队伍；加强对创业服务的经费支持，确保其能正常开展工作。

二是提升创业公共服务品质。主要是：规范创业服务管理。制定统一的创业服务标准；改变以政策咨询、小额担保贷款和创业培训为主的局面，满足创业者的千差万别的创业服务需求；提升创业服务的专业化程度；开展创业项目的风险评定、成效反馈等动态评估工作；拓展除小额担保贷款以外的其他融资渠道；增加创业孵化园（基地）的数量，提升服务品质。

三是加大对大学生等重点群体的创业扶持力度，确保相关政策落实到位。

四是改变地区间创业服务能力参差不齐的现状。受各地财政状况、对创业公共服务投入多少等因素的影响，目前，成都、泸州、绵阳、攀枝花、内江、德阳、南充、宜宾等地创业服务能力较强，其他地区较差，未来应该改变这种现状，增强其他地区的创业服务能力，实现各地创业服务的均衡化发展。

(5) 改善政府的监督和管理

要确保经费投入的稳定增长，切实保障公共就业服务的资金支持。建立潜在顾客的需求发现机制，以提高服务的针对性和质量。例如，如何发现就业困难群体的需求，从而提供他们需要的培训和其他相关服务，帮助其顺利实现就业，而不是根据管理部门的需要和便利提供自己认为适当的服务，等。这一点非常重要，现实中之所以就业服务工作存在这样那样的问题，一个重要的原因是政府根据自己的判断制定并执行政策，而忽略了潜在顾客的真实需求，结果政府出了力，顾客还不买账。这样的例子很多，需要管理和服务部门时刻注意。强化劳动力市场供求预测机制，加强政策和工作的针对性。强化公共就业服务的绩效管理，建立监测评估制度，加强对政策实施效果的跟踪分析，例如，对获得补贴的服务对象的实际状况应进行持续追踪，以确定其按照需要获得相应补贴；建立公共就业服务监督员制度，加强对就业服务工作的督察。完善就业信息、数据的收集、分析、发布制度；促使各级部门将工作重点放在服务效果上，增强服务的及时性和工作人员解决问题的能力，提升工作绩效，督促服务人员改进工作态度，进而提升服务的满意度。提升信息化建设的精细化和人性化，提高信息公开程度，例如，完善政府门户网站的设计，对政策文件、公告、工作动态等信息分门别类，以方便使用者；及时发布与就业服务有关的信息。提高管理与服务的精细化水平，例如对求职者进行分类管理，引入心理咨询师、人力资源管理师等专业人员，提高咨询服务的科学化水平。

(6) 构建政府与市场、社会的良性治理关系

当前，政府向社会购买公共服务已成为我国公共物品供给的重要方式之一，得到了国家的认可，四川省就业服务管理部门应以此为契机，构建政府与市场、社会之间的良性共治关系，为其他地方提供参考借鉴。

第一，向市场、社会分权，赋予基层就业服务机构更大的自主性。可以考虑在理清权责的基础上，合理划分各个层级就业管理部门的职责，将执行性、应急性的工作下放给更低层级的部门，并赋予其更大的权限。其二，对

于那些不需要政府提供的就业服务,应该考虑将其交给市场或社会提供。例如,截至2012年,四川省已有1444个民办职业培训机构,还有92所技工学校,这些机构完全可以承担就业培训和创业培训工作,政府应该探索在现有的基础上赋予他们更大的职责权限,提高培训质量。

第二,积极鼓励民间机构参与公共就业服务,构建合理的公共就业服务新模式。首先,可以采用服务外包、发放优惠券、使用者付费的方式,鼓励市场力量和社会组织参与就业服务的提供,打破公共就业机构的垄断,形成公私部门的良性竞争关系。事实上,这样的做法在美国、英国、荷兰、瑞典、日本等国家十分普遍,已有成功的经验可供借鉴。在此情况下,管理部门需要做的是制定相关的规范和手册,明确各自的职责,对承包方等进行监督,以确保服务质量。其次,在参与放权的基础上构筑合作伙伴关系。通常,就业服务中的服务人员、服务设施和服务信息是可以共享的,因此管理部门应该以此为基础探索政府与市场、社会的良性伙伴关系,进而发挥各自的优势,共同提高就业服务的品质。

(四) 四川省社会保险基本公共服务均衡化调查报告

完善社会保险基本公共服务体系,是四川省"十二五"期间保障公民生存发展基本需要、构建和谐社会的重大举措之一。近年来,四川省社会保险基本公共服务逐步由城镇向农村、由职工向居民扩展,覆盖面进一步扩大,保障水平逐步提高。在成就背后,四川省社会保险基本公共服务在规模和质量上还不能满足日益扩大的社会需求。在总结经验的同时,四川省需要以供给充分、发展均衡、方便可及、群众满意为目标,为全省人民提供全面、公平、可持续的社会保险基本公共服务。

1. 四川省社会保险基本公共服务均等化取得的成绩

(1) 基本养老保险制度全面实施

20世纪90年代末,四川省就已经步入老龄化社会。第六次人口普查显示[1],四川省60岁及以上人口数占总人口数的比例为16.30%,65岁及以上人口

---

[1] 国家统计局全国第六次人口普查,国家统计局网站,http://www.stats.gov.cn/,访问时间:2012年2月28日。

数占总人口数的比例为10.95%,老龄化形势十分严峻。

社会养老保险是老龄人口公共服务中的基础环节,完善的基本养老保险制度可以为老年人提供稳定的经济来源。四川省早在1985年就开始试点城镇企业职工养老保险费用社会统筹由企业保险向社会保险转变。经过了30年的发展,四川省已经建立了城镇职工基本养老保险、新型农村社会养老保险和城镇居民社会养老保险制度,针对老龄人口的社会保险基本公共服务得以全面实施。

①城镇职工基本养老保险省级统筹顺利实现。

提高城镇职工基本养老保险统筹层次,是增强制度抵御风险能力、推动人力资源合理流动、提高基金使用效率、促进基金规范运行的现实需要,也是增进养老保险基本公共服务均等化的重要手段。近年来,四川省积极推进城镇职工基本养老保险省级统筹,公共服务能力和水平明显提高。

首先,参保扩面成果显著。"十一五"期间,城镇职工基本养老保险参保人数显著增长。2010年末全省参保人数达到1300.86万,比2005年末增长了512.95万人,年均增长率高达10.55%。(见表8-27)①"十二五"开局阶段,城镇职工基本养老保险参保扩面继续保持良好势头,2012年底,全省城镇职工基本养老保险参保人数达1479万人,较上年净增120万人,完成全年目标任务的104%。②按照这样的趋势,四川省有能力完成"十二五"期间的参保扩面任务。③

表8-27 四川省"十一五"时期城镇职工基本养老保险参保人数及增长率

年份	人数(单位:万人)	增长率
2005年	787.91	4.39%
2006年	842.65	6.95%
2007年	917.39	8.87%

---

① 根据2008—2011年《四川统计年鉴》和《四川省人力资源和社会保障事业发展统计公报》计算。

② 四川省人社厅:《四川省养老保险工作相关情况》,四川省人社厅提供内部资料。

③ "十二五"期末,四川省城镇职工基本养老保险参保人数预计达到1754万人。见《四川省人力资源和社会保障事业发展"十二五"规划纲要》。

续表

年份	人数（单位：万人）	增长率
2008 年	1017.86	10.95%
2009 年	1176.18	15.55%
2010 年	1300.86	10.60%

数据来源：根据2008—2011年四川统计年鉴和四川省人力资源和社会保障事业发展统计公报计算。

其次，基金安全得以保障。"十一五"期间，四川省城镇职工基本养老保险基金收入增长迅速。2005年全省基金征缴收入仅为189.88亿元，2010年已达到670.89亿元，年均增长率为28.71%。（见图8-10）考虑中央及地方财政补贴，2010年四川省城镇职工基本养老保险基金收入805.4亿元，当年结余195.2亿元，累计结余达到928.4亿元，结余基金可以保证的待遇支付时间超过18个月，基金的安全性得到了有效保障。①

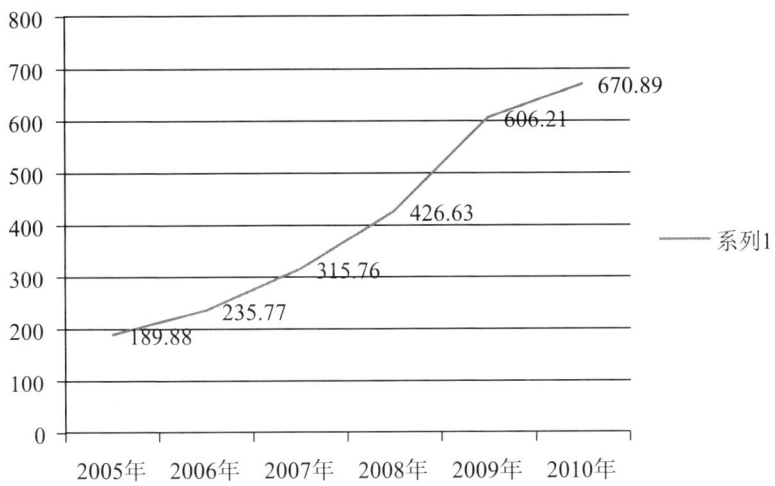

图8-10 四川省"十一五"时期养老保险基金收入总额（单位：亿元）

数据来源：2008—2011年《四川省统计年鉴》，四川统计网站。

---

① 四川省人社厅：《四川省人力资源和社会保障事业发展统计公报》，2010年。

再次,待遇水平不断增加。"十一五"期间,城镇职工基本养老保险待遇水平持续上调。进入"十二五",四川省按照国家部署继续提高养老金待遇水平,2012 年调整后的人均月养老金达到了 1412 元。与此同时,四川省继续深化养老待遇社会化管理,养老金按时足额发放率和社会化发放率保持 100%。[①]

②新型农村社会养老保险全面试点。

2009 年,四川省颁布了《四川省新型农村社会养老保险试点实施办法》[②],在全省范围内试点新型农村社会养老保险(以下简称"新农保")。仅两年时间,全省纳入试点的县(市、区)已达到 127 个,参保人数达到 1514.4 万人。[③] 预计到"十二五"期末,四川省新农保覆盖人口数将达到 2700 万人。[④]

新农保试点范围的扩大,也使得基金规模和受益人群不断增长。2010 年四川省新农保基金总收入仅为 29.8 亿元,享受待遇人口 201.6 万人。[⑤] 到 2011 年,全省新农保基金总收入达到 83.6 亿元,比上年增加 53.8 亿元,基金累计结存也达到了 71.2 亿元,全年享受新农保待遇 616.4 万人,比 2010 年末增加 414.8 万人。[⑥]

③城乡居民社会养老保险推广迅速。

2011 年,四川省颁布了《四川省城镇居民社会养老保险试点实施办法》[⑦](以下简称《办法》)。《办法》坚持统筹城乡的原则,积极推进城镇居民社会养老保险与新农保的整合,促进了养老保险基本公共服务的城乡均等。

经过整合,四川省城乡居民社会养老保险得到迅速推广。截至 2012 年年底,全省城乡居民社会养老保险参保人数达 2828 万人,完成省政府民生工程目标任务 1560 万人的 181%;60 岁以上领取养老金待遇人数达 1028 万

---

① 四川省人社厅:《四川省养老保险工作相关情况》,四川省人社厅提供内部资料。
② 四川省人民政府:《四川省新型农村社会养老保险试点实施办法》(川府发〔2009〕35 号),2009 年。
③ 四川省人社厅:《四川省人力资源和社会保障事业发展统计公报》,2011 年。
④ 《四川省人力资源和社会保障事业发展"十二五"规划纲要》。
⑤ 四川省人社厅:《四川省人力资源和社会保障事业发展统计公报》,2010 年。
⑥ 四川省人社厅:《四川省人力资源和社会保障事业发展统计公报》,2011 年。
⑦ 四川省人民政府:《四川省城镇居民社会养老保险试点实施办法》(川府发〔2011〕30 号),2011 年 9 月 1 日。

人；基金收支规模不断扩大，累计结余达 164 亿元。①

通过城乡居民社会养老保险的推广，四川省居民实现了由传统家庭养老向现代社会养老的转变。养老保险基本公共服务也完成了由覆盖城镇职工向覆盖城乡人口、由单一保障向多层次保障的转变。

（2）基本医疗保险制度全面覆盖

①城乡医疗保险体系基本形成。

四川省基本医疗保险制度由城镇职工基本医疗保险、城镇居民基本医疗保险（以下简称"居民医疗"）、新型农村合作医疗保险（以下简称"新农合"）组成。部分地区整合了居民医疗和新农合，建立了城乡居民基本医疗保险，实现了城乡之间医疗保险基本公共服务均等化。

从制度覆盖的情况来看，各项基本医疗保险制度均保持了较高的参保（合）率。2011 年末，全省参加城镇基本医疗保险人数 2254.8 万人，参保覆盖率 96.1%。其中参加城镇职工基本医疗保险 1175.5 万人，参保覆盖率 95.4%；参加城镇居民医疗保险 1079.3 万人，参保覆盖率 96.2%。② 新农合覆盖率稳定在较高水平，2012 年四川省参合人数达 6226.04 万人，涉农县参合率达到 98.7%。③

②医疗保险报销水平大幅提升。

在扩大制度覆盖面的同时，基本医疗保险的保障水平大幅提升。

第一，基本医疗保险报销比例不断提高。随着深化医药卫生体制改革的推进，近年来四川省基本医疗保险住院报销比例不断提高。2011 年，城镇职工和城镇居民基本医疗保险住院费用政策范围内报销比例分别提高到 80.8% 和 70.5%④，新农合住院费用政策范围内报销比例也达到了 52.30%⑤。

第二，基本医疗保险支付限额不断提高。2010 年，城镇职工基本医疗

---

① 四川省人社厅：《四川省养老保险工作相关情况》，四川省人社厅提供内部资料。
② 四川省人社厅：《四川省人力资源和社会保障事业发展统计公报》，2011 年。
③ 《四川省 6226 万农民参加新农合 参合率 98.71%》，四川新闻网网站，http：//scnews.newssc.org/system/2012/10/24/013654626.shtml，访问时间：2012 年 10 月 24 日。
④ 四川省人社厅：《四川省人力资源和社会保障事业发展统计公报》，2011 年。
⑤ 《四川省 6226 万农民参加新农合 参合率 98.71%》，四川新闻网网站，http：//scnews.newssc.org/system/2012/10/24/013654626.shtml，访问时间：2012 年 10 月 24 日。

保险支付限额平均达到14.2万元，是上年四川省全部单位职工平均工资的6.13倍，居民医疗支付限额平均达到8.3万元，是上年四川省居民人均可支配收入的6.0倍[1]；2011年又增长为16.4万元和9.5万元[2]。新农合支付限额也不断提高，目前四川省新农合各地最高支付限额每人每年不得低于10万元。[3]

③财政保障力度不断提高。

基本医疗保险制度的全面覆盖，很大程度上源于财政保障力度的提高，各级政府补贴成为基本医疗保险的重要筹资渠道。2011年，城镇职工基本医疗保险基金中央财政补贴6.7亿元，各级地方财政补贴5.0亿元；城镇居民基本医疗保险基金中央财政补贴9.6亿元，各级地方财政补贴6.3亿元。目前，居民医疗和新农合人均筹资中政府补助额度达到了280元。

(3) 失业、工伤、生育保险制度稳步推进

①失业保险保障范围加大。

"十一五"期间，四川省失业保险的保障范围不断扩大，为"十二五"建立有效的失业保险公共服务奠定了基础。

其一，参保人数逐年稳步上升。截至2011年，失业保险参保人数达544.6万人（见图8-11）；参加失业保险的农民工人数也从2009年的26.8万人上升为2011年的63.6万人。

其二，基金利用率得以提升。除了失业保险金支出和失业人员基本医疗保险缴费外，四川省还将失业保险基金应用于职工培训及职业介绍补贴等就业援助项目。此外，四川省将失地农民纳入了失业保险。2011年，有26.6万名失地无业农民被纳入失业保险范围并领取失业保险金或就业补助金，为0.7万农民工提供了生活保障。[4]

---

[1] 四川省人社厅：《四川省人力资源和社会保障事业发展统计公报》，2010年。
[2] 四川省人社厅：《四川省人力资源和社会保障事业发展统计公报》，2011年。
[3] 四川省卫生厅、四川省财政厅：《关于下发2013年新型农村合作医疗统筹补偿方案的通知》，http://www.scwst.gov.cn/index.php/2012-07-24-12-50-21/5541-2013，访问时间：2012年7月24日。
[4] 四川省人社厅：《四川省人力资源和社会保障事业发展统计公报》，2011年。

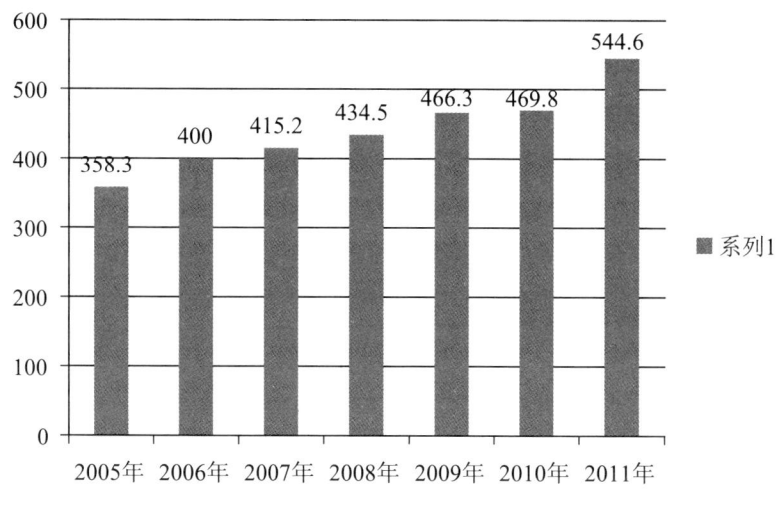

图 8-11 四川省失业保险参保情况（单位：万人）

数据来源：2011年《四川省统计年鉴》，四川统计网站。

②工伤保险保障能力提升

近年来，四川省工伤保险的保障能力逐步提升。第一是普遍保障和重点保障有机结合。2011年末全省参加工伤保险人数650.8万人，其中农民工208.7万人，增加21.9万人；高风险企业152.0万人，增加18.3万人。工伤保险的重点保障群体占总参保人数的55%。第二是工伤保险的待遇水平连续提高。2011年为6.4万名工伤人员提高了工伤保险待遇。第三是工伤保险的基金规模稳步增长。2011年，工伤保险基金总收入20.4亿元，比上年增加7.9亿元。其中征缴收入16.6亿元，增加4.5亿元，当期征缴率96.0%；全年基金总支出12.3亿元，比上年增加3.8亿元；年末基金累计结存达30.0亿元。①

③生育保险扩面效果显著。

近年来，四川省生育保险的扩面效果显著。"十一五"期间，四川省生育保险保持了每年约50万人的扩面速度，2011年的扩面人数更达到了

① 四川省人社厅：《四川省人力资源和社会保障事业发展统计公报》，2011年。

117.5万人。（见图8-12）2011年末，全省参加生育保险人数达到601.7万人，已经超过了"十二五"期间560万人的覆盖目标。

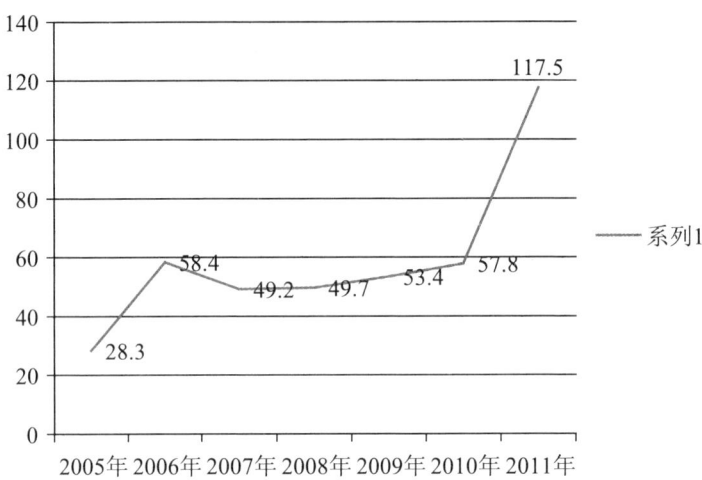

图8-12 四川省生育保险参保人数比上年度增长情况（单位：万人）

数据来源：根据2011年《四川省统计年鉴》计算。

（4）社会保险公共服务能力不断提升

①经办服务队伍不断壮大。

稳定、高素质的社会保险经办服务队伍是落实社会保险公共服务的保障。近年来，四川省在扩充社会保险经办服务队伍的同时，注重经办业务的下沉，建立了一批街道（乡镇）、社区社会保险服务机构。2011年，全省共有公共就业（人才）和社会保障公共服务机构32358个，从业人员65864人；其中社会保险经办服务机构533个，从业人员8764人；街道就业社保工作机构267个，从业人员1414人；乡镇就业社保工作机构4154个，从业人员7941人；社区就业社保工作机构4994个，从业人员8200人。①

②信息化程度不断提高。

社会保险基本公共服务信息化是服务质量和服务效率的保障。截至2011年，四川省本级和成都、攀枝花等八个市（州）金保工程示范城市数

---

① 四川省人社厅：《四川省人力资源和社会保障事业发展统计公报》，2011年。

据中心建设基本完成①;全省 21 个市(州)全部完成了所辖县(市、区)联网工作,城域网覆盖率达到 99.0%;全省 21 个市(州)全部开通了劳动保障门户网站和 12333 劳动保障咨询服务电话。

2. 四川省社会保险基本公共服务均等化存在的问题

(1) 基本养老保险制度仍需完善

①养老金正常调整机制仍未建立。

从四川省当前的情况来看,与经济发展、工资增长和物价水平相适应的企业退休人员基本养老金、新型农村社会养老保险和城镇居民社会养老保险水平正常调整机制尚未建立。自 2005 年起,国家连续九年较大幅度调整企业退休人员基本养老金水平。四川省也依照国家政策,连年提高企业退休人员的基本养老金水平。然而,虽然待遇水平在逐年按照一定比例提高,但是养老金调整的机制并没有真正建立起来。这会产生一系列的影响,一方面提高幅度难以把握;另一方面,在激励参保积极性方面易产生负面影响。因此,从长远发展趋势来看,建立企业退休人员基本养老金,以及城乡居民养老保险基础养老金的正常调整机制势在必行。②

②养老保险制度之间无法顺畅衔接。

从我国当前社会保障制度的发展情况来看,以养老保险为例,存在同种制度下跨统筹区域转移接续不畅,以及同一统筹区域内不同养老保险制度之间无法顺畅衔接等现实问题。以四川省的情况来看,存在不同养老保险制度之间转移接续不畅的特点,例如城镇职工养老保险和城乡居民养老保险之间无法顺畅衔接的问题。只有解决了不同制度之间的政策衔接问题,才能够更好地保障广大城乡参保人员的权益。2012 年年底,人社部发布了《城乡养老保险制度衔接暂行办法(征求意见稿)》③(以下简称《征求意见稿》)公开征求意见。《征求意见稿》指出,目前一些地区已经根据自身实际规定了一些接续办法,为统一规范操作,保障在全国范围流动的参保人员的养老保险权益,本办法实施后,各地要以本办法为准调整相关政策,本办法作为暂

---

① 四川省人社厅:《四川省人力资源和社会保障事业发展统计公报》,2011 年。
② 郝晓明:《浅谈我国养老金双轨制》,《东方企业文化》2013 年 1 月,第 170 页。
③ 人力资源和社会保障部:《城乡养老保险制度衔接暂行办法(征求意见稿)》,人社部网站,访问时间:2012 年 10 月 24 日。

行办法,将根据实际运行情况,总结经验,不断改进完善。从四川省具体实施情况来看,仍存在具体办法不够统一完善等弊端,需要进一步从制度层面加以明确,以保证各项制度之间的顺畅衔接。

③机关事业单位养老保险改革基本停滞。

2012年末参加机关事业单位养老保险134.2万人,与上年末基本持平,其中离退休人员32.9万人,增加0.5万人。

机关事业单位和企业职工的养老保险待遇"双轨制"现象,长期以来受到广大参保者,尤其是非机关事业单位参保者的诟病。从当前全国的情况来看,机关事业单位养老保险的改革基本停滞,四川省内的情况也不例外。谈及事业单位养老金的改革方案,在2009年初,国家以山西、上海、浙江、广东、重庆五个地区作为进行事业单位的养老保险制度改革的试点,而从试点情况来看,进展甚小。从四川省的具体实施情况来看,针对"机关事业单位社会保险制度改革"的政策制定,"事权"在国家层面,在国家出台相应政策及具体实施办法前,我省尚未真正启动关于"机关事业单位社会保险制度改革"的工作。此外,尽管在2008年2月,国务院常务会议讨论并原则通过了《事业单位工作人员养老保险制度改革试点方案》,但四川并未被纳入试点省市,因此针对"事业单位养老保险制度"的改革,我省也尚未真正启动。虽然四川省部分地区已自行开展"事业单位养老保险"改革试点工作,但试点内容仅限于养老保险的费用统筹,在这一方面,于1993年开始进行试点工作,1995年10月开始在全省全面铺开,全省大部分地区都实行了机关公务员和各类事业单位职工都参加的机关事业单位社会保障制度改革,只有少部分地区例如成都市的改革没有涉及机关公务员。[①] 从费用统筹的改革来看,机关事业单位社会保障制度改革在四川省从试点到全面铺开已十多年,取得了一定进展的同时,也遇到了不小的阻力。并且,国家仍未出台统一的政策法规,以至于从当前情况来看,事业单位的分类改革以及消除养老保险制度"双轨制"的工作,仍基本处于停滞状态,未取得更可观的成效。

---

① 杨伶:《关于机关事业单位社会保障制度改革的几点启示》,《法制与社会》2008年第3期,第274—275页。

(2) 基本医疗保险制度亟待整合

①城乡医保制度尚未统一。

城乡医疗保险制度尚未统一是全国范围内均普遍存在的现象。当前，在全国大部分地区，覆盖城镇居民的医疗保险和覆盖农村居民的新农合，在起付线、报销比例、药品目录、报销封顶线等方面都不尽相同。从四川省的具体情况来看，需要进一步整合城乡居民基本医疗保险制度，实现城乡居民基本医疗保险在制度上的平等，以及实现各项资源的共享。

②基本医疗门诊统筹推广较慢。

四川省自2009年开始在全省范围内推广基本医疗的门诊统筹，然而发展至今，推广工作总体进展仍然较慢。例如门诊常见病、多发病纳入门诊统筹范围的具体规定仍不详尽，门诊费用报销比例有待提高，以及基层医疗卫生机构门诊费用报销比例应高于医院的政策制定等仍有待完善。① 举例来看，巴中市2010年，按每人每年30元标准建立普通门诊统筹基金，普通门诊治疗费起付标准每次为200元，普通门诊统筹基金支付比例为30%，一个自然年度内累计最高支付限额为200元②；广安市2011年，门诊医疗费由门诊统筹基金按30%的比例进行报销，统筹年度每人最高报销标准为100元。③ 可见，各地市州的门诊统筹标准尚未统一，且报销比例有待提高。

③重特大疾病保障机制不完善。

在2013年的政府工作报告中，首次提出"建立重特大疾病保障和救助机制"，这意味着医疗保障程度将进一步加强。就四川省当前的具体情况来看，尚未全面建立起重特大疾病的保障机制。儿童白血病、先天性心脏病等重大疾病医疗保障水平不足，导致重特大疾病患者的因病致贫的情况仍存在。四川省在简阳等地开展了重特大疾病保障机制的试点工作，取得了一定的进展，然而重特大疾病保障机制的建立是一项复杂的工程，需要逐步探

---

① 四川省劳动和社会保障厅、四川省财政厅：《关于开展城镇居民基本医疗保险普通门诊医疗费用统筹的指导意见》（川劳社发〔2009〕22号），四川省人民政府网站，http://www.sc.gov.cn/，访问时间：2009年8月5日。

② 巴中市政府：《巴中市城镇居民基本医疗保险普通门诊医疗费用统筹管理办法》，四川省人民政府网站，http://www.sc.gov.cn/2010-11-15，访问时间：2010年11月15日。

③ 《四川广安3月1日起实行城镇居民基本医疗保险门诊统筹》，http://www.chashebao.com/yiliaobaoxian/3255.html，访问时间：2010年2月26日。

索，逐步完善。

④异地就医结算困难。

由于当前基本医疗保险关系转移接续办法和医疗费用结算办法不够完善，当前暂未全面实现统筹区域内和省内异地就医即时结算以及跨省异地就医结算。异地就医即时结算困难，使就医者需要个人垫支医疗费用，且就医垫支费用后需要繁琐的手续，跑各个部门去报销医疗费用，给参保者带来一系列的负担。部分参保者甚至因为无法垫支高昂的医疗费用，而耽误就医时间。《社会保险法》第29条规定：参保人员医疗费用应当由医保基金支付部分，由社保经办机构与医疗机构、药品经营单位直接结算；社会保险行政部门和卫生行政部门应当建立异地就医医疗费用结算制度，方便参保人员享受基本医疗保险待遇。然而落实到实际情况则是，由于医保统筹层次低、各统筹地区标准不一、异地就医联网结算尚有难度等原因，参保人真正实现异地"无障碍"就医、即时报销尚未全面实现。从四川省的实践情况来看，四川正筹建异地就医机构——异地就医结算管理中心。该中心的职责包括，为负责全省异地就医结算管理系统的建设和运行维护；负责组织实施市（州）异地就医结算业务的综合管理和业务指导；负责省际就医结算业务的拓展运行管理。跨市就医结算方面，2010年，成都、德阳、绵阳、遂宁、乐山、雅安、眉山、资阳八市共同签署了《成都经济区劳动保障区域合作框架协议》。① 2011年9月16日，经成都、广元两市政府协商，两市人社局签署了《成都——广元人力资源和社会保障区域合作框架协议》，推进异地就医即时结算。跨省就医结算方面，成都市医疗保险管理局和广州市医疗保险服务管理局还正式签订了《广州市、成都市医疗保险参保人员异地就医经办框架协议书》，重庆市社保局与四川省医保局签订了《重庆市和四川省医疗保险异地就医即时结算合作协议》。川渝两地将逐步建立异地就医结算合作制度和异地就医协查机制，拓展合作领域，最终实现双方医疗保险参保人员的无障碍就医、结算。② 当然，从现阶段的具体情况来看，仅仅达成协

---

① 《四川正筹建异地就医机构：异地就医结算管理中心》，四川新闻网，http://scnews.newssc.org/2009cdxw/，访问时间：2013年2月18日。

② 四川新闻网：《川渝异地就医有望即时结算》，http://news.chengdu.cn/content/2013-03/21/content_1183461.htm? node=583，访问时间：2013年3月21日。

议，或者只限于城市之间达成协议（例如广州市和成都市），推动的力度不够，仍未能全面解决异地就医结算的问题。

（3）失业、工伤、生育保险制度仍有缺陷

除上述养老保险和医疗保险仍存在有待改善的方面外，综观四川省当前的社会保险制度，其余各项险种在制度层面仍存在一定的缺陷。主要体现在如下几个方面。第一，失业保险基金利用率偏低；失业保险基金的收入远大于支出，以2011年为例，全年失业保险基金总收入61.0亿元，全年基金总支出17.2亿元，其利用率偏低。[①] 第二，尚未建立预防、补偿与康复相结合的工伤保险机制；在工伤保险的费率浮动、工伤预防、工伤康复、农民意外伤害等政策建设方面，仍存在不足。第三，城乡居民生育保险制度有待完善。

（4）社会保险公共服务能力难以满足需要

从四川省当前的社会保险公共服务能力建设来看，其综合能力仍有待提高。主要可从两个方面来看：第一，社会保障的服务能力需要加强；具体体现在人力资源队伍的进一步构建，服务中心以及服务网点的建设，例如服务中心和服务网点的数量以及质量上均有待加强。第二，社会保障卡发放工作进展缓慢；从省内实际来看，需要进一步加强配套硬件建设，增发社会保障卡，进而提高社会保险公共服务能力。第三，社会保险的政策宣传力度不足；当前主要依靠政府部门的门户网站以及社会保险经办机构来宣传社会保险各项政策，宣传方式、途径、简易化程度均有待提高。

结合课题调研的情况来看，第一，社会保险服务机构和服务网点的建设有待加强；仍有33.9%的参与调查者表示，其所在地区无社会保险"一站式"服务机构（见图8-13）；有43.1%的参与调查者表示，其所在社区（村、街道）没有社会保险服务网点。（见图8-14）第二，社会保障卡的发放工作需加强；结合调查统计结果来看，超过60.0%的参与调查者没有全国统一的社会保障卡。（见图8-15）第三，社会保险政策的普及程度不足；结合调查情况可以发现，有接近40.0%的参与调查者表示对当地社会保险政策不太了解，甚至完全不了解，有41.2%的参与调查者表示，对所在地

---

① 四川省人社厅：《四川省人力资源和社会保障事业发展统计公报》，2011年。

区的社会保险政策的了解程度一般。(见图8-16)第四,可探索社会保险申报缴纳流程的进一步简化,从本次调研的统计结果显示,有43.9%的参与调查者表示,当前申报社会保险的便利程度一般,少数参与调查者表示申报流程不便。(见图8-17)

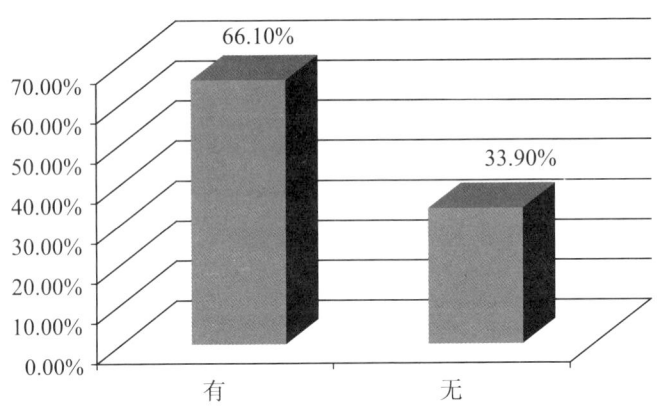

图8-13 所在地区有无社会保险"一站式"服务机构

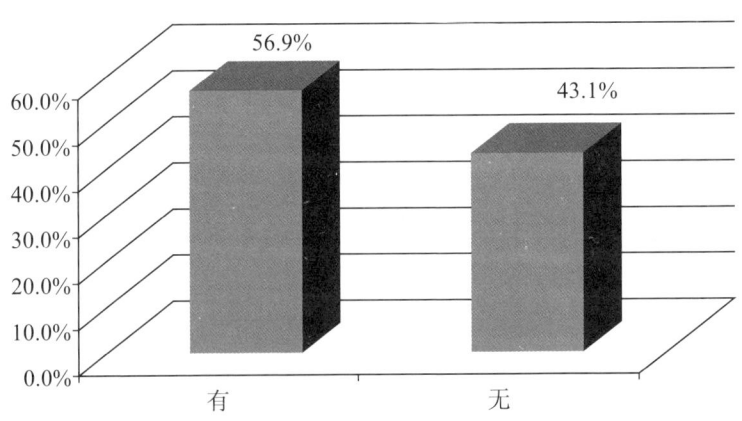

图8-14 所在社区(村、街)有无社会保险服务网点

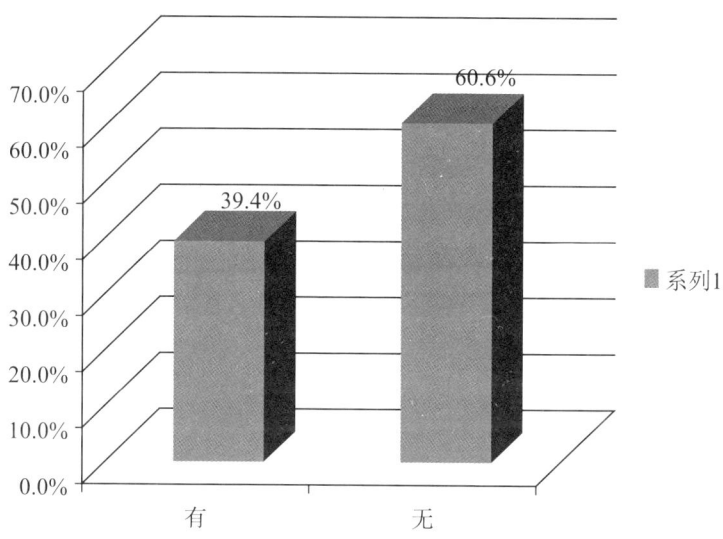

图 8－15 本人有无全国统一的社会保障卡

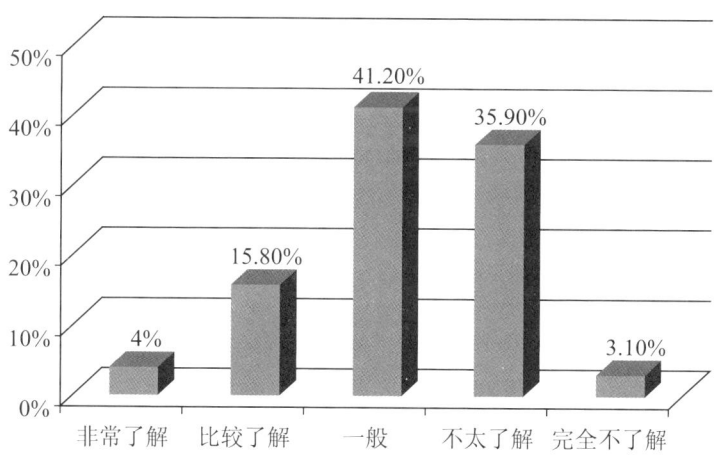

图 8－16 对所在地区社会保险政策的了解程度

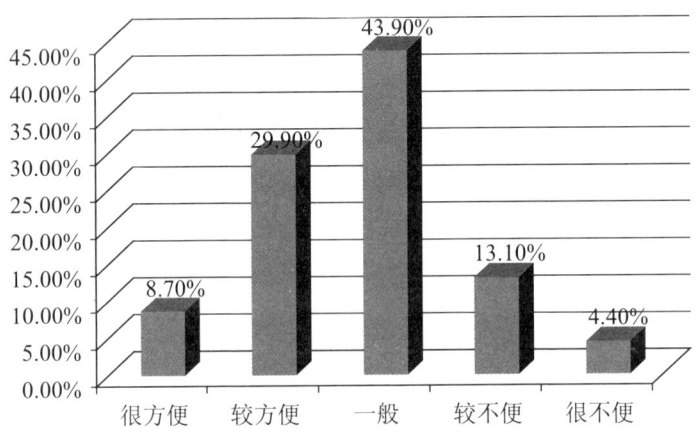

图 8-17　个人申报缴纳社会保险的流程便利程度

3. 完善四川省社会保险基本公共服务均等化的对策建议

（1）基本养老保险领域

在基本养老保险领域，针对当前存在的问题，主要应注意三个方面的工作。第一，探索建立养老金的正常调整机制；建立城镇职工基本养老保险、城乡居民基础养老金的正常调整机制，养老金的正常调整机制，应当是建立在退休工资水平测算以及综合考虑不同地区物价水平及其变化的基础上，形成科学的、可持续的、宏观的调控机制。第二，在进一步探索合并新农保与城居保的基础上，逐步消除制度碎片化，完成养老保险制度衔接，并出台具体的衔接办法。第三，以事业单位职业年金为突破，推动机关事业单位养老保险制度改革；机关事业单位的分类改革由于种种原因停滞不前，可以事业单位的职业年金为突破口，逐步改善当前"双轨制"存在的问题。

（2）基本医疗保险领域

对于基本医疗保险，由于当前统筹层次较低等问题的存在，对进一步改革造成了阻碍。因此，当前需要着力提高统筹层次，为进一步改革铲平道路。继而，应着重以下几个方面的完善。第一，整合新农合与居民医疗保险；将新农合与城镇居民医疗保险合并，在全省范围内实现统一的城乡居民医疗保险制度。第二，大力推广门诊统筹制度；实现职工医保个人账户向门诊统筹过渡，且进一步简化待遇享受办法，方便参保者就医。第三，完善重特大疾病医疗保险制度;在现行地区试点的基础上,逐步在全省范围内统一建立职工基本医疗保险和城乡居民医疗保险的重特大疾病保障机制,减少因病致贫的情况。第四,完善医疗保险异地结算系统;在统筹区域内、省内各市之间、跨省市之间,逐步完善医疗保险异地就医的即时结算,做到真正方便广大参保者,为老百姓带来切实的便利,这一工作可以首先从统一可报销药品目录管理开始。

(3)失业、工伤、生育保险领域

对于社会保险的其他几项基本险种,例如失业、工伤、生育保险领域尚且存在的一些问题,可以从如下几方面入手改善。第一,扩大失业保险基金的支出力度;探索加强失业保险基金的转移支付,提高丧葬抚恤金的支付标准,进一步提高失业保险基金用于就业能力促进的力度。第二,完善工伤保险的配套保障体系;探索工伤保险的费率浮动机制,完善配套的康复中心建设,加强保障监察力度,进一步构建农民意外伤害保险制度。第三,推广城乡居民生育保险制度;可探索将居民生育保险和居民医疗保险合并处理。

(4)社会保险公共服务能力领域

在完善上述各项社会保险的基础上,应进一步加强社会保险公共服务能力的建设,以更好地满足对于服务型政府的要求。在社会保险基本公共服务能力构建上,仍可改进的方面主要有:第一,以事业单位分类改革为突破,促进经办服务队伍建设;解决当前各级社保经办服务机构工作人员的身份,进而达到稳定队伍、提高工作人员素质的目的。第二,大力推动社会保障卡的更新换代;在加强社会保障卡发放工作的基础上,完善系统更新,进而推动统筹地区的联网工作,为各项社会保险的转移接续工作助力。

(五)四川省灾后公共服务体系重建调查报告

2008年5月,四川汶川"5·12"特大地震导致四川地震灾区公共服务体系遭受极大损毁,四川省在推进灾后重建战略中高度重视地震灾区公共服务体系的重建,并且按照中央指示坚持把推进统筹城乡发展的经验,运用到灾后公共服务体系重建中,大力推进灾区基本公共服务均衡发展,取得了显著成效。因此,总结提炼四川灾后公共服务体系重建的经验,对于全面考察四川省城乡基本公共服务均等化具有特殊意义。

1. 灾后公共服务体系重建的内涵和重要性

灾后公共服务体系重建是指重建各种影响灾区群众生存、发展的基本公共服务体系，既包括基本公共设施的重建，也包括灾区公共服务供给体制与机制等制度体系的重建，其目标是保障和改善灾区民生问题，实现人人均等地享有基本公共服务。

（1）灾后公共服务体系重建的内涵

灾后公共服务体系重建的主体是地方政府与其他社会力量。每一场灾难的发生都会给当地经济发展、社会秩序、生态环境带来极大冲击，甚至会产生溢出效应，对周边相关人群产生负面效应。因此，实现灾后重建的主体，既包括灾难事件的直接相关方，又包括间接相关者。具体而言，一是地方政府。作为区域秩序的维护者，以政府为主体的公共部门不仅要正确处理灾难事件的预警、决策和应对，更要统筹公共服务体系重建管理，尽快消弭灾难损害。二是当地民众。人民群众是历史的创造者，是灾后重建的主力军。重建美好新家园，归根到底靠的是受灾群众自救重建的积极性和主动性。三是社会组织。包括官方对口援建机构、社会志愿组织、国际人道主义组织。他们是灾后重建的重要保障和有力支援，是推动灾区公共服务体系重建的参与者、参谋者和实践者。

灾后公共服务体系重建的内容既包括基本民生事业重建，也包括公共服务供给体制机制的重建。从静态角度看，灾后公共服务体系主要指影响灾区群众基本生存和发展的基本公共品，如住房、就业、社会保险、社会救助、基础教育、公共卫生、公共设施、公共文化等，也包括影响灾区群众生活质量的公共环境与公共安全等。从动态角度看，灾后公共服务体系主要指灾区基本公共品的供需循环系统。包括灾区公共服务需求—供给机制—绩效评估等。研究制定公共服务专项政策，包括基础设施与区域规划发展政策、住房特殊贷款政策、基础教育发展政策、医疗卫生政策、生态恢复政策等。

灾后公共服务体系重建的目标是保障和改善灾区民生问题。公共服务体系重建涉及范围广、任务重，与社会大众息息相关，是灾后重建工程的重要组成部分。重建公共服务体系，体现了"民生优先"。确保与民生关系最紧密的公共服务项目优先重建，在资金和项目上给予优先安排，彰显以人为本和民本理念。重建公共服务体系，也就是要进一步改善优化当地民生。地震带来巨大损失和伤害，也是加快发展的巨大机遇。公共服务体系重建不应该是简单的恢复，而应该立足于民生的改善，在更高的起点上进行规划和实施，使民生有更好的保障和明显的提高。重建公共服务体系，也为实施其他民生工程创造了条件。以公共服务体系重建为契机，将有力地配合其他民生项目的建设，特别是社会主义新农村建设、城乡统筹发展战略、边远山区和民族地区帮扶脱贫工作等，有利于形成民生建设的强大声势和整体合力，提高社会发展的综合效益。

（2）灾后公共服务体系重建的特征

灾后重建公共服务体系具有基础性的特点，是保障灾区群众最基本的生存与发展需要，事关灾区群众的生存权、健康权、受教育权等基本权利。具有公共性的特点，供给主体是公共部门、惠及对象是公众。对象多元化导致诉求多样性和满意度多样性，期望公共服务高效、便捷、公平与公正；期望资源配置均等与享受机会均等。具有系统性的特点，灾后公共服务体系的组成元素应是一个整体，各元素之间相互联系，相互作用，不可分割。具有艰巨性的特点，震前公共服务脆弱、地震中公共服务体系损毁最严重、与灾区群众的利益关联最直接的民生工程，社会风险成本高。

（3）灾后公共服务体系重建的重要性

受灾地区公共服务体系的重构，是恢复受灾群众正常生产、生活的前提，也是保障民众基本生存权与发展权的需要，故被称为是"生命线的重建"。

公共服务体系重建在灾后恢复重建中的基础性作用。公共服务体系是整个社会系统运行的重要基础，只有公共服务率先恢复，整个社会系统才能正常运转。灾后重建从总体上来说，主要包括居民生活重建、公共服务重建和经济产业重建，其中公共服务体系重建具有基础性作用。一是公共服务体系重建为居民生活和经济产业重建提供设施保障和支持。如电力、道路交通、通讯、市政设施等基础公共事业的恢复重建。二是公共服务体系重建为居民生活和经济产业重建提供社会服务和支持，如教育、文化、卫生、社会安全体系等的恢复重建。三是公共事业恢复重建对社会稳定和提振重建信心提供保障和支持。公共服务体系重建在灾后恢复重建中的基础性作用不可或缺，无法替代。

公共服务体系重建在灾后恢复重建中的民生性作用。公共服务是关系人民群众基本生活质量和共同利益的事业,公共服务体系重建具有直接、明显、切实的民生性作用。一是公共服务体系很大一部分涉及民生的基本内容。教育、文化、卫生、社会保障体系等不仅是民生的重要内容,而且是反映民生质量和水平的重要标志。二是公共服务体系重建直接影响灾区民生问题的解决。灾区民众要实现"学有所教、病有所医、老有所养",首先必须解决像学校、医院、社会保障等公共服务设施恢复重建的问题。三是公共服务体系重建对未来民生的提高和改善产生重大影响。公共服务体系是公共利益的集合,民生是其重要的组成部分。公共服务体系的重建直接影响民众对未来民生的预期,甚至影响公众对政府重建效果的评判,在整个重建工程中具有举足轻重的地位。

公共服务体系重建在灾后恢复重建中的引导性作用。公共服务是社会公共利益的重要载体,因此它的重建直接反映着社会的利益需求和价值导向。一是资金引导和价值引导。公共服务体系重建是政府灾后恢复重建资金投入的主要领域,是灾后重建社会价值取向的主要体现。就中央层面看,下拨的重建资金的绝大部分是公共服务体系重建专项资金。二是援建引导和资源引导。对口援建省市的援建资金和项目重点在公共服务方面,如山东援建北川,投资10.3亿元建设22个乡镇的166个公共服务和基础设施项目;投资43亿元建设北川新县城的居民安置房、部分学校与医院、骨干道路和管网,等等。三是利益引导。公共服务体系,特别是公共事业灾后恢复重建,具有明显的社会利益的引导作用,从根本上确保了公共利益的优先性。

2. 四川省汶川地震灾后公共服务体系重建的主要实践

(1) 快速掌握灾区公共服务体系受损情况,把握群众公共服务需求

坚持以灾区需求为导向,是确保公共服务体系重建科学性、针对性、实效性的重要保证。为了准确把握地震灾区公共服务体系的受损情况,四川省首先启动灾区公共服务体系受损状况快速调查机制,以便客观准确把握受损情况,为国家和地方制定灾后重建规划做好准备。经过各部门认真调查统计汇总,在"5·12"地震中,四川省139个受灾县市区,公共服务直接经济

损失 236 亿元。其中，教育系统 40.74 亿元，卫生系统 15.90 亿元，文化系统 25.90 亿元，科技系统 5.80 亿元，社会福利系统 5.40 亿元，环保系统 25.40 亿元。（见图 8-18）

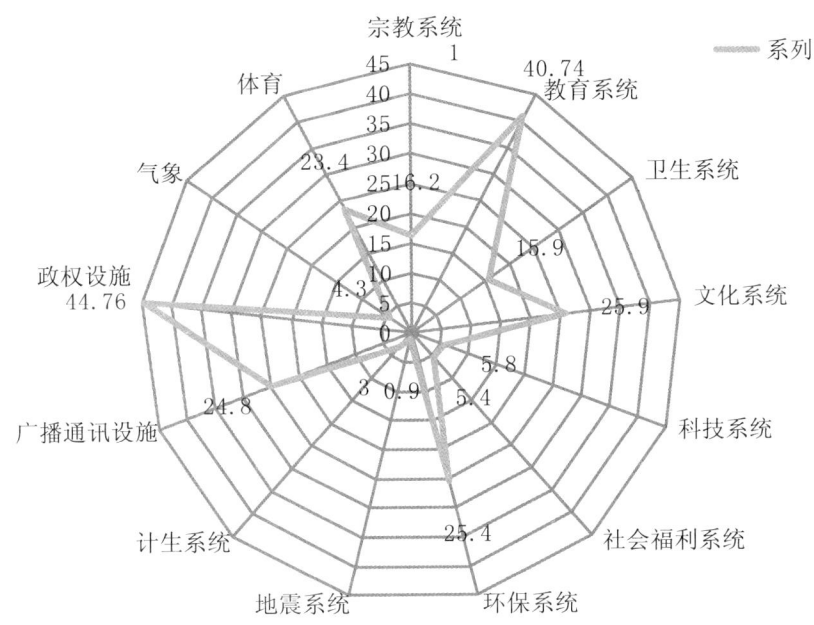

图 8-18　139 个受灾县市区公共服务直接经济损失分布情况

39 个重灾县市区，公共服务直接经济损失 195.52 亿元。其中，教育系统 25.69 亿元；卫生系统 12.28 亿元（受损卫生机构 7431 个，损毁房屋 408 万平方米，受损设施设备 51922 台/件）；文化系统 20.70 亿元；科技系统 5.70 亿元；环保系统 21.10 亿元；广播通讯设施 19.90 亿元。（见图 8-19）

同时，为深入了解受灾群众对公共服务体系重建的需要，四川省委、省政府与中国科学技术发展战略研究所、四川大学合作组成课题组，深入地震灾区逐户进行问卷调查和访问。通过调查了解到灾区群众对灾后公共服务体系重建的需求。

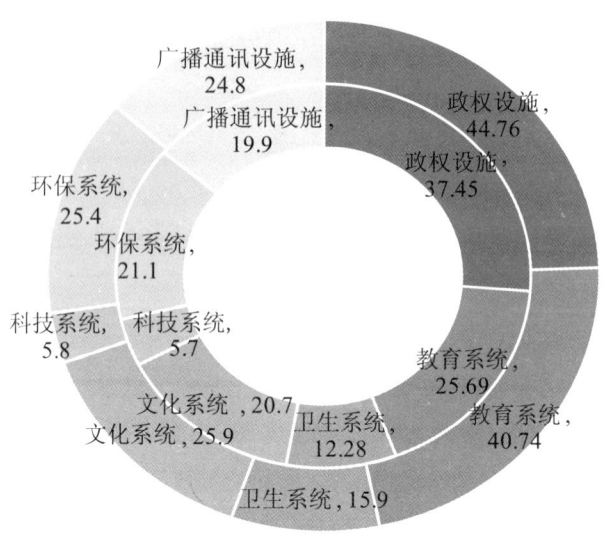

图 8-19　39 个重灾县市区与 139 个受灾县市区公共服务直接经济损失分布对比（单位：亿元）

一是灾后重建中群众最迫切需要解决的困难依次为：住房、就业、资金援助、公共政策、心理援助。（见图 8-20）

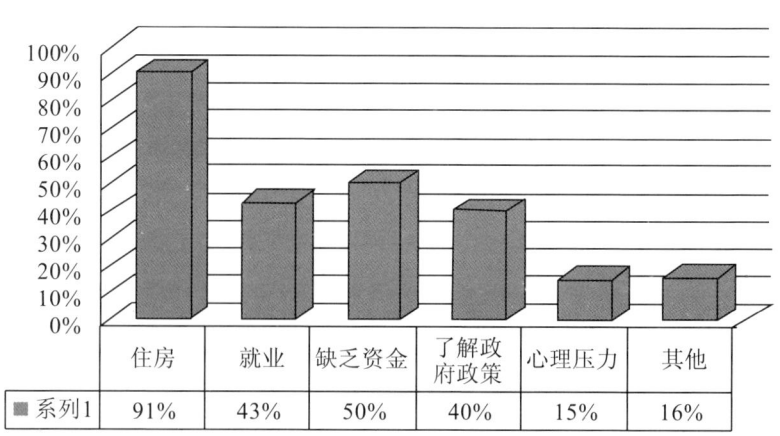

图 8-20　灾区群众迫切需要解决的困难

二是未来三年灾区群众最关心的问题依次是重建住宅、政府安置政策、子女读书与成长环境（见图 8-21），最担心的问题分别是国家政策得不到落实、灾后重建中的公平问题、重建中的贪污问题。（见图 8-22）

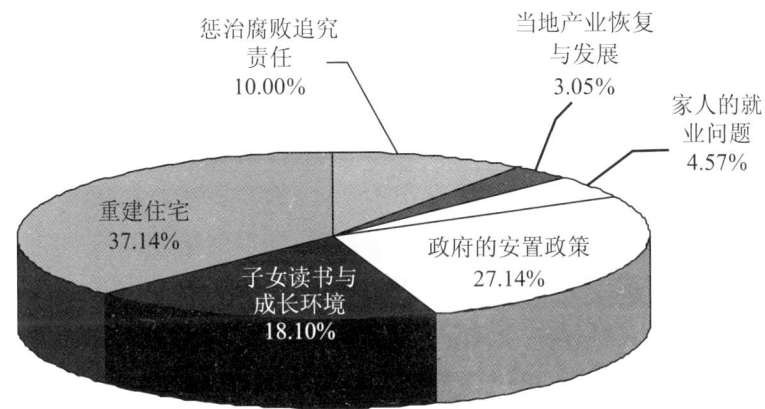

图 8-21　灾区群众未来三年最关心的问题

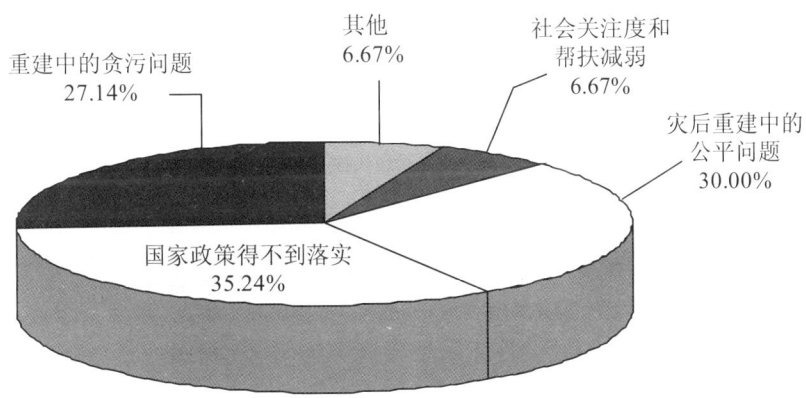

图 8-22　灾区群众未来三年最担心的问题

三是住房重建需求。95.7%的人希望就地重建，其中农村有94.8%的人选择就地重建，城市96.5%的人选择就地重建。75.2%的人主张政府集中统一建房，24.8%的人主张分散安置；34.3%的人希望货币安置，65.7%

的人希望实物安置。(见表8-28)

表8-28 灾区群众住房重建需求
永久性安置中,你最愿意的方式

		Frequency	Percent	Valid Percent	Cumulative Percent
Valid	就地安置	201	95.7	95.7	95.7
	异地安置	9	4.3	4.3	100.0
	Total	210	100.0	100.0	

			Count		
			永久性安置中,你最愿意的方式		Total
			就地安置	异地安置	
户籍类型	农村	Count	92	5	97
		% within 户籍类型	94.8%	5.2%	100.0%
		% of Total	43.8%	2.4%	46.2%
	城市	Count	109	4	113
		% within 户籍类型	96.5%	3.5%	100.0%
		% of Total	51.9%	1.9%	53.8%
Total		Count	201	9	210
		% within 户籍类型	95.7%	4.3%	100.0%
		% of Total	95.7%	4.3%	100.0%

四是就业援助需求。有相当多的受灾群众表示,大灾之后,仅靠政府救助是不够的,也希望通过生产自救恢复生活。但通过哪种方式生产自救呢?较多的受灾群众选择"回到原单位上班""做小生意"和"外出打工"的方式进行生产自救。选择这三项的人数比例分别达到了14.6%、33.1%和16.7%。(见图8-23)

五是学校重建与改善教育条件需求。地震后,重灾区的学校部分外迁到异地复课,留在本地的学校基本条件差,很难恢复正常的教学水平,有些老师开始流失外地。对到外地入学的子女,家长担心他们能否适应新环境,在缺乏父母监管的情况下能否自觉学习,争取好成绩,希望学校能够尽快回迁。对在本地上学的孩子,家长担心本地优秀老师流失后,教学质量难以保证，重建学校何时能完成，建筑质量如何保证。因此在未来三年最关心的问题中，教育与子女成长环境是仅次于政府安置政策、住房重建后的第三个热点。

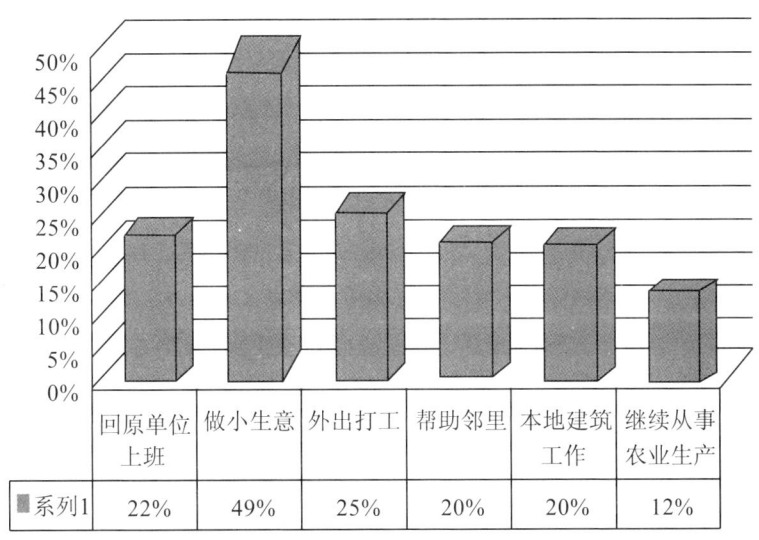

图8-23 灾区群众就业援助需求

六是公共卫生服务需求。在灾后重建中，受灾群众希望加大对重大疾病预防、食品、药品的监管，康复医疗费用减免等。但调查显示，医疗服务质量尚有提高空间。15.3%的灾区居民对社区医院的服务质量"感觉一般"，还有17.0%"不太满意"，6.2%"很不满意"。

七是公共政策需求。在灾后重建中，受灾群众对政府救助寄予了较高的期望。有43.1%的受访者将政府救助放在了救助方式选择的第一位。在政府救助的各类方式中，优先选择资金补贴的比例达到了52%（可多选）。（见图8-24）受灾群众对灾后恢复重建的各类公共政策的需求中，"建立重建基金""实施信贷支持和各类税费减免优惠"是大家期盼的焦点。（见图8-25）

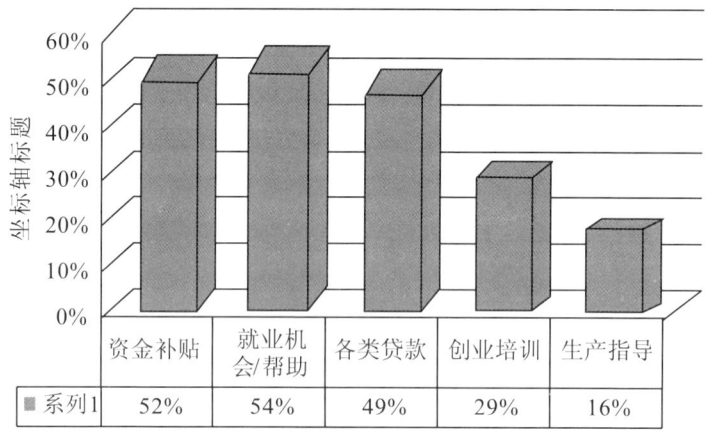

图 8-24 受灾群众对救助方式的选择

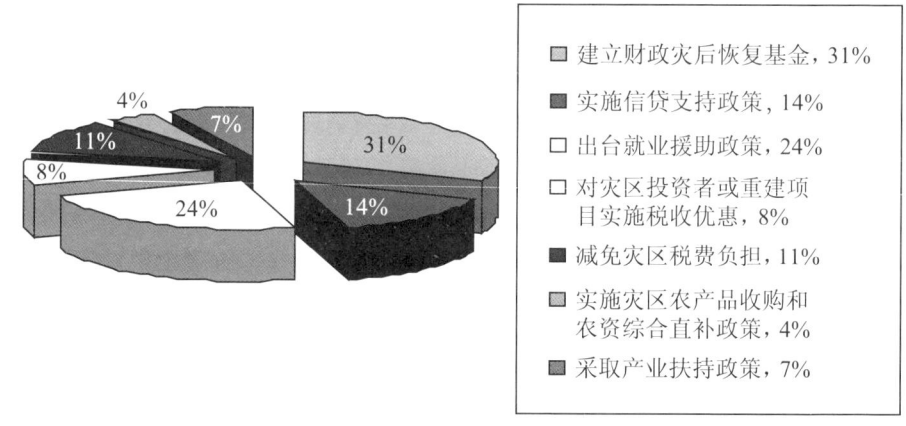

图 8-25 受灾群众对政府灾后重建政策扶持的需求

2. 以规划为先行,形成灾区公共服务体系重建的顶层设计

地方规划与中央规划相结合。国家根据《汶川地震灾后恢复重建规划工作方案》的总体部署,编制了《汶川地震灾后恢复重建公共服务设施建设专项规划》。涉及教育、医疗卫生、计划生育、文化、文物保护、新闻出版、广电、体育、社会福利、就业和社会保障、基层政权等11个行业领域。

提出用三年左右的时间，基本完成公共服务设施恢复重建工作，保证灾区人人享有数量和质量高于灾前水平的公共服务。同时出台了相关的财政、税费、金融、教育、土地、社保和就业等方面政策。

四川省在国家规划的基础上，坚持全域全程搞规划，重建规划覆盖了灾区城镇和乡村，涵盖了公共服务重建的各个方面，特别是对农村建设首次有了规划指导。坚持开门开放搞规划，邀请全国1000多家规划设计单位，1万多名城乡规划和建筑设计工作者，参与重建规划。坚持高起点搞规划，处理好恢复与提升的关系，针对四川省原有公共服务投入不足、覆盖不全、建设水平相对偏低的实情，制定了一系列政策，不仅实现了"原地起立"，更达到了"跳起摸高"的目的，实现了公共服务体系建设看齐全国、比肩先进。同时，在国家已经出台政策的基础上，结合重建工作实际，四川省从财政、税收、金融、产业、就业等方面形成了支持灾后恢复重建的47条具体支持政策，与国家政策相配合，形成了完整的政策体系。

重建规划与本地实际相结合。突出尊重自然，对学校、医院、文化活动中心等公共服务设施选址要坚持"三个避让"，避让断裂带，避让地质灾害隐患点，避让泄洪通道。严把工程质量监督管理关，重建中没有出现大的质量问题和安全事故，恢复重建公共服务设施工程建成了优质工程、精品工程。在四川特大山洪泥石流灾害中，以震中映秀镇为代表的公共服务设施重建成果经受住了严峻考验。突出功能恢复和提升，公共服务体系重建是一项与灾区群众生产生活密切相关的重大民生工程，要把学校、医院、康复机构、敬老院、文化活动中心等公共设施维护好、运营好，使灾区的孩子能长久地在现代化的教学楼里上学，灾区的群众能真正享受良好的医疗条件和配套完善的文化体育场所等，从中实实在在地感受到公共服务重建成果。突出村镇布局和风貌特色，对城镇，在强化城市功能现代化的同时，注重塑造地域特色风貌，注重历史文化传承，注重提升城市整体形象。如都江堰市在灾后重建中高度重视民间文化保护与开发，制定了川西田园风光旅游开发规划，深入挖掘和推进了聚源竹雕之乡、柳街诗歌之乡、大观山歌之乡、青城洞经音乐等地方特色文化内涵打造。对村落，突出提高村庄布局水平、村落规划水平、居民设计水平；对单体建筑，注重个性特色和色彩协调，着力提升设计水平和立面装饰美感。

重建规划与各项改革相结合。一是与统筹城乡改革相结合。"5·12"地震的震源是龙门山脉,涉及地区多为边远山区和民族贫困地区,这些地区在城乡二元结构的历史影响下,公共服务体系与城市相比有较大的差距,加上地震破坏性的叠加效应,原本已经存在的城乡公共服务差距进一步拉大,给这些地区脆弱的公共服务体系造成了更大的伤害。四川省把灾后公共服务体系重建规划与统筹城乡改革结合起来,借助城乡统筹的基础、运用城乡统筹的办法和思路,把灾后公共服务体系重建与农村发展、农民增收、群众生产生活方式转变相结合,努力建设社会主义新农村。把灾后公共服务体系重建与完善城镇体系、提升城市品质、建设国际旅游目的地城市相结合,着力构建以城带乡、城乡一体、互动发展的新格局。二是与扶贫开发相结合。四川省灾后公共服务体系重建坚持把解决地震灾区贫困群众生计问题和发展问题作为重大而紧迫的任务,扎实开展汶川地震灾区扶贫。编制完成《汶川特大地震四川省贫困村灾后恢复重建总体规划》,并纳入国家汶川地震灾后重建总体规划。按照贫困村灾后恢复重建总体规划和省委、省政府《关于促进汶川地震灾区扶贫帮困的意见》,积极探索灾后恢复重建与扶贫开发相结合新路子,在54个贫困村开展了贫困村灾后恢复重建试点,启动实施了39个极重、重灾县2516个贫困村灾后恢复重建。制定了针对民族地区和革命老区的扶贫攻坚计划,如在藏区大力实施牧民定居行动计划和帐篷新生活行动、"9+3"免费教育计划,在彝区加快"三房改造"等,推进这些地区集中连片扶贫开发。2011年8月,省政府印发《汶川地震灾区发展振兴规划(2011—2015年)》,在巩固灾后恢复重建成果的基础上,把扶贫帮困作为改善灾区民生的重要途径,将重灾区2516个贫困村纳入整村推进扶贫开发,通过连续的扶贫政策和资金扶持,解决灾区贫困群众面临的困难和问题,改善发展条件,增强发展能力。三是与民生工程相结合。四川省坚持把"一切为了人民,一切依靠人民"基本理念贯穿于灾后恢复重建过程始终,着眼于解决灾区群众最紧迫、最急需、最现实的民生问题,切实把保障改善民生摆在首要位置。及时出台了《四川省汶川地震灾后城镇住房重建工作方案》《汶川地震灾区城镇受损房屋建筑安全鉴定及修复加固拆除实施意见》等政策意见,落实农房重建补助政策,建立住房重建贷款担保基金等,加快推及学校、医院、文化、广电、体育、精神家园等民生项目重建。出台了《关于做好就业和社会保障公共服务设施灾后恢复重建规划项目基金调整工作的通知》《四川省劳动和社会保障厅关于在地震灾区实施就业援助的通知》等，开展创业、就业培训，开发公益性岗位安置因灾失地和家庭特别困难的群众，加快社会事业发展，提高基本公共服务能力和均等化水平。

（3）以资源整合为重点，凝聚公共体系重建的整体合力

①整合行政资源，统筹各级政府部门，形成组织保障。

省级党政科学规划、蓝图引领。四川省委、省政府提出了"两个加快"的重建目标，即加快建设灾后美好新家园、加快建设西部经济发展高地，统一了全省干部群众有序开展重建的思想和行动。坚持以"等不起"的紧迫感、"慢不得"的危机感和"坐不住"的责任感，抢抓历史机遇，完善顶层设计，按照中央、国务院对灾后重建的统一安排部署，结合《四川省公共服务体系建设五年发展规划》的基本要求，制定了公共服务设施灾后恢复重建总体规划、实施意见、工作方案、建设标准、管理办法等。规划提出，用三年左右的时间完成公共服务体系重建任务，使灾区群众的公共服务保障条件和服务水平，达到或超过灾前水平。之后，根据全国经济社会的发展步伐和灾后重建整体安排，四川省委、省政府又明确了"三年任务两年基本完成"，并对公共服务体系重建进行了中期评估和项目调整，为公共服务体系重建设计了时间表和任务书，描绘了蓝图，指明了方向，敲定了任务，确保了工作有靶标、重建有保证。

属地为主统筹协调、精心组织。随着公共服务体系重建的人员、资金、物资、项目、政策等配套落实到四川省，统筹整合各方力量、高效利用重建资源极为重要。依托省政府重建指挥领导小组，相关厅局迅速抓落实，对重建体系做到了分层设计、分类细化、分区覆盖，合理安排重建力量和时间进度，为全省灾区教育重建、医疗重建、社会保障重建、基础设施重建等提供了可靠的组织保证。各市州党政部门积极联动，紧密协同规划建设、财政、民政、卫生、教育、社保等相关部门，及时把资金、项目、制度落到实处，积极整合公共资源和社会资源，精心实施各项决策，紧张有序开展工作，确保了当地公共服务体系重建工作最短时间达到了有序状态。

基层组织坚如磐石、发挥作用。地震给县区乡镇带来深重灾难的同时，

也带来了千载难逢的历史机遇，现代公共服务体系建设作为多年想办而无条件、无手段、无能力办的事，因灾后恢复重建时各级政府的重视和投入，能够从根本上得到改善。各基层组织结合全省统筹城乡发展、新型农村社会养老保险试点、乡镇机构改革、大部制改革等重点工作，建立了重建领导、资金管理、项目推进等小组和重建办，落实了专门办公地点，实行立项、实施、验收、统计、上报等"一条龙"服务。积极向省厅局和市州党政部门汇报公共服务体系重建的重大问题，争取调研指导和政策支持，有效促进了上下联动和精确对接。在一些地区，市州党政部门和基层组织还签订了以灾后重建为重要内容的公共服务目标责任书，对重建进度和质量做出明确规定。建立了灾后重建项目落实、职责分工、责任追究、部门联席会议、领导联系、督查指导、对口衔接、定期通报等制度，确保了重建工程有力有序科学推进。

②整合财力资源，统筹经费筹措渠道，形成资金保障。

四川省常务副省长魏宏在2009年3月8日十一届全国人大二次会议新闻发布会上通报，汶川地震四川全省重建规划投资总需求达到了1.7万亿。四川省发展改革委员会发布的《四川省汶川地震灾后恢复重建年度计划（修订本）》（川发改投资〔2009〕280号）表明，国家总体规划和专项规划批复的四川省39个国定极重灾和重灾县（市、区）恢复重建项目32728个，估算总投资需求为8858亿元，分为十个类别，简称"9＋1"，具体为：城乡住房建设类278个项目，估算投资2485亿元；城镇体系建设类805个项目，估算投资877亿元；农村建设类191个项目，估算投资701亿元；公共服务设施类18985个项目，估算投资1000亿元；基础设施建设类1535个项目，估算投资1871亿元；产业恢复重建类10659个项目，估算投资1516亿元；防灾减灾类194个项目，估算投资156亿元；生态修复类158个项目，估算投资205亿元；精神家园类102个项目，估算投资12亿元；其他类项目1个，估算投资33亿元。

为破解汶川地震灾后恢复重建资金筹集这一世界性难题，国家总体规划给予了强有力的政策支持，在总体规划第四章"重建资金需求和筹措"中提出了"政府投入、对口支援、社会募集、国内银行贷款、资本市场融资、国外优惠紧急贷款、城乡居民自有和自筹资金、企业自有和自筹资金、创新融资"等九项筹资渠道。《国务院关于支持汶川地震灾后恢复重建政策措施的意见》（国发〔2008〕21号）提出综合运用财政、税收、金融、产业、就业等各类政策，统筹协调中央和地方各项财政投入、对口支援、国内银行贷款等资金，在中央财政建立地震灾后恢复重建基金、财政支出政策、税收政策、政府性基金和行政事业性收费政策、金融政策、产业扶持政策、土地和矿产资源政策、就业援助和社会保险政策、粮食政策等方面，新制定或扩大了原有政策执行范围。逐步形成了经济较发达的省、市对口支援四川省重灾县（市），香港、澳门分别建立支援四川的援建基金，国内外各工商界企业和社会人士解囊捐助，国际组织和外国政府提供优惠贷款，发行地方政府债券政策开闸，中共党员和共青团员缴纳"特殊党费""特殊团费"支持，中央和我省各级政府财政建立灾后重建基金，金融机构积极开展重建优惠贷款，创新融资政策和机制开始建立等比较明晰的筹资融资渠道。

统筹中央财政资金投入。在各类政府性投入的重建资金中，中央财政投入占据主导地位。主要投向是：因灾倒塌损坏民房的重建补助；学校、医院等事业单位及政府机关恢复重建；交通、电力、通信、城市供水、污水处理、供气、受损水库等基础设施恢复重建；农林水、工业生产及商业流通恢复；地质灾害治理、移民搬迁等。着重强调了要"优先保障受灾群众基本生活和公共服务设施恢复重建"，这对灾后恢复重建资金按总体规划在分配比例和重点倾向上提出了要求。经国务院批准，中央下达给四川省的灾后恢复重建基金包干控制总数为2203.43亿元，占四川省国定重灾地区重建规划估算总投资的24.88%。其中，公共服务类446.63亿元，占估算投资45.85%，占包干总数的20.27%。

统筹省级财政资金投入。四川省省级财政地震灾后恢复重建资金主要用于中央财政地震灾后恢复重建基金补助农房重建的地方配套，包括调整结构用于全省各行业重建、中小学校舍维修加固、通过转移支付给灾区县增加财力等。

统筹特殊党费管理使用。中共中央中组部、国家发改委、民政部和财政部《关于抗震救灾"特殊党费"使用管理有关问题的通知》（组通字〔2008〕49号）明确规定了特殊党费分配的原则和使用方向，四川省抗震救灾"特殊党费"使用管理监督工作领导小组办公室提出了《四川省"特殊党费"援助项目方案》，报经上述四部门批准后在媒体上进行了公告。中央四部委分配下达给四川省"特殊党费"80.3 亿元，其中涉及公共服务体系建设的主要是中小学校重建。帮助 10 个极重灾县（市、区）分别重建中学、小学各一所，全额援助 29 个重灾县（市、区）重建一所中学或一所小学。在国定 39 个重灾县选定了 49 所中学或小学进行全额援助重建，估算投资为 19.94 亿元，占四川省"特殊党费"总额的比例为 24.83%。

统筹地方政府债券和捐赠资金使用。2009 年 3 月 25 日，四川省政府副省长魏宏在四川省第十一届人民代表大会常务委员会第八次会议上所做的《关于四川省 2009 年财政预算调整方案的报告》，提出了四川省地方政府债券主要用于保障性安居住房，农村民生工程和农村基础设施，医疗卫生、教育文化等社会事业基础设施，生态建设工程，地震灾后恢复重建以及其他涉及民生的项目建设与配套等。截至 2010 年年底，全省地方政府债券资金安排用于灾后重建项目 88.8 亿元，剔除一般受灾县安排的 20879 万元，39 个国定重灾县及所在 6 个市（州）共计安排 867394 万元，主要投向城乡住房、城镇建设、农村建设、公共服务设施、基础设施、产业恢复重建、防灾减灾等领域的灾后恢复重建项目。

③整合项目资源，统筹公共服务设施，形成分享机制。

合理布局公共设施。对教育、公共文化、广播电视和体育设施，进行合理布局，加大资源的共享和利用程度。如成都市在教育设施方面，按照"高中进城，初中进镇，小学就近入学"的原则，对中、小学校重新布点规划，结合各乡镇原有的教学资源，进一步优化灾区教育资源配置。在医疗设施方面，保证每个县城拥有一个综合医院，每 3 万人设置一个社区级医院，保证每个乡镇拥有一个卫生院。在公共文化设施上，按照"1 + 13"的配套标准，配套幼儿园、医疗站、文化站等公共服务设施和道路、给水、电力、污水处理、垃圾收集等基础设施。

保证公共服务设施的有效覆盖。灾后公共服务设施重建覆盖了全省纳入国家汶川地震灾后恢复重建总体规划的 39 个县，重建后的教育科研、医疗卫生、文化体育等 6 大类公共服务项目为 19687 个，比重建前增加 7674 个，平均每县增加 197 个。39 个县的公共服务项目运行维护费用从 2007 年的 52

亿元增加到 2010 年的 90 多亿元。

④整合援建资源，统筹社会资本，形成良性协同机制。

对口援建省市把物质支援和智力支持结合起来。一批灾区干部到援建省市挂职锻炼，为灾区长远发展培养锻炼人才队伍，来自发达地区的先进理念、成功经验和管理模式迅速推广传递、培植生长。如山东援建北川，大力开展了以"两训、双挂、三支"为重点的人力智力支持"223 工程"。河南援建江油时，及时提供技术支持及其他援助，派出专业技术人员帮助江油市完成 33 万平方米房屋安全鉴定、12 所市属学校校舍维修加固等。

对口援建省市把输血和造血结合起来。灾后重建中的援建不是代建，更不是包建，受援方的灾区积极配合和支持援建方推进项目建设，发挥了灾区人民的主观能动性，自力更生，艰苦奋斗，虚心学习发达地区开拓创新、跨越发展的经验，把灾后重建与充分开放合作结合起来，援建方与灾区携手合作，规划建设特色产业园区和农业示范园区，鼓励本省市企业参与灾后恢复重建，签订了一大批产业合作项目，为灾区带来了资金和项目，增强了灾区自我发展能力。

（4）以民生为根本，有效维护灾区民众切身利益

①坚持以平台建设为起点强化基本公共服务。

加强教育事业管理，全面提升灾区教育水平。一是注重教育资源的优化配置。如绵阳市在恢复重建中按照"名校＋新校""名校＋乡校""名校＋弱校"、"名校＋民校"等模式，大力推进名校集团化发展，促进义务教育均衡发展、普通高中教育优质发展、职业教育特色发展。二是加大教育软实力建设力度。如都江堰市启动了"五大提升工程"：教育思想理念提升工程、教育教学质量提升工程、现代学校文化提升工程、职业教育提升工程、素质教育提升工程。实施了"八大文明行动"："学会说话、学会走路、学会穿衣、学会读书、学会健身、学会劳动、学会娱乐、学会环保"，并制定了《中小学校学生个性化成长方案》。

加强卫生事业管理，提升灾区公共卫生及医疗保障水平。一是紧紧围绕"看得起病、看得上病"的目标，强力推进基本医疗和公共卫生标准化建设，努力实现公共卫生服务均等化。重点健全乡镇和村（社区）基础医疗卫生机构，完善基本公共卫生服务项目，保障基本医疗和公共卫生全覆盖。

二是加强灾区基础医疗卫生人才队伍建设，保证人才培养、医疗卫生管理和公共卫生服务同步提升。通过协调大型医院在灾区建立远程医疗会诊平台、邀请医学专家为灾区医疗卫生服务指导顾问、与援建省市建立起医疗卫生人才培养与管理长期合作机制、培训基层医疗卫生服务人员等方式，加强灾区医疗卫生人才队伍建设。三是全面恢复灾区医疗保险体系，确保城区人民医疗救济获得根本性保障。探索实施农村医疗统筹保险，以"城乡一体化"为取向，着力构建起相对统一、基本的一体化医疗保险，让农村灾区人民共享公共医疗重建成果。

加强文化和体育事业管理，促进灾区文化和体育事业发展。一是大力加强公共文化重点项目建设，特别是注重地震纪念场所和民族、民俗保护项目建设。在建设中注重构思创意与文化内涵并茂、建筑造型与个性特色鲜明、建筑风格与生态环境相协调、功能齐全与经济高效相结合。二是紧抓基层公共文化阵地建设，健全农村公共文化服务体系。建立和健全了基层文化站、农家书屋、攻博电视服务站等基层文化服务机构，配置人员和资金。三是加大农村（社区）公共体育基础设施的配套建设和管理，为灾区群体提供体育锻炼的场地和器材，逐步提升灾区体育事业发展水平。

加强就业援助，促进灾区尽快恢复重建。一是大力开发公益性岗位，如废墟清理、伤员看护、治安维护、卫生防疫、物资运输、临时居所建设等公益性就业岗位，力行自救。二是强化公共就业服务，援助就业困难人员就业。优先解决因灾失地农民、零就业家庭人员、因灾致残人员、家庭困难的高校毕业生等人员就业问题。三是加强劳务合作。积极联系东部发达地区，按照对口支援的总体安排，及时与受援省及所辖对口受援地、市、州建立工作联系机制，加强灾区劳动力技能培训，完善就业信息服务体系。

②坚持以群众意愿为导向实施重建。

畅通群众诉求表达渠道。地震后，四川省把"让群众满意"作为衡量重建工作的标准，坚持问政于民、问计于民，在灾区建立村民、居民议事会等民主决策和议事组织，构建了广集民智的民主决策机制。通过"坝坝会""板房夜话""巷巷会"以及发放民意调查表等形式，充分听取、尊重群众的意见，有效保障群众的知情权、参与权和监督权，实现了"为民做主"到"让民自主"的转变，摸索出一条"政府引导，聚集民智，民主决策，科学重建"新路子。

坚持科学决策。在广泛听取群众意见的基础上，组织专家对公共服务重建体系进行深入论证。对农房重建，实行农户自建、政府补助、社会帮扶相结合，组织规划设计力量，为农村居民免费提供多样化的住房设计方案，由农民自己选择；对城镇住房重建，考虑到涉及比较复杂的土地使用权益关系、产权关系，采取了群众自主建、业主联合建、统筹还房建、单位组织建、政府组织建等灵活多样的重建方式，满足城镇居民重建需求。

实行分类指导。对失去耕地和宅基地的农民，实行"就地、就近、分散安置"的原则，跨市（州）异地帮扶安置则由农民自愿申请、政府帮扶、统筹安排；对捐赠资金的使用，确定了"体现意愿、遵循规划、加强引导、突出重点"的原则，对有明确意向的捐赠，按照捐赠人意向优先安排认建、认领项目。在土地使用权属调查和确认、土地调整置换、无主财产处置等方面制定了操作规范，及时处理重建中征地拆迁、群众安置等热点难点问题。

③坚持以群众迫切需求为重点优化重建。

把灾区群众早日住进永久性住房作为恢复重建的第一目标。对农房重建，落实了户均2万元的农房重建补助政策；对城镇住房重建，在每户平均补助2.5万元的基础上，还给予了建房的税费减免和房价政策性优惠补助。震后10天，完成1500多万人的应急安置；震后100天，完成1200多万人的过渡性安置；震后一年内，350多万户震损城乡住房修复加固全面完成；震后一年半，150万户农房重建全部完成；震后两年，26万户城镇居民住房基本完成。

把学校和医疗卫生机构建成最安全、最牢固、群众最放心的建筑作为重要目标。坚持整合资源、优化布局，优先推进公共服务设施恢复重建，促进基本公共服务均等化。规划重建的3002所学校已开工99.9%，其中完工91.2%，2013年春季开学，灾区学生全部告别板房，进入永久性建筑学习。1362个医疗卫生机构已开工95.2%，其中完工86%。62个文化产业项目开工51个，占82.2%。1575个文化市场服务网点已全部完成恢复重建并提供服务。灾区还建成了一批社会福利院、社区服务中心、敬老院、广播电视等配套服务设施。① 实现"最漂亮的是农房，最坚固的是学校，最现代的是医

---

① 《三年重建任务两年基本完成》，《四川日报》网站，访问时间：2010年9月28日。

院,最满意的是群众"。

④以群众自力更生为动力完善重建。

加强宣传教育。明确政府在灾后农村永久性住房建设上给予户均2万元的补助,是政府对灾区群众的关心和支持而不是赔偿,消除群众的依赖思想和等待观望情绪。

强化政策约束与激励。对农房重建的补助实行逐步实施、分步划拨,根据工程进展及时兑现补助。发挥示范效应,通过在示范点合理配套公共服务等设施,引导广大农民群众自觉投入规划点建房,全面提升农村生产生活环境质量。

发动群众自建。总结推广雅安等地经验,引导群众自愿参与、自愿服从政府统一安排,调整建房用地,自筹建房启动资金,自己动手、互助共建,自订村规民约、相互监督。提倡"有手有脚有条命,天大困难能战胜"和"出自己的力,流自己的汗,自己的事情自己干",出钱出力,互帮互助,共建家园。

(5) 以监督为保障,确保重建工程经得起历史和群众检验

①重视工程质量监控。

严格执行国家新的抗震设防标准。公共服务设施按照高于当地房屋建筑的抗震设防要求进行设计,把学校、医院建成了最安全、最牢固、群众最放心的公共设施。严格实行项目法人责任制、招投标制、合同管理制和工程监理制,严格执行基本建设程序。

保障技术管理力量。组织专家编制实施城乡住房建设规划,出台四川灾区农房重建选址技术导则、施工技术导则等一系列技术标准,编制大量建筑设计图纸免费发往灾区,并选取技术人员进村入户指导。同时由省建设厅向六个重灾市(州)派驻技术指导组,在前期工作中切实把好设计和施工图审查关,在建设过程中切实把好建筑材料检验关和工程施工质量关,在项目竣工时切实把好工程验收关。坚持开展重建工程质量安全监督和专项督查,依法责令整改工作中存在的问题,依法查处违法违规行为。

严格执行工程回访和质量保修制度。督促项目施工单位定期对建设项目进行回访,要求所有重建工程项目必须实行质量保修,确保建筑物交付后的正常使用。依靠回访和保修制度,四川省重建项目始终处于受控状态,地基

基础和主体结构安全牢固，工程质量总体较好，经受住了灾区特大山洪泥石流灾害考验。

②重视项目资金的监控。

项目资金运行的监管同步介入。监管工作同步进入、同步检查、同步审计，实行全过程监管。同时确定重点领域与重点环节监控，由省监察厅会同相关部门向民政、财政、卫生、慈善总会、红十字会等 11 个省级款物收发重点部门（单位）和 6 个重灾市（州）派出监督工作组。

强化专户管理和专门监督。各级财政部门将本级政府筹集的灾后恢复重建资金纳入年初预算，按照规定的支出科目、资金用途、支出范围和支出标准编制预算支出。对灾后恢复重建资金进行专户管理，实行封闭运行和专账核算。监察、审计和财政等部门派出专业监管人员，组成上千个工作组在重建一线跟踪审计，加强对重建资金的筹集、分配、使用和绩效跟踪、审计检查，并向社会定期公布检查结果。同时加强与对口支援省市监管机构的沟通衔接，共同做好援建资金监管工作。

引入社会资源监督。积极拓宽监督渠道，选聘建筑、造价、财会和招投标等方面专家作为社会监督员，参与资金管理、项目建设监督，形成了专门监督与群众监督相结合、政府监督与社会监督相衔接的多重监管体系。在前期阶段，监察部门组织了 87 个监察工作组，深入到 392 个重灾乡镇进行监督工作；审计部门组织 220 个工作组，2000 多名审计人员深入到 3943 个乡村进行审计检查，有效保证了捐赠资金和物资的安全。①

③重视行政效能监察。

四川省制定了《四川灾后恢复重建行政效能问责规定》，规定要求加强对重大决策部署落实情况的监督检查，确保政令畅通；加强对资金物资使用情况的监督检查，确保资金使用效益最大化；加强对规划制定实施情况的监督检查，确保恢复重建高质高效；加强对重点建设项目实施情况的监督，确保重建工作顺利推进；加强对行政审批的监督，确保恢复重建环境优化；加强对各级机关及工作人员履职情况的监督检查，确保政府服务

---

① 张春莉：《四川灾后恢复重建 力争 2010 年完成投资 3 万亿》，《人民政协报》网站，访问时间：2008 年 11 月 22 日。

职能发挥。

3. 灾后公共服务体系重建的成效

2008年5月12日汶川八级大地震，是新中国成立以来波及范围最广、破坏性最强、造成经济损失最大的一次地震灾害。几年过去，在中央科学规划和领导下，在全国各地人民的热心援建和四川受灾民众的一致努力下，四川省灾后重建工作已经完成，灾区人民生活秩序基本恢复，公共服务系统重建取得巨大成效。

本次灾后重建工作的范围之广，涉及十万多平方公里的重灾区，包括了39个极重灾县和103个一般受灾县，灾区公共服务体系受损严重，几乎全面崩溃，灾后公共服务体系重建涉及住房、教育、医疗卫生、劳动就业、社会保障以及文化等多个方面；灾后公共服务体系重建工作量之大，需要维修加固和重新修建的城乡住房有530多万户，其中需维修加固的355万户，需重建的175万多户，学校8500多所，医疗卫生机构2300个。[1] 面对如此巨大的灾后重建工作量，四川省人民在省委、省政府的带领下，坚忍不拔，科学重建，完成了中央下达的"两年之内力争完成三年的目标"，并在重建灾后公共服务体系方面取得基本胜利，不仅成效显著，而且还有许多值得总结和借鉴的良好经验。我们将从接下来的几个方面来看四川省灾后公共服务体系重建取得的相关成效。

（1）提前完成公共服务设施重建项目，灾区基本生活秩序恢复

大地震对灾区公共服务设施的损毁巨大，数以万计的学校、医疗机构、文化体育设施以及社会福利等公共服务设施被摧毁，但经过灾区人民的不懈努力，用两年时间基本完成了公共服务设施重建项目。

居民住房方面，根据四川省建设厅统计数据显示，截至2010年4月30日，汶川地震灾区城镇住房重建已开工25.72万套，占需重建的25.91万套的99.3%，其中已完工21.16万套，占需重建的81.7%，城镇住房维修加固134.81万套已全部完成；农房重建已全部开工，其中已完工145.61万户，占需重建的145.9万户的99.8%；医疗卫生方面，截止到4月30日，

---

[1] 《刘奇葆，从悲壮走向豪迈》，《光明日报》网站，http://www.wenming.cn/qmyd_pd/wmjt/201105/t20110512_173869.shtml，访问时间：2011年5月16日。

灾区在建的医疗卫生项目2200多个，占规划的95%，近六成已竣工；教育方面，截止到2010年5月5日，四川39个重灾县需恢复重建的3000多所学校，近九成已竣工。① 截止到2010年12月底，各项灾后公共服务设施重建工作已完成九成。开工项目15040个，占重建项目总数的99.93%，完成投资889.05亿元，占规划投资的92.29%，具体项目运行情况如表8-29。②

表8-29 截至2010年12月底灾区公共服务项目重建情况

类别	项目/建设内容	规划		累计开工数		累计完成数	
		项目数	投资（亿元）	开工项目数	占规划项目数（%）	完成投资（亿元）	占规划总投资（%）
公共服务设施建设	合计	15050	963.29	15040	99.93	889.05	92.29
	教育	3001	430.89	3001	100.00	427.57	99.23
	医疗卫生	2032	137.34	2030	99.90	137.27	99.95
	文化体育	4081	95.79	4080	99.98	73.43	76.66
	文化遗产（文物）	579	52.67	576	99.48	34.93	66.32
	就业和社会保障	4536	80.32	4533	99.93	73.87	91.97
	社会管理	821	166.28	820	99.88	141.98	85.38
精神家园		76	13.77	74	97.37	2.83	20.56

到2011年9月底，纳入国家规划的恢复重建项目完工98.68%，概算投资完成98.96%。纳入四川省规划的103个一般受灾县重建项目也基本完成。成功解决了540多万户、1200多万人的住房修建问题；3001所学校完工2989所，1362个医疗卫生和康复机构完工1359个；1449名因灾新增"三孤"人员生活得到保障，2.7万余名地震伤残人员得到医疗康复，再生育家庭已有3194个新生命诞生。③ 据初步统计，四川省纳入国家汶川地震灾后恢复重建总体规划的39个县，重建后的教育科研、医疗卫生、文化体育、文

---

① 《汶川地震两周年：今日汶川点燃玉树明日希望》，新华网，http://www.chinanews.com/gn/news/2010/05-12/2277449.shtml，访问时间：2010年5月12日。
② 四川省发展改革委员会：《2012年12月底全省灾后恢复重建进展情况通报》，四川省发改委网站，访问时间：2011年1月。
③ 《四川省长：汶川地震灾后重建完成》，中国新闻网，http://www.chinanews.com/gn/2012/01-10/3593415.shtml，访问时间：2012年1月10日。

化自然遗产、就业和社会保障、社会管理六大类公共服务项目为19687个，比震前增加7674个，平均每县增加197个。2011年，39个县的公共服务项目运行维护费用，也预计将从2007年的52亿元增加到2011年的90多亿元。

（2）公共服务水平全面提升，灾区发展转型升级

灾后重建并不仅仅只是简单的复制，而应该是在重建中发展和提升。灾后公共服务体系的重建，也不单单是公共服务设施的恢复建设。公共服务设施的重建恢复只是灾后公共服务体系重建的一个基础，更加重要的是公共服务质量和水平的提升。灾区公共服务体系的重建，在提升居民住房条件、增强教育软实力、改善公共卫生和基本医疗水平、加强社会保障力度、保存发展特色文化等方面做出了显著成效，全面提升了灾区公共服务的综合能力。

①居民住房条件改善，城乡面貌焕然一新。

住房集中安置，配套设施齐全。"5·12"汶川地震之前，灾区的村民们普遍居住在自己的平房和瓦房里，而且居住比较分散，相互走动也较少，并且居住条件和相应的配套服务设施也不健全，公共服务设施的分布较为分散。而在灾后重建的过程中，集中安置成为解决城乡居民住房问题的一个有效手段。在城镇，统一规划建设安置小区，对城镇居民进行安置，按居民住户公开摇珠分房。比如广州市对口援建的汶川威洲镇的"阳光小区"等就是城镇居民灾后集中安置的典范，标准化建设，统一化分房，而且灾后安置小区在房屋的安全性、抗震性方面提高了标准，住房的布局更加合理，配套的服务设施也更加完善，适应了居民的生活要求，极大改善了城镇居民的居住条件。在农村，实行政府补贴和灾民自建相结合，设置统一的安置点，由国家和地方层面拨付重建资金，让灾民实行自主建设，集中居住，配备相应的娱乐、健身等服务设施。村民重建后的房屋基本都为现代化的两到三层的小楼房，室内环境干净整洁，配套设施相应齐全，村民集中居住还能互帮互助，增强生活氛围，极大改善了村民的居住条件。

城乡住房联建，实现双向共赢。地震之后，面对成千上万的居民住房被摧毁，对这些住房的加固和重建需要巨额的资金，资金问题是许多地方灾后永久性农房重建面临的最大困难。面对这个难题，都江堰市将住房重建和统

筹城乡发展相结合，科学地进行资源的合理配置，鼓励农民拿出宅基地与城市的居民进行融资联建。① 具体做法是，农村居民将自己拥有的土地资源拿出来与城市居民拥有的资金资源相结合，由城市居民出资在村民的宅基地建设楼房，然后将住房根据协商条件与村民分成，这样既使资源得到有效利用，又使村民和城市居民各取所需。并且，由城乡居民联合重建的住房普遍为标准化的别墅式小楼房，具有现代化的布局，安全牢固，宽敞明亮，极大地改善了村民的居住条件，实现一举多得。

住房重建与民族特色完美结合。在灾后重建的过程中，不断强调重建并不是简单地复制，这一点也充分地体现在灾后住房重建的成果上。四川遍布着多种民族文化，在地震前就有许多民族特色和风情的建筑，但这些特色建筑相对比较分散，总体上并不突出。地震后，大量建筑受到损毁，许多文化的传承也受到威胁，因此为了彰显民族特色，在灾后城镇和农房重建过程中，进行了科学规划和升级性建设，注重了将住房建筑充分与当地民族风情相结合，形成了一大批内配备现代化的生活设施，外具备民族风情特点的山水特色城市。建成了藏羌风情新北川、"年画村"绵竹、汶川水墨镇等一大批特色村镇，使得灾区城乡面貌焕然一新，同时还为灾区产业转型、发展旅游业提供了良好契机。

②教育软实力提升，教育重建与改革齐头并进。

受教育范围扩大，教育资源可得性增加。灾后重建的目标不单是提供公共服务，而是尽量让灾区所有居民都可以享受到基本的公共服务。在灾后教育服务重建过程中，充分体现了这个宗旨，全力增强了教育资源的可得性和可及性。首先是投入大量资金进行教育体系的重建，扩大了获得高中教育和学前儿童发展教育服务的机会，让更多的孩子"有学上"；其次，针对之前灾区群众反映的缴学费仍然存在困难等问题，实行对高中教育以及学前儿童发展教育的低额收费，对于低收入的困难群众，实行社会保护项目的垫付和补贴，保障灾区学子"能上学"；再者，政府还在现有资助政策的基础上，出台了对于灾区学子特殊资助的政策，确保来自灾区的普通高校、高等教育

---

① 《汶川地震灾后重建启示录》，中华人民共和国中央人民政府网，http：//www.gov.cn/jrzg/2010-05/11/content_1604039.htm，访问时间：2010年5月11日。

阶段农村学生和城市困难家庭的学生能够顺利入学并完成学业；同时，还对辍学和正规学校系统以外的年轻人提供衔接课程，使他们能够获得更多的职业相关培训。

师资力量增强，教学质量得到提升。地震灾区中包含众多山区、农区，地震之前，各乡村学校的师资力量和教学管理水平本身就有待提高，许多学校存在教学人员缺乏和教育人员素质较低等问题，学校的管理水平和配套服务能力存在一定局限。灾后教育体系的重建，不仅应重视学校等硬件设施的高标准建设，更应看重的是师资力量、教学管理水平等软实力的建设。在学校重建的过程中，坚持重建一所，配备一所的原则，按照统一的标准选拔和任用教学管理人员。并在师资配备这一块采取城乡教师牵手"一对一"的模式，在成都全市组织和选拔1932名师德高尚、业务精湛的骨干教师，与4869名农村教师、青年教师结成师徒，切实提升农村教师专业水平。[①] 并且派出了成都市内几所知名中学的教师精英骨干前往灾区"住校"，在交流合作中，不断引导农村重建学校教师水平和教学质量的提升。同时，利用对口援建省市的优质教学资源，通过现代化的教学设施，用远程网络将城市名优学校的"课堂"引入重建乡村学校，让灾区儿童也能享受高质量的教学课程。通过这一系列举措，逐步增强了灾区学校的师资力量，提升教学管理水平的同时，也孕育了灾区学校教学资源和教学方式等进行改革的前奏。

教育资源优化配置，形成城乡一体化教育体系。统筹城乡教育发展，建立城乡一体化教育体系，一直以来都是国家教育改革的重点。在本次灾后教育服务体系重建的过程中，充分抓住了此次契机，优化配置城乡教育资源，进一步促进城乡教育均衡化发展，城乡一体化教育体系开始形成。在恢复重建中按照"名校+新校""名校+乡校""名校+弱校""名校+民校"等模式，大力推进名校集团化发展，成都市最好的三所中学：成都石室中学、成都七中和树德中学，分别领办了彭州白马中学、都江堰聚源中学和崇州怀远中学。优质教育从城市覆盖到农村，灾区的孩子和城里的孩子共享名校教

---

① 成都市教育局：《坚持科学发展，同步推进教育灾后重建和教育改革发展》，http：//www.cdedu.gov.cn/，访问时间：2009年2月13日。

育资源。① 此外，城乡还结成了"互动联盟"，在教学管理、教师流动、教师培训和教学研究等方面实现资源共享、互动交流，形成了城乡教育资源的优势互补、资源共享和共同均衡发展的良好态势。

③就业拓展新思路，多角度提供就业服务。

多样化就业援助，全方位就业技能培训。"安居乐业"才能生活幸福，灾区重建过程中，就业问题是和居民住房问题同等重要的大事，是灾区公共服务体系重建的重要环节。在灾后重建过程中，各地的劳动保障部门开展了多种多样的就业援助活动，有力促进了灾民的再就业。灾后就业援助服务积极探索了多种形式，并在重建中积极创新机制，拓展思路，体现了就业援助和就业服务水平的不断提高。包括设立专门的服务窗口和定点提供就业信息咨询、职业指导、就业推荐等基础服务；召开就业援助招聘会，联合灾后重建企业和外地援建省市企业，提供大量的就业岗位；作为中介桥梁，围绕灾民就业需求，深入企业挖掘岗位信息，大力促进灾民就业；以及根据意愿，对就业居民、在校学生、残疾人等进行职业技能培训和职业指导等就业服务。

营造良好创业氛围，鼓励自雇佣和创业。鼓励创业是有效解决灾区待业问题的一个重要手段。政府通过财政补贴、政策支持和税收优惠等手段鼓励灾区劳动者自谋职业、自主创业，并且引入社会力量，通过公益组织基金会和企业资本来扶持、引导灾区青年和妇女创业，对于解决灾区居民的就业问题起到了极大的推动作用。都江堰市就在灾后重建过程中，建立青年创业"孵化园"，并引入中国青年创业国际计划，为想创业的青年提供资金、技术等支持，营造良好的创业氛围。此外，政府还充分利用社会资本，引入企业公益基金，为灾区特定人群实施小额投资和跟踪支持，促进灾区人民以创业代替就业。

恢复农业生产，提供技术服务和支持。受灾地区有很多地区属于农业生产区，农民以农业生产为职业，恢复农业生产就可以解决一部分灾民的就业生计问题。根据地震前农业生产水平和情况，结合农民技术培训服务需求，

---

① 《成都灾后重建形成城乡一体化公共教育服务体系》，四川新闻网，http://cd.qq.com/a/20100426/001157.htm，访问时间：2010年4月26日。

相关部门积极地为不同文化水平、不同经济发展程度的农户，根据其接受能力，提供差异化的技术服务与支持，以促进农业生产的恢复。

④基本医疗和公共卫生服务体系重建，服务功能日臻完善。

城乡医疗体系无缝覆盖，服务能力逐渐增强。灾后医疗卫生体系的重建进行了科学规划和城乡统筹，全面恢复医疗服务系统，力求基本医疗和公共卫生服务延伸到每一个角落，形成覆盖城乡的无缝医疗网络。在中心城区形成了以综合医院为中心、社区卫生服务机构为基础的两级服务体系，而在农村地区形成了以县级医疗保健机构为重点、公立卫生院为枢纽、村卫生站为网底的三级服务网络。在农村，乡镇医院具备基本的医疗服务功能，同时整合中心城市和对口援建省市优良的医疗资源，实施灾区对接，定期到农村开展巡诊，深入地推进了灾区医疗卫生全覆盖工作。全面恢复公共卫生服务网络，实施卫生监督协管制度，承担食品卫生、学校卫生、饮水卫生等协管职能，实现对农村卫生监督的覆盖；建立医疗急救分站，有效落实与职能相符的紧急措施。基本医疗和公共卫生服务功能逐渐完善，服务能力不断提高。

卫生人才队伍建设加强，服务水平不断提升。在地震前，灾区许多乡村地区就存在医务人才缺乏和乡村卫生站工作人员技能素质水平不足的问题，群众的基本医疗服务需求没有得到最好的满足。在灾后公共卫生和基本医疗服务体系重建的过程中，充分注重了对灾区医疗卫生机构人才的引进和培养。制定了相关措施，放宽进人政策，初步建立了合理地引进和补充适当医疗人才的机制；充分利用北京、上海等先进省市的医疗援建资源，引进借鉴先进的医疗技术和人才前往灾区进行技术指导和基本技能培训；高度重视对现有医护人员的培训和学习、交流，通过提高现有人员的业务来提升整体服务水平。

⑤公共文化在重建中传承，融合中发展。

特色文化在重建中得到更好的传承。四川大地上遍布着多种民族特色文化，其中以藏族、羌族文化等较为著名和集中。但是少数民族聚居地和文化传承地多位于较偏远的山区，文化事业的建设基础本身就比较薄弱，不仅设施缺乏，文化的传承也几乎以人为载体，代代相传。在汶川地震后，本来就为数不多的文化设施遭受严重损坏，许多民族非物质文化的传承人也在灾害中遇难，文化的传承面临"中断"的威胁。在地震中受灾严重的北川自古就是羌族聚居地，地震灾害使大量羌族文物悉数被毁，许多羌族文化传人也遇难。在重建过程中，对于羌族特色文化进行了重点抢救和保护，灾后不仅规划建设了众多文化设施，还设立了非物质文化保护中心和羌族文化培训基地，并通过开设讲座、学习保留民族礼仪服饰等手段保护非物质文化遗产的传承。震后，越来越多的人开始关注民族文化的传承和发展，同时地震前"无场地、无设备、无人员、无资金"的四无状态也得到了极大改善。

当地特色与援建文化在融合中发展。来自东中部的18个省市与四川的18个重灾县结成"对子"，在对口援建的过程中，来自不同地域的多种多样的文化为灾区重建带来了特色鲜明的融合与惊喜。上海援建的都江堰，典型的"壹街区"就是上海风情与川西风貌的结合，街区的图书馆、活动中心等建筑都能隐约体会到上海风情；无锡援建的汉旺镇，加入了江南水乡元素的建筑与当地山清水秀的环境相得益彰；广东援建者将"前店后居"的传统理念带到汶川水磨镇，形成了小镇新风貌。在保留四川当地特色的原则下，援建地的文化和理念充分融入整个重建和文化发展的过程中，江南文化、京派文化、上海文化、齐鲁文化、潇湘文化、中原文化等在巴蜀大地上开花结果，大放异彩。这样的文化大融合，为四川灾区文化建设发展的多样性和丰富化产生了深远的影响。

文化建设与产业转型相结合。在对灾区文化重建和农房重建过程中，充分注重了对地区特色和民族风貌的保留和突出，同时将川西风貌和援建地文化相融合发展，形成了一大批具有精致景观和特色风情的村寨、景区。这些资源的开发利用，促进了灾区产业由农业、工业向服务业、旅游业的转型。2011年春节黄金周，汶川接待游客4万余人次，旅游收入1320万元，居民收入相对于地震前有了很大提高。[①] 而绵竹将年画文化发展建设为"年画产业"，不仅将年画上墙，建设了别样的旅游风貌景观，还准确定位、积极推广年画产品，绵竹年画产业已经形成独有的多元特色。

---

① 《"汶川"重塑，创造了灾后重建史的"四川模式"》，《新民周刊》网站，访问时间：2011年5月12日。

通过灾后重建,学校、医院这些农村以往的"短板"正在补强。灾后重建中,优先考虑的是学校、医院,建得最好、最漂亮、最牢固的是学校、医院,红旗飘得最高的是学校、医院,这已成为灾区一道亮丽的风景线。从硬件水平看,重建后的灾区已经和城市不相上下,甚至超过城市一些地方。许多灾区重建后的公共服务设施水平比原来提升了至少20年。

(3) 创新公共服务体制机制,构建完善服务体系

检验整个公共服务体系是否构建完善和能否有效运转,除了从公共服务硬件设施的重建、公共服务质量水平来衡量,还包括对基本公共服务的资源配置、供给方式和绩效评估等机制动态方面的考量。目前,灾后公共服务体系在重建过程中体现出了对资源的合理配置、在供给机制上的创新和绩效评估上的重视,整个体系的动态良好运作,体现了灾后公共服务体系的逐渐完善。

①统筹城乡服务体系,优化资源配置。

在进行灾后公共服务重建的过程中,充分按照统筹城乡一体化的要求,合理进行公共服务资源的配置,有效地促进了城乡服务资源的均衡化,这一点在教育服务和基本医疗的体系重建中体现明显。在教育服务方面,构建城乡一体化教育体系,将城市与农村地区的学校结成对子、形成互动联盟。在教师培养、教学管理和教学研究等多个方面进行交流互动,特别是通过以城促乡,由城市的优势教育资源带动乡村地区教育服务体系的发展和提升,探索出多个共同发展又相互补充的优势资源覆盖措施,充分实现城乡资源共享、共同发展。在基本医疗服务方面,也在重建时进行了科学规划,充分考虑城乡资源均衡。基本形成了在中心城市的二级服务网络和农村地区的三级服务网络,同样也是通过城乡牵手、互动交流的方式促进优秀人才资源、先进医疗技术的共享。通过将中心城市优秀的骨干精英派驻到乡村地区进行技术指导和支持,让乡村地区的医护人才定期到上级医院进行培训交流,加之远程诊疗和定期巡诊等措施,让城乡基本医疗能够资源共享、互助发展,实现了资源的合理优化配置。

②创新服务供给机制,引入社会元素。

地震造成的破坏巨大,损失惨重,灾区的生产生活秩序和公共服务在震后几乎瘫痪,要在如此短暂的时间内重建公共服务体系,单凭政府一己之力

远远不够，况且有些农村地区，由于渠道不畅通等原因，公共服务的供给本身就严重不足。因此灾后公共服务体系重建的过程，也是丰富服务供给主体、积极探索公共服务供给新机制的良好契机。在本次灾后重建的过程中，我国的民间社会显现出了惊人的力量，许多由民间自发组织形成的志愿组织、公益组织，在灾后重建的过程中发挥了重要作用，提供了儿童教育管理、就业指导培训、残疾人救助、心里重建等多方面的公共服务。由于民间组织相对于政府和经济性组织来说，具有自发性、志愿性、灵活性和非营利性等特点，他们在进行公共服务提供时，能够更好地满足人们的需求，更及时有效地改进服务质量和提供方式。在本次灾后重建中涌现出来的慈善和公益力量，受到党和政府的重视与鼓励，充分肯定了他们对于抗震救灾和灾后重建的积极作用，民间组织在本次灾后公共服务重建中充分发挥了对政府服务供给的补充作用，其补充的形式既包括服务的深度，也包括服务的广度。这些社会力量的引入，对于今后丰富公共服务供给主体，实现公共服务供给制度的创新，有着深远影响意义。

③注重服务绩效评估，丰富评估方式。

公共服务的绩效评估是整个公共服务体系重建中重要的一环，评估的及时有效对于实现公共服务的目标和改进完善公共服务系统具有重要意义。在灾后重建过程中，从一开始就注重了公共服务重建的绩效评估，并且把恢复重建的成效纳入到对灾区各级领导人员和干部考核的内容中，作为对部门绩效考核的重要依据。① 根据灾后服务重建状况，不断推进各个阶段的评估工作，及时总结重建过程中出现的问题和和薄弱环节。对于汶川灾后公共服务重建的评估大致可以归结为两个方面的内容，一个是技术性的评估，即主要偏向于对灾后公共服务设施恢复重建等硬件的"物"的评估，包括对学校、医疗机构、文娱体育等公共服务设施项目的重建落实情况、重建过程中存在的问题和经验总结；二是社会影响的评估，主要是从受灾群众的角度出发对"人"的感受评估，对于灾后公共服务设施重建的社会影响评估，包括对灾民的需求、满意度和社会风险的评估等，内容包含对重建后的居住条件好

---

① 《"5·12"汶川特大地震灾后恢复重建的"四川实践"》，四川省人民政府新闻办公室，http://au.china-embassy.org/chn/xw/zgxw/t820537.htm，访问时间：2011年5月6日。

坏、子女接受教育的难易程度、就业实现与否、社会保障力度等多个方面的民意调查评估。

在对灾后公共服务体系重建的评估中，政府主导的技术性评估占据主要地位，国务院专门成立了由中央有关部门组成的汶川地震灾后恢复重建工作协调小组，指导规划实施，协调政策落实，组织中期评估和负责最后的全面总结，研究解决灾后恢复重建中的重大问题。2009年11月11日，国家灾后恢复重建规划中期评估组入川，对四川省灾后恢复重建规划施行情况展开中期评估。中期评估由国家发展改革委委托中国国际工程咨询公司进行，评估包括灾后重建的一个总体规划评估组和10个专项规划评估组，其中对于公共服务重建的评估属于10个专项规划评估中的重点，内容主要为：围绕灾后重建总体规划和城乡住房建设、农村建设、公共服务设施规划的实施进展情况、政策落实和项目调整情况，规划实施的主要经验、存在的突出困难和问题，对下阶段规划实施的意见和建议。[①] 通过开展座谈交流、实地调研和材料收集等多种形式了解情况，针对问题提出建议。此外，还有对于数据统计之外的社会影响评估，为配合国家汶川地震灾区重建恢复总体规划的中期评估工作，中国科学技术发展战略研究院受科技部委托，在汶川地震灾区开展了一项"汶川地震灾区重建恢复情况调查"，通过调查问卷和入户访谈，重点调研了灾民对住房及基础设施、劳动与就业、卫生医疗等重建恢复的意见和存在的问题。

与此同时，也有许多专家学者从研究的思路、社会评估的角度对灾后公共服务重建进行评估，主要涉及灾民对于公共服务重建工作的满意度评价以及潜在风险的评估等方面的内容，虽然这些评估对于重建工作的指导不占据主要地位，但是也起到了一定的丰富和补充的作用。

4. 灾后公共服务可持续发展中存在的问题

（1）供给主体较单一，供给方式有待系统化

①公共服务供给过度依赖政府，供给主体有待多元化。

灾后公共服务体系重建的过程中，过度依赖于政府，特别是在社会资金

---

① 陈莹莹：《我市接受国家灾后重建规划中期评估》，《绵阳日报》网站，访问时间：2009年11月15日。

进入农村公共服务供给领域渠道尚不畅通的情况下，政府仍然是公共服务单一的供给主体。在灾后公共服务体系重建过程中，无论是重建资金、组织计划还是管理运行都过度依靠政府。在经费方面主要是依靠中央政府的财政拨付、灾区地方政府以及对口援建省市政府的财政支持，其中有较少部分属于社会捐赠和商业贷款，如表8-30可见，在灾后公共服务重建经费落实情况中，共计840多亿元，其中中央政府恢复基金占到一半以上，为440多亿元，此外还包括了220亿元的灾区政府和对口援建政府的财政资金，政府资金占到了重建的绝大多数。

表8-30 汶川地震灾后恢复重建项目进展、资金落实情况

（截至2010年12月31日）

制表日期：2010年12月31日　　　填表单位：四川财政厅　　　　　　单位：万元

类别	规划项目数（个）	规划投资数	项目完工数（个）	项目完工数（个）	规划投资完成额	资金落实到位情况					
						合计	中央灾后恢复重建基金	省以下财政资金	对口支援资金	损赠资金	银行贷款	其他
总计	29188	81185300	29070	26814	72527300	62200717	22034300	1222572	6789657	1326946	7764782	23062461
一、城乡住房	270	22475200	270		21835000	20211447	4875000	722049	1550072	534464	1977918	10551944
二、城镇建设	899	9371400	896		6651600	6464426	2113600	188965	1658122	7700	1263825	1232215
三、农村建设	183	5368400	183		5357400	3719861	1436000	11351	506226	2078	253682	1510524
四、公共服务	15040	9437000	15030		8694600	8408446	4416900	174078	2194635	773451	217319	632063
五、基础设施	888	14384200	880		11631700	7837878	4722800	59394	412686	3530	985355	1653573
六、产业重建	11228	15938300	11139		15721000	12299427	2048100	23653	297018	4250	3000362	6926045
七、防灾减灾	429	1653200	423		915800	1335105	1101900	17110	15206	1316	1000	198573
八、生态环境	164	1942300	164		1354800	1506996	924100	20695	141043		65321	355837
九、精神家园	76	137700	74		28300	107390	91800		13848	54		1688
十、其他	11	477600	11		337100	309741	304105	4739	800	102		

除了重建资金外，灾后公共服务项目重建的组织和管理也是主要依靠政府在进行，包括从公共服务体系重建的统筹规划，到公共服务设施的重建，公共服务的提供、资源分配、绩效评估等都是由政府在主导或者全权掌控，公共服务建设过度依赖政府，供给主体有待多元化。

②社会资本开发不够,市场运作动力不足。

社会资本可以分为基本的两个层次,一个是微观层次的社会资本,是蕴含在个人行动网络中的资源,产生在个人外在的社会关系,功能在于帮助个体获得更多的行动资源;一个是宏观层次的社会资本,它是群体中表现为规范、信任和网络联系的特征,其功能在于提升群体的集体行动水平。社会资本在灾民的灾后恢复中扮演着重要的角色,研究显示微观的社会资本有助于个人得到就业信息、社会资源、知识信息和社会支持;宏观的社会资本则对提高社会经济绩效、推动和维护民主进程、消除贫困、保证社会可持续发展起着不可或缺的作用。[①] 灾难发生,正常的社会秩序被破坏,受灾者会动用自己的社会网络,向亲属、朋友、邻居等寻求帮助,这就是微观社会资本能够起到的作用;而宏观的社会资本,即灾区内的社会规范、信任和自发形成的社会联合体,可以有效地弥补政府在减灾重建过程中的空白。在本次灾后重建过程中,许多自发形成的民间组织开展自救和帮扶行动,发挥了一定的作用。但是,民间能够进入的灾后重建领域从广度和深度上有非常有限,一个是人们的思想观念仍未转变,重建很大程度上依然依赖于政府计划;再者是政府对于民间组织的发展介入没有充分的准备和引导,使得社会力量发挥的作用有限,对于社会资本的开发还有待深入。

公共服务体系中引入市场机制,打破政府对于公共服务的垄断,实现公私部门的合作,加入竞争机制,适当地进行政府购买服务,签订合同外包服务,特许经营等转移政府职能,给非公部门留出发展空间,有利于创新公共服务的供给机制,提升公共服务的质量和水平,更好地满足公众的服务需求。但在灾后公共服务的供给中却仍然以政府为主体,以政府为主导,而在实现公私合作、引入市场运作方面尚未有具体的政策措施出台和实施,缺乏对社会组织、第三部门的合理引导和支持,公共服务的市场化运作动力不足。

③供给方式有待体系化。

灾后公共服务体系重建,投入巨额资金,公共服务设施恢复的规模巨

[①] 赵延东:《社会资本与灾后恢复——一项自然灾害的社会学研究》,《社会学研究》2007年第5期,第164—187页。

大、恢复建设标准化，高效率。在短短三年时间内，加固重建成千上万所住房、学校、医疗机构和文化体育设施。但是正是如此重大的建设任务量和紧迫的时间限制，使得重建过程中偏重对于公共服务设施的建设，而轻视了对于公共服务可持续的运行和管理；看重对于服务设施硬件的数量追求，相对弱化了公共服务"软件"实力的提升；重视了服务重建的大规模和广范围，却在基本公共服务的均等化和可及性方面尚有欠缺。属于国家规划的39个重灾县中，灾后的公共服务设施建设平均每县比地震前多一两百个，运行管理经费对比震前也大大增加。但是，在公共服务设施管理上，有的地方"重建轻管"，有的地方干部群众观念和文明素养不适应，有的地方没有落实管理责任，有的设施运行成本压力较大，等等问题都大量存在。由此可见，在今后公共服务可持续发展过程中，不能只在范围和标准上下工夫，还应该在如何对公共服务设施进行管理、如何转变观念、如何培养干部群众人员素质、提高公共服务设施管理水平和服务水平方面下工夫，注重公共服务供给的体系化和动态性。

（2）服务薄弱环节有待强化

①社会救助的可持续问题。

汶川地震中四川省39个重灾县，有31个是国家扶贫开发工作重点县和省定贫困县，其中2117个村为贫困村，399个村为因灾返贫村，受灾人口258.4万人。自2001年起，2117个贫困村逐步开展了扶贫新村建设，其中1587个已完成建设任务，但地震将多年的建设成果毁于一旦。[①] 面对这些贫困村和因灾返贫的村县，除了要考虑灾后重建安置问题外，还应该与扶贫开发规划相结合。对于本身贫困人群的救助，除了进行住房重建安置、临时性生活补贴外，社会救助还应该考虑他们在今后如何生存和发展的问题。此外，在本次地震中新增1449名"三孤"人员和5756名致残人员，需要得到有效救助和帮扶。其中孤老635人、孤儿630人、孤残184人，地震夺去了他们的至亲和依靠，许多人已经部分或完全丧失劳动能力，面对今后漫长艰难的生活，令人担忧。特别是当紧张的抗震救灾和灾后重建工作结束后，当

---

① 参见四川省人民政府国土资源厅网站，http://www.sc.gov.cn/zt_sczt/zhcjmhxjy/cjdt/zxbd/200905/t20090526_754145.shtm，访问时间：2011年2月20日。

人们对于他们的社会关注度下降后，社会救助更应该对他们提供长期的可持续的生活帮扶。

②就业援助的可持续问题。

地震带来巨大人员伤亡，也使灾区经济遭到重创，许多人都失去了原有的工作岗位和土地，灾区面临严峻的就业形势。灾区的就业援助服务对于帮助群众就业、缓解社会压力具有重要意义。根据灾后重建一年的调查报告显示，灾区失业率有明显下降，灾区城镇就业群体的40.4%有比较稳定的工作，但是其中也潜伏着潜在的失业风险。在就业者中，有许多人属于地震后由于灾后重建项目需要的新增就业，而且有相当比例的人群从事着临时性、打短工和自雇佣等不稳定的工作；灾后各个地方的劳动社保部门为灾民提供了就业援助服务，提供了就业咨询、就业推荐和企业职位挖掘等服务，但是其中大多数是社区保洁、保安、木工、瓦工、酒店服务等较为底层的带有一定不稳定性的工作岗位，而且工作收入和条件也存在较大提升空间；同时，当时还对技校生、大学生等通过技能培训的方式进行了暂时的转移安置。目前，随着大规模灾后重建工作的完成，可能面临许多人再次失业，灾区失业率上升的风险，同时灾区群众对于就业培训表现出极大的需求，就业援助的需求大于供给，工作还有很大的改善空间。

③服务设施运行经费的可持续问题。

四川省纳入国家震后恢复总规划的39个县，重建过后的教育、医疗卫生、体育就业等6大类公共服务项目共为19687个，比重建前增加7674个，平均每个县新增加197个。而对于这些县的公共服务项目运营维护费用，预计2011年约需支出94亿元，比重建前的2007年实际发生支出增加42亿元，平均每县增加1亿多元。这些公共服务设施的管理和运营维护带来了许多的新问题，比如说，灾区公共服务设施管理工作长效机制如何构建，今后每个县对于设施运行的保障资金的可持续来源，还有灾区公共服务设施管理人才队伍的建设等诸多问题急需解决。正如北川新县城和天全县，教育、卫生等重建公共服务设施的运行管理费用高，而且由于目前正处于产业发展的恢复阶段，政府财政存在一定困难，公共服务设施运行面临巨大压力。

④公共信息资源的可持续问题。

公共信息资源反映着社会公共事务，灾后公共服务体系重建过程中的公共信息资源涉及教育、医疗卫生、文化、就业等多个公共服务方面的现状、政府法规政策、政务信息等，与公众的生活密切相关，对于公共信息资源的管理和传播情况直接关系到灾民的切身利益。灾后公共服务体系重建涉及领域多，公共政策信息分散，并且随着时间的推进，公共信息的供给会不断弱化，但公众对于公共信息资源的需求和关注度却会持续增长。

⑤社会公平与和谐发展可持续问题。

灾后重建公共服务体系，应该超越单纯的公共服务设施建设，着重保障公共服务的质量和服务提供的均等性。公共服务体系重建的目标绝不是单纯的提供公共服务，而是要尽力让灾区人人享有公共服务，特别是保障弱势群体也能充分享受到公共服务。因此对于基本公共服务的均等化程度，公共服务资源的可得性和可及性等工作还有更高的要求。再者，面对10万平方公里的受灾区域和不同程度受灾的几千万群众，面对利益主体和利益诉求的多元化，由政府单一地进行公共服务的管理和提供难免显得力不从心。面对利益分配的公平问题等还容易诱发社会风险，所以还需要建立综合的社会公平与社会风险控制平台，更好地促进社会公平和和谐发展，完善公共服务体系的构建。

（3）评估激励机制有待改进

在灾后重建的初期，政府在进行灾后重建恢复规划时就注重了对公共服务重建的评估考量，计划了对于规划实施进展情况的跟踪分析，制定了相应的评估指标体系和评价方案，由发改委牵头组织进行了灾后恢复重建的中期和终期评估，并以适当的方式向社会公开。但是在公共服务评估的过程中，还存在不科学、不客观的问题，评估激励机制还有待改进。首先，灾后恢复重建评估主要是以各地政府的数据统计为主，包括把恢复重建的住房、学校、医疗机构、文化体育设施的数量，灾区的复学率、就业率等数据统计直接作为重建评估报告的重点；而对于公共服务恢复重建规划执行情况中的群众主观感受和公众满意度评估没有进行过多的调查研究，对于恢复重建项目的数量、服务质量、资源分布、服务的公平性和均等化等评价方面，公众的主观感受和满意度评价是最具有评价意义的指标，但是在灾后恢复的评估过程却涉及较少，单从政府的统计数据说话，并不能客观科学地评估出灾后重建的成效。

其次，公共服务评估强调刚性指标约束，缺乏柔性制度激励。在评估过程中，过度强调对于指标数量的完成程度，将恢复重建的目标以指令性方式进行下达，同时将恢复重建的成效纳入领导人员和干部的考核内容中，并且作为对部门绩效考核的重要依据，较多地运用了战略、制度等刚性的指标进行评估考核。其实树立榜样、营造氛围、引领风气等柔制度和多劳多得、优劳多得、按绩效分配的激励方式更能够有效地改善管理服务，使工作人员情绪饱满，更加积极投入到工作中，但这些柔性的考核激励制度在灾后公共服务评估考核的过程中还没有得到有效的重视和体现。

再者，评估主体以政府为主，社会组织独立评估不够。对于灾后重建服务的评估，大都以政府为评估的主体，重建中期和终期的评估项目都是由政府来主导的，评估报告和结果由政府部门进行分析和研究。社会组织作为社会的第三部门，具有非政府、非营利等性质，更能够代表民间力量和社会声音，其独立于政府部门，对于重建的评估一方面更具有客观性、独立性，另一方面更能够代表民众的意见，使评估结果更真实有效。而在灾后重建评估过程中，评估主体单一化，第三方社会组织的独立评估引入不足，一定程度上缺乏监督和多方参与，使评估结果带有一定局限性。

5. 灾后公共服务可持续发展的对策建议

（1）构建灾后公共服务供给的多元协同机制

构建灾后公共服务供给的多元协调机制，首先是进行需求和供给的有效对接，建立起灾区公共服务需求表达和信息反馈机制。灾后公共服务体系重建和发展运营的过程中，存在公共服务与群众需求脱节的问题，特别是由于农民对于义务教育、医疗卫生、文化体育等公共服务很难参与，而且农民的组织化程度低，不能形成有效的表达机制。针对这些问题，应当提高群众特别是农民积极参与公共服务的积极性，引导农村自助合作社和民间组织，以组织的形式促进农民意愿的表达。并且通过提高公民素质，以及将群众纳入到政府公共服务的绩效考核体系中等措施，围绕需求进行服务的供给。

其次，激励社会资本参与灾后公共服务体系重构，推进部分公共服务供给的社会化与市场化。社会资本对于灾后公共服务可持续发展具有重要意义，要积极鼓励开发社会资本在灾后公共服务中的作用，加快政府职能转化和事业单位的改革，引入市场机制。在公共服务体系中引入市场机制，打破政府对于公共服务的垄断,实现公私部门的合作,加强竞争机制。积极创新公共服务的供给机制,把适合由社会组织承担的服务,通过政府购买、合同外包等形式转移政府的服务职能,积极鼓励民间志愿服务和慈善事业的发展,充分发挥各类民间社会力量的服务作用,推动政府与社会的通力合作,实现优势互补,有机融合,更好满足公众需求。

再者,构建公共服务对口支援的长效机制。在灾区对口援建的 18 个省市中,多以沿海和发达地区为主要支援主体,相对于灾区在公共服务体系的建设方面具有一定的比较优势,对口支援不应当只是灾后暂时性的、集中性的短期支援,而应该在各个方面建立起互动合作的长效机制。比如教育方面,可以实现优质教育资源的共享、发达地区的精英骨干老师的定期派驻和指导、灾区教师前往发达地区的交流培训,还有通过现代网络技术的远程教学和电子课堂的对接;医疗方面也可以建立长效的人才交流机制,以及支援省市的定期巡诊,提高灾区医疗服务水平,加强人才队伍建设;就业方面,可以通过与援建省市建立企业合作、劳务输出等合作机制,促进就业。最后,要构建各级政府公共服务供给的职责机制。将基本公共服务供给的责任界定明确,做到专人专事,落实到具体部门和负责人,完善基本公共服务问责机制,增加基本公共服务绩效考核在政府和干部政绩考核中的权重。建立基本公共服务设施建设质量追溯制度,对学校、医院、福利机构、保障性住房等建筑质量实行终身负责制。

(2)统筹灾后公共服务的体系化建设

针对灾后公共服务体系化建设方面存在的重设施、弱管理,重硬件、弱软件,重规模、弱公平等问题,首先,应提高公共服务设施的管理水平,加强公共服务的人才队伍与制度环境建设。要提高公共服务设施的管理者、使用者的认识水平,落实服务设施的管理责任,要在设备设施管理、财务管理、环境管理和人员管理方面建立相应的制度和办法,构建良好的管理制度环境。加强设施管理运营的人才队伍建设,对管理使用人员进行专业技能的培训,并且提高干部群众的观念和文明素养,建设一支专业化、高素质的运营管理队伍。同时,要对群众参与公共服务设施的维护和监督管理进行鼓励和提出要求,增强灾区群众的责任感和主动性,从各个方面提高对公共服务设施的管理力度。再者,要兼顾公共服务的效率与公平,促进公共服务的均衡发展。公共服务体系建设，要超越单纯的公共服务设施恢复，在重视设施恢复重建的效率的同时，还要注意公共服务质量的保障和基本公共服务均等化的问题。公共服务体系重建的目标不是服务设施的恢复，而是要让灾区人人都能享受基本公共服务。重建要注重统筹城乡公共服务建设，合理配置服务资源，促进城乡的互动互补、均衡发展，实现以城市带动农村发展，构建城乡公共服务一体化体系。

（3）构建灾区公共服务的可持续发展机制

构建就业与社会保障的可持续机制。灾区就业援助服务除了提供就业咨询、就业推荐以及职业技能培训等就业前的援助服务外，还应该建立后期的跟踪服务制度。对灾区群众就业后的工作情况和生存现状进行跟踪了解，并及时提供相应的问题解答和帮助，建立起就业的长效帮扶机制，以免因各种潜在因素而导致二次失业。同时，就业服务还应该建立起灾区的人力资源信息数据库，及时了解灾区群众的就业现状和就业困难，有针对性地提供相应的就业援助服务，建立起就业援助的可持续机制。而对于灾难中失去亲人的孤老、孤儿以及致残人士要进行妥善安置，社会救助方面要建立起长期的社会保障制度，保障他们今后的生活。

构建公共服务运行经费的可持续机制。中央应继续安排资金，支持灾区的贫困地区和薄弱环节的公共服务建设，增加国有资本在公共服务方面的投入，加大全国的基本公共服务规模。灾区各级政府进行预算时也要优先考虑公共服务的财政安排，要同基本公共服务的需求相适应，同时要开拓公共服务的资金来源，不能单纯依靠行政划拨，要运用国际金融组织贷款和招商引资等有效融资形式，来拓宽政府资金渠道。并且县级政府要提高自我约束，科学规划统筹，规范财政经费管理，优化财政支出结构，及时建立起运行经费的可持续机制。

建立社会公平与社会风险控制机制。要统筹城乡公共服务建设，制定实施城乡统一的基本公共服务设施配置和建设标准，尽量做到城乡统一标准化建设，促进城乡公共服务资源的均衡。对于受灾的农村地区和贫困地区，要加大公共服务的财政投入和资源配置的力度，同时对于政府公共服务项目的投资要优先向落后贫弱地区进行倾斜，注重差异化和社会公平。并且鼓励沿海发达地区与灾区落后地区进行长期对口帮扶，形成长效机制，通过发达地区先进的公共服务水平和专业化的人才队伍来支持带动这些地区公共服务的发展水平。同时，针对利益主体的多元化和利益诉求的复杂性，在资源和利益分配过程中极有可能出现分配不公的情况，有可能导致社会矛盾的产生，蕴藏着潜在的社会风险，因此要建立及时有效的风险监测和控制机制，及时化解社会风险。

建立地震灾区公共信息资源数据库。建立灾区公共服务信息数据库，及时将关于公共服务的教育、医疗、就业、文化体育等方面的政策法规，政府相关工作情况的政务信息，以及公共服务各方面的现状概况纳入到公共信息资源数据库中，及时发布和更新相关信息，以解决公共服务信息供给分散和弱化的问题，从而满足公众对于公共服务信息资源持续增长的关注需求。

（4）建立灾后公共服务绩效评估系统

公共服务体系建设，不单是公共服务设施的恢复重建，更重要的是整个体系的动态完整和服务水平质量的提升，建立科学的公共服务绩效评估体系，对于保障灾后公共服务的质量和水平，完善整个公共服务体系意义重大。建立灾后公共服务绩效评估系统，首先，应当制定和实施灾后公共政策绩效评估机制。建立一个现代的科学化、制度化、规范化的绩效评估体系。"制度化"包括两个方面，一是建立和健全专业的绩效评估机构。其中既要包括政府自身设立的评估组织，也要有非政府组织的评估机构。另一方面，绩效评估应该成为对灾区政府机构的法定要求，借鉴国外通过法律规定政府实行绩效评估的做法。"科学化"则是指要建立一套完整的包含了灾后公共服务评估原则、评估指标体系、评估模型与依据、评估方法和流程、评估程序在内的绩效评估的理论和实践方法指导。实现"规范化"，则主要表现为公共服务绩效评估的内容规范化、程序规范化和评估结果利用的规范化。[①]只有制定了科学的绩效评估机制，才具备了构建灾后公共服务绩效评估体系和开展实施评估工作的基础。其次，开展灾后公共服务质量的公众满意度评估，引进社会组织独立评估机制。灾区民众是灾后公共服务的"顾客"，灾后公共服务的绩效评估应以服务质量和社会公众需求的满足为第一评价标

---

① 彭国甫：《对政府绩效评估几个基本问题的反思》，《湘潭大学学报（哲学社会科学版）》2004年第3期，第6—11页。

准。而作为灾后公共服务"用户"的灾区民众和民间社会组织是及时发现政府服务工作局限和不足的重要信息来源，所以由社会公众对公共服务供给者的业绩进行评价，公开地表达他们对所提供的公共服务的满意度，是灾后公共服务保障供给的重要措施。应当针对政府资源、效率、效果和公平建立灾区群众可以知晓、可以参与的评估办法。[①] 逐步建立公民参与机制，完善公民参与途径，通过关键公众接触、公开听证、民意调查、咨询委员会、利益群体代表等方式，保证评估具有足够的外部性。同时引入和鼓励第三方社会组织进行独立的评估，执行监督和服务信息反馈等重要功能。此外，还应建立公共服务绩效的激励机制，将刚性的制度约束与柔性的激励机制相结合，通过将公共服务的绩效考核结果直接与职位升迁、职级工资和奖惩挂钩等刚性措施，与满足公共部门工作人员精神需求和发展需求的柔性制度相结合，用评选优秀服务者、管理者和灾区服务榜样示范点等举措，实现激励作用，更好地提升公共服务的水平。

二、浙江省统筹城乡发展中的基本公共服务标准化案例研究——杭州市上城区的创新实践

公共服务管理一直是我国公共管理体系建设中相对薄弱的环节。随着社会民众的民权意识逐步提升，公民的民主意识、参与意识和平等意识逐步增强，对政府公共服务管理提出了新挑战和新要求。为此，杭州市上城区开展了政府管理与公共服务标准化的创新实践：2004年，引入标准化理念，开始服务标准化建设；2007年，率先在区、县（市）层面开展了"政府管理与公共服务标准化"理念创新和实践探索；2009年，成为标准化国家试点，进一步推进标准化工作，巩固标准化成果。目前，上城区在政府管理与公共服务标准化体系标准规范的基础上，还建立了保障体系、信息化支持平台、绩效考评体系，有力地促进了体系的实施与完善，实现了"权力规范，效益与效率并行"的总体目标。

---

① 赵红川：《产业与事业的共生：从"文化权利"说起》，《中国文化报》网站，访问时间：2006年2月12日。

（一）案例背景

改革开放以来，随着我国经济社会的不断发展，人民群众对公共服务的需求不断增加，如何适应现代社会公众对政府的新要求，提高政府能力，为公众提供更高质量的公共服务，已成为我国各级政府面对的重要课题。公民的公共需求是随着经济社会的发展不断增长的，一般来说，人均 GDP 超过 1000 美元后的过渡期，也是公共产品和服务需求快速增长的时期。从人均 GDP 水平来看，目前我国正处于这样的过渡阶段，全社会公共需求的全面快速增长与公共服务不到位、公共产品短缺之间的矛盾已成为日益突出的社会问题。与此同时，我国公共服务分配欠均衡的问题日益突出，不仅制约了经济社会发展的速度和质量，甚至加剧了社会矛盾。公共服务领域的城乡差距、地区差距、群体差距以及个人之间的差距现已成为人民群众普遍关注的问题，进而演变成社会公共性问题，需要政府加以解决。而杭州市上城区政府近些年探索和实践的政府管理与公共服务标准化创新，正是在这样一个宏观背景下提出和进行的。

目前，上城区是杭州市唯一完全城市化的城区，下辖 6 个街道办事处、54 个社区，区域内常住人口 36 万，流动人口约 9 万。作为典型的市中心老城区，上城区老街、老巷、老房子多，实际可用于发展的区划面积不过 7 平方公里；老年人多，60 岁以上人口比例已达 19.34%，老龄化程度在浙江全省居首位。作为区级政府，直接面对着发展和改善民生的任务与压力，同时也要直面一些群众的疑问：政府的公共服务到不到位，有没有"硬杠杠"？政府的公共管理和具体政策会不会"因人而变"？此外，从管理学角度来看，行政成本也是一种投入，公共服务是政府为社会提供的公共产品，相对于低投入，高投入能带来高产出，这是毫无疑问的。但在财力有限的情况下，如何使同等投入效益最大化，即提高绩效，使政府花更少的钱提供同样的服务，或花同样的钱提供更好的服务，是政府管理同样要追求的重要目标。作为区级政府，上城区的财政收入虽逐年增长，但刚性支出占了绝大部分，可支配财力极为有限。如 2007 年区地方财政收入为 21.2 亿元，实际可用资金约为 7.7 亿元，其中刚性支出达 85%，实际可灵活支配的资金仅 1 亿元左右，非税收安排资金缺口达 5 个多亿。与此同时，百姓对居住、医疗、教育、环境等公共服务的诉求在不断提高，迫使区政府必须创新工作思路，加强绩效管理，提高行政效能。加强绩效管理，提高行政效率，首先必须使政府管理和公共服务具有可测量性和可评估性，必须要有可比较的依据，这就需要制定相应的公共管理与服务标准准则，使管理与服务标准化。

怎样构建一个权力阳光、规范运行的机制，按照统一标准履行政府职能，提供公共服务，同时，也促进政府管理和服务效益最大化，降低行政成本？在新时期，从基本公共服务体系的建设出发，为了实现"学有所教、劳有所得、病有所医、老有所养、住有所居"，我国提出了新的战略部署和要求。2012年7月，国务院印发《国家基本公共服务体系"十二五"规划》，确定了基本公共服务内涵为除新增的基础设施和环境保护外的残疾人基本公共服务和八大领域，共44类80个基本公共服务项目，为我国基本公共服务体系的建设明确了方向。公共服务标准是"保证基本公共服务水平、范围、均等化程度的基本参照系"[1]，政府实现公共服务的标准化是解决我国公共产品和公共服务供需矛盾的有效途径。在国家政策的推动下，杭州市上城区在2007年提出了开展政府管理与公共服务标准化建设的工作思路：以规范行政权力、提升服务质量为目的，以构建政府职能标准化体系为核心，以制定具体职能管理标准为基础，以推进标准实施和动态完善为重点，全面推进区一级政府行政职能的标准化管理。2009年，作为标准化国家试点，上城区政府明确了"至2011年底基本建立公共管理和服务标准体系，推进服务型、创新型、法治型、节约型、责任型、廉洁型政府建设，全面提升政府管理能力，提高政府公共服务品质，促进政务公开和廉政建设，为杭州市及全国开展政府公共管理和服务标准化工作提供经验"的目标。[2]

（二）主要做法

总体来看，上城区"政府管理与公共服务标准化"项目建设的目标主要包括以下两个方面：第一，规范行政权力。标准化过程中对政府职能进行梳理，明确各层职责，并且经过标准化，建立起各种制度、规范以及绩效评

---

[1] 李泺、孟春等：《公共服务均等化中的服务标准：各国理论与实践》，《财政研究》2008年第10期。
[2]《杭州市上城区政府管理与公共服务标准汇编》，内部资料，2013年5月。

估机制，一方面使得行政行为得到有序管理、规范约束，从而提高行政效率，另一方面也可以实现让行政权力在阳光下运作的目的，这对于促进政务透明、公众监督是非常有效的。第二，提升服务质量。规范行政权力并不是政府管理与公共服务标准化的最终目的，公众获益、公众满意才是最重要也是最根本的。通过标准化，不仅提高政府管理与公共服务的效率，更要提升服务的质量，同时规范行政权力最终也是为了保证能够为公众更好、更快地提供更优质的公共服务。

1. 政策引导

2007 年，上城区制定出台《关于整合政府资源，构建"六型"政府的若干意见》，提出构建创新型、责任型、节约型、服务型、法治型和廉洁型的"六型"政府，确立"以转变政府职能为前提，以强化行政资源的整合利用为核心，以深化行政管理体制改革为重点，以科学的评估体系和制度化、标准化、信息化手段为支撑，优化政府创新环境，增强政府服务能力，提高政府行政效能，提升政府法治水平，树立政府及其公务人员的良好形象，加快推进生活品质示范区建设"的指导思想，并明确了"六型"政府的建设工作重点、推进措施和组织保障。2008 年年初，上城区进一步出台了《上城区"六型"政府建设考核办法（试行）》，设立了"六型"政府建设核心指标，通过对区政府各部门和各街道年度"六型"政府建设核心指标的完成情况进行评分，得出各部门（街道）排名，对名列前茅的部门（街道）给予一定奖励，从而从政策上引导和激励部门、街道转变职能，提高效率，注重创新，依法行政，强化管理，优化服务。

2. 资源整合

（1）整合政策资源，促进部门沟通协调。鼓励各部门之间在制定政策、执行政策时自觉沟通，相互寻求协作和配合。在制定政策时做好与上级政策、区政府或部门以前颁布的政策和其他部门相关政策的对接工作。定期整理历年来颁布的政策，及时清理过期政策，理顺政策体系。在执行政策时充分做好各部门之间的对接。例如：区规划分局派员参与危改工作，推出危改项目提前介入制度，对危改项目提前提出规划要求，加快了政府审批进度，避免发生因危改项目不符合规划而拖延工期的情况。

（2）整合审批资源，搭建"一站式"服务平台。进一步规范行政审批事项，2007年对行政审批事项进行清理，保留行政许可事项63项，非行政许可事项35项，13项行政许可事项缩短了审批承诺期限。加强区行政服务中心建设，推行"一门受理、抄告相关、同步审批、限时完成"的关联审批制度，建立完善区、街道和社区三级服务网络。大力推进电子政务系统建设，综合利用网络和通讯等信息技术，结合传统的政务工作，建立互动的"一站式"服务平台，提供一站式、全天候的行政审批服务；通过网络把行政服务、行政许可以及行政处罚等政府行为进行信息公开，接受人民群众监督。

（3）整合信息资源，完善信息管理机制。针对在数据统计、档案管理等方面存在多头管理、重复工作、信息不能共享等问题，以区统计局为主，建立统一的综合性数据采集平台，力求做到一个口子采集，一个口子提供，并整合各部门现存的各类信息资料，建立一个较为完整的信息资料库，依托电子政务平台，做好数据资料上网工作，提高信息采集、汇总、分类、传递、检索效率和质量，实现信息资源最大化共享。

（4）实行职能的项目化整合，增强部门协调配合。区政府许多社会管理和公共服务属于综合性工作，一个部门或街道难以独立完成，如打造"平安上城"、创建"最清洁城区"、社会民生保障工作等，需要多个部门的协调配合。目前上城区的政府管理有效模式是成立领导小组、办公室一类的协调机构或确定一家牵头部门，其他有关部门予以配合。在此基础上，上城区借鉴项目管理的方式，进一步建立协调机构或牵头部门的项目化运作机制，政府按照项目进行管理，以提高行政运行的效率；充分发挥协调机构或牵头部门的积极性和主动性，通过协调机构和牵头部门搭建的平台，实现各部门之间的良性沟通协调，减少政府大包大揽、一统到底，从而效率低下的情况，确保各项工作顺利开展。

（5）整合财政性资金资产，提高政府管理运作效率。近几年，上城区制定出台了《关于进一步加强建设资金使用管理的实施意见（试行）》和《上城区安置房管理暂行办法》，对建设资金和安置房源进行了整合，建立了建设资金投融资管理平台和安置房管理平台，将原来由各指挥部自行筹措和使用的建设资金改由区政府统一筹集、统一管理和使用，原来由各指挥部掌握的安置房源由区政府进行统一管理和调配。2008年上半年，累计节省银行利息 2000 多万，贷款规模压缩 6.6 亿元，下降了 22%（从 2007 年的 30.0 亿下降到 2008 年上半年的 23.4 亿元），其中利率优惠 10% 的贷款达 7.7 亿元，占总额的三分之一。此外，上城区还进一步加快国有资产经营机制改革，计划整合全区各类经营性资产，由区统一运作经营，以实现国有资产保值增值，提高国有资产的资本运作能力，更好地为区域发展提供经济保障。

3. 绩效考评

上城区在以岗位目标责任制为主要内容的机关工作目标管理基础上，进一步深化完善以构建更加科学合理的绩效考评机制。具体从以下三方面进行改革探索：

（1）在考评目标的设定上。上城区在确定部门年度工作目标时，改变以往由部门自拟定的做法，而是以区人大通过的政府工作目标为核心，首先将政府工作目标量化分解，并分为三类指标：目标考核类、激励类和创新争先类，根据职能落实到各个部门，形成可操作的部门核心目标。各部门紧紧围绕部门核心目标，结合实际制定本部门的年度工作目标。在区级机关目标管理考核中，上城区将考核内容划分为两大块。一块是全区机关共性工作目标，包括领导班子建设、党风廉政建设和机关效能建设三项内容；另一块是各部门年度目标，再按一类、二类、三类、四类进行细化：其中一类目标属于由部门牵头完成的区委、区政府的重点工作，二类目标为各部门的日常工作，三类目标为各部门都涉及的或市委、市政府有考核要求的内容，四类目标为相关部门本年度的争优创先工作。由此建立一个立体的、有衔接性的考核目标体系，确保各单位考核内容系统、完整、全面。同时，上城区还通过对不同类型的考核指标赋予不同的权重，体现出不同工作的重要程度，以保证核心指标的完成。

（2）在考评主体的多元化上。改变以往考核工作从上到下、政府部门自己考自己、既是运动员又是裁判员的现象，在政府以外，上城区引入了人大、政协，上级部门和相关群体同时作为考评主体，组成了 360 度考核网络体系。在政府依然发挥考核重要主体作用的同时，对区级机关目标管理进行了梳理，从 32 个考核项目中提取了较能反映工作实效的考核指标，形成了以人大、政协为考核主体的区级机关目标管理个性化指标体系，使人大、政协依法监督、民主监督的职能更加落到实处。有明确考核对象、内容、结果的上级机关专项考核，与由区统计局委托第三方对相关受众群体进行公共服务、执法工作和综合考评满意度的测评，也将作为重要组成部分直接应用到相关考核结果上。多元化的考评主体能够全面地、较为实际地反应政府工作的实际效果，从而使政府的各项工作在相对透明的环境下进行，产生了"鱼缸效应"。

（3）在考评体系的完善上。把考评重点从政府的工作完成情况转移到群众对政府的满意程度上来，根据"3E"原则（效率、效果、经济）来建立综合考评体系，衡量政府工作的绩效。以区直机关综合考评（人民满意度）为效果的最终体现和考评体系的核心，以区级机关目标管理考核及各个单项考核为主要支撑，以公共服务绩效考评和执法工作绩效考评作为政府效率考核机制，以绩效审计和财政支出绩效评估作为经济评估机制。

4. 电子政务建设

上城区具有良好的信息化建设基础，电子政务建设和信息化应用工作一直走在全市以至全省的前列，形成了较为完善、覆盖全区的"区、街道（部门）、社区"三级网络结构，网络基础设施健全，政府办公自动化程度逐步深入，信息资源共享和信息公开稳步推进，公共服务正全面展开。2007年，上城区制定出台《上城区电子政务建设五年规划（2007—2011年）》，明确了今后五年的建设目标、总体规划和主要任务，并在国信办和市信息办的大力支持和指导帮助下，研究制定并实施了《上城区政府政务信息资源共享及"一站式"审批服务平台项目》。

（1）基于互联网的区政府门户网站群上线运行。新的门户网站调整改造作为政务内网，与新建政务外网合一，实行逻辑隔离；整合全区各部门、街道资源，统一通过政务外网平台发布政府政务信息，实行网上监控，开通网上信访、网上民意调查、建言献策等公众参与栏目，实现政务公开以及政府与受众互动。

（2）"一站式"审批服务平台开始运行。经前期调研，将全区284项审批、服务项目进行梳理分类，确定其中80项纳入"一站式"平台办理，有51项为全程网上流转，其中29项已实现网上预受理；另29项实行受理、办结两头管理。2008年8月底累计办件已达3739件，网上审批项目实现办结平均时间已缩短为0.9天。同时，可实时查询网上办理情况。

(3) 区数据库基本建成。以原"E家人"社区管理平台的数据库为基础，建立全区综合数据库，目前基本目录体系框架已搭建，已纳入区行政审批服务项目、区行政事业单位收费项目、常住人口、离退休人员、抚恤和社会救济情况等各类统计数据33项，可提供审批业务和基础人口数据查询支撑。

(4) 上城区政府便民服务热线有序运行。自2008年5月份起，上城区正式开通语音服务系统，包含信访投诉、紧急呼救、便民服务三项主要功能，将残疾人108项"居家安养"服务也纳入其中。截至2008年8月底，便民热线总呼入量累计已达6820通，月增幅在1000通电话量；其中信息查询及残疾人服务呼入量累计达2498通，月增幅超过30%（2008年8月因奥运会因素有所下降）。上城区始终坚持"最大化整合资源、人不跑信息跑"的理念，力争通过网络信息手段，将人、财、物、信息等资源最大化整合，在网络平台上形成一个协调联动整体；同时，搭建高效、统一、便民、公开的互动式行政服务平台，使群众在社区，甚至在家中就能轻松享受政府的公共服务，使政府与百姓、政府与企业、政府与部门、政府与监督机构、部门与部门之间形成多重双向互动。而"一站式"服务平台的"申办项目网上预受理""串联审批""基础数据实时获取""信息双重支撑"以及政府网站的"管理资源整合""单点登入多个应用系统""实时电子监察功能""网上信访""网上民意调查"等方面均取得了新突破。

5. 体系建设

完善的公共服务体系对于保障经济平稳发展和维护社会稳定具有基础性作用，这要求政府通过公共服务标准化建设，建立科学的标准，规范自身的行为，以实现服务型政府的建设。截至2013年年底，上城区政府管理与公共服务标准化已经形成了包含1个大体系、4个子体系、31个分体系、3个应用辅助体系的区（县）级政府管理和公共服务标准化体系，完成了154项标准编制，并分别作为国家、省、市、区级标准颁布实施。

第一，组织体系。政府管理与公共服务标准化运行离不开组织构架、职能设置、工作职责和组织制度等组织因素。为贯彻落实国家标准化管理委员会、国家发展和改革委员会等六部委发布的《关于推进服务标准化试点工作的意见》和浙江省质量技术监督局《转发国家标准委关于下达2009年度国家级服务业标准化试点项目的通知》文件精神，杭州上城区委区政府专门成立上城区政府管理与公共服务标准化国家试点工作领导小组。小组组长由上城区委书记陈红英兼任，下设领导小组办公室，其成员由区委办、区宣传部、区政府办、区法制办、区发改局、区统计局、区教育局等42个部门主要领导组成。在组织构架的基础上，制定公共服务标准化实施办法，对各个部门职责，标准制定的范围、原则、要求、程序、审批、复审、组织实施、考核，以及经费保证等内容进行了规范。同时，设立《标准化试点联络员工作员职责》，负责标准化试点工作实施情况的收集、反馈与处理，对于贯彻执行各项方针政策和业务规范具有重要的信息沟通作用。上城区还制定了公共服务标准化的培训计划，设立了《定期督促检查自评制度》，与实施标准化管理的协同单位签订责任书，建立标准化试点工作方案、年度工作计划、标准制定（修订）计划以及标准化实施工作总结，这些举措在标准化实施上具有组织保证。

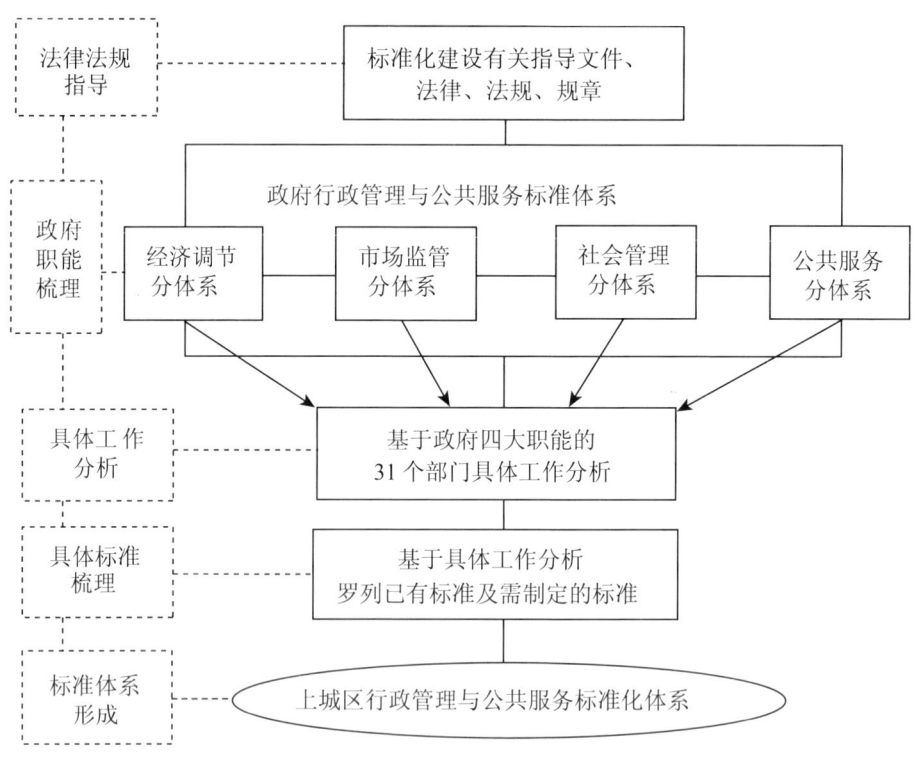

图8－26　上城区政府行政管理与公共服务标准体系形成过程

第二，框架体系。政府管理与公共服务标准化的体系是公共服务标准内容的构架，它总体上隶属于政府行政管理与公共服务标准化的范畴，是其重要的组成部分。杭州市上城区的标准化建设是通过对区级政府组成构架和部门职能进行梳理规范形成具体到微观审批服务事项的标准化框架，制定管理服务标准等。由质检部门全面负责标准化体系建设，指导各项具体标准的制定，覆盖了全区所有行政管理与公共服务事项与工作。该区建立政府公共管理与服务标准化体系，如图 8 – 27 所示。该体系以相关的政策方针、管理办法、法律法规和规章为依托，总体包含四个内容，即经济调节标准体系、市场监管标准体系、社会管理标准体系和公共服务标准体系，并以绩效考核评价标准体系作为支撑。

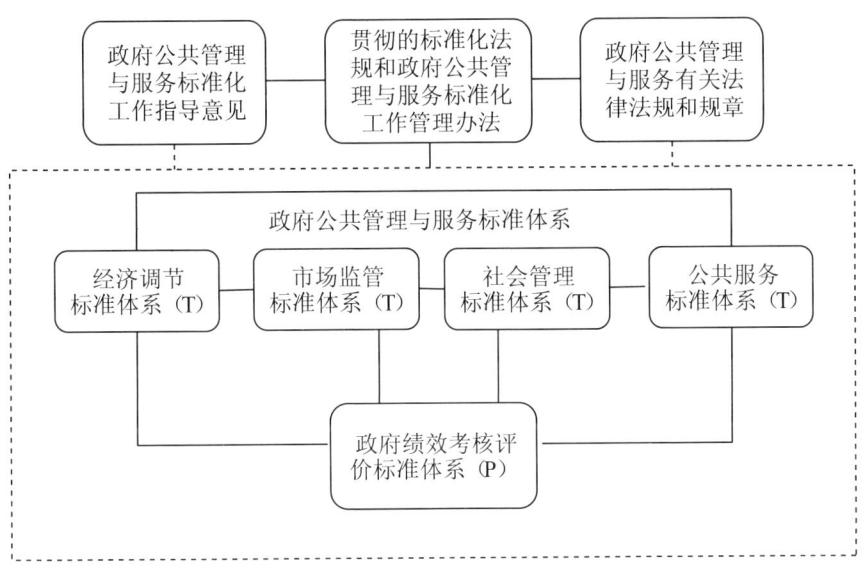

图 8 – 27　上城区政府公共管理与服务标准体系

在总体标准化体系基础上，不断细化主体内容，构建政府公共管理与服务标准体系总框架，如图 8 – 28 所示。该框架在梳理相关的政策方针、管理办法、法律法规和规章等基础上分类细化法律法规，并制定通用基础标准为准则作为法律法规的补充，弥补现行法律法规与实际执行中的缝隙。其中，公共服务标准化体系分层细化到具体工作项目的标准层，更具有操作性和规范性。

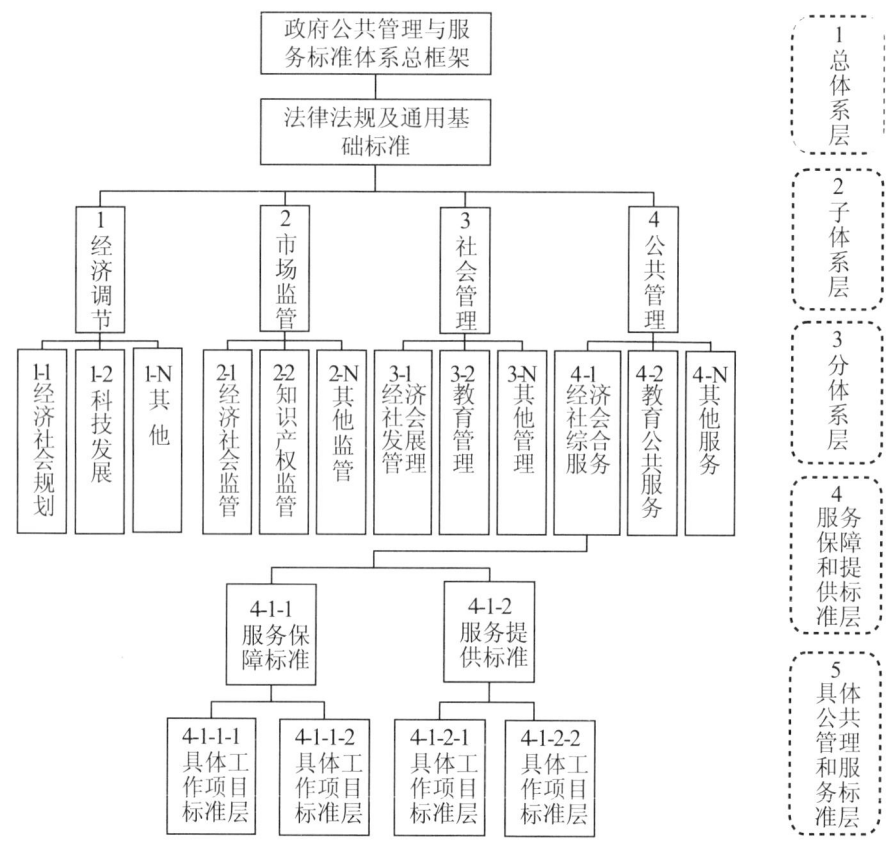

图 8-28 上城区政府公共管理与服务标准体系总框架

第三，服务标准体系。政府管理与公共服务标准化的服务标准体系是公共服务的行为规范和服务标准，是公共服务标准化的具体内容。杭州市上城区《居家养老服务与管理规范》是公共服务标准的典范，该标准已于 2010 年 12 月国标委综合〔2010〕87 号文件将《居家养老服务与管理规范》立项为国家标准项目。该标准主要内容体系包括：范围、规范性引用文件、术语和定义、管理要求、服务内容和要求、服务机构等级划分、服务质量评价与改进等七项内容。这些内容体系对服务范围、对象、服务机构和人员、服务内容和要求、服务等级、服务评价及评价方法等内容进行了非常详尽的描述性规范。为保证具体实施和信息统计，该标准还建立了"居家养老服务对象信息表""服务对象分类标准表"和"居家养老服务机构星级评定必备项目表",尤其是"居家养老服务机构星级评定必备项目表"按照一至五星级必备要求,在满足的具体内容和标准方面做了细致的划分和规范。该标准的内容体系不仅在服务操作内容上具有一个清晰的和可衡量的具体标准,而且在服务管理体制的管理方法、程序、范围和行为操作上得到具体落实。以该标准的助医服务为例,据杭州市上城区卫生局副局长方秋萍介绍,上城区目前有5家社区卫生服务中心、33家社区卫生服务站,已构建较完善的"15分钟就医圈"。

第四,绩效管理体系。政府绩效管理体系的标准化是政府管理与公共服务标准化体系的重要内容,也是政府管理与公共服务标准化创新实践在组织实施上的保障。[①] 构成上城区绩效评估体系的主要包括以下几个政府绩效考核评价通用基础标准:质量管理工作机制、环境管理工作机制、职业健康管理机制、年度考核管理机制、绩效评价工作机制、改进提高管理机制、其他考核管理机制等。这些考核管理机制的建立,促进了上城区政府绩效评估体系的建设,有利于建立规范有序、公开透明、便民高效的上城区政府行政运行机制。2008年上城区制定了《财政支出绩效评价规范》和《行政事业单位绩效审计评价规范》作为标准化建设过程中两个主要的绩效评估规范。政府行政管理与公共服务的标准化体系必须辅之以科学的绩效考核体系,并着力强化对政府行政管理与公共服务的内容、过程、方法和结果等的绩效考核,通过科学的考核体系来推动政府行政管理和公共服务标准的落实,并通过推进行政问责制来确保政府各部门、单位认真履行政府行政管理与公共服务的职责。

6. 上城区政府管理与公共服务标准化的实践创新

杭州市上城区提出创新型、责任型、节约型、服务型、法治型和廉洁型政府标准化建设正是打造"六型"政府的基础支撑。梳理政府公共服务管理职能、相关法律法规、政策、文件依据,制定相关项目的标准,将项目的内容、程序、方法等以标准化的形式加以规范,就是为了实现上述目标而采

---

① 胡税根、徐元帅:《中国政府公共服务标准化建设的价值研究》,《甘肃行政学院学报》2009年第5期。

取的具体实践。

第一，以标准化工作方式推进公共服务标准化开展。上城区公共服务的标准化建设，通过对区级政府组成、部门职能进行梳理、规范，形成具体到微观审批服务事项的标准化框架，制定管理服务标准等，由质监部门全面负责标准化体系建设，指导各项具体标准的制定，覆盖了全区所有行政管理与公共服务事项与工作。这项系统性工作是将"企业标准化建设"概念引入政府，政府部门在梳理政府管理、公共服务具体职能，整理相关法律法规、政策、文件依据的基础上，制定相关项目的标准，将项目的内容、程序、方法等以标准形式进行规范。[1]

第二，以信息化平台支撑公共服务标准化应用。上城区政府投资280万建立电子政务平台，以电子政务平台为载体，完善示范区标准化服务体系和信息通报机制，设立管理与服务标准信息查询平台，建立政府管理与服务标准信息管理系统及标准化专家库等，从而为标准化建设和应用提供保障。信息化平台支撑了标准化体系的应用，如在推进民政工作标准化方面，社区事务管理、各类困难家庭审批、"零贫困"、安居工程个性化补助、居家养老服务、收养登记、地名等工作都实现了专网社区。"一站式"服务平台受理，和谐社区以及居家养老服务测评也基本实现了网上运行。上城区推出"在线互动一站式审批服务平台"，在任何一台电脑上，当事人只要登录该平台点击申请按钮，电脑审批流程即会自动在各个部门间流转、转递，整个审批过程都可以在网络上进行，甚至最后的批件都可以送上门，当事人从头至尾连家门都不用出。经测算，每件事项办结的平均时间比传统模式缩短了三分之二。[2]

第三，以责任体系构建保障公共服务标准化落实。杭州市上城区的标准化建设得到了市质监部门的大力支持，市质监局派专人参与并负责此项工作，同时，由区质监分局全面负责标准化体系建设工作以及指导各项具体标准的制定，区法制办和区编办负责对有关法律法规和各部门"三定"方案进行全面梳理，全区各部门、街道积极开展有关标准研究制定。一是建立适

---

[1] 毛珺：《软服务有了硬标准》，《浙江日报》网站，访问时间：2009年9月20日。
[2] 金林燕、陈刚：《探索社会管理创新的探路者和先头兵——杭州市上城区"政府管理与公共服务标准化"试点掠影》，《质量与标准化》2011年第10期，第13—15页。

合杭州上城区政府公共服务标准化工作运行的管理机制，包括政府标准化工作指导意见、管理办法、领导小组及工作网络体系；二是开展杭州市上城区政府公共服务标准体系结构研究及体系建设，含承担完成政府公共服务标准体系表编制指南等规范的制定；三是学习推广服务标准化知识和工作方法，树立标准创新政府服务工作意识，全面展开政府服务标准化工作，初步树立政府标准化服务形象；四是与国家有关部门配合，努力争取并承担《居家养老服务和管理规范》《政府管理和公共服务标准体系编制要求》等标准制定任务；五是通过对杭州市上城区政府公共服务标准体系框架研究及体系表设计编制及体系建设、初步在上城电子政务网建立杭州市上城区政府公共服务标准化信息服务平台，同时推进政府服务标准化与信息化建设接轨，全方位参与"数字杭州"建设。

（三）主要效果

经过近几年来持续推进政府管理与公共服务标准化项目建设，杭州市上城区在以下四个方面取得了阶段性成果：

1. 行政权力得到进一步规范

通过标准化建设，理清了政府各部门以及各个层次的职责，弥补了现行法律法规制定的空白与执行中的缝隙，使政府工作都有法律法规或标准可依循、可操作、可检查、可评价，进一步明确工作责任，规范行政行为，推动了权力阳光运行和廉洁政府建设，为深化行政体制改革和政府职能转变打下了扎实基础。经过梳理，确定了5309项由政府职能细化出的具体工作事项及与之对应的880项法律法规、政策依据，针对"无法可依"的工作事项，至2012年年底已完成了154项标准编制并分别作为国家、省、市、区级标准颁布实施。重点全面清理了2323项行政执法权力事项，已全部完成标准化流程编制，有113项已形成标准，颁布实施。根据颁布的《网上行政服务中心管理规范》，构建了互动一站式网上行政审批服务系统，推进了审批服务的依据公开以及流程、实现、监督、评估的标准化控制。[①] 至2012年底，

---

① 郭凯、范洲平、马磊、程丽纯、王新玲：《标准化之光》，《中国标准化》2012年第3期，第16—19页。

上城区网上行政服务体系共受理事项 64455 件，按期办结率 100%；区民政部门已先后制定实施了 32 个标准，基本实现了民政工作标准化全覆盖。

2. 服务质量得到进一步提升

在对政府管理职能标准化的过程中，始终围绕提升服务品质和提高服务效率两个核心内容来展开，让老百姓从更优质、更丰富的政府服务中得到实惠。同时，注重开发和设计可操作的、具体的量化指标，对于一些难以量化的服务环节和服务内容，也着眼于通过优化定性标准来提高政府服务的明确性和责任性。通过标准的制定、实施和修订来细化、量化、优化、固化政府管理过程，促进政府行为公平、公正和品质的统一，公众对政府的满意度明显提高。2007 年以来，居民群众对政府解决生活就业难、看病难、上学难、清洁卫生难问题的满意率均保持在 90% 以上。

3. 政府绩效得到进一步提高

通过标准化规范政府职能，一方面有效避免了行政部门"有选择的管理和有选择的服务"导致的合力不强、效率低下、成本偏高问题；另一方面也为绩效评估确定了最基本的标准和指标，借助考核评估体系和机制，更好地改善服务质量，提高政府效能。通过《财政支出绩效评价规范》《行政事业单位绩效审计评价规范》的实施，有效发现了资金管理使用中的一些问题，促进整改和制度规范，部门的绩效意识进一步增强，行政成本的理念进一步树立，财政支出结构进一步优化。2008 至 2012 年，上城区共投入扶持资金 5.3 亿元，重点扶持"五主"主导产业发展，2012 年"五主"产业实现地方财政收入较 2008 年增长约 70%；投入城建专项资金约 16 亿元，推进四大城市综合体建设，获得"2011 中国最佳商业环境城区"称号；民生保障支出以平均 28.6% 的增幅逐年增长，为民生保障和改善提供了有力资金支持。《城管执法智能管控规范》突出精细化管理，实施以来工作人员较 2009 年减少 55%，直接节约人员经费支出 500 万元/年；有效管控时间延长 50%，数字城管处理时效同比提高 50%；信访投诉交办量较去年同期下降 15%，重复投诉量减少 39.1%。《街道办事处综合信息地理化管理规范》及信息化管理系统，实现了街道各类资源的整合及统筹管理；《政府工作行政协助管理规范》通过对政府部门职能实施机制性整合，为"大部门"体制改革开展先期探索。据调查统计，群众对政府服务质量与品质及政府工作能效提升的满意度达76%，比2009年上升18个百分点。

4. 社会参与得到进一步拓展

标准化项目服务对象是全区36万居民和8300余家企事业单位，行政权力事项的公开和服务的透明规范畅通了信息沟通渠道，一些因权力"中梗阻"造成的社会矛盾纠纷得以从根本上化解，居民群众的知情权、参与权、表达权和监督权得到了进一步保障。服务效率和质量的提升使政务环境进一步优化，社会公众办事更加方便、快捷，企业、社会组织在良好环境中得到健康培育和发展，居民生活品质也得到不断提高。标准化建设以明确的标准规范政府行为，提高了政府工作的透明度，让公民对政府也有了一个评价标准，既便于公众监督，同时也起到了吸引社会关注、激活民主意识、强化社会参与热情的作用。《和谐社区建设测评规范》把群众满意度作为一项重要测评内容，采取"自下而上、第三方运作"的评估模式进行，满意度问卷调查结果占考核总分的40%；2011年发放了5000份随机调查问卷，居民对政府和社区工作的知晓度和参与度大大增强。以社区管理和服务类标准的实施为契机，注重搭建互动平台，街道社区层面创新出"湖滨晴雨工作室""邻里值班室""民情合议庭""民间庭改办""雨露万家""红色联盟"等一大批以居民企业为主体的基层管理和社区服务新载体、新机制、新品牌，基层民主自治得到有效深化。2011年7月民调数据显示，公众对标准化工作的知晓度达到了87%，其中非常了解的占35%，比2009年提高了7%；对标准规范体系的制定与实施能建立透明、规范、服务型、办事高绩效的政府的信心度达73%，比2009年提高17%。

（四）启示

1. 政府管理与公共服务标准化是从经验管理向规范管理演变的必然结果。长期以来我国的政府管理实践很大程度上会受到领导人意志的影响，因此领导力量在政府管理中成为一个非常重要的因素，相对来说法制与规则的地位则不够高，这是一种偏经验式的政府管理，存在较多的制度漏洞，稳定性较差。在当今法治化、透明化的服务型政府建设环境中，面对越来越复杂的政治经济文化建设问题，以人为核心的经验管理模式越来越难以适应，开始逐渐向以制度为核心的规范管理演变，不再以领导人的意志为转移，而是强调要有一套客观合理的标准，建立规范，将工作职能、工作流程、工作要求、工作责任等逐一进行固化、规范化。标准化建设成为规范管理必不可少的重要环节。

2. 政府管理与公共服务标准化是从粗放管理向精细化管理演变的必然结果。以人为核心的经验管理必然会导致一些管理细节上的缺失，这种粗放式的政府管理往往会存在权力漏洞与法制空白，进而影响到行政权力运用的规范性，影响到行政效率，也会影响到服务质量。对治理的关注，是政府主导的，政府如今非常重视以人为本，强调公众的满意度、服务对象的满意度，这是最大的一个价值性的转变，于是保证公共服务的质量、提升公众满意度成为政府尤其关心的问题。因此，现今的政府管理越来越注重绩效管理，从粗放管理向精细化管理演变。标准化作为一种具体到每个人、每件事的精细化管理方式，成为政府实行精细化管理、提升公共服务水平的必然途径。

3. 政府管理与公共服务标准化是政府从注重管制别人向注重管理自己的必然结果。管理的标准化是一种流水线上的标准化，政府管理的标准化是政府要给自己的流程进行标准化，强调法治政府，规范政府行为。但政府管理的标准化规范的不仅是政府行为，还有政府工作的内容，具体到每个人员、每件事情，都要有一个充分的标准。其将法治原则、法治规范变成一种具体的政府行为的方式。现今我们日益强调将权力关在笼子里，强调从注重权力有效到注重权力有限。政府行为应该是公示公开的，公众对政府的预期应该是公开的，公众对政府的预期高涨，在中国供给能力有限的条件下，一旦放开对权力的限制，可能会导致政府的承受力和稳定性受到威胁，进而影响到行政效果。因此，现今的政府越来越重视对自身的管理以及对自身权力的规范与限制，这种自我限权的唯一途径就是将行政管理非人格化，形成固化的标准、规范，形成可描述、可公开、可监督的制度与机制。

附 录

附录1：党和国家有关建设服务型政府和公共服务体系的重要会议摘要

（2007年10月—2013年3月）

时间	重要会议	服务型政府建设和公共服务体系相关内容摘要
2007年10月15日—21日	中共第十七次全国代表大会	会议强调：加快行政管理体制改革，建设服务型政府。要抓紧制定行政管理体制改革总体方案，着力转变职能、理顺关系、优化结构、提高效能，形成权责一致、分工合理、决策科学、执行顺畅、监督有力的行政管理体制。健全政府职责体系，完善公共服务体系。
2008年3月5日—18日	十一届全国人民代表大会第一次会议	温家宝总理在政府工作报告中指出，加快转变政府职能。这是深化行政管理体制改革的核心。健全政府职责体系，全面正确履行政府职能，努力建设服务型政府。在加强和改善经济调节、市场监管的同时，更加注重社会管理和公共服务，维护社会公正和社会秩序，促进基本公共服务均等化。
2008年12月23日	中共十七届中央政治局第四次集体学习会议	胡锦涛总书记在会议上强调，建设服务型政府是坚持党的全心全意为人民服务宗旨的根本要求，是深入贯彻落实科学发展观、构建社会主义和谐社会的必然要求。要增强建设服务型政府的紧迫感和责任感，要加强对建设服务型政府的实践的探索和理论研究，认真借鉴国外有益做法，促进服务型政府建设。要在经济发展的基础上，不断扩大公共服务，逐步形成惠及全民、公平公正、水平适度、可持续发展的公共服务体系。

续表

时间	重要会议	服务型政府建设和公共服务体系相关内容摘要
2009年3月5日—13日	十一届全国人民代表大会第二次会议	温家宝总理在政府工作报告中指出,"建设为民、务实、廉洁、高效的政府,让人民放心,让人民满意"。
2010年3月5日—14日	十一届全国人民代表大会第三次会议	温家宝总理在政府工作报告中指出,"要努力建设人民满意的服务型政府"。要以转变职能为核心,深化行政管理体制改革,大力推进服务型政府建设,努力为各类市场主体创造公平的发展环境,为人民群众提供良好的公共服务,维护社会公平正义。要全面正确履行政府职能,更加重视公共服务和社会管理。加快健全覆盖全民的公共服务体系,全面增强基本公共服务能力。
2010年10月15日—18日	中共十七届五中全会	全会审议通过《中共中央关于制定国民经济和社会发展第十二个五年规划的建议》,强调,"十二五"时期要加快服务型政府建设,着力保障和改善民生,逐步完善符合国情、比较完整、覆盖城乡、可持续的基本公共服务体系,提高政府保障能力,促进基本公共服务均等化。
2011年3月5日—14日	十一届全国人民代表大会第四次会议	会议批准《中华人民共和国国民经济和社会发展第十二个五年规划纲要》。温家宝在政府工作报告中指出:"要不断加强政府自身改革建设。政府的一切权力都是人民赋予的,必须对人民负责,为人民谋利益,接受人民监督;各级政府一定要把社会管理和公共服务摆到更加重要的位置,切实解决人民群众最关心最直接最现实的利益问题。"
2012年3月5日—14日	十一届全国人民代表大会第五次会议	温家宝总理在政府工作报告中强调,"推进依法行政和社会管理创新,理顺政府与公民和社会组织的关系,建设服务、责任、法治、廉洁政府"。
2012年5月16日	国务院常务会议	温家宝主持召开国务院常务会议,讨论通过《国家基本公共服务体系"十二五"规划》。明确"十二五"时期基本公共服务的范围、项目、重点任务和国家基本标准。会议指出:"十二五"时期,要本着尽力而为、量力而行,统筹城乡、强化基层的原则,进一步创新体制机制,增强公共服务供给能力,加快建立健全符合国情、可持续的基本公共服务体系,努力提升基本公共服务水平和均等化程度,推动经济社会协调发展,为全面建成小康社会夯实基础。这是深入贯彻落实科学发展观的重大举措,是深化收入分配制度改革、维护社会公平正义的迫切需要,是全面建设服务型政府的内在要求。

续表

时间	重要会议	服务型政府建设和公共服务体系相关内容摘要
2012年11月8日—14日	中国共产党第十八次全国代表大会	会议强调：行政体制改革是推动上层建筑适应经济基础的必然要求。报告明确提出服务型政府应具备的四大标准和四大目标，即：要按照建立中国特色社会主义行政体制目标，深入推进政企分开、政资分开、政事分开、政社分开，建设职能科学、结构优化、廉洁高效、人民满意的服务型政府。围绕构建中国特色社会主义社会管理体系，加快形成党委领导、政府负责、社会协同、公众参与、法治保障的社会管理体制，加快形成政府主导、覆盖城乡、可持续的基本公共服务体系。提出人民生活水平全面提高。基本公共服务均等化。在总体实现全面建设小康社会目标的基础上努力实现新的要求。
2013年2月25日—28日	中共十八界二中全会	全会通过《国务院机构改革和职能转变方案》。贯彻党的十八大关于建立中国特色社会主义行政体制目标的要求，以职能转变为核心，明确强调，深入推进政企分开、政资分开、政事分开、政社分开，健全部门职责体系，建设职能科学、结构优化、廉洁高效、人民满意的服务型政府。
2013年3月5日—17日	第十二届全国人民代表大会第一次会议	温家宝在政府工作报告中强调，"坚持转变政府职能，推进政企分开、政资分开、政事分开、政社分开，建设职能科学、结构优化、廉洁高效、人民满意的服务型政府。加快形成政府主导、覆盖城乡、可持续的基本公共服务体系"。

附录2：党和国家有关各项公共服务建设的重要会议内容摘要

（2007年10月—2013年3月）

会议项目	中国共产党第十七次全国代表大会（2007年10月15日—21日）	十一届全国人民代表大会第一次会议（2008年3月5日—18日）	十一届全国人民代表大会第二次会议（2009年3月5日—13日）	十一届全国人民代表大会第三次会议（2010年3月5日—14日）	十一届全国人民代表大会第四次会议（2011年3月5日—14日）	中国共产党第十八次全国代表大会（2012年11月8日—14日）	十二届全国人民代表大会第一次会议（2013年3月5日—17日）
公共教育	十七大报告指出：优先发展教育，建设人力资源强国。现代国民教育体系更加完善，全民终身教育体系基本形成，全民受教育程度和创新人才培养水平明显提高。	温家宝做政府工作报告，指出：坚持优先发展教育：一是任全国城乡普遍实行免费义务教育。这是促进教育公平的又一重大举措。二是大力发展职业教育。三是提高高等教育质量。办好人民满意的教育，提高全民族的素质。	温家宝做政府工作报告，指出：坚持优先发展教育事业。研究制定国家中长期教育改革和发展规划纲要，对2020年前我国教育改革发展做出全面部署。促进教育公平，落实好城乡免费义务教育政策，优化教育结构，大力发展职业教育。	温家宝做政府工作报告，指出：优先发展教育事业要抓紧启动实施国家中长期教育改革和发展规划纲要。	温家宝做政府工作报告，指出：坚持优先发展教育，稳步提升全民受教育程度。	报告指出：努力办好人民满意的教育。提出建成小康社会目标的重要求：全民受教育程度和创新人才培养水平明显提高，教育现代化基本实现。	温家宝在政府工作报告中指出，进一步深化教育综合改革，普遍关注的重大问题。着力推动义务教育均衡发展，加快发展现代职业教育，提高各级各类教育质量，促进教育公平，进一步为国家发展提供强大的人力资源支撑。继续推进教育优先发展，切实解决社会。

续表

会议／项目	中国共产党第十七次全国代表大会（2007年10月15日—21日）	十一届全国人民代表大会第一次会议（2008年3月5日—18日）	十一届全国人民代表大会第二次会议（2009年3月5日—13日）	十一届全国人民代表大会第三次会议（2010年3月5日—14日）	十一届全国人民代表大会第四次会议（2011年3月5日—14日）	中国共产党第十八次全国代表大会（2012年11月8日—14日）	十二届全国人民代表大会第一次会议（2013年3月5日—17日）
劳动就业服务	实施扩大就业的发展战略，促进以创业带动就业，社会就业更加充分。	努力扩大就业。认真贯彻实施就业促进法和劳动合同法。坚持实行积极的就业政策，落实以创业带动就业的方针，加强职业培训，鼓励自谋职业和自主创业，支持创办小型企业。完善公共就业服务体系，促进形成城乡劳动者平等就业制度。	千方百计促进就业。充分发挥服务业、劳动密集型产业、中小企业、非公有制经济在吸纳就业中的作用。实施更加积极的就业政策。	千方百计扩大就业。建立健全公共投资带动就业的机制，完善就业服务体系要通过持之以恒的努力，创造更多的就业机会，让广大劳动者各尽所能，各得其所。	千方百计扩大就业。继续实施更加积极的就业政策。坚持把增加就业作为经济社会发展的优先目标，为全体劳动者创造公平的就业机会。	报告指出：要推动实现更高质量的就业。实现就业更加充分。	千方百计扩大就业。坚持实施就业优先战略和更加积极的就业政策，加大投入和政策支持，完善就业服务体系，鼓励创业带动就业，做好重点人群就业工作，促进城乡居民收入持续稳定增长。

续表

会议\项目	中国共产党第十七次全国代表大会（2007年10月15日—21日）	十一届全国人民代表大会第一次会议（2008年3月5日—18日）	十一届全国人民代表大会第二次会议（2009年3月5日—13日）	十一届全国人民代表大会第三次会议（2010年3月5日—14日）	十一届全国人民代表大会第四次会议（2011年3月5日—14日）	中国共产党第十八次全国代表大会（2012年11月8日—14日）	十二届全国人民代表大会第一次会议（2013年3月5日—17日）
社会保障	覆盖城乡居民的社会保障体系基本建立，人人享有基本生活保障。	完善社会保障体系。坚持广覆盖、保基本、多层次、可持续的方针。一要做好社会保险扩面和基金征缴工作。二要推进制度改革，保险制度改革多种方式充实社会保障基金，强化基金监管，实现保值增值，确保基金安全。四要健全社会救助体系。	加快完善社会保障体系。一是推进制度建设。二是扩大社会保障覆盖范围。三是提高社会保障待遇。	加快完善覆盖城乡居民的社会保障体系。加快完善的社会保障安全网，使人民生活有基本保障，无后顾之忧。	加快健全覆盖城乡居民的社会保障体系。加快完善社会保障制度，进一步提高保障水平。城乡基本养老、基本医疗保障制度实现全覆盖，提高新农合和三项基本医疗保险参保率。	社会保障全民覆盖，统筹推进城乡社会保障体系建设。全面建成覆盖城乡居民的社会保障体系。	完善社会保障制度。坚持全覆盖、保基本、多层次、可持续方针，不断扩大社会保障覆盖面和提高统筹层次和保障水平，加强各项制度的完善和衔接，增强公平性，适应流动性，保证可持续性。

续表

会议 项目	中国共产党第十七次全国代表大会（2007年10月15日—21日）	十一届全国人民代表大会第一次会议（2008年3月5日—18日）	十一届全国人民代表大会第二次会议（2009年3月5日—13日）	十一届全国人民代表大会第三次会议（2010年3月5日—14日）	十一届全国人民代表大会第四次会议（2011年3月5日—14日）	中国共产党第十八次全国代表大会（2012年11月8日—14日）	十二届全国人民代表大会第一次会议（2013年3月5日—17日）
医疗卫生	建立基本医疗卫生制度，提高全民健康水平。人人享有基本医疗卫生服务。	加快建设覆盖城乡居民的医疗保障制度。完善公共卫生服务体系，推进城乡医疗服务体系建设。建立国家基本药物制度和药品供应保障体系，保证群众基本用药安全，控制药品价格上涨。人人享有基本医疗卫生服务，提高全民健康水平。	推进医药卫生事业改革发展。要坚持公共医疗卫生的公益性质，充分调动广大医务人员的积极性，努力建成覆盖全国城乡的基本医疗卫生制度，初步实现人人享有基本医疗卫生服务。	加快推进医药卫生事业改革发展，积极稳妥推进医药卫生体制改革。	推进医药卫生事业改革发展。	人人享有基本医疗卫生服务，提高人民健康水平。重点推进医疗保障、医疗服务、公共卫生、药品供应、监管体制综合改革，完善国民健康政策，为群众提供安全有效方便价廉的公共医疗卫生和基本医疗服务。	深化医药卫生事业改革发展。巩固完善基本药物制度和基层医疗卫生机构运行新机制，加快公立医院改革，鼓励社会办医。

续表

项目 \ 会议	中国共产党第十七次全国代表大会（2007年10月15日—21日）	十一届全国人民代表大会第一次会议（2008年3月5日—18日）	十一届全国人民代表大会第二次会议（2009年3月5日—13日）	十一届全国人民代表大会第三次会议（2010年3月5日—14日）	十一届全国人民代表大会第四次会议（2011年3月5日—14日）	中国共产党第十八次全国代表大会（2012年11月8日—14日）	十二届全国人民代表大会第一次会议（2013年3月5日—17日）
基本住房保障	住有所居。健全廉租住房制度，加快解决城市低收入家庭住房困难。	抓紧建立住房保障体系，健全廉租住房制度，加快廉租住房建设，增加房源供给，加强经济适用住房建设和管理，积极解决城市低收入群众住房困难。增加中小套型普通商品住房供应，综合运用税收、信贷、土地等手段，完善住房公积金制度，增加住房有效供给，抑制不合理住房需求，防止房价过快上涨。加强市场监管。同时，要	促进房地产市场稳定健康发展。加快促进保障性住房建设和完善政策措施，争取用三年时间，解决750万户城市低收入住房困难家庭和240万户林区、垦区、煤矿等棚户区居民的住房问题。帮助进城农民工解决住房困难问题。深化城镇住房制度改革，满足居民多层次住房需求，努力实现住有所居的目标。	促进房地产市场平稳健康发展。要坚决遏制部分城市房价过快上涨势头，满足人民群众的基本住房需求。继续大规模实施保障性安居工程。	坚定不移地搞好房地产市场调控，加快健全房地产市场调控的长效机制，重点解决中低收入家庭住房困难，切实稳定住房价格，满足居民合理住房需求。	建立市场配置和政府保障相结合的住房制度，加强保障性住房建设和管理，满足困难家庭基本需求。	加强房地产市场调控和保障性安居工程建设。坚决抑制投机投资性需求，完善稳定房价责任制和市场调控政策体系，抓紧完善稳定房地产市场健康发展长效机制。继续抓好保障性安居工程建设和管理，让老百姓住上放心房，满意房。

续表

会议\项目	中国共产党第十七次全国代表大会（2007年10月15日—21日）	十一届全国人民代表大会第一次会议（2008年3月5日—18日）	十一届全国人民代表大会第二次会议（2009年3月5日—13日）	十一届全国人民代表大会第三次会议（2010年3月5日—14日）	十一届全国人民代表大会第四次会议（2011年3月5日—14日）	中国共产党第十八次全国代表大会（2012年11月8日—14日）	十二届全国人民代表大会第一次会议（2013年3月5日—17日）
基本住房保障		加强农村住房建设规划和管理，切实解决农村困难群众住房安全问题。要坚定不移地推进住房改革和建设，让人民群众安居乐业。					
促进城乡区域基本公共服务均等化	统筹城乡发展，推进社会主义新农村建设。推动区域协调发展，优化国土开发格局，缩小区域发展差距，必须注重实现基本公共服务均等化，引导生产要素跨区域合理流动。	促进区域协调发展，落实相关政策。完善鼓励东部地区率先发展、中部地区崛起、西部大开发、东北地区等老工业基地振兴的政策，着力提升国际竞争力。进一步加大对革命老区、民族地区、边疆地区、贫困地区发展的扶持力度。	继续实施西部大开发、东北等老工业基地振兴、中部地区崛起、东部地区率先发展的区域发展总体战略，促进区域协调发展。	推进区域协调发展。重在扭转社会经济差距扩大的趋势，增强发展的协调性，重在加快完善财政体系，促进基本公共服务均等化。	深入实施区域发展总体战略和主体功能区战略，逐步实现基本公共服务均等化。促进城乡、区域良性互动。	继续实施区域发展总体战略，充分发挥各地区比较优势，加快完善城乡发展一体化体制机制；着力在城乡规划、基础设施、公共服务等方面推进一体化，促进城乡要素平等交换和公共资源均衡配置。	强化农业农村发展基础，推动城乡发展一体化。继续深入实施区域发展总体战略，促进区域经济协调发展。

续表

项目 \ 会议	中国共产党第十七次全国代表大会（2007年10月15日—21日）	十一届全国人民代表大会第一次会议（2008年3月5日—18日）	十一届全国人民代表大会第二次会议（2009年3月5日—13日）	十一届全国人民代表大会第三次会议（2010年3月5日—14日）	十一届全国人民代表大会第四次会议（2011年3月5日—14日）	中国共产党第十八次全国代表大会（2012年11月8日—14日）	十二届全国人民代表大会第一次会议（2013年3月5日—17日）
公共文化体育	提高国家文化软实力，使人民基本文化权益得到更好保障，坚持把发展公益性文化事业作为保障人民基本文化权益的主要途径，加大投入力度，加强社区和乡村文化设施建设。	深化文化体制改革，推动文化大发展大繁荣。进一步落实和完善文化体制改革政策措施，推动文化创新，加强文化建设，保障人民基本文化权益，繁荣文化市场，满足人民日益增长的多样化的文化需求，加强城乡公共体育设施建设，广泛开展全民健身活动，不断提高竞技体育水平。	大力发展文化体育事业。促进文化发展和繁荣，既有利于丰富人们的精神文化生活，也可以拓展消费领域。积极发展公益性文化事业，加快完善公共文化服务体系。	加快推进文化体制改革，加强公共文化服务体系建设，文化基础设施建设和公共文化资源配置要特别是向基层、农村和中西部地区倾斜。	大力加强文化建设，推动文化改革发展新跨越，实现人民群众不断增长的精神文化需求。大力发展体育事业。	坚持面向基层、服务群众，加快推进重点文化惠民工程，加大对农村和欠发达地区的帮扶力度，继续推动公共文化设施向社会免费开放。加强重大公共文化工程和文化项目建设，完善公共文化服务体系，提高服务效能。	扎实推进文化建设。把文化改革发展纳入经济社会发展总体规划，列入各级政府政绩考核体系，推动文化事业全面繁荣、文化产业快速发展。政府要履行好发展公益性文化事业的责任，加快推进文化惠民工程，完善公共文化服务体系，广泛开展全民健身运动，促进群众体育和竞技体育全面发展。

续表

会议 项目	中国共产党第十七次全国代表大会（2007年10月15日—21日）	十一届全国人民代表大会第一次会议（2008年3月5日—18日）	十一届全国人民代表大会第二次会议（2009年3月5日—13日）	十一届全国人民代表大会第三次会议（2010年3月5日—14日）	十一届全国人民代表大会第四次会议（2011年3月5日—14日）	中国共产党第十八次全国代表大会（2012年11月8日—14日）	十二届全国人民代表大会第一次会议（2013年3月5日—17日）
人口计划生育及残疾人基本公共服务	坚持计划生育的基本国策，稳定低生育水平，提高出生人口素质。发扬人道主义精神，发展残疾人事业。加强老龄工作。	加强人口和计划生育工作，稳定低生育水平。重视发展老龄事业，切实保障妇女和未成年人权益，关心和支持残疾人事业。	做好人口和计划生育工作，稳定低生育水平。在农村开展妇女病定期检查。支持残疾人事业发展。继续加强老龄工作。	做好人口和计划生育工作，继续稳定低生育水平。做好流动人口计划生育服务工作。加强应对人口老龄化战略研究，健全养老服务体系，加快发展老龄服务事业，让老年人安享晚年生活。	全面做好人口和计划生育工作。继续稳定低生育水平。加快建立健全老年人社会服务体系，加强公益性养老服务设施建设。	要积极应对人口老龄化，大力发展老龄服务事业和产业。健全社会保障和服务残疾人权益。	逐步完善坚持计划生育基本国策，适应我国人口总量和结构变动趋势，统筹解决好人口数量、素质、结构和分布问题，促进人口长期均衡发展。重视发展老龄事业，切实保障妇女和未成年人权益，关心和支持残疾人事业。

附录3：党和国家有关建设服务型政府和公共服务体系的重要政策文件

(2007年10月—2013年5月)

一、关于服务型政府建设和公共服务体系建设的纲领性政策文件

时间	政策、文件	主要内容
2008年3月3日	中共中央、国务院印发《关于深化行政管理体制改革的意见》（中发〔2008〕5号）	围绕转变政府职能和理顺部门职责关系，探索实行职能有机统一的大部门体制，合理配置宏观调控部门的职能，加强能源环境管理机构，整合完善工业和信息化、交通运输行业管理体制，以改善民生为重点加强与整合社会管理和公共服务部门。
2008年3月15日	十一届全国人民代表大会第一次会议批准《国务院机构改革方案》	
2008年8月20日	中共中央、国务院印发《关于地方政府机构改革的意见》（中发〔2008〕12号）	对地方政府机构改革做出部署，提出要将维护人民群众的根本利益作为改革的出发点和落脚点，着力解决制约地方经济社会发展的突出矛盾和问题，着力解决人民群众最关心、最直接、最现实的利益问题，建设人民满意的政府。
2009年1月27日	中共中央办公厅、国务院办公厅转发《中央机构编制委员会办公室关于深化乡镇机构改革的指导意见》（中办发〔2009〕4号）	清晰地表述了乡镇的四项职能：促进经济发展、增加农民收入，强化公共服务、着力改善民生，加强社会管理、维护农村稳定，推进基层民主、促进农村和谐。
2011年3月14日	十一届全国人民代表大会第四次会议批准《中华人民共和国国民经济和社会发展第十二个五年规划纲要》	"十二五"规划在第一篇第二章"指导思想"中提到：完善保障和改善民生的制度安排，把促进就业放在经济社会发展优先位置，加快发展各项社会事业，推进基本公共服务均等化。在第八篇"改善民生建立健全基本公共服务体系"中界定了基本公共服务的六个方面：就业、收入分配、社会保障、基本医疗卫生、住房保障、人口。

续表

时间/事件	政策、文件	主要内容
2011年6月8日	中共中央办公厅、国务院办公厅印发《关于深化政务公开加强政务服务的意见》（中办发〔2011〕22号）	《意见》的发布是为深入贯彻落实党的十七大和十七届三中、四中、五中全会精神，促进服务政府、责任政府、法治政府、廉洁政府建设，提高依法行政和政务服务水平。《意见》要求各地区各部门逐步建立健全政务服务体系。按照建设服务型政府的要求，将政府及其部门的政务服务体系建设纳入基本公共服务体系建设的范畴，完善相关政策规定和管理措施，整合政务服务资源，健全政务服务平台，促进政务服务的均等化、规范化、高效化，提供让群众满意的高质量政务服务。
2012年7月11日	国务院印发《国家基本公共服务体系"十二五"规划》（国发〔2012〕29号）	就基本公共教育、劳动就业服务、社会保险、基本社会服务、基本医疗卫生等方面阐明国家基本公共服务的制度安排，明确基本范围、标准和工作重点，引导公共资源配置。
2013年3月14日	第十二届全国人民代表大会第一次会议审议通过《国务院机构改革和职能转变方案》	贯彻党的十八大关于建立中国特色社会主义行政体制目标的要求，以职能转变为核心，继续简政放权、推进机构改革、完善制度机制、提高行政效能，稳步推进大部门制改革。有利于切实提高政府管理科学化水平，加快建设人民满意的服务型政府。

二、公共教育相关政策文件

时间	政策、文件	主要内容
2008年8月12日	国务院发出《关于做好免除城市义务教育阶段学生学杂费工作的通知》（国发〔2008〕25号）	要求从本年秋季学期开始，全部免除城市义务教育阶段公办学校学生学杂费。至此，全面普及城乡免费义务教育。
2010年7月29日	中共中央、国务院印发《国家中长期教育改革和发展规划纲要（2010—2020年）》。	描绘了我国新世纪2010—2020年教育改革发展的宏伟蓝图，提出各级党委和政府要按照"优先发展、育人为本、改革创新、促进公平、提高质量"的方针，落实《纲要》规定的各项任务，办好人民满意的教育。

续表

时间/事件	政策、文件	主要内容
2011年6月29日	国务院印发《关于进一步加大财政教育投入的意见》（国发〔2011〕22号）	《意见》的提出是为贯彻党的十七大和十七届五中全会精神，是推动科学发展、建设人力资源强国的迫切需要；是全面落实《国家中长期教育改革和发展规划纲要（2010—2020年）》、推动教育优先发展的重要保障；是履行公共财政职能、完善基本公共服务体系的一项紧迫任务。要求采取有力措施，切实保证经济社会发展规划优先安排教育发展，财政资金优先保障教育投入，公共资源优先满足教育和人力资源开发需要。
2012年9月5日	国务院印发《关于深入推进义务教育均衡发展的意见》（国发〔2012〕48号）	为贯彻落实《国家中长期教育改革和发展规划纲要（2010—2020年）》，巩固提高九年义务教育水平，深入推进义务教育均衡发展，《意见》指出要充分认识义务教育均衡发展的重要意义，推动优质教育资源共享，均衡配置办学资源，合理配置教师资源，保障特殊群体平等接受义务教育，全面提高义务教育质量等。

三、劳动就业相关政策文件

时间	政策、文件	主要内容
2008年2月3日	国务院发出《关于做好促进就业工作的通知》（国发〔2008〕5号）	指出党的十七大提出坚持实施积极的就业政策，实现社会就业更加充分的奋斗目标。就业促进法对促进就业工作做出了法律规范。各地区、各部门要根据新的形势和工作要求，切实做好促进就业工作。要明确就业工作目标任务，强化政府促进就业的领导责任，完善政策支持体系，进一步实施积极的就业政策，进一步加强就业服务和管理，健全面向全体劳动者的职业技能培训制度等。
2008年9月18日	国务院公布《中华人民共和国劳动合同法实施条例》（中华人民共和国国务院令第535号）	《条例》的发布有利于劳动关系协调和劳动权益保护。全面推行劳动合同制度，规范劳务派遣用工和企业裁员行为，加强对劳动用工的动态监管。有利于提升劳动就业公共服务。

续表

时间/事件	政策、文件	主要内容
2013年5月16日	国务院办公厅印发《关于做好2013年全国普通高等学校毕业生就业工作的通知》。国办发〔2013〕35号	要求大力促进就业公平，规范国有单位招聘行为，完善公务员招考和事业单位公开招聘制度。允许高校毕业生在求职地（直辖市除外）进行求职登记和失业登记，纳入本地免费公共就业服务和就业扶持政策范围。各级公共就业人才服务机构要从高校毕业生的实际需要和便利出发，统一服务标准，优化服务流程，提供高效、便捷的就业服务。

四、社会保障相关政策文件

时间	政策、文件	主要内容
2009年9月1日	国务院印发《关于开展新型农村社会养老保险试点的指导意见》（国发〔2009〕32号）	决定从2009年起开展新型农村社会养老保障试点，探索建立个人缴费、集体补助、政府补贴相结合的新农保制度，2020年之前基本实现对农村适龄居民的全覆盖。其后，根据此项工作的进展，国务院决定提前到2015年实现全覆盖的目标。
2010年11月19日	国务院发出《关于稳定消费价格总水平保障群众基本生活的通知》（国发〔2010〕40号）	指出为切实维护广大人民群众根本利益，各地区、各部门要充分认识稳定市场价格的重要性和紧迫性，按照"立足当前、着眼长远、综合施策、重点治理、保障民生、稳定预期"的原则，及时采取有力措施，坚持扶持生产、保障供应与抑制不合理需求相结合，理顺价格关系与保障群众基本生活相结合，维护企业正常经营活动与打击价格违法行为相结合，进一步做好价格调控监管工作，稳定市场价格，切实保障群众基本生活。
2012年9月1日	国务院印发《关于进一步加强和改进最低生活保障工作的意见》（国发〔2012〕45号）	《意见》要求坚持公平公正。健全最低生活保障法规制度，完善程序规定，畅通城乡居民的参与渠道，坚持统筹兼顾。统筹城乡、区域和经济社会发展，做到最低生活保障标准与经济社会发展水平相适应，最低生活保障制度与其他社会保障制度相衔接，有效保障困难群众基本生活。

五、医疗卫生相关政策文件

时间	政策、文件	主要内容
2009年3月17日	中共中央、国务院印发《关于深化医药卫生体制改革的意见》。	提出切实缓解看病难、看病贵的五项重点改革措施和建立健全覆盖城乡居民的基本医疗卫生制度的长远目标。
2009年3月18日	国务院印发《医药卫生体制改革近期重点实施方案（2009—2011年）》（国发〔2009〕12号）	提出2009—2011年重点抓好五项改革：一是加快推进基本医疗保障制度建设，二是初步建立国家基本药物制度，三是健全基层医疗卫生服务体系，四是促进基本公共卫生服务逐步均等化，五是推进公立医院改革试点。
2012年3月14日	国务院印发《"十二五"期间深化医药卫生体制改革规划暨实施方案》国发〔2012〕11号	《方案》提出主要目标有基本医疗和公共卫生服务能力同步增强；县级公立医院改革取得阶段性进展，城市公立医院改革有序开展。加快健全全民医保体系，巩固扩大基本医保覆盖面，提高基本医疗保障水平，完善城乡医疗救助制度等。

六、基本住房保障相关政策文件

时间	政策、文件	主要内容
2008年12月20日	国务院办公厅印发《关于促进房地产市场健康发展的若干意见》（国办发〔2008〕131号）	指出要加大保障性住房建设力度，进一步鼓励普通商品住房消费。
2010年4月17日	国务院发出《关于坚决遏制部分城市房价过快上涨的通知》（国发〔2010〕10号）	提出一系列政策措施，遏制部分城市房价过快上涨，推进保障性住房建设，促进房地产市场平稳健康发展。
2011年1月26日	国务院办公厅印发《进一步做好房地产市场调控工作有关问题的通知》（国办发〔2011〕1号）	要求进一步落实地方政府责任，加大保障性安居工程建设力度，调整完善相关税收政策，加强税收征管，强化差别化住房信贷政策，合理引导住房需求，落实住房保障和稳定房价工作的约谈问责机制等。解决城镇居民住房问题，促进房地产市场平稳健康发展。

续表

时间/事件	政策、文件	主要内容
2011年9月28日	国务院办公厅印发《关于保障性安居工程建设和管理的指导意见》（国办发〔2011〕45号）	要求深入贯彻落实科学发展观，把住房保障作为政府公共服务的重要内容，建立健全中国特色的城镇住房保障体系，合理确定住房保障范围、保障方式和保障标准，完善住房保障支持政策，逐步形成可持续的保障性安居工程投资、建设、运营和管理机制。
2013年2月20日	国务院常务会议明确房地产市场调控五项具体政策措施	具体包括：（一）完善稳定房价工作责任制。（二）坚决抑制投机投资性购房。（三）增加普通商品住房及用地供应。（四）加快保障性安居工程规划建设。（五）加强市场监管。
2013年2月26日	国务院办公厅印发《关于继续做好房地产市场调控工作的通知》（国办发〔2013〕17号）	是对2月20日国务院常务会议出台房地产市场调控五项具体政策措施的进一步细化。要求各地区各部门完善稳定房价工作责任制，加快保障性安居工程规划建设，强化规划统筹，从城镇化发展和改善居民住房条件等实际需要出发，把保障性安居工程建设和城市发展充分结合起来。

七、促进城乡、区域基本公共服务均等化相关政策

时间	政策、文件	主要内容
2007年12月31日	中共中央、国务院印发《关于切实加强农业基础建设进一步促进农业发展农民增收的若干意见》	提出推进城乡基本公共服务均等化是构建社会主义和谐社会的必然要求。必须加快发展农村公共事业，提高农村公共产品供给水平。提出要提高农村义务教育水平，增强农村基本医疗服务能力，稳定农村低生育水平，繁荣农村公共文化，建立健全农村社会保障体系，不断提高扶贫开发水平，大力发展农村公共交通等多项意见。
2008年10月12日	中共中央十七届三中全会审议通过《中共中央关于推进农村改革发展若干重大问题的决定》	强调要大力推进改革创新，加强农村制度建设；积极发展现代农业，提高农业综合生产能力；加快发展农村公共事业，促进农村社会全面进步；加强和改善党对农村改革发展的领导。

续表

时间/事件	政策、文件	主要内容
2008年12月30日	中共中央、国务院印发《关于2009年促进农业稳定发展农民持续增收的若干意见》	2009年中央一号文件第六次锁定"三农"。这次一号文件一共提出了28点措施促进农业稳定发展与农民持续增收,其中提出要推进基层农业公共服务机构建设,农业公共服务机构履行职责所需经费纳入地方各级财政预算。逐步推进村级服务站点建设试点。推进城乡经济社会发展一体化,加快农村基础设施建设,积极扩大农村劳动力就业等。
2011年5月27日	中共中央、国务院印发《中国农村扶贫开发纲要(2011—2020年)》	《纲要》是深入贯彻落实科学发展观的必然要求,是坚持以人为本、执政为民的重要体现,是统筹城乡区域发展、保障和改善民生、缩小发展差距、促进全体人民共享改革发展成果的重大举措。《纲要》强调要进一步完善社会保障制度,重视生态建设,改善公共卫生等非收入性贫困问题。《纲要》中对基本教育、医疗卫生、公共文化、社会保障、人口和计划生育都提出了具体的目标。指出要保障义务教育、基本医疗和住房等的实现,实则是强调基本公共服务均等化的体现。

八、公共文化体育相关政策文件

时间	政策、文件	主要内容
2011年2月15日	国务院印发《全民健身计划(2011—2015年)》(国发〔2011〕5号)	提出到2015年,城乡居民体育健身意识进一步增强,参加体育锻炼的人数显著增加,身体素质明显提高,形成覆盖城乡比较健全的全民健身公共服务体系的目标。指出要坚持体育事业的公共性,逐步完善符合国情、比较完整、覆盖城乡、可持续的全民健身公共服务体系,保障公民参加体育健身活动的合法权益。

续表

时间/事件	政策、文件	主要内容
2011年10月18日	中共十七届六中全会审议通过《中共中央关于深化文化体制改革推动社会主义文化大发展大繁荣若干重大问题的决定》	明确文化改革发展的指导思想、重要方针、目标任务和政策举措。指出满足人民基本文化需求是社会主义文化建设的基本任务。必须坚持政府主导，按照公益性、基本性、均等性、便利性的要求，加强文化基础设施建设，完善公共文化服务网络，让群众广泛享有免费或优惠的基本公共文化服务。
2012年2月15日	中共中央办公厅、国务院办公厅印发《国家"十二五"时期文化改革发展规划纲要》	提出覆盖全社会的公共文化服务体系基本建立，城乡居民能够较为便捷地享受公共文化服务，基本文化权益得到更好保障。提出要构建公共文化服务体系，加强公共文化产品和服务供给，加快城乡文化一体化发展。

九、残疾人老龄人口基本公共服务相关政策文件

时间	政策、文件	主要内容
2008年3月28日	中共中央、国务院印发《关于促进残疾人事业发展的意见》（中发〔2008〕7号）	关心残疾人，是社会文明进步的重要标志。残疾人事业是中国特色社会主义事业的重要组成部分。为贯彻落实党的十七大精神，进一步促进残疾人事业发展，意见提出要增强促进残疾人事业发展的责任感和使命感，加强残疾人医疗康复和残疾预防工作，保障残疾人基本生活，改善对残疾人的服务，优化残疾人事业发展的社会环境，加强对残疾人工作的领导。
2011年9月17日	国务院印发《中国老龄事业发展"十二五"规划》（国发〔2011〕28号）	适应老龄化新形势，建立健全老龄战略规划体系、社会养老保障体系、老年健康支持体系、老龄服务体系、老年宜居环境体系和老年群众工作体系，服务经济社会改革发展大局，努力实现老有所养、老有所医、老有所教、老有所学、老有所为、老有所乐的工作目标，让广大老年人共享改革发展成果。提出目标包括：健全覆盖城乡居民的社会养老保障体系，健全老年人基本医疗保障体系，建立以居家为基础、社区为依托、机构为支撑的养老服务体系，增加老年文化、教育和体育健身活动设施等。

附录4：全国部分省市近年相关政策文件信息汇总

（2008年—2013年6月）

一、服务型政府与公共服务体系建设

	主要政策、文件
东部地区部分省市	北京市： 2009年4月15日北京发布《北京市人民政府关于深化改革转变职能提高效率进一步建设服务型政府的意见》 2011年6月16日北京市发布《北京市行政问责办法》 2012年3月19日北京市发布《北京市"十二五"时期政府信息公开体系建设规划》 上海市： 2008年11月7日发布《上海市人民政府机构改革方案》 2013年5月16日发布《上海市行政机构设置和编制管理办法》 广东省： 2011年5月5日发布《广东省县镇事权改革若干规定（试行）》 2012年11月30日发布《广东省行政审批事项目录管理办法》 2013年4月1日发布《广东省重大行政决策听证规定》 天津市： 2008年5月23日天津市发布《天津市人民政府重大事项决策程序规则》 2011年2月24日天津市印发《关于进一步深化我市政务公开工作的意见》 2011年9月28日天津市印发《关于深入推进我市行政服务体系建设工作的意见》 2012年6月15日天津市印发《关于加强政务公开和政务服务工作的实施意见》 2013年2月2日天津市政府印发《天津市人民政府工作规则》 深圳市： 2009年5月24日深圳市发布《深圳市建设服务型政府规范行政服务若干规定（草案稿）》 2011年11月27日深圳市印发《加快电子政务建设构建阳光政府工作方案》

续表

	主要政策、文件
中部地区部分省	湖北省： 2011年12月15日公布《湖北省行政效能监察试行办法》 2012年湖北省印发《湖北省政务服务体系建设管理办法（试行）》 湖南省： 2008年4月9日湖南省通过第一个地方性行政程序规定《湖南省行政程序规定》 2009年6月1日湖南省印发《湖南省人民政府机构改革方案的实施意见》 2011年4月7日湖南省印发《湖南省政府服务规定》 2011年5月11日湖南省印发《湖南省保障和改善民生实施纲要（2011—2015年）》 2011年5月11日湖南省发布首个中国首部关于"服务型政府建设"的省级政府规章——《湖南省政府服务规定》 2012年5月4日《中共湖南省委办公厅湖南省人民政府办公厅关于深化政务公开加强政务服务的实施意见》 江西省： 2009年12月11日江西省印发《江西省各级人民政府行政机构设置和编制管理办法》 2012年3月28日江西省发布《江西省规范行政处罚裁量权规定》 2012年12月11日江西省印发《江西省基本公共服务体系"十二五"规划》 2013年6月4日江西省印发《江西省人民政府工作规则》
西部地区部分省市	四川省： 2008年10月30日四川省印发《创建全国一流省级政务服务中心工作方案》 2009年5月8日四川省印发《四川省人民政府关于深化和扩大扩权强县试点工作的通知》 2010年12月11日四川省印发《四川省人民政府办公厅关于加强政府网站建设的意见》 2013年4月19日四川省印发《四川省人民政府关于进一步深化行政审批制度改革的意见》 2013年5月25日四川省印发《四川省基本公共服务体系"十二五"规划》 2013年6月18日四川省印发《四川省人民政府办公厅关于加强政务微博应用的通知》 重庆市： 2011年7月5日重庆市印发《重庆市市政管理行政处罚裁量权基准（试行）》 2011年3月15日重庆市印发《重庆市人民政府关于进一步深化行政审批制度改革的决定》

二、公共教育

	主要政策、文件
东部地区部分省市	北京市： 2008年11月25日北京市发布《北京市实施〈中华人民共和国义务教育法〉办法》 2010年3月11日北京市发布《北京市人民政府关于进一步深化基础教育改革提高教育质量和办学水平的意见》 2011年11月31日北京市发布《北京市人民政府办公厅关于印发本市中长期教育改革和发展规划纲要（2010—2020年）任务分工的通知》 上海市： 2010年9月14日上海市发布《上海市中长期教育改革和发展规划纲要（2010—2020年）》 2011年1月5日上海发布《上海市终身教育促进条例》 2012年12月30日上海市公布《进城务工人员随迁子女接受义务教育后在沪参加升学考试工作方案》 广东省： 2009年4月23日广东省发布《关于推进广东省义务教育均衡发展的实施意见》 天津市： 2008年6月24日天津市下发《关于进一步做好外来务工人员子女义务教育工作的意见》 2010年11月18日天津市印发《关于进一步加快学前教育改革与发展的意见》
中部地区部分省	湖北省： 2010年2月25日湖北省发布《湖北省人民政府关于进一步推进全省义务教育均衡发展的意见》 2010年12月29日湖北省公布《湖北省中长期教育改革和发展规划纲要（2011—2020年）》 湖南省： 2010年4月9日湖南省印发《中共湖南省委湖南省人民政府关于大力发展农村中等职业教育的意见》 2010年12月28日湖南省印发《湖南省建设教育强省规划纲要（2010—2020年）》 江西省： 2010年5月11日江西省印发《江西省人民政府关于推进义务教育均衡发展的意见》 2011年11月3日江西省印发《江西省实现县域义务教育均衡发展规划（2011—2020年）的通知》

续表

	主要政策、文件
西部地区部分省市	四川省： 2010年12月23日四川省发布《四川省中长期教育改革和发展规划纲要（2010—2020年）》 2012年9月19日四川省印发《四川省人民政府关于深化农村义务教育经费保障机制改革的实施意见》 陕西省： 2010年12月17日陕西省印发《陕西省人民政府关于大力发展学前教育的意见》 2012年4月24日陕西省印发《陕西省人民政府关于进一步加大财政教育投入的实施意见》 重庆市： 2012年4月9日重庆市印发《重庆市人民政府关于深入推进义务教育均衡发展促进教育公平的意见》 2012年9月6日重庆市印发《重庆市义务教育发展基本均衡区县督导评估实施办法（试行）》

三、劳动就业

	主要政策、文件
东部地区部分省市	北京市： 2009年3月24日北京市发布《北京市人民政府关于实施稳定就业扩大就业六项措施的通知》 2012年10月9日北京市人民政府办公厅转发《人力社保局关于营造创新创业环境推进创业带动就业工作指导意见的通知》 上海市： 2009年1月5日发布《上海市人民政府关于进一步做好本市促进创业带动就业工作的若干意见》 2010年修正重新发布：上海市实施《劳动保障监察条例》若干规定 广东省： 2010年7月20日广东发布《关于进一步明确农村劳动力培训转移就业有关问题的通知》 2011年10月9日广东发布《关于进一步促进我省农村户籍劳动力就业及参加意见》 天津市： 2008年12月17日天津市印发《天津市促进以创业带动就业的若干政策规定》 2012年12月21日天津市印发《天津市人民政府办公厅关于进一步完善促进劳动关系和谐稳定工作机制的意见》 深圳市： 2008年8月1日深圳市发布《深圳市实施〈中华人民共和国总工会工作法〉办法》 2008年10月8日深圳发布《深圳经济特区居民就业促进条例》 2009年2月21日深圳市人民政府发布《关于做好促进就业工作的意见》

续表

	主要政策、文件
中部地区部分省	湖北省： 2013年2月23日湖北省印发《省人民政府关于促进服务业跨越式发展的若干意见》 湖南省： 2009年4月23日湖南省印发《中共湖南省委湖南省人民政府关于大力推动全民创业的意见》 江西省： 2009年3月27日江西省通过《就业促进条例》
西部地区部分省市	四川省： 2009年5月8日四川省印发《四川省人民政府关于进一步做好就业工作的通知》 2010年5月31日四川省政府印发《四川省促进城市低收入家庭失业人员就业工作方案》《四川省促进被征地农民就业工作方案》《四川省促进农村劳动力转移就业工作方案》 2012年8月1日四川省印发《四川省构建和谐劳动关系年工作方案》 2013年6月10日四川省印发《四川省人民政府关于进一步加强就业创业工作的意见》 陕西省： 2009年1月12日陕西省印发《陕西省人民政府关于当前做好稳定和扩大就业支持创业工作的指导意见》 2013年4月12日陕西省印发《陕西省人民政府关于进一步加强职业病防治工作的意见》 重庆市： 2010年3月26日重庆市发布《重庆市就业促进条例》

四、社会保障

	主要政策、文件
东部地区部分省市	北京市： 2008年3月31日北京市发布《农村五保供养工作条例》办法 2008年6月6日北京市政府发布《关于建立北京市城镇劳动年龄内无业居民大病医疗保险制度的实施意见》 2012年5月16日北京市发布《北京市人民政府办公厅关于加强和改进流浪未成年人救助保护工作的意见》 上海市： 2010年修正发布《上海市社会救助办法》 2011年1月30日上海市人民政府发布《上海市基本医疗保险监督管理办法》 2012年9月25日上海市发布《上海市城镇居民基本医疗保险试行办法》

续表

	主要政策、文件
东部地区部分省、直辖市	广东省： 2010年1月20日广东省发布《广东省农村五保供养工作规定》 2011年8月29日发布《关于进一步促进我省农村户籍劳动力就业及参加城镇企业职工基本养老保险有关问题的指导意见》 天津市： 2008年8月5日天津市发布《天津市农村五保供养工作办法》 2011年9月30日天津市印发《关于进一步完善基本生活必需品价格上涨与困难群众生活补助联动机制的通知》 2012年2月3日天津市发布《天津市工伤保险若干规定》《天津市基本医疗保险规定》 2012年10月17日天津市印发《天津市人民政府关于进一步调整完善我市社会保险制度的意见》
中部地区部分省	湖北省： 2011年7月10日湖北省公布《湖北省人民政府关于实施城乡居民社会养老保险制度的意见》 2011年9月13日《湖北省村主职干部基本养老保险与城乡居民社会养老保险制度并轨实施意见》 湖南省： 2008年1月14日湖南省发布《湖南省农村最低生活保障办法》 2010年8月12日湖南省发布《长株潭城市群"两型"社会建设综合配套改革试验区劳动保障体制改革专项方案》 2012年2月22日湖南省印发《湖南省"十二五"人力资源和社会保障事业发展规划》 江西省： 2008年1月13日江西省印发《江西省实施〈农村五保供养工作条例〉办法》 2009年11月24日江西省印发《江西省新型农村社会养老保险试点实施办法》 2010年10月12日江西省印发《江西省农村居民最低生活保障办法》 2011年7月25日江西省印发《江西省城镇居民社会养老保险试点实施办法》 2013年5月6日江西省印发《江西省实施〈工伤保险条例〉办法》

续表

	主要政策、文件
西部地区部分省市	四川省： 2009年4月7日四川省政府印发《四川省人民政府办公厅关于将大学生纳入城镇居民基本医疗保险的实施意见》 2009年10月10号四川省印发《四川省新型农村社会养老保险试点实施办法》 2011年2月1日四川省印发《四川省人民政府办公厅关于开展老年农村居民最低生活保障对象参加新型农村社会养老保险工作的通知》 2013年6月20日四川省印发《四川省人民政府关于进一步加强最低生活保障工作的实施意见》 陕西省： 2011年5月10日陕西省印发《陕西省人民政府关于实施城乡居民社会养老保险制度全覆盖的意见》 2012年2月6日重庆市印发《农民工大病医疗保险和城镇职工基本医疗保险并轨有关问题的通知》 重庆市： 2012年5月25日重庆市印发《重庆市城乡居民合作医疗保险特殊疾病管理暂行办法》 2012年7月24日重庆市印发《重庆市人民政府关于进一步完善城乡医疗救助制度的意见》 2013年3月23日重庆市印发《重庆市人民政府关于切实加强和改进最低生活保障工作的意见》

五、医疗卫生

	主要政策、文件
东部地区部分省市	北京市： 2013年2月19日北京市印发《北京市医疗机构设置规划（2012—2015年）》 上海市： 2011年发布《上海市深化医药卫生体制改革近期重点实施方案》 深圳市： 2009年2月24日深圳市发布《医疗机构药事管理办法》

续表

	主要政策、文件
中部地区部分省	湖北省： 2010年7月2日湖北省公布《湖北省医疗机构管理实施办法》 2012年8月20日《关于湖北省县级公立医院综合改革试点的实施意见》 2012年9月7日发布《湖北省"十二五"期间深化医药卫生体制改革规划》 湖南省： 2012年8月27日湖南省发布《湖南省"十二五"期间深化医药卫生体制改革暨实施方案》 江西省： 2010年12月6日江西省印发《关于巩固和发展新型农村合作医疗制度意见的通知》
西部地区部分省市	四川省： 2009年11月6号四川省印发《四川省深化医药卫生体制改革近期工作方案（2009—2011年）》 2010年3月31日四川省印发《四川省人民政府关于实施基本药物制度推进基层医药卫生体制综合改革的意见》 2011年1月24日四川省印发《四川省人民政府办公厅关于建立健全基层医疗卫生机构补偿机制的意见》 陕西省： 2009年11月19日陕西省印发《陕西省人民政府关于巩固和发展新型农村合作医疗制度的通知》 2011年7月6日陕西省印发《陕西省人民政府关于深化基层医疗卫生机构综合改革的实施意见》 2012年2月13日陕西省印发《陕西省人民政府关于推进县级公立医院综合改革的指导意见》 2012年6月13日陕西省印发《陕西省"十二五"期间深化医药卫生体制改革规划暨实施方案》 重庆市： 2012年3月14日重庆市印发《重庆市主城区医疗机构设置规划（2011—2015年）》

六、住房保障

	主要政策、文件
东部地区部分省市	北京市： 2011年10月18日北京市发布《北京市人民政府关于加强本市公共租赁住房建设和管理的通知》 2012年5月15日北京市发布《北京市人民政府关于加强保障性住房使用监督管理的意见（试行）》 上海市： 2009年6月24日上海市发布《上海市经济适用住房管理试行办法》 2010年10月日上海市发布《关于进一步加强本市房地产市场调控加快推进住房保障工作的若干意见》 广东省： 2012年2月28日广东省发布《广东省住房保障制度改革创新方案》 2013年1月29日广东省发布《广东省城镇住房保障办法》 天津市： 2008年4月10日天津市印发《天津市解决城市低收入家庭住房困难发展规划和年度计划（2008—2012年）》 2011年2月18日天津市印发《天津市经济租赁房租房补贴管理规定》 2011年3月10日天津市印发《天津市公共租赁住房管理办法（试行）》 2012年8月17日天津市发布《天津市基本住房保障管理办法》 深圳市： 2009年6月10日深圳市发布《深圳市廉租住房保障管理办法》 2012年4月13日深圳市发布《深圳市住房保障发展规划（2011—2015）》
中部地区部分省	湖北省： 2011年3月27日湖北省发布《湖北省人民政府办公厅关于加快发展公共租赁住房的意见》 湖南省： 2011年5月11日湖南省发布《人民政府关于加强保障性安居工程建设的意见》 江西省： 2010年8月9日江西省印发《江西省2010年农村危房改造试点实施方案的通知》 2013年5月10日江西省印发《江西省人民政府办公厅关于进一步推进保障性住房建设管理工作的意见》

续表

	主要政策、文件
西部地区部分省市	四川省： 2010年9月14日四川省印发《四川省人民政府关于加快发展公共租赁住房的通知》 2013年7月3日四川省印发《四川省城镇住房保障条例（征求意见稿）》公开征求意见 重庆市： 2013年2月26日重庆市印发《重庆市市级公共租赁住房财务管理暂行办法（试行）》

七、其他公共服务类

	主要政策、文件
东部地区部分省市	北京市： 2009年5月22日北京市发布《北京市城乡规划条例》 2008年10月1日北京市发布《北京市老年人社会保障和社会优待办法的通知》 上海市： 2010年修正发布《上海市残疾人分散安排就业办法》 2010年修正发布《上海市无障碍设施建设和使用管理办法》 天津市： 2011年4月29日天津市印发《关于进一步发展我市居家养老服务的意见》 2011年8月7日天津市发布《天津市全民健身实施计划（2011—2015年）》 2012年7月1日天津市印发《天津市老龄事业发展"十二五"规划》 深圳市： 2013年4月11日深圳市发布《深圳市基层公共文化服务规定》
中部地区部分省	湖北省： 2013年4月15日湖北省印发《湖北"国家农村信息化示范省"建设实施方案》 2013年5月29日湖北省公布《湖北省促进革命老区发展条例》 2012年7月9日湖北省发布《湖北省城乡社区服务体系建设"十二五"规划》 2009年11月11日湖北省发布《湖北省人民政府关于推动文化大发展大繁荣的若干意见》 2012年8月28日湖北省发布《湖北省农村残疾人扶贫开发纲要（2011—2020年）》

续表

	主要政策、文件
中部地区部分省	2012年12月29日湖北省印发《省人民政府办公厅关于加快发展城乡社区居家养老服务的意见》 2012年4月30日湖北省印发《湖北省老龄事业发展"十二五"规划》 湖南省： 2012年2月2日《湖南省农村扶贫开发实施纲要（2011—2020年）》 2012年2月24日湖南省发布《中共湖南省委湖南省人民政府关于加大统筹城乡发展力度加快现代农业建设步伐的意见》 2012年2月17日湖南省印发《中共湖南省委湖南省人民政府关于加快新型城镇化推进城乡一体化的意见》 2010年2月11日湖南省印发《湖南省文化强省战略实施纲要（2010—2015年）》 2011年1月24日湖南省发布《公共文化体育设施条例》 2011年8月11日湖南省印发《湖南省全民健身实施计划（2011—2015）》 2008年11月20日湖南省发布《湖南省残疾人扶助办法》 2009年9月5日湖南省印发《中共湖南省委湖南省人民政府关于促进残疾人事业发展的实施意见》 江西省： 2009年5月15日江西省印发《江西省人民政府关于进一步加强城乡规划工作的若干意见》 2009年11月23日江西省印发《江西省人民政府关于进一步繁荣发展少数民族文化事业的实施意见》 2011年7月20日江西省印发《江西省全民健身实施计划（2011—2015年）》
西部地区部分省市	四川省： 2009年11月5日四川省印发《四川省新农村市场体系发展规划（2009—2012年）》 2010年6月22日四川省印发关于藏区发展的《富民安康工程2010年项目安排方案》 2012年5月12日四川省印发《四川省人民政府办公厅关于推行农村小型公共基础设施村民自建的意见》 2013年7月3日四川省印发《四川省人民政府关于2013年推进统筹城乡发展工作的意见》 2010年3月29日四川省印发《四川省人民政府关于进一步繁荣发展少数民族文化事业的实施意见》 陕西省： 2009年8月31日陕西省印发《陕西省人民政府关于加快重点镇建设推进全省县域城镇化的意见》

续表

	主要政策、文件
西部地区部分省、直辖市	2012年9月17日陕西省印发《陕西省人民政府关于印发陕甘宁革命老区振兴规划实施方案的通知》 2010年3月16日陕西省印发《陕西省人民政府关于进一步繁荣发展少数民族文化事业的实施意见》 2011年7月15日陕西省印发《陕西省人民政府关于印发省全民健身实施计划（2011—2015年）的通知》 2012年7月25日陕西省印发《陕西省人民政府关于支持文化大发展大繁荣若干财税政策的意见》 2010年3月25日陕西省印发《陕西省人民政府关于2010年为全省残疾人做好十件实事的通知》 2011年11月14日陕西省印发《陕西省残疾人事业"十二五"发展纲要》 重庆市： 2012年9月10日重庆市公布《重庆市主城区乡村建设规划编制暂行办法》 2013年5月21日重庆市公布《重庆市农村信息化体系建设完善和提升方案（2013—2015年）》 2012年6月18日重庆市印发《重庆市社会养老服务体系建设规划（2011—2015年）》

附录5：公共服务需求调查问卷

公共服务需求调查问卷

亲爱的朋友：

您好！为了了解您对政府公共服务体系建设和政策制定的需求和建议，大力提高政府的公共服务水平，推进基本公共均等化建设，国家社科基金重点项目"建设服务型政府与完善地方公共服务体系"课题组对此展开了公共服务的需求调查，以为国家相关政策制定和改革举措提供参考。您的答案无对错之分，所有的回答只用于统计分析。我们将对您的回答予以严格保密。衷心感谢您的支持与合作！

"建设服务型政府与完善地方公共服务体系"课题组
二〇一三年六月

※填表说明：
1. 请将每个题中适合自己的答案在_____填上适当的内容。
2. 无特殊说明，每一个问题只能选择一个答案。
3. 请认真阅读填答，以免遗漏问题。

A. 基本情况

A1. 您的年龄：_____。
  1. 22 岁以下 2. 23—35 岁 3. 36—55 岁 4. 56—60 岁
  5. 61 岁以上

A2. 您的性别： 1. 男 2. 女

A3. 您目前从事的工作：_____。
  1. 务农 2. 企业工作人员 3. 机关事业单位人员 4. 自由职业者
  5. 无业 6. 其他_____。

A4. 您的户籍类型： 1. 农业户口 2. 城镇户口

A5. 您家去年的家庭收入：_____。
   1. 6000 元以下   2. 6001—12000 元   3. 12001—18000 元
   4. 18001—36000 元   5. 36001—48000 元   6. 48001—80000 元
   7. 80001—100000 元   8. 100001 元以上

A6. 您的受教育程度：_____。
   1. 小学及以下   2. 初中   3. 高中或中职   4. 大专或高职
   5. 大学及以上

A7. 请您对当地公共服务情况进行评价：

	非常满意	满意	一般	不满意	非常不满意
义务教育情况					
就业服务情况					
医疗卫生情况					
社会保障情况					
保障性住房情况					
生态环境保护情况					
社会治安情况					
公共文化情况					
基础生活设施建设情况					

B. 公共服务需求与建议

B1. 您所居住的城市哪些公共服务问题比较突出：_____；目前您的家庭所迫切需要获得的公共服务是：_____。（可多选）
   1. 义务教育   2. 医疗卫生   3. 生态环境保护   4. 就业服务
   5. 社会保障   6. 保障性住房   7. 社会治安   8. 公共文化设施
   9. 基础设施   10. 其他

B2. 您主要通过什么途径了解公共服务信息：_____。（可多选）
   1. 电视   2. 广播   3. 报纸
   4. 互联网   5. 宣传栏   6. 村（社区）干部
   7. 亲戚朋友   8. 其他

B3. 您觉得您所享受的公共服务和以下人群相比如何：

	多	差不多	少
和农村（城市）居民相比			
和周边城市居民相比			
和周边省份居民相比			
和高收入群体相比			
和低收入群体相比			

B4. 您认为政府和社会所供给的公共服务是否是您所需求的公共服务_____。
    1. 全部都是自身所需求的   2. 只有部分是自身需求的
    3. 大部分与自身需求无关   4. 全部与自身需求无关

B5. 您觉得政府所提供的公共服务是否足质足量：_____。
    1. 足量且足质   2. 足质但不足量
    3. 足量但不足质   4. 既不足量也不足质

B6. 您是否表达过您对于政府公共服务的需求：_____。
    1. 是   2. 否

B7. 您认为以下哪种方式用以表达自身的公共服务需求较为有效：_____。（可多选）
    1. 直接向社区干部反映   2. 参与政府的调查
    3. 参加相关的听证会   4. 通过网络媒介反映
    5. 通过人大代表、政协委员反映 6. 直接向政府部门反映
    7. 信访   8. 向个别政府官员反应
    9. 行政诉讼或行政复议   10. 新闻媒体
    11. 游行示威   12. 其他

B8. 对于公共服务您的选择空间如何：_____。
    1. 通过选择其他付费服务进行替代
    2. 通过改变居住区域进行替代
    3. 通过选择自我服务进行替代
    4. 没有选择空间，政府提供什么就是什么

B9. 您觉得您所获得的公共服务（包括教育、就业、医疗、住房等），政府所花费的成本与企业提供这些服务的成本相比如何：_____。

　　1. 多　　　　2. 差不多　　　　3. 少

B10. 您是否能够方便地享受到以下服务：

	非常方便	方便	一般	不方便	非常不方便
义务教育					
就业服务					
医疗卫生					
社会保障					
公共文化设施					
基础生活设施					

B11. 您觉得以下公共服务能否满足您的需求：_____。

	满足	部分满足	一般	部分满足不了	无法满足
义务教育					
就业服务					
医疗卫生					
社会保障					
公共文化设施					
基础生活设施					

B12. 您觉得当前公共服务无法满足您需求的原因是：_____。

　　1. 政绩工程，与自身需求没关系　　2. 获取成本过高
　　3. 不知道公共服务信息　　　　　　4. 公共服务的政策连续性不足
　　5. 公共服务的空间差异过大　　　　6. 其他

B13. 对于我国的公共服务体系建设，您有何建议？

_____

_____

_____。

B14. 您所在的省和市：_____。

问卷到此结束，感谢您的回答！

附录6：公共服务需求调查问卷分析结果

公共服务需求调查问卷分析结果

一、市民群体

A. 基本情况

A1. 您的年龄：

年龄	样本数	百分比
22 岁以下	25	1.5%
23—35 岁	1257	77.5%
36—55 岁	331	20.4%
56—60 岁	5	0.3%
61 岁以上	3	0.2%
合计	1621	100.0%

A2. 您的性别：

性别	样本数	百分比
男	889	54.8%
女	732	45.2%
合计	1621	100.0%

A3. 您家去年的家庭收入：

去年的家庭收入	样本数	百分比
6000 以下	120	7.4%
6001—12000	133	8.2%
12001—18000 元	72	4.4%
18001—36000 元	123	7.6%
36001—48000 元	135	8.3%
48001—80000 元	365	22.5%
80001—100000 元	253	15.6%
100001 元以上	420	25.9%
合计	1621	100.0%

A4. 请您对当地公共服务情况进行评价：

公共服务情况评价百分比（%）	非常满意	满意	一般	不满意	非常不满意	合计（N=1621）
义务教育情况	9.6	35.8	38.2	11.2	5.2	100.0
就业服务情况	3.3	22.0	54.8	15.5	4.3	100.0
医疗卫生情况	2.6	18.8	48.2	23.3	7.0	100.0
社会保障情况	4.2	24.4	48.4	17.8	5.2	100.0
保障性住房情况	2.4	14.7	42.1	28.6	12.2	100.0
生态环境保护情况	2.9	13.9	32.1	31.2	19.9	100.0
社会治安情况	5.4	40.7	39.9	10.9	3.1	100.0
公共文化情况	3.9	24.7	49.5	17.2	4.7	100.0
基础生活设施建设情况	4.0	29.2	48.1	14.5	4.2	100.0

B. 公共服务需求与建议

B1.（1）您所居住的城市哪些公共服务问题比较突出：

居住的城市公共服务存在比较突出的问题	选择人数	所占总人数的百分比（N=1621人）	排序
生态环境保护	983	60.6%	1
医疗卫生	889	54.8%	2
保障性住房	705	43.5%	3
公共文化设施	594	36.6%	4
基础设施	566	34.9%	5
义务教育	532	32.8%	6
社会保障	512	31.6%	7
就业服务	475	29.3%	8
社会治安	287	17.7%	9
其他	55	3.4%	10

B1.（2）目前您的家庭所迫切获得的公共服务是：

家庭迫切需要获得的公共服务	选择人数	所占总人数的百分比（N=1621人）	排序
医疗卫生	793	48.9%	1
生态环境保护	736	45.4%	2

续表

家庭迫切需要获得的公共服务	选择人数	所占总人数的百分比（N=1621人）	排序
公共文化设施	600	37.0%	3
基础设施	428	26.4%	4
义务教育	426	26.3%	5
保障性住房	422	26.0%	6
社会保障	415	25.6%	7
社会治安	251	15.5%	8
就业服务	145	8.9%	9
其他	37	2.3%	10

B2. 您主要通过什么途径了解公共服务信息：

了解公共服务信息的主要途径	选择人数	所占总人数的百分比（N=1621人）	排序
互联网	1457	89.9%	1
电视	1174	72.4%	2
报纸	967	59.7%	3
广播	420	25.9%	4
亲戚朋友	241	14.9%	5
宣传栏	173	10.7%	6
村（社区）干部	43	2.7%	7
其他	21	1.3%	8

B3. 您觉得您所享受的公共服务和以下人群相比如何：

比较对象	多	差不多	少	合计（N=1621）
和农村（城市）居民相比	73.8	23.6	2.6	100.0
和周边城市居民相比	23.9	53.3	22.8	100.0
和周边省份居民相比	18.5	50.0	31.5	100.0
和高收入群体相比	1.4	23.2	75.4	100.0
和低收入群体相比	49.8	47.3	2.9	100.0

B4. 您认为政府和社会所供给的公共服务是否是您所需求的公共服务：

公共服务供给是否是所需求的	样本数	百分比
全部都是自身所需求的	183	11.3%
只有部分是自身需求的	1224	75.5%
大部分与自身需求无关	203	12.5%
全部与自身需求无关	11	0.7%
合计	1621	100.0%

B5. 您觉得政府所提供的公共服务是否足质足量：

政府所提供的公共服务是否足质足量	样本数	百分比
足量且足质	28	1.7%
足质但不足量	94	5.8%
足量但不足质	414	25.5%
既不足量也不足质	1085	66.9%
合计	1621	100.0%

B6. 您是否表达过您对于政府公共服务的需求：

是否表达过对于政府公共服务的需求	样本数	百分比
是	610	37.6%
否	1011	62.4%
合计	1621	100.0%

B7. 您认为以下哪种方式用以表达自身的公共服务需求较为有效：

表达自身的公共服务需求较为有效的方式	选择人数	所占总人数的百分比（N=1621人）	排序
通过网络媒介反映	991	61.1%	1
新闻媒体	951	58.7%	2
参与政府的调查	604	37.3%	3
通过人大代表、政协委员反映	493	30.4%	4
直接向政府部门反映	482	29.7%	5
参加相关的听证会	353	21.8%	6
信访	291	18.0%	7
游行示威	199	12.3%	8

续表

表达自身的公共服务需求较为有效的方式	选择人数	所占总人数的百分比（N＝1621人）	排序
您行政诉讼或行政复议	193	11.9%	9
直接向社区干部反映	168	10.4%	10
向个别政府官员反应	152	9.4%	11
其他	38	2.3%	12

B8. 对于公共服务您的选择空间如何：

公共服务空间的选择	样本数	百分比
通过选择其他付费服务进行替代	403	24.9%
通过改变居住区域进行替代	230	14.2%
通过选择自我服务进行替代	395	24.4%
没有选择空间，政府提供什么就是什么	593	36.6%
合计	1621	100.0%

B9. 您觉得您所获得的公共服务（包括教育、就业、医疗、住房等），政府所花费的成本与企业提供这些服务的成本相比如何：

获得的公共服务，政府所花费的成本与企业提供这些服务的成本相比是	样本数	百分比
多	702	43.3%
差不多	493	30.4%
少	426	26.3%
合计	1621	100.0%

B10. 您是否能够方便地享受到以下服务：

能够方便享受到的服务百分比(%)	非常方便	方便	一般	不方便	非常不方便	合计（N＝1621）
义务教育	18.2	39.8	30.9	8.0	3.1	100.0
就业服务	5.3	21.1	55.2	14.1	4.3	100.0
医疗卫生	5.3	31.1	43.2	15.4	5.1	100.0
社会保障	6.1	30.0	48.3	11.9	3.6	100.0
公共文化设施	4.9	24.1	46.5	18.8	5.7	100.0
基础生活设施	5.8	32.9	45.8	12.1	3.3	100.0

B11. 你觉得当前以下公共服务能否满足您的需求:

公共服务能否满足需求百分比(%)	满足	部分满足	一般	部分满足不了	无法满足	合计（N=1621）
义务教育	24.1	31.5	25.9	12.3	6.2	100.0
就业服务	11.3	26.3	44.0	12.3	6.1	100.0
医疗卫生	8.8	31.8	32.3	18.6	8.6	100.0
社会保障	11.7	30.4	37.7	15.2	5.1	100.0
公共文化设施	7.6	27.2	36.5	20.0	8.7	100.0
基础生活设施	9.7	31.8	36.8	17.0	4.8	100.0

B12. 您觉得当前公共服务无法满足您需求的原因是:

当前公共服务无法满足需求的原因	样本数	百分比
政绩工程，与自身需求没关系	559	34.5%
获取成本过高	211	13.0%
不知道公共服务信息	127	7.8%
公共服务的政策连续性不足	370	22.8%
公共服务的空间差异过大	318	19.6%
其他	36	2.2%
合计	1621	100.0%

二、公务员群体

A. 基本情况

A1. 您所在的省和市:

所在的省	样本数	百分比
四川省	98	40.7%
河北省	39	16.3%
河南省	35	14.6%
湖北省	39	16.3%
山西省	29	12.1%
合计	240	100.0%

A2. 您所从事的工作

工作部门	样本数	百分比
党政领导部门	83	34.6%
行政执法部门	86	35.8%
科教文卫部门	52	21.7%
群众工作部门	4	1.7%
其他	15	6.3%
合计	240	100.0%

A3. 您目前从事的工作：

工作部门	样本数	百分比
党政机关领导决策工作	69	28.8%
国有企业经营管理工作	4	1.7%
专业技术工作	35	14.6%
综合协调工作	59	24.6%
文案宣传工作	12	5.0%
窗口服务工作	39	16.3%
其他	22	9.2%
合计	240	100.0%

A4. 请您对当地公共服务情况进行评价：

公共服务情况评价百分比（%）	非常好	比较好	一般	比较差	非常差	合计（N=240）
义务教育情况	11.3	47.1	32.5	6.3	2.9	100.0
就业服务情况	5.0	32.9	47.1	12.5	2.5	100.0
医疗卫生情况	7.9	36.7	35.0	13.3	7.1	100.0
社会保障情况	6.3	33.3	43.3	14.2	2.9	100.0
保障性住房情况	4.6	25.0	46.7	16.3	7.5	100.0
生态环境保护情况	4.6	25.8	36.7	23.8	9.2	100.0
社会治安情况	8.8	44.6	31.3	9.6	5.8	100.0
公共文化情况	6.3	33.8	42.9	13.3	3.8	100.0
基础生活设施建设情况	6.3	31.3	44.6	12.5	5.4	100.0

B. 公共服务需求的认识与建议

B1. 您了解以下公共服务的基本政策和知识吗?

公共服务的基本政策和知识（%）	非常了解	部分了解	一般	部分不了解	全部不了解	合计
国家基本公共服务体系"十二五"规划	4.2	38.3	33.3	18.3	5.8	100.0 (N=240)
国家基本公共服务标准	2.1	30.8	35.0	17.1	15.0	100.0
公共服务可及性	2.5	27.9	40.0	17.1	12.5	100.0
公共服务均等化	3.8	30.4	37.9	15.8	12.1	100.0
电子公共服务	2.9	30.8	36.7	18.8	10.8	100.0
公共服务质量	3.3	30.0	44.2	13.8	8.8	100.0
公共服务绩效	3.3	28.8	43.3	15.4	9.2	100.0

B2. 您所在城市当前公共服务存在问题比较突出的是：

公共服务存在比较突出的问题	选择人数	所占总人数的百分比（N=240人）	排序
生态环境保护	142	59.2%	1
医疗卫生	105	43.8%	2
公共文化设施	92	38.3%	3
保障性住房	88	36.7%	4
就业服务	87	36.3%	5
基础设施	87	36.3%	6
义务教育	71	29.6%	7
社会保障	64	26.7%	8
社会治安	57	23.8%	9

B3. 您认为当前公共服务推进的工作重点是：

当前公共服务推进的工作重点	选择人数	所占总人数的百分比（N=240人）	排序
公共服务的均等化	135	56.3%	1
公共服务的质量工程	124	51.7%	2

续表

当前公共服务推进的工作重点	选择人数	所占总人数的百分比（N＝240人）	排序
公共服务的全面性	116	48.3%	3
公共服务的高满意度	95	39.6%	4
公共服务的可及性	77	32.1%	5
公共服务的成本效率	74	30.8%	6

B4.（1）您认为公共服务供给中公民应发挥如何的作用：

公共服务供给中公民应如何发挥作用	选择人数	所占总人数的百分比（N＝240人）	排序
参与公共服务的监督	163	67.9%	1
配合政府的公共服务	155	64.6%	2
参与公共服务的决策	106	44.2%	3
参与公共服务供给的成本分担	70	29.2%	4
参与公共服务的直接供给	44	18.3%	5

B4.（2）现实公共服务的公民参与缺乏以下哪些内容：

现实公共服务的公民参与缺乏哪些内容	选择人数	所占总人数的百分比（N＝240人）	排序
参与公共服务的监督评估	165	68.8%	1
参与公共服务的决策制定	134	55.8%	2
配合政府的公共服务政策	78	32.5%	3
参与公共服务供给的成本分担	61	25.4%	4
参与公共服务的直接供给	52	21.7%	5

B4.（3）现实中公共服务的公民参与，哪些比较可行：

现实中公共服务的公民参与比较可行的是	选择人数	所占总人数的百分比（N＝240人）	排序
参与公共服务的监督评估	174	72.5%	1
配合政府的公共服务政策	99	41.3%	2
参与公共服务的决策制定	94	39.2%	3

续表

现实中公共服务的公民参与比较可行的是	选择人数	所占总人数的百分比（N=240人）	排序
参与公共服务的直接供给	54	22.5%	4
参与公共服务供给的成本分担	52	21.7%	5
其他	2	0.8%	6

B5. 您认为当前政府提高公共服务的供给效率最应该做的是：

当前政府提高公共服务的供给效率最应该做的是	选择人数	所占总人数的百分比（N=239人）	排序
扩大公共服务的公民参与	146	61.1%	1
推进公共服务的质量标准化建设	134	56.1%	2
提高公共服务的需求导向	126	52.7%	3
降低公共服务的供给成本	96	40.2%	4
推进公共服务的电子化发展	39	16.3%	5

附录7：基本公共服务体系的质量标准与评估客观指标体系

基本公共服务体系的质量标准与评估客观指标体系

一级指标	二级指标	单位	权重	标准值
A1 基本公共教育	A11 义务教育入学率	（%）	8.75%	100.00
	A12 每十万人口各级学校平均在校生数	（人）	3.81%	16950.72
	A13 教育经费支出占地方财政支出比重	（%）	2.73%	15.53
	A16 每百万人特殊教育所数	（所）	4.23%	2.94
A2 劳动就业公共服务	A21 就业保障总支出占GDP比重	（%）	2.57%	1.93
	A22 每千个劳动年龄人口拥有公立就业服务工作人员数	（人）	2.13%	0.16
	A24 失业率	（%）	2.85%	4.10
	A25 免费劳动关系协调、仲裁机构结案率	（%）	1.30%	100.00
	A26 岗位安置数量占登记招聘数量的比例	（%）	1.18%	100.00
A3 社会保险	A31 社会保险支出占财政支出的比例	（%）	1.73%	13.28
	A32 养老金替代率	（%）	2.61%	60.00
	A33 年末领取失业保险人数占参保人数比例	（%）	1.45%	3.07
	A34 城镇基本医疗保险基金结余率	（%）	0.95%	40.00
	A35 新农保参保人数占农村人口比例	（%）	1.06%	100.00
A4 基本社会服务	A41 每千人口拥有社会服务床位数	（张）	1.64%	6.82
	A42 社区服务机构覆盖率	（%）	1.32%	60.98
	A43 接受最低生活保障居民人数占总人口比重	（%）	1.02%	10.00
	A44 每万人口拥有社会福利企业个数	（个）	2.61%	0.37
	A46 每千名孤儿拥有孤儿床位数	（张）	1.33%	1.21
A5 基本医疗卫生	A52 人均医疗卫生费用	（元）	2.58%	1990.85
	A53 每千人口卫生技术员	（人）	1.94%	6.84
	A54 每千人口医疗机构床位数	（张）	2.52%	5.48
	A55 每千人口接受健康教育培训次数	（次）	2.65%	1.36
	A56 设卫生室的村占行政村的数量	（%）	2.56%	100.00
A6 人口和计划生育	A61 每万人县及县级市妇幼保健院（所、站）床位数	（张）	1.22%	0.07
	A62 孕产妇系统管理率	（%）	1.66%	100.00
	A63 人口预期寿命	（年）	2.75%	77.00
	A64 计生率	（%）	1.13%	100.00

续表

一级指标	二级指标	单位	权重	标准值
A7 基本住房保障	A72 人均房屋建筑竣工面积	（平方米/人）	3.00%	5.38
	A73 农村居民人均住房面积	（平方米/人）	2.85%	82.99
	A74 农村居民住房价值	（元/平方米）	2.69%	1498.51
	A75 农村居民住房钢筋混凝土结构面积	（平方米/人）	2.48%	37.74
A8 公共文化体育	A81 分技术等级运动员发展人数	（人）	1.04%	0.73
	A82 每万人艺术表演团体数量	（个）	1.03%	0.14
	A83 全年公共广播节目播出时间	（小时）	2.13%	944286.77
	A84 每万人文化文物机构数	（个）	1.69%	14.40
	A86 人均公共图书馆藏量	（册）	2.69%	1.31
A9 生态环境服务	A91 一般工业固体废物综合利用率	（%）	1.20%	100.00
	A92 空气质量达到二级以上天数占全年比重	（%）	2.83%	100.00
	A93 生活垃圾无害化处理率	（%）	1.63%	100.00
	A94 工业污染治理完成投资（人均）	（元）	0.96%	85.39
	A95 每万人工业污染治理竣工项目数	（个）	1.26%	0.12
A10 残疾人基本公共服务	A101 每千残疾人口省市县乡残联实有工作人员	（人）	0.84%	10.63
	A102 每千残疾人口康复机构在岗人员	（人）	1.26%	9.18
	A103 托养服务机构平均托养残疾人数量	（人）	1.53%	21.70
	A105 （入库）残疾人就业率	（%）	2.68%	100.00
	A106 残疾居民参加医疗保险率	（%）	1.94%	100.00

附录8：基本公共服务体系的质量标准与评估客观指标数据

基本公共服务体系的质量标准与评估客观指标数据

省域	A1 基本公共教育				A2 劳动就业公共服务				
	A11	A12	A13	A16	A21	A22	A24	A25	A26
北京	99.99	14312.65	16.03	1.04	2.18	0.06	1.37	94.59	60.23
天津	100.00	14519.10	16.83	1.48	1.49	0.09	3.60	82.90	76.35
河北	99.89	18494.10	18.43	2.04	1.74	0.10	3.86	97.36	49.78
山西	99.90	20985.36	17.84	1.42	2.86	0.05	3.58	92.13	46.41
内蒙古	99.96	15949.90	13.07	1.37	2.53	0.09	3.90	97.52	59.80
辽宁	99.98	15168.04	13.93	1.69	2.96	0.18	3.60	90.76	36.43
吉林	99.73	15332.02	14.53	1.67	2.83	0.06	3.80	90.37	52.08
黑龙江	99.77	14992.84	13.38	1.90	3.12	0.04	4.30	97.20	48.79
上海	100.00	11959.34	14.03	1.24	2.18	0.07	4.40	92.52	14.75
江苏	99.95	16787.92	17.57	1.37	0.98	0.08	3.20	97.37	41.40
浙江	100.00	17942.55	19.56	1.43	0.90	0.04	3.20	96.52	51.82
安徽	99.78	19466.38	17.10	1.06	2.57	0.05	3.70	94.92	50.36
福建	99.95	19492.88	18.50	1.91	1.05	0.03	3.80	93.80	53.14
江西	99.76	23095.63	18.72	1.67	2.33	0.16	3.30	88.04	55.73
山东	99.87	18289.89	20.95	1.51	1.11	0.07	3.40	90.72	51.96
河南	99.94	25523.62	20.17	1.35	2.03	0.05	3.40	91.89	96.30
湖北	99.99	19051.14	15.19	1.32	2.29	0.05	4.20	96.28	49.99
湖南	99.88	18333.84	15.36	0.88	2.46	0.19	4.20	94.40	39.29
广东	99.96	21771.90	18.29	0.76	1.03	0.06	2.50	90.76	32.61
广西	99.64	22192.41	17.95	1.29	2.14	0.07	3.70	97.58	47.95
海南	99.54	21798.53	16.34	0.34	3.73	0.05	3.00	78.85	20.93
重庆	99.96	20327.20	12.40	1.23	3.38	0.03	3.90	98.46	45.03
四川	99.51	19416.43	14.65	1.33	3.07	0.04	4.10	97.35	54.70
贵州	98.57	24849.32	16.75	1.50	3.42	0.03	3.60	90.64	39.03
云南	99.61	20460.34	16.49	0.65	4.35	0.07	4.20	95.67	67.00
西藏	99.35	19295.65	10.26	0.66	9.52	0.07	4.00	99.08	54.25
陕西	99.91	21797.37	18.07	1.18	2.92	0.12	3.60	96.12	40.90
甘肃	99.56	21584.42	15.87	0.86	5.56	0.06	3.20	89.11	53.72
青海	99.68	20242.70	13.45	1.94	9.79	0.14	3.80	94.23	90.17
宁夏	99.78	23468.14	14.59	1.09	3.42	0.06	4.40	94.13	90.21
新疆	99.73	21047.17	17.50	0.68	3.05	0.11	3.20	90.39	66.02

续表

省域	A3 社会保险					A4 基本社会服务				
	A31	A32	A33	A34	A35	A41	A42	A43	A44	A46
北京	49.05	49.70	0.23	19.98	62.25	9.34	1.39	0.93	0.33	0.81
天津	34.61	50.10	1.08	17.47	32.15	3.82	28.30	2.05	0.23	8.40
河北	10.37	54.40	1.68	31.24	58.84	2.44	11.80	4.10	0.14	0.11
山西	12.11	51.90	1.39	18.61	52.52	1.89	6.20	6.36	0.14	0.53
内蒙古	14.89	55.40	1.08	28.49	26.94	2.40	15.10	8.11	0.09	0.17
辽宁	26.18	46.90	1.53	28.22	47.97	3.34	22.40	4.84	0.49	0.37
吉林	14.18	40.70	2.06	27.92	30.40	3.10	4.00	7.77	0.24	0.23
黑龙江	19.48	47.40	1.50	34.94	16.73	2.64	18.60	7.22	0.17	0.46
上海	60.64	47.00	1.85	33.43	30.20	8.15	64.40	1.67	0.56	1.32
江苏	17.64	40.50	2.41	31.96	68.46	4.36	73.10	2.31	0.43	0.17
浙江	16.30	45.90	0.75	30.84	39.48	4.88	56.80	1.22	0.49	0.25
安徽	7.79	41.10	1.68	31.26	66.11	3.59	21.50	5.04	0.06	0.14
福建	9.60	49.90	0.84	73.41	49.22	1.65	11.10	2.44	0.09	0.15
江西	6.94	40.60	2.05	36.55	53.29	3.38	16.00	5.53	0.07	0.03
山东	13.08	64.70	2.05	22.97	75.02	4.00	28.30	3.11	0.15	0.27
河南	7.30	64.30	1.90	30.27	59.25	2.62	6.10	5.41	0.12	0.05
湖北	11.96	61.40	1.02	32.99	60.72	3.98	27.00	6.38	0.13	0.21
湖南	8.84	42.20	1.68	27.74	59.02	2.30	16.40	6.15	0.09	0.09
广东	11.99	45.40	0.56	28.44	22.92	1.83	81.50	2.13	0.01	0.10
广西	7.38	47.00	2.16	32.77	29.45	1.10	7.80	8.23	0.04	0.06
海南	14.47	54.20	1.43	38.71	43.97	0.55	2.20	4.73	0.01	0.53
重庆	17.29	38.10	1.08	32.08	85.69	3.41	34.80	5.42	0.26	0.61
四川	12.84	40.10	1.51	29.67	32.34	3.74	7.20	7.63	0.10	0.11
贵州	5.81	54.30	0.69	29.36	36.99	1.14	34.20	16.87	0.02	0.05
云南	6.12	46.30	1.52	37.37	42.64	1.33	4.10	10.72	0.08	0.03
西藏	6.80	67.90	0.00	77.18	50.80	2.45	0.50	9.00	0.01	0.20
陕西	11.49	54.00	1.35	40.48	64.75	2.11	9.10	8.16	0.07	0.26
甘肃	8.53	55.00	0.92	26.76	48.51	1.39	14.60	15.99	0.04	0.11
青海	14.21	50.00	1.61	49.57	57.99	1.51	3.30	11.19	0.03	0.07
宁夏	14.16	41.80	2.00	20.36	54.47	1.51	42.10	9.20	0.14	0.28
新疆	18.15	63.90	1.92	22.15	39.34	2.30	17.90	10.45	0.09	0.25

续表

省域	A5 基本医疗卫生服务					A6 人口和计划生育			
	A52	A53	A54	A55	A56	A61	A62	A63	A64
北京	4147.20	14.20	7.40	0.64	75.31	0.01	96.90	80.18	94.26
天津	2737.28	7.33	4.94	0.60	57.00	0.02	85.80	78.89	98.25
河北	1253.77	4.11	3.63	0.27	100.00	0.03	88.20	74.97	91.42
山西	1297.45	5.47	4.49	1.97	100.00	0.04	82.20	74.92	88.49
内蒙古	1767.46	5.34	4.08	1.36	100.00	0.05	91.00	74.44	95.68
辽宁	1765.88	5.54	5.07	0.98	100.00	0.03	93.40	76.38	98.34
吉林	1653.88	5.10	4.45	0.51	100.00	0.03	89.10	76.18	86.08
黑龙江	1580.23	5.09	4.31	1.75	100.00	0.04	90.10	75.98	91.77
上海	809.67	9.92	7.55	1.94	81.32	0.03	78.80	80.26	95.37
江苏	1565.95	4.67	3.94	0.46	100.00	0.01	99.90	76.63	95.72
浙江	2098.99	6.42	4.07	0.33	48.07	0.02	96.00	77.73	94.22
安徽	1210.54	3.16	2.97	0.26	100.00	0.03	37.50	75.08	78.57
福建	1280.11	4.47	3.50	0.32	100.00	0.02	88.10	75.76	92.57
江西	992.04	3.49	2.85	0.76	100.00	0.02	82.80	74.33	79.96
山东	1403.13	5.02	4.34	0.44	71.59	0.03	93.20	76.46	94.20
河南	1134.04	3.63	3.20	0.99	100.00	0.02	74.90	74.57	97.07
湖北	1191.11	4.35	3.63	0.73	98.29	0.02	90.50	74.87	90.21
湖南	1042.05	3.96	3.61	1.01	100.00	0.03	86.80	74.70	89.64
广东	1445.87	5.62	3.76	0.79	100.00	0.01	89.70	76.49	96.48
广西	1116.88	3.80	2.83	0.94	100.00	0.02	93.50	75.11	93.53
海南	1474.70	4.77	3.14	1.97	98.44	0.03	53.30	76.30	92.82
重庆	1500.98	3.61	3.47	0.67	100.00	0.01	86.50	75.70	86.95
四川	463.31	3.89	3.69	1.27	100.00	0.02	86.50	74.75	86.88
贵州	946.61	2.68	2.77	0.24	100.00	0.03	87.70	71.10	88.93
云南	1107.15	3.31	3.80	0.77	100.00	0.03	90.70	69.54	97.25
西藏	1474.70	3.57	3.17	0.27	99.49	0.19	30.70	68.17	92.53
陕西	1474.70	5.04	3.94	1.42	100.00	0.03	93.40	74.68	98.67
甘肃	1153.86	3.88	3.48	2.87	100.00	0.04	91.10	72.23	92.73
青海	1474.70	4.94	4.15	2.66	100.00	0.04	81.20	69.96	98.73
宁夏	1474.70	4.91	3.96	2.19	100.00	0.03	95.40	73.38	91.34
新疆	1676.79	5.93	5.69	0.08	100.00	0.04	80.00	72.35	99.75

续表

省域	A7 基本住房保障				A8 公共文化体育				
	A72	A73	A74	A75	A81	A82	A83	A84	A86
北京	3.20	38.08	2101.58	10.48	0.87	0.06	120291.53	4.46	0.95
天津	1.95	30.22	1600.45	5.70	0.87	0.04	138051.25	5.90	1.00
河北	1.47	34.11	684.38	9.66	0.34	0.04	607266.27	1.10	0.24
山西	0.71	29.92	547.44	7.30	0.18	0.09	378028.05	4.17	0.37
内蒙古	1.64	24.25	479.53	1.23	0.33	0.05	649529.60	4.84	0.44
辽宁	3.81	28.86	813.82	6.61	0.56	0.05	722902.75	2.05	0.71
吉林	1.53	24.44	585.09	0.16	0.58	0.02	446209.55	2.55	0.57
黑龙江	1.16	24.82	813.15	0.82	0.26	0.02	438117.58	2.09	0.46
上海	2.55	58.90	2372.36	21.91	0.66	0.04	138010.08	2.98	2.94
江苏	6.92	49.34	833.19	26.20	0.20	0.05	785942.52	1.14	0.68
浙江	9.36	61.38	1280.05	43.04	0.36	0.09	713198.25	2.38	0.82
安徽	1.99	34.59	591.84	20.13	0.18	0.22	519610.38	4.36	0.23
福建	2.94	49.82	791.05	36.42	0.35	0.12	509810.52	4.57	0.55
江西	1.74	46.02	469.12	37.03	0.15	0.02	351805.75	1.56	0.37
山东	2.00	36.31	552.19	11.19	0.26	0.03	856328.25	0.52	0.40
河南	1.61	36.45	493.11	19.29	0.36	0.05	636000.17	0.85	0.23
湖北	2.86	44.24	538.02	24.90	0.24	0.03	447032.55	1.22	0.42
湖南	1.78	46.40	431.89	20.71	0.22	0.02	351520.28	0.76	0.36
广东	1.18	30.73	832.44	23.75	0.20	0.04	772703.97	0.67	0.56
广西	1.01	34.90	454.41	27.57	0.04	0.03	297125.02	1.51	0.43
海南	0.67	24.22	842.09	11.07	0.43	0.10	108848.48	15.96	0.59
重庆	3.08	39.73	454.11	18.54	0.46	0.10	132849.87	4.11	0.39
四川	1.70	37.71	489.55	16.65	0.27	0.05	540466.15	0.99	0.39
贵州	0.44	29.41	519.81	10.79	0.13	0.01	189224.92	1.73	0.34
云南	0.96	30.88	573.20	8.80	0.13	0.03	280862.50	1.94	0.37
西藏	0.40	28.47	314.52	0.76	0.03	0.15	42218.00	56.05	0.19
陕西	1.52	35.76	613.65	17.83	0.12	0.03	410455.63	2.40	0.33
甘肃	0.94	23.65	537.26	4.12	0.13	0.03	283157.92	5.07	0.45
青海	0.57	26.81	461.27	2.48	0.32	0.07	54960.83	33.44	0.65
宁夏	2.17	24.38	480.91	1.73	0.62	0.06	102234.42	17.20	0.81
新疆	1.57	26.14	452.36	2.30	0.12	0.06	758158.25	6.34	0.55

续表

省域	A9 生态环境服务					A10 残疾人基本公共服务				
	A91	A92	A93	A94	A95	A101	A102	A103	A105	A106
北京	64.23	78.36	98.24	5.42	0.03	2.45	1.99	23.98	30.41	19.82
天津	99.79	87.67	100.00	112.80	0.07	4.02	7.89	35.74	48.83	59.38
河北	40.08	87.67	72.56	33.62	0.04	3.95	2.43	29.43	72.34	89.81
山西	55.40	84.38	77.50	77.78	0.12	7.63	8.22	36.03	78.58	110.30
内蒙古	53.24	95.07	83.47	124.98	0.05	5.09	0.69	22.66	66.24	79.55
辽宁	34.89	90.96	80.45	26.47	0.03	5.28	4.29	40.49	92.81	62.99
吉林	50.08	94.52	49.21	23.87	0.03	4.78	4.39	15.51	79.59	75.29
黑龙江	60.40	86.85	43.69	26.31	0.01	4.41	3.73	45.63	51.98	48.51
上海	96.52	92.33	61.04	27.09	0.04	3.23	6.49	36.37	29.77	15.38
江苏	93.52	86.85	93.77	39.25	0.08	4.33	9.08	25.42	90.02	132.76
浙江	90.63	91.23	96.43	32.65	0.13	4.24	1.34	12.73	55.56	15.48
安徽	78.11	83.01	86.99	15.55	0.03	2.06	0.48	17.78	103.13	83.73
福建	66.87	98.63	94.55	38.33	0.06	2.83	4.51	30.83	56.23	43.82
江西	52.85	95.07	88.27	14.76	0.04	6.45	2.75	48.71	112.56	114.84
山东	91.88	87.67	92.54	64.80	0.08	3.49	7.42	37.93	93.05	58.87
河南	71.68	87.12	84.42	22.77	0.03	6.70	3.57	91.02	154.63	153.05
湖北	76.68	83.84	61.02	16.13	0.03	5.36	2.39	32.22	142.21	135.22
湖南	61.35	93.42	86.35	14.71	0.03	5.77	2.13	33.62	131.50	117.79
广东	84.96	98.63	72.12	15.84	0.07	9.21	17.21	34.57	110.82	115.92
广西	54.49	96.16	95.49	18.56	0.04	2.98	0.58	46.20	62.16	48.37
海南	44.36	100.00	91.35	31.38	0.05	5.24	3.07	260.00	76.36	41.71
重庆	72.06	88.77	99.55	16.92	0.06	2.76	8.01	32.74	97.75	58.88
四川	42.85	88.22	88.43	20.69	0.03	4.58	0.35	48.61	121.50	58.74
贵州	44.26	95.62	88.56	38.05	0.04	4.52	7.63	47.81	160.17	61.66
云南	45.50	100.00	74.13	29.66	0.08	3.59	1.18	32.78	110.93	48.68
西藏	2.66	99.73	80.93	5.37	0.01	2.71	0.75	49.70	91.06	24.76
陕西	52.36	83.56	90.27	63.39	0.04	4.01	3.06	49.65	66.44	68.05
甘肃	44.35	66.85	41.70	41.08	0.03	7.45	2.86	49.19	120.80	210.50
青海	51.98	86.58	89.46	49.03	0.06	10.77	0.69	165.48	47.26	42.22
宁夏	52.39	91.23	66.95	60.58	0.10	5.50	0.78	55.63	67.89	99.18
新疆	40.60	75.62	79.48	48.12	0.03	7.11	1.50	52.06	69.89	86.25

附录9：基本公共服务体系的质量标准与评估区域客观指标得分分布

基本公共服务体系的质量标准与评估区域客观指标得分分布

总分（标准值：100%；均值：72.71%；标准差：6.53%）

总　分					
东部省域		中部省域		西部省域	
上海	89.10%	山西	73.12%	青海	83.33%
北京	87.57%	河南	72.03%	西藏	75.35%
天津	84.42%	湖北	71.07%	甘肃	75.28%
浙江	80.60%	江西	70.53%	宁夏	74.48%
江苏	79.37%	湖南	68.33%	重庆	71.36%
辽宁	77.74%	吉林	68.21%	陕西	70.28%
广东	71.87%	黑龙江	67.61%	新疆	70.10%
山东	70.13%	安徽	66.12%	内蒙古	69.90%
海南	69.33%			四川	66.34%
福建	68.74%			贵州	66.03%
河北	66.05%			云南	65.87%
				广西	63.63%
极大值	89.10%		73.12%		83.33%
极小值	66.05%		66.12%		63.63%
极差	23.05%		7.01%		19.71%
均值	76.81%		69.63%		71.00%
标准差	7.70%		2.26%		5.25%

A1（标准值：19.53%；均值：17.78%；标准差：1.05%）

A1					
东部省域		中部省域		西部省域	
福建	19.13%	河南	19.98%	贵州	19.32%
河北	19.09%	江西	19.62%	广西	18.73%

续表

A1					
东部省域		中部省域		西部省域	
山东	18.72%	山西	18.65%	陕西	18.52%
浙江	18.28%	安徽	17.64%	青海	18.43%
广东	17.96%	湖北	17.61%	宁夏	18.15%
江苏	17.58%	黑龙江	17.20%	甘肃	17.60%
天津	17.10%	吉林	17.14%	四川	17.57%
辽宁	17.04%	湖南	16.83%	新疆	17.52%
海南	16.98%			重庆	17.28%
北京	16.29%			云南	17.15%
上海	15.69%			内蒙古	16.61%
				西藏	15.79%
极大值	19.13%		19.98%		19.32%
极小值	15.69%		16.83%		15.79%
极差	3.44%		3.15%		3.53%
均值	17.62%		18.08%		17.72%
标准差	1.08%		1.12%		0.93%

A2（标准值：10.03%；均值：10.25%；标准差：2.91%）

A2					
东部省域		中部省域		西部省域	
北京	14.21%	江西	10.58%	青海	20.34%
辽宁	11.19%	湖南	10.23%	西藏	18.49%
海南	10.81%	山西	9.51%	甘肃	13.71%
河北	8.47%	吉林	9.47%	云南	11.56%
天津	8.42%	黑龙江	9.31%	新疆	11.10%
广东	8.35%	河南	9.09%	宁夏	10.30%
上海	7.88%	安徽	9.05%	陕西	10.20%
江苏	7.71%	湖北	8.85%	贵州	9.85%
山东	7.61%			重庆	9.67%
浙江	7.29%			内蒙古	9.54%
福建	6.70%			四川	9.45%
				广西	8.72%
极大值	14.21%		10.58%		20.34%

续表

A2					
东部省域		中部省域		西部省域	
极小值	6.70%		8.85%		8.72%
极差	7.51%		1.73%		11.62%
均值	8.97%		9.51%		11.91%
标准差	2.12%		0.56%		3.59%

A3（标准值：7.80%；均值：6.20%；标准差：1.48%）

A3					
东部省域		中部省域		西部省域	
上海	11.94%	黑龙江	6.31%	新疆	6.99%
北京	9.79%	湖北	6.14%	青海	6.58%
天津	7.96%	河南	5.99%	西藏	6.21%
辽宁	7.35%	吉林	5.58%	陕西	6.13%
山东	6.83%	山西	5.49%	重庆	6.09%
江苏	6.69%	江西	5.07%	内蒙古	5.82%
海南	6.30%	湖南	5.07%	宁夏	5.67%
福建	6.08%	安徽	5.04%	四川	5.18%
河北	5.88%			广西	5.12%
浙江	5.63%			甘肃	5.08%
广东	4.72%			云南	4.87%
				贵州	4.53%
极大值	11.94%		6.31%		6.99%
极小值	4.72%		5.04%		4.53%
极差	7.22%		1.27%		2.46%
均值	7.20%		5.59%		5.69%
标准差	1.97%		0.48%		0.71%

A4（标准值：7.93%；均值：3.56%；标准差：2.33%）

A4					
东部省域		中部省域		西部省域	
天津	12.63%	吉林	3.55%	重庆	4.64%
上海	8.93%	黑龙江	3.47%	宁夏	3.48%
浙江	6.25%	湖北	3.31%	贵州	2.96%

续表

A4					
东部省域		中部省域		西部省域	
江苏	6.10%	山西	2.84%	新疆	2.91%
辽宁	5.66%	安徽	2.43%	甘肃	2.69%
北京	5.61%	湖南	2.29%	四川	2.66%
山东	3.23%	江西	2.28%	内蒙古	2.52%
广东	2.63%	河南	2.20%	陕西	2.34%
河北	2.38%			云南	2.11%
福建	1.71%			青海	1.86%
海南	1.35%			西藏	1.83%
				广西	1.60%
极大值	12.63%		3.55%		4.64%
极小值	1.35%		2.20%		1.60%
极差	11.28%		1.35%		3.04%
均值	5.13%		2.80%		2.63%
标准差	3.26%		0.53%		0.80%

A5（标准值：12.25%；均值：9.61%；标准差：2.15%）

A5					
东部省域		中部省域		西部省域	
北京	15.99%	山西	11.69%	青海	12.95%
上海	13.18%	黑龙江	11.43%	甘肃	12.33%
海南	11.05%	吉林	9.19%	宁夏	11.94%
辽宁	10.66%	湖南	8.66%	内蒙古	10.89%
天津	10.53%	河南	8.45%	陕西	10.47%
广东	9.30%	湖北	8.38%	新疆	9.19%
江苏	8.62%	江西	7.62%	重庆	8.43%
浙江	8.29%	安徽	6.90%	四川	8.43%
山东	7.93%			广西	8.21%
福建	7.72%			云南	8.18%
河北	7.54%			西藏	7.46%
				贵州	6.29%
极大值	15.99%		11.69%		12.95%
极小值	7.54%		6.90%		6.29%
极差	8.44%		4.79%		6.66%
均值	10.07%		9.04%		9.56%
标准差	2.50%		1.59%		2.02%

A6（标准值：6.75%；均值：5.67%；标准差：0.39%）

A6					
东部省域		中部省域		西部省域	
辽宁	5.91%	黑龙江	5.94%	西藏	7.29%
山东	5.86%	山西	5.73%	内蒙古	6.11%
浙江	5.78%	吉林	5.69%	陕西	5.85%
上海	5.77%	湖南	5.64%	甘肃	5.83%
北京	5.71%	湖北	5.54%	宁夏	5.75%
天津	5.69%	河南	5.35%	新疆	5.73%
河北	5.69%	江西	5.28%	青海	5.65%
江苏	5.65%	安徽	4.71%	广西	5.63%
福建	5.56%			云南	5.61%
广东	5.48%			贵州	5.52%
海南	5.17%			四川	5.43%
				重庆	5.29%
极大值	5.91%		5.94%		7.29%
极小值	5.17%		4.71%		5.29%
极差	0.73%		1.23%		2.00%
均值	5.66%		5.48%		5.81%
标准差	0.19%		0.35%		0.49%

A7（标准值：11.02%；均值：4.67%；标准差：2.29%）

A7					
东部省域		中部省域		西部省域	
浙江	12.46%	江西	5.83%	重庆	5.12%
上海	9.15%	湖北	5.72%	广西	4.39%
江苏	8.77%	湖南	4.72%	陕西	4.35%
北京	7.57%	安徽	4.69%	四川	4.22%
福建	7.17%	河南	4.31%	云南	3.20%
天津	5.38%	黑龙江	3.01%	宁夏	3.02%
辽宁	5.01%	山西	2.89%	贵州	2.90%
广东	4.77%	吉林	2.75%	新疆	2.74%
山东	4.09%			内蒙古	2.69%
河北	3.86%			甘肃	2.57%
海南	3.44%			青海	2.23%

续表

A7					
东部省域		中部省域		西部省域	
				西藏	1.82%
极大值	12.46%		5.83%		5.12%
极小值	3.44%		2.75%		1.82%
极差	9.02%		3.07%		3.30%
均值	6.51%		4.24%		3.27%
标准差	2.66%		1.16%		0.97%

A8（标准值：8.56%；均值：3.73%；标准差：1.57%）

A8					
东部省域		中部省域		西部省域	
上海	7.92%	安徽	4.02%	西藏	8.20%
浙江	4.74%	吉林	3.44%	青海	6.34%
海南	4.64%	山西	3.01%	宁夏	5.23%
天津	4.58%	河南	2.88%	新疆	4.19%
辽宁	4.49%	黑龙江	2.69%	内蒙古	3.77%
北京	4.42%	湖北	2.57%	重庆	2.97%
福建	4.19%	江西	2.09%	四川	2.88%
江苏	3.95%	湖南	2.08%	甘肃	2.56%
广东	3.54%			陕西	2.27%
山东	3.40%			云南	2.02%
河北	2.77%			广西	2.00%
				贵州	1.58%
极大值	7.92%		4.02%		8.20%
极小值	2.77%		2.08%		1.58%
极差	5.16%		1.94%		6.61%
均值	4.42%		2.85%		3.67%
标准差	1.25%		0.61%		1.93%

A9（标准值：7.88%；均值：5.53%；标准差：0.79%）

A9					
东部省域		中部省域		西部省域	
天津	7.34%	山西	6.43%	内蒙古	6.67%
浙江	6.97%	江西	5.34%	宁夏	6.05%
山东	6.66%	河南	5.27%	重庆	5.79%
江苏	6.42%	湖南	5.26%	云南	5.79%
福建	6.22%	安徽	5.15%	青海	5.73%
广东	5.85%	湖北	4.74%	陕西	5.64%
海南	5.73%	吉林	4.68%	广西	5.59%
上海	5.48%	黑龙江	4.33%	贵州	5.50%
北京	4.95%			四川	5.04%
河北	4.93%			新疆	4.77%
辽宁	4.89%			西藏	4.37%
				甘肃	3.92%
极大值	7.34%		6.43%		6.67%
极小值	4.89%		4.33%		3.92%
极差	2.45%		2.10%		2.75%
均值	5.95%		5.15%		5.40%
标准差	0.81%		0.59%		0.73%

A10（标准值：8.25%；均值：5.71%；标准差：1.74%）

A10					
东部省域		中部省域		西部省域	
广东	9.27%	河南	8.50%	甘肃	8.98%
江苏	7.88%	湖北	8.22%	贵州	7.59%
山东	5.80%	湖南	7.55%	重庆	6.09%
辽宁	5.54%	山西	6.90%	四川	5.49%
河北	5.46%	江西	6.82%	云南	5.38%
浙江	4.92%	吉林	6.72%	内蒙古	5.28%
天津	4.79%	安徽	6.49%	新疆	4.95%
福建	4.28%	黑龙江	3.92%	宁夏	4.88%
海南	3.82%			陕西	4.51%
上海	3.15%			西藏	3.91%
北京	3.05%			广西	3.64%

续表

A10					
东部省域		中部省域		西部省域	
				青海	3.23%
极大值	9.27%		8.50%		8.98%
极小值	3.05%		3.92%		3.23%
极差	6.22%		4.58%		5.75%
均值	5.27%		6.89%		5.33%
标准差	1.81%		1.31%		1.56%

附录10：基本公共服务体系的质量标准与评估客观评分结果

基本公共服务体系的质量标准与评估客观评分结果

省域	总分	A1	A2	A3	A4	A5	A6	A7	A8	A9	A10
北京	87.57%	16.29%	14.21%	9.79%	5.61%	15.99%	5.71%	7.56%	4.42%	4.95%	3.05%
天津	84.42%	17.10%	8.42%	7.96%	12.63%	10.53%	5.69%	5.38%	4.58%	7.34%	4.79%
河北	66.05%	19.09%	8.47%	5.88%	2.38%	7.54%	5.69%	3.86%	2.77%	4.93%	5.46%
山西	73.12%	18.65%	9.51%	5.49%	2.84%	11.69%	5.73%	2.89%	3.01%	6.43%	6.90%
内蒙古	69.90%	16.61%	9.54%	5.82%	2.52%	10.89%	6.11%	2.69%	3.77%	6.67%	5.28%
辽宁	77.74%	17.04%	11.19%	7.35%	5.66%	10.66%	5.91%	5.01%	4.49%	4.89%	5.54%
吉林	68.21%	17.14%	9.47%	5.58%	3.55%	9.19%	5.69%	2.75%	3.44%	4.68%	6.72%
黑龙江	67.61%	17.20%	9.31%	6.31%	3.47%	11.43%	5.94%	3.01%	2.69%	4.33%	3.92%
上海	89.10%	15.69%	7.88%	11.94%	8.93%	13.18%	5.77%	9.15%	7.92%	5.48%	3.15%
江苏	79.37%	17.58%	7.71%	6.69%	6.10%	8.62%	5.65%	8.77%	3.95%	6.42%	7.88%
浙江	80.60%	18.28%	7.29%	5.63%	6.25%	8.29%	5.78%	12.46%	4.74%	6.97%	4.92%
安徽	66.12%	17.64%	9.05%	5.04%	2.43%	6.90%	4.71%	4.69%	4.02%	5.15%	6.49%
福建	68.74%	19.13%	6.70%	6.08%	1.71%	7.72%	5.56%	7.17%	4.19%	6.22%	4.28%
江西	70.53%	19.62%	10.58%	5.07%	2.28%	7.62%	5.28%	5.83%	2.09%	5.34%	6.82%
山东	70.13%	18.72%	7.61%	6.83%	3.23%	7.93%	5.86%	4.09%	3.40%	6.66%	5.80%
河南	72.03%	19.98%	9.09%	5.99%	2.20%	8.45%	5.35%	4.31%	2.88%	5.27%	8.50%
湖北	71.07%	17.61%	8.85%	6.14%	3.31%	8.38%	5.54%	5.72%	2.57%	4.74%	8.22%
湖南	68.33%	16.83%	10.23%	5.07%	2.29%	8.66%	5.64%	4.72%	2.08%	5.26%	7.55%
广东	71.87%	17.96%	8.35%	4.72%	2.63%	9.30%	5.48%	4.77%	3.54%	5.85%	9.27%
广西	63.63%	18.73%	8.72%	5.12%	1.60%	8.21%	5.63%	4.39%	2.00%	5.59%	3.64%
海南	69.33%	16.98%	10.81%	6.30%	1.35%	11.05%	5.17%	3.44%	4.67%	5.73%	3.82%
重庆	71.36%	17.28%	9.67%	6.09%	4.64%	8.43%	5.29%	5.12%	2.97%	5.79%	6.09%
四川	66.34%	17.57%	9.45%	5.18%	2.66%	8.43%	5.43%	4.22%	2.88%	5.04%	5.49%
贵州	66.03%	19.32%	9.85%	4.53%	2.96%	6.29%	5.52%	2.90%	1.58%	5.50%	7.59%
云南	65.87%	17.15%	11.56%	4.87%	2.11%	8.18%	5.61%	3.20%	2.02%	5.79%	5.38%
西藏	75.35%	15.79%	18.49%	6.21%	1.83%	7.46%	7.29%	1.82%	8.20%	4.37%	3.91%
陕西	70.28%	18.52%	10.20%	6.13%	2.34%	10.47%	5.85%	4.35%	2.27%	5.64%	4.51%
甘肃	75.28%	17.60%	13.71%	5.08%	2.69%	12.33%	5.83%	2.57%	2.56%	3.92%	8.98%
青海	83.33%	18.43%	20.34%	6.58%	1.86%	12.95%	5.65%	2.23%	6.34%	5.73%	3.23%
宁夏	74.48%	18.15%	10.30%	5.67%	3.48%	11.94%	5.75%	3.02%	5.23%	6.05%	4.88%
新疆	70.10%	17.52%	11.10%	6.99%	2.91%	9.19%	5.73%	2.74%	4.19%	4.77%	4.95%

附录11：基本公共服务体系的质量标准与评估中省级政府基本情况

基本公共服务体系的质量标准与评估中省级政府基本情况

省域	服务质量指数（%）	人均服务支出（万元）	人均GDP（万元）	服务支出比重	地区生产总值（亿元）	人口（万）	城市人口比重（%）	城镇居民人均可支配收入（万元）
北京	87.57	0.91	8.04	0.57	16251.93	2018.6	86.20	3.29
天津	84.42	0.90	8.65	0.68	11307.28	1355	80.50	2.69
河北	66.05	0.31	3.37	0.63	24515.76	7240.51	45.60	1.83
山西	73.12	0.40	3.08	0.60	11237.55	3593	49.68	1.81
内蒙古	69.90	0.70	5.67	0.58	14359.88	2481.71	56.62	2.04
辽宁	77.74	0.56	5.03	0.63	22226.7	4383	64.05	2.05
吉林	68.21	0.48	3.79	0.60	10568.83	2749.41	53.40	1.78
黑龙江	67.61	0.42	3.26	0.57	12582	3834	56.50	1.57
上海	89.10	0.90	8.26	0.54	19195.69	2347.46	89.30	3.62
江苏	79.37	0.47	6.10	0.60	49110.27	7898.8	61.90	2.63
浙江	80.60	0.42	5.88	0.59	32318.85	5463	62.30	3.10
安徽	66.12	0.35	2.54	0.63	15300.65	5968	44.80	1.86
福建	68.74	0.33	4.74	0.56	17560.18	3720	58.10	2.49
江西	70.53	0.33	2.60	0.58	11702.82	4488.437	45.70	1.75
山东	70.13	0.32	4.70	0.62	45361.85	9637	50.95	2.28
河南	72.03	0.29	2.87	0.64	26931.03	9388	40.57	1.82
湖北	71.07	0.33	3.42	0.59	19632.26	5757.5	51.83	1.84
湖南	68.33	0.33	2.99	0.62	19669.56	6595.6	45.10	1.88
广东	71.87	0.37	5.05	0.57	53210.28	10504.85	66.50	2.69
广西	63.63	0.33	2.54	0.60	11720.87	4645	41.80	1.89
海南	69.33	0.51	2.90	0.57	2522.66	877.34	50.50	1.84
重庆	71.36	0.55	3.47	0.63	10011.37	2919	55.02	2.02
四川	66.34	0.34	2.61	0.59	21026.68	8050	41.83	1.79

续表

省域	服务质量指数（%）	人均服务支出（万元）	人均GDP（万元）	服务支出比重	地区生产总值（亿元）	人口（万）	城市人口比重（%）	城镇居民人均可支配收入（万元）
贵州	66.03	0.37	1.61	0.57	5701.84	3468.72	34.96	1.65
云南	65.87	0.37	1.90	0.58	8893.12	4630.8	36.80	1.86
西藏	75.35	1.21	2.02	0.49	605.83	303.3	22.71	1.62
陕西	70.28	0.48	3.32	0.61	12512.3	3742.6	47.30	1.82
甘肃	75.28	0.42	1.96	0.60	5020.37	2564.19	37.15	1.50
青海	83.33	0.98	2.88	0.57	1670.44	568.17	46.22	1.56
宁夏	74.48	0.62	3.27	0.56	2102.21	639.45	49.82	1.76
新疆	70.10	0.61	3.03	0.59	6610.05	2208.71	43.54	1.55

附录12：基本公共服务体系的质量标准与评估主观满意度调查问卷

基本公共服务体系的质量标准与评估主观满意度调查问卷
（基本公共服务公众满意度调查问卷）

尊敬的公民朋友：

您好！我们是国家社科基金重点项目"建设服务型政府与完善地方公共服务体系"（07AZZ01）的课题组，欢迎您参加本课题组关于"基本公共服务公众满意度"的调查。此次研究活动是严格按照科学方法组织的，恳请您能认真作答，以便我们能准确了解当前公众对基本公共服务的满意度，向公共部门提出有益的改善建议，从而使各位享受到更高品质的基本公共服务。本问卷是匿名的，保证对您的回答保密。另外，您的回答无所谓对错，请填写时不要有任何顾虑。

感谢您的合作与支持！

"建设服务型政府与完善地方公共服务体系"课题组
二〇一三年六月

说　明

参照党的十八大报告和《国家基本公共服务体系"十二五"规划》的主要内容，本问卷所指的"基本公共服务"主要包括基本公共教育、劳动就业服务、社会保险、基本社会服务、基本医疗卫生、人口和计划生育、基本住房保障、公共文化体育、生态环境建设及残疾人基本公共服务等十大类。其中：

社会保险主要指基本养老保险、基本医疗保险、工伤保险、失业保险、生育保险等。

基本社会服务主要指为城乡居民尤其是困难群体的基本生活提供物质帮助，保障老年人、残疾人、孤儿等特殊群体有尊严地生活和平等参与社会发展的社会服务。

个人基本信息

Q1. 您的户籍在省市自治区：

 1. 北京   2. 天津   3. 河北   4. 山西   5. 内蒙古

 6. 辽宁   7. 吉林   8. 黑龙江   9. 上海   10. 江苏

 11. 浙江   12. 安徽   13. 福建   14. 江西   15. 山东

 16. 河南   17. 湖北   18. 湖南   19. 广东   20. 广西

 21. 海南   22. 重庆   23. 四川   24. 贵州   25. 云南

 26. 西藏   27. 陕西   28. 甘肃   29. 青海   30. 宁夏

 31. 新疆

Q2. 您的户口类型是：   1. 城市户口   2. 农村户口

Q3. 您的性别：   1. 男   2. 女

Q4. 您的年龄：

 1. 20 岁及以下   2. 21—30 岁   3. 31—40 岁   4. 41—50 岁

 5. 51 岁及以上

Q5. 您的文化程度：

 1. 初中及以下   2. 高中及中专   3. 大专   4. 大学本科

 5. 硕士及以上

Q6. 您的职业：

 1. 学生   2. 机关事业单位人员   3. 企业工作人员

 4. 个体工商户   5. 农民   6. 其他＿＿＿＿＿

Q7. 您的家庭年收入状况：

 1. 3 万元及以下   2. 3 万—5 万元   3. 5 万—8 万元

 4. 8 万—15 万元   5. 15 万—30 万元   6. 30 万—100 万

 7. 100 万之上

您对自己户籍所在省的以下各项基本公共服务的满意度：

（※请在每一行合适的选项下打"√"）

维度	指标	非常满意	比较满意	一般	比较不满意	非常不满意
基本公共教育	1. 对个人承担的教育成本的满意度					
	2. 对教育服务公平性的满意度					
	3. 对基础教育公共服务的总体满意度					
劳动就业服务	4. 对工资水平的满意度					
	5. 对公共部门就业指导与就业援助的满意度					
	6. 对劳动就业服务的总体满意度					
社会保险	7. 对个人负担的社会保险参保费用的满意度					
	8. 对社会保险回报率的满意度					
	9. 对社会保险服务的总体满意度					
基本社会服务	10. 对基本社会服务供给范围的满意度					
	11. 对基本社会服务供给方式的满意度					
	12. 对基本社会服务的总体满意度					
基本医疗卫生	13. 对基本医疗卫生服务公平性的满意度					
	14. 对未来五年个人身体健康的预期满意度					
	15. 对基本医疗卫生服务的总体满意度					
人口和计划生育	16. 对当前人口政策的满意度					
	17. 对计划生育技术服务的满意度					
	18. 对人口和计划生育服务的总体满意度					
基本住房保障	19. 对保障性住房供给充足性的满意度					
	20. 对保障性住房分配公平性的满意度					
	21. 对基本住房保障的总体满意度					
公共文化体育	22. 对公共文化体育服务便捷性的满意度					
	23. 对公共文化体育服务实用性的满意度					
	24. 对公共文化体育服务的总体满意度					
生态环境建设	25. 对生态环境质量现状的满意度					
	26. 对目前环保政策落实情况的满意度					
	27. 对生态环境服务的总体满意度					
残疾人基本公共服务	28. 对残疾人基本生活保障水平的满意度					
	29. 对残疾人无障碍设施普及率的满意度					
	30. 对残疾人基本公共服务的总体满意度					

问卷到此结束，对您的耐心回答再次表示感谢！

附录13：基本公共服务体系的质量标准与评估层次分析法问卷

基本公共服务体系的质量标准与评估层次分析法问卷
（专家调查问卷）

尊敬的专家：

您好！本问卷是本人主持的国家社科基金重点项目"建设服务型政府与完善地方公共服务体系"中的专家调查问卷。烦请您于百忙之中抽出半个小时的时间，并根据您从事公共服务相关研究和实践的经验填写第四部分中的阴影空格（蓝色标示）。请您于2013年6月22日前，通过电子邮件返回。感谢您的支持！

四川大学公共管理学院：姜晓萍
2013.6.17

1. 问卷说明

该问卷调查目的是确定下文提及的"省级政府基本公共服务质量"各级指标的相对权重，采用专家评分法进行确定，包括10个一级指标，47个二级指标。其中，后者包含于前者之中，形成一个完整的评价体系。

2. 举例说明

我们将举例说明层次分析法原则及您所需做的评价工作。

您所填的结果反映指标间的相对重要性。具体含义见表1：其中，A表示评价指标，U表示评价元指标，U_{ij}即表格中的数值表示U_i与U_j相比对上一层指标（A评价指标"基本公共教育服务"）的重要程度，$U_{ij}=1/U_{ji}$。U_{ij}取值含义见表2。

表 1　功能权重矩阵

基本公共教育服务（A）	义务教育入学率（Uj）	高中升学率（Uj）	每十万人口各级学校平均在校生数（Uj）
义务教育入学率（Ui）	1（Uij）	2（Uij）	3（Uij）
高中升学率（Ui）	1/2（Uji）	1	5（Uij）
每十万人口各级学校平均在校生数（Ui）	1/3（Uji）	1/5（Uji）	1

表 2　U_{ij} 取值含义表

U_{ij} 的取值	含义
1	Ui 与 Uj 同等重要
3	Ui 较 Uj 稍微重要
5	Ui 较 Uj 明显重要
7	Ui 较 Uj 相当重要
9	Ui 较 Uj 极其重要
2，4，6，8	相邻判断 1-3，3-5，5-7，7-9 的中值
1/3	Ui 较 Uj 稍微不重要
1/5	Ui 较 Uj 明显不重要
1/7	Ui 较 Uj 相当不重要
1/9	Ui 较 Uj 极其不重要
1/2，1/4，1/6，1/8	相邻判断 1-1/3，1/3-1/5，1/5-1/7，1/7-1/9 的中值

例如表 1，在基本公共教育服务质量评价中，"义务教育入学率"（U_i）相对于"每十万人口各级学校平均在校生数"（U_j）的重要程度为"稍微重要"，则计值（U_{ij}）为 3，对应的 U_{ji} 为 1/3（对称位置互为倒数关系）。"义务教育入学率"与"义务教育入学率"，"高中升学率"与"高中升学率"，"每十万人口各级学校平均在校生数"与"每十万人口各级学校平均在校生数"相比都为同等重要，则计值为 1。（注：仅是举例，数值不具有任何意义）

3. 问卷填写

填写说明：只需填写阴影部分，填写数据从下列选择：

1，2，3，4，5，6，7，8，9，1/2，1/3，1/4，1/5，1/6，1/7，1/8，1/9。

数据含义在"举例说明"部分有详细介绍，如有疑问，请参考上文表 2

(一) 一级指标评价（A）

A 省级政府公共服务质量	A1 基本公共教育服务	A2 劳动就业公共服务	A3 社会保险服务	A4 基本社会服务	A5 基本医疗卫生	A6 人口与计划生育	A7 基本住房保障	A8 公共体育文化	A9 生态环境服务	A10 残疾人基本公共服务
A1 基本公共教育服务	1									
A2 劳动就业公共服务		1								
A3 社会保险服务			1							
A4 基本社会服务				1						
A5 基本医疗卫生					1					
A6 人口与计划生育						1				
A7 基本住房保障							1			
A8 公共体育文化								1		
A9 生态环境服务									1	
A10 残疾人基本公共服务										1

（二）二级指标评价（A1—A10）

A1 基本公共教育服务质量评价

A1 基本公共教育服务质量	A11 义务教育入学率	A12 每十万人口各级学校平均在校生数	A13 教育经费支出占地方财政支出比重	A16 每百万人特殊教育所数
A11 义务教育入学率	1			
A12 每十万人口各级学校平均在校生数		1		
A13 教育经费支出占地方财政支出比重			1	
A16 每百万人特殊教育所数				1

A2 劳动就业公共服务质量评价

A2 劳动就业公共服务	A21 就业保障总支出占 GDP 比重	A22 每千个劳动年龄人口拥有公立就业服务工作人员数	A24 失业率	A25 免费劳动关系协调、仲裁机构结案率	A26 岗位安置数量占登记招聘人数的比例
A21 就业保障总支出占 GDP 比重	1				
A22 每千个劳动年龄人口拥有公立就业服务工作人员数		1			
A24 失业率			1		
A25 免费劳动关系协调、仲裁机构结案率				1	
A26 岗位安置数量占登记招聘人数的比例					1

A3 社会保险服务质量评价

A3 社会保险服务	A31 社会保险支出占财政支出比率	A32 养老金替代率	A33 新农合财政补贴每人每年	A34 社会保险基金结余率	A35 社会保险基金收入增长率
A31 社会保险支出占财政支出比率	1				
A32 养老金替代率		1			
A33 新农合财政补贴每人每年			1		
A34 社会保险基金结余率				1	
A35 社会保险基金收入增长率					1

A4 基本社会服务质量评价

A4 基本社会服务	A41 每千名老年人养老床位数	A42 每千名收养儿童照顾护理人员数量比	A43 每千人口社会服务床位数	A44 居民最低生活保障覆盖率	A46 每千名孤儿拥有孤儿床位数
A41 每千名老年人养老床位数	1				
A42 每千名收养儿童照顾护理人员数量比		1			
A43 每千人口社会服务床位数			1		
A44 居民最低生活保障覆盖率				1	
A46 每千名孤儿拥有孤儿床位数					1

A5 基本医疗卫生服务质量评价

A5 基本医疗卫生	A52 人均基本公共卫生服务经费	A53 每千人口卫生技术员	A54 每千人口医疗机构床位数	A55 每千人口接受健康教育培训次数	A56 设卫生室的村占行政村的数量
A52 人均基本公共卫生服务经费	1				

续表

A5 基本医疗卫生	A52 人均基本公共卫生服务经费	A53 每千人口卫生技术员	A54 每千人口医疗机构床位数	A55 每千人口接受健康教育培训次数	A56 设卫生室的村占行政村的数量
A53 每千人口卫生技术员		1			
A54 每千人口医疗机构床位数			1		
A55 每千人口接受健康教育培训次数				1	
A56 设卫生室的村占行政村的数量					1

A6 人口与计划生育服务质量评价

A6 人口与计划生育	A61 每万人县及县级市妇幼保健院床位数	A62 孕产妇系统管理率	A63 人口平均预期寿命	A64 计生率
A61 每万人县及县级市妇幼保健院床位数	1			
A62 孕产妇系统管理率		1		
A63 人口平均预期寿命			1	
A64 计生率				1

A7 基本住房保障服务质量评价

A7 基本住房保障	A72 人均房屋建筑竣工面积	A73 农村居民人均住房面积	A74 农村居民住房价值	A75 农村居民住房钢筋混凝土结构面积
A72 人均房屋建筑竣工面积	1			
A73 农村居民人均住房面积		1		
A74 农村居民住房价值			1	
A75 农村居民住房钢筋混凝土结构面积				1

A8 公共体育文化服务质量评价

A8 公共体育文化	A81 分技术等级运动员发展人数	A82 每万人艺术表演团体数量	A83 全年公共广播节目播出时间	A84 每万人文化文物机构数	A86 人均公共图书馆藏量
A81 分技术等级运动员发展人数	1				
A82 每万人艺术表演团体数量		1			
A83 全年公共广播节目播出时间			1		
A84 每万人文化文物机构数				1	
A86 人均公共图书馆藏量					1

A9 生态环境服务质量评价

A9 生态环境服务	A91 一般工业固体废物综合利用率	A92 空气质量达到二级以上天数占全年比重	A93 生活垃圾无害化处理率	A94 工业污染治理完成投资（人均）	A95 每万人工业污染治理竣工项目数
A91 一般工业固体废物综合利用率	1				
A92 空气质量达到二级以上天数占全年比重		1			
A93 生活垃圾无害化处理率			1		
A94 工业污染治理完成投资（人均）				1	
A95 每万人工业污染治理竣工项目数					1

A10 残疾人基本公共服务质量评价

A10 残疾人基本公共服务	A101 每千人口省市县乡残联实有工作人员	A102 每千人口康复机构在岗人员	A103 托养服务机构平均托养残疾人数量	A105（入库）残疾人就业率	A106 残疾居民参加医疗保险率
A101 每千人口省市县乡残联实有工作人员	1				
A102 每千人口康复机构在岗人员		1			
A103 托养服务机构平均托养残疾人数量			1		
A105（入库）残疾人就业率				1	
A106 残疾居民参加医疗保险率					1

最后，希望您能根据个人情况填写下表，谢谢您的合作！

姓名：_____

职务（或职称）：_____

电话：_____

E-mail：_____

工作单位：_____

研究或工作领域：_____

祝您事业顺利，生活开心！

"建设服务型政府与完善地方公共服务体系" 课题组

附录14：四川省统筹城乡中公共服务体系构建情况调研问卷

四川省统筹城乡中公共服务体系构建情况调研问卷

尊敬的公民朋友：

您好！我们是国家社科基金重点项目"建设服务型政府与完善地方公共服务体系"（07ZZ01）的课题组，欢迎您参加本课题组关于"四川省统筹城乡中公共服务体系构建情况"的调查。此次研究活动是严格按照科学方法组织的，我们恳请您能认真作答，以便我们能准确了解当前公众对基本公共服务的满意度，向公共部门提出有益的改善建议，从而使各位享受到更高品质的基本公共服务。本问卷是匿名的，保证对您的回答保密。另外，您的回答无所谓对错，请填写时不要有任何顾虑。

感谢您的合作与支持！

"建设服务型政府与完善地方公共服务体系"课题组

二〇一三年七月

【＊填答说明：除题后有特别说明的，都是单选题。】

A. 城乡教育均等化

A1. 您认为实现城乡基层教育均等化的最大意义在于：
1. 充分保障公民受教育权　　2. 缩小城乡差距　　3. 促进社会公平
4. 推动城乡共同繁荣　　　　5. 其他_____

A2. 请根据您的了解，对当前四川省城乡基础教育均等化程度进行评价：
【请在每一行相应的框里打√】

一级指标	二级指标	很均等	较均等	相当	不太均等	很不均等
城乡教育经费投入均等化程度	小学					
	初中					
	高中					
	总体评价					
城乡办学条件均等化程度	校舍面积					
	住宿条件					
	教学仪器设备					
	图书资源					
	运动场地及设施					
	总体评价					
城乡学校师资配置均等化程度	生师比					
	骨干教师所占比例					
	中级以上教师所占比例					
	总体评价					
城乡教学质量均等化程度	学生体质健康					
	学生成绩达优率					
	初中毕业升学率					
	学生综合素质					
	总体评价					
城乡基础教育均等化程度总体评价						

A3. 您认为四川省城乡基础教育的差距最主要在于：
　　1．经费投入　　2．办学条件　　3．师资配置
　　4．教学质量　　5．其他_____

A4. 您认为阻碍四川省城乡基础教育均衡发展的最主要因素是：
　　1．长期存在的城乡二元结构　　2．教育发展规划不合理
　　3．教育评估标准不科学　　　　4．师资资源配置不均衡
　　5．其他_____

A5. 您对四川省政府在推进城乡基础教育均衡发展方面的努力程度：
　　1．非常满意　2．比较满意　3．一般　4．不太满意　5．很不满意

A6. 您认为四川省城乡基础教育当前最迫切需要实现的是：
　　1．发展规划一体化　2．办学条件一体化　3．师资配置一体化
　　4．经费投入一体化　5．教学质量一体化　6．评估标准一体化

A7. 您认为可以通过哪些措施进一步推动四川省城乡基础教育的均衡发展：
【可多选】
1. 强化政府责任意识　　2. 优化教育管理体制
3. 合理分配教育经费　　4. 加强城乡教育主体之间的合作与交流
5. 其他

A8. 您对四川省基础教育城乡一体化前景：
1. 非常有信心　　2. 比较有信心　　3. 说不清　　4. 信心不大
5. 完全没信心

A9. 您就四川省城乡基础教育一体化问题的其他意见和建议：
_____

B. 公共就业服务

B1. 您接受过就业服务吗？
1. 没有　　2. 一次　　3. 二次　　4. 三次　　5. 四次及以上

B2. 您接受过什么类型的就业服务？【可多选】
1. 政策咨询　　2. 业务咨询　　3. 信息发布　　4. 职业介绍
5. 职业指导　　6. 就业培训　　7. 登记管理　　8. 资金援助
9. 岗位援助　　10. 人事代理　　11. 创业服务　　12. 社会保障
13. 其他_____

B3. 您通过什么途径接受就业服务？【可多选】
1. 区县及以上就业服务部门　　2. 工青妇等所属就业服务机构
3. 街道或社区职业介绍所　　4. 就业部门举办的招聘会或零工市场
5. 民营职业介绍所　　6. 自发的零工市场
7. 自己寻找　　8. 亲朋好友介绍

B4. 如果您是就业服务机构，您提供过什么样的就业服务？【可多选】
1. 相关政策咨询　　2. 提供供求双方见面咨询
3. 负责指导求职者匹配　　4. 负责帮助用工单位匹配
5. 其他_____

B5. 您提供过哪些就业培训？【可多选】
1. 实用技能　　2. 职业资格技能　　3. 管理技能

4. 创业培训　　5. 政策培训　　6. 安全生产等常识性培训
7. 其他_____

B6. 如果您是求职者，您希望就业服务机构提供哪些就业培训？【可多选】
1. 实用技能　　2. 职业资格技能　　3. 管理技能
4. 创业培训　　5. 政策培训　　6. 安全生产等常识性培训

B7. 如果您是公共就业服务机构，您开发过哪些就业岗位？【可多选】
1. 公益性岗位　　2. 劳务派遣　　3. 促进自谋职业和创业
4. 企业吸纳　　5. 其他_____

B8. 如果您是求职者，您希望获得什么样的就业岗位？【可多选】
1. 公益性岗位　　2. 劳务派遣　　3. 自谋职业和创业
4. 企业吸纳　　5. 其他_____

B9. 您对四川省就业服务的以下各方面的满意程度是：

	很满意	较满意	一般	不太满意	很不满意
就业服务的工作环境					
就业服务工作人员的态度					
就业服务的及时性					
就业服务工作人员解决问题的能力					
就业服务业务办理的总体满意度					

B10. 您对职业介绍服务的满意度依次是：_____【可多选】
1. 政策宣传　　2. 业务咨询　　3. 服务内容与需求满足
4. 服务方式　　5. 服务流程　　6. 服务态度
7. 获取岗位空缺信息的渠道　　8. 供求信息的质量（真实性）
9. 供求信息的发布载体　　10. 供求信息的发布方式
11. 职业介绍服务的效果

B11. 您对职业指导服务的满意度依次是：_____【可多选】
1. 政策宣传　　2. 服务内容与需求满足　　3. 服务方式
4. 服务流程　　5. 服务态度　　6. 服务效果

B12. 您对就业培训服务的满意度依次是：_____【可多选】
1. 政策宣传　　2. 服务流程　　3. 课程内容与需求满足

4. 授课方式　　5. 授课教师水平　　6. 授课教师态度

7. 培训班期限长短　8. 就业培训服务的效果

B13. 您对就业岗位开发服务的满意度依次是：_____【可多选】

1. 政策宣传　　2. 服务内容与需求满足　　3. 服务方式

4. 服务流程　　5. 服务态度　　6. 公益性岗位开发服务效果

7. 劳务派遣服务的效果　　8. 扶持自谋职业与创业效果

9. 鼓励企业吸纳就业效果

B14. 您认为公共就业服务面临的主要问题是：_____【可多选】

1. 经费严重缺乏　　2. 专职人员少　　3. 创新不足

4. 工作人员能力不强　　5. 获取岗位空缺信息的渠道较少

6. 服务效果欠佳　　7. 供求信息的发布载体

8. 服务流程不合理　　9. 授课教师水平较低

10. 就业培训班时间太短　　11. 培训内容不符合需求

B15. 您认为需要从哪些方面改进就业服务？_____【可多选】

1. 改善办公环境　　2. 增加经费支持

3. 提高工作人员素质与工作能力　　4. 增强服务的及时性

5. 提升服务效果　　6. 改善信息发布方式

7. 改进就业培训的内容和方式

C. 社会保险服务

C1. 您参加了上述哪几项社会保险：_____【可多选】

1. 职工基本养老保险　　2. 职工基本医疗保险

3. 失业保险　　4. 工伤保险

5. 生育保险　　6. 城镇居民社会养老保险

7. 新型农村社会养老保险　　8. 城镇居民基本医疗保险

9. 新型农村合作医疗保险　　10. 城乡居民生育保险

11. 大病互助补充医疗保险　　12. 基本医疗保险门诊统筹

13. 没有参加任何社会保险项目

C2. 您认为目前个人缴纳社会保险的负担水平：_____

1. 很高　　2. 较高　　3. 一般　　4. 较低　　5. 很低

C3. 您认为目前个人申报缴纳社会保险的流程：_____
    1. 很方便　　2. 较方便　　3. 一般　　4. 较不便　　5. 很不便

C4. 您所在的区（县）有无社会保险"一站式"服务机构：_____
    1. 有　　2. 无

C5. 您所在的社区（村、街道）有无社会保险服务网点：_____
    1. 有　　2. 无

C6. 您本人有无全国统一的社会保障卡：_____
    1. 有　　2. 无

C7. 您认为社保经办机构工作人员的服务态度：_____
    1. 很好　　2. 比较好　　3. 一般　　4. 较差　　5. 很差

C8. 您是否了解所在地区社会保险的各项政策：_____
    1. 非常了解　　2. 比较了解　　3. 一般
    4. 不太了解　　5. 完全不了解

C9. 您平时通过什么途径获取社会保险的相关资讯：_____【可多选】
    1. 到社保部门咨询　　　　　2. 到街道社区咨询
    3. 向邻居、亲友咨询　　　　4. 通过单位同事了解
    5. 请专门工作人员入户讲解　6. 阅读宣传资料
    7. 通过互联网等渠道查询　　8. 通过自助服务终端查询
    9. 拨打12333电话咨询　　　10. 其他_____

C10. 您对于四川省当前的各项社会保险政策，总体上感觉到：_____
    1. 非常满意　　2. 比较满意　　3. 一般　　4. 不太满意
    5. 很不满意

C11. 您认为当前社会保险最需要改进的方面是：_____【可多选】
    1. 保障项目不足　　　　2. 待遇水平有待提高
    3. 政府补贴不到位　　　4. 费用负担重
    5. 服务网点少　　　　　6. 服务效率低
    7. 政策宣传不到位　　　8. 其他_____

C12. 您对所在地区政府加强社会保险公共服务和制度建设的其他意见或建议：

个人基本信息

Q1. 您现在居住在四川省：_____
  1. 成都市   2. 成都市以外的市州

Q2. 您的户口类型是：_____
  1. 城市户口   2. 农村户口

Q3. 您的性别：_____
  1. 男   2. 女

Q4. 您的年龄：_____
  1. 20 岁及以下 2. 21—30 岁 3. 31—40 岁 4. 41—50 岁
  5. 50 岁以上

Q5. 您的学历：_____
  1. 初中及以下 2. 中专及高中 3. 大专 4. 大学本科
  5. 硕士及以上

Q6. 您的职业：_____
  1. 学生   2. 机关事业单位人员 3. 企业工作人员
  4. 个体工商户 5. 农民   6. 其他_____

Q7. 您的家庭年收入状况：
  1. 3 万元及以下 2. 3 万—5 万元
  3. 5 万—8 万元 4. 8 万—15 万元
  5. 15 万—30 万元 6. 30 万—100 万 7. 100 万以上

问卷到此结束，再次感谢您的支持！

附录15：四川省公共服务体系调查问卷分析报告

四川省公共服务体系调查问卷分析报告

一、调查样本基本情况

Q1. 您现在居住在四川省：

		频率	百分比	有效百分比	累积百分比
有效	成都市	167	48.7	50.2	50.2
	成都市以外的市州	166	48.4	49.8	100.0
	合计	333	97.1	100.0	
缺失	-2	5	1.5		
	系统	5	1.5		
	合计	10	2.9		
合计		343	100.0		

Q2. 您的户口类型是：

		频率	百分比	有效百分比	累积百分比
有效	城市户口	310	90.4	93.1	93.1
	农村户口	23	6.7	6.9	100.0
	合计	333	97.1	100.0	
缺失	-2	6	1.7		
	系统	4	1.2		
	合计	10	2.9		
合计		343	100.0		

Q3. 您的性别：

		频率	百分比	有效百分比	累积百分比
有效	男	193	56.3	58.7	58.7
	女	136	39.7	41.3	100.0
	合计	329	95.9	100.0	
缺失	-2	7	2.0		
	系统	7	2.0		
	合计	14	4.1		
合计		343	100.0		

Q4. 您的年龄：

		频率	百分比	有效百分比	累积百分比
有效	20 岁及以下	2	.6	.6	.6
	21-30 岁	81	23.6	24.3	24.9
	31-40 岁	113	32.9	33.9	58.9
	41-50 岁	130	37.9	39.0	97.9
	50 岁以上	7	2.0	2.1	100.0
	合计	333	97.1	100.0	
缺失	-2	5	1.5		
	系统	5	1.5		
	合计	10	2.9		
合计		343	100.0		

Q5. 您的学历：

		频率	百分比	有效百分比	累积百分比
有效	初中及以下	2	.6	.6	.6
	中专及高中	8	2.3	2.5	3.1
	大专	61	17.8	18.7	21.8
	大学本科	214	62.4	65.6	87.4
	硕士及以上	41	12.0	12.6	100.0
	合计	326	95.0	100.0	
缺失	-2	11	3.2		
	系统	6	1.7		
	合计	17	5.0		
合计		343	100.0		

Q6. 您的职业：

		频率	百分比	有效百分比	累积百分比
有效	学生	17	5.0	5.1	5.1
	机关事业单位人员	282	82.2	84.4	89.5
	企业工作人员	16	4.7	4.8	94.3
	农民	3	.9	.9	95.2
	其他	16	4.7	4.8	100.0
	合计	334	97.4	100.0	
缺失	-2	5	1.5		
	系统	4	1.2		
	合计	9	2.6		
合计		343	100.0		

Q7. 您的家庭年收入状况：

		频率	百分比	有效百分比	累积百分比
有效	3万元及以下	23	6.7	6.9	6.9
	3万—5万元	114	33.2	34.2	41.1
	5万—8万元	102	29.7	30.6	71.8
	8万—15万元	77	22.4	23.1	94.9
	15万—30万元	14	4.1	4.2	99.1
	30万—100万	3	.9	.9	100.0
	合计	333	97.1	100.0	
缺失	-2	5	1.5		
	系统	5	1.5		
	合计	10	2.9		
合计		343	100.0		

二、城乡教育均等化

1. 四川省城乡基础教育均等化的最大意义

		频率	百分比	有效百分比	累积百分比
有效	充分保障公民受教育权	133	38.8	40.8	40.8
	缩小城乡差距	68	19.8	20.9	61.7
	促进社会公平	94	27.4	28.8	90.5
	推动城乡共同繁荣	28	8.2	8.6	99.1
	其他	3	.9	.9	100.0
	合计	326	95.0	100.0	
缺失	系统	17	5		
合计		343	100.0		

2. 城乡基础教育均衡发展的最大障碍

		频率	百分比	有效百分比	累积百分比
有效	长期存在的城乡二元结构	161	46.9	47.9	47.9
	教育发展规划不合理	68	19.8	20.2	68.2
	教育评估标准不科学	13	3.8	3.9	72.0
	师资资源配置不均衡	90	26.2	26.8	98.8
	其他	4	1.2	1.2	100.0
	合计	336	98.0	100.0	
缺失	系统	7	2.0		
合计		343	100.0		

3. 对四川省城乡基础教育均等化现状的认知

一级指标	二级指标	很均等	较均等	相当	不太均等	很不均等
城乡教育经费投入均等化程度	小学	6.7%	26.9%	10.4%	36.7%	19.3%
	初中	4.0%	18.2%	14.8%	43.2%	19.8%
	高中	3.1%	11.1%	11.5%	47.4%	26.9%
	总体评价	2.4%	11.9%	15.2%	50.2%	20.4%
城乡办学条件均等化程度	校舍面积	2.5%	15.7%	17.2%	41.8%	22.8%
	住宿条件	2.5%	9.9%	10.5%	47.8%	29.3%
	教学仪器设备	2.8%	6.2%	6.8%	45.2%	39.1%
	图书资源	2.1%	5.8%	6.7%	45.4%	39.9%
	运动场地及设施	2.4%	7.3%	9.5%	44.5%	36.3%
	总体评价	1.8%	6.4%	8.0%	52.1%	31.6%
城乡学校师资配置均等化程度	生师比	1.2%	10.1%	15.6%	50.0%	23.0%
	骨干教师所占比例	0.9%	5.2%	6.7%	46.3%	40.8%
	中级以上教师所占比例	0.9%	6.4%	8.0%	47.5%	37.1%
	总体评价	1.2%	5.4%	9.4%	49.8%	34.1%
城乡教学质量均等化程度	学生体质健康	3.7%	16.8%	31.7%	35.4%	12.4%
	学生成绩达优率	2.2%	3.7%	14.2%	54.6%	25.0%
	初中毕业升学率	2.2%	6.8%	14.5%	52.5%	24.1%
	学生综合素质	2.8%	5.8%	13.2%	54.5%	23.7%
	总体评价	1.8%	6.1%	13.2%	54.9%	23.9%
城乡基础教育均等化程度总体评价		1.2%	6.8%	8.4%	56.2%	27.3%

4. 当前四川省城乡基础教育差距的主要表现

		频率	百分比	有效百分比	累积百分比
有效	经费投入	122	35.6	36.0	36.0
	办学条件	32	9.3	9.4	45.4
	师资配置	122	35.6	36.0	81.4
	教学质量	54	15.7	15.9	97.3
	其他	9	2.6	2.7	100.0
	合计	339	98.8	100.0	
缺失	系统	4	1.2		
	合计	343	100.0		

5. 对四川省推进城乡基础教育一体化的努力的满意度

		频率	百分比	有效百分比	累积百分比
有效	非常满意	13	3.8	3.9	3.9
	比较满意	72	21.0	21.4	25.3
	一般	164	47.8	48.8	74.1
	不太满意	69	20.1	20.5	94.6
	很不满意	18	5.2	5.4	100.0
	合计	336	98.0	100.0	
缺失	系统	7	2.0		
	合计	343	100.0		

6. 四川省城乡基础教育最迫切需要实现的一体化

		频率	百分比	有效百分比	累积百分比
有效	发展规划一体化	86	25.1	25.7	25.7
	办学条件一体化	51	14.9	15.2	40.9
	师资配置一体化	81	23.6	24.2	65.1
	经费投入一体化	56	16.3	16.7	81.8
	教学质量一体化	52	15.2	15.5	97.3
	评估标准一体化	9	2.6	2.7	100.0
	合计	335	97.7	100.0	
缺失	系统	8	2.3		
	合计	343	100.0		

7. 推进城乡基础教育均等化的可行措施

		响应		个案百分比
		样本	百分比	
有效	强化政府责任意识	166	20.4%	50.3%
	优化教育管理体制	225	27.6%	68.2%
	合理分配教育经费	218	26.7%	66.1%
	加强城乡教育主体之间的合作与交流	191	23.4%	57.9%
	其他	15	1.8%	4.5%
	总计	815	100.0%	247.0%

a. 值为 1 时制表的二分组。

8. 对四川省基础教育城乡一体化前景的信心

		频率	百分比	有效百分比	累积百分比
有效	非常有信心	26	7.6	7.8	7.8
	比较有信心	148	43.1	44.6	52.4
	说不清	79	23.0	23.8	76.2
	信心不大	69	20.1	20.8	97.0
	完全没信心	10	2.9	3.0	100.0
	合计	332	96.8	100.0	
缺失	系统	11	3.2		
合计		343	100.0		

三、就业服务

B1. 您接受过就业服务吗？

		频率	百分比	有效百分比	累积百分比
有效	1. 没有	211	61.5	64.3	64.3
	2. 一次	64	18.7	19.5	83.8
	3. 二次	29	8.5	8.8	92.7
	4. 三次	6	1.7	1.8	94.5
	5. 四次及以上	18	5.2	5.5	100.0
	合计	328	95.6	100.0	
缺失	系统	15	4.4		
合计		343	100.0		

B2. 您接受过什么类型的就业服务？

	个案					
	有效的		缺失		总计	
	频率	百分比	频率	百分比	频率	百分比
$ a[a]	202	58.9%	141	41.1%	343	100.0%

a. 值为 1 时制表的二分组。

$a 频率			
	响应		个案百分比
	频率	百分比	
$a[a] 政策咨询	63	16.1%	31.2%
业务咨询	45	11.5%	22.3%
信息发布	50	12.8%	24.8%
职业介绍	38	9.7%	18.8%
职业指导	24	6.1%	11.9%
就业培训	51	13.0%	25.2%
登记管理	23	5.9%	11.4%
资金援助	9	2.3%	4.5%
岗位援助	6	1.5%	3.0%
人事代理	8	2.0%	4.0%
创业服务	13	3.3%	6.4%
社会保障	27	6.9%	13.4%
其他	34	8.7%	16.8%
总计	391	100.0%	193.6%

a. 值为1时制表的二分组。

B3. 您通过什么途径接受就业服务？

	个案					
	有效的		缺失		总计	
	频率	百分比	频率	百分比	频率	百分比
$b[a]	208	60.6%	135	39.4%	343	100.0%

a. 值为1时制表的二分组。

$b 频率			
	响应		个案百分比
	频率	百分比	
$b[a] 区县及以上就业服务部门	104	31.4%	50.0%
工青妇等所属就业服务机构	14	4.2%	6.7%
街道或社区职业介绍所	12	3.6%	5.8%
就业部门举办的招聘会或零工市场	41	12.4%	19.7%
民营职业介绍所	12	3.6%	5.8%
自发的零工市场	5	1.5%	2.4%

续表

$b 频率		响应		个案百分比
		频率	百分比	
$b[a]	自己寻找	93	28.1%	44.7%
	亲朋好友介绍	50	15.1%	24.0%
	总计	331	100.0%	159.1%
a. 值为 1 时制表的二分组。				

B4. 如果您是就业服务机构，您提供过什么样的就业服务？

	个案					
	有效的		缺失		总计	
	频率	百分比	频率	百分比	频率	百分比
$d[a]	222	64.7%	121	35.3%	343	100.0%
a. 值为 1 时制表的二分组。						

$d 频率		响应		个案百分比
		频率	百分比	
$d[a]	相关政策咨询	130	28.1%	58.6%
	提供供求双方见面咨询	113	24.5%	50.9%
	负责指导求职者匹配	102	22.1%	45.9%
	负责帮助用工单位匹配	84	18.2%	37.8%
	其他	33	7.1%	14.9%
	总计	462	100.0%	208.1%
a. 值为 1 时制表的二分组。				

B5. 您提供过哪些就业培训？

	个案					
	有效的		缺失		总计	
	频率	百分比	频率	百分比	频率	百分比
$c[a]	205	59.8%	138	40.2%	343	100.0%
a. 值为 1 时制表的二分组。						

$c 频率				
		响应		个案百分比
		频率	百分比	
$c[a]	实用技能	94	20.5%	45.9%
	职业资格技能	71	15.5%	34.6%
	管理技能	66	14.4%	32.2%
	创业培训	41	9.0%	20.0%
	政策培训	103	22.5%	50.2%
	安全生产等常识性培训	58	12.7%	28.3%
	其他	25	5.5%	12.2%
	总计	458	100.0%	223.4%
a. 值为1时制表的二分组。				

B6. 如果您是求职者，您希望就业服务机构提供哪些就业培训？

	个案					
	有效的		缺失		总计	
	频率	百分比	频率	百分比	频率	百分比
$e[a]	288	84.0%	55	16.0%	343	100.0%

$e 频率				
		响应		个案百分比
		频率	百分比	
$e[a]	实用技能	233	24.4%	80.9%
	职业资格技能	181	19.0%	62.8%
	管理技能	132	13.9%	45.8%
	创业培训	164	17.2%	56.9%
	政策培训	139	14.6%	48.3%
	安全生产等常识性培训	104	10.9%	36.1%
	总计	953	100.0%	330.9%

B9. 您对四川省就业服务的以下各方面的满意程度（就业服务的工作环境）

		频率	百分比	有效百分比	累积百分比
有效	很不满意	4	1.2	1.3	1.3
	不满意	28	8.2	9.4	10.8
	一般	172	50.1	57.9	68.7
	满意	73	21.3	24.6	93.3
	很满意	20	5.8	6.7	100.0
	合计	297	86.6	100.0	
缺失	系统	46	13.4		
合计		343	100.0		

B9. 您对四川省就业服务的以下各方面的满意程度（就业服务工作人员的态度）

		频率	百分比	有效百分比	累积百分比
有效	很不满意	5	1.5	1.7	1.7
	不满意	33	9.6	11.1	12.8
	一般	162	47.2	54.5	67.3
	满意	81	23.6	27.3	94.6
	很满意	16	4.7	5.4	100.0
	合计	297	86.6	100.0	
缺失	系统	46	13.4		
合计		343	100.0		

B9. 您对四川省就业服务的以下各方面的满意程度（就业服务的及时性）

		频率	百分比	有效百分比	累积百分比
有效	很不满意	9	2.6	3.0	3.0
	不满意	50	14.6	16.8	19.9
	一般	161	46.9	54.2	74.1
	满意	62	18.1	20.9	94.9
	很满意	15	4.4	5.1	100.0
	合计	297	86.6	100.0	
缺失	系统	46	13.4		
合计		343	100.0		

B9. 您对四川省就业服务的以下各方面的满意程度（就业服务工作人员解决问题的能力）

		频率	百分比	有效百分比	累积百分比
有效	很不满意	11	3.2	3.7	3.7
	不满意	53	15.5	17.9	21.6
	一般	159	46.4	53.7	75.3
	满意	58	16.9	19.6	94.9
	很满意	15	4.4	5.1	100.0
	合计	296	86.3	100.0	
缺失	系统	47	13.7		
合计		343	100.0		

B9. 您对四川省就业服务的以下各方面的满意程度（就业服务业务办理的整体满意度）

		频率	百分比	有效百分比	累积百分比
有效	很不满意	8	2.3	2.7	2.7
	不满意	47	13.7	15.8	18.5
	一般	164	47.8	55.2	73.7
	满意	63	18.4	21.2	94.9
	很满意	15	4.4	5.1	100.0
	合计	297	86.6	100.0	
缺失	系统	46	13.4		
合计		343	100.0		

B10. 您对职业介绍服务的满意度依次是

职介服务	第一选择	第二选择	第三选择	第四选择	第五选择	第六选择	第七选择	第八选择	第九选择	第十选择	第十一选择	总得分	最终排名
政策宣传	43	2	4	3	5	3	4	3	5	1	9	664	1
业务咨询	9	22	5	7	6	11	2	7	2	7	3	589	2
服务内容与需求满足	4	8	18	4	10	8	6	2	6	6	1	505	3
获取岗位空缺信息渠道	8	9	15	5	5	3	9	6	4	4	5	500	4

续表

职介服务	第一选择	第二选择	第三选择	第四选择	第五选择	第六选择	第七选择	第八选择	第九选择	第十选择	第十一选择	总得分	最终排名
供求信息的质量	8	13	4	10	2	6	6	9	3	4	4	471	5
服务流程	5	7	8	10	8	5	7	9	8	4	1	467	6
服务方式	3	7	7	12	7	9	9	6	5	3	1	456	7
供求信息的发布载体	6	9	7	5	11	3	5	5	12	4	1	444	8
供求信息的发布方式	3	7	7	12	3	10	4	5	8	9	0	425	9
服务态度	5	6	6	6	7	8	6	7	3	9	9	408	10
职业介绍服务的效果	3	2	2	1	10	2	4	3	4	9	22	245	11

注：11项选择，每项被作为第一选择一次给11分分，第二选择一次给10分，第三选择一次给9分，依次类推，第十一选择一次给1分，所有的选择次数得分相加总分，就是上表每一项选择的排名。

B11. 您对职业指导服务的满意度依次是

职业指导服务	第一选择	第二选择	第三选择	第四选择	第五选择	第六选择	总得分	最终排名
服务内容与需求满足	26	27	5	7	13	4	362	1
政策宣传	42	7	8	6	5	11	358	2
服务方式	7	17	31	12	8	3	306	3
服务流程	2	23	12	26	7	4	271	4
服务态度	8	9	13	15	25	8	248	5
服务效果	9	6	8	7	9	35	190	6

注：同上题类似。

B12. 您对就业培训服务的满意度依次是

就业培训服务	第一选择	第二选择	第三选择	第四选择	第五选择	第六选择	第七选择	第八选择	总得分	最终排名
政策宣传	42	3	3	7	3	5	5	8	455	1
课程内容与需求满足	16	13	14	10	8	9	3	3	421	2
授课方式	7	11	19	16	10	3	4	1	385	3
授课教师水平	6	12	11	11	16	11	3	2	358	4
授课教师态度	8	11	10	11	9	14	7	4	352	5
服务流程	6	23	7	4	6	8	13	2	347	6
培训班期限长短	1	4	8	9	13	7	17	9	245	7
就业培训服务的效果	6	8	5	3	2	7	10	29	227	8

注：同上题类似。

B13. 您对就业岗位开发服务的满意度

就业培训服务	第一选择	第二选择	第三选择	第四选择	第五选择	第六选择	第七选择	第八选择	第九选择	总得分	最终排名
公益性岗位开发服务效果	6	10	14	11	8	18	3	1	3	1024	1
劳务派遣服务的效果	1	6	5	10	11	8	17	5	2	882	2
扶持自谋职业与创业效果	4	6	4	5	6	13	5	17	3	766	3
服务流程	6	18	6	15	6	7	5	4	1	722	4
服务方式	8	18	18	7	4	3	8	6	1	703	5
鼓励企业吸纳就业效果	4	4	5	2	5	12	7	17		614	6
服务态度	11	5	14	16	4	4	5	6		591	7
服务内容与需求满足	16	16	7	7	10	2	3	8	4	570	8
政策宣传	36	3	3	4	1	2	3	4	17	560	9

注：同上题类似。

B14. 您认为公共就业服务面临的主要问题是

	个案					
	有效的		缺失		总计	
	频率	百分比	频率	百分比	频率	百分比
$a[a]	277	80.8%	66	19.2%	343	100.0%

	$a 频率	响应		个案百分比
		频率	百分比	
$a[a]	经费严重缺乏	122	11.7%	44.0%
	专职人员少	153	14.7%	55.2%
	创新不足	144	13.9%	52.0%
	工作人员能力不强	96	9.2%	34.7%
	获取岗位空缺信息的渠道较少	134	12.9%	48.4%
	服务效果欠佳	103	9.9%	37.2%
	供求信息的发布载体	62	6.0%	22.4%
	服务流程不合理	33	3.2%	11.9%
	授课教师水平较低	44	4.2%	15.9%
	就业培训班时间太短	58	5.6%	20.9%
	培训内容不符合需求	90	8.7%	32.5%
	总计	1039	100.0%	375.1%

B15. 您认为需要从哪些方面改进就业服务

	个案					
	有效的		缺失		总计	
	频率	百分比	频率	百分比	频率	百分比
$b[a]	279	81.3%	64	18.7%	343	100.0%

	$b 频率	响应		个案百分比
		频率	百分比	
$b[a]	改善办公环境	52	5.3%	18.6%
	增加经费支持	138	14.1%	49.5%
	提高工作人员素质与工作能力	199	20.3%	71.3%
	增强服务的及时性	155	15.8%	55.6%

续表

$b 频率		响应		个案百分比
		频率	百分比	
$b^a	提升服务效果	150	15.3%	53.8%
	改善信息发布方式	115	11.7%	41.2%
	改进就业培训的内容和方式	173	17.6%	62.0%
总计		982	100.0%	352.0%

四、社会保险

C1. 您参加了如下哪几项社会保险

个案摘要					
个案					
有效		缺失		总计	
频数	百分比	频数	百分比	频数	百分比
$ 参加的保险项目^a					
326	95.0%	17	5.0%	343	100.0%

$ 参加的保险项目频数响应		响应		个案百分比
		频率	百分比	
$ 参加的保险项目^a	职工基本养老保险	175	19.6%	53.7%
	职工基本医疗保险	267	29.8%	81.9%
	失业保险	67	7.5%	20.6%
	工伤保险	74	8.3%	22.7%
	生育保险	77	8.6%	23.6%
	城镇居民社会养老保险	29	3.2%	8.9%
	新型农村社会养老保险	5	.6%	1.5%
	城镇居民基本医疗保险	47	5.3%	14.4%
	新型农村合作医疗保险	13	1.5%	4.0%
	城乡居民生育保险	10	1.1%	3.1%
	大病互助补充医疗保险	76	8.5%	23.3%
	基本医疗保险门诊统筹	43	4.8%	13.2%
	我没有参加任何社会保险项目	12	1.3%	3.7%
总计		895	100.0%	274.5%

C2. 您认为目前个人缴纳社会保险的负担水平

		频数	百分比	有效百分比	累积百分比
有效	1. 很高	16	4.7	4.9	4.9
	2. 较高	92	26.8	28.3	33.2
	3. 一般	186	54.2	57.2	90.5
	4. 较低	26	7.6	8.0	98.5
	5. 很低	5	1.5	1.5	100.0
	总计	325	94.8	100.0	
缺失	System	18	5.2		
总计		343	100.0		

C3. 您认为目前个人申报缴纳社会保险的流程

		频数	百分比	有效百分比	累积百分比
有效	1. 很方便	28	8.2	8.7	8.7
	2. 较方便	96	28.0	29.9	38.6
	3. 一般	141	41.1	43.9	82.6
	4. 较不便	42	12.2	13.1	95.6
	5. 很不便	14	4.1	4.4	100.0
	总计	321	93.6	100.0	
缺失	System	22	6.4		
总计		343	100.0		

C4. 您所在的区（县）有无社会保险"一站式"服务机构

		频数	百分比	有效百分比	累积百分比
有效	1. 有	203	59.2	66.1	66.1
	2. 无	104	30.3	33.9	100.0
	总计	307	89.5	100.0	
缺失	System	36	10.5		
总计		343	100.0		

C5. 您所在的社区（村、街道）有无社会保险服务网点

		频数	百分比	有效 百分比	累积 百分比
有效	1. 有	174	50.7	56.9	56.9
	2. 无	132	38.5	43.1	100.0
	总计	306	89.2	100.0	
缺失	System	37	10.8		
总计		343	100.0		

C6. 您本人有无全国统一的社会保障卡

		频数	百分比	有效 百分比	累积 百分比
有效	1. 有	124	36.2	39.4	39.4
	2. 无	191	55.7	60.6	100.0
	总计	315	91.8	100.0	
缺失	System	28	8.2		
总计		343	100.0		

C7. 您认为社保经办机构工作人员的服务态度

		频数	百分比	有效 百分比	累积 百分比
有效	1. 很好	24	7.0	7.5	7.5
	2. 比较好	87	25.4	27.1	34.6
	3. 一般	168	49.0	52.3	86.9
	4. 较差	34	9.9	10.6	97.5
	5. 很差	8	2.3	2.5	100.0
	总计	321	93.6	100.0	
缺失	System	22	6.4		
总计		343	100.0		

C8. 您是否了解所在地区社会保险的各项政策

		频数	百分比	有效 百分比	累积 百分比
有效	1. 非常了解	13	3.8	4.0	4.0
	2. 比较了解	51	14.9	15.8	19.8
	3. 一般	133	38.8	41.2	61.0
	4. 不太了解	116	33.8	35.9	96.9

续表

		频数	百分比	有效 百分比	累积 百分比
有效	5. 完全不了解	10	2.9	3.1	100.0
	总计	323	94.2	100.0	
缺失	System	20	5.8		
总计		343	100.0		

C9. 您平时通过什么途径获取社会保险的相关资讯

	个案					
	有效		缺失		总计	
	频数	百分比	频数	百分比	频数	百分比
$c^a	322	93.9%	21	6.1%	343	100.0%

a. 值为 1 时制表的二分组。

	$c 频数			
		响应		个案百分比
		频数	百分比	
$c^a	到社保部门咨询	168	22.6%	52.2%
	到街道社区咨询	49	6.6%	15.2%
	向邻居、亲友咨询	70	9.4%	21.7%
	通过单位同事了解	150	20.2%	46.6%
	请专门工作人员入户讲解	11	1.5%	3.4%
	阅读宣传资料	110	14.8%	34.2%
	通过互联网等渠道查询	142	19.1%	44.1%
	通过自助服务终端查询	17	2.3%	5.3%
	拨打 12333 电话咨询	13	1.8%	4.0%
	其他	12	1.6%	3.7%
总计		742	100.0%	230.4%

C10. 您对于四川省当前的各项社会保险政策，总体上感觉到

		频数	百分比	有效 百分比	累积 百分比
有效	1. 非常满意	9	2.6	2.8	2.8
	2. 比较满意	99	28.9	30.7	33.5
	3. 一般	167	48.7	51.9	85.4
	4. 不太满意	36	10.5	11.2	96.6
	5. 很不满意	11	3.2	3.4	100.0
	总计	322	93.9	100.0	
缺失	System	21	6.1		
总计		343	100.0		

C11. 您认为当前社会保险最需要改进的方面是

	个案					
	有效		缺失		总计	
	频数	百分比	频数	百分比	频数	百分比
c^a	312	91.0%	31	9.0%	343	100.0%

	c 频数	响应		个案百分比
		频数	百分比	
c^a	保障项目不足	140	16.4%	44.9%
	待遇水平有待提高	191	22.3%	61.2%
	政府补贴不到位	104	12.2%	33.3%
	费用负担重	100	11.7%	32.1%
	服务网点少	92	10.8%	29.5%
	服务效率低	101	11.8%	32.4%
	政策宣传不到位	117	13.7%	37.5%
	其他	10	1.2%	3.2%
	总计	855	100.0%	274.0%

参考文献

一、经典著作

1. 《毛泽东文集》第 7 卷，人民出版社 1999 年版。
2. 《邓小平文选》第 1 卷，人民出版社 1994 年版。
3. 《建国以来毛泽东文稿》第 8 册，中央文献出版社 1993 年版。
4. 《毛泽东选集》第 3 卷，人民出版社 1991 年版。

二、党和国家重要文献

1. 习近平：《恪尽职守，夙夜在公，为民服务，为国尽力——习近平在十二届全国人大一次会议闭幕会上发表重要讲话》，央视网，访问时间：2013 年 3 月 17 日。
2. 胡锦涛：《坚定不移沿着中国特色社会主义道路前进 为全面建成小康社会而奋斗——在中国共产党第十八次全国代表大会上的报告》，人民出版社 2012 年版。
3. 温家宝：《政府工作报告（2013）》，人民网，访问时间：2012 年 3 月 18 日。
4. 温家宝：《政府工作报告（2012）》，《人民日报》2012 年 3 月 16 日。
5. 《国务院关于印发国家基本公共服务体系"十二五"规划的通知》，2012 年 7 月 30 日。
6. 教育部、国家统计局、财政部：《关于 2011 年全国教育经费执行情况统计公告》，http://www.moe.gov.cn/publicfiles/business/htmlfiles/moe/s3040/201212/146315.html，访问时间：2012 年 12 月 31 日。

7. 《中华人民共和国国民经济和社会发展第十二个五年规划纲要》，人民出版社 2011 年版。

8. 《中华人民共和国政府信息公开条例》，人民出版社 2007 年版。

9. 胡锦涛：《高举中国特色伟大旗帜，为夺取全面建设小康社会新胜利而奋斗——在中国共产党第十七次全国代表大会上的报告》，人民出版社 2007 年版。

10. 江泽民：《全面建设小康社会，开创中国特色社会主义事业新局面——在中国共产党第十六次全国代表大会上的报告》，人民出版社 2002 年版。

三、国内著作

1. 王飞鹏：《中国公共就业服务均等化问题研究》，首都经济贸易大学出版社 2013 年版。

2. 世界银行和国务院发展研究联合课题组：《2030 年的中国：建设现代化和谐有创造力的社会》，中国财政经济出版社 2013 年版。

3. 郑德涛、欧真志：《社会管理创新与公共服务优化》，中山大学出版社 2012 年版。

4. 宋增伟：《服务型政府建设的理论与实践》，中国经济出版社 2012 年版。

5. 刘德浩：《社会保障公共服务体系构建：基于服务型政府的分析视角》，中国经济出版社 2012 年版。

6. 王根硕、饶慧：《中国西部地区基础教育可持续发展战略研究》，民族出版社 2012 年版。

7. 卢洪友等：《中国基本公共服务均等化进程报告》，人民出版社 2012 年版。

8. 冷向明：《当代中国服务型政府的理论模型、标准体系及建设纲要》，中国社会科学出版社 2012 年版。

9. 中华人民共和国国家统计局：《中国统计年鉴（2012）》，中国统计出版社 2012 年版。

10. 冷向明、汪志强等：《当代中国服务型政府建设和公共服务体系完善理论与实证研究：以促进社会公平正义为依归》，中国社会科学出版社

2012年版。

11. 辛向阳：《公共服务蓝皮书：中国城市基本公共服务能力评价》，社会科学文献出版社2012年版。
12. 国务院发展研究中心课题组：《民生为本，中国疾病公共服务改善路径》，中国发展出版社2012年版。
13. 李汉林：《中国社会发展年度报告》，中国社会科学出版社2012年版。
14. 郁建兴、徐越倩：《服务型政府》，中国人民大学出版社2012年版。
15. 刘秀艳等：《新农村公共服务体系建设》，知识产权出版社2012年版。
16. 候惠勤等：《公共服务蓝皮书：中国城市基本公共服务力评价（2011—2012）》，社会科学文献出版社2012年版。
17. 郁建兴：《服务型政府》，中国人民大学出版社2012年版。
18. 毛志雄、汪玉凯：《特大城市服务型政府建设研究——以成都为例》，四川人民出版社2012年版。
19. 张立荣：《当代中国服务型政府建设和公共服务体系完善理论与实证研究》，中国社会科学出版社2012年版。
20. 张立荣：《当代中国服务型政府及公共服务体系建设状况问卷调查数据统计与展示》，中国社会科学出版社2012年版。
21. 王伟同：《公共服务绩效优化与民生改善机制研究》，东北财经大学出版社2011年版。
22. 黄恒学、张勇：《政府基本公共服务标准化研究》，人民出版社2011年版。
23. 郑慧：《加拿大公共服务改革研究》，社会科学文献出版社2011年版。
24. 程又中：《外国农村公共服务研究》，中国社会科学出版社2011年版。
25. 安应民等：《均衡发展机制：我国城乡基本公共服务均等化研究》，中国经济出版社2011年版。
26. 北京师范大学管理学院：《中国基本公共服务均等化发展报告（2011）》，经济管理出版社2011年版。
27. 邹东涛：《社会保障：体系完善与制度创新》，社会科学文献出版社2011年版。
28. 郑功成：《中国社会保障改革与发展战略（医疗保障卷）》，人民出版社

2011 年版。

29. 张邦辉：《社会保障的政府责任研究》，中国社会科学出版社 2011 年版。
30. 史云贵：《中国现代国家构建进程中的社会治理模式研究》，上海人民出版社 2010 年版。
31. 江易华：《当代中国县级政府基本公共服务绩效评估指标体系的理论构建与实证研究：基于社会公正的视角》，中国社会科学出版社 2010 年版。
32. 朱光磊：《城市公共服务体系建设纲要》，中国经济出版社 2010 年版。
33. 方堃：《当代中国新型农村公共服务体系研究》，中国社会科学出版社 2010 年版。
34. 张立荣：《当代中国服务型政府及公共服务体系建设状况问卷调查数据统计与展示》，中国社会科学出版社 2010 年版。
35. 王长胜、许晓平、张新红等：《中国电子政务发展报告（2010）：融合与创新：电子政务发展新阶段》，社会科学文献出版社 2010 年版。
36. 李伟：《我国基本公共服务均等化研究》，经济科学出版社 2010 年版。
37. 王莹、武少芩：《上海市基本公共服务均等化：路径选择与制度框架》，中国财政经济出版社 2010 年版。
38. 朱光磊：《中国政府发展研究报告（第 2 辑）——服务型政府建设》，中国人民大学出版社 2010 年版。
39. 燕继荣：《服务型政府建设：政府再造七项战略》，中国人民大学出版社 2009 年版。
40. 孙选中：《服务型政府及其服务行政机制研究》，中国政法大学出版社 2009 年版。
41. 高小平、王立军等：《服务型政府导论》，人民出版社 2009 年版。
42. 傅耕石：《服务型政府的构建：中国语境下的审视》，吉林人民出版社 2009 年版。
43. 沈德理：《特区服务型政府公共政策创新研究》，人民出版社 2009 年版。
44. 吴爱明等：《服务型政府职能体系》，人民出版社 2009 年版。

45. 燕继荣：《服务型政府建设：政府再造七项战略》，中国人民大学出版社 2009 年版。
46. 张振忠：《中国卫生费用核算研究报告》，人民卫生出版社 2009 年版。
47. 刘武：《公共服务接受者满意度指数模型研究》，东北大学出版社 2009 年版。
48. 党秀云：《民族地区公共服务创新研究》，人民出版社 2009 年版。
49. 王丽莉：《服务型政府：从概念到制度设计》，知识产权出版社 2009 年版。
50. 王卓君：《政府公共服务职能与服务型政府研究》，广东人民出版社 2009 年版。
51. 叶澜：《中国基础教育改革发展研究》，中国人民大学出版社 2009 年版。
52. 汪利兵：《中国基础教育》，浙江大学出版社 2009 年版。
53. 康绍邦、赵黎青、杨青：《中国社会公共服务体制研究》，中共中央党校出版社 2008 年版。
54. 中国（海南）改革发展研究院：《基本公共服务与中国人类发展》，中国经济出版社 2008 年版。
55. 石国亮等：《服务型政府：中国政府治理新思维》，研究出版社 2008 年版。
56. 赵晖、金太军：《转变政府职能与建设服务型政府》，广东人民出版社 2008 年版。
57. 汪自成：《论服务型政府的合法性》，吉林大学出版社 2008 年版。
58. 柏良泽：《公共服务的体系建构和制度安排研究》，中国人事出版社 2008 年版。
59. 樊继达：《统筹城乡发展中的基本公共服务均等化》，中国财政经济出版社 2008 年版。
60. 李军鹏：《公共服务学》，国家行政学院出版社 2007 年版。
61. 吴玉宗：《服务型政府建设研究》，经济日报出版社 2007 年版。
62. 陈昌盛、蔡跃洲：《中国政府公共服务：体制变迁与地区综合评估》，中国社会科学出版社 2007 年版。

63. 孙晓莉：《中外公共服务体制比较》，国家行政学院出版社 2007 年版。
64. 卢映川、万鹏飞：《创新公共服务的组织与管理》，人民出版社 2007 年版。
65. 董克用：《构建公共服务型政府》，中国人民大学出版社 2007 年版。
66. 肖陆军：《服务型政府概论》，对外经济贸易大学出版社 2007 年版。
67. 王语哲：《公共服务》，中国人事出版社 2006 年版。
68. 中国（海南）改革发展研究院：《中国公共服务体制：中央与地方》，中国经济出版社 2006 年版。
69. 陈威：《公共文化服务体系研究》，深圳报业集团出版社 2006 年版。
70. 陈振明：《竞争型政府：市场机制与工商管理技术在公共部门管理中的应用》，中国人民大学出版社 2006 年版。
71. 句华：《公共服务中的市场机制理论：方法和技术》，北京大学出版社 2006 年版。
72. 中国（海南）改革发展研究院：《聚焦中国公共服务体制》，中国经济出版社 2006 年版。
73. 谢庆奎、佟福玲：《服务型政府与和谐社会》，北京大学出版社 2006 年版。
74. 李永清：《打造公共服务型政府》，海天出版社 2006 年版。
75. 井敏：《构建服务型政府：理论与实践》，北京大学出版社 2006 年版。
76. 《中共中央关于构建社会主义和谐社会若干重大问题的决定（单行本）》，人民出版社 2006 年版。
77. 宋旭光、田苹：《政府管理的宏观视野》，社会科学文献出版社 2006 年版。
78. 刘星：《服务型政府：理论反思与制度创新》，中国政法大学出版社 2006 年版。
79. 常铁中：《新农村卫生服务》，中国社会出版社 2006 年版。
80. 李军鹏：《公共管理学》，首都经济贸易大学出版社 2005 年版。
81. 宋立、刘树杰：《各级政府公共服务事权财权配置》，中国计划出版社 2005 年版。
82. 李成威：《公共产品的需求与供给：评价与激励》，中国财政经济出版社 2005 年版。

83. 樊丽明：《中国公共品市场与资源供给分析》，上海人民出版社 2005 年版。
84. 国家教育行政学院：《建设中国特色公共服务型政府》，中央文献出版社 2005 年版。
85. 世界银行：《中国：深化事业单位改革，改善公共服务提供》，2005 年。
86. 张勤：《服务型政府：公共管理论评》，中央编译出版社 2005 年版。
87. 彭国甫：《地方政府绩效评估研究》，湖南人民出版社 2005 年版。
88. 李军鹏：《公共服务型政府》，北京大学出版社 2004 年版。
89. 唐铁汉、袁曙宏：《公共服务创新——首届中欧政府管理高层论坛论文集》，国家行政学院出版社 2004 年版。
90. 卓越：《公共部门绩效评估》，中国人民大学出版社 2004 年版。
91. 魏志春：《公共事业管理》，上海教育出版社 2004 年版。
92. 孙开：《财政体制改革问题研究》，经济科学出版社 2004 年版。
93. 黄奇帆、罗德刚：《服务型政府建设》，重庆出版社 2004 年版。
94. 金耀基：《中国的现代转向》，（香港）牛津大学出版社 2004 年版。
95. 彭国甫：《地方政府公共事业管理绩效评价研究》，湖南人民出版社 2004 年版。
96. 公共服务职能与公共财政体制课题组：《公共服务职能与公共财政体制》，上海财经大学出版社 2003 年版。
97. 李培林、朱庆芳：《中国小康社会》，社会科学文献出版社 2003 年版。
98. 张德信、薄贵利、李军鹏：《中国政府改革的方向》，人民出版社 2003 年版。
99. 刘泽华、张荣明等：《公私观念与中国社会》，中国人民大学出版社 2003 年版。
100. 胡鞍钢：《影响决策的国情报告》，清华大学出版社 2002 年版。
101. 杨团：《社区公共服务论析》，华夏出版社 2002 年版。
102. 穆怀中：《社会保障国际比较》，中国劳动社会保障出版社 2002 年版。
103. 陈曦文：《英国社会转型时期经济发展研究》，首都师范大学出版社 2002 年版。

104. 戴晓芙、胡令远:《日本式经济·政治·社会体系——21 世纪的课题与展望》,上海财经大学出版社 2002 年版。
105. 丛树海:《财政支出学》,中国人民大学出版社 2002 年版。
106. 胡鞍钢:《扩大就业与挑战失业:中国就业政策评估》,中国劳动社会保障出版社 2002 年版。
107. 李国庆:《日本社会——结构特性与变迁轨迹》,高等教育出版社 2001 年版。
108. 朱志刚:《美国联邦政府预算管理——2001 年财政制度》,经济科学出版社 2001 年版。
109. 张成福、党秀云:《公共管理学》,中国人民大学出版社 2001 年版。
110. 谢庆奎等:《中国政府体制分析》,中国广播电视出版社 1995 年版。
111. 毛寿龙、李梅、陈幽泓:《西方政府的治道变革》,中国人民大学出版社 1998 年版。
112. 章政:《现代日本农协》,中国农业出版社 1998 年版。
113. 周志忍:《当代国外行政改革比较研究》,国家行政学院出版社 1999 年版。
114. 陈鼓应:《老子注译及评介》,中华书局 1984 年版。

四、国外著作

1. [英] 简·米勒:《解析社会保障》,彭华民译,上海人民出版社 2012 年版。
2. [美] 约翰·克莱顿·托马斯:《公共决策中的公民参与》,孙柏瑛等译,中国人民大学出版社 2010 年版。
3. [英] 约翰·密尔:《代议制政府》,汪瑄译,商务印书馆 2008 年版。
4. [美] 罗伯特·阿格拉诺夫、迈克尔·麦奎尔:《协作性公共管理:地方政府新战略》,李玲玲、鄞益奋译,北京大学出版社 2007 年版。
5. [德] 托马斯·海贝勒等主编:《城乡公民参与和政治合法性》,中央编译出版社 2007 年版。
6. [美] 亚伯拉罕·马斯洛:《动机与人格》,中国人民大学出版社 2007 年版。

7. ［美］奥斯特拉姆·帕克斯·惠特克：《公共服务的制度建构》，毛寿龙译，上海三联书店 2006 年版。
8. ［美］乔治.J.施蒂格勒：《产业组织》，王永钦、薛峰译，上海人民出版社 2006 年版。
9. ［美］罗纳德·J.奥克森：《治理地方公共经济》，万鹏飞译，北京大学出版社 2005 年版。
10. ［加］理查德·廷德尔、苏珊·诺布斯·廷德尔：《加拿大地方政府》，于秀明等译，北京大学出版社 2005 年版。
11. ［美］登哈特：《新公共服务：服务而不是掌舵》，丁煌译，中国人民大学出版社 2004 年版。
12. ［新西兰］穆雷·霍恩：《公共管理的政治经济学——公共部门的制度选择》，汤大华、颜君烈译，中国青年出版社 2004 年版。
13. ［美］西蒙：《管理行为》，詹正茂译，机械工业出版社 2004 年版。
14. ［美］威廉姆：《当今世界的社会福利》，解俊杰译，法律出版社 2003 年版。
15. ［英］巴尔：《福利国家经济学》，郑秉文、穆怀中译，中国劳动社会保障出版社 2003 年版。
16. ［法］卢梭：《社会契约论》，何兆武译，商务印书馆 2003 年版。
17. ［美］E.S.萨瓦斯：《民营化与公私部门的伙伴关系》，周志忍译，中国人民大学出版社 2002 年版。
18. ［美］B.盖伊·彼得斯：《政府未来的治理模式》，吴爱明等译，中国人民大学出版社 2001 年版。
19. ［美］罗西瑙：《没有政府的治理》，张胜军、刘小林译，江西人民出版社 2001 年版。
20. ［澳］欧文·休斯：《公共管理导论》，彭和平、周明德等译，中国人民大学出版社 2001 年版。
21. ［美］弗莱蒙特·E.卡斯特、詹姆斯·罗森茨韦克：《组织管理：系统方法与权变方法》（第 4 版），傅严等译，中国社会科学出版社 2000 年版。
22. ［法］狄骥：《公法的变迁：法律与国家》，郑戈等译，辽海出版社 1999

年版。

23. ［美］约瑟夫·E. 斯蒂格利茨：《公共部门经济学》，郭庆旺译，中国人民大学出版社1999年版。

24. ［英］约翰·基恩：《公共生活与晚期资本主义》，马音、刘利圭、丁耀琳译，社会科学文献出版社1999年版。

25. ［德］哈贝马斯：《公共领域的结构转型》，曹卫东等译，学林出版社1999年版。

26. ［美］E. 博登海默：《法理学——法律哲学与法律方法》，邓正来译，中国政法大学出版社1999年版。

27. ［英］洛克：《政府论》（下），叶启芳等译，商务印书馆1996年版。

28. ［德］戴维·奥斯本、特德·盖布勒：《改革政府：企业家精神如何改革着公共部门》，周敦仁等译，上海译文出版社1996年版。

29. ［美］詹姆斯·M. 布坎南：《民主财政论》，穆怀朋译，商务印书馆1993年版。

30. ［美］彼彻姆：《哲学的伦理学》，雷克勤等译，中国社会科学出版社1990年版。

31. ［法］吉斯卡尔·德斯坦：《法兰西民主》，商务印书馆1980年版。

32. ［古希腊］亚里士多德：《政治学》，吴寿彭等译，商务出版社1965年版。

33. ［法］卢梭：《论人类不平等的起源与基础》，李常山译，商务印书馆1958年版。

34. Mike Wallace, *Managing Change in the Public Services*, Blackwell Pub, 2007.

35. Antony Levitas, *Providing More Services with Less Money*, Gdbor Peteri Edit, 2005.

36. Robert B. Denhardt & Janet V. Denhardt, *The New Public Service: Serving, not Steering*, Armonk, N. Y., M. E.: Sharp, 2003.

37. Tony Bovarid & Elke Lofflcr, *Public Management and Governance*, Routledg, 2003.

38. Carol S. Carson & Paul R., *Supplement to the 2002 Government Finance*

Statistics Year book, IMF, 2002.

39. Siman, K., *Public Goods & Private Wants: A Psychological Approach to Government Spending*, Cheltenham, U. K. and Northampton, M. A., USA: Edward Elger, 2002.
40. Pierre J. & Peters. B. G., *Governance, Politics and the State*, Macmillan Press Ltd, 2000.
41. E. S. Savas, *Privatization and Public-Private Partnerships*, Seven Bridges Press, LLC, 2000.
42. Am, Henry, *Communitarianism: A New Agenda for Politics and Citizenship*, New York, University Press, 1998.
43. E. S. Savas (Eds), "*Privatization*" in Mary Hawkeaworth and Mau-rice Kogan, *Encyclopedia of Government and Politics*, New York: Routledge, 1992.
44. Musgrave, Richard Abel, *The Theory of Public Finance: A Study in Public Economy*, New York: McGraw-Hill, 1959.
45. Musgrave, R. A., *The Theory of Public Fiance*, Mcgraw Hill, New York, 1959.

五、主要论文

1. 张康之：《走向服务型政府的"大部制"改革》，《中国行政管理》2013年第5期。
2. 陈惠敏：《略论教育公共服务供给机制创新》，《人脉论坛》2013年第5期。
3. 龚文海：《农村人口计生公共服务评估及创新——基于河南省的调查》，《人口与经济》2013年197期。
4. 刘宇南：《〈国家基本公共服务体系"十二五"规划〉中的若干重要问题探析》，《宏观经济管理》2013年第4期。
5. 张恒龙、洪丹丹：《中国建设服务型政府的理论与实践》，《江海学刊》2013年第3期。
6. 邹蓉：《地方财政竞争与公共服务供给：1999—2011》，《湖南社会科学》2013年第3期。

7. 吴业苗：《城乡公共服务一体化发展目标及其路向检视》，《上海行政学院学报》2013年第3期。
8. 舒银燕、范亚舟：《优化我国基本公共服务绩效评价的思路及制度支持》，《理论导刊》2013年第3期。
9. 诸大建、王欢明：《公共服务绩效评价的价值取向、评价方法和评价指标》，《上海市经济管理学院学报》2013年第3期。
10. 吴翠萍：《公共服务的阶层差异化认同研究》，《中国行政管理》2013年第2期。
11. 张序、劳承玉：《公共服务能力建设：一个研究框架》，《理论与改革》2013年第2期。
12. 薛刚、薄贵利、刘小康、尹艳红：《服务型政府绩效评估结果运用研究：现状、问题与对策》，《国家行政学院学报》2013年第2期。
13. 王伟、张靖：《2012年CNKI服务型政府研究综述》，《中国行政管理》2013年第2期。
14. 张茜、马正英：《强化服务型政府构建下的质量管理运行机制》，《前沿》2013年第2期。
15. 刘子先、高树彬：《服务型政府绩效评价研究》，《天津师范大学学报（社会科学版）》2013年第2期。
16. 郑佳昊：《论引导型政府职能模式》，《北京行政学院学报》2013年第2期。
17. 邓念国：《农民公共服务需求表达研究：背景、主要成果与发展前景》，《中共杭州市委党校学报》2013年第1期。
18. 张恒龙、毛雁冰、秦鹏亮：《中国公共服务均等化的政策与成效》，《上海大学学报（社会科学版）》2013年第1期。
19. 张欣然、刘晔：《基本公共服务均等化研究综述》，《经济研究参考》2012年第52期。
20. 柏才慧：《新时期推进城乡公共服务均等化建设的思考》，《人民论坛》2012年第35期。
21. 黄谋琛：《社会整体指标体系构建的几个原则》，《中共福建省委党校学报》2012年第12期。

22. 符桂花：《完善社会救助体系建设提高社会救助工作效率》，《中国人大》2012年第12期。
23. 何华兵：《基本公共服务均等化满意度测评体系的建构与应用》，《中国行政管理》2012年第11期。
24. 李俊清：《东部城市少数民族流动人口公共服务研究》，《中国行政管理》2012年第11期。
25. 马巧玲：《公共服务均等化与人的生存和发展》，《改革与战略》2012年第11期。
26. 刘志昌：《德国公共服务体制及其启示》，《湖北社会科学》2012年第8期。
27. 郁建兴、高翔：《中国服务型政府建设的基本经验与未来》，《中国行政管理》2012年第8期。
28. 徐琴：《基本公共服务供给评估指标体系的构建》，《统计与决策》2012年第5期。
29. 姜晓萍、吴菁：《国内外基本公共服务均等化研究述评》，《上海行政学院学报》2012年第5期。
30. 马宝成：《中国服务型政府建设十年：主要成就和未来展望》，《国家行政学院学报》2012年第5期。
31. 宋伟雄：《英国公共服务协议治理理念解析》，《中国青年政治学院学报》2012年第4期。
32. 薛维然、孙放：《城市化进程中农民工权益保护制度的完善》，《农业经济》2012年第4期。
33. 娄峥嵘：《我国地方政府公共服务支出评价——基于DEA的省际数据比较》，《技术经济与管理研究》2012年第4期。
34. 项显生：《政府购买公共服务管理机构的设置问题研究》，《中国福建省委党校学报》2012年第3期。
35. 丁辉侠：《公共服务质量评价体系构建思路分析》，《商业时代》2012年第3期。
36. 陈文博：《公共服务质量评价与改进：研究综述》，《中国行政管理》2012年第3期。

37. 钟俊生、聂鑫：《服务型政府构建中的基本公共服务均等化的实现途径探析》，《东北大学学报（社会科学版）》2012年第3期。
38. 方俊：《论服务型政府与第三部门的互动关系》，《中国青年政治学院学报》2012年第3期。
39. 黄爱宝：《三种服务型政府观比较》，《江苏行政学院学报》2012年第2期。
40. 郁建兴、徐越倩：《服务型政府建设的浙江经验》，《中国行政管理》2012年第2期。
41. 张顶浩：《公共服务市场化中的政府责任》，《理论导刊》2012年第2期。
42. 俞可平：《社会管理最佳状态是善治，应促进公平正义》，《理论参考》2012年第1期。
43. 陈振明、李德国：《公共服务质量持续改进的亚洲实践》，《东南学术》2012年第1期。
44. 秦利、李拓晨：《日本农协产品质量安全控制的主要做法》，《日本研究》2012年第1期。
45. 薄贵利：《准确理解和深刻认识服务型政府建设》，《行政论坛》2012年第1期。
46. 彭向刚、程波辉：《服务型政府绩效评估问题研究述论》，《行政论坛》2012年第1期。
47. 郁建兴、徐越倩：《服务型政府研究的理论进路与出路》，《行政论坛》2012年第1期。
48. 张彬：《以服务平衡差距：服务型政府建设中的差距调控对策研究》，《行政论坛》2012年第1期。
49. 刘华涛：《服务型政府建设对党政领导干部的能力要求》，《求实》2012年第1期。
50. 王美霞：《我国社会保险基金绩效审计评价指标体系研究》，北京交通大学硕士学位论文，2011年。
51. 黄娟、王惠中、孙兆海、吴云波：《江苏生态文明建设指标体系研究》，《环境科学与管理》2011年第30期。

52. 丁菊红：《长三角地区公共服务极其协调机制研究》，《商业时代》2011年第30期。
53. 李章程：《欧洲电子政府公共服务研究》，《图书情报工作》2011年第23期。
54. 焦德武：《公共文化服务体系的绩效评价》，《安徽农业大学学报（社会科学版）》2011年第20期。
55. 曾令刚：《进一步完善社会救助体系的对策》，《中国民政》2011年第12期。
56. 王丽、张志泽：《服务型政府建设进程中的公民参与：角色重塑与功能优化》，《理论月刊》2011年第10期。
57. 刘捷：《治理理论与我国服务型政府建设》，《前沿》2011年第10期。
58. 张立荣、李军超、樊慧玲：《基于收入差别的农村公共服务需求偏好与满意度研究》，《中国行政管理》2011年第10期。
59. 赵晏、邢占军、李广：《政府公共服务质量对的评价指标测度》，《重庆社会科学》2011年第10期。
60. 刘成奎、王朝才：《城乡基本公共服务均等化指标体系研究》，《财政研究》2011年第8期。
61. 王新民、南锐：《基本公共服务均等化水平评价体系构建及应用——基于我国31个省域的实证研究》，《软科学》2011年第7期。
62. 孙晓莉：《政府公共服务创新：类型，动力机制及创新失败》，《中国行政管理》2011年第7期。
63. 孙肖远：《服务型政府政务公开机制的建构》，《理论导刊》2011年第6期。
64. 崔惠民、张厚明：《公共财政走向民生财政：基本公共服务均等化的选择》，《经济问题探索》2011年第6期。
65. 王家合：《论地方公共服务质量管理的制度创新》，《理论探讨》2011年第6期。
66. 任建涛：《公共与公共性：一个概念辨析》，《马克思主义与现实》2011年第6期。
67. 官永彬：《我国区际基本公共服务差距评价指标体系构建及其实证分

析》，《经济体制改革》2011 年第 5 期。

68. 李剑：《基本公共服务评价指标体系研究》，《商业研究》2011 年第 5 期。

69. 薄贵利：《论研究制定服务型政府建设的战略规划》，《中国行政管理》2011 年第 5 期。

70. 卢海燕：《论服务型政府绩效评估指标体系的逻辑与框架》，《新视野》2011 年第 5 期。

71. 冷永生：《关于政府间财政关系理论问题的两点思考》，《财政研究》2011 年第 3 期。

72. 郁建兴：《中国的公共服务体系：发展历程，政策体系与体制机制》，《学术月刊》2011 年第 3 期。

73. 马国芳、周开：《云南省公共服务与社会管理改革实践探索》，《云南行政学院学报》2011 年第 2 期。

74. 何霜梅：《服务型政府建设的进展、困境与对策》，《中央社会资源学院学报》2011 年第 2 期。

75. 姜异康：《国外公共服务体系建设与我国的建设服务型政府》，《中国行政管理》2011 年第 2 期。

76. 崔晶、张梦中：《公共服务视角下的新加坡政府改革》，《中国行政管理》2011 年第 2 期。

77. 黄杰：《公共财政制度建设与我国地方服务型政府构建》，《中州学刊》2011 年第 1 期。

78. 刘厚金：《我国政府公共服务的体制分析及其路径选择》，《上海行政学院学报》2011 年第 1 期。

79. 江易华：《县级政府基本公共服务绩效指标：设计与筛选》，《天府新论》2011 年第 1 期。

80. 陈振明、李德国：《本公共服务的均等化与有效供给——基于福建省的思考》，《中国行政管理》2011 年第 1 期。

81. 孙涛：《近年来服务型政府建设研究述评》，《中国行政管理》2011 年第 1 期。

82. 赵风：《以民生为导向的服务型政府建设》，《云南社会科学》2011 年第 1 期。
83. 刘伟：《服务型政府建设的行政法治回应与契合》，《商业时代》2011 年第 1 期。
84. 李宗楼、孔德斌：《以科学发展观为指导 推进地方服务型政府建设》，《行政论坛》2011 年第 1 期。
85. 雷晓康、曲靖：《基础教育公共服务均等化问题研究——以陕西几县为例》，《西北大学学报（哲学社会科学版）》2011 年第 1 期。
86. 张玲：《农民工返乡创业问题研究》，《安徽农业科学》2010 年第 34 期。
87. 房文双：《关于建设公共服务型政府的研究》，《前沿》2010 年第 17 期。
88. 彭尚平、谭雅丽、雷卫、王奎奎：《成都市城乡公共服务均等化的评价指标体系研究》，《四川教育学院学报》2010 年第 12 期。
89. 赵秀丽、吴世香：《城乡就业一体化对策探析》，《山东社会科学》2010 年第 12 期。
90. 王家合：《质量管理理念与公共服务管理》，《求索》2010 年第 12 期。
91. 廖腾琼：《服务型政府的价值取向及实现》，《人民论坛》2010 年第 11 期。
92. 李军鹏：《国外公共服务改革的做法与启示》，《行政管理改革》2010 年第 10 期。
93. 邹水才：《经济欠发达地区公共服务体系存在的问题及对策研究》，《经济与社会发展》2010 年第 10 期。
94. 何水：《服务型政府：争议中的透视》，《中国行政管理》2010 年第 10 期。
95. 刘扬等：《民生感知的测度：理论模型与实证分析》，《经济学动态》2010 年第 9 期。
96. 韩小威、尹栾玉：《基本公共服务概念辨析》，《江汉论坛》2010 年第 9 期。
97. 刘翔：《论服务型政府有效运转的公民社会基础》，《理论与改革》2010 年第 6 期。
98. 吕微、唐伟、韩晋乐：《基于多方合作的农村服务体系供给研究》，《中国行政管理》2010 年第 6 期。

99. 戴钰：《政府基本公共服务绩效评估的指标体系研究》，《湖南行政学院学报》2010年第6期。
100. 王家合：《我国地方政府公共服务现状及其质量指标构建》，《云梦学刊》2010年第6期。
101. 吕维霞：《论公众对政府公共服务质量的感知与评价》，《华东经济管理》2010年第5期。
102. 郭明霞：《社会救助的国际比较及其经验借鉴》，《兰州大学学报（社会科学版）》2010年第5期。
103. 徐军玲：《公共服务提供：基于电子政府的分析框架》，《科研管理》2010年第5期。
104. 句华：《公共服务合同外包的适用范围：理论与实践的反差》，《中国行政管理》2010年第4期。
105. 刘德林：《公共行政双重合理性契合与服务型政府构建》，《云南行政学院学报》2010年第4期。
106. 贺荣：《我国转型社会中服务型政府法治化研究》，《行政法学研究》2010年第4期。
107. 沈荣华、王扩建：《我国服务型政府研究揽析》，《行政论坛》2010年第4期。
108. 倪星、李佳源：《政府绩效的公众主观评价模式：有效，抑或无效？——关于公众主观评价效度争议的述评》，《中国人民大学学报》2010年第4期。
109. 朱国玮、刘晓川：《公共部门服务质量评价研究》，《中国行政管理》2010年第4期。
110. 胡仙芝：《中国基本公共服务均等化现状与改革方向》，《北京联合大学学报（人文社会科学版）》2010年第3期。
111. 李传军：《电子公共服务：电子政府发展的新方向》，《行政管理改革》2010年第3期。
112. 郑维伟：《服务型政府：条件、本质与限度》，《云南社会科学》2010年第2期。
113. 杨冬艳：《论我国服务型政府的核心价值取向》，《人民论坛》2010年第 2 期。

114. 施雪华:《"服务型政府"的基本涵义,理论基础和建构条件》,《社会科学》2010 年第 2 期。

115. 吴贵明、钟洪亮:《公共就业服务行政组织战略性绩效指标设计的探索》,《中国劳动》2010 年。

116. 方海珍:《服务型政府的特征和构建途径研究》,《求实》2010 年第 S2 期。

117. 徐增阳、古琴:《农民工市民化:政府责任与公共服务创新》,《华南师范大学学报(社会科学版)》2010 年第 1 期。

118. 许硕、柏维春:《服务型政府宏观调控职能优化研究》,《社会科学家》2010 年第 1 期。

119. 李兆峰:《中国服务型政府建设的经济法分析》,西南政法大学硕士学位论文,2009 年。

120. 江易华:《县级政府基本公共服务绩效评估指标体系的理论构建与实证检测研究——基于社会公正的研究视角》,华中师范大学博士学位论文,2009 年。

121. 温来成:《加快推进城乡社区公共服务体系建设的对策——以社区财政制度创新为基础的研究》,《经济研究参考》2009 年第 32 期。

122. 曹庆荣、齐立斌、李泽群:《机遇与挑战:新农村建设背景下农村体育服务体系的重新审视》,《南京体育学院学报(社会科学版)》2009 年第 23 期。

123. 娄峥嵘:《我国政府公共服务职能缺失分析——基于不完全合约的行为经济学解释》,《理论导刊》2009 年第 12 期。

124. 李萍:《公共服务均等化的制度基础与路径选择》,《财会研究》2009 年第 11 期。

125. 蒋嵘涛、彭京京:《服务型政府价值取向研究》,《求索》2009 年第 10 期。

126. 胡重明、马飞炜:《公共服务:从"幕后监管"到多元协作——浙江省临安市"药房共管"经验探析》,《社科纵横》2009 年第 9 期。

127. 赵勇:《"顾客导向"与"公民导向":政府公共服务对象分析》,《上海行政学院学报》2009 年第 7 期。

128. 李晓园、张汉荣：《SERVQUAL 模型下县域公共服务质量的改进——基于江西省六县公共服务的调查分析》，《南昌大学学报（人文社会科学版）》2009 年第 7 期。

129. 周定财：《公共行政人力资源开发与服务型政府的构建》，《前沿》2009 年第 7 期。

130. 沈亚平：《用机制拉动服务型政府建设》，《四川大学学报（哲学社会科学版）》2009 年第 6 期。

131. 王佃利、宋学增：《公共服务满意度调查实证研究——以济南市市政公用行业的调查为例》，《中国行政管理》2009 年第 6 期。

132. 潘莹：《关于构建公共服务型政府的理论思考》，《理论观察》2009 年第 6 期。

133. 李传军：《电子政府与服务型政府建设》，《学习论坛》2009 年第 6 期。

134. 詹国彬：《公共服务型政府：选择逻辑与发展战略》，《内蒙古社会科学（汉文版）》2009 年第 5 期。

135. 柳劲松：《我国居民生活质量地区差异的 Topsis 分析——基于公共服务均等化视角》，《学术论丛》2009 年第 5 期。

136. 于玉宏、曹爱军：《农村公共文化服务发展的创新机制》，《经济与社会发展》2009 年第 5 期。

137. 仰和芝、周建：《公共服务精神培育与服务型政府建设》，《当代世界社会主义》2009 年第 5 期。

138. 陈岳堂、胡扬名：《公共政策创新与人本服务型政府》，《求索》2009 年第 4 期。

139. 王颖：《政府利益内在性抑制与服务型政府构建》，《社会科学辑刊》2009 年第 4 期。

140. 王忠国、袁艺：《服务型政府建设管理路径探讨》，《行政论坛》2009 年第 4 期。

141. 吕维霞等：《公众感知行政服务质量模型与评价研究》，《南开管理评论》2009 年第 4 期。

142. ［美］琼·M.纳尔逊：《选举，民主与社会服务》，《经济社会体制比较》2009 年第 4 期。

143. 孙友祥：《公民治理视角下的公共服务型政府建设》，《国家行政学院学报》2009 年第 4 期。
144. 张勤：《论推进服务型政府建设与基本公共服务均等化》，《中国行政管理》2009 年第 4 期。
145. 徐增阳：《县级政府公共服务体系，问题与对策——以城乡基本公共服务均等化为视角》，《调研世界》2009 年第 3 期。
146. 王洪杰、白晓峰：《论服务型政府服务精神的理论基础和价值》，《云南行政学院学报》2009 年第 3 期。
147. 臧乃康：《基本公共服务均等化的政府绩效评估障碍与消解》，《江苏社会科学》2009 年第 3 期。
148. 王扩建：《本体与价值——对服务型政府的深层审视》，《内蒙古社会科学（汉文版）》2009 年第 3 期。
149. 姜义荣：《申论服务型政府》，《生产力研究》2009 年第 2 期。
150. 任晓刚：《基于服务型政府理念的地方政府组织结构改革基本思路》，《探索》2009 年第 2 期。
151. 刁松龄：《城市化进程中外来农民工信息服务研究——以珠三角为例》，《图书情报工作》2009 年第 2 期。
152. 史云贵：《中国服务型执政党建设与现代国家的构建》，《云南行政学院学报》2009 年第 2 期。
153. 李坤：《新公共服务理论下的公务员角色变革》，《思想战线》2009 年第 S1 期。
154. 吕维霞等：《顾客感知行政服务质量管理》，《兰州大学学报》2009 年第 1 期。
155. 孙庆国：《论基本公共服务均等化的衡量指标》，《中国浦东干部学院学报》2009 年第 1 期。
156. 林万龙：《不同级层财政主体的农村公共服务供给能力分析》，《甘肃行政学院学报》2009 年第 1 期。
157. 燕继荣：《服务型政府的研究路向》，《学海》2009 年第 1 期。
158. 迟福林：《政府转型与基本公共服务》，《中国浦东干部学院学报》

2009 年第 1 期。
159. 张华新、刘海莺：《中国公共就业服务体系效率衡量与政策研究》，《山东科技大学学报（社会科学版）》2009 年第 1 期。
160. 姜晓萍、邓寒竹：《中国公共服务 30 年的制度变迁与发展趋势》，《四川大学学报（哲学社会科学版）》2009 年第 1 期。
161. 徐祖荣：《社会组织与公共服务主体多元化——基于浙江的研究》，《理论与改革》2009 年第 1 期。
162. 姜晓萍：《中国公共服务体制改革 30 年》，《中国行政管理》2009 年第 1 期。
163. 吴燕霞：《构建服务型政府的必要性及路径选择》，《中共福建省委党校学报》2009 年第 1 期。
164. 张康之、张皓：《在后工业化背景下思考服务型政府》，《四川大学学报（哲学社会科学版）》2009 年第 1 期。
165. 范思凯：《公共权力转型期的政府公共服务》，《理论探索》2009 年第 1 期。
166. 高慧：《中国社会保险水平指标体系的理论与实证研究》，中国海洋大学硕士学位论文，200 年 8。
167. 刘俊霞：《人力资本投资，就业促进与社会保障》，《中南财经政法大学学报》2008 年第 168 期。
168. 张钢、牛志江、贺珊：《地方政府公共服务质量评价体系及其应用》，《浙江大学学报》2008 年第 11 期。
169. 罗峰、方卿：《"比较视野下的公共行政改革与建设服务型政府"国际学术研讨会会议综述》，《中国行政管理》2008 年第 11 期。
170. 王朝才、冷永生、王彦荣：《增强县市政府自主公共服务能力的思考》，《地方财政研究》2008 年第 11 期。
171. 张立荣、曾维和：《当代西方"整体政府"公共服务模式及其借鉴》，《中国行政管理》2008 年第 7 期。
172. 李孜等：《流动人口生殖健康服务质量评价指标体系的构建原则》，《中国卫生事业管理》2008 年第 6 期。
173. 安体富、任强：《中国公共服务均等化水平指标体系的构建——基于地区差别视角的量化分析》，《财贸经济》2008年第6期。

174. 于凤荣：《加拿大公共服务社会化之我见》，《行政论坛》2008年第5期。

175. 国家发展改革委宏观经济研究院课题组：《促进我国的基本公共服务均等化》，《宏观经济研究》2008年第5期。

176. 彭宗超、庄立：《中国地方政府公共服务竞争力相关概念探析》，《中国行政管理》2008年第5期。

177. 周望：《服务型政府概念研究综述》，《行政论坛》2008年第5期。

178. 吕庆喆、叶奇、武继磊、李雪：《2007年度全国残疾人小康实现程度分析报告》，《中国残疾人》2008年第4期。

179. 龚锋：《地方公共安全服务供给效率评估——基于四阶段DEA和Bootstrapped DEA的实证研究》，《管理世界》2008年第4期。

180. 国家行政学院课题组：《关于公共服务体系和服务型政府建设的几个问题（下）》，《国家行政学院学报》2008年第4期。

181. 陈潭：《乡镇公共服务供给的体制困境与转轨路向》，《中国行政管理》2008年第4期。

182. 丛诚：《论财税政策对住房保障体系的支撑》，《中国房地产金融》2008年第3期。

183. 中国（海南）改革发展研究院：《加快推进基本公共服务均等化》，《经济研究参考》2008年第3期。

184. 李雪萍、刘志昌：《基本公共服务均等化的区域对比与城乡比较——以社会保障为例》，《华中师范大学学报（人文社会科学版）》2008年第3期。

185. 范柏乃、朱华：《我国地方政府绩效评价体系的构建和实际测度》，《政治学研究》2005年第1期。

186. 张钢等：《地方政府公共服务质量评价体系及其应用》，《浙江大学学报（人文社会科学版）》2008年第3期。

187. 倪星：《反思中国政府绩效评估实践》，《中山大学学报（社会科学版）》2008年第3期。

188. 沈亦周、董莎：《治理语境下服务型政府的构建》，《中南财经政法大学研究生学报》2008年第3期。

189. 程建华、武靖州：《我国公共物品低效供给的表现与对策》，《农村经济》2008年第2期。

190. 杨坤、王冰洁：《服务交互过程质量维度及其对政府公共服务质量管理的启示》，《上海质量》2008年第2期。

191. 史云贵：《公平正义：社会主义和谐社会构建的价值基础》，《江苏社会科学》2008年第2期。

192. 王丽平、韩艺：《创新政府管理和服务方式的原则和领域》，《中国行政管理》2008年第1期。

193. 朱光磊、薛立强：《服务型政府建设的六大关键问题》，《南开大学学报（哲学社会科学版）》2008年第1期。

194. 贺珊：《地方政府公共服务质量评价研究——以浙江省48个区县为例》，浙江大学硕士学位论文，2007年。

195. 刘志成：《农村公共服务体系建设研究》，哈尔滨工业大学硕士学位论文，2007年。

196. 吴江：《基于价值管理的政府绩效评估体系研究》，吉林大学博士学位论文，2007年。

197. 肖林鹏、李宗浩、杨晓晨：《公共体育服务概念及其理论分析》，《天津体育学院学报》2007年第22期。

198. 陈增明：《社会公众满意度的测评模型》，《统计与决策》2007年第14期。

199. 余春林：《以科学发展观统领新农村建设人才战略》，《企业家天地》2007年第12期。

200. 伏玉林、符钢战：《税费改革后农村公共服务提供机制的比较研究——基于湖北与浙江农村的调查》，《社会科学》2007年第10期。

201. 周耀虹：《创新体制，实现民间组织参与公共服务》，《党政论坛》2007年第7期。

202. 唐铁汉、李军鹏：《加快行政管理体制改革的战略思考》，《国家行政学院学报》2007年第6期。

203. 陈昌盛、蔡跃洲：《中国政府公共服务基本价值取向与综合绩效评估》，《财政研究》2007 年第 6 期。
204. 常健、李海燕：《应当区分改革的过程公平与目标公平》，《天津社会科学》2007 年第 6 期。
205. 蔡放波：《略论加快建设我国基本公共服务体系》，《学习与实践》2007 年第 5 期。
206. 申霞：《私人部门参与公共服务的制度建构》，《中国行政管理》2007 年第 4 期。
207. 姜晓萍：《构建服务型政府进程中的公民参与》，《社会科学研究》2007 年第 4 期。
208. 傅耕石：《服务型政府：我国政府发展的理性选择》，《社会科学战线》2007 年第 3 期。
209. 陈海威：《中国基本公共服务体系研究》，《科学社会主义》2007 年第 3 期。
210. 安体富：《完善公共财政制度逐步实现公共服务均等化》，《东北师大学报》2007 年第 3 期。
211. 彭正波：《服务型政府建设的实践困境和及其改进》，《黑河学刊》2007 年第 3 期。
212. 柏良泽：《公共服务研究的逻辑和视角》，《中国人才》2007 年第 3 期。
213. 张文礼、吴光芸：《论服务型政府与公共服务的有效供给》，《兰州大学学报（社会科学版）》2007 年第 3 期。
214. 常修泽：《中国现阶段基本公共服务均等化研究》，《中共天津市委党校学报》2007 年第 2 期。
215. 江易华：《新公共服务理论对建立政府绩效评估体系的启示》，《广西社会科学》2007 年第 1 期。
216. 赵成福：《社会转型与当代中国服务型政府的构建》，《河南师范大学学报（哲学社会科学版）》2007 年第 1 期。
217. 党秀云：《论德国公共服务改革及其对我国的启示》，《四川行政学院学报》2007 年第 1 期。
218. 李凤廷：《公共服务质量管理绩效指标体系及其应用研究》，南昌大学硕士学位论文，2006 年。

219. 高春风：《生态环境质量指标体系的建立与应用：《渤海大学学报（自然科学版）》2006 年第 27 期。
220. 丁元竹：《加拿大社区服务体系建设及对我国的启示》，《中国发展观察》2006 年第 9 期。
221. 王艳、杨文选、陈娜娜：《构建就业信息平台——疏通农民工就业渠道》，《西安邮电学院》2006 年第 11 期。
222. 曹信邦：《政府社会保障绩效评估指标体系研究》，《中国行政管理》2006 年第 7 期。
223. 姜晓萍：《政府流程再造的基础理论与现实意义》，《中国行政管理》2006 年第 5 期。
224. 洪棋新：《美国 311 市民服务系统的建设经验》，《信息化建设》2006 年第 5 期。
225. 张康之、程倩：《作为一种新型社会治理模式的服务行政——现实诉求，理论定位及研究取向》，《学习论坛》2006 年第 5 期。
226. 张康之：《把握服务型政府研究的理论方向》，《人民论坛》2006 年第 3 期。
227. 迟福林：《全面理解"公共服务型政府"的基本涵义》，《人民论坛》2006 年第 3 期。
228. 徐传谌、刘世峰：《公共服务型政府的内涵及其治理》，《经济与管理研究》2006 年第 3 期。
229. 燕继荣：《对服务型政府改革的思考》，《国家行政学院学报》2006 年第 2 期。
230. 王谦：《政府部门公众满意度评价的一种有效实现途径》，《中国行政管理》2006 年第 1 期。
231. 何植民、李彦娅：《以人为本：新时期我国地方政府绩效评估的核心价值取向》，《理论前沿》2006 年第 1 期。
232. 曹大友、熊新发：《SERVQUAL 在公共服务领域的应用初探》，《学术论坛》2006 年第 1 期。
233. 刘从军、马丽华、宋雅楠：《日本农业保险模式及其在中国的实现条件》，《日本问题研究》2006 年第 1 期。

234. 杨兴坤：《论科学发展观指导下的服务型政府建设》，重庆大学硕士学位论文，2005年。
235. 彭国甫：《地方政府公共事业管理绩效模糊综合评价模型及实证分析》，《数量经济技术经济研究》2005年第11期。
236. 胡兵：《服务型政府异化的学理原因分析》，《湖北社会科学》2005年第7期。
237. 王峰、陶学荣：《政府公共服务职能的界定、问题分析及对策》，《甘肃社会科学》2005年第4期。
238. 程倩：《行进中的服务行政理论——从2001到2004年我国"服务行政"研究综述》，《中国行政管理》2005年第4期。
239. 侯玉兰：《新公共服务理论与建设服务型政府》，《国家行政学院学报》2005年第4期。
240. 李靖：《在中国建设服务型政府的理论基础》，《政治学研究》2005年第4期。
241. 何水：《服务型政府建设的理论依据与现实背景》，《云南社会科学》2005年第4期。
242. 王学军：《我国实行政府问责制面临的困境及出路》，《中州学刊》2005年第3期。
243. 陆肖军：《论服务型政府建设》，《云南社会科学》2005年第2期。
244. 中国行政管理学会课题组：《加快我国社会管理和公共服务改革的研究报告》，《中国行政管理》2005年第2期。
245. ［德］迪特·格伦诺：《德国公共服务的特点及未来发展》，《马克思主义与现实》2005年第2期。
246. 马庆钰：《公共服务的几个基本理论问题》，《中共中央党校学报》2005年第1期。
247. 何水：《服务型政府及其在我国的建构》，四川大学硕士学位论文，2004年。
248. 桑助来、张平平：《政府绩效评估体系浮出水面》，《瞭望》2004年第29期。
249. 姜晓萍：《成都市的"规范化服务型政府"建设》，《中国行政管理》

2004 年第 11 期。

250. 丁煌：《服务型政府的理论澄清》，《中国行政管理》2004 年第 11 期。

251. 田家华、王忠：《论公共服务型政府模式的构建》，《湖北社会科学》2004 年第 11 期。

252. 唐任伍、唐天伟：《2002 年中国省级地方政府效率测度》，《中国行政管理》2004 年第 6 期。

253. 李文艳、陈通：《政府绩效评估的价值取向及我国政府绩效评估的完善》，《唯实》2004 年第 6 期。

254. 彭国甫、李树丞、明科：《层次分析法确定政府绩效评估指标权重研究》，《中国软科学》2004 年第 6 期。

255. 陈振明：《政府工具研究与政府管理方式改进》，《中国行政管理》2004 年第 6 期。

256. 赵春丽：《公共服务型政府——政府职能转变的基本趋向》，《行政论坛》2004 年第 6 期。

257. 袁曙宏、宋功德：《通过公法变革优化公共服务》，《国家行政学院学报》2004 年第 5 期。

258. 刘俊生：《论服务型政府的价值基础与理论基础》，《南京社会科学》2004 年第 5 期。

259. 刘熙瑞、段龙飞：《服务型政府：本质及其理论基础》，《国家行政学院学报》2004 年第 5 期。

260. 沈荣华：《论政府公共服务机制创新》，《北京行政学院学报》2004 年第 5 期。

261. 王艳：《服务型政府的异化与转型——论建立新公共服务型政府》，《云南行政学院学报》2004 年第 4 期。

262. 国家综合改革试点工作中期评估组：《吉林省长春市人口和计划生育综合改革中期评估报告》，《人口研究》2004 年第 4 期。

263. 郑真真：《评估指标改革与计划生育优质服务》，《人口与计划生育》2004 年第 4 期。

264. 张成福等：《电子政务绩效评估：模式研究与中国战略》，《探索》2004 年第 2 期。

265. 刘熙瑞：《切实加强积极服务型政府的研究和建设》，《新视野》2004年第2期。
266. 姜晓萍：《论"服务型政府"的基本内涵》，《四川行政学院学报》2004年第2期。
267. 范柏乃等：《基于满意原则为导向的人民评判政府绩效的意义阐释》，《行政与法》2004年第2期。
268. 李传军：《服务型政府的观念前提》，《江西行政学院学报》2004年第2期。
269. 沈荣华：《提高政府公共服务能力的思路选择》，《中国行政管理》2004年第1期。
270. 陈振明：《深化行政体制改革构建公共服务型政府》，《中国行政管理》2004年第1期。
271. 迟福林：《适时推进公共服务型政府建设》，《领导决策信息》2003年第27期。
272. 钟明：《电子政府：现代公共服务型政府的实现途径》，《中国软科学》2003年第9期。
273. 侯玉兰：《建设高效电子政务，创建新型服务型政府》，《管理世界》2003年第9期。
274. 党秀云：《公共部门的全面质量管理》，《中国行政管理》2003年第8期。
275. 王铁明：《优质服务框架下的计划生育管理与评估》，《人口与计划生育》2003年第5期。
276. 姜晓萍、刘汉固：《建设"服务型政府"的思路与对策》，《四川大学学报（哲学社会科学版）》2003年第4期。
277. 易信涛：《电子政府与行政模式的转型》，《中国特色社会主义研究》2003年第4期。
278. ［德］克里斯托弗·理查德：《德国公共服务的市场化（下）》，孙晓莉译，《北京行政学院学报》2003年第3期。
279. 蔡立辉：《西方国家政府绩效评估的理念及其启示》，《清华大学学报（哲学社会科学版）》2003年第1期。

280. 刘熙瑞：《服务型政府——经济全球化背景下中国政府改革的目标选择》，《中国行政管理》2002 年第 7 期。
281. 马宝成：《试论政府绩效评估的价值取向》，《中国行政管理》2002 年第 5 期。
282. 宋钟亮：《电子政府及其对公共行政的影响》，《湖北社会科学》2002 年第 1 期。
283. 曾国安：《论 17 世纪以来西方社会保障思想的演进》，《江汉论坛》2001 年第 11 期。
284. 李静芳：《对地方政府绩效评估的价值取向分析》，《行政论坛》2001 年第 5 期。
285. 李军鹏：《论公共供给竞争机制》，《广东行政学院学报》2001 年第 4 期。
286. 李显刚、石敏俊：《日本农协的历史贡献、存在问题和发展趋势》，《中国农村经济》2001 年第 3 期。
287. 徐小佶：《关于政府服务质量管理若干问题的思考》，《福建行政学院福建经济管理干部学院学报》2001 年第 2 期。
288. 叶亚平、刘鲁君：《中国省域生态环境质量评价指标体系研究》，《环境科学研究》2000 年第 13 期。
289. 张康之：《限制政府规模的理念》，《行政论坛》2000 年第 4 期。
290. 徐邦友：《试析政府绩效评价的新取向》，《中共浙江省委党校学报》2000 年第 3 期。
291. 刘旭涛：《行政改革新理论：公共服务市场化》，《中国改革》1999 年第 3 期。
292. 王海明：《平等新论》，《中国社会科学》1998 年第 5 期。
293. 王仲田：《王仲田教授谈政府机构改革》，《中国特色社会主义研究》1998 年第 3 期。
294. Rabin Ford & David Zussman, "Alternative Service Delivery：Sharing Governance in Canada," *Institute of Public Adminstration of Canada*, 1997.
295. Pricy Office, "PS 2000 Briefing Note：PS2000—What's All about?" *Minister of Supply and Service*, 1990（9）.

296. Calanni, J., "Explaining Coordination Networks in Collaborative Partnerships," *West Political Science Associat ion Annual Conference*, 2010 (3).
297. Adelmen Irma & David Sunding, "Economic Policy and Income Distribution in China," *Journal of Comparative Economics*, 1987.
298. Shirish C. Srivastava & Thompson S. H. Teo, "Electronic Government as a Guided Evolution in Singapore: Vision for the World in the 21st Century," *Academy of Management Best Conference Paper*, 2005 PNP: E3.
299. Richard D. McKelvey & Talbot Page, "Status Quo Bias in Bargeining: An Extension of the Myerson-Satterhwaite," in Krauze, Andrze J., "Let the Public Sector Go Free," *New Statesman*, 2000 (129).
300. John K. Wilkins, "Learning from Canadian Innovation in Alternativr Service Delivery," 5th CAPAM Biennial Conference, 2002 (9).

六、网站报纸文献

1. 国家发展改革委经济体制综合改革司培训团：《德国公共服务供给和监管的启示》，http://www.sdpc.gov.cn/zjgx/t20071226_181410.htm，访问时间：2007年12月26日。
2. 高文星：《小政府 大社会：英国公共服务体制改革》，人民网，访问时间：2012年3月2日。
3. 徐京跃等：《习近平：中国梦，人民的梦》，新华网，访问时间：访问时间：2013年3年18日。
4. 李克强：《建设创新政府廉洁政府法治政》，中国共产党新闻网，访问时间：2013年3月17日。
5. 习近平：《把权力关进制度的牢笼里》，新华网，访问时间：2013年1月22日。
6. 《中国城乡养老保险待遇有差距》，南方财富网，http://www.southmoney.com/touzilicai/baoxian/554864.html，访问时间：2013年6月5日。
7. 中华人民共和国国家发展和改革委员会网站，http://www.sdpc.gov.cn。
8. 中华人民共和国中央人民政府网站，http://www.gov.cn。

9. 中国卫生统计信息中心网站，http://www.moh.gov.cn。
10. 中华人民共和国国家卫生和计划生育委员会网站，http://www.moh.gov.cn/mohwsbwstjxxzx/tjnj/。
11. 中国社会福利网，http://shfl.mca.gov.cn/。
12. 中国社会救助网，http://www.cnsa.org.cn/。
13. 中国政府创新网，http://www.chinainnovations.org/。
14. 詹勇：《摩擦事件刺痛人心 社会管理亟须破题》，《人民日报》2011年6月15日。
15. 褚添有：《加快行政管理体制改革建设服务型政府》，《广西日报》2008年1月15日。
16. 吴珺：《实现管制型向服务型的转变——"建设规范化服务型政府理论与实践研讨会"综述》，《人民日报》2004年9月21日。
17. 向军、袁敏：《进一步推动行政管理体制创新——建设规范化服务型政府理论与实践研讨会在蓉召开》，《四川日报》2004年8月29日。
18. 罗豪才：《健全公民参与机制，推动政治文明建设》，《人民日报》2003年9月9日。
19. Cabinet Office, "Excellence and Fairness: Achieving World Class Public Services," http://www.fitting-in.com/reports/world-class-public-services%20pdf.pdf, 2010.11.25.
20. HM Treasury, "Comprehensive Spending Review: Aims and Objectives," http://www.hm-treasury.Gov.uk/d/460.pdf, 2009.08.07.
21. H.M. Treasury, "Cross-Departmental Reviews: Overview," http://www.hm-treasury.gov.uk/cross-departmental_reviews_overview.htm., 2009.08.05.

七、统计资料

1. 中华人民共和国国家统计局：《中华人民共和国2012年国民经济和社会发展公报》，中国统计出版社2013年版。
2. 教育部财务司、国家统计局社会科技和文化产业统计司：《中国教育经费统计年鉴（2012）》，中国统计出版社2013年版。

3. 国家统计局人口和就业统计司:《中国人口和就业统计年鉴（2012）》，中国统计出版社 2013 年版。
4. 中华人民共和国国家统计局:《中国统计年鉴（2012）》，中国统计出版社 2012 年版。
5. 中国残疾人联合会:《中国残疾人事业统计年鉴（2011）》，中国统计出版社 2012 年版。
6. 中华人民共和国国家统计局:《中国统计摘要（2012）》，中国统计出版社 2012 年版。
7. 国家统计局农村社会经济调查司:《中国农村统计年鉴（2011）》，中国统计出版社 2011 年版。
8. 中华人民共和国国家卫生和计划生育委员会:《中国卫生统计年鉴（2012）》，http://www.docin.com/p-526756829.html。

后　记

这部著作是我主持的国家社科基金重点项目"建设服务型政府与完善地方公共服务体系"的研究成果。

从 2001 年参与四川省成都市规范化服务型政府建设方案设计开始，我和团队成员对服务型政府的理论探索和实践参与已十余年。岁月匆匆，世事变幻，不变的是我们对中国服务型政府建设实践的执著信心，对中国服务型政府建设研究的执著坚持。尽管十余年之间我和团队成员也曾发表过有关服务型政府的论文，但对出版专著却是几分期待，几分忐忑。我们深知，在学术界已推出了一系列服务型政府研究重要成果的今天，要实现该专题研究的创新与突破，仅有勇气是不够的。

本书重点通过研讨服务型政府的基础理论和战略系统，探析服务型政府建设与完善公共服务体系的内在逻辑。在明确完善公共服务体系是建设服务型政府着力点的基础上，我们把完善地方基本公共服务体系作为研究的关键。其一是因为目前我国服务型政府建设的核心在于强化政府的公共服务职能，提升公共服务能力。而地方基本公共服务体系的构建，不仅是影响基本公共服务范围和标准、资源配置、管理运行、供给方式与绩效的基本制度安排，也是决定各级政府能否有效发挥公共服务职能，提升服务能力的关键因素。其二是因为目前我国各级政府供给的公共服务主要是指以保障"民生"为核心的基本公共服务，包括基础教育、就业与社会保障、公共卫生、住房保障、公共文化等，旨在构筑保障全体公民生存与发展基本需求的底线。故《国家基本公共服务体系"十二五"规划》，也是把政府公共服务职能和供给的范围锁定在基本公共服务。其三是因为我国幅员辽阔，区域经济社会发展的差异性较大，在构建基本公共服务体系方面，地方政府更能够有效地了解和把握本区域的公共服务需求，从而比中央政府更能快速有效地回应民生需求，建立契合本地区经济社会发展需求的基本公共服务体系，以提升公共服务供给的针对性与有效性。我们希望从完善地方公共服务体系的视角解析新时期服务型政府的价值理性与工具理性，构建以满足公共服务需求为出发点、以创新公共服务供给机制为关键点、以完善公共服务体系为着力点、以保障改善民生并促进社会公平为归着点的新型服务型政府战略体系。

  本书是团队协同研究的成果。由我负责整体的研究思路与框架设计，具体分工如下：第一章由姜晓萍撰写，第二章由史云贵、姜晓萍撰写，第三章由姜晓萍、田昭撰写，第四章由范逢春撰写，第五章由郭金云撰写，第六章由田昭撰写，第七章由夏志强撰写，第八章由姜晓萍、胡税根、唐雪峰、蒲晓红、张序、付亚萍、雷尚清、兰旭凌等参与撰写。陈朝兵、李珂、焦艳、黄禄梁、赵龙、周灵、郭晓勤、殷浩生、吴典等同学也参与了资料的收集、分析。团队成员的精诚协作、互相帮助让我们在项目研究中不仅收获了知识和智慧，更收获了相互信任协作的快乐。田昭老师在本书撰写过程中承担了大量的行政协调工作，为本书出版做了重要贡献。

  感谢国家哲学社会科学规划办批准本项目，感谢当年批准本项目的专家和该项目结题时的评审专家们，感谢谢庆奎教授、朱光磊教授推荐该成果申报"国家哲学社会科学成果文库"，感谢批准该成果入选成果文库的各位专家，感谢在我们开展实证调查中提供帮助的各级地方政府部门和官员。感谢中央编译出版社王琳老师和各位出版社的老师们为本书出版付出的大量心血。在我们开展该项目研究的过程中，王浦劬、高小平、鲍静、李文星等专家给了我们很好的指导建议，在此表示衷心感谢！正是学界同仁的鼓励和支持，坚定了我们持续研究的信心。

姜晓萍
2014 年 12 月 26 日

图书在版编目(CIP)数据

建设服务型政府与完善地方公共服务体系／姜晓萍主编.
—北京：中央编译出版社，2015.4
（国家哲学社会科学成果文库）
ISBN 978-7-5117-2575-2

Ⅰ.①建⋯
Ⅱ.①姜⋯
Ⅲ.①地方政府-行政管理-研究-中国 ②地方政府-社会服务-研究-中国
Ⅳ.①D625

中国版本图书馆 CIP 数据核字（2015）第 049171 号

建设服务型政府与完善地方公共服务体系

出 版 人：	刘明清
出版统筹：	贾宇琰
责任编辑：	王　琳
责任印制：	尹　珺
出版发行：	中央编译出版社
地　　址：	北京西城区车公庄大街乙 5 号鸿儒大厦 B 座（100044）
电　　话：	（010）52612345（总编室）　（010）52612341（编辑室）
	（010）52612316（发行部）　（010）52612317（网络销售）
	（010）52612346（馆配部）　（010）55626985（读者服务部）
传　　真：	（010）66515838
经　　销：	全国新华书店
印　　刷：	北京时捷印刷有限公司
开　　本：	787 毫米 × 1092 毫米　1/16
字　　数：	784 千字
印　　张：	49.5
版　　次：	2015 年 4 月第 1 版第 1 次印刷
定　　价：	245.00 元
网　　址：	www.cctphome.com　　邮　箱：cctp@cctphome.com
新浪微博：	@中央编译出版社　　微　信：中央编译出版社（ID: cctphome）
淘宝店铺：	中央编译出版社直销店（http://shop108367160.taobao.com）　（010）52612349

本社常年法律顾问：北京市吴栾赵阎律师事务所律师　闫军　梁勤
凡有印装质量问题，本社负责调换，电话：（010）55626985